21世纪清华MBA精品教材

战略人力资源管理

◀ 杨百寅　韩　翼　编著 ▶

Strategic Human
Resource Management

清华大学出版社
北　京

本书封面贴有清华大学出版社防伪标签，无标签者不得销售。
版权所有，侵权必究。举报：010-62782989，beiqinquan@tup.tsinghua.edu.cn。

图书在版编目(CIP)数据

战略人力资源管理/杨白寅，韩翼编著. --北京：清华大学出版社，2012.8(2025.2 重印)
(21 世纪清华 MBA 精品教材)
ISBN 978-7-302-29952-3

Ⅰ. ①战… Ⅱ. ①杨… ②韩… Ⅲ. ①人力资源管理－研究生－教材 Ⅳ. ①F241

中国版本图书馆 CIP 数据核字(2012)第 202198 号

责任编辑：刘志彬
封面设计：汉风唐韵
责任校对：宋玉莲
责任印制：宋　林

出版发行：清华大学出版社
　　　　网　　址：https://www.tup.com.cn，https://www.wqxuetang.com
　　　　地　　址：北京清华大学学研大厦A座　　邮　编：100084
　　　　社 总 机：010-83470000　　　　　　　　邮　购：010-62786544
　　　　投稿与读者服务：010-62776969，c-service@tup.tsinghua.edu.cn
　　　　质量反馈：010-62772015，zhiliang@tup.tsinghua.edu.cn
　　　　课件下载：https://www.tup.com.cn，010-62795954
印 装 者：三河市龙大印装有限公司
经　　销：全国新华书店
开　　本：185mm×260mm　　印　张：36.5　　字　数：812 千字
版　　次：2012 年 9 月第 1 版　　　　　　　　印　次：2025 年 2 月第 12 次印刷
定　　价：58.00 元

产品编号：048949-01

编委会名单

主 任 委 员　赵纯均

副主任委员　陈国青　仝允桓

委　　　员　(以拼音顺序排序)

　　　　　　陈　剑　陈　晓　陈章武
　　　　　　李子奈　钱小军　钱颖一
　　　　　　宋逢明　魏　杰　吴贵生
　　　　　　夏冬林　张　德　赵　平
　　　　　　朱武祥　朱玉杰

目录

第一部分 概述与基础

第一章 战略人力资源管理概述 — 2

- 学习目标 — 2
- 开篇案例 思科公司 — 2
- 第一节 人力资源的基本概念 — 3
- 第二节 人力资源在社会生产中的作用 — 4
- 第三节 人力资源开发与管理的职能 — 7
- 第四节 人力资源的投资观念 — 8
- 第五节 人力资源投资的主要方式 — 10
- 第六节 本章小结 — 12
- 重要名词术语 — 13
- 思考题 — 13
- 参考文献 — 13

第二章 战略人力资源管理的理论基础 — 15

- 学习目标 — 15
- 开篇案例 为什么知识管理让施乐公司崛起? — 15
- 第一节 理论及其作用 — 18
- 第二节 关于知识的整体理论 — 19
- 第三节 知识整体论与组织行为 — 22
- 第四节 影响员工行为的外因 — 29

33	第五节　战略人力资源管理的理论基础
36	第六节　本章小结
37	重要名词术语
38	思考题
38	案例　戴志康论学习与实践
40	参考文献

第三章　战略人力资源管理的外部环境

42	学习目标
42	开篇案例　惠好公司
43	第一节　战略人力资源管理的外部环境
47	第二节　政治法律环境对战略人力资源的影响
53	第三节　经济因素对战略人力资源的影响
58	第四节　社会文化环境对战略人力资源的影响
62	第五节　技术环境对战略人力资源的影响
66	第六节　本章小结
67	重要名词术语
67	思考题
67	案例　吉利基因
70	参考文献

第二部分　理想与战略

第四章　竞争战略与人力资源管理

72	学习目标
72	开篇案例　可乐招兵买马之大战
73	第一节　战略人力资源管理的意义
76	第二节　战略人力资源管理与传统人力资源管理的差异
79	第三节　企业战略与人力资源管理的关系
82	第四节　战略管理的过程
89	第五节　不同战略下的人力资源管理
91	第六节　本章小结
92	重要名词术语
93	思考题
93	案例　中集集团战略目标与人力资源管理

96	参考文献
97	**第五章 建立与战略匹配的人力资源系统**
97	学习目标
97	开篇案例　戴尔公司——配合低成本战略的人力资源管理
99	第一节　企业战略的分类
101	第二节　战略与匹配
103	第三节　人力资源战略与企业战略的匹配
104	第四节　业务战略对人力资源战略的影响
106	第五节　与战略匹配的人力资源活动
107	第六节　人力资源的战略方案
108	第七节　本章小结
109	重要名词术语
110	思考题
110	案例　迈普求解信息化战略人力资源管理系统
115	参考文献

第三部分　结构与系统

118	**第六章　战略人力资源规划**
118	学习目标
118	开篇案例　"全球第一CEO"杰克·韦尔奇禅让
120	第一节　战略人力资源规划的含义与功能
122	第二节　战略人力资源规划的原则与目标
124	第三节　战略人力资源规划类别和内容
130	第四节　战略人力资源规划程序
133	第五节　人力资源规划的预测模型与方法
138	第六节　本章小结
139	重要名词术语
139	思考题
139	案例　世茂集团人才战略
143	参考文献
144	**第七章　战略性工作分析与组织设计**
144	学习目标
144	开篇案例　IBM矩阵式的组织结构

145	第一节 工作分析与设计的战略重要性
147	第二节 工作分析的概述
154	第三节 工作分析的流程与方法
160	第四节 工作设计与评价
168	第五节 组织设计及其变革
181	第六节 本章小结
182	重要名词术语
182	思考题
183	案例 民生银行事业部制改革
188	参考文献

第四部分 操作与实践

192	**第八章 战略人力资源获取**
192	学习目标
192	开篇案例 丰田公司全面招聘体系
194	第一节 招聘概述
197	第二节 招聘的策略及其来源
202	第三节 人员选拔与人员测评
208	第四节 人员招聘录用效果评估
214	第五节 人力资源获取的战略性思考
217	第六节 本章小结
217	重要名词术语
218	思考题
218	案例 神通公司的员工招聘和选拔计划
221	参考文献
223	**第九章 战略人力资源开发**
223	学习目标
223	开篇案例 日立公司的人力资源开发
226	第一节 人力资源开发和培训概述
230	第二节 学习理论与人力资源开发
234	第三节 人力资源培训与开发的流程与方法
251	第四节 管理培训与开发
259	第五节 与战略匹配的人力资源培训与开发

260	第六节　本章小结
261	重要名词术语
262	思考题
262	案例　奥康的员工培训制度化
264	参考文献

第十章　战略人力资源评估

267	
267	学习目标
267	开篇案例　诺基亚的绩效管理体系
272	第一节　绩效管理的战略意义
274	第二节　绩效管理分析
280	第三节　绩效管理设计
295	第四节　绩效管理实施与评估
303	第五节　绩效管理与战略的匹配
310	第六节　本章小结
310	重要名词术语
311	思考题
311	案例　神州数码KPI及其价值树
315	参考文献

第十一章　战略人力资源酬报

317	
317	学习目标
317	开篇案例　IBM公司高绩效薪酬体系
323	第一节　薪酬的战略性意义
332	第二节　薪酬决策及其设计
351	第三节　福利
353	第四节　薪酬与战略的匹配与整合
359	第五节　本章小结
360	重要名词术语
360	思考题
361	案例　美的空调事业部薪酬管理
363	参考文献

第十二章　战略职业生涯管理

| 367 | |
| 367 | 学习目标 |

367	开篇案例　Intel 公司的职业发展
369	第一节　职业生涯管理的战略意义
371	第二节　职业生涯管理的分析
377	第三节　职业生涯设计与实施
384	第四节　职业生涯管理的评估
397	第五节　职业生涯管理与战略的匹配
401	第六节　本章小结
402	重要名词术语
402	思考题
403	案例　某公司员工职业流动
404	参考文献

第五部分　领导与变革

406	**第十三章　战略国际人力资源管理**
406	学习目标
406	开篇案例　联想国际化面临的跨文化挑战
413	第一节　国际与国内人力资源的差异
422	第二节　战略国际人力资源系统与模式
429	第三节　外派人员的管理
434	第四节　管理全球化员工面临的挑战和机遇
439	第五节　本章小结
440	重要名词术语
440	思考题
441	案例　广州标致跨文化的融合与冲突
444	参考文献
446	**第十四章　战略领导力开发**
446	学习目标
446	开篇案例　鲁本·马克：高露洁的灵魂
448	第一节　领导力的战略意义
455	第二节　领导因素：个性与行为
468	第三节　领导因素：权力与影响
477	第四节　下属因素
480	第五节　情境因素

484	第六节　本章小结
486	重要名词术语
487	思考题
487	案例　复星神话缔造者——郭广昌
492	参考文献

第十五章　战略人力资源效果测评 — 495

495	学习目标
495	开篇案例　GTE公司人力资源计分卡
500	第一节　评估战略人力资源管理的意义
505	第二节　评价战略人力资源效果的方法
512	第三节　人力资源计分卡
521	第四节　本章小结
522	重要名词术语
522	思考题
523	案例　美菱集团战略人力资源管理与组织绩效
526	参考文献

第十六章　中国人力资源管理的历史性回顾与战略性展望 — 528

528	学习目标
528	开篇案例　张謇文化观与管理思想
533	第一节　中国现代管理理念和管理实践形成的背景
535	第二节　文化驱力及对人力资源的影响
540	第三节　作为价值观和信仰的文化
544	第四节　不同文化的管理理念和管理实践差异
552	第五节　探索中国特色的管理思想与实践
558	第六节　本章小结
559	重要名词术语
559	思考题
560	案例　家长式创业者：上海振华管彤贤
570	参考文献

第一部分

概述与基础

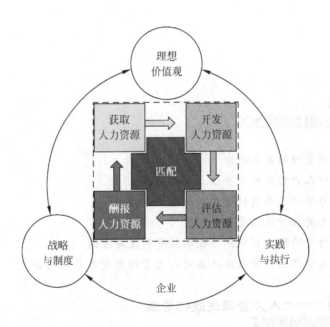

- ◆ 第一章 战略人力资源管理概述
- ◆ 第二章 战略人力资源管理的理论基础
- ◆ 第三章 战略人力资源管理的外部环境

第一章
战略人力资源管理概述

学习目标
XUE XI MU BIAO

- 阐明人力资源的基本概念
- 深刻理解人力资源的重要性
- 理解人力资源在不同社会生产形态中的作用
- 说明人力资源开发与管理的职能
- 接受人力资源的投资观念并说明投资的主要方式
- 阐述人力资源的价值来源及其对人力资源开发和管理的含义

开篇案例——人力资源是战略资源
KAI PIAN AN LI

思科公司

在许多人看来,思科公司(cisco)是一个不可思议的拥有180亿美元资产的高科技企业。这是因为它是历史上成长最快的企业,甚至超过了微软。思科公司所处的市场环境是硬件的更新周期不超过18个月,软件的更新周期大约为6个月。该公司处于加州硅谷中心,当地企业员工平均离职率接近30%。然而,思科公司的员工离职率只有8%左右。

思科公司是1984年由博赛克和蕾娜夫妇创立的,他们发明了一种连接斯坦福大学内不同计算机系统的技术。随着风险资本的注入和新的管理人员的到来,该公司于1990年上市。至2001年,思科公司名列《幸福》杂志评选的"全美100家最适合工作的企业"的第三位。2010年年收入达到400亿美元。思科公司拥有3万多名员工,分布在世界各地的54个国家。它主要为计算机通信提供产品,为客户提供各种网络方案。

思科公司信奉5个核心价值观：奉献、创新与学习、开放、团队、价值最大化。每个价值观都被公司的首席执行官不断强调，并且通过公司的任务陈述、新的举措、人力资源政策以及公司的文化来强化。为了体现顾客满意作为核心价值观的重要性，思科公司总裁每天亲自审阅多达15个关键客户的账目，有时还亲自打电话为客户解决问题。

为了鼓励思想开放，思科公司总裁每月定期召开一次"生日早餐会"。它面向每个员工，只要他的生日最接近该天，总裁就准备回答任何问题。团队也是极其重要的，谁要是漠视这些因素，就会被解雇。为了强化公司业务举措与员工日常工作的联系，每个员工都要求能够叙述上级的举措。强大的同事压力使得大部分员工都能清楚地认识公司的举措。公司的文化和价值观同时也通过工作设计和管理来强化。对于思科公司销售部门的员工来说，是没有指定的办公地点的。他们要么将任何一个地方变成其热火朝天的办公桌，要么拥有无边界的办公地点(任何地方都可以办公)。

人力资源部门的工作是尽力保证以上提到的和其他的人力资源政策与公司的业务战略相匹配，并且不断地被强化。例如员工招聘与选拔机制用于识别那些公司确实需要的人。思科公司的招聘常常出现在一些艺术节、啤酒节以及其他招聘者经常光顾的场合。思科公司的招聘广告反映其人力资源的需要，刊登在公司的互联网网页上并及时更新。正如公司主管人力资源的副总裁所说："如果你不能很好地利用技术优势，那你也不可能利用好人力资源的优势。"在人力资源的选拔中，思科公司的标准是每个职位必须要有五个参加面试的候选人。公司的激励机制准确地与公司的战略和价值观相匹配。员工认股的比例高达40%，认股权与员工的贡献和绩效挂钩，而不是职位的高低。

根据思科中国和http://www.cisco.com整理。

第一节　人力资源的基本概念

任何组织，无论其规模有多大、其目的是营利还是非营利，都要雇用一定数量的合格的员工。组织是为了实现一定的目标和完成特定的任务而组成的社会实体。组织可以是学校、工厂、零售商店、餐馆、贸易公司、机关等。为了实现其任务和使命，任何一个组织必须拥有一定的资源。按资源的种类属性，一个组织所拥有的资源大致可分为三种。第一种资源是物质资源，即一个组织所拥有的或可以调配的固定资产。物质资源包括土地、房屋、机器设备、原材料等。第二种资源是财务资源，也可称为金融资源，包括一个组织所拥有或支配的所有的流动资产。财务资源通常表现为现金、股票、债券、投资和运营资本等。第三种资源则是人力资源，包括一个组织所雇用的所有员工及其能够发挥和释放的才干与能量。

以上三种资源的分类可以帮助管理者正确辨别它们的特质，更好地利用和开发所拥有的资源，以实现组织的长远目标和根本使命。有许多学科专门研究如何科学合理地使用和开发现有的物质资源。例如，一些工程学科如化学工程和电子工程研究如何将来自大自然的物质资源转化为人类所需的物质用品。一些管理学科专门研究如何更有效地管理和开发物质资源，例如物流管理、贸易交流、运筹学和运作技术等。也有许多学科专门研究如何最大限度地利用财务资源，例如财务管理、会计学、金融投资学以及经济学等。最后,也有一些专门研究自身的学科。这些学科包括心理学、社会学、政治学和人类学等。管理中专门研究人力资源的学科有组织行为学、人力资源管理等。

人力资源的概念有别于其他关联或相似的概念。人力资源是指为实现组织的根本使命、理想和长远目标所必需的人们所拥有的才干与能量。以前通常用人事工作来描述许多与员工个人有关的工作,这是一种静态的看待人的观点,也忽略了员工与组织目标的联系。在传统的人事观念中,人们被看作一部大机器上的螺丝钉,上级安排什么工作都要服从,人力资源的主动性、创造性和潜在的机制常常不被重视。传统的计划经济模式不但没有认识到人力资源的动态性和发展性,而且将人力资源这一整体概念分割为若干不同甚至并不相关联的领域。例如,劳动部门主管与工人相关的工作,人事部门则分管科技人员和普通干部,还有组织部门负责领导干部。一般企事业单位中尽管没有设置那么多的部门,但是不同职位的人的界限是很清楚的。

还有一个与人力资源相关但比较新的概念是人力资本。这两个概念很容易混淆,因为它们都是以动态和发展的角度来看待人。然而,人力资本是经济学的概念,它关心的是人们如何通过适当的教育或其他开发手段来提高自身的价值。人力资源是一个管理学的概念,它关心的是如何利用和开发一个组织所拥有的资源,以实现个人和组织的价值目标。

人力资源的载体是人,而人是最宝贵的资源。马克思的劳动价值理论认为,只有人的劳动才是创造价值的源泉。尽管三种资源(物质、财务和人力)都是社会生产的必要条件,人力资源的重要性也是显而易见的。这是因为,只有人才能将其他两种资源有机结合起来,更为重要的是一切社会生产的最终目的是为了人本身。随着技术的进步和社会分工的扩大,人力资源显得越来越重要。物质资源贫乏的国家和地区能够通过提高人力资源的价值而达到富裕,日本在第二次世界大战后的经济发展就说明了这点。一个企业也是这样,靠物质资源很难获取较大的利润和提高竞争力。曾几何时,那些从事生产或控制物质资源的企业譬如钢铁厂和计划经济时代的物资部门是何等风光,生意是如何好做。然而,这种情况很快就会因为生产力的提高,也就是人力资源价值的提高而改变。同样道理,在目前的社会经济环境中,财务或金融资源也不是制约经济成长发展的根本因素。一个人有好的信用或可行创业的思想,你就可以融资。一个企业若经营得好,其增加财务资源的途径有很多,如银行贷款、发行股票和其他筹措资金的办法。图1-1清楚地说明了三种资源的有机关系,而人作为人力则把这些资源联系起来,从而创造价值。

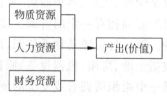

图1-1 三种资源之间的关系

第二节 人力资源在社会生产中的作用

人力资源在不同社会生产形态中的作用是不一样的。如果我们将各种生产要素在各种生产模式中的作用比较一下,就会发现人力资源的贡献以及它与其他生产要素的关系。虽然社会生产形态有许多分类,但较为普遍的且能为大家所接受的只有一种,即将整个人类的社会生产形态分成三种——农业社会、工业社会和信息社会。为了避免概念上的混淆,例如人们常常将农业社会、农业生产和农产品联系起来,我们将用前工业化社会、工业化社会和后工业化社会来代替以上三个概念。为了分析人力资源这一概念的演化,我们列出了表1-1,以利于总结各种社会生产形态下的生产力要素及其相应的管理方式。

表1-1 人力资源概念的演化

属　　性	前工业化形态	工业化形态	后工业化形态
主要特征	以农业为中心;家庭出身、自然环境和宗教起着决定性的作用	大规模生产和市场;学校和个人技能变得越来越重要	高科技和信息化;个人、工作以及媒体变得越来越重要
主要资源	土地	资本	知识
人力资源	体力	体力+操作	脑力+创新
比较优势	半熟练工人	熟练工人	知识工人
管理方式	经验管理	科学管理	文化管理和领导
权力形态	独裁与专制	优势与支配	参与和分享
领导角色	师傅型	指挥型	育人型

　　前工业化形态中的生产方式主要以农业生产为中心。在我国,几千年的封建社会就是在这种生产形态中度过的。一个人的家庭出身、所处的自然环境以及面临的宗教影响都对人力资源的发挥起着决定性的作用。如果一个人出身在富有的地主或庄园主家庭,他不劳动也能够过上优越的生活。反之,假如一个人出身在普通的经济状况一般的甚至是贫困的家庭,他要过上好日子的希望是很小的。除了极少数的人能够通过参加科举考试而进入统治阶层以外,大部分的人依然要从事繁重的体力劳动。在前工业化生产形态中,土地是最为重要的资源,而人力资源能够创造财富和价值的主要是体力。这并不是说那时没有脑力劳动或智力不创造价值,只是说明在农业社会里体力是最普遍的、最主要的生产力。也有一小部分劳动者以其掌握的知识和专长来谋生,例如医生、账房先生和工头等。但是这部分人占全部人力资源的比例极小。那时,人类社会对自然界的认识有限,所拥有的知识较为贫乏。因此,人力资源能够创造价值的主要来源是体力。在这种情况下,占有比较优势的是那些半熟练的工人,如木工、瓦工等各种能工巧匠。前工业化形态中的生产往往是以家庭为中心、小规模的,因而管理方式大都是经验管理。与之相适应的政治和权力形态则通常是独裁与专制。领导的角色是师傅型,也就是说领导主要靠其经验和以传、帮、带的方式来带动下属。

　　工业化形态的生产方式以大规模生产和急剧扩大的市场为代表。许多资本主义国家的工业化过程很典型地反映了这种生产方式。个人的家庭出身、面临的自然环境和宗教等不再决定个人的命运。取而代之起决定性作用的是学校以及所受的相关教育和培训、掌握的技能和技术。在工业化形态中,资本及其载体如机器、厂房和设备等成为重要的资源。在工业化进程中,人类社会对自然界的认识逐步扩大,所拥有的知识比以前有较大地丰富。以知识为谋生手段的还仅仅是一少部分人,如医生、律师和科技研究人员等专业人士。大部分的劳动者靠的是体力和适当的操作,这就是创造价值的主要来源。这种情况下占有比较优势的是那些熟练的工人和与物品生产直接相关的人如工程师和设计师等。在工业化的经济形态中,科学管理大行其道。1911年泰勒出版了经典的《科学管理原理》一书,标志着管理由经验管理逐步迈向科学管理的时代。科学管理的实质就是通过调查研究而作出合理的决策,通过生产工具、操作工艺、作业环境和产品的标准化而提高生产效率。工业化模式的政治和权力形态则通常是优势与支配。也就是说,那些具有资本和其他重要资源的人通常处于优势的地位并能支配商品生产。在工业化的生产模式中,领导的角色是指挥官,其任务是调动一切资源以求利润最大化。

后工业化形态的生产方式体现在以高科技和信息技术为主导的新经济模式上。一些西方发达国家的主导性生产方式反映了后工业化形态。在后工业化形态中,起决定性作用的是个人的知识技能、工作场所以及媒体的力量。资本及其载体如机器、厂房和设备等作为重要的资源的角色让位于知识。这是因为人类社会对自然界的认识达到了前所未有的境界,所拥有的知识极为丰富,知识已逐步成为创造价值的主要源泉。以知识为谋生手段的不仅仅是一少部分人,甚至成为一些地区和企业的主流。在美国的硅谷,在中国的中关村,在那些以研究开发为主导的企业,大部分的劳动者靠的是脑力而不是体力,他们也通常被称为知识工人。知识和创新成为创造价值的主要来源。这种情况下占有比较优势的是所谓的知识工人,尤其是那些能够创造发明不断进取的开拓者。在工业化的经济形态中,科学管理盛行的重要原因是它对管理体力和操作这些有形的生产过程行之有效。那么复杂的、无形的脑力劳动则需要文化管理。这也就是说,文化管理是对以脑力劳动为主的知识经济时代的唯一适用的管理模式。文化管理强调从对员工的外部控制转变为员工的自我控制。这就要求管理者能够激发员工的内在工作动力,注重满足其自我实现的需要,更充分地尊重员工,激发和鼓励他们的敬业精神和创业精神。后工业化模式的政治和权力形态不再是优势与支配,而是参与和分享。由于知识和创新都是员工个人所有的,管理者再也不能简单地发号施令,充当指挥官的角色。在知识经济或称做后工业化的生产模式中,领导的角色是育人,其任务是发掘人才、培育人才和调动员工的积极性,以实现员工和企业的价值。

人类社会的进程往往并不是线性的、简单地向前迈进的。有些社会的发展可能会比较符合以上三种生产模式,譬如美国。总体来讲,美国的历史经过了农业社会和飞速发展的工业社会,在20世纪末进入了后工业化时代。早在20世纪初,农业生产在美国经济中的比例就逐步下降,直至现在其从事农业的劳动力仅占3%以下。随着知识经济的出现,曾经辉煌发达并占主导地位的制造业在美国已经是日薄西山。大批制造企业转移至海外或南部的墨西哥等有着廉价劳动力的地区;而高科技、产品的设计和研发这些以脑力劳动为主的企业仍然留在美国,并为之创造高额的利润。经济学家根据以上这些现象得出美国社会已经进入知识经济的新时代的结论。需要认识到的是,美国各地区和各行业的发展较为平衡,而我国的经济发展状况则极为复杂。以上讨论的三种生产模式在我国是处于共存和交融的状况。另外需要认识到的是管理方式与生产模式之间的关系。以上讨论的是那些与三种主要的生产模式相对应的、占主导地位的管理方式和领导角色。这并不是说这种对应是机械性的和排他性的。事实上,每一种生产模式中都存在许多有效的管理和领导方式。需要认识处于主流地位的生产模式和与之对应的管理和领导方式,而不是试图寻找一种万能的管理手段。管理和劳动关系、人力资源的实践有科学成分,但更是一种艺术。

第三节　人力资源开发与管理的职能

人力资源开发与管理的主要职能是为企业提供高效、优质、具有创新精神并准备变革的人力资源。从企业管理的角度上讲,人力资源包括了领导、管理人员、研究开发人员和一般的员工。细分下来,人力资源管理和人力资源开发是两大领域。人力资源管理关心的是如何有效地招聘、录用和使用员工,以实现企业的战略目标和个人的目标与需要。人力资源开发则是指一个组织为了满足其当前和未来的需要而进行的、用于为其成员提供学习机会的、系统而有计划的活动。图 1-2 描述了各种人力资源职能及其相互之间的关系。人力资源管理的主要职责是获取、维持和保护员工。人力资源管理的具体功能有人力资源的报酬与福利、劳动关系、对员工的支持与帮助以及人力资源的研究与信息系统。人力资源开发的具体职能有人力资源的培训与开发、文化建设与组织发展以及员工的职业发展和个人成长。人力资源两大领域有以下重叠的职能:工作分析以及组织和岗位的设计、人力资源的预测与规划、员工绩效表现的考核与评价,还有人力资源的招聘录用与使用管理。

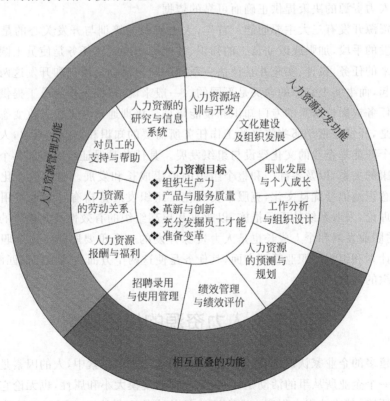

图 1-2　人力资源开发与管理的各种职能

现在来分析各种人力资源的具体职能。将有关工作分析、组织和岗位设计的活动放在一个工作类别,因为它们共同关心的是一个组织内部门间的关系以及工作的安排。这个职能的作用是界定各部门与个人的工作任务、权力和相互关系,以使它们为实现组织的战略目标而良好运行。人力资源的预测与规划的职能是要分析企业战略对人力资源需求所带来的影响,确定企业的主要人力资源需求、策略以及相关政策。员工绩效表现的考核与评价有着以下重要职能:确保个人与组织的目标紧密联系起来,从而使员工每天所做的符合组织的目标。招聘录用与安排使用的职能是为了能够使员工(包括其能力和职业需求)与工作岗位(包括相应的属性和职业途径)结合起来。这个职能包括适时地识别目前和将来空缺的合格候选人,评价申请人以及挑选和安排合格的人。福利与报酬的主要职能是保证企业为员工提供的报酬和福利的公平性与一致性。该职能需要建立和维护一个具有内外公平性的工资制度,具有竞争性的福利待遇,以及与个人、团体和企业的利益相联系的奖励机制。人力资源的劳动关系通常是指企业与工会的关系,在没有工会的情况下是指与任何其他员工组织的关系。劳动关系的职能是要建立一个有效的员工沟通机制,以解决他们关心的问题和可能出现的不满。在有工会的企业里,劳动关系包括与每个工会组织的联系,以及雇用合同的协商等事务。人力资源管理还包括对员工支持和帮助的职能,例如为员工解决一些个人问题,提供财务或健康方面的咨询等活动。最后,人力资源的研究与信息系统又是一个重要的职能,其功能是为有关人力资源的决策提供正确而可靠的依据。

人力资源开发有三大主要职能。首先,人力资源的培训与开发关心的是如何通过培训与开发的手段,加强或改变员工的知识、技能和态度。其任务是使员工圆满地完成当前和将来的任务,设计、实施并且评估一系列的学习活动。培训和开发这两个概念通常放在一起,而事实上它们的含义是不同的。一般来说,培训是指为员工提供那些针对特定工作任务或岗位所需的专门知识和技能培训。培训通常并不包括改变态度。与培训不同的是,开发注重于那些将来的工作任务所需要的知识和技能。其次,人力资源开发的另一个职能是企业的文化建设与组织发展。其任务是保证组织内部各个部门和单位具有健康的关系,以及各部门和整个组织的健康成长和发展。组织的文化建设要求领导者有意识地倡导优良文化,克服不良文化。组织发展是指有计划地应用行为科学的概念和理论,采取系统的干预措施,以改进和提高组织的有效性及其成员的福利。最后,员工的职业发展和个人成长也是人力资源开发的一个重要职能。这个职能包括员工的职业计划和组织的职业管理方面,其任务是使这两个方面达到最佳的匹配,以满足个人和组织的需求。

第四节　人力资源的投资观念

越来越多的企业家认识到,在影响企业的绩效的诸多因素中,人的因素是最为关键的。无论一个企业所从事的活动是什么,无论它的规模大小和属性,也无论它处于什么样的运营环境,其成功很大程度上取决于成员的决策和行为。不同层面的管理人员越来越多地认识到,关键的竞争优势并不来自于拥有最有创造力的产品设计服务、最好的市场战略、最先进的技术或最为精明的财务管理,而来自于一个具有吸引、激励、管理和开发人力资源的机制。

接受人力资源是战略资源的观点,需要将员工当作资产来看待,而不是负担或开支。同时,企业家需要开发出合适的人力资源政策和项目,在这种特殊的资产上投资,以增加他们的价值。或许有人认为把员工看作资产是贬低了人本身。恰恰相反,把员工看作资产是认识到他们特有的价值。精明的管理人员都能意识到,员工与企业所拥有的物质和财务资源一样包含价值,而且这种价值最为可贵。图1-3说明了人力资源价值的来源。

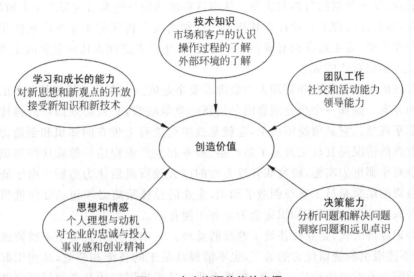

图1-3 人力资源价值的来源

把员工看作企业所拥有的最为重要的资产,对于战略人力资源开发与管理具有十分重要的意义。这使得管理者对人力资源采取投资的观点。通常,诸如厂房、机器设备、技术和贷款等物质资源和财务资源的获取以及随后相应的管理,都是当作投资的形式。企业根据自身的战略目标,确定这些生产要素的最佳组合,以实现高绩效和高回报。在这个过程中,管理人员常常需要对一定的开支进行成本和收益的分析,同时考虑风险和潜在的回报。把人力资源看作是一种资产并采取投资的观点,就如同将物质资产看作是投资,而不是生产的可变成本。这样一来,企业就可以考虑如何在其员工身上作最大的投资。同时,认识到投资的风险性可以促使企业考虑如何有效地分配在人力资源上的投资,以实现其长远的绩效目标。

举个例子来说,企业在决定一个新的培训项目时,不仅要考虑这个培训项目的直接成本,还要考虑诸如工作损失的机会成本,然后再将这些成本与潜在的效益进行比较。而潜在的效益则包括绩效的提高、可能带来的员工忠诚感和激励等。同时企业也要考虑因培训提高员工技能而可能带来的熟练员工流向竞争对手的风险。同样道理,员工的福利和报酬也可以看作是一种投资。企业应该考虑在员工身上何时投资以及投资什么,投向知识与技能,员工的忠诚感,新思想,还是投向从竞争对手那里挖人才?一个企业在福利和报酬上的回报就表明了它的投资策略是否有效。

对人力资源采取投资的观点的重要意义来自于这样一个现实，企业的其他任何资源诸如设备、产品和服务、技术以及市场等都可能很容易地被竞争对手模仿或复制。人力资源恰恰就是一种不易被复制的资产，它也就成为企业的重要竞争优势。随着社会生产方式从农业为主转向大规模的工业生产和知识经济，体力劳动逐渐被机器操作所替代，知识和创新成为社会生产和发展的主要动力，人力资源的优势也越来越得到体现。科学技术的迅猛发展使得越来越多的操作工人被知识工人所替代。企业的技术投资不再局限于机器设备，而更偏向于员工的知识和技能。知识工人所从事的劳动往往是创新活动、复杂数据的分析和决策。从事这些活动的技能常常为员工个人所拥有，而不是企业，尽管在法理上企业拥有其技术。这种情况与传统的工业生产截然相反。在工业生产模式里，雇主通常拥有或租赁厂房设备，生产者之间模仿或复制的主要限制来自这些庞大固定资产的成本。

以投资的观点来开发和管理人力资源需要企业确立一套与其战略相配备的人力资源政策和方案。假如一个企业依靠的是创新的竞争战略，它就必须面对高科技人才中的高离职率现象。它必须挽留员工，也就是挽留员工身上带有的知识和创造力。企业最不愿看到的情况是其员工开发了新产品、服务和生产流程然后带着这些知识投奔到它的竞争对手那里去实施，研究和开发方面的巨大投资最后化为泡影。由于研究和开发方面投资的结果是员工参与创造了知识，企业的总体策略必须包括如何挽留它的员工及其获取的知识，直至新知识完全为企业所拥有。

在知识经济时代，企业往往处于两难的境地。一个企业对其员工不投资或少投资的话，就不能吸引和挽留优秀的员工，也不能提高员工的技能和绩效，从而引起效率下降并且削弱企业的竞争地位。但是，如果企业对员工投资的话又必须保证这些投资不至于流失。培训过的具有较高技能的员工在劳动力市场上更有吸引力，尤其是对那些在人力资源上不投资或少投资的竞争对手来说。企业的物质资源和财务资源本身都不能说话和行动，但是人力资源恰恰能够做到这些，并且由此而导致知识和技术的流失。这样说来，人力资源的投资也是最具风险的。一个企业可以通过购买或出售的方式转让其物质资源和财务资源的所有权，但是人力资源的所有权是不能转让的。因此，企业必须采取一系列的措施使那些获取知识和技能的员工愿意为其工作，这样才能保证它的投资得到适当的回报。这也要求企业对每个员工都有一定的估价。这种估价对于报酬福利、发展机会、挽留策略以及在每个员工的哪个方面进行投资都有深刻的意义。

第五节　人力资源投资的主要方式

人力资源的投资主要有以下几种方式：(1)为提高员工再就业能力进行的投资；(2)对培训与开发的投资；(3)在岗培训；(4)针对管理人员和领导干部开发进行的投资；(5)防止技能老化的投资；(6)用于减小职业高原的投资。

为提高员工再就业能力进行的投资是一种比较新的人力资源开发方式。随着终身雇用制的改变和铁饭碗的打破，越来越多的员工需要离开已经工作了一段时间的企业而走向劳动力市场。同时，越来越多的企业开始为那些准备离职的员工提供培训以提高他们的再就业能力。员工工作的安全感不再来自于目前的就业，而来自于被雇用的就业能力。通用电器公司的总裁韦尔奇认为，有效的管理者为提高企业的竞争力和最终的生存能力，必定会采取一些结构性的改革措施，取消不必要的工作岗位也就难以避免。反之，软弱无力的管理者想方设法地维持现状，不敢采取行动，这样则可能降低企业的竞争力，最终还是导致工作岗位的丢失。企业和员工对再就业都有一定的责任。在员工离开企业之前，企业有责任提供一定的辅导、咨询和培训，以提高他们的再就业能力。初看起来这种投资似乎没有回报。但是，这种投资不光履行了企业对老职工的责任和义务，还对保留的员工产生正面积极的影响。

对培训与开发的投资是最普遍的形式。培训和开发的重要性不言而喻，它决定了企业是否拥有合格的员工，以及他们的知识、技能和态度能否用来提高企业的竞争力。许多企业将培训和开发看作是一种投资，而不是开支。在美国，一项调查表明人力资源经理认为培训和开发是最重要的职能；接下来重要的职能依次是招聘和录用、质量和生产率，接班人计划、员工的工作满意度、报酬和福利以及多元化。《幸福》100家最佳企业都要在培训和开发上投资几百万元，有直接培训的方式也有通过报销学费的方式。平均来说，这些企业每个员工花在培训上的时间是每年43个小时。有的企业还将它的培训条件和机会放在招聘广告上。

在岗培训是另一个重要的人力资源投资方式。这种投资方式使得员工在工作岗位上学到新的知识和技能。例如，员工的技能会随着完成新的任务和操作新的设备而提高。企业可以通过设置适当的工作岗位使学习者从其他员工那里学到必要的技能。企业也可以给员工一定的时间，使他们通过自学、阅读技术手册或应用计算机教学软件等方式来学习如何操作新设备和使用新的程序。企业也应该鼓励员工之间进行技能交流，鼓励熟练的员工分享他们的技能，并且鼓励员工从工作中学习，干中学，学中干。

针对管理人员的人力资源开发投资对许多企业来说是一个战略问题。管理人员开发的一个常用的方式是工作轮换，让那些管理干部经历不同的富有挑战的管理岗位。工作轮换的方式能够让管理人员开阔视野，使他们了解不同部门的工作性质和任务。除了工作轮换外，企业还可以将高层管理人员和预备干部送到著名大学的高层经理短期或长期培训班。管理人员可以参加MBA或EMBA项目的学习。同时，企业也可以请大学或专门的培训机构为其量体裁衣，针对中下层和初级管理干部的需要开设特定的培训课程。

技术的进步常常导致技能的老化，这种现象在工程、科技和其他专业领域尤其突出。在电子工程，计算机等领域，知识更新越来越快。技术的快速变化给管理人员也带来压力，因为他们的知识和技能也可能老化和陈旧。当然，技术老化和陈旧的影响对具体每个人来说是不一样的，有的人学得快跟上了时代的进步潮流，而有的人则落后退步了。但是，有一点是肯定的，技术退化必定会导致企业竞争力的减弱。因此，企业要想发展必须在防止员工技能老化上投资，以使其核心技术跟上潮流。企业可以采取一些措施来防止员工技能的老化。例如，对那些技术性很强的员工不断地提出挑战和压担子，使他们更好地发展成长。同时定期地更换工作任务也可以使员工学到新的知识，防止过分专业化。尽管专业化对企业来说可能带来短期的效益，但是从长远上讲这对个人和企业都不是好事情。过分的专业化会导致员工的知识面狭窄，不能适应技术变化的需要。企业可以明确地鼓励员工不断更新知识，站在其专业领域的前沿，并且将获取的知识与工作结合起来。企业还可以将员工的学习与创新活动与其绩效评估挂钩。人力资源部门应该与业务主管合作，为员工制定切实可行的知识更新目标，并且适当奖励那些实现了目标的员工。企业也应该划出一定的资金，用于技术人员参加专业会议、订购业务书刊等，以防止员工的知识和技能老化。

职业高原是指员工在一个企业中的一个特定的职业时期，指在某个岗位上已经工作了一段时间，掌握了这个岗位的所有技能，但是没有什么希望得到进一步的升迁。减小或消除职业高原对于企业来说是一个重要的事情，这是因为职业高原可能会让员工产生不满和挫伤工作干劲，进而影响生产效率。职业高原通常是由于企业缺乏发展和变化造成的，在僵化的金字塔式组织中更容易出现。造成职业高原的个人因素包括个人职业道路的选择，缺乏职业发展的动力和能力，以及缺乏升迁所必要的能力。有时候员工之所以缺乏必要的能力是因为企业没能预见到外部环境的变化，而此时企业不得不从外面引进人才。因此，通常的管理开发培训并不能避免职业高原的现象。管理开发培训需要战略的眼光和措施。避免职业高原的另外一个办法是识别和区分明星（那些高绩效并具有高潜力的员工）和劳模（那些高绩效或优秀但是较低发展潜力的员工）。还有，岗位轮换也是避免职业高原的一个办法。对于那些实在没有晋升机会的干部来说，企业可以通过诸如工作丰富化、平调、工作重视和赞赏等办法来调动他们的积极性。

第六节　本章小结

任何组织所拥有的资源不外乎三种：物质资源、财务资源和人力资源。而人力资源是最为宝贵的资源。随着社会生产方式从前工业化向工业化，继而向后工业化转化，人力资源开发和管理越来越成为提高企业竞争力的关键因素。

人力资源开发与管理的主要职能是为企业提供高效、优质、具有创新精神并准备变革的人力资源。这个职能可以细分为人力资源管理和人力资源开发两大领域。人力资源管理关心的是如何有效地招聘、录用和使用员工，以实现企业的战略目标和个人的目标与需要。人力资源开发则是指一个组织为了满足其当前和将来的需要而进行的，用于为其成员提供学习机会的，系统而有计划的活动。

现代企业家需要接受人力资源是战略资源的观点，需要将员工当作资产来看待，而不是负担或开支。同时，企业家需要开发出合适的人力资源政策和项目，在这种特殊的资产上投资，以增加他们的价值。对人力资源的投资有多种方式，在以后的章节会作具体的介绍。我们通常没有将人力资源当作战略资源看待并且缺乏投资的概念，是因为其他方面的投资可能得到更快的回报，而员工的流失则可能造成人力资源的投资丧失殆尽。那些财务状况较好的企业则可能认为不需要改变现成的策略，而那些财务状况不好的企业则往往急于改变现状而忽略了人力资源投资这个长期的战略。

正是由于人力资源的投资是长期的行为，企业通过其员工获取的竞争优势也就具有长期的效果并且很难被竞争对手模仿。这是因为人力资源的优势和价值是牢牢地扎根于企业的文化中的,不容易转移。企业通过人力资源的投资表达了企业对于员工的忠诚和承诺,其回报也就是员工对于企业的长期忠诚和承诺。尽管人力资源的投资是有风险的,并且是个长期的过程,但它是企业持续竞争优势的主要来源。

重要名词术语

人力资源	文化管理
物质资源	前工业化
财务资源	工业化
人力资源开发	后工业化
人力资源管理	人力资源投资
经验管理	
科学管理	

思 考 题

1. 与传统的人事工作相比,人力资源这个概念有什么不同?
2. 为什么有的管理人员没能充分认识到人力资源是最重要的资产?
3. 你目前所在的企业主要依靠何种资源创造价值?人力资源在其中起了什么样的作用?
4. 人力资源创造价值的主要来源有哪些?你对你领导的员工有什么投资计划,以促使他们创造更多的价值?

参考文献

[1] C. O'Reilly and J. Pfeffer. Hidden values: How great companies achieve extraordinary results with ordinary people[M]. Boston: Harvard Business School Press, 2000.
[2] 张德. 人力资源开发与管理(第二版)[M]. 北京: 清华大学出版社, 2001.
[3] McLagan, P A. Models for HRD practice[J]. Training and Development Journal, 1989, 41, p.53.
[4] French Organization Development.
[5] Quinn, J. B., Doorley, T. L., & Paquette, P. C. Beyond products: Service-based strategy[J]. Harvard Business Review, 1995, 90(2), 59~67.
[6] Lawler, E. Ⅲ. The ultimate advantage: Creating the high involvement organization[M]. San Francisco: Jossey-Bass, 1992.

[7] Greer, C. R. Strategic human resource management (2nd ed.)[M]. Upper Saddle River, NJ: Prentice-Hall, 2001.
[8] Langbert, M. Professors, managers, and human resource education[J]. Human Resource Management, 2000, 39, 65~78.
[9] Branch, S. The 100 best companies to work for in America[J]. Fortune, 1999, 11 (January), 118~119.

第二章
战略人力资源管理的理论基础

学习目标

- 阐明理论这个概念及其作用
- 给知识及其包含的三个层面作出定义
- 阐述知识的三个层面与层次及其相互关系
- 理解知识整体理论在解释员工行为方面的作用
- 说明用于解释组织行为的主要理论及其应用
- 辨别影响员工行为的外部因素
- 阐述经济学原理及其对人力作用开发和管理的含义
- 阐述心理学原理及其对人力作用开发和管理的含义
- 阐述系统学原理及其对人力作用开发和管理的含义

开篇案例——人力资源是战略资源

为什么知识管理让施乐公司崛起？

知识管理要求企业实现知识的共享,运用集体的智慧提高企业的应变能力和创新能力,使企业能够对外部需求快速作出反应,并利用所掌握的知识资源预测外部市场的发展方向及其变化。在知识经济时代,企业如果离开了知识管理就不可能具有竞争力。施乐公司深刻认识到了这一点。正如施乐首席科学家约翰·布朗所说的,知识经济时代的公司要能够敏捷地利用知识提高公司的竞争力。早在20世纪50~60年代,施乐公司就已经是世界上著名的办公设备的生产者,它生产的各种复印机名闻天下。后来,施乐公司的统治地位受到了日本复印机的威胁,为了巩固自己在复印设备领域的领先地位,施乐公司在20世纪80年代最先建立起基准测试制度,向其他行业的优秀公司学习,提高了企业的竞争力。进入20世纪90年代后,施乐公司又以战略性的眼光,不惜投入,率先建立起较为完善的知识管理体系,展示了企业为迎接知识经济的到来而采取的发展战略,从而为企业的竞争和发展注入了新的活力与动力。

一、启动"知识创新"研究工作

早在六七年前,施乐公司就在公司内部实施知识管理,并一直在该领域中居于领先地位。这得益于施乐公司对知识经济管理的密切关注和深入研究,该公司积极主动地投入研究资金,在世界范围内探讨知识管理的作用。为此,施乐公司还启动了名为"知识创新"的研究工作,这项工作与施乐公司的长期战略,即"提供新的知识产品和服务以满足客户的需要"紧密相连。这项研究工作的主要内容有以下五个方面。

(1) 对美国其他机构的60名知识管理工作者进行深度面访,了解他们对知识管理的认知程度,并列出了他们认为最重要的10个知识管理领域:对知识和最佳业务经验的共享;对知识共享责任的宣传;积累和利用过去的经验;将知识融入产品、服务和生产过程;将知识作为产业进行生产;驱动以创新为目的的知识生产;建立专家网络;建立挖掘客户的知识库;理解和计量知识的价值;利用知识资产。

(2) 参加由来自美国、欧洲和日本等地区的100名知识管理者组成的研究小组。他们大多是世界500强公司中负责知识管理的高级管理人员。该小组一年开展一两次研讨活动,以沟通各公司在知识管理方面的进展情况,探讨知识管理的发展趋势。

(3) 积极参与安永咨询公司组织的"知识管理"活动。这是一个多客户知识管理项目,有10家到15家公司参与,并在剑桥商业中心的领导下建立了互助研究基金。至目前为止,这个小组开展的活动有会议、研究小组活动、工作研修等。其目的是建立一个知识管理实践方面的共同体。

(4) 支持三个由美国生产力和质量研究中心进行的基准测试研究项目。第一项研究是跟踪10家公司知识管理的发展趋势,并记录其应用的情况;第二项研究主要集中在支持知识管理的信息技术方面;第三项研究是欧洲公司知识管理的基准测试。

(5) 在加州大学伯克利分校哈斯商学院开设了知识管理课程。

二、设立知识总监

知识总监的主要任务是将公司的适应变成公司的效益,他的主要职责为:了解公司的环境和公司本身,理解公司内的信息需求;建立和造就一个能够促进学习、积累知识和信息共享的环境,使每个人都认识到知识共享的好处,并为公司的知识库做贡献;监督保证知识库内容的质量、深度、风格,并与公司的发展一致,其中包括信息的更新等;保证知识库设施的正常运行;加强知识集成,产生新的知识,促进知识共享过程。由于知识涉及的范围大于信息,知识总监的作用已大大超出信息技术的范围,进而包括培训、技能、奖励、战略等。因此,企业在设立知识总监时应避免将知识管理视为信息管理的延伸,从而试图把信息总监错误地改为总监,因为这将在不知不觉中把知识管理工作的重点放在技术信息的开发上,而不是知识置于创新的集体的创造力之上。

三、建立企业内联网

施乐公司专门建立了名为"知识地平线"的内联网,这个网络在1997年11月首次登台亮相,实况转播了施乐公司和安永公司联合举办的"知识超越"会议,有1 500名至2 000名职工访问了这个网络。将这个网络取名为"知识地平线"的原因是这个产业刚刚兴起,社会对知识管理的理解和行动刚刚开始。"知识地平线"主要包括以下六个方面的内容。

(1) 工作空间:这是员工可以分享文献和思想的虚拟空间,这部分内容是可以自我组织和自我维护的。

(2) 知识管理新闻:包括有关知识管理的新闻、事件、报告、演讲和各种活动通知。这项内容每周更新一次,在事情较多时更新更为频繁。施乐公司聘请两名信息监测人员,从一千多种信息资源中抽取知识管理信息。

(3) 事件:存储有关知识管理的会议、研讨、演讲等信息。

(4) 知识的搜集:这个知识库保存知识管理研究资料、发展趋势和最佳实践案例,其中也包括施乐员工已经做的工作和有关施乐公司的文章。除此之外,还有大量施乐的知识管理案例研究。

(5) 产品、技术和服务:保存施乐公司及相关公司的知识产品、技术和服务信息。

(6) 相关网点:连接了与知识管理有关的15~20个站点,包括知识工作和知识管理站点、知识公司的站点等。

四、建立企业内部知识库

施乐公司还建立了企业内部的知识库,用来实现企业内部知识的共享。知识库建立在企业的内部网络上,该系统由安装在服务器上的一组软件构成,它能提供所需要的服务以及一些基本的安全措施和网络权限控制功能。员工可以利用该系统阅读公报和查找历史事件,并彼此在虚拟的公司网上相会。该系统解决了公司内部知识共享的问题。

知识库里的内容包括:公司的人力资源状况;公司内每个职位所需要的技能和评价方法;公司内各部门、各地分公司的内部资料;公司历史上发生的重大事件等历史资料;公司客户的所有信息;公司的主要竞争对手及合作伙伴的详细资料;公司内部研究人员的研究文献和研究报告。

五、重视对公司智力资源的开发和共享

施乐公司非常重视对公司内部智力资源的开发和共享。公司董事长兼首席执行官(CEO)保罗·阿尔莱尔认为知识管理是从强调人的重要性、强调人的工作实践及文化开始的,然后才是技术问题。为此,公司采取的主要措施有以下四个。

(1) 将公司的人力资源状况存入知识库,这样可以方便知识总监及其他管理者对公司员工的管理。

(2) 让员工进行自我测评。施乐公司在内部信息系统上专门开了一个网页,在网页上列出公司每个职位需要的技能和评价方式,每个职工可以匿名上网,利用该系统对自己的能力作出评价,系统会帮助你找出自己和职位上的差距,并告诉你如何提高或改变的方法,即每个员工可以实现自我测评;这一系统有利于员工的职业培训和职业发展。

(3) 将员工的建议存入知识库中。员工在工作中解决了一个难题或发现了处理某件事件的更好的方法后,可以把这个建议提交给一个由专家组成的评审小组,评审小组

对这些建议进行审核,并把最好的建议存入知识库中,在建议中注明建议者的姓名,以保证提交建议的质量及促进员工提交建议的积极性。所有的员工都可以从知识库系统中看到这个建议。

(4) 开创家庭式的办公环境。公司对员工的工作环境进行了改善,员工工作空间的墙被涂成了浅粉色、紫色、黄色和绿色,全部的工作空间都是平等和开放的。施乐公司认为,这样有助于创造一个和谐的气氛,有利于员工之间进行公开、坦诚的交流。

六、改变传统的营销方法

传统的营销方法是指企业与客户之间只是单纯的买卖关系,现在要改变这种单一的关系,变客户为合作伙伴,充分挖掘客户的有效资源,在营销过程中促进企业与客户的共同发展。

(1) 对销售部门的知识管理。在过去,施乐公司的销售人员一般为一个客户工作一年,然后转向其他客户。以这种方法运作,公司损失了大量的信息,因为每次业务人员对客户都是陌生的,需要从头开始了解这个客户。这不仅浪费时间而且客户也不希望这种行为发生,客户希望按以前约定好的计划进行。现在施乐公司在其内联网上建立了一个系统,销售人员将所了解的客户的所有信息,特别是每一笔交易的情况都存入这个系统,公司鼓励销售人员了解客户各方面的情况,包括客户的个性、脾气、爱好、习惯,甚至其子女的姓名等,当然还包括有关客户的商业信息。如果客户在商务交往中发生了不愉快,销售人员必须要将事情的背景记录下来,施乐公司会派专职人员负责处理客户和员工之间的矛盾。

(2) 对维修部门的知识管理。施乐公司开展了一个有关维修业务的知识管理计划,以更好地获得并保存维修人员的知识。在此前,售后服务部门的相关知识是通过手册传递给每个维修人员的,由于产品的生命周期越来越短,软件开发的时间也越来越短,手册一制定出来往往就过时了。现在工作手册的传递也进入了计算机时代。施乐公司的技术人员现在拥有高效能超文本文献服务功能的便携电脑,用来诊断和维修机器。假如技术人员要进行复印机的例行检查,就可以通过超文本快速连接到有关的工作指南中去;若技术人员打算更换某个零件,那么这个系统也可以自动连接有关零件的图纸和更换程序。这种"聪明的小手册"的成本比印刷的版本要便宜得多,并且可以经常进行更新。施乐公司还建立了一个系统,在这个系统中维修人员可以将在工作过程中发现的新问题或新方法及时存入这个系统,以实现知识的共享与及时更新。

根据中国知识管理中心:施乐公司实施知识管理的成功案例与 http:www.kmcenter.org/html/zhangbin 整理。

第一节 理论及其作用

什么是理论?为什么要学习理论?对于从事人力资源和其他管理实践的实际工作者来说,理论有什么意义和价值?在战略人力资源管理领域,我们应该掌握哪些必要的理论知识?一些成功的管理者看不起书本上的理论知识,认为只要把实际工作做好就可以了,何必关心那些枯燥而又深奥的理论。也有一些企业家则认为市场就像人心一样,千变万化,令人捉磨不透,因此学习管理理论和原理是没有多少用处的。本章的目的就是要说明理论对人力资源工作的实际价值,并且简单地介绍战略人力资源管理的理论基础。

著名心理学家勒温有一句关于理论的话:"世上没有比好的理论更加实际的东西了。"这句话道出了一个好的理论必须具有实际意义,同时也指出了不成熟理论与实际脱离的危险性。那么,什么是理论?除了实践以外,还有哪些标准可以检验一个理论?其实,理论无非是对自然界和社会现象的一种解释和说明。严格地来说,理论是由一些变量、概念和构念等基本单位所组成的系统或者体系,包括用于解释这些单位之间关系的假设,而整个体系则是建立在一定的假定的基础之上。因此,理论是人类的理性活动的结果。我们通常说实践是检验真理的唯一标准,说明了实践在理论建设中的作用。用实践来检验理论说明了一个理论的优劣和真伪最终必须由实践来衡量。由于认识和实践的局限性,并不是所有的理论都可以或者必须用实践来检验。实践是检验理论的最终标准,在人类的认识过程中应该有一些其他的理性标准。帕特森描述了评价理论的一个标准系统:(1)重要性;(2)明晰性和准确性;(3)简单性和简约性;(4)综合性;(5)操作性;(6)实证的有效性或可验证性;(7)丰富性;(8)实践性。

有效的理论有许多作用。首先,理论是理性的结果。好的理论可用于解释自然界现象及社会与个人的行为。因此,寻求正确的理论是人类好奇心所驱使的。其次,正确的理论可以指导实践,因而产生无穷的力量。简单的实践可以使我们获取实践知识,但是这种知识有一定的局限性,没有上升为理论的知识不可能形成系统的科学体系,因而也难以广泛地应用推广。最后,从个人的直接实践那里获取的知识毕竟有限,必须从他人的实践经验中学习。在我们从事实际工作的时候,有时不知道应该怎么做,这就是理论发挥巨大作用的时候。更为重要的是,人类社会必须通过科学研究以及与之相关的理论建设来开发和创新知识体系,进而推动社会的进步。

第二节 关于知识的整体理论

理论是人类知识体系的一个部分。要深刻理解理论的作用以及知识本身对个人和组织行为的影响,必须对知识这个概念有充分的认识。本书作者之一杨百寅总结了前人对知识的认识,提出了一个关于知识的整体理论。该理论认为知识是一个有着三个层面并且每个层面都包含三个层次的概念。知识是指人们通过心智反应、个人经验以及情感影响而形成的对外部世界的理解和认识。这个定义说明人们至少可以通过三个途径来获取知识——心智反应、个人经验以及情感影响,而这三个途径则对应于知识的三个层面——理性知识(即明晰的知识),感性知识(即蕴涵的知识)和活性知识(即自由的知识)。(参见表2-1)

理性(或称为显性)知识是指那些明确清晰的心智理解,可以用正规与系统的语言来表达和传播的认识,如公式、模型和理论等。感性(或隐性)知识是指个人的、与特定事物相关联的熟识和经验,因而很难形式化和交流;通常难于公开表达和描述。如技术诀窍、洞察力和真知灼见等都属于隐性知识。活性(或自由)知识是指人们为追求个人或社会的自由与公正而形成的情感体验。活性知识通常反映在由价值观所承载的感情和情绪上,如态度、人生观、价值观、道德观和理想。

表 2-1　三个知识层面和层次

知识层次	知识层面		
	理性知识	感性知识	活性知识
知识基础	公理、假设、假定、信念	习惯、传统、社会行为规范、常规	价值观、理想、人生观、公平观、道德观、追求
知识表现	理论、模型、原理、公式、概念框架	感悟、诀窍、洞察力、直觉、心智模式	态度、动机、需求、兴趣、信任感、满意度
知识动力	理性	现实	自由

以上对知识的定义是从个人的角度出发的。如果将组织或社会看作有机体，它们的成长和发展就是一个创造知识、获取知识、传播知识和应用知识的过程。在知识经济强有力地要求组织（企业）学习的时代，更有必要分析研究组织的知识及其学习过程。因此，对组织学习和学习型组织的研究已经逐渐成为管理学的热门课题。从社会组织的角度来看，制度化的显性知识形成了一个组织或社会的技术性知识，如企业的规章制度、标准操作程序、正规组织系统和技术系统等。社交化的隐性知识构成了一个组织或社会的实践性知识，如社会行为规范、文化习俗和组织文化等。占主导地位的活性知识构成了一个组织或社会的关键性知识，如使命和责任感、理想与愿景、道德观和精神面貌等。

知识整体论不仅明确地区分了知识的三个不同的层面，而且指出了我们必须用对立统一的观点来认识知识层面的不同属性以及辩证关系。首先，我们必须理解三个知识层面的不同属性，即它们之间的对立性。表 2-1 说明了三个知识层面和层次。该表中的三个列分别反映了三个知识层面：理性知识、感性知识和活性知识；而该表的行则与三个知识的层次相对应：知识基础、知识表现与知识动力。理性知识的根本动力是理性，它表现在那些被我们通常认为是知识的载体上，如理论、模型、原理、公式和概念框架等。任何理性知识都是建立在一定的基础之上的，如公理、假设、假定和信念。不同的公理或假设会导致不同的理论。譬如，欧氏几何的一个重要的公理或假设就是在一条直线之外的一点能够而且仅能作一条直线。如果我们接受另外的假定，譬如说一条直线之外的一点能够作多于一条直线，那么我们就会得出不同的几何理论体系。这也就是库恩所说的科学范式。区分知识的三个层次具有重要的意义，我们必须认识到并不是所有的理论和原理对所有的情况都是有效的。理论和原理都是建立在一定的假定之上的。感性知识来自于现实或实际的需要，其基础是传统习惯、社会行为规范和常规。感性知识反映在我们掌握的一些感悟、诀窍、洞察力、直觉和心智模式上。活性知识的根本动力是人们为追求自由而作出的努力，同时我们也可以说追求自由是人生的基本动力。活性知识反映在我们的态度、动机、需求和道德标准上，其基础是我们的价值观、理想、愿景和追求。

区分知识三个层面和层次的意义在于理解它们不同的作用。表 2-2 描述了三个知识层面的主要属性和特点。理性知识的属性是理性，感性知识的属性是感性，而活性知识的属性则是情性。同时，这三种知识的功能也是不同的。理性知识是结果性知识，通常用于反映那里和那时的问题。感性知识是实时性知识，用于解决实时（这里和这时）的问题。

活性知识是关键性知识,需要回答哪里与为何等问题。显性知识是数字的知识,属于理论的范畴;隐性知识是模拟的知识,属于实践的范畴;活性知识是本质的知识,属于精神的范畴。获取理性知识的手段是将主体和客体分开,增加感性知识的方式是将主体和客体结合起来,而活性知识则产生于将主体放在客体之中。这三个知识层面分别反映在不同的载体上,理性知识通常出现在抽象的符号和公式上,感性知识反映在生动的经验中,而活性知识则承载于活跃的情感中。以上三个知识层面也反映在不同的研究领域,理性知识的研究领域是认知,感性知识反映在人们的行为上,而活性知识则表现在情感中。理性知识靠逻辑与推理而直接产生,感性知识的直接来源是实践与经验,活性知识则源于人类对自由与公正的追求。最后,掌握和提升这三种知识需要不同的学习能力,即通常所说的智力。学习理性知识的能力反映在传统的分析智力即智商上,学习感性知识的能力则可以称为实践智力,而学习活性知识的能力则是近来备受关注的情感智力也即情商。

表 2-2 三个知识层面的比较

特点	知识层面		
	理性知识	感性知识	活性知识
属性	理性(脑)	感性(体)	情性(心)
功能	结果性知识 (那里,那时)	实时性知识 (这里,这时)	关键性知识 (哪里,为何)
范畴	数字的知识(理论)	模拟的知识(实践)	本质的知识(精神)
手段	主体和客体分开	主体和客体结合	主体在客体之中
载体	抽象的符号	生动的经验	活跃的情感
研究领域	认知	行为	情感
直接来源	逻辑与推理	实践与经验	自由与公正
学习能力	分析智力	实践智力	情感智力

根据上面讨论的关于知识三个层面的不同属性与特点,可以得出这样的结论,某一方面的知识都不是完备的。片面地强调知识的某一层面就可能造成偏差。如果我们过分强调理性或技术性知识而忽视实际情况的变化和根本目的,就有可能犯本本主义或教条主义的错误。反之,过分强调感性或实践性知识而忽视理论的作用就可能导致经验主义或机会主义。同样道理,注重活性或关键性知识而轻视其他两个层面则可能引起冒险主义或极端主义。因此,我们需要用辩证的观点看待知识的三个层面和层次。知识的某一方面只能看作是有效的整体知识的一个部分或层面,好比是一个硬币的三个面(正面、反面及侧面)。因此,不仅要对知识的三个层面和层次有深刻的认识,更要系统地分析和理解它们之间的关系。

为了说明知识三个层面之间的关系,图 2-1 指出了学习是将三个层面联结起来的活动。该图的三个角分别代表了知识的三个层面,图中带有箭头的直线代表了知识层面之间的关系,也说明了不同的学习活动。知识的三个层面并不是割裂或不相关的,它们之间有着复杂的动态关系,而正是我们的学习活动将不同的知识层面联系起来。我们至少可以识别 9 种反映知识层面的动态关系的学习方式。需要指出的是,在每一个特定的学习活动中,常常有多于一种关系在发生作用。也就是说,我们的学习活动常常需要激活不止一个知识层面。但是为了清楚地说明知识层面之间的动态关系，我们还是需要对这些关系逐个说明。

图 2-1 指出了至少有 9 种学习方式将知识的三个层面联系起来，它们分别是**实践化、概念化、具体化、系统化、有效化、合法化、质变转化（变革）、物质化和情感化**。**实践化**是通过个人的直接实践和参与而获取感性知识的一种学习方式。实践和参与的直接结果是个人的感性知识，常用的学习方式有师傅带徒弟、演示、辅导、教练、在职培训和个人传授等。**概念化**是将隐性和感性的知识

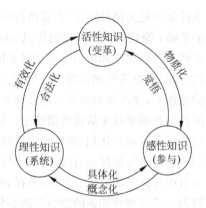

图 2-1　三个知识层面之间的动态关系

用明确的概念和理论表达出来的过程。这是一个从感性知识上升到理性知识的过程，也是知识创新的极其重要的过程。一些常用的学习方式有大脑风暴法、讨论、激烈提问、自我反省和提出假设等。**具体化**是指人们将既有的理性知识转化为个人的感性知识。一些常用的学习方式有实习、现场学习、边学边干、角色扮演、案例分析和模拟等。具体化也就是我们通常所说的理论联系实际。**系统化**是系统整理既有理性知识使之成为有逻辑和有条理的知识体系。一些常用的学习方式有研讨会、辩论、文献评论、讨论会和前景计划等。**有效化**是指人们根据理性知识而调整或改变其价值观、态度、愿望和其他事物重要性的认识等活性知识的过程。个人反省、员工入职教育、遵从权威和劳改教养等就是有效化的一些例子。**合法化**是指人们根据其活性知识而有选择地接收理性知识的过程。一些常用的学习方式有反思、辩论、深入提问和团队建设等。团队建设的一个重要目标是要统一团队成员的思想（主要反映在活性知识）以使得个人、团队与组织的目标（也就是显性知识）结合起来。**质变转化或者变革**是指人们的意义体系（包括价值观、态度、理想和道德准则等）发生质的变化，从而形成新的活性知识。一些常用的学习方式有检讨、自我反思、非暴力性行动和参与性研究等。**物质化**是指人们将活性知识转换为隐性知识的过程，也就是我们通常说的精神变物质的过程。一些常用的学习方式有支持和激励、加油鼓气、增强信心、向榜样学习、现场学习、社区发展和特别任务小组等。最后，**情感化**是人们从其感性知识和直接经验中提高认识，从而改变其活性知识的过程。属于这个过程的一些常用的学习方式有经验交流、个人反思和觉悟等。

第三节　知识整体论与组织行为

由于本书的主要任务是介绍战略人力资源管理的理论以及相关概念和实践，我们不可能对知识整体论和学习过程作更多的详细说明。但是，我们必须看到知识整体论对于研究组织行为的重要意义。这是因为组织行为既是个人、团体和组织的学习结果，又是学习过程。从这个角度上讲，战略人力资源管理的根本任务是促进员工和组织的学习，成长与发展。知识整体论为我们研究组织行为提供了重要的理论基础。组织行为是三个知识层面之间平衡的结果。在知识整体论的基础之上，杨百寅提出了组织行

为的整体理论。该理论认为,个人的行为是由维持三个根本的驱动力(亦即理性、现实和自由)之间的均衡而产生的。人的一生中必然面临许许多多的问题,而这些问题大多反映在个人对问题的认识知识以及决定知识的三个主要的驱动力之间的关系中。均衡是指三个知识层面内部以及它们之间的一致性与协调性。

均衡与非均衡是相对的,人的一生都是处在均衡与非均衡的状态之中。首先,非均衡可能来自三个知识层面的内部,从而引起个人行为的变化。由于追求个人自由(在个人层次)和社会公正(在社会层次)这个根本驱动力的作用,人们的活性知识的三个层次及其之间的关系处于不断变化的状态。这些变化反映在那些活性知识的变化中,包括个人的价值观、是非观、理想、愿景、追求以及态度、动机、需求、道德标准等。一个人的生活再怎么平淡,总会有内部和外界的刺激造成其活性知识的不平衡。这样的不平衡就体现在活性知识的变化上,而活性知识的变化则会导致三个知识层面的非均衡,从而引起一定的行为。例如,在改革开放的初期,有一部分人很早"下海"经商,而有的人则选择留在国有企业或政府事业单位,更有一少部分人认为个体经商是不正当的而对此抨击。这些行为差异在很大程度上是由个人的活性知识如价值观、理想与追求所造成的。又如,有的员工准时上下班,在完成工作任务和定额之后不再付出更多的时间和精力;相反,也有的员工为企业的生产和发展而竭尽努力。这两种截然不同的工作行为在很大程度上是受到员工个人的活性知识的影响。员工工作态度、工作热情、事业追求、对报酬公平的看法以及职业道德等这些活性知识都会对其行为产生巨大的影响。同样道理,理性这个根本的驱动力通过个人的理性知识对人的行为产生影响。人们通常认为一个人的能力是靠正规教育和读书来提高的,因此我们通常要求下属(同时也常常被要求)进入正规的大学或研究机构掌握最先进的理论、模型、观点、思想和方法等。尽管这种想法不完全正确,但是它说明了个人的理性知识对行为的作用。有时候,这种作用是极其强大的。笛卡儿说:"我思故我在",其含义在于说明理性的力量。人类与其他动物相比之所以能够成为万物之首,正是依靠理性的力量。在企业管理中,我们看到了日益高涨的学习和培训的热情,反映在经理层的管理学习和培训以及员工的知识更新和充电上。人力资源的开发和利用,正是通过不断的学习与培训,使得员工和管理人员的显性知识得到充实和提高,进而有目的地应用学到的知识改进业务成绩。个人的行为还受到隐性知识的直接影响。我们的许多行为是通过对周围环境与事物的观测和模仿而学来的。这种学习不一定通过大脑的深刻思考与冷静分析。在许多情况下,我们并不靠理性而作出决策,譬如根据传统或直觉而行动。还有一个重要的因素是,主导我们显性知识和活性知识的两个驱动力——理性和自由——都受到现实情况的制约。我们在各种决策中,都必须考虑现实的条件与可行性。因此,实际是现实决定我们行为的力量。(参阅图2-2)

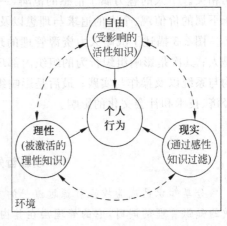

图2-2 三个根本驱动力之间的均衡结果

其次,非均衡也可能来自三个知识层面之间的作用,从而导致三个根本驱动力之间的失衡。例如,人力资源管理的一个重要方式是团队建设,其核心在于将团队成员的思想认识统一到一个新的高度,这个新的思想认识也就是大家共享的活性知识。活性知识的转化有可能与其他两个知识层面产生不一致,这就势必引起其他两个知识层面的变化。员工价值观和态度的转化通常带来显性知识和隐性知识的变化。在这三个知识层面达到新的均衡的时候,个人的行为也就相应的发生变化以实现它们之间的平衡。改革开放的一个强大的动力是改变传统的对姓"社"与姓"资"的思想认识,从而造成价值观的根本转变。这样的转变反映在对个体经营、股份制和市场经济等概念的重新认识上,进而也反映在新的生活和生产行为与方式上。又如,组织中的冲突也可以看作由影响均衡与非均衡的三个驱动力造成的。员工之间的冲突可以看作是由于其知识层面不匹配而引起的。组织行为学的理论和研究表明,组织中的冲突主要来自四个方面:(1)相互依存亦即来自组织的结构。(2)相互推测亦即个人的认知。(3)相互干扰亦即个人的行为。(4)负面情感。除了第一个是组织因素以外,后面三个正好反映了员工个人的三个知识层面。冲突可能来自于不同的认知(理性知识),也可能由于行为习惯的差异(感性知识)而引起的,也可能是相反的态度和情感(活性知识)造成的。因此,解决冲突的一个有效的手段是交流和沟通,以使得冲突双方的知识达到适度的平衡。

以上讨论了影响个人行为的三个根本的驱动力,而这三个力量也正好符合韦伯提出的权力的三个基础。韦伯认为,领导的权力来自于三个基础:第一是法理权威;第二是传统权威;第三是个人魅力。法理权威意味着下属服从某个权威是因为他们认识到了这个权威使用权力的基础是合法的。这也就是说,权力的第一个基础是理性的力量。员工通常在认同上级命令的合法性以后才执行其交给的任务。传统学说假定文化、传统与价值观等因素决定了一个人服从什么样的人做领导。在我们的传统文化中,年长或者资历通常被作为选择领导的一个重要标准。因此,权力的第二个基础实际上指的是感性知识的作用。权力的第三个基础是个人魅力,即领导通过个人的成功经历或其他的影响力量来影响他人的行为。第三个权力基础与知识整体论中的活性知识密切相关。个人的魅力属于情感的范畴,一个领导是否具有魅力而对下属产生影响,取决于下属的价值观、个人的追求与理想以及对领导的看法与态度等。

图2-3描述了战略人力资源管理的理论框架。首先该框架的核心是人力资源,即是人;其次是影响组织行为的组织内部环境,包括三个主要的因素——理想与战略、结构与系统以及操作与实践;最后是影响组织行为以及组织本身的外部环境,包括政治、经济、技术和社会文化的影响。

埃森哲知识分享框架

分享知识已成为埃森哲源远流长的文化。埃森哲咨询公司在帮助客户进行行之有效的知识管理的同时,它的管理层在其内部也进行了成功的知识管理。在很大程度上,埃森哲公司的成功得益于其强大的知识管理系统。

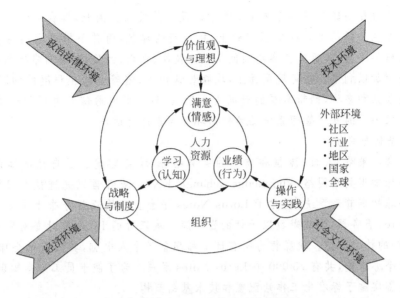

图 2-3 战略人力资源管理的理论框架

一、理念与架构

作为一个依靠咨询顾问脑中的知识与智慧生存的咨询公司，在埃森哲高层的眼中，一个企业的知识资本（knowledge capital）是方法、工具、培训、数据、主意、思考和经验的集合，对企业从事经营活动具有价值。而知识管理则是实现企业目标的一种系统化的流程。无疑，"知识资本"是埃森哲最宝贵的财富之一。因此，管理层赋予知识管理以战略地位——实施知识管理的战略意图是使知识成为把思想转化为商业价值的引擎；进行知识管理的具体任务是创造、获取、综合、分享、使用信息、见解和经验，以实现埃森哲的商业目标。

在高度重视之下，埃森哲奉行了全球知识管理策略：知识管理工作由全球知识管理总裁领导并管理；543名知识管理专业人员分布于世界各分支机构；知识管理被视为不可或缺的业务实践；知识管理专业人员具有专属的职业发展模式，公司为他们提供专门课程。此外，埃森哲还建立了全球化的知识资本标准运行流程，包括知识获得、内容审核、知识归档等，而知识分享的标准流程也已深入到埃森哲的业务开发、项目执行、质量保证等各个业务流程中。

知识管理不等于信息技术，它涉及个人、组织、业务、策略、环境等各个层次。在埃森哲，在个人层次上，知识分享已经植入员工的学习程序中，以便使其所需技能潜移默化地融入他们的日常学习中。公司领导认识到，知识分享既是个人和组织成功的关键，也是推动知识分享的主要动力。于是，他们通过决心与表率作用，以及对员工进行考核和激励，强化知识在组织内的分享。在组织层次上，埃森哲将员工组成面对行业的、跨不同能力部门的项目小组。正是这些小组使用和创造了公司的知识资本。埃森哲的全球知识管理团队分工明确地支持这些小组。知识分享是公司考核项目小组业绩的关键指标。埃森哲的员工通常需要远离办公室，在客户的办公地进行工作。这种业务的特点要求埃森哲在全球范围内传送最佳方案以及相关技术。因此,埃森哲的每一个项目小组都需要在公司已集合的知识基础上,搭建新的建筑,而并不需要它们再去发明流程。在策略层次上,埃森哲把咨询顾问个人的技能、知识、经验,与公司常年累积的知识合并在一起加以利用。在环境层面上,埃森哲认识到,随着全球化程度的加深,客户的需求日益复杂和多样,创新需要的时间大大缩短,新技术使通信变得更加迅捷;因此,管理层要求公司的知识管理系统必须针对环境因素进行运作。

二、结构与系统

为了实现策略、人员、流程和技术的完美结合,埃森哲建立了自己的知识管理系统——全球知识共享网络(knowledge xchange,KX)。埃森哲以先进技术架构为依托构建的全球知识管理系统,构建于 Lotus Notes 平台上。埃森哲分布于全球的 300 个 Lotus Notes 服务器,装载着数以千计的资料库。埃森哲的 IT 人员对资料库实现全天候(24×7)的技术支持。埃森哲为所有员工都配备了个人电脑,其分布于全球 47 个国家的 110 个办事处,共有 75 000 个 Lotus Notes 用户。为了便于员工分享知识,埃森哲在全球范围实施了标准化工作站配置和技术基础架构。

埃森哲的知识管理系统能够提供业务文档、业务管理、专业研究、培训学习、沟通交流,以及获取外部资源六大功能。这些功能有力地支持着来自不同市场、行业(通信和高科技产业、金融服务业、政府机构、产品制造业及资源产业)和服务领域(企业策略与业务架构、客户关系管理、供应链管理、财务绩效管理、人员绩效管理、业务解决方案、解决方案运作、信息技术研创及创业服务中心等)的员工。

三、操作与实践

当埃森哲的一个项目在美国纽约开工之际,项目组急需一位具备某专项技能的人员,而该类专家在纽约又缺乏。在这种情况下,项目组便可以进行全球人员调配。eScheduling 网站就是埃森哲公司进行人员调配的途径。网站包含了埃森哲所有员工的最新个人简历——说明他们的所在地点、项目经验、技能/专长、教育背景、所获培训和专业资质等,以备项目负责人检索。此外,eScheduling 还提供了双向沟通功能,埃森哲的员工在上面可以自由发表对项目人员调配的意见和建议。

埃森哲的 KX 拥有诸多强大的功能。例如某位埃森哲员工需要查找有关银行知识管理方面的项目经验,他可以先进入 KX 黄页,找到金融服务业知识库(FS knowledge source)后,输入限定性关键词(bank/knowledge management),执行查询功能;很快他就会获得全部相关内容名单;而后,他再在名单列表中选定所需文档题头,或者直接打开,或者选择让系统将资料发送到个人电子邮件箱中。

KX 黄页为埃森哲的员工提供了多种查询途径,是他们查找信息最便捷的方式。通过 KX 黄页,他们可以迅速地找到所需资料库,加入到个人工作站中。KX 的资料库全球同步随时更新,内容丰富,包括图书库、实务帮助、论坛、行业分析等,并按照市场、行业、服务领域进行了分类。

在强大的知识系统的支持下,埃森哲的任何一名新员工,无论处于何地都不会因为陌生的环境而无所适从,他对公司与业务的熟悉将从井然有序运行的 KX 黄页开始。

根据知识整体论,员工个人在组织中的行为取决于三个层面的知识——显性知识、隐性知识和活性知识,分别反映在个人的认知、行为和情感上。由于员工的绩效是战略人力资源管理最为关注的组织行为,而员工的情感以及活性知识则反映在其动机上,我们就以动机、认知和行为作为分析目前主要的组织行为理论的基础。组织行为学是战略人力资源管理的主要基础学科之一。文献中有许多解释组织行为的理论,表2-3列举了一些组织行为的理论基础。该表是根据知识整体理论对各种组织行为理论进行分类的。

表 2-3 组织行为理论的分类

主要理论基础	组织行为理论	组织行为理论的主要内容
动机理论:识别人的根本需求和动机,如安全或权力。	马斯洛的需求层次	人的需求分成5个层次:生理、安全、爱、地位和自尊以及自我实现。
	阿尔德法的生存、关系和成长(ERG)理论	人的需求分成3个层次:生存、关系以及成长。
	赫茨伯格的双因素理论	两组基本需求:生存与个人成长;生存是保健因素,而成长是激励因素。
	公平理论	员工的动机很大程度上取决于其对公平的判断。
认知理论:假定人的行为受制于有意识的思想、信念和判断。	期望理论	人的动机是一个有意识的选择过程;人们将其努力放在产生最大效果的活动中。
	目标确立理论	绩效目标能够激励员工的努力,持续他们的努力,并影响他们完成工作任务。
	理性行动理论	个人的行为是由其某个行为的态度和社会行为规范所决定的;而态度则取决于行为后果的期望值。
行为理论:强调人的行为是自身与外部事件作用的结果。	强化理论	伴随愉快后果的行为将会经常出现(强化),伴随不良后果的行为将不常出现(弱化)。
	社会学习理论	人们通过观察和模仿他人的行为而学习,强化或奖励的行为则会再次出现。

一、动机理论

动机是员工行为的基本要素,动机理论试图解释人们的努力和能量是如何产生与使用的。马斯洛的需求层次理论假定人的行为被五个需求层次所决定,低层次的需求满足以后才向高层次发展。这五个需求层次分别是:生理、安全、爱、地位和自尊以及自我实现。这个理论假定人的需求是从低向高发展的,低层次(如生理需要)满足以后才会出现高层次的需求(如心理和社会的需求)。一旦目前激活的需求满足了,下一个层次的需求就会被激活并且引导行为。与这个理论相近的是阿尔德法的生存、关系和成长(ERG)理论,它将马斯洛的五个需求层次削减为三个。该理论认为,假如一个人在满足其激活的需求中受阻,已经满足的需求就会被激活并且引导其行为。另一个以动机为基础的理论是赫茨伯格的双因素理论。该理论认为人有两组基本需求——生存与个人成长。生存是保健因素,本身不能提供工作的满意,但是能够防止不满意;而个人成长是激励因素,能够产生工作满意的情感,但是个人成长因素的缺失并不一定会导致工作不满意。这个理论指出可以通过以下方法来激励员工。首先,确定保健因素的存在,从而防止不满意;其次,增加激励因素,提高工作满意程度。这个策略就是通常称为的工作丰富化。还有一个重要的动机理论是公平理论。公平理论强调,员工的动机很大程度上取决于其对公平的判断。那些认为得到公平对待的员工就会保持现有的绩效和行为方式;而那些认为自己是不公平的受害者的员工则会寻找一些途径来减小对不公平性的反感。许多学者和书籍将公平理论归类为认知理论,这是因为认知在行为判断中有重要作用。然而,公平理论主要说明的是员工的活性知识(对个人自由与社会公平的追求)与认知过程之间的作用,最后影响个人的行为。显然,员工对公平的认知取决于他们的活性知识如价值观和是非观等。例如,企业老总与普通员工的收入与报酬差距,在欧洲和日本是几十倍的差别,在美国则高达几百倍。而在我国,几倍的差别就有可能使一些员工承受不了。这很大程度上反映了不同的价值观和与之适应的薪酬体制。

需求层次理论是解释组织行为中传布最为广泛的理论,这是因为其内容通俗易懂并且符合我们的直觉。但是也有质疑需求理论的,需求并不能够解释所有的动机。由于人的内心状态不易识别和测量,需求层次理论也就很难检验。同样,建立在双因素理论基础上的工作丰富化实践似乎验证了该理论,严格的检验则还是比较缺乏。根据本书提出的知识整体论,动机理论强调了人的活性知识对其行为的主导作用,但忽略了其他两种知识(显性和隐性)的作用。例如人的许多行为在很大程度上是由传统和习惯(亦即隐性知识)所决定的。

二、认知理论

动机理论侧重于人的根本需求,而认知理论则强调人的行为是受制于有意识的思想、信念和判断。认知理论中最有影响的恐怕是 Vroom 的期望理论。该理论认为人的动机是一个有意识的选择过程;人们将其努力放在产生最大效果的活动中。另一个重要的认知理论是目标确立理论。目标确立理论指出绩效目标能够激励员工的努力,持续他们的努力,并影响他们完成工作任务。还有一个重要的认知理论是理性行动理论。该理论认为个人的行为是由其某个行为的态度和社会行为规范所决定的;而态度则取决于行为后果的期望值。

认知理论从人的显意识出发来研究组织行为,它的一个重要的基本假设就是人是理性的动物。这也就使一些认知理论忽略了潜意识(感性或隐性知识)和基本价值观(活性知识)的作用。在企业管理中,一些新举措或新政策之所以遇到来自员工的阻力甚至反对,并不是员工没能认识或理解这些新举措或新政策的内容及其意义,而通常是由于有的员工并不认同新举措或新政策的目标和方向(亦即来自于不同的活性知识)。认知理论的另一个假设就是人可以获得明晰的知识,从而作出正确的决定。而这又恰恰成为管理中的一个误区。正如知识整体理论指出的,明晰的知识仅仅反映了个人整体知识的一个层面。由于事物的复杂性和多变性,明晰的知识是不完备的,仅仅依靠影响员工的认知是不足以引导他们的行为和绩效的。有时候,人们明明知道一个行为可能带来负面后果,但还要去做,这通常是由于情感和习惯所造成的。

三、行为理论

第三个比较普遍的解释组织行为的理论是以行为为中心,强调人的行为是自身与外部事件共同作用的结果。其中影响比较大的有强化理论和社会学习理论。强化理论来源于行为主义,它认为伴随愉快后果的行为将会经常出现(强化),而伴随不良后果的行为则不常出现。根据强化理论,管理者可以通过针对员工行为后果的调整来控制其行为。该理论在应用中包括四个常用的行为修正方法。(1)正强化是指通过提供愉快的后果来增加某个行为出现的频率;(2)负强化是指通过减少或取消负面的后果来增加某个行为出现的频率;(3)消失是指通过取消正在强化的作用来减少某个行为出现的频率;(4)惩罚是指通过引入负面后果来减少某个行为出现的频率。社会学习理论是另一个重要的侧重于行为的理论。该理论认为人们通过观察和模仿他人的行为而学习,强化或奖励的行为则会再次出现。社会学习理论强调人们从两个方面学习:(1)直接经历某个行为的后果;(2)观察他人的行为并且看到他们经历的后果。尽管这个理论的中心是在行为方面,它还包括一个属于认知领域的概念——自我效能。自我效能是指一个人关于他是否有能力成功完成某个行为的判断。社会学习理论认为自我效能在很大程度决定一个人是否表现某个行为、花多大的力气以及这个行为的表现能够持续多长时间。

建立在行为基础上的组织行为理论得到了许多实证研究结果的支持。这是由于,行为本身容易测量以及行为理论假设的一些环境条件比较容易控制。但是这种理论也有很大局限性。行为主义只强调人的行为,而不关心人的内心思想和动机。这就很难解释外部事件是如何影响人的内心世界和外在行为的。虽然社会学习理论包括了自我效能这个认知领域的变量,但是没有考虑到其他认知变量的作用及其与自我效能的关系。尤其重要的是,大部分的行为理论没有深入考虑或根本就没有考虑活性知识对组织行为的作用与影响。

第四节 影响员工行为的外因

上面讨论的组织理论大都是从个人内部的因素来分析个人在组织中的行为。虽然有的理论指出了外部因素对个人行为的影响,但是它们大都强调个人的内部因素是起决定性作用的,外部因素通过内部因素而对个人的行为产生影响。图2-2也清楚地支持这个观点,这即是外因是通过内因对个人行为起作用的。因而,人力资源的管理者必须充分认识到哪些外部因素以及它们如何对个人的行为产生影响。图2-2从整体论的观点列举了对人力资源产生重要影响的组织内部与外部因素。该图指出了影响员工行为的组织内部因素有:组织的理想与战略,组织的系统与结构以及组织的操作与实践。这些因素通过多种途径影响员工的行为。

一、组织的理想与战略

组织的理想与战略是企业领导能够产生其影响力的重要杠杆。一个企业的愿景与理想决定了企业的发展方向,也对员工提出了一定的期望。有效的领导并不强迫下属,而是通过激励下属、协调活动和提供支持来达到目的。豪斯的"目标—路径"理论认为领导者的根本角色是明确目标并且为员工识别达到目标的有效途径。如果一个领导这样做了,那么员工的积极性就能调动起来,他们的工作就会更加满意,而且他们的绩效就会提高。随后的研究结果证明这个理论是可以用来解释和预测工作满意度的。

格兰的领导成员交换模型(leader-member-exchange,LMX)也说明了领导对员工的影响力。正如我们平常能够观测到的那样,领导者与不同的下属往往有着不同的关系。有的时候这种关系甚至是截然相反的,一种是非常好的关系(或称之为"圈子内"),而另一种则是非常差的(或称之为"圈子外")。圈子内的员工与领导的关系可以反映为相互尊重、喜欢、信任和影响;反之,圈子外的员工与领导的关系则表现在与以上相反的行为。研究结果表明,圈子内的员工比圈子外的员工有着更高绩效,更加满意,较少离职,并且更加容易发展。这个理论说明,领导一定要对其下属一视同仁,不能抱有偏见,更不能搞小圈子、拉帮结派、任人唯亲。

根据上面介绍的知识整体理论,员工的积极性、工作满意度以及对企业的忠诚和投入等个人情感方面的体验属于活性知识的范畴。组织的理想与战略通过具体的目标与领导方式直接影响员工的活性知识。员工个人的理想与价值观构成了活性知识的基础,而企业理想与战略的实施则对员工的活性知识发生直接的作用,进而造成不同的后果。如果员工认同企业的理想与战略,以及包含的具体目标和领导方式,他们的积极性就会很容易被调动起来,工作也会满意。反之,如果员工个人的理想和价值观与企业的理想和战略不吻合或矛盾,员工的积极性就会受到打击,工作也不会满意。知识整体理论指出,员工的活性知识是与其他层面的知识密切相关的,活性知识可以支持或转变为其他层面的知识。员工可以通过反思、辩论、深入提问和团队建设等合法化的学习手段,将活性知识转变为显性知识。显性知识的制度化就会构成组织的系统与结构,而一个企业的系统与结构在很大程度上是受制于其理想与战略的。同样道理,员工也可以将活性知识转换为隐性知识,亦即将精神转变为物质。我们通常运用支持和激励、鼓足勇气、增强信心和向榜样学习等方法,将企业的理想与战略转化为员工的实践(亦即隐性知识)。因此,企业管理者的一个十分重要的任务是要调动员工的积极性,将员工个人的活性知识(亦即理想与价值观)与企业的理想和战略有机地结合起来。

二、组织系统与结构

组织内部影响员工行为的一个重要因素是组织系统与结构,包括工作设计、奖励机制等。这些因素首先影响员工的认知亦即理性认识,进而对其行为产生作用。工作设计是一个工作岗位的具体安排和与其他岗位的关系,包括为这个岗位上的员工确定具体的工作任务和责任范围。工作设计的目的是要提高生产效率并改进员工的工作条件。研究结果表明,有效的工作设计能够满足员工的成长需求,提高员工的责任感、工作意义感和对其工作效果的认识,进而能够提高员工的满意度,并且促进生产率。

另一个影响员工行为的重要因素是奖励机制,包括以下三个方面:(1)企业通常使用的奖励方式,是以物质还是以精神为主?(2)奖励是如何分配的?是每个员工相同,还是根据个人的贡献,或者根据员工的需要?(3)奖励分配的标准,是根据工作结果,还是根据员工的工作表现,或者根据其他的非绩效因素,如资历和工龄等?应该指出的是,奖励不仅包括那些有形的因素,如工资、奖金和奖状等,还包括那些无形的内容如荣誉和认可等。一个有效的奖励机制应该为企业的员工提供他们所追求的。上面描述的一些组织行为理论可以为建立有效奖励机制提供参考依据。譬如说,人力资源的管理者必须了解为什么有的奖励措施不能很好地调动员工的积极性。期望理论和强化理论都指出,员工通常去做那些能够得到奖励的事情。假如管理层不能认真地设计和完善奖励机制,造成的后果则可能是无意识地强化了那些不希望的行为。例如,员工的创新和冒险得不到鼓励或奖励的话,就有可能产生安于现状、不求进取的现象。但是,有的时候奖励机制过于烦琐或教条,控制了太多的行为,这也会挫伤员工的积极性,影响其工作绩效。

根据上面介绍的知识整体理论可以知道,工作设计和奖励机制等企业的结构因素为员工提供明晰的知识。在工作中,员工带来个人过去积累的理性知识,同时又受组织系统与结构的直接影响。也即是,组织系统与结构通过影响员工的理性知识来对个人发生作用。组织系统与结构因素,如规章制度和奖励指标等,直接影响员工的理想思维和认识。其直接的后果是明确清晰的显性知识,进而通过系统加工而形成一定的理性知识。正如知识整体理论所指出的,这种理性知识并不是孤立的,它与其他层面的知识发生作用。员工可以通过个人反省、服从权威和规章制度、自我批评与教育以及提高认识等有效化的学习方式,将理性知识转换为活性知识。战略人力资源管理的一个重要功能是要使员工的活性知识(亦即理性与价值观)与组织的关键性知识相匹配。同样道理,员工也可以通过各种学习方式,将理性知识具体化为感性知识。由于每个员工面临的岗位和情况各不相同,员工在工作中多少能够产生一定的独特的感悟,这种感性知识往往是隐性的。

三、组织操作与实践

组织内部还有一个影响员工行为的重要因素是组织的操作与实践,包括组织文化、行为规范和同事间的交往所形成的群体关系等。图1-2表明,这些操作和实践的因素直接影响员工的行为。组织文化是其成员共同享有的价值观、信念和行为方式所组成的集合,并且起到了引导他们行为的作用。那些能够深刻理解组织文化的员工通常能够正确地认识内部发生的事件,知道组织对他们的期望,而且能够在不熟悉的情况下采取合适的行动。那些有着强势文化的企业通常能够运用潜移默化的手段来使得员工接受其价值观和行为规范。组织文化对人力资源的开发与管理有着重要的意义。组织的变革、企业的改造和文化的建设都是人力资源的重要职能。许多战略人力资源管理的手段和实践能够用来建设和改造组织文化。同时,人力资源的结构与系统,以及人力资源的操作与实践,也受到所在组织的文化的影响。

行为规范通常指的是在一个工作团体中形成的关于个人行为的合适性的不成文或非正式的规定。例如，在有的地方如南美和新西兰，朋友间约会通常要比约定的时间晚；而在北美如美国和加拿大，人们一般总是准时赴约。行为规范也可以是成文的，如职业手册。行为规范向每个员工传递重要的信息，什么是期望的行为，什么行为是不希望的。行为规范起着约束团体和组织成员的作用，因而对员工的行为产生重要的影响。

由于人力资源工作关心的是员工，而员工间形成的群体关系对员工行为有着重要影响，我们必须深刻理解各种群体关系。群体是两人或两人以上的集合体。研究群体关系的一些理论可以称为群体动力论，而群体动力论则试图寻找那些群体中一些员工个人行为的动力，如群体思维和靠群体来混日子等。群体思维是指群体成员过分关心其全体一致，在做决策时没有能够全面考虑不同的方案，因而造成失误。靠群体来混日子的现象出现在群体的成员数目增加而引起的一些成员不努力或少努力的时候。成语滥竽充数说的就是这个现象。因此，人力资源经理和其他管理人员必须认识到员工是如何在群体中工作的。在工作设计和人力资源方案的实施中，应该设法避免群体动力对工作造成的不利影响。例如，我们在工作设计中应该考虑群体的规模，亦即群体成员的数目。一些研究表明，群体的规模为7±2人，亦即5人至9人最为合适。

团队是理解群体关系的另一个重要的概念。团队能够将群体对员工个人的影响放大，并且产生其他的动力。与团队紧密相关的两个概念是信任和凝聚力。信任是指一个人或一群人对他人可能做出的有利行为的一种期望。信任本质是有一定风险的，因为他人可能并不根据你的期望来行动。团队建设中的一个重要任务是增加成员之间的信任度。研究结果表明，员工之间的信任有利于提高其绩效、相互合作与解决问题的能力。

凝聚力是群体对员工影响的另一个重要的动力，它指的是群体成员被团队吸引并且愿意留在其中的力量。换句话说，凝聚力高而且有着高度信任感的群体才能称为团队。由于团队成员间的高度依赖性，他们必须表现出高度的相互信任并且都能感到凝聚在一起的力量，这样才能工作在一起并且顺利完成工作。

根据上面介绍的知识整体理论，信任和凝聚力属于隐性知识的范畴，存在于组织的操作与实践之中。这也就是说，组织的操作与实践通过影响员工的感性知识来对个人发生作用。员工参与一个组织的生产实践与操作过程，直接的后果是其积累的感性经验，进而通过其摸索与感悟形成一定的感性知识。正如知识整体理论所指出的，这种感性知识可以转变为其他层面的知识。员工可以通过思考、假设、提问和反省等概念化的学习手段，将感性知识转换为理性知识。理性知识的制度化就会构成组织的一个重要的学习过程。同样道理，员工也可以通过交流经验与心得、个人反思和提高认识和觉悟等学习方式，将感性知识转化上升为活性知识。员工个人的活性知识一旦与企业的理想和战略相结合，就会形成无穷的干劲和精神力量。

上面讨论的是影响员工行为的组织内部因素。我们知道，任何企业都与外界发生一定联系。员工行为不但受到组织内部因素的影响，而且在很大程度上取决于组织外部因素。企业只是员工的工作场所，只占其生活的一小部分。员工的思想意识、理想与追求、工作能力与态度以及行为习惯等，不但在进入企业之前就已经形成很大的惯性，而且在加入某个企业之后仍然与企业的外部因素发生联系。组织外部因素不仅影响员工行为,而且在很大程度上决定了一个企业的战略选择和管理方式。因此,讨论企业的人力资源战略,必须深入研究企业的外部因素。我们将在第三章专门讨论战略人力资源管理的外部环境。

第五节 战略人力资源管理的理论基础

除了上面介绍的知识整体理论以及与之相关的一些组织行为理论以外,还有一些重要的学科为人力资源的开发与管理提供了不可多得的理论基础。战略人力资源管理是一门应用性学科,它的理论是建立在一些基础学科之上的。美国学者斯旺森(Swanson)提出了三个支撑点的观点,即人力资源管理的理论基础来自于经济学、系统学以及心理学。经济学研究的是任何一个组织(也包括个人和社会)的根本驱动力和生存尺度,亦即经济因素;系统学认识到整体与部件,以及它们之间的关系的组合可以使得一个系统或子系统达到最优化;而心理学则认为人类本身就肩负着生产和传承其文化与行为的使命。这三个学科相对独立而本身又比较成熟。下面将介绍这三个学科中与战略人力资源管理相关的理论。

一、经济学

经济学关心的是人类怎么生活。它研究的是如何配置各种资源,以满足人类的生活需要。那么,经济学与战略人力资源管理有什么关系呢?与人力资源有关的活动,如果不考虑经济产出(文化大革命时期就是这样),其后果将是非常严重的。从长远上说,任何一个组织(包括企业、家庭、地区和国家等)都必须创造比其消费更多的东西,才能生存和发展。同样道理,在人力资源上的开支一定要能够为企业创造价值,否则这些开支就应较少或干脆取消。经济学有许多原理和理论,斯旺森认为其中有三个理论与人力资源工作密切相关:(1)资源稀缺理论;(2)可持续资源理论;(3)人力资本理论。事实上,有许多经济理论可以为人力资源开发和管理提供重要的基础。下面我们简要讨论一下这些理论及其对人力资源工作的意义。

资源稀缺理论告诉我们任何事物都是有限的,人类必须寻找最佳的开发和利用资源的途径。在我们的日常管理工作中,许多东西如资金、原材料、时间和人才等,都是有限的。这个理论要求我们充分利用现有的资源,以求最大的回报。决策者必须有效地评估各种不同的方案的预期回报,挑选最佳的方案。该理论看起来简单明了,但是在实践中容易被忽略。例如,我们国家的人口众多,有的管理者误以为我们不缺人才,人力资源是我们的优势。事实上,尽管我们国家人口众多,高素质、高水平和具有创造能力的人才还是很缺乏的。我们不缺那些从事简单劳动的人,但缺乏从事开发创新和有效管理的人才,他们的水平与那些在发达国家从事同样工作的人相比有着很大的差距。因此,一个企业的管理者必须懂得人力资源的稀缺性。有时候,往往要在人才流失以后才能真正认识到其价值。

可持续资源理论与上面讲的资源稀缺理论有着许多相似的地方,前者更关心的是长远的而不是短期的行为。可持续资源理论预测人类的生产将越来越依靠人的脑力,而不是体力。企业竞争优势将越来越多地依赖于有关新生产过程的技术,而不仅是新的产品的技术。由人力资源所带来的竞争优势将远远超过大自然所赋予的竞争优势。

人力资本理论的倡导者有美国的经济学家舒尔兹和贝克尔。该理论认为,学校的教育、计算机课程的培训以及医疗保健方面的花费等,都是投资的一种形式。这是因为它们能够改进健康状况、提高个人的收入水平或生活质量。因此,人力资本理论认为在教育、培训和医疗等方面的支出符合传统意义上的资本概念。这些支出不应该简单地看作成本,而应该当作有一定价值回报的投资。更为重要的是,人力资本理论说明在人力资源方面的投资有可能带来最有价值的回报。

经济学理论要求我们有效地管理有限的资源以增加财富。有关人力资源活动的投入与产出,费用与效益的分析,必须从经济学的研究方法出发。经济学理论为人力资源工作提供了基本的但同时也是重要的指南。资源稀缺理论告诫我们必须认真对待并正确使用人力资源。可持续资源理论要求人力资源活动必须能够为企业的长远可持续发展创造价值。人力资本理论要求企业的管理者运用培训与开发等手段,提高人力资源的价值,为企业创造短期以及长期的价值。

二、心理学

心理学中有许许多多的理论可供人力资源的管理人员借鉴。心理学是一门研究人类以及其他动物行为的科学。心理学中与人力资源工作密切相关的理论有:学习理论、动机理论和信息加工理论,以及其他与组织中决策和行为有关的心理学理论。心理学是一门古老的学科,它包含了许多分支。与人力资源相关的心理学分支有:工业心理学、教育心理学、认知心理学以及发展心理学等。斯旺森教授认为以下的心理学理论与人力资源直接相关。

行为心理学。行为心理学关心的是什么样的东西是可以观测到的,以及什么样的行为是可以研究的。行为心理学研究指出,人只能依靠其自身能力和经验,对外界发生的事情产生反应。行为心理学并不关心个人内在的反省和自省,也不关心发自内心的行为,更不讨论或者试图解释诸如人的意识和潜意识等模糊不清的概念。与行为心理学相关的一些概念有:自变量(环境刺激)、因变量(行为反应)、期望或期待、作用法则、练习、强化、惩罚、驱动力和程序化的学习等。

完形(gestalt,又译格式塔)心理学。gestalt是个德语字,指的是组织和排列。格式塔心理学告诉我们,人们并不简单地接收单一分散的外部刺激,而是将许多刺激组织成有意义的排列。在日常生活中,我们看到的和认识到的是人、桌子、椅子、汽车和花朵等一些有意义的事物,而不是那些构成桌子和椅子的简单的线条和颜色。格式塔心理学认为,人们在感受外部世界从而形成其经验的时候,加进了一些不属于我们直接感观的东西,以致我们所经历的世界成为了一个有意义的整体。格式塔心理学派与上面介绍的整体理论有着极为相似的假设。学习是从一个整体变成另一个整体的过程。从整体的观点看待人以及人的需要,能够使我们对人的思想、行为和情感获得全面的理解。显然,这种理解要比那些简单机械地分析人的行为深刻得多。与格式塔心理学相关的一些概念和词汇有：个人内在的反省、自省、意义、洞察力、生活空间、场的理论、人本主义、现象学和相关理论等。

认知心理学。认知心理学是心理学中的一个重要分支，注重研究人的自身认识过程。认识心理学试图解释人是如何将其经历过的东西转化为有意义的认识。它强调人并不是简单地服从于外部的环境因素，他们常常主动地针对外部因素的影响作出有意义的决策。因此，认知心理学关心的是人的内在（通常是指大脑内）的信息加工过程。认知心理学通常并不关心人的情感及其形成和发展。与认知心理学相关的一些概念和词汇有：认知图、场——认知模式、比拟学习、认知结构、信息加工、短期与长期记忆以及人工智能等。

心理学理论对人力资源工作的帮助在于它为我们提供了认识人的心智过程以及人的行为的有力手段与方法。与其他社会科学一样，心理学的一些原理看起来符合我们的直觉，其道理似乎很简单。但是，我们在人力资源的实践工作中常常忽视或者干脆忘记这些重要的心理学原理。行为心理学指出，员工的行为是其内部因素与外部因素相结合的反应。人力资源工作一定要为员工提供适当的条件，激发他们的工作动力与干劲，开发他们的智力和潜能。格式塔心理学告诉我们，人力资源工作必须将员工个人的目标与组织的目标以及工作过程有机地结合起来。员工是人，不是简单的、可以操作和控制的机器。认知心理学要求人力资源工作做好以下因素之间的平衡与和谐：员工目标与行为，企业目标与规章制度，生产实践与工作流程。

三、系统学

系统科学，这里简称为系统学，关心的是系统、整体与部分以及组织的相互关系。系统学的一些主要概念是：输入、过程、输出和反馈。任何企业和其他社会组织都可以看成开放或封闭的系统。系统学产生于多个学科，这些学科尽管不同，但是都与系统这个概念有关。下面四个学科分支与系统学有着紧密的关系。

第一个是一般系统论。一般系统论关心的是整体、各种部分的组合与关系以及系统与其环境的关系。

第二个是控制理论。控制理论是一门研究系统内部以及与其外部环境的信息、交流、反馈和控制的学科。控制理论通常关心的不仅仅是一个系统的功能，它更为关心的是系统结构问题。控制论的核心问题是一个系统中相关部分（或部件）的一致性与非一致性，与此相关的概念有：相容性、互补性、演化性、建设性以及反映性。

第三个是混沌理论。该理论是研究非线性动态系统中的不稳定和非周期的行为。这个理论发现，许多复杂的不可预测的结果并不是随机出现的，而是与它们的初始条件有关，因而在一定的系统中是可以预期的。系统中的许多行为看起来似乎是随机的，但其实它们都是受一定的约束，在特定的可识别方式中运行。一个系统中的许多力量能够无穷次地，以不同但是相似的方式组合和调整自己。混沌理论就是试图揭开这种有序的随机性，这也使我们发现和研究混沌行为。

第四个是复杂适应系统理论。复杂适应系统的概念来自于混沌理论。它要求我们对复杂系统采取全面与整体的观念。研究结果表明，混沌只是复杂系统的四个可能状态中的一个。复杂适应系统理论指出,复杂系统只能在混沌的边缘上产生与维持,而这样的边缘也就出现在介于冻结不变状态与混沌动乱状态之间的狭小的范围内。这个理论进一步假定,系统能够在混沌与有序之间的复杂区域内运行。这样状态下的系统都要经历一个自我组织与自我学习的过程,而这个过程则可能包括系统结构变化、自我重建或复兴(自我复制、复印和繁殖)以及信息与资源的非线性流动。

以上介绍的系统学理论对战略人力资源管理有着重要的意义。首先,系统学为我们提供了一个有效的认识论。系统学将现实世界看作一个有许多层次的子系统所组成的大系统。战略人力资源管理的主要对象是人,而人本身又是一个极其复杂的有机体。如果我们将员工个人看作一个系统的话,那么这个系统是由许多诸如生理、心理、认识和思想等子系统所组成的。同时,个人这个系统又是更大系统的子系统。包括个人这个相对较小系统的更大系统有:家庭、班组、企业、社区、学校、地区、国家等。这些不同层次的有形系统又可以根据分析的需要看作许多子系统的组合:经济系统、管理系统、信息系统和后勤系统等。这些子系统相对独立,但是又相互联系和影响。总而言之,系统学我们提供了一个认识世界的有力的工具。

其次,系统学为我们提供了一个正确的知识观。系统学的一个重要的核心是如何看待我们面对的现实世界。系统学运用归纳的方法将纷繁复杂的世界看作是由许多系统组成的系统。系统学认为,系统本身无非是人们对现实世界的心理反映。从这个意义上讲,系统学或系统思维能够促使我们全面而又整体地看待问题,而不是使用支离破碎或残缺不全的方法与手段。系统学使我们认识到,正是由于系统的动态作用,一个系统的总体作用要大于其部分之和。任何组织的管理者都必须掌握并且运用这样的系统知识观。例如,人力资源工作的一个重要方面是领导有计划的变革。运用系统学的方法和相关的理论,我们可以比较清楚和全面地了解变革的动力与阻力。又如,系统学不仅帮助我们认识员工的绩效等这样个人的行为以及与外部环境的关系,而且可以用来认识企业这样的系统的行为及其结构变化等。

最后,系统学能够提高我们对战略人力资源管理的认识并且改进我们的绩效。战略人力资源管理本身应该看作是企业的一个重要的子系统。它有着独特的使命和任务,与其他子系统发生交互作用。混沌理论则可以帮助我们有计划地促使组织的变革和发展。系统学的一个根本目标是要建立一个统一的科学体系。

第六节 本章小结

理论的重要性在于将我们的感性知识上升到理性知识,并且用来指导我们的管理实践。战略人力资源管理作为一门学科来说,其学说与理论渊源与许多基础性科学体系如经济学、心理学和系统学相关。组织行为学是一门应用性学科,同时也是与战略人力资源管理密不可分的领域。

为了全面地理解战略人力资源管理的理论基础,本章首先介绍了知识整体理论。该理论知识是一个有着三个层面和三个层次的概念,而员工的行为是由其拥有的知识所决定的。三个知识层面分别是:显性知识、隐性知识和活性知识。三个知识的层次为:知识基础、知识表现和知识动力。理性知识的属性是理性,感性知识的属性是感性,而活性知识的属性则是情性。知识的三个层面以及层次之间有着极其丰富的动态关系。我们需要用辩证的观点看待知识的三个层面和层次。在我们的管理实践中,这三个层面缺一不可。组织行为是三个知识层面之间协调与平衡的结果。

在介绍了知识整体理论的基础之上,我们引入了战略人力资源管理的理论框架。首先该框架的核心是人力资源,也就是人;其次是影响组织行为的组织内部环境,包括三个主要因素——理想与战略、结构与系统以及操作与实践;最后是影响组织行为以及组织本身的外部环境,包括政治、经济、技术和社会文化等因素。根据知识整体理论,我们可以将现有的组织行为理论进行分类和鉴别。根据其理论出发点,现有组织行为理论可以分为动机理论、认知理论和行为理论。动机理论强调个人的活性知识对行为的作用,它认为个人的动机与追求决定员工的组织行为。认识理论则从理性知识出发,认为人是理性的动物,员工的组织行为取决于他们的明晰的知识。行为理论强调感性知识对员工行为的影响,指出人的行为是自身与外部事件作用的结果。因此,许多行为并不能够用明晰的认知或活动的感情来解释。知识整体理论将以上三种理论结合起来,认为个人的三个知识层面受到三种动力(理性、实际和自由)的影响,而组织行为则是这三种动力之间平衡的结果。

知识整体论的重要意义在于它不仅能够从个人内部的因素来分析个人在组织中的行为,而且指出了外部因素对个人行为产生的影响。它强调个人的内部因素是起决定性作用的,外部因素通过内部因素而对个人的行为产生影响。这即是说,外因是通过内因对个人行为起作用的。因而,人力资源管理者必须充分认识到都有哪些外部因素以及它们如何对个人行为产生影响。知识整体论的观点明确指出了对人力资源产生重要影响的组织内部与外部因素。影响员工行为的组织内部因素主要有三个:组织理想与战略,组织系统与结构,以及组织操作与实践。这些因素通过多种途径影响员工行为。这三个重要的组织内部因素又正好反映了组织的三个知识层面:关键性知识、技术性知识与实践性知识。

本章还介绍了三个重要的学科作为战略人力资源管理的理论基础。战略人力资源管理的理论基础来自于经济学、系统学以及心理学。经济学研究的是任何一个组织(也包括个人和社会)的根本驱动力和生存尺度,亦即经济因素;系统学认识到整体与部件,以及它们之间的关系的组合可以使得一个系统或子系统达到最优化;而心理学则认为人类本身就肩负着生产和转承其文化与行为的使命。我们简单地讨论了这三个学科中与战略人力资源管理密切相关的一些理论及其实际意义。

重要名词术语
ZHONG YAO MING CI SHU YU

理论	知识整体论	显性知识	隐性知识
活性知识	实践和参与	概念化	具体化
系统化	有效化	合法化	质变转化

物质化	情感化	组织行为学	动机理论
认知理论	行为理论	目标确立理论	需求理论
双因素理论	保健因素	激励因素	期望理论
公平理论	强化理论	社会学习理论	均衡理论
知识整体理论	经济学	心理学	系统学

思 考 题

1. 对于从事人力资源实践工作的管理人员来说,理论有什么用处?

2. 为什么不少管理人员没有很高的学历也能成为成功的企业家?他们的管理与经商知识从哪里来?

3. 知识整体理论对你有什么启发?为什么知识的三个层面(理性、感性与活性)及其包含的三个层次之间是一种对立统一的关系?就你目前面临的一个管理问题,谈谈如何应用知识整体论以避免犯各种各样的错误(本本主义或教条主义,经验主义或机会主义,以及冒险主义或极端主义)。

4. 为什么从人力资源的投资获取的价值优势比其他类型的投资带来的效果更加持续?

5. 为什么有的企业没有在人力资源上作很大的投资就有很好的财务绩效?为什么有的企业在人力资源上作出了很大的投资但是没有很好的财务绩效?

案例

戴志康论学习与实践

戴志康,男,1964年6月出生于江苏海门县万年乡。1978年考入江苏省重点中学——海门中学。1981年考入中国人民大学,主修国际金融,1985年考入中国人民银行研究生部继续深造。1987年进入中信实业银行总行,担任行长办公室秘书;1988年担任德国德累斯顿银行北京代表处中方代表;1990年担任海南证券公司部门经理;1994年创建上海证大;1998年改组证大系列公司,成立并任董事长至今。

回过头来看,我的小学和初中不过是多认得几个字。到了高中,所接受的教育是一种应试教育,学习的主要目的是为了有一个好的考试分数,尽管成绩很好,但是,并没有从这种教育中明白什么道理。进入大学后,所学的那些理论编得很晦涩,好像挺深奥似的,实际上没有什么用处。

从我本人来讲,1985年到了五道口后,思想才开窍,才真正明白了一点点东西。我印象最深的是,学明白了微观经济学。这门课上了三个月,请耶鲁大学的教授讲的,教材也是美国原版的,非常通俗的语言。上完课,我们把它翻译了过来,厚厚一本,这肯定是要在理解的基础上才能翻译出来。我们明白了经济学最基本的概念,明白了市场经济是怎么回事。在此基础上学习宏观经济学、国际经济学、国际贸易等课程,明白了为什么有交换、外汇、资本流通等道理,这也是最基本的道理;意识到了市场经济的重要性,这才是最初形成的一个思想。当然,人还有另外的思想,与你的家庭、与社会有关,这是人深层次的东西,是你的人生哲学。

实际上,看一个人的差别,主要就是看他的人生哲学,看他对世界、对人生、对财物、对人情等的态度和认识。这种差别也决定了他今后的道路。当然,直接地去看这些东西也是比较难的。当我们看人的时候,最直接的是看他的教育背景。一般而言,受过良好教育的人,他的人生哲学总体上也是先进的。起码,良好的教育也是一种成功。因为,它需要经过竞争才能得到。但是,也有许多没有良好教育背景的人获得成功,这说明他有"道",实际上也跟他的哲学有关。中国现在的教育体制里面,我认为,应试教育摧残了这些"道"。知识学了很多,反而没有什么用处。这些知识并没有变成你的铺路石,并没有变成你的智慧,而是像包袱一样,背在背上,很沉重地往前走,左右了你,把你的灵气给耗没了,所以知识也有这种反作用。有时会发现社会上一种比较有趣的现象:知识学问很高的人,或者考试成绩最好的人,往往不是最成功的人,因为这些人读死书。

我比较崇尚自然,我相信人的灵性是多少万年才进化出来的,不是几年的教育就能积累起来的。人类社会现在离自然越来越远了,环境越来越糟糕,教育又时常背离人的自然的灵性,所以我说,现代人正在退化,正在失去他最可宝贵的东西,这是人的现代病。

我是在1987年出来工作的,正好赶上市场化改革。当时想的就是怎么去冲破一个不合理的现实,去创新、去学习、去探讨。然后,带着这样的想法走入实践,正好与大氛围吻合。

五道口(指人民银行总行研究生部)创建于1981年,它提倡改革、开放和创新,提倡参与和实践。1983年,五道口的学生就提出了搞商业银行、搞资本市场、搞金融市场、搞股份制。毕业后,我们就把自己的所学在各个岗位上付诸实践。并不是说我们开创了一个时代,我们不过是时代潮流中很小的一部分,在特定的历史背景下,我们顺应了这个潮流。

1988年是一个转折的关头,海南建省,深圳跟着发展起来,知识分子、干部都开始"下海"。在这个大氛围下,我们正好参与其中。在此之前,我们在学校里探讨了金融改革问题。我们所学、所探讨的东西,马上就得以实践。

我们有一种理想主义色彩,不像现在的现实主义。"下海"做生意是很现实的,所以100个理想主义者"下海",能成功的10%都不到。纯理想主义者不可能成为商人,纯现实主义者通常只能成为小商人。要成为大企业家,必须是现实主义与理想主义的结合。但是,理想主义和现实主义这两种相互矛盾的精神在一个人身上完美结合是少之又少的,这是大企业家为何如此之少的重要原因之一,我们后来几经波折,经得起环境磨炼,也就生存了下来。

无疑,做成事情的人都需要有很大的理想,但这个理想不仅仅是挣钱。一个群体如果没有高尚的精神指引就不可能做什么大事,一个单位也是这样。我们读书的时候,并不觉得自己很优秀,我们只是充满激情地去探讨、研究和思考。那种探索精神的重要性,只有回过头来看才会明白,而且越来越重要。

戴志康.论学习与实践.转引自中国人力资源开发网.

参 考 文 献

[1] Bacharach, S. B. Organizational theories: Some criteria for evaluation [J]. Academy of Management Review,1989,14(4):496~515.

[2] Paterson, D. L. Theories of counseling and psychotherapy [M]. Chicago: University of Chicago Press,1983.

[3] Yang, B. Toward a holistic theory of knowledge and adult learning [J]. Human Resource Development Review,2003,5(2):106~129.

[4] 屠兴勇,杨百寅. 知识整体论及其在管理领域中的应用[J]. 清华大学学报(哲学社会科学版),2011,26(6):125~135.

[5] 屠兴勇. 知识整体理论:重组管理新基因[J]. 西安交通大学学报,2011,31(4):8~13.

[6] 屠兴勇."知识整体理论"的基本假设及其贡献:基于知识和管理的认识论视角[J]. 社会科学,2011,6:47~56.

[7] Kuhn, T. The structure of scientific revolutions [M]. The University of Chicago Press,1967.

[8] Sternberg, R. J. Beyond IQ: A triarchic theory of human intelligence [M]. New York: Cambridge University Press,1984.

[9] Sternberg, R. J. The concept of intelligence and its role in lifelong learning and success [J]. American Psychologist,1997,52:1030~1037.

[10] Goleman,D. Emotional intelligence [M]. New York: Bantam Books,D. 1996.

[11] Goleman, D. Emotional intelligence: What it can matter more than IQ [J]. Learning,1995,24(6):49~50.

[12] Yang,B. A holistic theory of organizational behavior [C]. Manuscript submitted for publication,2003.

[13] Web,M. Theory of social and economic organization [M]. New York: Free Press,1947.

[14] DeSimone, R. L.,Werner,J. M.,& Harris,D. M. Human resource development (3rd ed.) [M]. Mason,OH: South-Western,2002.

[15] Maslow,A. H. Motivation and personality [M]. New York: Harper and Row,1968.

[16] Maslow, A. H. Toward a psychology of being (2nd. ed.) [M]. New York: Van Nostrand Reinhold,1954.

[17] Alderfer,C. P. An expirical test of a new theory of human needs [J]. Organizational Behavior and Human Performance,1969,4:143~175.

[18] Alderfer, C. P. Existence,relatedness,and growth [M]. New York: Free Press,1972.

[19] Herzberg, F. H. Work and nature of man[M]. Cleveland,OH: World Publishing Co,1966.

[20] Vroom, V. H. Work and motivation [M]. New York: Wiley,1964.

[21] Locke, E. A. Toward a theory of task motivation and incentives [J]. Organizational Behavior and Human Performance,1968,3:157~189.

[22] Locke, E. A.,Shaw, K. N.,Saari, L. M.,& Latham, G. P. Goal setting and task performance:1969—1980[J]. Psychological Bulletin,1981,90:125~152.

[23] Fishbein, M.,Ajzen,I. Belief,attitude,intention,and behavior: An introduction to theory and research [M]. Reading,MA: Addison-Wesley,1975.

[24] Thordike, E. L. The psychology of learning: Educational psychology (vol. 2) [M]. New York: Teachers College Press,1913.

[25] Bandura, A. Social learning theory [M]. Englewood Cliffs,NJ: Prentice-Hall,1977.

[26] Bandura, A. Social foundation of thought and action [M]. Englewood Cliffs, NJ: Prentice-Hall, 1986.

[27] House, R. J. A path-goal theory of leadership effectiveness [J]. Administrative Science Quarterly, 1971, 16, 321~338.

[28] Al-Gattan, A. A. Test of the path-goal theory of leadership in the multinational domain [M]. Group and Organizational Studies, 1982, 10: 425~429.

[29] Graen, G. B., Uhl-Bian, M. Relationship-based approach to leadership: Development of leader-member exchange (LMX) theory of leadership over 25 years: Applying a multi-level multi-domain perspective [J]. Leadership Quarterly, 1995, 6: 219~247.

[30] Loher, B. T., Noe, R. A., Moeller, N. L., &. Fitzgerald, M. P. A meta-analysis of the relation of job characteristics to job satisfaction [J]. Journal of Applied Psychology, 1985, 70: 280~289.

[31] Shein, E. H. Organizational culture and leadership [M]. San Francisco: Jossey-Bass, 1985.

[32] Whitener, E. M., Brodt, S. E., Korsgaad, M. A., &. Werner, J. M. Managers as initiators of trust: An exchange relationship framework for understanding managerial trustworthy behavior [J]. Academy of Management Review, 1998, 23: 513~530.

[33] Swanson, R. A., Holton, El. F. Foundations of human resource development [M]. San Francisco: Berrett-Koehler, 2001.

[34] Schultz, T. W. Investment in human capital [J]. American Economic Review, 1961, 5(1): 1~17.

[35] Becker, G. S. Human capital: A theoretical and empirical analysis with special reference to education (3rd. ed.) [M]. Chicago: University of Chicago Press, 1993.

[36] Bertalanffy, L. V. General system theory: Foundations, development, applications [M]. New York: George Braziller, 1968.

第三章
战略人力资源管理的外部环境

学习目标 XUE XI MU BIAO

- 阐明人力资源外部环境的影响
- 分析人力资源内部环境的影响
- 理解中国人力资源所面临的挑战
- 阐述中国人力资源发展的趋势

开篇案例 KAI PIAN AN LI ——人力资源是战略资源

惠好公司

惠好公司是世界上最大的制纸和森林产品公司之一,它的年销售量约120亿美元。总部设于华盛顿的联邦路,该公司的4万名职员遍布北美各地。它的主要竞争者包括佐治亚—太平洋公司、国际制纸公司和西瓦克公司。

今天该公司的理想(通常也翻译成愿景)非常明确和清晰。但是在竞争还没有达到目前的水平之前,公司的理想并没有显得如此重要。在20世纪70年代,该公司享受了持续的发展和财务上的成功。20世纪80年代,商业环境开始变化:国内经济进入萧条时期,住房业急剧下降,但同时国际和国内竞争又加剧。这些情况造成了制纸业生产力过剩。突然之间该公司作为大型木材和纸制公司的成功策略输给了那些新兴的小型、快速和以顾客为中心的竞争者。

在这生死存亡的关头,高层管理者决定把运营权力下放及以顾客为中心。他们把公司重组成三个主要部门:森林产品、纸产品和房地产。权力下放激励了许多人,但也造成了新的问题:人们开始失去对大公司的认同感,重复生产降低了效率,有的资源没有得到充分使用。

当时的首席执行官杰克·克瑞顿解决了权力下放的弊端并保持了它的优势。他和一个新的高级管理团队给公司设立了新理想：成为世界上最好的森林产品公司。同时他们明确规定了一套为公司所有成员所共享的价值。

顾客：我们倾听我们的顾客并且为他们现在和将来的需要改善我们的产品和服务。

人：我们的成功依靠人，这些人在安全健康、重视多样性、发展和团队合作的环境中高效地工作。

责任：我们期待上乘的工作，我们为我们的行为和结果负责。我们的领导人设立清晰的目标和期望，给予支持，并提供和寻求频繁的回馈。

公民身份：我们支持我们经商的社区，追求最高层次的道德行为、对环境的责任和与惠好人及公众的公开交流。

金融责任：我们谨慎和有效地利用我们被给予的资源。

为了实现这些行为上的改变，该公司需要改革许多人力资源政策和操作。薪酬、培训和发展、工作表现管理体系都被改变来传递一个清晰和始终如一的信息：鼓励和支持与新的公司和新的期待所一致的行为。例如，工作表现评估和薪酬都经改变，来评估和奖赏决定的做出、顾客中心和革新。

这过去20年的策略性变革对惠好公司来说并不容易。但是通过大规模的计划、重组和新的人力资源管理办法，惠好公司已有显著的成功。今天，斯蒂文·若格尔正领导该公司朝向它的理想（愿景）。他的挑战是维持公司的价值并实行公司现在的策略计划。这些策略计划包括以下目标。

（1）把全面质量作为惠好的经商方式；

（2）不懈地追求顾客的完全满意；

（3）授权给惠好职员；

（4）领导卓越的森林管理和制造业；

（5）为股东提供丰厚的回报。

随着商业环境的变化，惠好公司的结构会继续变革，人力资源的管理也许会需要新的方法。持续的人力资源规划必定将伴随公司持续的策略调整和重新组合。

如图2-3所示，组织中的人力资源管理职能或活动并非在真空中起作用，它受到外部环境的和内部环境的相互影响。一方面，外部环境因素如政治法律制度、经济条件、社会文化以及劳动力对人力资源管理有重要影响；另一方面公司的人力资源管理方案也受公司战略、规章、可获得资源以及组织能力的限制。因此，本章我们主要讨论战略人力资源的外部环境的影响，以及其所面临的挑战。有关内部环境，包括战略对人力资源管理和实践的影响在后面章节分别加以介绍。此后，我们讨论人力资源发展的趋势。

第一节 战略人力资源管理的外部环境

21世纪以来，市场经济已经成为全球的主流经济制度。在经济领域，由于全球化、关税与壁垒的降低和管理全球事务的机构的企业化，如WTO，使竞争愈趋激烈。毋庸置疑,信息技术和通信技术的快速发展,使地球成为村庄,这也对人力资源环境有巨大影响。技术的变化必然引起社会文化的融合和变化,由此激发了人们价值观、道德标准、风俗习惯的转换。

由于竞争和技术的发展,每个企业几乎都成为知识型企业。21世纪社会经济的发展主要依靠知识,知识的创造者与知识的载体——人将取代企业所拥有的其他资源(如土地、原材料、房屋、机器等)成为最重要的战略性资源。随着知识经济时代的来临,技术更新速度加快以及创新周期的缩短,企业间的竞争不仅仅是简单的品牌和资本的竞争,人力资源的价值成为衡量企业整体竞争力的新的标志。

同时企业人力资源管理正遭受前所未有的来自经济全球化、信息网络化、人口老龄化、教育普及化、工作方式多样化、社会知识化、人口城市化、顾客的力量、投资者的力量、组织发展的速度与变革的力量等的冲击,企业的人力资源管理面临着环境等各种不确定因素的挑战,因此与之相适应,传统的人力资源管理研究也需要为迎接新的挑战做出相应调整。

这意味着,我们需要理解外部环境对人力资源管理产生的影响。环境是指某一事物赖以生存和发展的各种外部条件或影响因素。人力资源存在于特定的环境中,战略人力资源与所处的环境因素之间是相互促进和相互制约的。与人力资源战略相关的外部环境因素主要包括:政治法律环境、经济环境、社会文化环境、科学技术环境等。图2-3描述了战略人力资源管理的理论框架。该框架的核心是人力资源,即是人;其次是影响组织行为的组织内部环境,包括三个主要的因素——理想与战略,结构与系统以及操作与实践;再次是影响组织行为以及组织本身的外部环境,包括政治、经济、技术和社会文化的影响。图3-1展示了外部环境对战略人力资源各项职能的影响。

图3-1 外部环境对战略人力资源管理的影响

一、政治法律因素

政治法律环境是指一个国家或地区的政治制度、体制、国家方针政策以及法律、法规等方面的因素。任何企业都不可能脱离这些政治环境而独立存在,它所处的国家的政治环境对发展有着至关重要的影响,当然也影响着企业的人力资源管理效果。政治因素主要指国家的方针、政策,它对组织的生存与发展有着深远的影响。譬如,我国一些城市规定达到一定学术成就的人员,可以将户口迁移到发达的城市,并给予优厚的待遇。法律因素是指中央和地方的法规和有关规定,其中与经济法律、法规的关系更为密切。经济法律、法规是为调整经济活动中的法律关系、发展社会生产力服务的。它明确规定在人力资源管理中什么是合法的,什么是不合法的。逐渐形成这些法律是由于劳动力市场中的各种弊端,例如,虐待、性骚扰、解雇老龄工人、雇用童工、种族歧视、性别歧视、年龄歧视等。相应法律的出现，极大地影响了企业的录用、选拔、晋升等人力资源管理活动。2008年国家颁布《劳动合同法》之后，因条款中涉及工龄达到十年以上，必须签订无固定期限的劳动合同，引发了裁员和辞退浪潮。因此可以说，政治法律因素显著影响着企业的人力资源管理。

"80后"面临的政治环境

迫使劳动者辞职后重新与其签订劳动合同，使劳动者"工龄归零"；通过设立关联企业，在与劳动者签订合同时交替变换用人单位名称；非法劳务派遣；明显违反诚信和公平原则等规避行为——统统被认定是无效行为。

近日，由广东省高级人民法院和广东省劳动争议仲裁委员会联合制定下发《关于适用〈劳动争议调解仲裁法〉、〈劳动合同法〉若干问题的指导意见》（简称《指导意见》）正式在广东省实施。由此，广东省的劳动争议纠纷不需要仲裁就可以进入诉讼程序，有效解决了仲裁和审判中容易出现的"脱节"问题。这次由广东省高级人民法院和广东省劳动争议仲裁委员会实施的"裁审联合发文"和"裁审统一标准"，在全国首开先河。广东省高级人民法院副院长凌祁漫表示，《指导意见》起到了"三种衔接"的作用，即审判程序与仲裁程序的衔接、审判程序中案件管辖的衔接和新旧调处机制之间的衔接。

来源：《中国青年报》，2008年7月21日。

二、经济因素

一个地区、国家乃至全球的经济状况对人力资源管理的影响很大，包括经济发展水平、经济发展态势、就业状况、利率、通货膨胀水平、税收政策、股市行情等。2008年，因美国次贷危机引起的世界金融风暴对各个企业的影响巨大，也严重影响了企业的人力资源管理活动。自1978年改革开放以来，中国经济经过了一个持续快速增长时期，综合国力大大加强。据国家统计局统计，1979—2010年，我国GDP年平均增率达到9.9%。而城镇居民人均可支配收入和农村居民人均纯收入年均增长7.3%和7.3%，经济与收入增速相差2.6个百分点。其中近十年来的2001—2010年，GDP年均增长10.5%，到2010年年底达到397 983亿元，跃居世界第二位。城镇居民人均可支配收入年均增速9.7%，农村居民人均纯收入年均增速7.0%。2010年，我国人均国内生产总值达到29 748元，扣除价格因素，比2005年增长65.7%，年均实际增长10.6%。而2010年城镇居民人均消费性支出13 471元，比2005年的7 943元增长69.6%，扣除价格因素，实际增长48.1%，年均实际增长8.2%。2010年农村居民人均生活消费支出4 382元，比2005年增加1 826元，年均名义增长11.4%，扣除价格因素的影响，年均实际增长7.8%。与此同时，2001—2010年，我国财政收入年均增速达20%，分别快于同期城乡居民人均收入10.3%和13%，表明劳动者收入水平提高幅度长期低于国家收入增长幅度，国民收入明显倾向于企业部门和政府部门，使得受到收入预算约束的居民消费不足，消费占GDP比重过低。

在经济全球化背景下，各国各地区的经济相互交织、相互影响并融合成统一整体，生产要素在全世界范围内自由活动和合理配置，逐渐以至最终完全消除国家间的各种壁垒，使其渗透、相互储存并不断加深，从而把世界变成一个整体。这种情况下，传统的人力资源管理理念不断受到冲击，文化多元化、人才流动加剧、领导包容性、财务透明化等对传统人力资源管理产生严重挑战，正是在这一背景下，战略人力资源管理应运而生。管理不再是为单一的民族、独裁的个人、神秘的权力和非科学的专业服务，人力资源需要处理来自于多样化、工作团队、透明化和专业化的挑战。

三、社会文化因素

我们通常说的文化是狭义的，即在一定的历史条件下，通过社会实践所形成的并为全体成员所共同遵守的价值观、道德规范和行为准则。在这里，文化环境主要指国家的民族特征、文化传统、国家的教育水平和人们的观念形态。影响企业人力资源管理的文化因素包括社会价值观念、伦理道德、风俗习惯、宗教信仰等。每个国家、地区、组织的文化不完全相同，导致其成员的行为也不完全相同。组织在进行人力资源开发与管理的时候，不得不面临这些因文化背景差异造成的行为差异，而使得管理活动复杂、难度加大。因此，人力资源管理者在实施管理的同时必须把员工所处的文化背景纳入考虑。

当代中国正在经历一场深刻的社会转型，其中最显著、最具有影响力的转型莫过于由过去的封闭型社会向当前的开放型社会转变。开放型社会的形成和发展极大地改变了中国社会原有的社会结构、思想观念和价值体系。原有社会观念体系中的最核心的价值观体系，也随着这种转型被全面地冲击和迅速改变。传统以集体和社会为本位的单一的价值观正在全面走向多元化。当前中国社会价值观多元化已经是不争的事实，想阻止这种发展趋势是不可能的。价值观多元化是开放型社会的一个重要标志，是文明社会的一种表现，对社会发展具有重要意义。当前社会由传统的单一价值观向多元化方向全面发展，其深刻的社会内部动因来源于中国社会改革开放以来全面的社会转型，来源于开放型社会所带来的社会体制和观念体系的深层次的嬗变，这种变化使价值观多元化成为必然。开放型社会主要在两个方面主导着这种价值观的转变。一是社会内部制度和观念的变化引起价值观转变，这属于内部动因；二是外部社会制度和观念对固有价值体系的冲击和影响，这属于外部动因。

四、技术因素

自20世纪后期开始，科学技术与经济、社会的一体化，经济和科学技术的竞争全球化，以及科学技术和学术交流信息化、网络化的趋势愈加明显。在这一背景下，人力资源管理也必须紧跟技术变化的步伐进行变革和创新。在人力资源管理中，信息技术和管理技术的有机结合，使人力资源管理人员能够从繁冗的日常事务性工作中解脱出来，从而在复杂多变的环境中应对自如。

国际互联网、电视会议、全球寻呼、网络、即时信息分析等都在影响着目前的商业活动。科学技术的发展使我们的世界变得更小、更近、更快。技术缩短了地理上的距离，弱化了语言和文化的差异，对人们工作场所产生了深远的影响。对于传统企业来说其边界是地理性的,因此,距离远近对企业的运作是非常关键的;但在信息技术发达的条件下,员工可以在家里工作,也可在遥远的地方或者顾客的办公室与客户保持业务联系。因此,新技术的飞速发展,不仅提高了企业的经营生产效率,大大降低了交易费用,而且对企业的管理方式产生巨大冲击。可以说,技术正在改变人们的工作方式,也在改变人力资源管理理论、理念与实践。

当然一些其他的因素也会对战略人力资源产生影响,如劳动力供应、需求与多样化;劳动力结构,如老龄化、独生子、技术工人短缺等。

世界上最大的搜索引擎 Google:"10"的一百次方(Googol)

是什么让谷歌成为世界历史上发展最为迅速的公司?事情始于两个来自斯坦福大学的富有创造性思维的电脑奇才:拉里·佩奇和谢尔盖·布林。他们一起为每位网络用户都会提出的问题——我如何才能找到与我现在所想的问题相关,并按重要性顺序排列的网页呢?——给出了一个有说服力的答案。

他们的解决办法是编制了一套链接流行度的程序,以显示排序在前面的网页的重要性。在1998年,这两个具有创造性的合作伙伴在一个汽车库里成立了公司,公司是用数字10的一百次方的英文单词命名,但将Googol拼写成Google。它的使命是"整理全世界的信息,并让这些信息在全世界内都能被获取"。

谷歌的哲学理念是:给高薪人员(世界一流的计算机科学博士团队)自由发挥的空间。谷歌要求员工把自己20%的时间用在自己喜爱的课题上。

第二节 政治法律环境对战略人力资源的影响

一、政治法律环境对人力资源管理的挑战

(一)政治稳定性

政治环境一般不能直接作用于人力资源管理活动,但能影响企业,进而影响企业内部的人力资源管理活动。稳定的政治制度、和谐的社会生活、丰厚的人力资源是市场经济条件下企业发展壮大的充分条件。温家宝总理在十届人大五次会议的《政府工作报告》中指出:总结我们的实践经验,归结起来就是,只有解放思想、实事求是、与时俱进、开拓创新,坚定不移地走中国特色社会主义道路,坚持改革开放,坚持科学发展、和谐发展、和平发展,才能最终实现现代化的宏伟目标。我们必须把握好三个方面。一是稳定,就是保持宏观经济政策的连续性和稳定性,继续实施稳健的财政政策和货币政策。二是完善,就是根据经济运行新情况及时完善政策措施,有针对性地解决突出矛盾和问题。三是落实,就是认真落实中央的各项政策措施,增强执行力,真正把各项政策部署落到实处。要更加重视社会发展和改善民生,积极解决人民群众最关心、最直接、最现

实的利益问题,维护社会公平正义,让全体人民共享改革发展成果。坚持社会主义市场经济改革方向,推进政治体制、经济体制、文化体制、社会体制改革。中国的富强、社会的稳定、人民的幸福,为企业有效的人力资源管理提供了必要的政治条件。

"80后"的个性:中国政治开明的产物

中国的政治体制改革从1978年起步,"80后"也正是在这种变革中出生成长。我国原有的政治体制是脱胎于革命战争年代,初建于新中国成立之际,形成于社会主义改造时期,与计划经济体制相适应,又在大规模的阶级斗争和群众运动中不断得到强化。

1986年9月,中共中央成立了政治体制改革研讨小组,随后召开的中共三大对此进行了全面部署。十三大报告提出,实行党政分开;进一步下放权力;改革政府工作机构;改革干部人事制度;建立社会协商对话制度;完善社会主义民主政治的政治制度;加强社会主义法制建设。政治改革的长远目标,是建立高度民主、法制完备、富有效率、充满活力的社会主义政治体制。

1992年10月中共十四大提出,"政治体制改革的目标是以完善人民代表大会制度、共产党领导的多党合作和政治协商制度为主要内容,发展社会主义民主政治。"这一时期的政治体制改革在实践中也有很多新进展,例如促进政企分开、加强法制建设、推进基层民主等。

1997年9月召开的中共十五大第一次确立"法治"概念,明确提出"依法治国,建设社会主义法治国家"的目标。明确了今后政治体制改革的主要任务是"健全民主制度;加强法制建设;推进机构改革;完善民主监督制度;维护安定团结"。

如上所述,"80后"成长的政治环境可概括为三方面特点。

(1)政治稳定。"80后"从未经历战火纷飞、硝烟四起的年代,也不曾体验"文革"时期极端的政治气氛,取而代之的是中国整体的政治局势稳定、和平,这有利于"80后"身心的健康成长。

(2)法制健全。随着各种政策、法律、法规的颁布和实施,"80后"的法律意识不断增强,他们比以往任何代际都更加关注平等和人权。

(3)民主政治。中共十四大提出发展民主政治之时,较为年长的"80后"已接近青春期,世界观和价值观开始逐渐形成。在这样一种外部环境的影响下,"80后"易形成追求民主、平等,张扬个性,藐视权威的个性特征。

(二)政府管理方式与方针政策

与政治稳定性相比,政府管理方式和方针政策的作用更有力,直接影响甚至决定企业的人力资源管理的方向。在市场经济条件下,企业的人力资源管理需要政府管理方式和方针政策具有连贯性和延续性,以减少企业内部人力资源管理的波动,提高人力资源管理的效果。在"十一五"期间,国家的任务是要坚定不移地推进改革开放,在重点领域和关键环节取得新的突破。要按照有进有退合理流动的原则,推动国有资本更多地向国家安全和国民经济命脉的重要行业和关键领域集中。要推进国有大型企业股份制改革,建立适应现代企业制度要求的选人用人和激励约束机制。要加快推进垄断行业改革,深化电力、邮政、电信、铁路等行业改革,稳步推进供水、供气、供热等市政公用事业改革。要鼓励支持和引导个体私营等非公有制经济发展,鼓励非公有制经济参与国有企业改革,深化国有银行改革。加快农村金融改革,大力发展资本市场,深化保险业改革,推进金融对外开放,引导和规范企业对外投资合作等。这一系列方针政策将使企业在人力资源管理等方面拥有更多的自主权。为企业人力资源管理的科学化、规范化建设提供了宽广的途径。

所有这些都使得组织运转和人力资源管理面临挑战。

（1）法律鼓励将复杂问题简单化,大小企业同等对待,不同产业的法规相同。例如《中华人民共和国个人所得税法》第三条第四款统一规定"劳务报酬所得,适用比例税率,税率为百分之二十",这对于固定高收入和计件制条件下的个体收税是一致的,似乎体现了税收的一致性。但在另外一个方面,计件制条件下的个体可能一年仅仅收入这一次,而其他大部分时间没有收入,却还要承担相应的税收。

（2）设计及管理法规必须通盘考虑各方利益,这导致政策的低效率。例如,早在2008年,劳动和社会保障部就已联合国资委、全国总工会等多家部门和组织开始起草《工资条例》这部法规,由于各方利益博弈,四年已过,条例出台仍无确切时间表。

（3）法律并不鼓励管理和法律相互调整适应,由此导致法律中存在复杂的合法的灵活机动,因而导致混乱。

（4）许多法律法规早已经过时,但还没有被废除,从而造成对人力资源管理的影响。这种影响对企业来说是冲突性的,企业无法明确到底遵从早期法律还是新法律。

（5）有越来越多的证据表明,不同立法机构间也存在重复和冲突。

2008年,中国企业最大的外部环境变化是《劳动合同法》的实施。与以往实施的法律相比,《劳动合同法》在适用范围、员工参与组织规章制度决策、使用期、事实劳动关系、劳动合同期限、解除劳动合同、裁员、经济补偿金等诸多方面,都作了更为严格的法律规范。它对置身于中国的所有企业都产生了极大的影响:《劳动合同法》会增加企业的用工成本。在招聘和甄选环节,企业更加审慎,环节增加,战线拉长;为淘汰员工设置了严格的条件,企业必须增加因员工不适应岗位要求所带来的培训费用;辞退员工的补偿标准提高等,这些都给企业人力资源管理提出严重挑战。除《劳动合同法》之外,其他的法律、法规也制约着企业的人力资源管理。如人力资源和社会保障部公布的《社会保险费申报缴纳管理规定(草案)》规定,养老、医疗、失业、工伤和生育五项社会保险有望统一征收。无疑,这项法规给企业的人力资源管理增加了难度,提出了更高要求。在越来越完善的法制环境下,制定既符合法律要求,又符合本企业利益和既定发展目标的人力资源管理措施,就成为企业人力资源管理者急需考虑的问题。近年来,财政部、国家税务总局等部门不断完善支持促进就业和再就业的财税优惠政策,有力促进了就业规模扩大和就业结构完善,取得了明显成效。为适应当前就业工作面临的新形势和新任务,进一步扩大就业规模,推动以创业带动就业,经国务院批准,财政部、国家税务总局近日发布了《关于支持和促进就业有关税收政策的通知》(以下简称《通知》),规定自2011年1月1日起实施新的支持和促进就业的税收优惠政策。《通知》规定,税收优惠政策的审批期限为2011年1月1日至2013年12月31日。税收优惠政策在2013年12月31日未执行到期的,可继续享受至3年期满为止。下岗失业人员再就业税收优惠政策在2010年12月31日未执行到期的,可继续享受至3年期满为止。为确保就业税收优惠政策的顺利实施,《通知》还规定,由国家税务总局会同财政部、人力资源和社会保障部、教育部制定和发布具体实施办法。

企业作为社会组织的一种重要形式,在日常的经营活动中必须遵守国家有关的法律、法规,因此,法律对企业人力资源管理活动的影响就主要体现在它的约束和规范作用上。我国有关人力资源管理的主要的法律、法规有:(1)《中华人民共和国劳动法》;(2)《失业保险条例》;(3)《企业职工奖惩条例》;(4)《企业劳动争议处理条例》;(5)《劳动保障监察条例》。

总而言之,几乎没有人力资源管理决策不受政府影响。下面我们将讨论政治法律环境对人力资源管理职能的具体影响。

二、政治法律环境对人力资源实践的影响

政府法律和法规是一项强有力的外部环境影响因素,它直接影响人力资源管理活动。政治经济体制的变革要求人力资源工作者不断跟上时代的变化,当组织做出有关解雇、晋升、多样化管理、绩效评估、裁员及惩罚等各项人事决策时,都必须权衡政府法律、法规的影响。国家的人事政策和法规的制定与修改都会在一定程度上对企业的人力资源活动产生重大影响。

(一)获取人力资源

政治法律环境对人力资源获取的影响是显而易见的。英国足球超级联赛(英超)规定,非欧盟球员必须在国家队效力时间占75%以上,而且所在国的国家队排名必须在70名以前,否则,无论该球员的能力情况如何,都不能招入。其他一些国家也对员工招聘做出了相应的规定,如美国《民权法案》规定,不能因种族、肤色、信仰、国籍等对员工进行歧视,不能在雇用、解雇、提升、调动、薪酬管理、培训计划等任何一个就业条件上进行歧视。《美国残疾人法案》则规定,雇主在招聘员工时,应该做到以下三个方面。

(1)雇主不能要求求职者回答他们是否有心理缺陷或是否曾因心理疾病接受治疗。

(2)雇主应该为有需要的员工提供灵活的工作时间安排等适当的便利措施。

(3)雇主不必忍受由心理疾病引起的不恰当行为或工作场所中的暴力。

《中华人民共和国劳动法》第二章第十条至第十五条是对劳动者就业的法律规定,其中第十二条强调:"劳动者就业,不因民族、种族、性别、宗教信仰的不同而受到歧视。"第十四条规定:"在录取职工时,除国家规定的不适合妇女的工种或者岗位外,不得以性别为由拒绝录用妇女或者提高录用妇女的标准。"

由于《劳动合同法》加大了劳动者薪酬和辞退等方面的成本,因而企业在招聘新员工时,必然会对甄选对象进行更加全面深入的考察和考核,这种审慎无疑会增加人力资源的吸纳成本。更为重要的是,随着员工雇用合同的延长和严格,企业内部使用优势阶

段劳动力的空间将大大压缩,劳动力价格将会不断攀升。此外,按照《劳动合同法》第十九条规定,用人单位不能无限期多次使用试用期,两年以下固定期限合同的试用期不得超过两个月,三年以上固定期限和无固定期限的劳动合同,试用期不得超过六个月,同一用人单位与同一劳动者只能约定一次试用期。按照该法第五十八条和第五十九条规定的本意,派遣制用工的岗位,通常是临时性、辅助性、季节性或替代性的岗位,但现在许多企业都在常规性业务岗位上大量使用派遣制员工,直接从事企业主业,虽然法律对"临时性、辅助性、季节性或替代性"的具体含义没有做出明确的界定,但在立法本意上无疑是对目前各行在常规业务岗位上大量、长期使用派遣工的现实提出了挑战。

因此,当以人为本日益成为社会的发展趋势时,人力资源也受到了相应的挑战。因为,这可能影响企业的获取成本和员工就业后的必要开支,也为今后的人力资源管理埋下冲突的种子。

(二)开发人力资源

政府的管理方式和方针政策能够直接影响甚至决定企业人力资源管理的很多活动。如果政府的管理方式和方针政策经常发生变化,那么企业的人力资源管理也必须随之变化,这就会造成人力资源管理活动和政策的频繁变动,不仅会影响企业人力资源管理的效果,而且也不利于企业的经营发展。

《中华人民共和国劳动法》第八章专门就职业培训进行了规定,其中第六十八条规定了用人单位培训的义务:"用人单位应当建立职业培训制度,按照国家规定提取和使用职业培训费,根据本单位实际,有计划地对劳动者进行职业培训。"

《职业技能培训和鉴定条例(征求意见稿)》提出,用人单位应当按照职工工资总额的1.5%~2.5%提取职工教育培训经费,列入成本费用,依法在税前扣除,用人单位用于一线职工教育培训的经费不得低于本单位职工教育培训经费总额的70%。意见稿提出,用人单位未按照规定提取和使用职工教育培训经费的,由县级以上人民政府人力资源社会保障行政部门责令限期改正;逾期不改正的,处1万元以上5万元以下的罚款。征求意见稿提出,用人单位职工教育培训经费的提取、使用管理办法应当由职工(代表)大会制定。用人单位职工教育培训经费的提取、使用情况应当向职工(代表)大会报告,接受职工监督。很显然,《职业技能培训和鉴定条例(征求意见稿)》对企业人力资源培训和开发有非常大的影响。企业必须支付超出其职工工资总额的1.5%~2.5%的资金作为培训支出成本,加大了企业的劳动力支付成本。

(三)评估人力资源

政治和法律、法规也会对企业的绩效管理和绩效评估产生影响。例如,《劳动合同法》虽然没有直接对绩效管理作出规定,但由于绩效评估的结果会影响到薪酬水平、岗位调整和解雇等人事决策,这些决策又涉及劳动合同的履行、变更和解除,所以,《劳动合同法》中有关劳动合同的履行、变更和接触的规定必然对绩效管理体系的设计产生影响。

《劳动合同法》对企业变更合同予以严格的限制,要求企业与劳动者协商一致,才可以变更合同,并且必须采用书面形式,对合同解雇也进行了严格限制,只有在法定情形下才能解除、终止合同。这种规定有利于保护劳动者免受企业的随意调岗调薪,保证劳动合同的平稳履行,保持劳动关系的稳定。但另一方面,这种规定对企业的绩效管理(尤其体现在考核结果的应用环节)也产生一定的限制。《劳动合同法》严格限制企业变更合同的规定中存在唯一一个例外,即在劳动者被证明不能胜任工作的情况下,企业享有单方变更劳动合同乃至解除劳动合同的权利,这实际上对企业的绩效管理提出更高的要求——必须提供充足的证据证明员工"不能胜任工作"。对于绩效不佳的员工,企业在很多情况下会单方面采取调整岗位的做法,将一个表现不好的员工调整到一个更合适的岗位,在这种岗位调整中常常会同时调整劳动报酬。许多企业为此在劳动合同中约定企业可以根据工作表现和经营需要调整员工的工作岗位。这种做法在原有的法律环境下有一定的操作空间,但在《劳动合同法》实施后,企业调整劳动者工作岗位将受到严格限制。《劳动合同法》规定,劳动者不能胜任工作的,经过培训或者调整工作岗位,仍不能胜任工作的,企业可以解除劳动合同。根据这一规定,以不能胜任为由解除劳动合同需要满足两个条件:劳动者被证明不能胜任工作、经过培训或者调整工作岗位仍然不能胜任工作。根据《最高人民法院关于审理劳动争议案件适用法律的若干问题的解释》第十三条规定,因用人单位作出的开除、除名、辞退、解除劳动合同、减少劳动报酬、计算劳动者工作年限等决定而发生的劳动争议,企业负举证责任。也就是说,解除劳动合同由企业负举证责任,这同样要求企业的绩效评估评价系统有充足的证据说明员工"不能胜任工作",且经过培训或调整工作岗位后,"仍不能胜任工作"。

《劳动合同法》第十四条的规定,扩大了无固定期限劳动合同的适用范围,鼓励企业签订长期劳动合同。以往,由于用人单位可以多次运用一年到两年的短期劳动合同,因此即便没有特别的绩效管理和考核要求,员工也会因为续签的压力而努力完成工作。而在员工普遍为无固定期限劳动合同或长期劳动合同的情形下,除非员工严重违规违纪等特殊情形,单位必须要证明员工不能胜任工作,才能单方调整员工的岗位及对应的薪酬或进而以解除劳动合同的方式辞退员工。这无疑对企业的绩效管理提出了更高的要求,过去中国许多企业在绩效考核上相对比较粗放,现在新法的出台也要求企业对绩效管理制度进行完善,特别是在企业与员工的合同管理和考核制度上需要重新进行梳理。

因此,企业必须重视绩效评估这一人力资源基础管理工作,使其制度化,做到绩效评估公平合理,并做好考核结果的记录与存档。企业在履行劳动合同的过程中,如果认为员工不能胜任工作,经过转岗或者培训以后仍然不能胜任工作的,企业可以在支付经济补偿金后解除劳动合同,但是需要证明员工不能胜任工作,需要有"岗位说明书"与绩效评估确定的评估结果来支持,否则就没有证据解除劳动合同,从而要承担违法解除劳动合同的责任。另外,员工严重失职,造成企业损失,企业也可以解除劳动合同,这时企业不需要支付经济补偿金,这里需要证明员工严重失职,同样需要"岗位说明书"与绩效评估确定的评估结果来支持。另一方面,考勤记录是实行计时工资的员工计算薪资的重要依据,考勤记录需要由员工签字,企业需要将考勤资料保存两年,如果发生劳动争议时企业对此负有举证义务。企业可以将考勤记录与员工薪资表设计在一起,在员工签收工资条的同时也对考勤进行了确认。

(四)酬报人力资源

政治法律制度对企业的薪酬管理也会产生非常大的影响。《中华人民共和国劳动法》第五章和第九章对劳动者的工资和福利进行了规定。例如,第五章第四十六条规定了工资的基本分配原则:"工资分配应当遵循按劳分配原则,实行同工同酬。工资水平在经济发展的基础上逐步提高。国家对工资总量实行宏观调控。"第四十八条也规定了用人单位支付给劳动者的工资不得低于当地最低工资标准。

人力资源和社会保障部发布的《企业最低工资规定》第三条强调:"最低工资是指劳动者在法定工作时间内提供了正常劳动的前提下,其所在的企业应支付的最低劳动报酬"。第十七条规定:"下列各项不作为最低工资的组成部分:(1)加班加点工资;(2)中班、夜班、高温、低温、井下、有毒有害等特殊工作环境条件下的津贴;(3)国家法律、法规和政策规定的劳动者保险、福利待遇。"第二十条规定:"劳动者由于本人原因造成在法定工作时间内未提供正常劳动的,不适用第十九条第一款的规定。"该款规定:"企业支付给劳动者的工资不得低于其适用最低工资率。"

除了2008年起施行的《劳动合同法》对劳动者进行了"倾斜"保护以外,为建立企业职工工资正常增长机制,我国政府相关部门正在加紧制定相应政策,推动劳动者薪酬保护制度的完善,将要出台的《工资条例》也将对工资集体协商作出明确规定。这些都会对企业薪酬管理产生很大的影响。企业必须根据国家政治和法律、法规对其本身的薪酬政策和制度进行调整,如若未按照法律标准进行,将会承担相应的法律责任。第七章第八十五条规定:用人单位有下列情形之一的,由劳动行政部门责令限期支付劳动报酬、加班费或者经济补偿;劳动报酬低于当地最低工资标准的,应当支付其差额部分;逾期不支付的,责令用人单位按应付金额百分之五十以上百分之一百以下的标准向劳动者加付赔偿金。

(1)未按照劳动合同的约定或者国家规定及时足额支付劳动者劳动报酬的;

(2)低于当地最低工资标准支付劳动者工资的;

(3)安排加班不支付加班费的;

(4)解除或者终止劳动合同,未依照本法规定向劳动者支付经济补偿的。

由此可见,政治和法律、法规制度对企业的薪酬制度和政策的影响是非常大的,企业必须根据国家的法律、法规合理设计薪酬管理制度。

第三节 经济环境对战略人力资源的影响

一、经济环境对人力资源管理的挑战

影响人力资源管理方案的经济因素有:经济全球化、国内生产总值(GDP)、劳动力市场和企业所处的产业。

(一)经济全球化

经济全球化对人力资源管理将产生重要的影响。

(1)跨国公司对人才的争夺将会更加激烈。调查显示,在外商投资企业工作的企

业管理人员和技术人员约40%来自国内,给国有企业发展带来很大压力。随着外国公司人员本地化趋势不断加强,这种人才竞争的力度还将加大。

(2) 对人才素质的要求将会越来越高。在这方面,我国人才的学历结构、知识结构和能力结构是欠缺的,需要不断地提高。

(3) 企业对人力资源管理者的能力要求越来越强。现代组织的人力资源管理不是计划经济时代的人事管理,控制变为支持、监督变为激励、命令变为指导,这是人力资源管理的新模式。

(4) 招聘和保留高素质人才变得同样重要。面对激烈的人才竞争,组织对人才管理的认识应当转变。要意识到招聘到优秀的人才固然重要,但创造条件留住优秀人才更为重要。

(5) 人才培养的力度将变得越来越大。经济全球化使国外跨国公司抢滩中国市场的速度越来越快,企业经营理念、运营模式、竞争规则以及最重要的人才观念都将发生变化。跨国公司在中国的竞争,既是市场的竞争,更是人才的竞争。人才培养作为提升组织竞争力的有效方式显得更为突出。

(二) 国内生产总值(GDP)

国内生产总值是描述一段时间内一个国家所生产的全部商品和服务的总体指标,通常按照一个季度或者一年计算,它是对整个国家经济运行状况的一个粗略度量。图 3-2 和图 3-3 所示分别是美国和中国 2001—2010 年的 GDP 增长情况。很显然,在最近十年间,美国和中国的 GDP 都有增长,但中国的 GDP 增速更快,这也导致中国企业的人力资源实践和政策发生较大转变,譬如工资随 GDP 的增长而增长。

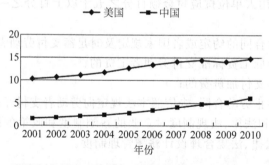

图 3-2　美国和中国 2001—2010 年的 GDP 分布　单位:万亿美元

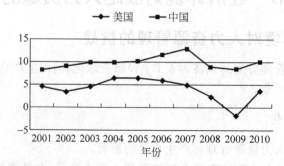

图 3-3　美国和中国 2001—2010 年的 GDP 增长率　单位:%

（三）劳动力市场

外部劳动力市场的状况也是影响企业人力资源管理的重要因素，譬如各个职位具体薪酬水平等重要因素。在进行招聘录用、辞退解雇等人力资源管理活动的时候，也要考虑到经济发展以及劳动力市场的状况。

企业通常是通过在外部劳动力市场招聘和选拔合适的新员工。另外，环境的变化导致全日制员工急剧下降，而相应的是那些非全时（兼职、临时工、自雇用）员工的增加。这可以归结为以下三方面原因。

(1) 传统要求员工忠诚的终身雇用制度正在瓦解，企业不再能够保证员工的就业安全性。许多企业已经减少了全日制员工的数量，以降低相关的劳动力成本，同时这也给企业带来了通过契约获得相关技能员工的灵活性。那些通过就业机构使用临时工、兼职人员的企业之所以有可能比竞争对手拥有更低的与人力资源管理相关的管理成本和财务成本，是因为代理机构承担了员工的甄选、培训以及向他们支付报酬的工作。

(2) 非全职工作使得工作本身对员工更富有吸引力。许多员工出于个人兴趣、价值观和个人需要等方面的原因而从事非全时的工作。其他的员工之所以成为非全职员工，可能基于这种工作方式可以使他们有时间照顾家人。与此同时，半时、临时或咨询顾问等非全职人员的使用给管理者带来了一定的挑战，他们必须确定企业什么时候需要使用非全职员工以及需要多少人。

(3) 环境的变化使得劳动力市场普遍面临技能不足的问题。现代社会创造的新工作机会将要求从业者具备较高的阅读和写作水平。在社会新增加的工作中，增长最快的将是那些要求从业者具有一定技术能力的工作。在绝大多数企业中，技能短缺的情况突出表现在两种人身上：一是背景迥异的新加入者；二是现有的劳动力。新来者常常是在没有成功获得工作所必要的技能的情况下加入到劳动力队伍中的。而现有员工的知识和技能由于知识更新的加快，面临着严重的知识老化，不能适应社会发展的需要。当今许多企业都面临着低失业率所带来的高技能劳动力短缺的问题。对于研究发展机构和制造业中的小企业而言，这种情况尤为严重。由于小企业承担不起培训的成本，因而它们更加依赖劳动力市场来获得技术型的员工，合格工人的稀缺时刻威胁着小企业的成长。

（四）居民收入分配

近三十年来，伴随着中国经济的高速增长，中国居民收入在总体上也呈现显著增长。居民收入分配也会对企业的人力资源管理和实践产生影响，图 3-4 所示是中国 1995—2009 年间不同所有制企业职工工资的增长情况。从图 3-4 可以看出，无论何种企业所有制，职工工资增长呈现递增的趋势，这会增加企业招聘低工资员工的难度，同时增加获取高素质员工的人力资源支出。

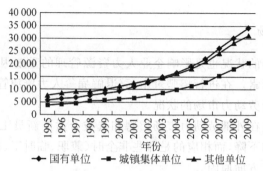

图 3-4　中国 1995—2009 年职工工资状况　单位：元

二、经济环境对人力资源实践的影响

（一）获取人力资源

随着经济全球化不断深入和高科技不断发展，人们普遍认识到人力资源对经济发展和科技进步的战略性、主导性和决定性作用。现在世界各国对人才的争夺越来越激烈。美国 2000 年短缺 45 万名科技人才，到 2006 年这个数字扩大到 65 万人。欧洲 2000 年缺少 123 万名信息人才，到 2002 年这个数字增加到 174 万人。在日本，今后 10 年科技人才将最多短缺 445 万人。于是，全球范围内高新技术人才的争夺战愈演愈烈，许多国家纷纷采取各种办法吸引其他国家的科技人才，有的修改移民法，有的发放居住证，有的给绿卡，有的给高薪待遇，有的兼而有之，还有的将研发机构搬到国外，专门吸引当地不出国的人才。

我国是一个人才流失比较严重的国家，据统计，在 1978—2009 年间，在外学习的留学生达 146 万人，只有 44 万人回国工作，但自 2008 年金融危机之后，回国人数比例日益增加，2008 年留学人数 179 800 人，回国 69 300 人，回国人数与留学人数比达到 40% 以上。图 3-5 显示了 1995—2009 年间出国留学和回国人数的增长趋势。总体经济形势的回暖及国家采取大规模有效的吸引人才策略，使回国人数日益增加。

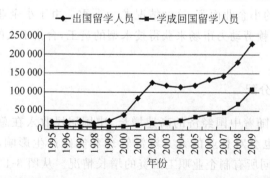

图 3-5　中国 1995—2009 年留学和回国学生情况　单位：人

我国巨大的潜在市场，必将吸引更多的资金、技术、管理经验、国外一些先进成果的引进与推广，也将促进企业人才素质的提高。此外，人才国际化形成的来去自由的宽松环境也会促使越来越多的留学人员回国,无疑也会对本土企业产生冲击,他们必须一方面采取高价吸引归国人员;另一方面,通过激励和培训本土人才更新知识、提高素质,从而适应外部激烈的环境变化和竞争。

(二) 开发人力资源

人力资源的社会经济活动意义在于其能够通过一定的劳动而创造出社会财富。人力资源的开发过程既是通过培训公司员工,帮助他们成长,使他们能够更好地利用个人技能和才能,实现个人技能的强化和扩充的过程,也是优化人力资源和促进组织发展、提高效率的过程。

人力资源是一种社会性资源。从一般意义上讲,人口、人力资源、劳动力都是人类社会活动的结果,它们构成了人类社会活动的前提。从社会经济活动运动的角度来看,人类劳动是群体性劳动,不同的人分别处于不同的劳动集体之中,从而构成了人力资源社会活动的微观基础。在宏观上,人力资源的形成、配置、开发和使用要处于社会经济的分工体系之中。

劳动力市场和经济社会发展在一定程度上决定了企业所需要的人力资源数量和质量。当经济高速发展、企业规模变得越来越大、市场成为一只"看得见的手"时,企业对员工的素质要求就会格外严格。经济全球化使企业日益走向世界,因此企业必须开发精通多种语言、适应能力强、能够在不同文化环境中生存和发展的员工。

(三) 评估人力资源

管理者必须确保员工具备完成当前以及未来工作所需的各种技能。由于新技术不断涌现,质量管理活动进一步加强和经济浪潮不断席卷,许多企业正在对工作进行重新设计,以使这些工作能够通过团队合作来完成,要求管理者和员工发展出团队工作所必备的技能。企业需要创造一种能够对员工的工作、生活以及非工作活动加以引导的工作环境。与之相关的人力资源管理工作包括:衡量员工的工作绩效,帮助员工适应未来的工作角色,发现员工的工作兴趣、工作目标、价值观以及与职业有关的其他问题,创造出一种能够对企业和员工双方都有利的劳动关系和工作环境。另外,经济的富裕程度的不同,也使员工的进取心理不同,对评估结果的重视程度不同。效率工资显示出,当企业提供高于外部市场的工资时,对员工的绩效评估的费用会显著下降。失业率的增加也会影响到员工对绩效评估的看法,一旦被强制分布到末位,员工可能会失去工作,很难在市场上寻找到与此相匹配的工作。很显然,许多经济因素会影响企业的评估系统和员工的评估期望。

(四) 酬报人力资源

外部劳动力市场的状况也是影响企业各个职位具体薪酬水平的重要因素。劳动力市场的多种情况对薪酬都具有影响,主要包括:劳动力市场的地理位置、供需状况、内部劳动力市场、失业率、离职率、政府与工会。劳动力市场上某种人才的供求失衡,以及竞争对手之间的人才竞争,这些也都会直接影响薪酬的设定。另外劳动力市场的失业率和就业率也会对工资薪酬产生影响。

在设计薪酬战略时，必须要了解经济水平的差异以及相应的基准职位的薪酬信息，从而使得设计出的薪酬方案能够兼顾竞争力和节约成本。经济发展水平和劳动生产率是企业薪酬的晴雨表。对一个国家而言，劳动生产率低，劳动者的平均薪酬必然低。不同的行业，由于其基本条件和企业能力不同，因而其薪酬决策也不会相同。在第十一章，我们会详细分析外部环境对薪酬的决定性影响。

第四节 社会文化环境对战略人力资源的影响

一、社会文化变革对人力资源管理的挑战

快速变化的环境，如企业全球化经营，使组织不再受限于国界。麦当劳在中国销售汉堡包、日本丰田汽车在美国肯塔基州生产汽车、美国通用在巴西制造汽车，这些例子表明，越来越多的企业开始跨国经营，即在全球范围内生产和营销产品和服务。正是这种全球化的生产和服务，使原来的单一文化演变成整合的甚至碎裂的文化。

文化间的冲突、碰撞和融合，使原有基于本国的价值观、道德标准、风俗习惯、政治与经济制度和法律都发生了巨大的变化，这种巨大的变化对人力资源提出相应的挑战。

(1) 改革要求开发以市场为导向的劳动力队伍。
(2) 发展要求开发高技能、高素质的人力资源。
(3) 开放要求开发具有国际竞争力的人力资源。
(4) 员工队伍结构的变化要求采取差异化的人力资源管理策略。

社会人口结构以及员工队伍也对人力资源管理提出了一些挑战。例如中国人力资源结构呈现出三代不同的模式：忠诚一代、转型一代和开放一代。

中国的人力资源结构

1. 忠诚一代（1940—1952）

忠诚一代出生于1940年到1952年间，处于职业晚期，受正统教育影响最深，富有奉献精神。他们处于革命成功以后的黄金年代，受到十年动乱和改革开放的多重影响。他们的核心价值观是：忠诚、理想、节俭和奉献。工作态度是：先生产，后生活；先事业，后家庭。常常带有理想主义色彩。人力资源工作的挑战是如何对待那些低技能的剩余职工和发展到顶的一般管理人员。

2. 转型一代（1953—1969）

转型一代出生于1953年到1969年间，处于中晚期。他们经历了动乱年代和改革开放的好时期，承上启下。这批人千差万别，但无疑影响着各个单位和社会。受到文化大革命、改革开放和市场竞争的多重影响。他们的核心价值观是：独立，思考，平衡，奋斗。工作态度是：工作为生活，而不是生活为工作。常常带有现实主义色彩。人力资源工作的挑战是如何利用那些经验多、知识丰富的高级员工。

3. 开放一代（1970—1979）

开放一代出生于 1970 年到 1979 年间，处于早中期。他们经历改革开放和市场经济的最好时期。这些员工追求个人独立、成长与发展，不盲从权威，不关心长期雇用，对教条和说教反感。受到市场竞争、技术发展和经济全球化的影响。他们的核心价值观是：自主、开放、发展、享受。对待工作的态度是：工作为发展，工作为享受。常常带有个人主义色彩。人力资源工作的挑战是如何激励他们的工作热情。

一些新型员工，特别是"80 后"则与前几代员工呈现出显著的差异性人力资源特征。

（一）教育

从教育的时间来看，"80 后"很早就进入幼儿园、学前班，随后是小学、初中、高中、大学的系统性学习，因此这一群体的文化水平普遍较高。从教育的内容来看，课程的设置日臻完善，不仅包含数学、语文等基础性知识，还包括历史、地理、化学、物理等多门学科的内容，尤其加大了外语和电脑的学习比重，为"80 后"知识体系的完善及与国际接轨提供了可能；从教育的方式上看，"80 后"的老师早已改变了板书的单一授课方式，取而代之的是图文并茂的教科书、丰富的声像和影像资料、设备完善的实验室及多媒体教学手段等；从教育的最终目的看，"80 后"大多接受的是应试教育。读书的主要目的是高分，这使得他们在学习的过程中忽略了非智力因素等综合素质的培养，"高分低能"的现象并不鲜见。

新员工因其出生和成长时代的特殊性，受到来自家庭环境、教育环境和社会环境的三重影响。

（1）家庭环境方面。1979 年独生子女教育制度出台，使得大多"80 后"都在典型的三口之家模式的家庭中成长。尤其对于 1985—1989 年出生的"80 后"而言更是如此。在这样的家庭结构中，新员工独享父母的关爱，获得父母提供的丰富的"资源"。而父母也因认识到自己没有受过高等教育而更加重视对子女的教育和培养。同时给子女大量的物质、金钱，希望提高其生活质量，而在精神层次上缺乏足够的关注。

（2）教育环境方面。高考制度恢复以来，全社会对知识的重视大大增强。新员工是典型的接受应试教育的一代，考试的排名、各种升学考试使他们形成了强烈的竞争意识。而其他能力素质的培养相应的被忽略了。

（3）在社会结构方面，随着中国经济的发展，人们开始关注更多的政治、文化等多方面的问题。随着世界一体化的加深，中国也受到多元文化及价值观的冲击，信息爆炸也愈演愈烈，新员工在这样的环境中成长，有更多的机会与途径去表达自己和展示自我。

（二）生活方式

生活方式一般指人们的物质资料消费方式、精神生活方式以及闲暇生活方式等内容，通常反映个人的情趣、爱好和价值取向，具有鲜明的时代性。经济水平的提高为"80 后"带来了相对富足的物质条件，同时使他们逐渐形成了自己的生活方式。物质消费方面,"80后"追求时尚,倡导与众不同,喜欢新鲜事物,品牌忠诚度较低,并存在一定的超前消费现象;闲暇生活方面,"80后"在旅游、健身等方面花费的时间和精力要多于以往代际,他们喜欢做出尝试和改变,不断汲取生活的乐趣。

(三)价值观

价值观是社会成员用来评价行为、事物以及从各种可能的目标中选择自己合意目标的准则。价值观通过人们的行为取向及对事物的评价、态度反映出来,是驱使人们行为的内部动力。它支配和调节一切社会行为,涉及社会生活的各个领域。随着政治、经济、社会等领域的深刻变革,"80后"也逐渐形成了多元化的价值取向。在兼收并蓄的环境中,"80后"完全可以坚持那些他们认为正确的信念或立场,而无须按照任何统一的标准行事,个人意志由此得到了极大程度的表达,以往的边缘文化和价值观也受到了前所未有的关注。价值观由"理想型"向"现实型"转变;可塑性非常强,强调以自我为中心;心理容易波动,情绪变化大,抗压能力较差;对工作与生活有独到的看法。他们认为工作不是生活的全部,也不是生活乐趣和幸福的唯一来源。他们希望从事有挑战性、有趣味的工作,但是又不希望因繁忙的工作而牺牲自己与亲友相聚的机会,影响自己在休闲、爱好、社交、教育等方面的享受和追求。另外,在工作与生活中希望处理简单的人际关系,而不关心职场政治斗争,对权威也敢于挑战。

(四)个性

上述这些因素促成了新员工相应的个性特征。他们考虑未来的发展方向和空间,成长需要较强;他们乐于结交朋友,具有较强的交往动机;十分注重生活品质,缺少对事业的奉献精神,追求生活与事业的平衡发展;重视货币性收入,偏向经济型价值观,同时热衷权力,表现出一定的以自我需要为中心的倾向。他们乐观,直率热情,有主见,具有首创精神但恒心不足;在自我调节系统方面,自我认知清晰、自信,在面对他人严厉批评时是否产生抵触与批评的方式、场合相关;能够根据环境来有意识地调节自己的态度和行为,并具备一定的自我教育能力,能够主动学习。

当然他们也具有一些不同于忠诚一代和转型一代的其他个性特征。

(1)强调专业化人员管理。正是上述相应的工作场所的动态性变化,导致越来越需要专业化的人力资源管理。当一个具有专业技能的下级向不了解其专业情况的直接上级报告时,他们希望能够有更多的自主权或者专业团队支撑,如技术和专业人员、管理和行政人员的支撑。

(2)员工对组织的忠诚感将会减少。他们经常改换雇主,要求安排有意义和有挑战性的工作,并要求参与组织的决策。

(3)地域观念的变化。他们不再因孝悌而侍奉在父母或者亲人周边,倡导四海为家,志在四方。

(4)个人与家庭的变化。受社会竞争压力的影响,晚婚、晚育、不婚、不育者将会增加。

(5)非传统的工作关系将会增加。半时、临时和咨询顾问工作将逐步增多及外部承包和创业机会也会增加。

总体来说,新型员工具有以下个性特点。首先,新型员工价值观由"理想型"向"现实型"转变。他们出生在改革开放初期,这一时期,计划经济开始向市场经济转轨,西方的科学技术和思想文化大量涌入中国,对我国的传统社会造成了极大的冲击。在这样一种冲击下,中国社会逐渐由精神导向演变成物质导向,即强调功利,看重眼前利益、追求物质享受。在这样一种环境下成长起来的新型员工,与"80前"群体相比,更加注重实际,而对理想、信念不太看重。其次,强调以自我为中心,对个人期望高。20世纪六七十年代出生的人基本都成长于多子女家庭,父母的爱对他们来说是不可控的,需要自己去努力争取。而新型员工群体中有很多人都是独生子女,即使不是独生子女,家中也大多只有一个兄弟姐妹,他们从出生开始就得到了父母非常多的关爱,这使得他们的自我意识非常强烈,凡事都以自我为中心。同时,他们的经历、视野与前几代人有明显的区别,成长环境比前几代人要优越许多,这导致了他们自我定位过高,眼高手低。最后,新型员工情绪变化大,生活压力大,但抗压能力差。新型员工在成长期间基本没遇过什么挫折,因而他们对生活的美好期望比现实要高出很多。但是他们面临的经济压力和工作压力也非常大,即将面对买房、结婚、赡养父母等种种问题,这些压力使得他们容易产生挫败感。另外,新型员工还存在个性张扬、藐视权威、缺乏吃苦耐劳的精神、对企业的忠诚度降低、频繁跳槽等问题,但是,他们同时也容易接受新鲜事物,有较高的学历和专业技能以及快速学习的能力。

总之,激烈的变革需要相应的领导和管理理念与方式,以使企业能够在变化的外部环境中得以延续和发展。特别是社会文化的变迁,使员工呈现不同特质、价值观念发生改变,需要组织采用灵活的人力资源管理实践和策略。

二、社会文化变革对人力资源实践的影响

(一)获取人力资源

随着社会文化的变革和个体价值观的改变,人员招聘工作也发生相应的改变。对于一些新型员工,由于他们所受到的教育和所处的社会背景不同,造就了他们不同于以往员工的个性特征。这些员工更愿意从事富有意义和挑战性的工作。因此,在就业过程中,他们既看重薪酬水平,也看重发展前景。人力资源获取必须符合这些特点,以适应不断变化的外部市场环境。另外,不论是新员工还是老员工,他们比以往更少地表现出对企业的忠诚,而更多表现出对自己及自己职业的忠诚。员工的承诺和心理契约已经受到了颠覆,因此,希望保留其员工技能和经验的企业必须制定柔性的人才获取和保持策略,才能吸引到更高质量的员工及防止更高质量的员工跳槽。譬如很多大型企业采取全面竞争性薪酬吸引高素质员工,并采取员工持股模式防止高管和高技能人才流失。

(二)开发人力资源

社会文化的变革也会影响人力资源开发。社会文化的变迁不仅影响人们的价值

观,也使人们的教育观念、工作价值观发生深刻变化。经济因素和技术因素的联合作用已经使人们使教育程度提高,使知识员工的比例日益加大,专业化程度加深,由此导致对专业人员和高技能工人的需求。企业的人力资源培训必须从过去的统一、全面的培训转化为自助餐式培训。另一方面,新员工的特质,如喜欢休闲和享乐、容易跳槽,使企业的人力资源开发不仅关注企业发展的层面,还必须关注员工的个性特点和日常需求。在中国,受中国儒家思想、社会主义思想和资本思想三种意识体系的影响,员工呈现多面特质,这需要人力资源开发具有柔性特征。当然,劳动力的多样化,如民族、性别、种族的不同,也对人力资源开发提出了挑战。

(三)评估人力资源

社会文化的变革同样影响绩效管理与绩效评估。随着西方管理理论的引入,原有的绩效管理模式不适合当前的文化特征。在我国"不患寡而患不均"的思想的影响下,强制分布法一直受到排挤,但是今天,很多企业采用强制分布法来确定人员等级,并实施末位淘汰制,这对我国长期的"大锅饭式"评估体制形成巨大冲击。另一方面,原来的评估模式过于注重关系,使评估实际上呈现不公平状态,而竞争的社会文化环境迫使企业更加注重结果,忽视过程,强调竞争。

(四)酬报人力资源

社会文化的变革同样对员工薪酬管理也产生深远影响。这主要体现在以下几个方面:(1)教育和培训成本的日益增加,使员工工资无论在显性还是在隐性上都有增加的趋势。人们需要回报更多以收回教育和培训的支出;(2)单亲家庭和双职工夫妇越来越多,从而导致照料子女和老人、调动工作方面的困难,这需要工作加以补偿;(3)工作压力的增加,使员工健康问题费用的支付也日益增加。例如很多单位每年对员工进行健康检查,这增加了酬报的总成本;(4)休闲的需求增加,实际上减少了工作时间,增加了企业的隐性支出。

总之,社会文化的变迁,在改变着人们价值和理念的同时,也对人力资源管理理念和管理实践提出了严重挑战,有关详细的分析,将在第十三章和第十六章进行。

第五节 技术环境对战略人力资源的影响

一、技术创新对人力资源管理的挑战

在过去的几个世纪里,由于科技的发展、市场范围和种类的扩大以及产品生命周期缩短、对大规模组织的强调、日益增加的劳动分工等一系列因素,促使人与工作之间的关系发生了变化。现代科技革命的强大浪潮正冲击着当今社会的各个层面,对整个自然界和人类社会产生广泛而深远的影响。包括信息技术、新材料技术、生物技术、新能源技术、空间技术和海洋技术领域在内的革命。面对科技不断创新、顾客需要快速变化的市场环境,企业纷纷进行变革和再造,频繁的变化使得"事"不断变化,只有以"人"为

中心的管理活动才能主动应对变化、适应变化,抓住变化中的市场机遇。因此,人力资源管理甚至战略人力资源管理,成为了理论和实践的主导。科技的发展,改变了人和人之间、人和技术之间、人和资本之间的关系,因而,带动了企业人力资源管理政策和实践的转变。

在人力资源管理中,信息技术和管理技术的有机结合,使人力资源管理人员能够从繁冗的日常事务性工作中解脱出来,从而在复杂多变的环境中应对自如。实现人力资源管理信息化,可以达到以下三个方面的目的。

第一层次:提高人力资源管理的工作效率。工资发放管理、员工考勤管理、人员招聘流程,以及工作调动和岗位轮换等日常事务,需要占用人力资源管理人员大量的时间,手工操作不仅效率低,且容易出现错误。因此,人力资源管理信息系统首先要解决的问题是如何提升工作效率。

第二层次:规范人力资源管理的业务流程。从人员聘用到员工离职,人力资源信息系统涵盖了从岗位、绩效、薪酬,到培训方案、继任者计划等一系列工作模块,运用互联网和个人电脑,实现了人力资源管理工作的系统化、模式化和集成化。

第三层次:为企业和员工提供增值服务。忠实服务于人力资源管理部门的客户——企业管理层和员工,是人力资源管理人员的根本任务。常规的事务性工作已经不能满足企业良性运转的需要,现实的状况是:一线经理们想要获取某一岗位任职者的最佳人选;部门主管希望了解哪些员工可以参与轮岗或轮班;而管理层渴望知道谁是最佳员工,哪些员工需要哪种类型的专业培训,谁是继任者计划的最佳人选,人力成本的构成和使用情况如何等。依靠人力资源信息系统,上述问题可以得到清晰、明确、及时的解答。

由于技术和工作流程在持续进步,组织如果不为自己开发出更为有效的工作手段和专业流程,其面临的竞争压力就会越来越大。但是必须综合考虑采用新技术的成本问题以及战略层面的问题,或者说许多战略人力资源层面的问题(见图3-6)。在战略层面上,必须考虑以下六个方面。

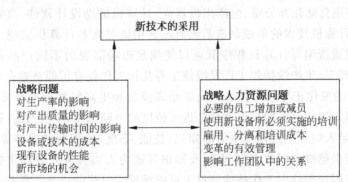

图3-6 技术与战略人力资源的整合

(1)对生产率产生的影响。企业必须考虑采用新技术是否会带来相应的生产率的提高。

(2) 对产出质量的影响。采用新的技术也必须考虑是否会带来企业产出质量的提高。

(3) 对产出传输时间的影响。企业也必须考虑在引进新技术时,产出传输时间是否发生改变。例如,生产响应时间、交货时间、物流时间等是否受到影响。

(4) 设备或技术的成本。新技术的引进往往伴随着高昂的成本或支出,因此企业必须考虑引进新技术或新设备所带来的成本或支出耗费。

(5) 现有设备的性能。引进新的设备或者技术也必须考虑现有设备的适用性,其性能是否已经落后。

(6) 新市场的机会。必须考虑引进新技术是否会带来新的市场机会。

另一方面,必须考虑新技术的引进,是否会对战略人力资源管理带来相应的影响。

(1) 是否会促使相应员工增加或者减少?

(2) 是否因为引进新技术需要对员工进行培训?培训规模有多大?

(3) 是否需要招聘新的高技能员工、解雇落后员工?

(4) 是否考虑新技术带来的革命性变化?

(5) 是否影响工作团队的关系?

在环境发生了较大的变化的情况下,管理者包括人力资源管理人员应该重新定义本企业的工作,将技术变迁视为工作环境中一个不断变革、能够创造生产力的一部分。他们需要走在信息的前面,学会借助信息和信息技术为生产经营服务。技术正改变着人们的工作方式、管理者和员工的角色以及组织结构。技术一方面使人力资源管理的信息基础更牢固、更便捷;另一方面也提出了如何将技术和人力资源整合在一起的人力资源管理实践的要求。新技术的引进和应用,必然对人力资源提出新的挑战,这主要包含以下几个方面。

(1) 技术变革使得对员工工作角色与技能的要求发生了变化。新技术不仅会带来对员工的基本技能要求和工作角色的变化,并且常常导致各项工作之间的整合。自20世纪70年代以来,美国的一些公司,如通用电气公司、花旗全球技术公司、沃尔玛公司和3M一直使用自动化办公室、生产用机器人、计算机辅助设计软件、微处理器和电子会议,采用了计算机技术的集成制造系统通过利用机器人和计算机实现了生产过程的自动化。通过重新编写计算机程序就可以使满足市场需要的不同产品得到生产。这样,原材料处理工、生产线操作工以及维修工等几种工作就有可能被整合成一项工作。

(2) 技术的变化正导致对拥有更高级培训经历和更高级技能的要求。现代社会,随着科学技术知识的迅速增长以及社会进步速度的不断加快,学校教育(即使是高等教育)已无法满足人们一生工作与生活的知识、技能、态度、价值观的发展需求,现代成人教育和培训越来越被各国政府、企业以及知识界视为人力资源开发的重要手段。技术的变化使原来固守于特定工作技能的员工可能落后于时代的进步。那些只具备有限技术技能的员工,将会被日益变化的新技术所淘汰。

(3) 技术常常是实现产品多样化以及根据顾客的特定要求来进行生产的一种手段。因此,员工需要具备与特定工作相关的产品知识以及基本的学习能力,因为只有这样才能跟得上产品的不断发展和设计的不断完善。为了使产品和服务能够满足顾客的特定需要，员工还必须具有倾听和与顾客进行沟通的能力。在许多制造业企业和服务部门中，与早期工作所要求的体力、动作的协调性以及精确性相比，现在人际关系处理能力（如谈判和冲突管理能力）和解决问题的能力显得更为重要。

（4）技术变化也使等级差别变得模糊、组织结构和工作性质发生重大转变、工作团队变得更加重要。企业软件系统实现了制造、销售、财务、供应链和人力资源的整合，这些信息系统使企业效率大为提高。与此同时，技术创造了更灵活、更有生气的组织结构，以便应对不断变化的客户需求和竞争对手的压力。另一方面，市场需要企业做出快速的响应，这迫使企业不能简单依靠个人的技术和技能来完成，必须通过由多种专业技术员工共同组成的团队来协同应对。

二、技术创新对人力资源实践的影响

（一）获取人力资源

随着人力资源管理的信息化，人员招聘工作正在经历一场真正意义上的革命。互联网的应用，能够在供给方——岗位求职者和需求方——用人部门经理两个层面分别创建自助服务系统，从而盘活整个招聘流程，协助进行求职者与空缺岗位的匹配，并处理这一过程中的其他环节，如求职者测评和个人背景资料认证等。用人单位可以通过专业数据库或招聘服务提供商，在全球范围内寻找到成千上万份求职者简历，将其中以书面形式提交的简历经过扫描转换成电子文档，并按照企业自身的要求进行相应的格式调整，而后提供给该企业位于世界任何国家和地区的用人部门经理或人力资源经理，供其甄选。

（二）开发人力资源

科技也在有效影响人力资源管理者如何对员工进行定向、培训和开发，也包括员工的职业生涯管理。可以应用互联网进行培训课程的安排和公告、演示。当某名员工为了更新自己的知识储备，产生想要学习新知识的需求时，应用系统可以提供在线指导，并有可能按照个性化需求提供相应的培训项目。随着系统应用的不断深入，培训也变得愈加广泛和简便。同时，利用新技术，企业用于培训的投资回报变得更加直观和容易衡量。

（三）评估人力资源

技术至少在两个方面对绩效评估产生影响。(1)在个体和技术对绩效的贡献之间发生了混淆。越来越多的工作与技术整合在一起，在进行绩效评估时，很难区分到底是员工的贡献还是技术的贡献。在理论上可以区分员工创造的价值与技术创造的价值，但由于实践中成本的考虑和其他许多因素的影响，同样的岗位由于不同的技术所创造的绩效是不同的。(2)技术在绩效评估中的第二个影响表现在，用于监督劳动者绩效的技术变得越来越复杂，一些相关的仪器可能会很好监控员工的绩效表现，但却可能侵犯其个人隐私或者引发伦理道德问题。

当今员工可以接触到信息、数据库、电子书目,以及更多的获得资料的方式。随着信息科学技术的发展,几乎已经没有工作是无法掌握和监督的了。而这也对绩效评估提出相当大的挑战。企业有能力掌握组织核心竞争力的状况,并合理地配置员工已有的知识技能。平衡计分卡、360度绩效评估等现代管理理念也被引进实践,与信息系统一道,为企业绩效管理工作的有效开展,提供了管理技术和信息技术的双重保障。

(四) 酬报人力资源

随着安全性电子邮件处理和电子签名的诞生,薪酬管理的面貌也随之焕然一新。现在,一线经理在薪酬规划上得到了充分的支持,他们可以在线浏览薪酬历史记录,薪酬的调整也摆脱了日常的纸张形式的推诿,取而代之的是各层级之间无障碍的审批程序。此外,上述的任何变化和调整可以实时自动传递至工资发放系统,而由此引发的员工福利变化亦可同时在系统中完成更新。员工也可以利用系统所提供的强大功能,管理个人财务安全,新的应用系统支持员工进行个人财务状况分析和个人退休金的科学规划。

网络和其他先进技术的运用,将员工福利管理推进到了一个新的高度。互动语音应答器(IVR)作为一种功能强大的工具和网络通信系统的整合为福利专员更有效地利用计算机系统开展工作,提供了更为广阔的空间。在以前,需要有专人守候在电话机前,交流和回答有关信息;而今天,对于员工提出的大量的有关福利问题的询问,可以进行自动化处理,无须福利专员专职接听员工的电话。对于难以回答的问题,福利专员可以从系统中调出该员工的档案,并查找必要的支持性信息,以迅速提供解答和建议。网络安装、电脑配置、电话费用,实际上也增加了企业的劳动力成本,给员工提供更多的隐性福利。

第六节 本章小结

企业人力资源管理实践或者策略并非在真空中起作用,它与外部环境相互作用。人力资源管理实践如获取、开发、评估和酬报受到政治法律因素、经济因素、社会文化因素和技术因素的影响,从而产生差异化的战略和人力资源管理模式。认识到差异的根源及多样性本身的价值,了解这种差异对工作的影响,管理者就可以运用不同的方式与方法对待员工,树立榜样以促进人力资源管理的发展。

本章介绍了影响企业战略人力资源的外部因素。首先介绍了政治法律环境对人力资源提出的挑战。政治法律制度是指一个国家或地区的政治制度、体制、国家方针政策以及法律、法规等方面的因素。任何企业都不可能脱离这些政治环境而独立存在,它所处的国家的政治环境对其发展有着至关重要的影响,当然也影响着企业的人力资源管理效果。其次分析相应的经济因素对人力资源管理的影响,如经济全球化、国内生产总值、外部劳动力市场和居民可支配收入等。考虑到中国正处于一个高速发展的迅速转型期,中国的社会文化因素也必然对人力资源实践产生影响。这些因素包括员工价值观、教育、生活方式及新员工个性等。中国社会文化变化,也影响着员工特征的变化。

从总体上,中国人力资源结构经历了三个不同年代分化:忠诚一代、转型一代和开放一代。不同时代出生的员工的特征的差异性也促使企业采取不同的人力资源管理措施。此外,技术的快速变化也日益影响着人力资源管理实践,小到办公用品,大到办公环境,甚至通信工具、交通工具、办公自动化等,都对人力资源管理提出全新挑战。为此,需要管理者针对不同环境状况采取不同的人力资源管理策略,后面的章节正是对环境、战略与人力资源的动态链接。

重要名词术语

外部环境	文化环境	居家办公
环境扫描	技术环境	临时工
政治环境	人力资源结构	多样化
法律环境	老龄化	全球化
经济环境	独生子	
社会环境	技术工人	

思 考 题

1. 为什么组织对其所处的外部环境感兴趣?
2. 叙述过去十年间使全球化速度加快的因素有哪些,你认为哪一种变化对人力资源管理最重要?
3. 中国的政治情况是如何影响人力资源管理的?
4. 从2001年中国加入WTO到现在,中国的经济发生了哪些变化?这些变化如何影响人力资源的决策?
5. 改革开放三十多年以来,中国的社会发生了怎样的变化?如何理解变化的社会对人们价值观、理想及就业政策的影响?
6. 信息技术如何影响中国的人力资源?

案例

吉 利 基 因

吉利控股集团的人力资源变革,被看作是其迎接多元化时代到来而做出的主动反应。作为一家汽车生产、销售与制造厂商,吉利控股集团(以下简称吉利控股)的员工构成现在恐怕已经超出了"五代同堂"。

但在过去的几年里,这家公司的班子成员还以"50后"和"60后"等创业元老为主体,除此之外,他们还返聘了数量可观的退休工程师和专业技师,用他们的经验继续为这家企业发挥着余热。这些被返聘回来的技术人才不但继续忙碌于生产和研发一线，很大程度上也承担着培养新人的重任。也正因此，吉利汽车过去的管理体系与人力资源策略，在有限的资源条件下，更为保护这些资历较为深厚的老员工。

一场始自2009年年末的人力资源变革打破了这一现状。首先是第一代创业的资深元老，只要达到国家退休年龄，从2010年开始一年签一次合同，接下来的一些变革更是吉利控股前所未有的——吉利控股自创立以来二十多年没有双休制度，今年开始实行双休；以前加班提倡奉献精神，鼓励加班，而且没有加班费，现在加班需要合理解释，加班从提倡奉献变为追求效率，不为无效加班埋单；开设领导接待日、热线电话、员工信箱……这些改变的背后，其深层的意义在于为适应集团新的人力资源发展趋势的顺势而为，这一趋势表现最为明显的地方在于，吉利洞悉到了职场年龄代际为企业带来的变化与影响。

这一变革可以看作是吉利收购沃尔沃的"同步战略"，即通过一系列内部管理的变革，让吉利汽车变得更加国际化、人性化。

一、百日革新

吉利控股的人力资源转型主要从理念上进行变革，变革前夕，分管集团人力资源的副总裁魏梅对整个集团各个年龄层次的员工特点进行了仔细的调研与分析，她把现有的五代人大体上划分为两类——创业人与职业人。创业人大部分是1979年以前出生的员工，相对于金钱、家庭、个人生活质量、休闲等物质享受，他们更在乎有事做，是为了事业而工作；"80后"、"90后"一代是职业人，这群人年轻有朝气，讲究公平感，但对企业缺少创业人的主人翁意识，在工作的同时更在意兼顾生活。在魏梅看来，"80后"、"90后"也并非现实到没有梦想的地步，他们也有自己的梦想，但在这一群人看来，"我的梦想与你无关，之所以与你有关是因为我愿意与你有关，我的梦想没有义务一定与你有关……"

这一次的人力资源变革始自于2010年年初吉利控股集团启动的一项"百日提升计划"，这一计划包括营销体系、人力资源体系、企业运营体系和企业文化等。吉利控股人力资源部总监魏梅形容说，"等于用100天完成了一次文化变革。"

在吉利控股1.5万多人的员工队伍中，最年轻的"90后"已经占据相当数量，这些人多集中在一线技术岗位。管理团队中，"50后"、"60后"和"70后"各占两成。

今天，大批量的"独生代"（1980年以后出生）开始涌入职场，正在成为职场新的生力军。市场在变，战略在变，更主要的是落实战略的人也在变，这一切都不断地对人力资源管理提出了更多的挑战。以前，组织通常采用"熔炉"的方式将组织中的差异融合，而在今天，"熔炉"的假设正被差异性所取代。

吉利控股的所有这些调整也正是基于理解职业人群体的需求而主动求变，例如绩效体系改革，以前的绩效管理体系更多的是单纯以结果为导向，用的是非常简单的量化指标体系，企业赚了钱才可能给员工涨工资，员工严格按照比例计件提成，因而忽略了人性和个体能力的差异。

"在市场好的情况下，一个没有任何经验的销售和一个优秀销售卖出去的车可能差不多，绩效结果掩盖了个人能力，而不好的市场，绩效会因为微薄的薪酬把优秀的员工拒之千里。"魏梅说，新的绩效体系包含岗位等级、能力等级、绩效等级，不同岗位所体现出的价值也不一样，不同能力的人会获得不同的待遇，而绩效是重要的价值体现。此外还增加了许多非量化的指标，直接指向员工的行为表现，用来评估员工实现业绩指标的整个过程。如果某位员工实现了绩效指标，但在实现指标的过程中妨碍了客户利益，以牺牲别人的利益为代价，或者诚信缺失，不符合吉利的基本价值观，就不可能再像以前那样取得一个好的绩效评估成绩。"最重要的是改变了用人理念。"魏梅说。

二、寻找"吉利基因"

经过30年的积累，中国的产业工人队伍已今非昔比，大体上来看，中国产业工人已进入第二代，其成长背景与其父辈已有根本差异。这一代人通常在城市长大，甚至就在城市出生，农村对于他们才是陌生的。与父辈不同，他们更见多识广，也更具个性，对于家长式整齐划一的管理方式、对厂区军事化的生活、对没有社会化接触的碎片化生活也更抵触，容易产生绝望情绪。如果仍然用老一套的制度体系来进行管理，矛盾冲突就难以避免。

对员工年龄代际的变化，吉利汽车已经有了预见，正所谓老人老办法解决不了新人新问题，如果管理机制跟不上现代职场的发展变化，企业管理很容易出现问题。

吉利的人力资源最早由李书福亲自负责，包括这次的人力资源变革也是他亲自发起并参与细节的研讨。吉利控股的薪酬待遇并不是很好，在汽车制造行业属于中下水平，但员工流失率却很低，这得益于他们在内部苦心建立起的稳定的合作与信任关系，不仅企业信任员工，高管、员工之间也相互信任，在这样的环境氛围下，员工总是满带着激情去工作。

"喜欢享受的人不是吉利需要的。没有能力和品行的人，在吉利是待不下去的。"魏梅专门邀请了一家心理学研究机构，总结出12项优秀吉利人的行为特质，这12项素质模型被称做"吉利基因"。吉利基因就是优秀吉利人身上的特质，将其作为新进员工的招聘和培训标准。但这并不代表吉利的制度就是铁板一块，新老员工可以有自己的想法和意见，不过要以这种意见或建议不违背团队合作精神为前提。

三、管理员工期望值

"今后很长一段时期企业都将会面临这种代际更替问题，现在企业可能更多是'三代同堂'，将来'四代同堂'、'五代同堂'的情景都有可能出现，作为管理者和HR，要及早把握这一趋势，做好应对准备。"魏梅认为，职业人是需要被关注、被认同的一代，所以要让他们感觉到自己被关注、被重视；创业人不讲究这些，他们是公司的骨干，以事业为重，希望通过自身努力得到晋升。

"作为HR学会理解不同年代员工的价值观，在此基础上管理他们的期望值。"魏梅说。借这次改革的时机，吉利控股开始调整管理架构，在一些制度上更多向年青一代倾斜，例如以往提倡责任心、忠诚度，现在将一些细节变为制度和考核指标，管理更加精细化和人性化。这都是针对职业人进行的调整，要为他们创造一个公平、合理的平台。"职业人的特点就是这样，他们觉得放弃自己的休息时间去工作，公司要给他们一个合理的解释，他们不会讲无谓的奉献。"

但这样的变革并不容易，特别是老人与新人之间会有矛盾产生，老员工尤其看不惯年轻人的行为,就像长辈看不惯自己的孩子一样。"这时就需要HR发挥作用,HR并不是调解员,而是及早发现问题并化解矛盾,从制度上杜绝问题的产生。"魏梅认为,其实企业员工的代际更替是必然会发生的管理问题,关键是要让这几代人有共同的理念和价值观。在同样的企业文化下去做事,在一定程度上可以减少不同年代人不同的文化差异,吉利的"千人研究生计划"、"导师制"、"吉利大讲堂"等制度设计,就是为了营造相互帮助共同成长的大家庭文化。

"企业就像一个大家庭,家里有长辈有年轻人,只有几代人为了共同的利益,才能形成良好的家庭氛围。快乐人生,吉利相伴,是每一个吉利人的美丽追求。"对吉利的未来,魏梅充满信心。

资料来源:《首席人才官》,2010年10月11日,1~3页。

参 考 文 献

[1] 查尔斯·R 格里尔. 战略人力资源管理[M]. 孙非等译. 北京:机械工业出版社,2004.
[2] 郭桂梅. 员工创造力:员工—组织关系与领导行为的影响机制研究[M]. 北京:中国社会科学出版社,2011.
[3] 杰弗里·梅洛著. 战略人力资源管理[M]. 吴雯芳译. 北京:中国劳动社会保障出版社,2004.
[4] 赖尔·约克斯. 战略人力资源开发[M]. 胡英坤,孙宁译. 辽宁:东北财经大学出版社,2007.
[5] 廖泉文,万希. 中国人力资源发展趋势[J]. 中国人力资源开发,2003,5,4~8.
[6] 约瑟夫·J. 马尔托奇奥. 战略薪酬管理(第三版)[M]. 刘小刚,童佳译. 北京:中国人民大学出版社,2005.
[7] P. N. 康德瓦拉. 创新管理——保持并拓展你的优势[M]. 北京:华夏出版社,2005.
[8] Susan E. Jackson & Randall S. Schuler 著. 人力资源管理:从战略合作的角度[M]. 范海滨译. 北京:清华大学出版社,2005.
[9] 威廉·P. 安东尼,K. 米歇尔·卡克马尔,帕梅拉·L. 佩雷威. 人力资源管理:战略方法[M]. 赵玮,徐建军译. 北京:中信出版社,2004.
[10] 詹姆斯·W. 沃克. 人力资源战略[M]. 吴雯芳译. 北京:中国人民大学出版社,2001,8~9.
[11] 赵曙明. 人力资源管理研究现状分析[J]. 外国经济与管理,2005,27(1),15~20.
[12] 颜士梅. 战略人力资源管理[M]. 北京:经济管理出版社,2003.
[13] Iigen D R, Pulakos E D. The changing nature of performance implications for staffing, motivation, and development [M]. Beijing: Chinese Light Industry Press, 2004, 207~217.
[14] 中华人民共和国劳动法.
[15] 中华人民共和国劳动合同法.
[16] 中华人民共和国就业促进法.
[17] 中华人民共和国劳动争议调解仲裁法.
[18] 中华人民共和国劳动合同法实施条例.

第二部分

理想与战略

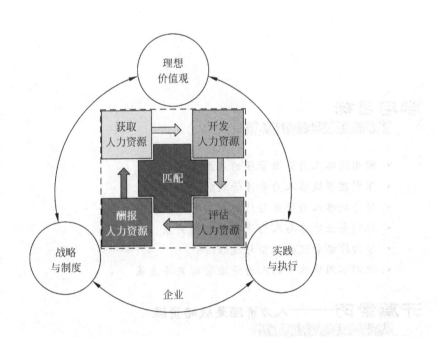

- ◆ 第四章 竞争战略与人力资源管理
- ◆ 第五章 建立与战略匹配的人力资源系统

第四章
竞争战略与人力资源管理

学习目标 XUE XI MU BIAO

- 阐明战略人力资源管理的基本含义
- 深刻理解战略人力资源管理的重要性
- 讨论战略人力资源与传统人力资源管理的差异
- 说明企业战略与人力资源管理的关系
- 分析战略管理的模型与过程
- 识别不同战略下的人力资源管理差异决策

开篇案例——人力资源是战略资源 KAI PIAN AN LI

可乐招兵买马之大战

没有多少产品像这两个软饮料产品一样接近,但是可口可乐和百事可乐之间的可乐大战却表明,即使是高度雷同的产品也能由于商业战略的不同被区分开来。

可口可乐是世界上最被认可的品牌。可口可乐比百事可乐早70年进入市场,它已经成为美国历史和文化的一部分。可口可乐的商业战略集中在保持它的地位和发展它的潜心经营的形象,它控制着45%的美国市场的特许经销商。有了统治地位,可口可乐的品牌成了与独有技术类似的东西,所以可口可乐的商业战略倾向利用品牌声誉作微妙的市场决策。这并不意味着实施可口可乐的商业战略是件容易的事情。管理可口可乐要求对该公司及其品牌有深度理解,而这种深度理解在公司内外部都不能很快取得。可口可乐做的是传播并坚持它的文化。可口可乐通常雇用大学毕业生,这些毕业生通常是文科学生和极少的 MBA 学生。这些人没有或很少有相应的工作经验,可口可乐为他们提供集中的培训。可口可乐的工作很安全，对表现好的人来说实际上是终身工作，并且它有一套内部提拔、以工龄为基础的工资机制。公司文化通常被描述成像家庭一样，员工都很忠诚。决策制定是很集中的：人力管理系统确保只有那些完全被同化的，并且为公司整体利益而操心的职业经理才有权做出会影响公司的决策。公司允许很低的自主权和自我管理：谁也不想无监督的低层决策毁坏了这个品牌。为了加强集中的模式，工作绩效都在公司或部门的层次上被评估。

与此不同，百事可乐是通过差异化寻找可口可乐没有控制的市场而繁荣起来的。从它早期的成本领先策略（"十分钱买到双倍货"）到现在的发现"新一代消费者"的努力，百事可乐在可口可乐的品牌背后获利。百事可乐更积极地向旅馆和饭店这一类的机构消费者推销，而可口可乐关注的是个体消费者。百事可乐拥有更多的有一定自主权的授权装瓶商。运用这样的市场策略，百事可乐面对更多样化和更复杂化的管理上的挑战。它需要更有创新性的点子来确立它的市场定位，它需要快速行动的能力。它的人力管理系统使这个需要成为可能。百事可乐雇用富有经验和有高学历的员工，这些高效率的人把点子带来了，尤其带来了先进的技术。在公司内部，百事可乐鼓励个人之间的竞争，那些在竞争中取胜的人能快速升职。公司采用授权方法，每个部门都被给予了相当的自主权，工作绩效在操作和个人层次上被评估。20世纪90年代的重组使公司权力更加分散，并且开始了一个可选股权项目，这些都是为了把企业家行动推广给每个职员。

百事可乐的职员没有多少工作安全感，公司也没有内部提拔的政策。一位百事可乐的内部人员评论说："当谁超过40岁，并已在同样的工作岗位上工作了4年或5年以上，他就会被看成有些乏味。"由于大量换人的原因，百事可乐的职员比可口可乐的职员缺乏对公司的忠诚。实际上，把百事可乐的职员团结起来的主要原因，用有些人的话说，是他们"打败可口可乐"的愿望和理想。

百事可乐从这样的系统得到的是持续不断的新点子（譬如说从新雇来的有经验的人员那儿），快速变化的能力（譬如说通过雇人和解雇人），以及用不同的方法进攻许多不同的市场（譬如说通过权力分散和个人的自主权）。

第一节　战略人力资源管理的意义

企业力图通过多种方式来获得可持续的竞争优势，可口可乐通常雇用大学毕业生，这些毕业生通常是文科学生和极少的MBA学生，以确保强势的企业价值观和组织文化获得准确持续的传承和贯彻，从而获得在位优势；百事可乐则通过雇用富有经验和有高学历的员工，这些高效率的人把点子带来了，尤其带进了先进的技术来保证公司挑战者的地位。所有这些人力资源管理措施都是用来帮助一个公司获得长久的竞争优势。但是，所有这些人力资源管理策略都无法创造可持续的竞争优势，除非公司把这些人力资源管理措施与企业文化、价值观、使命，或者说与企业的战略联系起来。尽管这两家企业的人力资源实践大相径庭，但它们都是优秀的企业。正如中国古人说的，"鱼有鱼道，虾有虾道"，上述案例说明了成功的人力资源管理并不一定反映在规模和手段上,而重要的是人力资源管理是否与组织中的其他要素匹配和融合。

随着全球竞争的进一步加剧,传统的人力资源管理已经不能适应企业经营管理的需要,战略人力资源管理应运而生。人们从事任何社会活动,都要求具有战略意识,要深谋远虑,未雨绸缪,趋利避害,把握主动,这在军事斗争方面尤甚。企业家和高明的领导也是如此。作为一个单位的领导,如果他不能洞察入微,参悟长远战略与眼前利益的关系,只顾局部的、暂时的蝇头小利,而漠视或忽略根本的竞争战略,那么他至多成为普通的管理者,而不可能成为高明的企业家。

奈特(Wrigh)和麦克马汉(McMahon)认为:战略人力资源管理(strategic human resource management,SHRM)就是系统地将人与组织联系起来的、统一性和适应性相结合的人力资源管理,是指组织为了达到目标,有计划地部署和管理人力资源各种活动的模式。即为企业能够实现目标所进行和所采取的一系列有计划、具有战略性意义的人力资源部署和管理行为。这个定义突出了战略人力资源管理的四个基本内涵和特征。

(1) 人力资源的重要性。企业拥有的人力资源是企业获得竞争优势的源泉。战略人力资源是指在企业的人力资源系统中,具有某些或某种特别知识(能力和技能),或者拥有某些核心知识或关键知识,处于企业经营管理系统的重要或关键岗位上的那些人力资源;相对于一般性人力资源而言,这些被称为战略性的人力资源,具有某种程度的专用性和不可替代性;

(2) 人力资源管理的系统性。企业为了获得可持续竞争优势而部署的人力资源管理政策、实践以及方法、手段等管理行为是系统的;

(3) 人力资源管理的战略性。也即"匹配性",包括"纵向匹配"即人力资源管理必须与企业的发展战略匹配,"横向匹配"是指整个人力资源管理系统各组成部分或要素相互之间的匹配;

(4) 人力资源管理的目标导向性。人力资源战略管理通过组织建构,将人力资源管理置于组织经营系统中,促进组织绩效最大化。

学术的观点虽然可以用稍微不同的术语进行表达,但却表达了同样的含义。战略人力资源管理不同于传统人力资源管理,它主要是综合和适应,它所关心的主要课题包括以下三个方面。

(1) 人力资源管理与企业战略以及战略基本需要相一致,以实现组织的高绩效;

(2) 人力资源政策中包含着各方面政策和各层次人员;

(3) 人力资源规则被业务管理人员以及员工所适应、接受和应用。

因此,我们认为战略人力资源管理有多种组成部分,包括企业政策、组织文化、价值观、使命、理想、相应的规章制度,这即是理想与价值观、战略与制度以及实践与执行。

战略人力资源管理不同于传统人力资源管理,它是指企业中一系列与其战略目标相一致和匹配的人力资源管理实践、项目和政策。这个含义具有三层意思。

(1) 在企业战略管理过程中,人力资源管理战略不只是服从整体的企业战略,而且在企业战略制定中也要积极地考虑人力资源问题,即人力资源管理必须是战略性的;

(2) 企业要维持长期较高的经营绩效,必须具有优良的人力资源系统。人力资源是企业持续竞争力的源泉,必须从企业竞争力的高度看待人力资源管理的意义,改变传统的将员工视作"成本"的片面观点,使人力资源管理政策在不同的政策领域与各管理层次具有一致性;

(3)战略人力资源管理系统是指与战略目标相一致和匹配的人力资源管理实践、项目和政策。

今天的人力资源管理职能涉及的已经远不止简单的归档、管家和记录工作。当人力资源管理战略被融入组织内的时候,人力资源管理有助于阐释公司的人力资源问题并找到解决问题的方法。人力资源管理是以行动、个人、全球化及未来为导向的。今天很难设想哪一个组织在没有有效的人力资源管理计划和活动的情况下能够实现并保持组织的效率。人力资源管理对组织的生存战略和竞争优势的重要性将在后面的章节中有更进一步的阐述。

许多年来,人力资源管理职能一直没有与公司的利润率或被称为账本底线的利润指标联系在一起。人力资源管理在公司的战略规划和总体战略上的作用通常是模糊或抽象的,因而会产生一种假象,即人力资源管理只会照搬人事计划,而不是进行战略规划或战略思考。今天,因为认识到了人的关键作用,人力资源管理在越来越多的组织中已经成为发展战略规划的重要角色。组织和人力资源规划及战略有着千丝万缕的联系。人力资源管理战略必须明确反映组织对人、利润和总体效益的战略。人力资源经理像所有其他的经理一样应该在改进员工的技术和公司的利润率方面起到关键作用。实质上,人力资源管理现在已被视为"利润中心",而不是简单的"成本中心"。

人力资源管理的战略重要性意味着人力资源经理在工作中应该遵守一些重要的原则。

(1)从利润导向而不仅仅是服务导向的角度来分析和解决问题;

(2)评估和解释人力资源管理问题的成本和效益,如生产率、薪酬和福利、招募、培训、旷工、海外派遣、解雇、会议及态度调查;

(3)应用规划模型,分析那些实际、具有挑战性且极富有意义的目标;

(4)针对公司遇到的问题准备人力资源管理解决方案的报告;

(5)培训人力资源工作人员,强调人力资源管理的战略重要性及其对实现公司利润的重要作用。

人力资源管理战略重要性意味着人力资源经理必须显示出他们对公司目标和使命的贡献,必须测量、精确地沟通和评价人力资源管理职能的活动。人力资源管理新的战略定位意味着责任必须受到重视。

强调人力资源管理责任的时代源于人们对生产率的考虑、广泛的裁员和组织再设计,源于有效地管理日益多元化劳动力的需要以及有效地使用组织的所有资源以参与日益复杂和竞争激烈的全球竞争的需要。

战略人力资源管理职能已经更加一体化和战略化。招募、甄选、培训、开发、奖励、薪酬及激励等的重要性已经被组织的每一个部门或职能领域的经理所认可。人力资源管理及任何其他的职能必须共同协作以实现组织赖以在国内外参与竞争的效益。

如果想要人力资源管理职能成功实现,其他职能部门的经理必须认识并考虑到人力资源管理的工作。经理们在确定员工、公司和工作之间的方向、基调和效率上起着重要的作用。经理们必须了解执行人力资源管理活动和计划的战略重要性。如果没有其他管理人员的参与，就很可能会出现重大的人力资源问题。现代人力资源管理的最终目标是通过各种管理手段最大限度发掘人的潜能，从而产生最大的经济效益。

第二节　战略人力资源管理与传统人力资源管理的差异

在传统的组织里，工作是组织绩效管理的基本单元。工作是个人与组织的连接体，工作的定义是"将任务成分汇集到一个主题中，然后分派给单独的个体去完成"。根据这个定义，传统工作包含以下特点。

（1）工作是组织主要收益人或其代理人的创造物，是工作责任的承担者想要达到的目标或期望。从委托代理理论来看，工作是委托人委托给代理人的一项任务或目标。委托人希望通过代理人的行动传达自己的旨意，从而达到价值增值的目的。从工作的承担者来看，监督者主要负责提起和集中所有有关委托人的期望，并把这些期望传达给员工，由员工来达成这些期望。而监督者则依据他们的期望对员工进行绩效评价。

（2）工作是一种客观的假设。工作绩效的研究包括基于工作细化的绩效模型和基于工作非细化的工作模型。工作细化的模型，必须对每一项工作的具体要求的能力、技能、知识、动机和态度做出评估；而工作非细化的模型用同样的标准对每一个工作进行评估。

（3）工作是官僚主义的，它是独立于工作的责任者而存在的。无论员工进入或者离开组织，对工作都没有影响。

（4）工作是准静态的，它们在一段时间内是相对稳定的，变化对于工作来说属于演进性质的，且在某种程度上是可以预测的，而不是变革性的，不可预测的。

近年来，人力资源管理在组织中的作用有长足的发展。人力资源管理的人事部门职能（保留履历、推行政策文件、整理档案、发放福利以及其他的主要事务性工作）已经结束了。人力资源管理者的角色已经发生显著改变，也需要改变传统的人事管理心态和实践，把精力集中到战略层次而不是操作层次，以实现公司的长远战略目标和根本使命。员工不再是企业的一种成本或者负担，而是价值增值的源泉。在大多数取得成功的企业中，随着工作与组织临界变化，人力资源管理承担着越来越重要的作用，其执行的角色也发生了相应的改变。正如埃里根（Ilgen）和普莱克斯（Pulakos）（1999）所讲述的工作与组织的临界变化包括以下五个方面。

（1）从稳定的工作责任转向不稳定的工作责任；
（2）从许多员工担负相似的责任转向各自担负独特的、唯一的责任；
（3）从以机器驱动且相对标准化的人—技术界面转向以人为驱动且多变的界面；
（4）从当前绩效最大化的设计转向保证未来绩效设计；
（5）从基于个体结构的依赖转向基于团队的依赖。

所有这些趋势都反映了组织正在从以科层机制工作作为组织成分的基本结构，转向以职业角色作为组织基本的结构成分。与这种转变密切联系的结果至少有三个：一是新的、非正式的绩效标准正在取代传统的以任务和职责为基础的绩效标准;二是为美化技术核心环境的关系绩效将日渐成为绩效评价的关键;三是人力资本对经济的作用日益显著的今天,以能力管理、知识管理为核心的组织结构不仅要求员工具备对现在工作角色的适应性,还必须具有潜在的增长价值,例如具备知识存量和知识增量以及创新的和有别于常人的学习能力。因此今天的人力资源管理不仅仅是对员工的监控、激励,还是对员工的能力培养、知识累积、团队关系技巧以及理想的构建的一种促进。人力资源部门承担的角色也从重在操作向重在战略与未来,从行政管理专家、员工拥护者向战略伙伴和改革先驱变化。如图4-1所示。人力资源的实质也发生主要的变化,这些变化主要表现在四个方面。

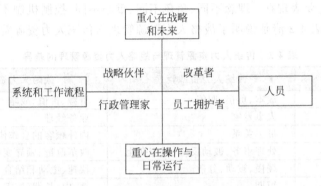

图 4-1 人力资源部门可能承担的角色

(1)角色。人力资源角色逐步从行政管理专家向战略伙伴和改革者变化。人力资源管理者不仅仅是一个员工的拥护者,还是员工的教练和导师、变革的支持者和战略的指导者。

(2)任务。人力资源承担的职责也从基础管理和管理员工贡献向变革型领导和战略人力资源管理演变,不再是一个事务性工作者,而是一个战略指导者。他们参与公司重大决策的制定,为公司获取持续竞争优势提供智力资源。

(3)目标。和传统人力资源管理相比,战略人力资源不是为了建立有效制度而维持现有秩序的稳定,而是强调执行战略,解构旧的组织或者创造一个新的组织,以达成组织的战略目标或宏观愿景。

(4)活动。传统的人力资源管理在于被动倾听员工的心声,并被动作出响应,战略人力资源管理提供变革的支持动力,并确保人力资源与企业战略的一致性。人力资源活动与企业的战略相匹配,并推动组织战略的实现。(参见表4-1)

表 4-1 人力资源角色与任务的匹配

角 色	任 务	目 标	活 动
战略伙伴	战略人力管理	执行战略	人力资源与企业战略一致;组织诊断
行政管理家	公司基础框架管理	建立一个有效框架	组织流程再造,共享服务
员工拥护者	员工贡献管理	增加员工的认同与能力	倾听与对员工作出响应,提供资源
改革者	企业转型与变革管理	创造一个新组织	转型与变革管理,保障变革的能力

传统的官僚主义组织,对于绩效的测量是依赖具有正式定义的、能够被观测到的、为报酬所激励的工作进行的。但是,由于现代组织成分的激烈变化与动荡,导致适时决策显得很重要。快速成长和动荡、产品生命周期缩短以及技术竞争的日益激烈日益突出要求迅速将创新思想市场化,对人力资源管理方法及其标准提出了新的定义,不仅要求适应现有的工作职责、抓住学习机会尝试新的工作方法,将创新成果应用到实践之中也是必要的。企业要取得相应的竞争优势,必须探讨其公司的SWOT、战略计划与目标以及人力资源问题。

要采取战略性的人力资源管理方法,就必须摒弃传统人力资源管理的思维模式、价值观及其陈规陋习,更多关注战略问题而非操作问题。战略人力资源管理不同于传统人力资源管理主要表现在:理念不同、角色不同、重心不同、控制机制不同、工作设计不同、责任不同。表4-2清楚说明了战略人力资源管理与传统人力资源管理的差异。

表4-2 传统人力资源管理与战略人力资源管理的差异

	传统人力资源管理	战略人力资源管理
理念	成本、负担、职能	资源、价值、战略
责任	人事专家	业务经理
重心	员工关系	内外顾客的合作伙伴
角色	处理事务、被动反应、因应变化	改革改造、领导变化和主动进取
启动	缓慢、被动、分散	快速、主动和结合
时间	短期	短、中、长期(按需)
控制	官僚的(角色、程序)	有机的(灵活与多变的)
工作设计	严密分工、独立性和专业化	广泛、灵活、团队和交叉培训的
主要投资	资本和产品	人员和知识
所负责任	成本中心	投资中心
管理内容	岗位培训、技能提高	文化认同、价值观
管理层次	执行层	决策层

(1)管理观念。传统人力资源管理把人力资源看作是一种成本、负担和消费,人力资源部是一个职能型部门;而战略人力资源管理将人力资源看作是一种资源和投资,能够为企业带来价值增值,人力资源部也为战略决策提供动力。

(2)管理职责。传统人力资源管理将人员管理的主要职责集中在人力资源部门;而战略人力管理则建立在业务部门和人力资源部共管的基础之上,无论何种管理位置都对人力资源管理负责。

(3)管理重心。传统人力资源管理以事为中心,专注于员工关系方面的活动,执行的是保守的政策,采取一切措施保证员工工作绩效;战略人力资源管理关注相关利益者,不仅平衡财务绩效与非财务绩效,而且洞察内部流程与外部客户。管理不仅在于执行稳定的公司政策,还必须获得相关利益者的满意,增强可持续竞争优势。人员管理的焦点也更加系统化,相关利益者不仅包括内部员工,也涉及客户、股东以及政府。由于角色的多元化,战略人力资源管理不再是事务性工作,被动地、因应地变化将失去市场机会,改造、改革和主动进取成为其鲜明特色。

(4)管理角色。战略人力资源管理把人放在第一位,人力资源部更多扮演的是变革者和教练的角色,保证组织进行适当的变革和创新。传统的竞争形势,即成本、技术、配送、生产以及产品特征等,迟早会被竞争对手复制,应把顾客放在第一位。

(5) 管理模式。在变革时,传统人力资源管理不从整体性、全局性、系统性去思考,创新极其缓慢、被动、支离破碎;而战略人力资源管理力求主动地、系统地、全局性进行变革。战略人力资源管理不是谋求一时一地的变革,而是兼顾短期、中期和长期时效,所设计的方案或策略必须和企业战略相一致。控制机制也从具有官僚色彩程序化决策向柔性决策变化,不再强调严密的分工和独立作业或者专业化,而是采取团队作业模式,工作重新设计和工作扩大化、工作丰富化等手段激励员工的创造性和主动性。传统人力资源管理的投资主要是基于资本品和产品,价值增值不具有持续性,会很快被外来企业所复制、模仿和替代;而战略人力资源管理将人力资本、社会资本和情绪资本、知识和员工能力及组织核心能力(譬如组织文化)作为组织的一个关键投资。战略人力资源管理认识到人力资本和社会资本的投资比物质资本投资具有更大的收益。人是组织获取可持续竞争优势的唯一源泉。

(6) 管理层次。传统的人力资源管理致力于建立一种对员工进行规范与监管的机制,以保证企业经营活动低成本地有效运行。而战略人力资源管理则将员工视为能创造价值的最重要的企业资源,致力于建立一种将人力资源的有关项目结合到一个更大的框架,最终促使组织实现其根本使命和战略目标的机制。它将精力主要集中到战略层面,而不是操作层面。因此,如果说传统人事管理是企业管理的一种职能,那么,战略人力资源管理则无疑是一种新的企业管理模式。

(7) 管理内容。传统的人力资源管理侧重岗位培训、绩效评估、薪酬管理和福利发放,管理内容较为单一。为了提高员工的生产效率,使其尽快适应新环境、新要求,企业采取单一的任务性方法对其进行技能培训;而战略人力资源管理通过制定战略目标及确立价值观、组织文化,谋求员工、企业和相关利益者的天人合一。

第三节 企业战略与人力资源管理的关系

一、战略与企业战略

战略管理是企业经营的产物,主要是对企业全局和发展方向的指导和谋划,帮助企业在多变的经营环境中基业常青。受美国战略专家安索夫《企业战略》一书的影响,战略一词开始广泛应用于经济管理中。

美国哈佛大学的学者安德鲁斯认为"企业战略就是用一系列主要的策略、计划来实现企业的目标。企业现在做什么业务,想做什么业务;现在是一个什么样的公司,想要成为一个什么样的公司"。企业的主题目标就是实现组织和环境的和谐一致。明确战略决策的长期一致性和关键创新资源成长的一致性。

企业战略有多种含义,明茨伯格(Mintzberg)对企业战略进行了整合性的概括,提出了企业战略定义的5P模型,认为企业战略是由五种规范的定义阐明的,即计划(plan)、策略(ploy)、模式(pattern)、定位(position)和观念(perspective)(见表4-3)。

表 4-3　战略的 5 种定义

战略定义	核心要点
计划型战略定义	强调企业管理人员要有意识地进行领导,凡事预则立,不预则废。
模式型战略定义	强调战略重在行动,否则只是空想。强调知行合一。
策略型战略定义	强调战略是为了击败竞争对手而采取的一种手段,重在达成预期目的。
定位型战略定义	强调企业对所处的行业进行研究,分析产业结构,寻找缝隙。创造条件更好地进行经营上的竞争或合作。
观念型战略定义	强调战略是一个集体思维的过程,要求企业成员共享战略观念和理想,形成一致行动,以达成企业的长远目标。

(1) 战略是一种计划。战略是一种计划意味着它是一种有意识的、有预计的行动。军事家孙武曾说:"用兵之道,以计为首。"在管理学中,彼得·德鲁克强调,战略是一种统一的、综合的、一体化的计划,用来实现组织的基本目标。在《赖德姆豪斯英文字典》中,战略被解释为"一种计划、方法,或一系列为取得具体目标或结果的手段、计策"。由此可见,战略作为计划的定义有充分依据。

(2) 战略是一种策略。如果战略制定是一个计划与分析、学习与忍耐的过程的话,那么它也可能是一个在相互冲突的个人、集团以及联盟之间讨价还价和博弈的过程。由于环境的不确定性,竞争目标和价值、各种观念、资源制约、市场缺口都会要求企业采取必要的计谋或者政治策略,以获得可持续的竞争优势。一种广泛采用的办法就是利用资源优势或成本领先迫使竞争局面向本企业利益倾斜,阻止或防备竞争者行动的产生或者采取协同模式共同产生相关利益行动。这种战略之所以成为策略是因为企业通过预谋获得了相应的战略利益,换句话说,战略构成了竞争对手的威胁因素。

(3) 战略是一种模式。战略是一种模式可以体现为企业一系列的已实现和未实现的结果。在奎因看来,一个组织由一系列子系统构成,例如多元化经营、企业重组及外部关系,因此战略管理意味着力图将管理者的统一战略思维灌输到每个分支系统的决策当中。战略是一个循序渐进,或者说学习的过程,是对已有可信的组织意识形态或组织文化或者价值观的有意识的学习过程。这种学习是演进性的而不是剧变性的,是对已有规则和制度的延伸和拓展。

(4) 战略是一种定位。在 20 世纪 80 年代,经济学有关战略管理领域的研究席卷了全球,定位学派成为一时之显学。计划学派总是过于笼统地看待战略的内容,设计学派也只是毫无创新地重复。波特的竞争三部曲激起了一代学者的广泛兴趣,并导致定位学派的产生。定位学派认为在既定的环境中,只有很少的关键战略在某一既定的行业中是合乎要求的,这些战略可以用来防御现有的和潜在的竞争对手。占据相应的市场地位就可以比竞争对手获得更高的利润。而在那些一种或多种作用力形成很大压力强度的产业里,如橡胶业、钢铁业、零售业和电子游戏业,尽管企业竭尽全力,也几乎没有什么企业可以有超额利润。企业必须根据五种作用力(潜在入侵者、替代品、供方、买方和现有竞争者)定位基本的竞争战略:成本领先、差异化和目标聚集,以获得竞争优势。例如,邯郸钢铁厂 20 世纪 90 年代以成本领先模式取得了巨大成功。把战略看成是一种定位的概念是企业通过确定相应的基本战略,分配相应的资源,形成企业有力的竞争优势。在这一点上，定位战略与其他三种定义并不矛盾。

(5) 战略是一种观念。战略是一种观念的定义，强调战略的形成过程和预测过程。与设计学派忠实于领导能力不同，观念学派不仅将战略形成过程绝对集中在个别领导人身上，而且强调心理状态与过程，如直觉、判断、智慧、经验和洞察力，强调领导者的远见卓识或文化的积淀。每一个战略都是思维的产物、精神的创造物。战略是一种观念的重要实质在于，同价值观、文化、理想等精神内容为组织成员所共享一样，战略的观念要通过组织成员的期望和行为达成。这一概念的核心概念是远见。远见是一种指导思想，而不是一份详细的计划说明书。这是一种向前看的战略。

因此，战略是用来实现所确定目标的一整套一体化的和相互协调的承诺和行动，或者说就是企业为了实现收益制定的与组织使命、理想和价值观及其长远目标相一致的管理层所采取的行动或策略。战略反映了企业的使命和理想，它也是企业行动的指南。例如，联想的战略远见是高科技的联想、服务的联想和国际化的联想。

二、企业战略与人力资源管理

企业战略是企业最高层根据企业的宗旨与对企业内外部环境的分析确定的长远目标。企业战略具有相应的特征和属性。

(1) 企业战略具有全局性。形象地说，企业战略就是企业发展的蓝图和远景，制约着企业的一切生产经营活动。它与生产、营销、人力资源、物流、财务等职能的显著区别在于其具有全局性。企业某一方面职能的成功并不预示着企业的成功。企业战略所要解决的是不同职能部门的协同作用以及其所产生的协同效应，致力于对市场营销、财务会计、研究开发、生产作业、人力资源以及投资发展进行综合管理，实现企业的永续发展。

(2) 企业战略具有长远性。由于产业演化是一个长期过程，企业战略必须考虑企业在未来相当长的时间内的总体发展情况。联想的长远目标是在未来十年内成为全球领先的高科技公司。江苏广电集团的战略远景是由一个区域性的广播电视播出机构转型成为一个以内容生产为核心，覆盖全价值链的跨区域的传媒娱乐集团，进入中国广电传媒娱乐业的第一集团。

(3) 企业战略具有系统性。任何一个组织都是一个系统，由数量不一的子系统构成。企业战略必须与其战术、策略、方法、手段及其市场定位相结合。一些大的企业不仅有国内事业部，也开拓海外市场，譬如 Intel 不仅有欧洲事业部，也有亚洲事业部。企业战略的系统性就是使这些不同的部门和子公司进行有效的、协同的运作，并保证所有的人力资源行为(例如培训、招聘、人员配置、绩效评估和薪酬设计)协调一致，为企业的战略目标服务。

(4) 企业战略具有竞争性。企业战略不仅要考虑长远宏图，还必须兼顾现实。面对各种外来的压力和环境的挑战，企业战略不仅建立在现实主观因素和客观因素的基础上，对竞争态势的计划和定位也必须是可靠的和现实的。因为环境总是变幻莫测，尤其是在转型的中国经济条件下，消费者的需求、人力资源的多样化、国家政策的适时调整要求企业战略必须在具有长远性的同时，兼顾现实性和竞争性。

（5）企业战略具有动态性。尽管企业确立了5～10年的发展规划,但由于环境变化的急剧性以及决策的不确定性和风险性,企业必须依据条件的变化适时调整自己的战略。譬如格兰仕从空调市场的退出是根据外界环境而作出的决策,因循守旧的企业战略是无法与时俱进的。

（6）企业战略具有社会性。战略管理的社会性表明了企业所负的社会责任,因为积极履行社会责任有利于企业获取最大价值和基业常青。"三鹿"及其奶粉事件表明,企业不遵守社会规范、不履行社会责任,不仅会遭到国家法律的制裁,最终也会遗祸于企业自身。

正是企业战略具有这样的特征,所以它会影响人力资源管理及其职能。如图4-2所示,企业战略决定职能战略。一个公司所采取的特定的人力资源战略应该整合在该公司的企业战略之中。换句话说,企业战略应该是人力资源战略的动力。战略人力资源管理者不再像传统的人力资源管理者一样日复一日地做那些重复的事务,他们必须与战略规划随时保持一致,建立起支持企业目标的人力资源管理工作目标。就像中集集团实施快速扩张战略,人力资源战略必须着眼于快速获得和培训员工的能力。中集集团的企业战略与人力资源管理之间的关系如图4-2所示。中集集团的集团战略决定了人力资源战略,影响了其战略选择和战略执行及其采取的相应策略和人力资源管控模式,从而对人力资源的获取、人力资源的开发、人力资源的评估和人力资源的酬报都产生了影响。

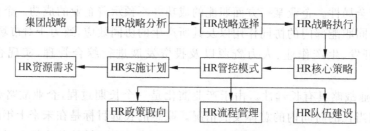

图4-2 企业战略与人力资源管理示例

第四节 战略管理的过程

一、战略管理的模型

战略管理是组织努力确定为实现公司目标必须做什么的过程。有三个主要的战略模型,解释了什么是战略过程以及如何制定战略,它们分别是工业组织模型、自然资源基础模型、人力资源基础模型。

（一）战略模型之一：工业组织（I/O）模型

这种传统的模型建立在20世纪80年代战略管理的基础之上。PEST是用来分析外部环境的主要方法。P是政治因素（politics）,E是经济因素（economy）,S是社会因素（society）,T是技术因素（technology）。组织战略的主要决定因素是组织经营所面临的外部环境,外部环境对企业经营绩效的影响比管理人员对企业所做的内部决策的影响大。"看得见的手"与"看不见的手"共同对组织的经营绩效起作用。该模型认为:

(1) 外部环境而不是内部资源确定一个组织的战略。在动荡的伊拉克和稳定繁荣的中国,虽然都是经营石油产业,面临的不确定性却是不一样的;

(2) 外部环境既给企业提供机遇,也使企业面临风险。国家对医药的管制,强令感冒药中不含 PPA 使白加黑曾经一时崛起;

(3) 在同行业中,所有竞争的组织同等地控制或获取资源;

(4) 资源在组织间高度流动;

(5) 企业的成功来自于它能够比其他竞争对手提供更低成本的产品和服务,或者来自于因产品差异化所带来的高额利润;譬如曾经的福特汽车公司只生产低成本的黑色 T 形轿车;

(6) 行业结构也是企业的战略环境之一,行业结构在决定竞争原则和企业可能采取的战略方面具有决定性的影响。譬如我国的家电行业竞争激烈,导致制造商长虹集团和销售商国美、苏宁长期以快速推销策略为主要战略。

(二) 战略模型之二:自然资源基础模型

第二个主要模型是基于资源的模型,有时也称做基于资源的观点(resource-based view)。基于资源的观点强调,组织应该根据其资源和能力,而不是外部环境进行决策。这些资源包括财务资源、自然资源、技术资源、人力资源和社会资源,如表 4-4 所示。

表 4-4 企业的资源和能力的分类

资　　源	主　要　特　征	主　要　指　标
财务资源	筹资和融资能力、偿还债务能力、经营资金能力等	资产负债率、资产周转率、资产利润率、投资报酬率等
自然资源	厂房、设备、位置、土地面积、建筑地理位置和用途;原材料成本;所拥有的车辆等	固定资产现值、企业规模、固定资产的用途及其折旧、企业设备的数量及其质量、先进性、企业的不动产等
人力资源	员工士气、敬业程度、培训情况、工作满意度、组织认同、价值观、企业文化等	员工教育状况、员工培训数量与质量、组织学习回报率、工资增长水平、工作满意程度等
技术资源	专有技术、专业知识、创新资源、研究设备、科学技术人员与科学家、科研投资与开发投资	重要专利数量、出让专利的收入、品牌知名度、品牌价值、研发投资额、研发人员比例等
社会资源	政府支持、供应商的联络、竞争者结盟、客户满意度、股东支持等	客户满意度、供应商网络、参加政府会议次数、人大代表人数、客户投诉率、股东表决支持率等

从某种角度讲,所谓的企业战略实质上是通过调整企业本身的财务资源、自然资源、技术资源、人力资源和社会资源及能力来迎合外部环境所提供的各种机会。

建立在自然资源基础上的战略包含以下要点:

(1) 一个组织的战略决策基础是其拥有的资源和能力,而不是外部环境;

(2) 企业通过获取资源和增加核心能力来提升它的竞争优势;由于资源和能力随着时间的流逝会被消耗,因此必须不断地加以投入使其充实和发展才能保持可持续的竞争优势;

(3) 企业能够识别、寻找并获取有价值的资源,特别是慢周期资源或者无形资源;

(4) 资源一旦不能被组织所利用并保留,很难高度流动。因为资源有高度的嵌入性和高昂的转移成本,特别是无形资源;

(5) 有价值的资源通常难以被模仿和替代,表现出独特性、稀缺性和难以复制性。

(三) 战略模型之三:人力资源基础模型

基于人力资源的观点是近年来兴起的。传统的资源观点和环境观点多是强调有形资源,而有形资源往往易于模仿、复制、消耗,因此难以取得持续的竞争优势。即使在产业中获得较好的竞争地位,如果企业忽视了无形资源的获取、使用和增值,也将难以保持持续增长。企业人力资源是一种特定的无形资源,它意味着企业的知识结构、技能和决策能力、学习速度和应变能力,或者说人力资本增值能力。据统计,国际上的企业,人力资本所有者并没有投入货币资本,但拥有企业产权平均水平的38%,打破了长期以来谁出资(货币资本)谁拥有产出的传统观念。人类社会创造的价值有50%以上来自于知识,可见人力资源创造的价值何其巨大! 表4-5显示了辉瑞制药公司的人力资源价值。

表4-5 人力资源创造的价值

类 目	数 据
税前收益	36.94亿元
年末有形资产	129.53亿元
有形资产收益	28.52亿元
同期制药行业平均资产收益率	10%
行业平均水平下的税前收益	12.95亿元
超额收益	23.99亿元
税前超额收益	16.55亿元
人力资源价值	110.34亿元

建立在人力资源基础上的战略管理认为:

(1) 人才竞争是现代竞争的核心;人才竞争的根本是人才制度的竞争,传统企业打的是产品价格战,靠产品获取竞争优势的时代将一去不复返,未来企业靠人才,打的是人才价格战;

(2) 企业竞争告别了商品短缺时代,告别了资本短缺的圈钱岁月,进入了人才竞争时代;

(3) 战略制定必须基于生产知识和用知识进行生产的基础之上;

(4) 全球化的人才危机,致使战略管理必须在人力资源上投入更多,并致力于建立相应的危机策略;

(5) 掠夺性人才战略开始出现,特别是猎头公司的推波助澜加剧了人才战的残酷性;

(6)人力资本增值成为员工职业发展的主题;

(7)组织学习和创新成为企业获取竞争优势必不可少的关键因素。

环顾当今世界上成功的企业,无论是具有悠久历史的可口可乐、强生公司,还是新近崛起的微软、Intel公司,以及中国的联想和海尔公司,都无疑在寻找、识别、获取、利用企业的外部环境和内部资源方面,特别是无形资源(人力资源)方面为我们树立了榜样。尽管如此,阻碍战略人力资源管理的阻力依然存在,主要表现在以下六个方面。

(1)着眼于当前绩效而不是企业的长远目标;

(2)无力将人力资源作为战略性资源;

(3)不能准确评价人力资源所创造的价值;很难将人力资源的产出进行量化;

(4)没有认识到总经理的角色就是人力资源经理的角色;

(5)认为对人力资本投资的风险太高;

(6)变革和创新的动力不足。

这些障碍大多起源于根深蒂固的组织文化和价值观或者创业者的理念。一个组织的历史和习惯以及制度的演进可能成为任何变革和创新的阻力。根除传统理念和习惯,促进组织的变革是一个艰巨的任务,但是企业的基业常青比什么都重要。组织学习可以打破稳定的熵值,并促进企业以优秀企业为标杆,并加以超越。

二、战略管理的过程

为了考察战略与人力资源管理之间的关系,必须了解战略管理的过程。战略管理对于任何企业而言都是一项核心的、根本性的工作,从分析到实施,从实施到评价,其系统性、程序性、科学性程度越高,企业实现永续成功的把握就越大,对企业形成长久的竞争优势越有利。理想的战略管理,必须遵循科学的、系统的、合理的步骤和方法,循序渐进地加以推行和评价,才可以取得最好的绩效。综合以上三种模型,我们认为,战略管理的理性思维模式包括战略分析、战略设计、战略实施和战略评估四个步骤。如图4-3所示。

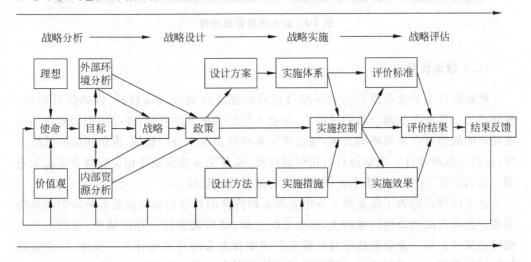

图4-3 战略管理的过程模型

（一）战略分析

战略分析是战略管理的第一步。战略分析是企业为了实现其长远目标，分析企业的竞争环境和内部资源以确定需要做什么和如何做。战略分析包括对其程序制定和战略形成方法的分析。SWOT 和价值链可以作为企业战略分析的重要方法。SWOT 分析企业所面临的优势和劣势、所处的机会和威胁。价值链则用作分析企业所拥有的资源禀赋。

图 4-4 表示了战略管理的实际过程。企业的理想、价值观决定了企业的使命及其对未来长远的规划。企业必须在使命的基础上，结合环境的需要进行战略设计。战略分析的内容主要是竞争或行业结构，如潜在进入者、市场在位者、替代品、供应商和消费者的实际情况以及政府的政策和法令、技术发展趋势、市场潮流以及经济趋势。另一方面，必须对组织自身进行分析，或者说对组织资源进行分析。了解企业资源的人、财、物、技术、资本数量、质量，以及其相关特质，如持久性、灵活性、可被模仿的程度、替代的时间等。战略分析还包括战略形成及对备选战略的评价。

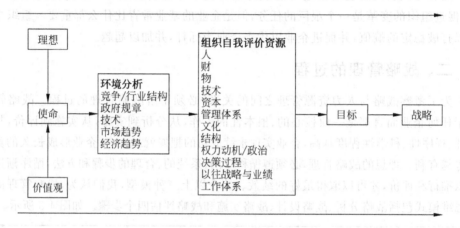

图 4-4　企业战略管理过程

（二）战略设计

战略设计是为企业设计与其环境最适应的战略计划或战略目标，以确保其成功。战略设计是建立在战略分析的基础上，企业不仅要分析外部环境，还必须识别和评估企业现行的战略对未来战略的影响，通过测定和评估企业本身的资源，准备相应的战略方案，这就是战略设计。战略设计有相应的标准，或者说备选或设计相关战略方案必须遵循一定的标准，这个标准事实上就是企业的使命或者目标。

企业的存在是为了在宏观经济中实现某种特殊的社会目标或满足某种特定的社会需要。企业在战略分析的基础上，对企业的使命、价值观进行合理的描述，并确定企业相应的战略目标。企业的战略目标要考虑现实和未来的环境变化。一般来说，企业的战略目标受制于外部环境和内部资源。从外部因素来看，企业的战略目标与企业在总体环境及行业中的位置、形象、商誉相联系；从企业内部来看，企业的战略目标与企业追求的经营管理成果即市场占有率、利润水平、股价、增长速度、现金流、投资回报率、竞争能力、经营重点、多元化经营等有关系。

战略目标的确定与设计是企业战略管理过程中最为重要的一步。企业在确立战略目标时，必须注意以下几点。

（1）战略目标是建立在企业外部环境分析和内部资源协调的基础之上的；企业在设计战略时，应该充分考虑组织所具有的能力和应付环境的能力；

（2）企业战略目标的设计必须与企业的使命、宗旨和价值观结合在一起。战略管理就是要平衡对立的价值观，并保持组织资源的一致性；

（3）战略目标的设计应该有一个明确的期限，并且是可以测量的，只要有可能，战略目标就应该用定量指标进行描述；

（4）战略目标的设计还必须要落实到企业的政策上，以保证企业战略的贯彻和执行。

（三）战略实施

战略实施是企业借助于其本身的一切资源，将战略计划、行动方案、预算和一定的程序付诸实施的过程。企业战略的实施包括制定实施体系、实施措施、实施控制。有效的战略实施必须包含以下任务。

（1）确定实施的企业战略对于职能部门的要求及其在实施过程中会产生的问题；

（2）使组织的资源能够与企业使命及现实的管理能力协调一致；

（3）对预算和行动方案严密控制，并确保不偏离组织的战略目标；

（4）对备择战略方案的选择可以是满意的而不必是最优的。

战略实施的措施和方法非常多，只要能够促进企业战略目标的实现，都有其特定意义。但归纳起来大致有以下几种。

（1）文化型。即运用企业文化，通过确立企业共同的价值观和共同的理念，包括经营理念、人才理念、产品理念等，建立共同的价值观和行为准则，使所有的组织成员在共同的文化的基础上参与战略的实施活动。

（2）参与型。这种模式是企业战略高层在战略实施之前就考虑通过上下互相沟通的方式进行。几乎所有的管理人员和非管理人员都参与战略的制定，并提出相应的建议和实施及监控措施。

（3）变革型。这种模式的重点是考虑在战略实施过程中融入变革和创新因素。如建立新的组织结构、对价值观的重新定位、对战略的重新定位、改革人力资源制度等。

（4）指挥型。这种模式是组织的战略通常由战略层直接作出并进行实施，企业各层管理人员只是战略的执行者而不是参与者。高层管理者作出决策，制定战略，下层管理者执行战略。

（5）增长型。这一模式考虑如何激发下层管理人员制定和实施战略的积极性和主动性，提倡企业所有的员工为企业的持续增长提供相应的方案和建议，发挥员工的首创精神，带动企业实现可持续发展。

通常影响战略实施的因素非常多,主要包括以下几个方面。

(1) 组织结构。战略决定结构,结构追随战略,因此,企业实施战略前必须检讨自己的组织结构,看组织结构与其战略是否匹配。

(2) 使命与价值观。战略管理要平衡对立的价值观。群体文化对应的是人力资源的开发;而创业文化则以变革和发展为主导;管理文化则是维持和平衡,力求稳定、演进;理性文化主导最大的产出。

(3) 资源分配。由于组织是由不同的子系统所组成,不同的资源分配导致的总体效应是不一样的。战略实施过程中必须关注资源分配的正确度及其跨度问题。

(4) 信息传递。企业使命、价值观和远景是否为组织各级管理人员所了解?各个层级之间是否能够贯彻执行?各级管理人员传递信息的意图及其传递效率如何?

(5) 激励制度。所提供的报酬制度是否能够最大限度激发各级管理人员为实现组织使命和理想而奋斗?激励制度有哪些缺陷,如何改进这些缺陷以服务于组织目标的实现?

(四) 战略评估

战略评估是对战略实施与控制的状况作出一定的修正和评估,并根据环境及组织内部资源及能力进行相应的反馈。战略评估不仅表现在战略目标实施效果上,而且要检查战略目标与已实现的目标之间的差距。战略评估之所以必要,是因为在战略实施过程中会出现以下问题。

(1) 产生与战略目标不一致的行动。这是因为组织和个人的认知能力、掌握信息的有限性,或者说组织和个人的有限理性造成的。组织和个人不可能搜寻所有的目标,也不可能动用所有的资源,并且市场是变动和不确定的,预测的信息也可能有偏差。

(2) 战略计划的不协调性。这可能由于企业与外部环境的不协调;市场发生了剧烈变化;企业部门之间的不协调;个人目标与组织目标的不协调;战略计划过时等。

(3) 评价标准出现问题。企业战略目标的制定与其实现之间有一定时间差异;企业对资源控制和环境的掌控存在差异;企业对自身修正能力估计偏离,这些都有可能使企业在制定战略时将标准制定得比较高或比较低。企业必须随着时间的变动作出相应的调整。

因此企业对战略实施的评估应该贯穿战略管理的始终。这包括事前控制、即时控制和事后控制。

战略修订可以采取多种方式。

(1) 局部修订。按照影响战略的因素对战略进行局部的修改,而不涉及战略宗旨和战略使命及价值观的修订。

(2) 职能战略修订。这属于子战略的修订,特别包括对战略影响较大的职能部门或事业部战略的修订。格兰仕从空调市场的撤离是职能战略修正的先例。

(3) 总体战略修订。这涉及企业全局的长期的使命和远景的修订,必须有充分的证据与论证才能进行修改。

战略评估实际上是对战略实施的效果进行评价,优秀的战略会指导企业获得持久的竞争优势,并使企业的使命与经营成果相一致。拙劣的战略导致企业的衰败甚至破产。企业在制定和实施战略的过程中,必须进行滚动修订,并保持战略分析、战略设计、战略实施和战略评估的循环有序性和创新性,使战略指导人力资源管理实践。在企业战略的实施过程中,战略性思考人力资源在管理实践和促进企业获得竞争优势中的地位和策略。

第五节 不同战略下的人力资源管理

人力资源管理已经被管理者看作组织在国内、国外市场上赢得竞争优势的一个重要手段。在企业制定和实施战略的过程中,特别要注意人力资源管理职能必须与企业战略相一致。人力资源战略与企业战略的协调,可以很好地帮助企业利用市场机会,提升企业内部组织优势,帮助企业达成战略目标。战略人力资源管理必须确保:(1)人力资源管理与企业战略以及战略的需要相一致;(2)人力资源政策、策略和高绩效系统中凝聚着各方面政策和各级人员的贡献;(3)人力资源策略被业务管理人员与各级人员所适应、接受和应用。当然,要了解不同企业战略下的人力资源管理问题,必须了解企业战略经营需求(使命、理想和价值观)以及战略类型和战略态势。图4-5展示了企业战略和人力资源之间的关系。企业战略由企业使命所决定,而其使命则由其价值观和理想决定,不同的价值观决定了不同的基本战略和战略态势,从而决定了战略人力资源活动。

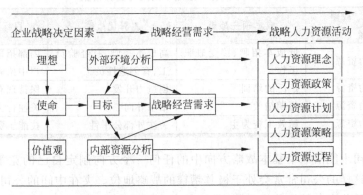

图4-5 企业战略与战略人力资源管理活动

企业的战略可以从基本战略、增长战略两个方面考虑。

一、基本战略

迈克尔·波特认为企业的基本战略主要有三种:成本领先战略(overall cost leadership)、差异化战略(differentiation)和目标聚集战略(focus)。企业必须从这三种战略中选择一种,作为其主导战略。要么把成本控制到比竞争者更低的程度;要么在企业产品和服务中形成与众不同的特色,让顾客感觉到你比其他竞争者提供了更多的价值;要么致力于服务某一特定的市场细分、某一特定的产品种类或某一特定的地理范围。这三种战略架构差异很大，成功地实施它们需要不同的资源和技能，夹在中间的企业由于企业文化混乱、组织安排缺失、激励机制冲突还可能遭受更大的损失。

成本领先战略是指企业在提供相同产品或服务时，通过在内部加强控制成本，在研究、开发、技术、销售、生产、人力资源和广告等领域把成本降到最低程度，使成本或费用明显低于行业平均水平或主要竞争对手，从而获得更高的市场占有率或者更高的利润，成为行业成本的领先者的竞争战略。林肯公司在电弧设备及其供应上采取的就是成本领先战略。而格兰仕在微波炉上的成功也是成本领先的先例。长虹多年来在家电市场上也是采取的成本领先战略，使其家电销售尤其是电视机销售一度占据国内第一位。

差异化战略则不同于成本领先战略，所谓差异化战略实质是企业向消费者提供的产品和服务标新立异，形成一些在全产业范围内具有独特性的东西。这些特色可以表现为产品设计、技术特征、产品品牌、服务方式、人力资源、促销手段、财务策略等。公司可以通过产品差异化策略、服务差异化策略、人事差异化策略和形象差异化策略实现自己与竞争对手的差异性。如可口可乐的产品口味与百事可乐产品口味的差异。

目标聚集战略（也称目标集中战略）是指企业把经营的重点放在一个特定的目标市场上，为特定地区、特定的顾客群提供特定的产品和服务。目标聚集战略和其他两种战略不同，成本领先战略和差异化战略面向全行业，而目标聚集战略则是将目标定位为某一特定的市场或者群体，并提供密集的产品或服务。

三种基本战略态势下的人力资源应采取不同的策略，如表4-6所示。

表4-6 不同竞争战略下的人力资源措施

战略 人力资源措施	成本领先战略	差异化战略	目标聚集战略
获取人力资源	低成本招聘、接受兼职工作	高成本招聘、有经验员工、有创造性员工	内部招聘，或者从客户中招聘
开发人力资源	广泛的培训	创造力开发	保持现有技能
评估人力资源	短期绩效	结果导向	关注行为
酬报人力资源	绩效工资为主	关注外部公平性	技能工资

一个公司未能沿三个基本战略方向中的任何一个方向制定自己的竞争战略，即被夹在中间。这样的公司常常会处于极其糟糕的战略地位。夹在中间的公司几乎注定是低利润的。除非产业结构非常理想，并且其竞争对手也都处在夹在中间的境地。然而，产业的成熟会加大采取基本战略的企业和夹在中间的企业之间的差距，夹在中间的企业面对成本优势的竞争对手，会失去大量的低价格偏好客户，而对于高利润业务，又无法战胜那些做到了全面产品差异的公司，最终只能寻找市场空隙，在夹缝中生存。夹在中间的企业是不折不扣的二流企业，其失败的原因是由于模糊不清的企业文化、相互冲突的组织结构、矛盾而无效的激励机制所致。拉克航空公司是一个典型的例子，它最初在北大西洋市场，采取不提供不必要服务的非常明确的成本领先战略，其目的是针对那些对价格极为敏感的客户。然而，一段时间后，拉克航空公司又开始提供不必要的花样，增设新的服务，开设新的航线。这种变化使原有形象受损而变得含糊不清，使服务和交货系统由优变劣。结果是灾难性的，拉克航空公司最终破产了。

二、增长战略

企业战略管理者在选定了企业的宗旨、理念和目标体系之后，必须根据企业的内外部环境条件和资源、目标的要求来选择相应的战略态势或者增长战略。战略态势的选择决定企业的各种战略业务单位在战略规划期限内的资源分配和业务发展方向。总的来说，企业的增长战略或战略态势有四种：稳定型战略、成长型战略、紧缩型战略和混合战略。

稳定型战略是在企业的内外部环境制约下，企业准备在战略规划期使企业的资源分配和经营状况保持目前水平的战略。实施稳定型战略主要是由于受环境的限制。在稳定型战略的情景下，公司由于稳步发展，很少有岗位空缺形成，很少有员工获得晋升与发展的机会。人力资源的一个主要任务是识别那些起关键作用的员工，并设法挽留他们。

成长型战略不同于稳定型战略，它是一种使企业在现有的战略基础上向更高一级的目标发展的战略，它以发展作为自己的核心内容，引导企业不断开发新产品、开拓新市场，采用新的生产方式和管理方式（包括兼并和收购或垂直整合），以便扩大企业的产销规模。成长型战略的好处是获得了相应的经济规模，增强了竞争地位，获得了规模效益，也为员工的发展和晋升提供了机会。由于公司业务范围迅速膨胀，因此面临的人力资源问题也增多，如高素质人才的缺乏，在兼并后人力资源和企业文化的整合等，会给企业增长带来新的问题。企业必须采取相应的人力资源管理措施，如警示当前员工、坚持保质保量和绩效标准、雇用高素质员工（有经验员工）、解雇兼并后多余的员工等。

企业资源是有限的，不可能进入所有新的产业，而且在企业外部环境发生变化时，有必要对原来获利现在缺乏吸引力的经营区域实施紧缩型战略。紧缩型战略是指为了与高度竞争的环境相适应，从目前的战略经营领域和基础水平收缩和撤退，且偏离经营宗旨较大的一种经营战略。实质上，紧缩型战略表现为对原有战略计划的一种修订。如武汉交投从原来经营路桥港站所有业务回归到以港口和公路为主，从站场撤退。由于业务范围的紧缩，人力资源面临的问题是冗员增多、高素质人才流失。因此，此时的人力资源策略是管理好留用人员以及解雇冗员。

第六节 本章小结

当人力资源管理战略被融入组织内的时候，人力资源管理有助于阐释公司的人力资源问题并找到解决问题的方法。随着全球竞争的进一步加剧，传统的人力资源管理已经不能适应企业经营管理的需要，战略人力资源管理应运而生。战略人力资源管理就是系统地将人与组织联系起来的、统一性和适应性相结合的人力资源管理，是指组织为了达到目标，有计划地部署和管理人力资源各种活动的模式。即为企业能够实现目标所进行和所采取的一系列有计划、具有战略性意义的人力资源部署和管理行为。

战略人力资源管理不同于传统人力资源管理，它是指企业中一系列与其战略目标相一致和匹配的人力资源管理实践、项目和政策。这通常涉及三个方面：(1)人力资源管理战略不只是服从整体的企业战略,而是对企业战略制定提供积极反馈意义;(2)优良的人力资源系统是企业获得优秀绩效的必要条件;(3)战略人力资源管理系统是指与战略目标相一致和匹配的人力资源管理实践、项目和政策。

战略人力资源管理与传统人力资源管理存在明显差异,这表现在:管理观念、管理职责、管理重心、管理角色、管理模式、管理层次和管理内容诸多方面。因此也要求人力资源管理者的角色发生变化,这些变化主要表现在四个方面:(1)角色。人力资源角色逐步从行政管理专家向战略伙伴和改革者变化;(2)任务。人力资源承担的职责也从基础管理和管理员工贡献向战略指导者转变;(3)目标。从为了建立有效制度维持现有秩序的稳定向强调执行战略、实现战略目标或宏观愿景转变;(4)活动。从被动作出响应向与企业的战略相匹配转变。

战略管理是企业经营的产物,通常被确定为五种含义,即计划、策略、模式、定位和观念。战略是一种计划。强调企业管理人员要有意识地进行领导,凡事预则立,不预则废;战略是一种模式。强调战略重在行动,知行合一,否则只是空想;战略是一种策略。强调战略是为了击败竞争对手而采取的一种手段,重在达成预期目的;战略是一种定位。强调企业对所处的行业进行研究,分析产业结构,寻找缝隙。创造条件更好地进行经营上的竞争或合作;战略是一种观念。强调战略是一个集体思维的过程,要求企业成员共享战略观念和理想,形成一致行动,以达成企业的长远目标。企业采取不同的战略含义决定了其采取不同的人力资源战略。

有三个主要的战略模型,解释了什么是战略过程以及如何制定战略,它们分别是工业组织模型、自然资源基础模型、人力资源基础模型。为了考察战略与人力资源管理之间的关系,必须了解战略管理的过程。综合以上三种模型,我们认为,战略管理的理性思维模式包括战略分析、战略设计、战略实施和战略评估四个步骤。

战略人力资源管理必须确保:(1)人力资源管理活动与企业战略的需要相一致;(2)人力资源政策、策略和高绩效系统中凝聚着各方面政策和各级人员的贡献;(3)人力资源策略能被各种层级的管理人员所认可和接纳。当然,要了解不同企业战略下的人力资源管理问题,必须了解企业战略经营需求(使命、理想和价值观)以及战略类型和战略态势,了解基于基本战略和成长战略基础上的人力资源管理模式。迈克尔·波特认为企业的基本战略主要有三种:成本领先战略、差异化战略和目标聚集战略。企业必须从这三种战略中选择一种,作为其主导战略。三种基本战略态势下的人力资源应采取不同的策略,譬如应根据基本竞争战略采取获取人力资源、开发人力资源、评价人力资源和酬报人力资源管理模式。另外,在不同增长战略,如稳定型战略、成长型战略、紧缩型战略和混合战略态势下也应该区别使用人力资源管理策略和模式。

重要名词术语
ZHONG YAO MING CI SHU YU

战略　　　　　　　　　　　　战略分析
竞争战略　　　　　　　　　　战略设计

企业战略　　　　　　　　战略实施
战略人力资源管理　　　　战略评估
传统人力资源管理　　　　基本战略
战略管理　　　　　　　　差异化
资源　　　　　　　　　　成本领先
理想　　　　　　　　　　目标聚集
使命
价值观

思 考 题

1．什么是战略人力资源管理？怎样理解战略人力资源管理的重要性？
2．战略人力资源管理具有哪些基本的特征？
3．战略人力资源管理与传统人力资源管理存在何种差异？
4．企业战略应该决定职能战略和人力资源战略，而企业战略和人力资源战略的形成过程在本质是互动的，你是否认为这是一个矛盾？
5．战略是如何定义的？它有哪些基本内涵？
6．怎样理解战略、战略管理与战略人力资源管理之间的关系？
7．战略有哪些基本模式？这些基本模式有何异同？
8．企业应该采取哪几种基本战略和增长战略？这些基本战略和增长战略如何主导企业人力资源战略？

案例

中集集团战略目标与人力资源管理

中国国际海运集装箱（集团）股份有限公司（以下简称中集集团）初创于1980年1月，最初由香港招商局和丹麦宝隆洋行合资组建，是中国最早的集装箱专业生产厂和最早的中外合资企业之一。中集集团于1982年9月22日正式投产，1987年改组为中远、招商局、宝隆洋行三方合资企业，1993年改组为公众股份公司，1994年在深圳证券交易所上市，1995年起以集团架构开始运作。集团致力于为现代化交通运输提供装备和服务，主要经营集装箱、道路运输车辆、机场设备制造和销售服务。截至2010年年底，中集集团总资产543.31亿元，净资产162.19亿元，在国内和海外拥有150余家全资及控股子公司，员工超60 000人。集装箱制造为集团的主营业务，中集集团拥有华南、华东、华北三大区域二十多个生产基地，产品包括干货集装箱、冷藏集装箱、罐式集装箱及其他各类特种集装箱，中集集团是全球规模最大、品种最齐全的集装箱制造集团，客户包括全球最知名的船公司和租箱公司，产品遍及北美、欧洲、亚洲等全球主要的海陆物流系统。自1996年以来，中集集团的集装箱产销量一直保持世界第一，目前国际市场份额超过50%，中集集团在集装箱行业确立了世界级地位。

专用车产业是中集集团目前所确立的重点发展业务，目标是"为全球市场提供一流的陆路运输装备和服务"，同时推动中国公路运输装备的现代化。当前，中集专用车产业正进入一个以提升实力为核心的规模扩张阶段。经国家工商总局核准成立的中集车辆集团，利用其在管理、技术、品牌和规模经营等方面的优势，通过收购兼并和投资建设的方式，整合行业资源，实现规模性扩张，建立起覆盖北美及中国的华中、华东、华南、华北等区域的九个生产基地，形成中美互动、分布合理、互为支持的产业格局和年产8万辆各类专用汽车的生产规模。

中集集团的机场设备业务是以机场旅客登机桥、全自动航空货物及物流处理系统、自动化立体停车库等为主要产品，其中登机桥的国内市场占有率达到80%以上，并成功进入了美国、中国香港、中国台湾、印度、泰国和蒙古等国际市场。

中集集团的战略目标是为现代化交通提供装备和服务，成为所进入行业的世界级企业。公司的基本理念是：在全球市场中，成为能按客户要求提供世界一流的现代化交通运输工具和相关服务的主要供应商；创造为客户所信赖的知名品牌，保持稳步健康的价值增长，为股东和员工创造最大利益。由此，中集集团公司力图通过整合管理资源、建设管理平台，提高组织运作效率，发挥规模效益。通过强调绩效理念，关注组织反应速度和创新能力，保持竞争优势。集团通过多元化战略，通过兼并和收购，启动车辆业务，并可能进入造船业，同时通过加快国际化进程，使经营范围不断扩大。

公司战略决定了其人力资源战略。人力资源管理贯穿集团公司的各个层面：集团层面、业务层面和职能层面。

集团层面：形成绩效导向的组织机构、管理流程、工作习惯和企业文化；企业凝聚力高、团队协作顺畅，反应速度极高，保持了持续竞争力。作为主要管理杠杆，推动集团化管理进程，提高组织运作效率，为集团成为世界级企业奠定基础。

业务层面：能够准确及时地配置管理人才、技术人才、国际人才、特殊人才，有效应对业务拓展及相应的技术发展、组织调整、区域变化。推动变革管理，提供足够的人才及政策支持以适应业务拓展和市场变化。为员工提供优良的成长机制和发展空间，提高员工的贡献度和竞争力。

职能层面：为员工提供优良的成长机制和发展空间，提高员工的贡献度和竞争力。各项工作专业化，总体管理水平国内领先；有充分的变革管理能力；使中集成为优秀管理人才、专业人才的摇篮。

与此相对应，人力资源管理战略目标是：通过资源整合，形成统一的HR管理平台；通过HR开发和配置，有效支持业务拓展；通过竞争平台强化绩效导向，提高组织效率。核心策略是以制度建设和资源共享为切入点建立管理平台；以人才培养与储备体系为基础，形成持续稳定的人才供给渠道；以绩效管理体系和激励体系为基础，形成统一的竞争平台。通过五种管控模式对人力资源管理战略进行实施：招聘选拔、培训发展、考察评价、人员激励和任用安置。集团确定总体政策取向，各公司可根据具体情况细化或适当变通。

中集集团将员工划分为五个系列：管理系列、技术系列、市场系列、事务系列和工人系列。对高层人才招聘强调国际化,对中层人员的招聘强调专家化,而对基层人员的招聘中集化。高层经理需具有全球视野,熟悉国际经济运行规律和国际市场通行的商业规则,具有跨文化、跨国界的适应能力、沟通能力和经营管理能力;中层员工具备专业的知识和能力,能够运用专业的方法和专业的装备完成国际一流的目标聚集任务并形成自身的核心专长和竞争力;基层员工则注重认同中集的企业文化和核心价值观,认同中集的远大抱负和追求,具有中集员工典型的精神风貌、工作作风和行为方式。在招聘选拔上,对高层人才完全从内部进行选拔,极少对外招聘;中层人才,基本内部培养,适当对外招聘。对外招聘应同时满足三个条件:(1)内部缺乏适当人选;(2)业务急需人员;(3)快速获得竞争优势。基层干部:校园招聘为主,社会招聘为辅。对工人:建立固定的招聘培养渠道,减少社会零散招聘。

中集重视员工的职业化素养,中集人必须遵行《员工行为规范》,因为个体的言行举止不仅代表着自己,更代表着所属企业的形象。中集加强人力资源的规划预测、开发培训、使用考评工作,使中集每一级的每个岗位,都成为中集员工展示自己奋斗人生的大舞台。采用分级培训政策。高层培训面向国际化,采用实地考察、领导研修等多种形式,培养高层领导者的全球视野,熟悉国际经济规律和国际商业规则;培养其跨文化、跨国界的适应能力、沟通能力和经营管理能力。中层培养面向专家化,培养中层人员在相应领域内的专业知识和技能,引进、吸收先进的专业方法,提高其专业攻关能力,形成自身的核心专长和竞争力。基层培养面向中集化,使基层人员和工人能够认同中集的企业文化和核心价值观,认同中集企业战略和宏图;掌握基本岗位工作技能;培育中集人的精神风貌、工作作风和行为方式。

中集倡导绩效文化,重视员工的自我管理能力,强调全面、公正、实效和效益导向的个体绩效评估原则。每年年终公司都会评选出绩效优异、技术创新及AA级员工等奖项,并进行相应的表彰和奖励。对中高层的评价以职责为基础,通过严密的绩效评价系统进行。对中高层人员的评价以中长期绩效为主,还包括以国际化和专家化为导向的能力评价及忠诚度。对基层人员而言,评价以短期绩效为主,但能力提升、态度同样重要。

中集施行市场上具有竞争力的薪酬政策,坚持"以人为本、国强民富共同发展"的人力资源管理理念,按照个体的绩效、价值和分类进行分配,体现出企业与员工之间风雨同舟、荣辱与共的价值观。总体而言,中集实行在市场上具有竞争力的薪酬政策。其中:干部薪酬以职责为基础,根据绩效表现计发;工人薪金则通常以工作量为计发依据。干部因不同的职系,影响其薪酬变动的主要因素不一而同:管理系列侧重企业总体经营绩效;技术系列侧重技术贡献度;市场系列侧重销售利润;事务系列侧重市场工资水平。高层激励政策的核心是使其分享企业成果,与企业荣辱与共。以年薪制为基础,结合期权、高额福利、商业保险的多元组合。中层激励政策的核心是绩效导向的薪酬为主,个人发展机会及分享企业成果为辅,采用工资+奖金+中额福利+期权(小部分人员)的多元组合。基层干部激励政策的核心是具有市场竞争力的薪酬与个人发展机会并重。

中集施行"双向晋升通道",打破"官位"一条路,使得管理、技术、市场、事务等人才在各自的专业技术领域都拥有上升通道。晋升政策的核心是为员工创造多元化职业路线；同时通过末位淘汰机制创造内部竞争压力，保持组织活力。

中集相信"事业需要共识，共识来自沟通"，公司内部有多种沟通渠道，包括内刊、网站、管理层深入基层、集体活动、员工投诉处理机制等，另外公司还定期举行麦伯良总裁同员工的"对话"活动。中集重视协同合作，倡导同事间简单、信任、相互友爱的关系。中集致力于为员工提供良好的办公环境，让每一个员工都能心情愉悦地工作、学习、成长。

参考文献

[1] Wright P，McMahan，C. Theoretical Perspectives for Strategic Human Resource Management. Journal of Management. 1992,18(2)：295～320.
[2] Iigen D R，Pulakos E D. 变革的绩效评估——员工安置、激励与发展．北京：中国轻工业出版社,2004,207～217.
[3] 杰弗里·梅洛. 战略人力资源管理. 吴雯芳译. 北京：中国劳动社会保障出版社,2004.
[4] Andrews，Kenneth. The Concept of Corporate Strategy，2nd Edition. Dow-Jones Irwin,1980.
[5] 亨利·明茨伯格，布鲁斯·阿尔斯特兰德，约瑟夫·兰佩尔. 战略历程——纵览战略管理学派. 北京：机械工业出版社,2002.
[6] 王方华，吕巍. 企业战略管理. 上海：复旦大学出版社,1997.
[7] 周三多，邹统轩. 战略管理思想史. 上海：复旦大学出版社,2002.
[8] 迈克尔·波特. 竞争优势. 陈小悦译. 北京：华夏出版社,1997.
[9] Susan E. Jackson，Randall S. Schuler. 人力资源管理：从战略合作的角度. 范海滨译. 北京：清华大学出版社,2005.
[10] 汪玉弟. 企业战略与 HR 规划. 上海：华东理工大学出版社,2008.
[11] Stewart，T. A. Intellectual capital：the new wealth of nations. New York：Double day dell publishing，Inc,1997.

第五章
建立与战略匹配的人力资源系统

学习目标

- 了解各种竞争战略的区别
- 深刻理解企业战略对人力资源战略的影响
- 深刻理解职能战略对人力资源战略的影响
- 阐述与战略匹配的人力资源活动
- 分析人力资源战略方案

开篇案例——人力资源是战略资源

戴尔公司——配合低成本战略的人力资源管理

戴尔公司是一家充满传奇色彩的公司,它的创始人 Michael Dell 也是一位传奇人物。12 岁的 Dell 在一次冒险的邮票生意中赚了 2 000 美元,16 岁的 Dell 通过直接发信和电话联系的方式为报纸征订订户,一年收入 1.8 万美元,19 岁的 Dell 用 1 000 美元在他的大学宿舍里创建了戴尔公司。1992 年,Dell 凭借他的戴尔公司成为《财富》500 强企业中最年轻的 CEO。

全球领先的 IT 产品及服务提供商戴尔公司,致力于倾听客户需求,提供客户所信赖和注重的创新技术与服务。受益于独特的直接经营模式,戴尔在全球的产品销量高于任何一家计算机厂商,并因此在《财富》500 强中名列第 25 位。在过去的四个财季中,公司营业额达到了 574 亿美元,其市值达到 1 272 亿美元。戴尔公司目前在全球共有约 75 100 名员工。

Dell 谈到他的成功秘诀时说:"我们取胜主要是因为我们拥有一个更好的商业模

式。"这个商业模式就是著名的戴尔模式,以"直接与客户建立联系"的创新理念经营,按照客户要求制造计算机,向客户直接发货,从而能够最有效地了解客户需求,并迅速做出反应。取消中间商可以有效地降低成本、压缩时间、了解客户、及时反应。坚持直销、摒弃库存、与客户结盟是戴尔公司的"黄金三原则",低成本＋高效率＋好服务是戴尔公司的评价标准。Dell发明了一种全世界都想模仿的商业模式,但成功效仿的公司却是寥寥无几。正是凭借着这个神奇的模式,成立于1984年的戴尔公司在二十多年的时间中成长为全球领先的IT产品及服务提供商,年营业额高达近500亿美元。

21世纪初的几年对整个电脑行业的打击很大,为了维持刚刚获得的全球头号个人电脑制造商地位,戴尔公司在2001年第一季度把每台电脑的平均价格降低了300美元左右,公司的利润也随之从21%降至18%。戴尔公司的毛利率虽然低于它的主要竞争对手IBM和惠普,但净利润却大大高于两者,最主要的原因是直接面对客户的戴尔模式节约了大量成本。

电脑行业失去了往日欣欣向荣的景象,电脑价格大幅下跌。对于一贯凭借低成本取得成功的戴尔来说,要想继续保持领先,只能尽可能地再压缩成本。为了配合低成本领先战略,所有部门都应该为之做点什么,人力资源部门也不例外。

与其他公司一样,戴尔公司压缩人力成本的第一个举措就是裁员。2001年上半年,公司决定要裁掉4 000名工人。但辞退员工是一件非常麻烦的事情,涉及诸多细节,这几乎是每个人力资源部门都感到头疼的事儿。戴尔公司人力资源部专门制定了一套确定哪些人应该离开公司的制度,并有效地处理了这次解雇过程中层出不穷的细节问题。被解雇的工人较早地拿到了两个月的薪资、年度奖金以及离职金,生活得到了保障。并且这些被辞退的工人还得到了重新谋职咨询和相应福利,有助于他们尽早找到新工作。通过妥善安排,戴尔公司顺利地精减人员,节约了一大笔人力成本。

作为一家IT企业,戴尔公司充分利用内联网,用先进的手段管理大多数的人力资源工作。在公司的内联网上有一个管理者工具箱,其中包含了30种自动网络应用程序,这些工具帮助管理者能够方便而有效地承担部分人力资源管理工作,而这些工作过去必须由人力资源部门承担,并且成本相当高。员工也可以利用内联网查询人力资源信息、管理自己的退休养老金401(K)计划、监控各类明细单,过去要到人力资源部才能办到的事,现在只需轻轻一点鼠标即可完成。有效地利用公司内联网,用电子技术管理人力资源,简化了人力资源部门大量繁杂的工作,大大降低了管理成本。

传统的人力资源部门根据工作内容划分成几块,如招聘、培训、薪酬、考核等,每块都有相应人员负责,不但要处理具体的工作,还要根据公司战略作出相应决策。戴尔公司摒弃旧的组织结构,将人力资源管理部门划分成人力资源"运营"部门和人力资源"管理"部门。人力资源"运营"部门主要负责福利、薪酬、劳资关系等具体工作,直接与员工接触,很少与其他部门的负责人打交道。这些工作虽然繁多琐碎,但属于日常事务性工作,可以借助例行程序、制度、方法完成,戴尔是通过集中的呼叫中心来协调这类人力资源管理职能。人力资源"管理"部门主要负责招聘、培训等工作,从事这些工作的专员要向事业部的副总裁和人力资源副总裁汇报,并且要以顾问的身份参加事业部的会议,为事业部制定专门的人力资源战略,并且从人力资源角度来帮助事业部实现战略。这种划分方式,可以让人力资源"运营"部门有效地处理大量日常事务,又可以让人力资源"管理"部门为事业部提供有效的专业支持。重新划分工作,不但效率得到提高,而且精减了专门从事人力资源工作的人员。

基于商业模式以低成本战略著称的戴尔公司,正想方设法地从各个环节压缩费用。人力资源战略作为公司战略的重要组成、必要支持,必须以低成本领先为导向,配合整个公司的发展。如何把这样一个战略思想转变成现实可操作的措施,是解决问题的关键,也正是戴尔努力的方向。

根据厦门人才网:"戴尔低成本战略的人力资源管理"整理,http://www.xml.com。

第一节 企业战略的分类

在现实中,企业战略是一种动态发展的态势,它随着内外部环境的变化,目标确立,理想、愿景、组织文化等改变而不断改变。企业往往根据实际情况选择适合自己的战略。学界对企业战略的分类大致如表5-1所示。

表5-1 企业战略的分类

分类标准	战略类型	关注焦点
基于战略层次的划分	公司战略	应该做什么业务和怎样开发这些业务,整个公司和所有业务的战略
	业务战略	怎样在特定产品/市场上实现可持续竞争优势,各个事业部的战略
	职能战略	怎样具体操作以实现上述两层次战略,以有效实现公司战略远景和战略目标,各个业务领域中各个具体职能单元的战略
基于竞争策略的划分	成本领先战略	是指企业通过有效途径降低成本,使企业的全部成本低于竞争对手的成本,甚至是在同行业中最低的成本,从而获取竞争优势的一种战略
	差异化战略	是指为使企业产品与竞争对手产品有明显的区别,形成与众不同的特点而采取的一种战略。这种战略的核心是取得某种对顾客有价值的独特性
	目标聚集战略	企业或事业部的经营活动集中于某一特定的购买者集团、产品线的某一部分或某一地域市场上的一种战略
基于战略态势的划分	防卫者战略	在有限的市场范围内,通过深入开发提高效率、维持竞争能力的战略
	展望者战略	不断开发新产品、新市场的机会战略,采取多种经营方式
	分析者战略	有稳定的事业部和领域,很高的市场占有率,并注意开发或引进有希望的新产品的战略

续表

分类标准	战略类型	关注焦点
基于宏观方向的划分	增长型战略	使企业在现有战略基础水平上向更高一级的目标发展的战略,它是以发展为核心内容,不断开发新产品和新市场的战略
	稳定型战略	企业不改变现有活动方向,资源分配和经营状况基本保持目前状态和水平的战略
	紧缩型战略	企业从目前的战略经营领域和基础水平收缩和撤退,且偏离战略起点的一种战略活动
	混合战略	以上三种战略或者两种战略混合使用的一种战略
基于成长机会的划分	一体化战略	企业充分利用自己在产品、技术和市场上的优势,不断向深度和广度发展的一种战略
	多元化战略	企业为了更多占领和开拓新市场,或避免单一经营的风险,往往会选取进入新的领域的战略

资料来源:根据汪玉弟.企业战略与HR规划.华东理工大学出版社,2008,第114~115页;王方华,吕巍.企业战略管理.复旦大学出版社,1997,第62~63页;方振邦.战略与战略绩效管理.经济科学出版社,2005年版,第5页整理而成。

有三个层次的战略是普遍存在的,这就是企业战略、业务战略和职能战略。在许多企业中,战略的层次不仅仅是以上各种战略层次中的一种。战略提出了实施行动计划的焦点,并且将各种业务战略和职能战略进行整合,以达到协同效应。

企业战略态势主要关注防卫者战略、展望者战略和分析者战略。防卫者战略主要关心的是封闭的市场的一部分,以创造稳定和持续的产品与市场。企业的成功依赖于能够在所选市场维持进攻性的杰出地位的能力,并且能够忽视这个市场范围之外的发展。它的特点是小心翼翼地成长,逐步渗透到现有市场。防卫者战略考虑更多的是在保护现有市场不被竞争者侵蚀的情况下,对范围内的市场逐步渗透,并保持行业的领导地位。展望者战略着重在广泛和持续发展的范围内,探索和确定新产品和新市场的机会。企业成功依赖于在大范围环境中的监测能力,并且能够在所在行业中创造变革。它的特点是进入新的市场和开发新的产品来促进企业的成长。分析者战略在维持稳定的产品与顾客的同时,探索和确定新产品与新市场的机会。企业的成功依赖于广泛地应用市场监测的方法,通过渗透现有的市场以及开发新产品与市场来成长。与展望者战略不同的是,分析者战略主要集中在现有市场,并通过现有市场的渗透,促进新市场的开发。如果企业在市场中的地位是稳固的,是市场的领导者,就像可口可乐公司一样,那么人力资源战略应该着眼于长期焦点和员工的素质,主要采用校园招聘。如果采取的是挑战者战略(展望者),就像百事可乐公司,为了探索和确定新产品和新市场的机会,那么应该采取招聘有经验和技能的社会员工,以获取快速成长的动力。但分析者战略很难在灵活性和稳定性之间找到最佳平衡。

不同的基本竞争战略对人力资源管理工作提出各自不同的挑战。更具体地说,竞争战略要确定意向业务如何吸引和留住顾客。企业使用不同的术语来描绘它们的竞争战略,但是基本上,竞争战略反映了两个方面决策:顾客认知和顾客定位。通过对顾客认知和顾客定位,确立目标市场、成本要求和独特性要求,形成三种基本的竞争战略:

差异化战略、成本领先战略和目标聚集战略,如表 5-1 所示。与基本竞争战略相适应的人力资源管理活动我们将在后面章节进行叙述。

基于宏观方向的战略主要分为四种:增长型战略、稳定型战略、紧缩型战略和混合战略。基于成长机会的则有一体化战略和多元化战略。

充分描述一个公司的战略可能是一件非常复杂的事情,特别是当这个公司是一个大型和复杂的公司时更是如此。这样的公司往往有非常多的战略,包括不同层次的战略,如企业战略、业务战略和职能战略,以及每项业务的竞争战略和发展战略。而最重要的是各个层次的战略,如企业总体战略和业务单元的竞争战略,考虑其对人力资源管理的影响,这也将是本书所要涉及的内容。

第二节 战略与匹配

为了成功实施企业战略,员工必须按照一定的方式行事,而企业则特别要注意战略的匹配,也就是通过战略整合保持人力资源管理战略与行动和企业战略协同一致。人力资源与战略的协调可以帮助企业利用市场机会,提升企业的内部组织优势,帮助企业达成战略目标。

哈佛大学教授迈克尔·波特认为,匹配不仅增加企业的竞争优势,而且使得企业的战略很难被模仿。竞争对手可以很容易地复制你的一种活动或者某个产品的某种特征,但是很难复制整个竞争系统。寻找与企业匹配的战略是决策者的难题之一,也是迪斯尼公司创始人热衷的事情。"我也在寻找米老鼠在全球成功的奥秘。许多人都在寻找。"施乐公司总裁 Allaire 倡导,在这个高度复杂与动荡的商业环境中生存,必须具备适应变化的能力。我们必须创立这样的组织,它能够自我发展,而且随着技术、技能、竞争对象以及这个商业的变化而调整自己。

因此,在现实中,制定企业战略的过程实际上是一个与职能战略互动的过程。换句话说,通过考虑公司在每一个职能单元的业务能力,一个公司利用它现有的职能战略和能力来帮助塑造其未来的企业战略。在这个互动的过程中,职能战略与公司战略、职能战略之间,职能战略内部要素之间必须保持匹配。企业要获得长久的竞争优势,必须建立与战略相匹配的人力资源系统。

所谓匹配,是指一个要素的需要、需求、目标和结构与另一个要素的需要、需求、目标和结构相一致。匹配分为纵向匹配和横向匹配。纵向匹配主要是企业的人力资源与总体要素之间的吻合,即人力资源管理与企业的价值观、理想、战略与制度以及操作和实践保持一致。而横向匹配则是指人力资源管理的各项活动之间的吻合,即人力资源的获取、人力资源开发、人力资源酬报和人力资源评估等职能要素之间的一致性。

一些学者纷纷提出了战略匹配类型,Venkatraman 和 Camillus 认为,匹配在战略管理中的应用基于四种资源:(1)市场机会;(2)公司能力和资源;(3)个人价值和抱负;(4)社会压力所形成的责任。Guest 曾提出五种战略匹配类型。

(1) 战略相互作用匹配——人力资源实践与外部环境的联系与协调;
(2) 突发性匹配——企业内部人力资源实践能够对外部因素及时做出反应;

(3) 理想的实践组织匹配——所有企业都可以采取"最佳实践";
(4) 整体性匹配——各种人力资源活动作为一个系统整体相组合;
(5) 互补性匹配——各种人力资源管理时间优势互补、有效组合。

很显然,战略匹配涉及内部匹配和外部匹配。内部匹配包括资源整合、职能协调、能力分布等。外部匹配包括环境适应、公共关系、利益相关者以及组织间社会网络等。企业要获得比竞争对手更多的竞争优势,必须考虑建立与战略匹配的人力资源系统,这就要求,企业首先必须关注总体战略和业务战略选择以及资源匹配问题。人力资源战略与企业战略的匹配,不仅表现在基本战略的匹配上,也表现在发展战略与企业战略态势上。

宏观上,企业可以采取诸如成长型战略、稳定型战略和紧缩型战略;业务部门则可以采用相应的成本领先战略、差异化战略和目标聚集战略。由此形成了企业在所处市场中的相对地位,即防卫者、展望者还是分析者,所采取的是防卫者战略、展望者战略还是分析者战略。这些战略要求战略人力资源系统与企业战略一致。

奎因和蒂奇等提出了人力资源管理与企业发展战略契合战略方式。通过分析经营战略、企业文化与人力资源战略之间的关系,强调人力资源管理与企业战略匹配模式。如表 5-2 所示。

表 5-2　奎因战略匹配模式

企业基本经营战略	企业文化战略	人力资源战略
低成本、低价格战略	科层式企业文化	诱因式人力资源战略
独创性产品战略	发展式企业文化	投资式人力资源战略
高品质产品战略	家族式企业文化	参与式人力资源战略

冯布隆·蒂奇则从企业发展战略方面分析人力资源管理与企业战略之间的匹配问题。如表 5-3 所示。

表 5-3　冯布隆·蒂奇战略匹配模式

企业发展战略	组织管理机制	人力资源战略
集中式单一产品发展战略	规范的职能组织机构与运作机制,高度集权的控制与严密的层级智慧系统,严格的分工	家长式人力资源管理战略:员工获取、选拔、开发、评估与酬报主要从职能上进行,依靠各级主管的判断
纵向整合式发展战略	规范的职能型组织机构与运作机制,集中进行控制与指挥,但更注重部门实际效率与效益	任务式人力资源管理战略:员工获取、选拔、开发、评估与酬报更多依靠客观数据,员工发展以专业化为主
多元化发展战略	事业部型或战略经营单位(SBU)式组织结构	发展式人力资源管理战略:员工招聘、选拔运用系统化标准,绩效评估以贡献为主,主客观标准并用,报酬以对企业的贡献和企业投资效益为基础,进行跨职能、跨部门、跨事业单位的培训与开发系统

第三节 人力资源战略与企业战略的匹配

一个公司所采取的特定的人力资源管理战略应该整合在该公司的企业战略之中。这就意味着,企业战略是人力资源管理战略的动力。"人力资源管理者与全球事务的战略规划有关,而不像以前的人事主管那样只是日复一日地做那些重复的事务,并且随着战略规划过程的推进,人力资源专家必须完成的任务是建立起支持企业目标的人力资源工作目标。"

整体战略的背后蕴涵这样的思想:企业要使包含人力资源在内的所有资源相互协调,同时要实现公司的战略服务,这便是协同效应。人力资源作为公司最重要的资源之一,对企业的竞争优势的获得起到非常关键的作用。它不仅受到企业战略的影响,也会对企业战略实施影响。因此,企业战略与人力资源之间存在多重复杂关系,如表5-4所示。

表5-4 企业战略与人力资源关系的种类

	行政关系	从战略到HR的单向关系	战略与HR的双向关系	融合性(一体化的)关系
动力	没有	实施的失效	高层的支持	理念和未来成长的考虑
对人力资源的看法	人是成本或者认为不重要	人是易变的变量	人是业务成功的关键因素	人是未来成长的关键因素与业务投资
对人力资源功能的看法	必要的,但是个负担	实施战略时的资源	业务是关键	组织是关键
人力资源经理的角色	功能性的行政管理	操作运行,人力资源专家	战略伙伴	完整的高层团队的成员
人力资源功能的角色	有效率的项目与方案管理	开发HR系统以完成业务	根据业务计划开发和实施HR系统	对业务贡献的人力资源专家
人力资源功能的绩效标准	成本最低化,有效救火员	有效的战略实施,业务影响	对战略实施与形成的贡献	对组织的长期影响
人力资源部门活动	孤立的人事日常事务处理	根据企业战略制定和实施人力资源战略	在形成战略过程中提出建议,将人力资源问题包含在内	人力资源活动完全融入企业战略制定和实施之中
人力资源部门地位	较低层次服从	中高层次服从	较高层次的服从和建议	决策层的决策和执行
人力资源对企业战略的参与	无,几乎不参与	参与战略实施,不参与战略形成	既参与战略形成,也参与战略实施	持续、全面的参与企业战略的制定与实施
后果	人力资源停留在人事水平,企业战略难以有效执行	由于没有能参与战略制定,可能导致其不能成功实现	彼此相互依赖,较好保证战略的制定与实施	企业处于有利的地位,保证战略成功实现

对应于企业的防卫者战略、展望者战略和分析者战略,企业应当采取与之相匹配的人力资源战略。当采取防守者战略时,与其相互协调的人力资源战略是累积者战略,为了获取员工最大化的投入而提高员工的能力、技能和知识;当企业采取分析者战略时,与其对应的是协助者战略。协助者战略是基于新知识和技能的创造,鼓励以及支持能力、技能和知识的自我开发;当企业采取展望者战略时,企业最优的人力资源战略是效用者战略。效用者战略致力于采取准交易契约模式,基于极少的员工承诺和高技能的利用,获取可以立即使用的员工。百事可乐公司招聘员工的模式就是基于这种理论,在社会上招聘有经验和技能的员工,对一张白纸的学生则不感兴趣。

很显然,防卫者战略不易于被竞争对手模仿即被竞争对手挤出现有市场。但当整个市场产生变革时,难以防守。国家药品监督和管理局 2000 年发布的一则《关于暂停使用和销售含苯丙醇胺的药品制剂的通知》,宣布暂停销售含有 PPA(苯丙醇胺)的 15 种药品时,一些原有采取防守者战略的企业,如中美史克的感冒药康泰克一时危机四伏,康泰克退出江湖后,留下了巨大的市场真空和每年价值 7 亿元的市场份额,这对于任何一个生产感冒药的企业来说都是"一个黄金机会",当时曾有人断言 OTC 市场将会重新洗牌,业内人士纷纷猜测谁将会取代康泰克登上龙头老大的宝座。东盛科技利用此次机会,迅速突破竞争对手的防卫线,一年之内白加黑乘势而上,占领了感冒药 6.7% 的市场。这是明显的展望者战略在市场产生变革时代突破防卫者战略的一个经典案例。防卫者战略、展望者战略和分析者战略对人力资源管理提出了不同的要求,企业必须根据实际情况进行企业战略与人力资源战略的整合,如表 5-5 所示。

表 5-5　与企业战略匹配的人力资源

	防卫者战略	展望者战略	分析者战略
关键性知识与技术部门	生产与财务部门	市场与基础研发部门	生产、市场与研发
人力资源招聘与使用	内部	外部	结合两者
人力资源招聘录用标准	强调发展潜力	强调已有成绩和技能	结合两者
录用标准的方位	集中在专门领域,狭窄	宽广的专业领域	较为宽广的专业领域
员工职业生涯发展	留住掌握知识技能的员工	留住专业和创新人才	开发企业专门知识和技能
绩效评估与奖励	重视效率与成本	重视创新与革新	结合两者
雇用体制	长期与稳定的职业	短期与流动的职业	难进,易出
员工关系	忠诚,长期服务	内部与外部竞争	内部的高度竞争

因此,企业的整体战略应该决定包括人力资源战略在内的各种职能战略。也就是说,一个公司应该首先对其进行定位,以怎样的资源和能力获得竞争优势,然后制定出每一个职能领域的具体战略以便执行公司整体战略。在现实之中,一个公司就是利用它现有的职能战略和能力来帮助塑造未来的企业战略,一个公司的人力资源战略尤其如此。

第四节　业务战略对人力资源战略的影响

企业竞争优势的获得不仅影响人力资源战略,而且也受到人力资源战略的影响。人力资源战略与企业整体战略之间的联系不仅在理论上,而且在实践中也被注意到了。

世茂集团能够取得如此骄人绩效,关键在于较好地优化并充分利用了各种资源,尤其是人力资源的获取和高效使用,保证了世茂集团能够在激烈的市场竞争中立稳脚跟并得以快速发展,逐步铸造成了如今颇有市场知名度的金玉品牌。还有其他表明人力资源与企业竞争战略之间联系的例子。如果没有明确考虑现在和将来的人力资源战略,三菱公司的"本土化"战略将很难成功。同样迈普的大人才圈战略造就了与华为、中兴、UT等电信设备制造巨头的鼎力抗衡。

要获得竞争优势,需要对一个企业相对于竞争对手的优势与劣势进行评价。这样对竞争优势的研究正好与确定人力资源问题的过程相吻合。许多企业都专注于获得竞争优势的两个主要方式,即成本领先和产品产异化策略。迈克尔·波特及其追随者将采购、技术开发、企业基础、客户服务以及人力资源管理归结为价值链中的第二或辅助支持角色。但是,在今天,人力资本投资的回报已经远远超出物质资本投资的环境下,试想如果百事可乐提供了更高的工资,而可口可乐却出于成本的考虑削减员工工资,竞争的天平将会向谁倾斜不言自知。

在一个企业内部,企业力图通过与其他竞争对手形成差别来展开对顾客的竞争,战略的制定得益于对竞争的分析,这种分析能够帮助企业找出行业内的机会和威胁以及优势和劣势。这种机会、威胁、优势、劣势的分析就是所谓的SWOT战略分析方法。迈克尔·波特利用五力模型解决了这个问题,通过经济条件、产业结构、劳动力市场相关分析,考察潜在进入者、在位者、替代品、供应商和购买商对企业竞争地位的威胁,从而采取三种基本的竞争战略:成本领先、差异化和目标聚集。

成本领先战略适用于在市场中价格竞争占主导地位的行业,例如钢铁、煤炭、石油、水泥、化肥、家电等行业中,所有的企业生产的都是标准化的产品,产品差异较小,价格竞争成为市场竞争的有效手段。那些实施成本领先战略的企业,其核心目的是降低成本,人力资源管理也必须支持效能最大化的目标。与成本领先相对应的一些行为包括:对机构进行重组以降低成本;企业追求的永远是员工的可靠性和稳定性;企业往往采取措施严格管理和控制成本,对工作加以明确说明,并制定详细的工作规划;对员工进行有针对性的培训,譬如中集集团采取分级分类培训,高层培训面向国际化,采用实地考察、领导研修等多种形式,培养高层领导者的全球视野,熟悉国际经济规律和国际商业规则;培养其跨文化、跨国界的适应能力、沟通能力和经营管理能力。中层培养面向专家化,培养中层人员在相应领域内的专业知识和技能,引进、吸收先进的专业方法,提高其专业攻关能力,形成自身的核心专长和竞争力。基层培养面向中集化,使基层人员和工人能够认同中集的企业文化和核心价值观,认同中集的企业战略和宏图;掌握基本岗位工作技能;培育中集人的精神风貌、工作作风和行为方式。绩效管理上采用以行为为主的考核方式,薪酬系统更多考虑内部公平性,拉开管理人员与工人的差距。人才的培养上,主要考虑内部招聘和晋升策略,吸引员工积极参与并提供创新建议。

与采取成本领先战略不同的是,采取差异化战略的企业向顾客提供的产品和服务在行业范围内是独具特色的,通过寻求差异化顾客和企业能力的匹配来确定企业的战略方向,进而在细分的市场中具有竞争优势。企业可以通过产品差异化、质量差异化、服务差异化、形象差异化和人力资源差异化来整合人力资源活动与企业战略的匹配。

由于实行差异化战略的企业主要以独特的产品、服务、技术和形象迥异于竞争对手,因此在人力资源的管理活动中,需要培养具有创造力和协作精神的员工。新进员工年龄小,思维活跃,大多采用外部招聘(尤其是校园招聘,如深圳万科);工作说明书相对宽泛,强调弹性;工作规划松散;职业路径宽广;薪酬系统更多关注外部公平性;绩效管理关注长期性,重视主观评价,而不是定量指标。组织气氛轻松以吸引高技能的工人、科学家和创造性人才。

采取目标聚集战略的企业,追求的是市场份额和运营成本,企业往往集中所有的资源在一个或几个目标市场上。公司在目标市场上选择了相应的目标市场,则可以通过成本领先战略或差异化战略的方法,形成目标聚集战略。在现实中,采取目标聚集战略的企业通常具有高集权、高权威性质的科层组织机构以便于统一指挥,高效运作;公司强调效率与创新、控制与弹性并举;往往维持已有的技能和能力,培训、薪酬管理往往集中在这些技能上;绩效评估采取结果和行为结合的策略;职业路径较窄,晋升频率较慢。

第五节 与战略匹配的人力资源活动

各个企业制定战略的过程是大相径庭的,尽管如此,采取不同基本竞争战略的企业必须有相应的人力资源活动与其匹配。因此,我们需要了解一些问题,及其与之相对应的人力资源活动。不同层次的人力资源的战略活动是不一样的,因此在明确了人力资源的使命和目标之后,企业需要针对不同的层次实施相应的人力资源战略活动,如表5-6所示。

表 5-6 与战略匹配的人力资源活动

业　　务	人 力 资 源
我们从事什么业务?	业务中我们需要什么样的人?
我们的目标是什么?	为了达到目标我们需要什么样的组织?
我们的优势、劣势和机会是什么?	这些优势和劣势与我们的人力资源能力关联程度如何?我们有哪些机会可以培养和动员员工?在诸如技能缺乏和留住主要员工等方面的危险是什么?
我们的业务所面临的主要战略问题是什么?	这些问题在多大程度上包含了组织方面和人力资源方面的考虑?
我们完成任务需要哪些资源?	下列因素将怎样促进或者阻碍业务的成功:质量动机、员工投入和态度?

不同层次的人力资源活动主要是指各个层次的经理人的人力资源活动。与其他的业务战略一样,人力资源战略的制定也要通过在组织中自上而下和自下而上的过程。战略层需要确立企业从事什么样的业务,区分各种活动的先后次序和确立战略方案与政策。管理层的任务则主要是依据企业战略确定业务范围,并制订计划以获取必要的资源。操作层则通过日常任务的操作与执行,来达成组织目标。战略层的业务执行时间是漫长的,管理层和操作层的业务执行时间则较短;战略层控制了大部分资源,其决策对组织影响深远,而管理层和操作层控制资源较少,对企业影响逐步减弱。与此对应,高层经理通过行动计划和资源分配,应用有关人力资源的信息做出决策。他们必须

懂得人力资源的事务,掌握相应的专业技能。而对于中下层经理人员来说,他们主要是业务出身,主要的职责是管理好本部门的业务。如果人力资源部门配合不好,他们将承担起部分人力资源职能。战略层决定需要招聘和任用什么样的员工做业务,制定与组织战略和环境相匹配的长期的人力资源政策和方案,管理层则通过建立人力资源的有效功能,包括获取、开发、酬报和评估、安置等,维持人力资源的日常活动,操作层则对企业日常任务的人力资源进行支持。

明确人力资源的使命和目标,是为制定人力资源战略服务的。人力资源管理的根本使命是为提高企业的核心竞争力和实施企业长远的发展战略提供优秀的员工与管理人才。

第六节 人力资源的战略方案

人力资源战略确定了一个企业如何进行员工管理以实现企业的目标,它是一种方向性的行动计划,提供了一种通过人力资源管理获得和保持竞争优势的企业行动思路和模式。通过确定人力资源战略可以将人力资源管理与企业战略连接在一起。人力资源战略为管理人员就重点次序、活动、时间及资源分配等开展讨论并达成一致提供了根据。作为企业战略的一部分,人力资源战略有助于确定、调动和指引所有的人力资源活动都围绕对企业具有最直接影响的问题展开。人力资源战略是一种黏合剂,能够将所有的人力资源活动连接在一起,并使管理人员了解它们的意义。人力资源的战略活动主要是根据业务层次的情况,分析内部与外部要素,设计人力资源的战略方案,实施人力资源战略方案和评估人力资源战略方案。通过明晰不同层次的经理人员的相应职能和活动,判断需要采取的方案与政策。也即是,战略人力资源管理强调理性的思维过程,即分析、设计、实施和评估。分析主要是确定企业在内外部环境下,为了实现其长远目标,需要做什么。设计则来自权变观点,考虑企业的战略设计必须与环境相适应。实施,是为了调动组织的一切资源,将战略计划付诸行动。在行动完成之后,企业必须评价战略计划的实施效果,必要时对设计的计划进行修改或重新分析目标与环境。

人力资源战略的制定是一项重要而复杂的工作,它应该建立在对企业内外部环境和优势劣势、资源、能力等的综合分析基础上。通过对外部劳动力市场的分析以及内部人员情况预测未来所需的人才,编制相应的人才库,包括管理人员、技术人员、一般员工,甚至规划临时工以及高级管理人才的接班计划。人力资源战略计划包括具体的实施计划和保障计划。分析的目的是为了将人力资源战略与企业战略进行协调,以便对企业内部资源进行有效整合。

战略实施过程中,人力资源扮演非常重要的角色。按照诺伊的观点,人力资源战略实施成功与否取决于五个重要因素:组织结构、工作任务设计、人员甄选、报酬系统、信息与信息系统类型。战略决定结构,要使人力资源战略得以实施,必须促使企业的组织结构与战略匹配,使每个经营单位、职能部门都能明确自己在战略中的地位,明确任务职责。同时,企业在甄选人员的过程中,必须搜寻、获取、录用、使用与企业战略相匹配的高层管理者,以期识别企业长期经营所需的管理特征。另一方面,修正薪酬体系,使其服务于企业的长远战略目标,并开发适当的组织发展项目,促进组织战略性变革,以促进人力资源战略的实施。

在人力资源战略实施以后,必须对其效果进行评估。人力资源战略评估旨在保证战略方案的正确实施,另一方面是为了检验、修正、调整、优化原来的战略目标和计划。人力资源评估的关键内容包括评估关键员工,看他们是否完成战略目标;评估员工工作满意度,以使员工产生忠诚感和建立相应的心理契约;对人力资源进行审计,以评价企业与外部相关利益者的关系,促进员工的知识和技能的增长,为企业获得持续竞争优势奠定基础。

高层管理人员必须认识到,战略人力资源管理可以得到三种预期结果:提高工作绩效、提高顾客和员工满意度、提高股东价值,这取决于人力资源战略的实施情况和人力资源部门的努力。因此,在人力资源战略的实施过程中,企业必须注意提高人力资源部门的地位。这包括以下四个方面。

(1) 认识人力资源在企业中的价值以及在提高竞争力中的角色。考虑本企业与竞争对手相比,竞争基础是什么?有怎样的生产效率?是否在创新中起到促进作用?是否面向顾客服务?企业为了实现与竞争对手的差异,能够使用的价值链杠杆是什么?哪些员工或者员工群体能够提供与竞争对手不同的价值?

(2) 认识人力资源政策和实践的经济效益。清晰认知你的内部顾客是谁?他们从事的业务是什么?企业的政策和实践有没有妨碍内部顾客成功?能够提供哪些服务?应该提供哪些服务?如何精简不必要的服务?哪些服务能够减少内部顾客的成本,或者增加他们的收入?如何提供这些服务并使其效益最大化?人力资源部门经理是否了解他们工作的经济后果?

(3) 清楚地认识本企业的人力资源和人力资源实践与竞争对手相比的状况。确切了解竞争对手的员工技能(尤其是关键岗位)与本企业相比是什么状况?本企业的员工对组织的忠诚度与竞争对手相比如何?竞争对手的人力资源政策和实践有什么好的地方?如何超越他们?本企业在传统、领导、企业文化等方面有什么独到的地方,能否开发和维持一支高技能同时又是高忠诚度的人力资源队伍?哪些人力资源的政策和实践需要进一步加强,以更好地利用这些独特的优势?能够比竞争对手更加有效展开的人力资源活动有哪些?

(4) 认识人力资源在提高企业竞争力中的角色。明确什么是本企业的核心竞争力?将来5~10年应该开发的核心能力是什么?与本企业相关的产品生产和劳动力市场在未来5~10年内的竞争态势是怎样的?未来5年,本企业将以什么样的人力资源来有效竞争?未来10年呢?当前,我们需要开发和建立什么样的人力资源政策和实践,以保证将来的需要?

第七节 本章小结

在现实中,企业战略是一种动态发展的态势,它随着内外部环境的变化、目标确立、理想、愿景、组织文化等改变而不断改变。有三个层次的战略是普遍存在的,这就是企业战略、业务战略和职能战略。在许多企业中,战略的层次不仅仅是以上各种战略层次中的一种。战略提出了实施行动计划的焦点,并且将各种业务战略和职能战略进行整合,以达到协同效应。

企业战略态势主要关注防卫者战略、展望者战略和分析者战略。防卫者战略主要关心的是封闭的市场的一部分,以创造稳定和持续的产品与市场。展望者战略着重于在广泛和持续发展的范围内,探索和确定新产品和新市场的机会。分析者战略则主要集中在现有市场,并通过现有市场的渗透,促进新市场的开发。不同的基本竞争战略对人力资源管理工作提出各自不同的挑战。通过顾客认知和顾客定位,确立目标市场、成本要求和独特性要求,形成三种基本的竞争战略:差异化战略、成本领先战略和目标聚集战略,如表5-1所示。与基本竞争战略相适应的人力资源管理活动我们将在后面章节进行叙述。基于宏观方向的战略主要分为四种:增长型战略、稳定型战略、紧缩型战略和混合战略。基于成长机会的则有一体化战略和多元化战略。

充分描述一个公司的战略可能是一件非常复杂的事情,特别是当这个公司是一个大型和复杂的公司时更是如此。这样的公司往往有非常多的战略,包括不同层次的战略,如企业战略、业务战略和职能战略,以及每项业务的竞争战略和发展战略。而最重要的是各个层次的战略,如企业总体战略和业务单元的竞争战略,考虑其对人力资源管理的影响。这也将是本书所要涉及的内容。

为了成功实施企业战略,企业要注意战略的匹配,也就是通过战略整合保持人力资源管理战略与行动和企业战略协同一致。所谓匹配,是指一个要素的需要、需求、目标和结构与另一个要素的需要、需求、目标和结构相一致。匹配分为纵向匹配和横向匹配。纵向匹配主要是企业的人力资源与总体要素之间的吻合,即人力资源管理与企业的价值观、理想、战略与制度以及操作和实践保持一致。而横向匹配则是指人力资源管理的各项活动之间的吻合,即人力资源的获取、人力资源开发、人力资源酬报和人力资源评估等职能要素之间的一致性。

一个公司所采取的特定的人力资源管理战略应该整合在该公司的企业战略之中。这就意味着,企业战略是人力资源管理战略的动力。企业不仅要考虑企业战略、业务战略和职能战略的变化,还必须考虑人力资源职能活动与其相匹配。

重要名词术语

战略 业务战略
基本竞争战略 匹配
战略态势 人力资源战略
成本领先战略 人力资源活动
差异化战略 层次
目标聚集战略 使命
防卫者战略 目标

展望者战略　　　　　　　　　人力资源角色
分析者战略　　　　　　　　　人力资源部门
企业战略

思 考 题

1. 战略这个术语的含义是什么？什么是企业战略？
2. 企业战略有多少种分类？分别有何特征？
3. 何谓人力资源战略？其与职能性方法有何不同？
4. 战略匹配的模式有哪些？
5. 为什么人力资源战略必须与企业战略和业务战略相一致？如何进行匹配？
6. 为什么人力资源活动必须与人力资源战略相匹配？如何进行匹配？
7. 在制定战略决策的过程中，人力资源部门扮演什么样的角色？人力资源部门是否应该履行更多的直线权力？如何提高人力资源部门的地位？
8. 不同层次业务需要从事怎样的人力资源活动？需要怎样与人力资源功能相匹配？
9. 战略人力资源管理过程是怎样的？

案例

迈普求解信息化战略人力资源管理系统

随着 HR 部门工作量的增加，人力资源管理开始有了质的飞跃，甚至地位也开始被提升到和公司战略有关的位置上。人力资源功能开始从职能向服务和指导、策略的指挥方向转化。越来越多的企业的问题，在于人力资源战略与公司战略不协调。迈普在经历高速发展之后，开始利用系统化辅助工具，逐一发现并解决这样的问题。

已经有越来越多的中国企业意识到了企业战略管理的重要性。单纯看市场定战略、看技术定发展的时代已经过去，科学的企业战略，要求更全面地考虑内外因素，并通过一整套战略执行系统进行监控。人力资源管理，对于通信行业的迈普来说，更是企业发展的重中之重，支撑着整个公司战略的运作。

迈普执行副总裁罗鹏在很多外界人士看来，是一个极富传奇色彩的人物。1999 年 7 月进入迈普，从一个最不起眼的销售助理做起，不久后更被下放到后勤部，但时隔不到一年，2001 年 3 月罗鹏一跃成为公司的副总。仅仅一年多时间，一个 26 岁的青年成为迈普副总。包括罗鹏自己也对外承认，确实快了些，而在外界很多人士看来，罗鹏的超常规成长正是迈普超常规发展的一个缩影。

大多数企业的超常规过程中，往往积聚了大量的企业问题，然后三五年后爆发，给企业造成沉重打击。而迈普作为一家保持了 10 年"超常规"成长的通信技术公司，其连续成长的背后，除了借助于市场环境、到位的技术开发，更加依靠了立足于战略执行的专业化管理支撑平台,而这其中之一就是迈普及时建立起来的人力资源管理系统。

一、HR报告求解战略隐患

"信息的不通畅使得我们的一些指令不能下达下去。随着员工的增多,普通员工与高层的沟通越来越少,特别是在销售一线的员工,需要一个平台来了解自己在公司的地位,不断调整自己以适应公司战略发展的需要。"

迈普管理层很早就意识到,迈普的高速发展意味着人力资源的高速膨胀。未来发展的关键之一是通过人才战略的执行帮助年轻的迈普发现并抵挡人力高速膨胀造成的各种隐患。

追溯迈普发展轨迹,从1993年创立到1995年,当时规模很小的迈普根本谈不上什么人才战略,人才招聘做法非常简单,缺少哪类人才就跑到人才市场招聘。等发展到1998年,华为等一批电信设备制造商开始大规模扩招人才的时候,迈普也恰好于这一年获得了为毕业生落户的权利,开始进行高校招聘。

当时员工总数不过百人的"小迈普",每年以数百人的速度吸纳人才,HR部门工作量暴增,同时部门分工开始明确,一支强有力的职能型队伍开始在迈普建立起来。

2001年,罗鹏成了负责招聘的主考官,迈普开始到西南校园大量延揽人才。在当时进入迈普的一位员工告诉记者:"迈普当时几样法宝之一就是罗鹏的激情演讲。"在全国各地的校园招聘中,罗鹏总是结合自己的亲身经历发表激情演说,感染了一大批应聘的毕业生。

迈普在人才招聘中表现出来的激情使当时一批又一批的年轻学子产生了冲动,而迈普的人才招聘在某种程度上也是"冲动型"的。由于发展急需,迈普没有过多的时间理性考虑,只要是人才就马上"吃入",好像疯狂地在牛市吃进股票一样。至于组建的人才结构是否合理,似乎不在考虑之列。

但是聚拢人才不能光靠激情,必须依靠科学管理。这一年招聘结束,2001年年底,迈普开始考虑系统化管理人力资源部门,投资购买了金蝶K/3-HR系统软件,它虽然并不像财务和进销存系统可以带来直观上的绩效和效率百分比的攀升,但是通过系统求解出来的各种报告、数字深刻影响了迈普整体业务战略的发展。

人力资源总监在K/3-HR系统建设完毕、完成整个员工基础数据录入工作后,给领导层出示了一份报告。公司惊讶地发现,过去三年的人才扩招过程,由于缺乏相应的系统管理,居然为将来的发展埋藏下很多隐患。首先,一千多名员工的年龄分布不合理,员工年龄层次单一,有激情有干劲,但是在管理上也有弱点,不够沉稳、决策不够理性化、职业化程度比较低,很容易对公司未来管理变革造成伤害。此外,在教育背景方面,重理轻文。

于是从2002年,迈普开始调整人才招聘策略,有意识地从社会招聘一些有经验的员工,有意识地多招文科生来平衡这种不合理的结构。考虑怎样搭建一个合理的人才结构时,不仅仅只考虑学历一项,也包括专业、地域、各自的文化背景,甚至包括阅历等因素。

二、HR结构引发组织架构调整

在调整招聘策略的同时,迈普也通过组织机构调整来适应人才发展。在迈普,人力资源总监要定期呈报各种人才分布发展报告给领导层,领导层再结合未来业务方向,以及近期发生的问题,具体分析战略执行步骤。结合人力资源结构,迈普的业务战略更为切实可行。

2004年上半年,迈普对自身营销体系做了一次大规模调整,放弃了号称"先进"的矩阵式管理,改为分支机构和总部管理下的销售团队机制。"这一切改变是为了满足迈普的现阶段人才水平。"罗鹏直言:"迈普的矩阵式管理,表现为横纵两层管理,看似极大地发挥了企业内部资源的潜力,对客户的覆盖严密厚实、无微不至。但是由于不同层次的员工对公司整体战略理解的差异,最终反而成为弊端。"

罗鹏感触很深的是:"在过去,迈普从来都是让人来适应公司各种结构和业务发展的需要,很少考虑人与结构的互动性问题,当我们认真分析这个结构后,虽然我们的人员成熟度也在不断提高,但是结构性的转变和提高仍然需要一个过程。"

为此,迈普在2004年的管理变革中,将行业与区域管理划分开了。尽管变革对公司业务运作资源带来了一些冲击,但是为了适应人才战略,业务策略调整是在所难免的。

罗鹏举的组织结构调整的例子,也许并不能代表业务战略对人力战略的依附关系,但正如他所总结的:"人力资源的现实结构最终引发了迈普的组织架构调整,这说明人才战略一方面要符合公司业务战略;而另一方面也在反作用于业务战略。""HR平台"通向员工效率之源。

"带走我的员工,把我的工厂留下,不久后工厂就会长满杂草;拿走我的工厂,把我的员工留下,不久后我们还会有个更好的工厂。"高科技企业对卡内基的这段名言早已有深刻的体会。

迈普人力资源的管理以员工自我管理为主。因为工资保密,工作又相对独立,员工会不由自主地担心:我如此努力工作,为企业发展付出的艰辛老板和经理都知道吗?公司为本人将提供哪些职业发展机会,我如何向公司表达自己的职业发展计划?如何实现自己在公司的职业发展计划?这不仅关系到员工的满意度,也会影响企业的文化、人力资源的利用效率和贡献度。

"每一个员工都会遇到休假、个人收入这些问题,这些问题员工平时可能不怎么关心,但等到关心时,人力资源部稍微不能满足,就会出现很大的抱怨,几千人的企业,如果每天都有人抱怨,又沟通无门,那就危险了。"

迈普采用的金蝶K/3-HR建立了一个基于互联网的员工自我管理和绩效评价体系。系统帮助员工明晰自身的各项利益和权利,也对每一个员工公布了个性化的年假、工资等待遇情况。迈普每个员工都有自己的账号,只要登录到HR系统,就可以随时查看这些内容。虽然员工待遇是保密的,但待遇各项指标都明确地列在系统上,员工不用东问西问,这也为工资保密制度提供了一个屏障,员工对自己的隐私也更有安全感。

迈普在提高员工满意度方面,不但关注在职人员,对于离职员工也照顾到了。很多高科技企业都有这样的惯例:公司为保证安全,为员工离职设置很多程序。在迈普,原来办理离职手续,需要逐一找公司相关部门进行签字确认,并进行物品交接。这样时间往往拖得很长。离职员工一般都想快速离开公司,所以手续办理过程往往使离职员工产生一些不良情绪。迈普着手建设K/3-HR系统后,员工离职时间缩减了一半。因为员工完成的各项工作,与周边发生的各种联系,包括借用资源、工具都一一列在系统之中。离职时,一目了然,员工离开的时候,对迈普仍然会留下良好的印象。

在日常运营中,某些工作经常要寻找一些特定的人才组成虚拟团队,HR可以帮助迈普在最快的时间内找到最合适的人完成任务。2003年12月德国总理施罗德光临迈普,公司通过系统非常快地找到了公司历史上与德方有过业务往来以及会德文的员工陪同欢迎。如果没有HR系统的支持,这工作要完成就有点难度了。

三、建立大迈普概念

在电信设备制造业,人才竞争相当激烈,迈普在与华为、中兴、UT竞争过程中,人才资源处于劣势,虽然西部大开发喊了多年,但是地处西南成都的迈普与深圳的华为相比,地域人才紧缺严重。

迈普更珍视每一个人才。通过K/3-HR系统的资源库,迈普建立了一个规模颇大的"大迈普"人才圈。

每一个进入迈普面试的人员都被一一记录保存,即使因为专业、待遇、职位、时机等问题,面试者不能马上进入迈普,但已经成为它的编外配置。等到时机适合时,招入迈普。这种功效,被罗鹏称做"雪中送炭"。

迈普公司十年的发展,得益于所有共同服务于这个企业的所有迈普人的共同努力。优秀并与企业有着高度认同感的人才,是迈普生存、发展、壮大最为可贵的财富。

这里是一个广阔的舞台,您不仅是优秀的演员,也可以是杰出的导演。

迈普为员工提供优厚的物质待遇与福利,但却不仅如此,这里最吸引人的地方在于:您可以拥有实现个人价值的机会,以及在精英团队中不断成长的喜悦。公司现有员工1 000余人,89%具有大学本科以上学历,平均年龄27岁(如图5-1所示)。员工中研发人员占30%,技术服务人员25%,市场人员25%,生产人员10%,行政人员10%。研发人员中具有硕士以上学位或高级职称的占80%,享受政府特殊津贴专家4位。公司视人才为生命,

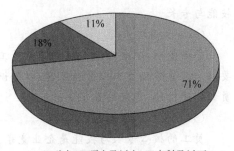

图5-1 员工学历分布饼形图

高素质的员工队伍为公司的持续发展奠定了坚实的人才基础,强大的研发队伍为公司的快速成长提供了不竭的生命源泉。

四、迈普用人之道

(一)人才定义

迈普的人才必须是德才兼备、有职业道德、心态良好、认真负责、有团队合作意识。为企业作出贡献是人才的前提条件;职业道德、工作能力、必要知识是人才的必要条件。潜能和素质是高级人才的首要条件。知识水平、运用知识能力、领悟能力是高级人才的必要条件,热爱企业、认同企业文化是高级管理人才的前提条件。我们必须善于发现、培养和引进具有优秀潜能和素养的高级人才、顶尖人才和高级管理人才。工作岗位无贵贱之分,所有迈普员工,无论职位高低、无论何种岗位,在人格上一律平等。任何岗位的员工,只要认真、敬业、尽职并努力改进工作、提高效率,能够做出成绩,就会受到尊敬。

(二) 人才理念

人力资源是企业一切资源的核心，优秀的人才是公司的宝贵财富，也是公司持续高速发展的根本动力。人才的浪费是迈普最大的浪费，合理有效地配置和使用人力资源是每位管理者的职责，迈普的管理者要善于发挥每一位员工的特长和潜能，使每个员工处于最佳工作状态。迈普始终坚持不遗余力地引进和留住各类高级人才。丢失人才是管理者重大的过失。

(三) 用人观

迈普坚持"发现人才、知人善用、人尽其才、才尽其用"的用人政策，贯彻"产品缺陷可以弥补，人品缺陷无法修复"的用人思想，遵循"德能兼备、以德为先"的用人标准。人品是迈普选聘员工和提拔干部的首要因素，好的人品主要表现为具有好的职业道德，好的职业道德主要表现为诚信、负责、合作、进取。德才兼备，以德为先，发挥特长，人尽其才。

(四) 成长观

每个员工不论学历高低都有可能成为企业的高级人才。人才的成长取决于自身的努力工作、勤奋学习、自我钻研和道德素质修炼。内因是人才成长的根本因素。迈普努力为人才创造最大的事业发展空间，鼓励员工通过努力工作获取机会，只有首先做好本职工作，才有可能获得发展机会。迈普要求员工打破依赖意识，将个人价值体现在工作岗位上，将个人成长建立在企业发展上，在完善人格品德的同时，不断提高自身的核心技能与专长。

(五) 利益观

君子爱财，取之有道。迈普尊重员工的利益追求，所有员工都有权提出自己的利益要求。迈普鼓励员工以劳动致富、以知识致富，努力建立公正、合理的利益分配机制，为员工创造持续、稳定的致富平台。

(六) 人力资源开发

员工的核心专长与技能是企业竞争力的源泉，迈普要基于战略与竞争的要求不断开发每一位员工的核心专长与技能。

(七) 人才结构

迈普宏大的事业追求需要有一支结构合理的互补型人才团队。迈普在不断提高人才素质和技能的同时，着力建设高级管理人才、高级技术人才、高级业务人才和高级市场人才四支核心高级人才队伍，构筑迈普事业的中坚力量。

(八) 领导团队

高层领导团队是领导和指挥迈普事业发展的核心力量。迈普的领导必须具有高尚的人格魅力和强烈的企业家精神，并有能力让企业富有前途，让工作富有效率，让员工富有成就。

(九) 职业化

职业化是企业人力资源开发与管理的基础，职业化主要表现为讲究职业道德、遵守职业规则、具备职业能力。一个职业化的员工，应当视职业为事业，视岗位为责任，服从企业安排，严格履行职责，不断开拓创新，追求职业生涯的更高境界。迈普建立分层分类的职业化行为标准，明确员工职业发展通道，通过员工的职业化行为资格认证，促使员工增强职业化观念,提高职业化水平。

(十)竞争与淘汰

迈普鼓励员工开展公平、合理的竞争,通过内部竞争促使员工的知识水平和工作能力不断提升,适应外部竞争的需要。迈普保持适当的淘汰比例,将市场压力转化为员工的动力,使企业始终处于激活状态。

(十一)价值评价

价值评价是实施企业战略目标的杠杆。价值评价体系的设计要基于企业的核心价值观,要有利于促进战略目标实现,有利于推动员工的自我开发与管理,有利于提高企业核心竞争力。迈普的评价体系以纵向考核为主,在考核要素设计上要考虑横向相关业务部门的团队合作。考核的内容要考虑结果指标与过程指标的适当结合。通过强化绩效管理过程和完善绩效管理体系,促进各级干部提高管理水平,不断完善有效的评价机制,提高评价的客观性。

(十二)价值分配

迈普坚持绩效导向的分配原则,不断完善薪酬福利体系,提高分配的客观性。以评价为基础,建立有效的分配机制,充分体现分配的激励性。在公司成长的基础上,提供同行业中有竞争力的薪酬水平。

根据金蝶软件(中国)有限公司网站和 http://www.maipu.cn/整理。

参考文献

[1] 汪玉弟. 企业战略与 HR 规划. 华东理工大学出版社,2008,114～115.
[2] 王方华,吕巍. 企业战略管理. 复旦大学出版社,1997,62～63.
[3] 方振邦. 战略与战略绩效管理,经济科学出版社,2005,5.
[4] Lloyd Baird and Ilan Meshoulam. Managing Two Fits of Strategic Human Resource. Academy of Management Review,1988,13(1):116～128.
[5] 迈克尔·波特. 竞争优势. 陈小悦译. 华夏出版社,1997.
[6] Venkatraman, N., Camillus, J. C. (1984) Exploring the concepts of "fit" in strategic management. Academy of Management Review,9,513～525.
[7] Miles, R. E., Snow, C. C. 1978. Organization strategy, structure, and process. New York: McGraw-Hill.
[8] 王先玉,王建业,邓少华. 现代企业人力资源管理学. 经济科学出版社,2003,54.
[9] 威廉·P. 安东尼,K. 米歇尔·卡克马尔,帕梅拉·L. 佩雷威. 人力资源管理:战略方法. 赵玮,徐建军译. 中信出版社,2004,16.
[10] 赵曙明. 人力资源战略与规划. 中国人民大学出版社,68.
[11] Susan E. Jackson & Randall S. Schuler. 人力资源管理:从战略合作的角度. 范海滨译. 清华大学出版社,2005.
[12] 詹姆斯·W. 沃克. 人力资源战略. 吴雯芳译. 中国人民大学出版社,2001,8～9.
[13] Lengnick-Hall, M. L, Lengnick-Hall, C. A, Andrade, L. S., Drake, B. Strategic human resource management: The evolution of the field. Human Resource Management Review,2009,1～22.

第三部分

结构与系统

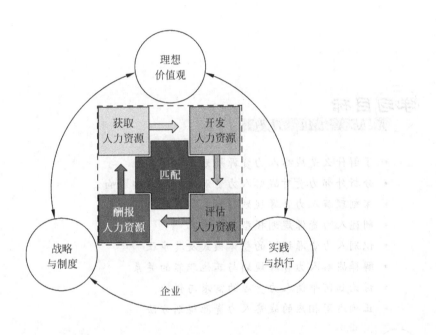

- ◆ 第六章 战略人力资源规划
- ◆ 第七章 战略性工作分析与组织设计

第六章 战略人力资源规划

学习目标

- 了解什么是战略人力资源规划及其重要性
- 分析外部力量对战略人力资源规划有哪些影响
- 深刻理解人力资源规划原则及其目标
- 阐述人力资源规划模型及其内容
- 识别人力资源规划的整体模式及其步骤
- 解释战略人力资源规划与其他职能的关系
- 讨论如何平衡人力资源的需求与供给
- 正确运用相应的战略人力资源规划方法

开篇案例——人力资源是战略资源

"全球第一CEO"杰克·韦尔奇禅让

探讨GE如何用人,不能不谈杰克·韦尔奇选择接班人的故事,这也是GE"接班人计划"的典范。这更是一个企业界的奇迹,朗讯、可口可乐、P&G、吉利等全球著名的跨国公司都在这个问题上栽过跟头,他们新上任的CEO在接班后没多久就因种种原因匆匆下课。

拥有人类文明以来,发生过无数接班继位的故事;时至今日,每一天世界上都有权力的交接与希望的承续。但GE却是企业界领导人交接的经典创造者,在企业界,杰克·韦尔奇用6年时间选择杰夫·伊梅尔特,并把一个5 000亿美元(市值)的帝国交给他,成为全球企业界迄今为止前无古人、后无来者的经典之举,被全球企业界的CEO

传诵。事实上,GE权力高层具有稳定可靠的传统。在GE一个多世纪的历史上,截至目前总共只有9位董事长。如此低频率的领导人更迭在全球产业界都是个奇迹!所以,当靠系统的企业文化就能为庞大的企业帝国提供新鲜的血液、带来创新与活力时,高层的稳定性就显得非常重要了。

1981年,杰克·韦尔奇成为GE 121年历史上第8位CEO。在杰克·韦尔奇执掌GE期间,这家老牌的电气公司焕发了勃勃生机,一直执全球电气领域牛耳。GE接连被《财富》、《金融时报》评为"全球最受尊敬的公司",并多次蝉联第一名;杰克·韦尔奇本人多次被评为全球"最佳首席执行官",成为全球企业追崇的CEO,赢得"全球第一CEO"的美誉。杰克·韦尔奇的铁面无私、雷厉风行的风格,为全球的CEO树立了永远的楷模,被奉为企业界的"神明"。正是这位传奇人物,却早在他处于事业巅峰的1994年,他59岁的那一年,就已经开始考虑GE接班人的问题。这正是真正的杰克·韦尔奇,这正是他的过人之处。当事业处于巅峰的时候能够急流勇退,并用6年的耐心来选择一名CEO,这需要的是宽广的胸怀、坚定的信念,更需要周密的谋划。要知道,GE如今已经是一家年盈利150亿美元的巨头,拥有的资产与赚钱的能力比某些国家都庞大。为这样庞大的公司选接班人,正像为一个国家选总统一样,是一个巨大的挑战。

1994年6月,在GE董事会专责管理发展与后备人才的委员会上,杰克·韦尔奇第一次正式提出了选拔接班人的问题。他向委员会提交了一份手写的24名候选人名单。这份名单分为三组,第一组是GE 7家最大的分公司的负责人,他们在GE占有重要的地位,被考虑进了候选人行列。第二组包括4名地位仅次于第一组7人的高层管理人员。第三组共13人,有着不一样的职位与级别,他们的表现与潜质引起了杰克·韦尔奇的注意。实际上,第三组的13人是最令杰克·韦尔奇心动的未来之星,杰克·韦尔奇最终确定的3名种子选手都出自这13人当中。从这时起,杰克·韦尔奇就有意对他们委以重任,重点栽培。用杰克·韦尔奇自己的话说:"我们像老鹰一样关注着这些家伙。"杰克·韦尔奇煞费苦心地安排各种活动让董事们与候选人接触,让董事们充分了解每一位候选人。每年4月的基督赛会之前,他邀请董事及所有候选人在佐治亚州的国家高尔夫俱乐部比赛;7月董事会例会前安排与候选人到GE总部附近的俱乐部打高尔夫球,随后共进晚餐;12月董事会例会前一天的晚上,杰克·韦尔奇安排他们在洛克菲勒中心GE大厦65层举行晚宴与舞会……这些看似平常的聚会,杰克·韦尔奇都会亲自精心安排,从比赛的分组到宴会的坐席排列都有韦尔奇的用意,并且每年都记录下相关情况。通过每年的这些活动,保证董事们能够与不同的候选人都有机会接触与交流。杰克·韦尔奇期望董事们能够对候选人的个性等都有深刻的认识。之后,杰克·韦尔奇与公司的董事们在每年12月的董事会例会上,会对每位候选人的表现进行讨论。人力资源部门的官员会首先将一份关于所有候选人工作经历及绩效的综合报告呈递给董事会。每年6~7月的董事会例会之前,杰克·韦尔奇也会召集专门委员会委员对所有候选人的工作表现进行认真评议。

为了让董事会对候选人中的佼佼者有更深的了解,杰克·韦尔奇在1996—1997年组织董事会专门委员会成员实际考察了GE的几家公司。考察团以了解公司业务情况为名义,丝毫没有暴露出考察的真实目的。通过实地参观、座谈,使董事会了解各候选人的管理特长，考察候选人的工作团队，看其与下属间的关系是否融洽等。

1997年12月，董事会对各位候选人的表现进行了集中讨论，把候选人范围缩小到8人。半年之后，杰克·韦尔奇把表现最突出的几位候选人都放到GE重要的岗位上，接受最后的考验。经过2年多的考察，杰克·韦尔奇最终把目光锁定在三位最出类拔萃的候选人身上，包括：GE医疗全球CEO杰夫·伊梅尔特（44岁），GE飞机发动机业务负责人McNerny（51岁），GE透平及发电机业务负责人Nardelli（52岁）。2000年6月，杰克·韦尔奇正式宣布他们三人成为GE下任CEO的最后角逐者。

为全球称颂的这段企业领导人考察临近终点。2000年7月，杰克·韦尔奇召集董事会召开了GE具有决定性意义的会议。会议上，董事弗兰克·若德第一个提议杰夫·伊梅尔特为比较合适的人选时，杰克·韦尔奇道："好！这正是我所想的，也是其他几位董事所想的。"GE董事会对公司下一任CEO的正式投票表决会安排在2000年感恩节前的星期五。董事会的所有成员对三位候选人进行投票，结果杰夫·伊梅尔特名列第一。董事会一致通过杰夫·伊梅尔特为GE下一任CEO。这既是董事会全体董事的选择，也是杰克·韦尔奇的选择。还没到画上句号的时候，其他两位候选人怎么办？尽管很难，但无论如何还是要让他们知道。杰克·韦尔奇赶在公司正式宣布结果前，马不停蹄地从佛罗里达的家中飞到辛辛那提和阿尔巴尼，把这个消息告诉了他们。不久，McNerny成为3M的CEO，Nardelli成为Home Depot的CEO，这两家公司都是全球500强公司。至此，被全球推崇的GE这段马拉松式的领导人交接圆满结束。杰克·韦尔奇的使命完成了，近乎完美、圆满。在为他光荣退休举行的晚会上，十多位500强的CEO都到场向他致意，他们曾是杰克·韦尔奇的下属，是杰克带领他们迈向成功。造就辉煌的GE，带出众多成为500强CEO的徒弟，选出杰夫·伊梅尔特，以及如今GE全球业务的继续增长，是杰克的成功，更是GE用人文化的成功！

杰克·韦尔奇与GE的董事们究竟为何选择了杰夫·伊梅尔特，我们无从得知，杰克与他的同事始终守口如瓶。外界认为，选择杰夫·伊梅尔特，除了年龄上的优势，更重要的是杰夫·伊梅尔特超凡的成长能力和开拓性思维，以及他对团队的亲和力等因素，这些都是在杰克之后使GE不断前进的重要品质。

GE的员工、客户及股东们如此评价GE的这两位CEO：

杰克·韦尔奇的风格：喜欢调派、督促、安置自己的大军，好像他们即将奔赴战场一样；杰克让人生畏，杰克的电话使你战战兢兢，他的无情训斥可能会让你牢骚满腹……但对于GE来说，杰克是尽职的，是出色的。

杰夫·伊梅尔特的风格：为员工喝彩，乐于鼓励员工，就像去参加一场球赛；不爱出风头，博爱，喜欢将"我们"、"班子"之类团结人的话语挂在嘴边，平易近人，体察民情……对于现在的GE来说，杰夫也是尽职的，是出色的。

根据新浪教育，"GE接班人计划"，http://edu.sina.com.cn整理。

第一节 战略人力资源规划的含义与功能

一个稳定、可以预期的外部环境是企业希望和追求的最佳经营环境。然而，随着知识经济时代的到来，企业面临的经营环境却越来越无法预测，充满变数又商机无限。

IBM总裁在最近一次演讲中提到,就信息相关产业而言,每10年将重新洗牌一次。言外之意,当前如微软、联想这样的行业领先公司,很可能在下一波的竞争中惨遭淘汰。不只是信息产业,其他如高科技、金融、服务等行业都正在进入或即将面临这样的经营环境。未来的经营环境究竟如何,无人可以预知,但其核心是"变化"则毫无疑问。全球经济由衰退逐渐复苏,信息及相关产业主宰了大部分的制造业及服务性产业。然而,我们可以看到的是一些曾经辉煌的大型跨国企业,如APPLE、IBM等,或因为整体战略规划失误,或因为核心业务调整,而被迫进入痛苦的重组,竞相将行业领导地位拱手让出。与此同时,一些名不见经传的小型公司,如阿里巴巴、雅虎、亚马逊等却通过掌握自身的核心技术,依靠一批优秀人才建立企业的核心竞争价值而迅速成长起来。

对当代的企业而言,如果依旧还沉醉于"寻求一个稳定可以预期的最佳环境"这种侏罗纪时代的经营理念,可以肯定的是,它将成为知识经济时代的恐龙。那么,到底我们将面对一个什么样的经营环境?企业面临的挑战又有哪些呢?总体来说,变数可能来自以下几个方面。

(1)知识。由于电脑和互联网的介入,知识与信息的取得、储存、积累和传递变得更加方便快捷。权威研究机构指出:每5年左右,全世界的知识积累增长1倍,过去三十年知识的增长量已超过前五千年的总和;知识的半衰期已由过去的7~14年缩短为目前的3~5年。

(2)技术。拜现代科技所赐,新技术的更替已经越来越快,经营者的智慧更多地体现在技术创新、建立企业的核心技术和自有知识产权上。

(3)市场。沃尔玛说,顾客永远是对的。但对企业而言,真正的问题在于你永远没办法确切知道你的顾客到底要什么。标准化、大量生产在未来注定无法生存,唯有敏锐地掌握消费者的动向,通过市场营销有效地创造需求,配合灵活的产销,才是未来制胜的关键所在。

(4)竞争。由于资讯更易快捷方便地取得,成功企业会因为其经验在更短的时间内被对手学习而失去原有优势,因而,未来的竞争将是组织学习能力的竞争。

(5)价格。未来环境中的价格绝不是简单的成本加利润,价格变动的幅度更大,且大多会体现下降的趋势。

(6)人力资源。技术创新、新产品开发、品质改善、成本降低、客户满意度的提高,这些对企业的利润和生存具有重大影响的课题,都无一例外地涉及人力资源的因素。由于市场经济逐渐深入人心,人才的流动性加大,优秀的人力资源既不易求得更难留住。显而易见,上述各项变数中的基础因素——人力资源本身的变化也更难以捉摸了。

基于上述分析,未来企业面临的经营环境将是:市场变化更加迅速,产品生命周期越来越短,消费者偏好的多元化趋势更加明显,企业因之而进入白炽化竞争阶段。在整个角逐中,自有知识产权或核心技术、管理与市场营销能力、创新构成了企业的核心竞争能力,无可置疑,优秀的人力资源绝对是这场战争中制胜的关键。这就对企业人力资源管理,尤其是处于基础性的、计划性的中长期人力资源规划提出了更高的挑战。而如何使企业的中长期人力资源规划既能适应市场变化导致的人力需求,又能摆脱固定人力架构造成产品成本过高的缺陷,则是人力资源规划所面临的核心问题。战略人力资源规划能切实提高企业的应变能力,为企业在未来环境中的生存和发展奠定坚实的基础。所谓战略人力资源规划,就是指为了实施企业的发展战略,完成企业的生产经营目标,根据企业内部环境和条件的变化,运用科学的方法对企业人力资源需求和供给进行预测,制定相应的政策和措施,从而使企业人力资源供给和需求达到平衡。

由此可见,人力资源规划在实现企业经营目标的过程中显示出非常重要的作用,其主要表现在以下几个方面。

(1) 人力资源规划是人力资源战略的首要内容,具有综合性。所有其他的人力资源职能活动,譬如人员配置、培训、绩效管理和薪酬管理以及员工离职,都源于人力资源规划。在进行人力资源规划时,企业要考虑未来计划中必须招聘的员工特征和个性,以及要求这些人所具备的技能和知识。组织也必须对现有员工配置以及新招募的员工进行评估,以确保企业能够应对内部和外部环境变化所带来的资源需求。

(2) 人力资源规划可以保证组织制定的必要的人力资源政策和措施如期完成。对人力资源供求的预测也是人力资源规划的工作,但它是为制定人力资源政策和措施服务的,只有制定出清晰的、明确的、有效的人力资源政策和措施,才能确保企业对人力资源需求的如期实现。

(3) 人力资源规划可以改变已有的人力资源的不合理结构(如年龄结构、知识结构、地区分布等),为人力资源的变化要求做好积极主动的预测和准备。人力资源规划是根据企业内部和外部的环境变化,对人力资源的数量、质量和相应的结构进行调整,促进人力资源质量的提高。

(4) 人力资源规划考虑了内部和外部的环境的变化,可以减少企业未来发展的不确定性,增加组织价值,具有高价值性。Huselid(1993)研究发现,人力资源规划和组织财务绩效有正向关系。

(5) 人力资源规划是一个长期性的系统工程,基于人力资源的目前能力和长远考虑。人力资源规划为平衡企业的使命、价值观、目标和战略以及当前的经营现实奠定了基础,使企业将当期利益和持久的竞争优势整合为一体。

第二节　战略人力资源规划的原则与目标

人力资源规划是公司的战略规划与其整体人力资源管理职能之间联系的关键所在(如图6-1所示)。战略人力资源规划就是公司根据战略规划,通过分析人力资源供给和需求,决定如何获取、开发、培训、使用人力资源。它将人力资源职能和企业战略进行有效整合,影响着公司的整体战略规划,同时也受到整体战略规划的影响。它是战略决策制定过程的一部分。其重点是分析组织目标并规划获取实现目标的资源。它是组织中人力资源各方面规划的总和,所有其他的人力资源职能活动,譬如人员配置、培训、绩效管理和薪酬管理以及员工离职,都源于战略人力资源规划。战略人力资源规划的关键特点是,它努力计划和预见组织内部和外部的各个领域可能发生的事件,它不只是对行业、市场、经济、社会以及技术变化做出反应,而且要确保企业能够适应这些变化,并达成组织目标。

图 6-1　战略人力资源规划的纽带作用

一旦明确了组织目标,人力资源部门就应该就组织内的人力资源利用问题制定出具体的目标。在此过程中,需要回答一些相关的问题。

(1) 有哪些工作岗位空缺需要填补?准备从外部招聘还是从内部选拔?

(2) 是否已经制订好了员工进入后的定向计划?这些培训和开发项目是否和公司的人力资源规划目标相匹配?

(3) 是否有工作岗位是富余的?减少这些岗位会带来哪些影响?有必要削减这些岗位吗?如何计算这些岗位削减前后的效益?

(4) 如何给新进员工以指导,让他们尽快适应组织发展的需求?这些岗位是否具有挑战性?如何使这些岗位的工作具有丰富性并吸引员工持续留在该岗位?

(5) 如何安置那些失去工作岗位的工人?

(6) 如何才能确保拥有一支有战斗力和善于创新的队伍?

(7) 怎样的晋升政策才可以确保组织效率,并增进员工的积极性和正常的竞争行为?

(8) 是否存在一个高层接班人外部替代市场?高层的接班计划是否有助于公司的稳定发展?

要回答这些问题并不容易,中国移动或中国电信这样的年收入超过 1 000 亿元的大公司在面临这样的问题时,没有全面的人力资源规划并制定详细的各层级目标几乎是不可以运作的。战略人力资源规划有五个重大目标。

(1) 防止人员配置过剩或不足,促进企业效率提高。

(2) 保证企业在合适的地点、合适的时间拥有合适技能的员工。

(3) 保证企业能够敏锐回应外部环境的变化。

(4) 为人力资源活动及其系统提供方向和连贯性。

(5) 将直线经理和职能管理人员的观点结合起来。

人力资源规划的第一个目标是要防止人员配置过剩或者不足。一项对 137 个高级管理人员的实证调查显示,他们对为什么要进行人力资源规划和预测的重要性进行排列,人力资源规划最重要的目标分别是:开发人力资源(占 77.6%)、避免人员短缺和获得决策信息(占 73.1%)。如果拥有过多的员工,组织就会人浮于事,工资成本过高,或产能过高而损失经济效益。如果员工过少,又会由于人员配置不足导致顾客损失和企业经营不畅,损害企业的经营功能。高层管理者的配置更是如此,高层管理者的选聘和继任计划对于组织战略的制定、执行和持续非常关键。

第二个目标是确保企业在适当的时间、地点有适当数量且具有必备技能的员工。企业总是在不断的生存和发展壮大之中,其动力来源是人力资源的获取与配置。如何在动态的环境中适时、实地、适量地有效配置和运用人力资源,对企业绩效的实现具有非常重要的意义。有非常多没有有效对人力资源进行规划而导致组织受损的案例。通用电气曾经因为工程师的配置短缺遭遇过这样的尴尬。那时候，通用拥有 30 000 名技能与公司发展不匹配的电动机械师，这是由于早年公司失败的人力资源规划所致。企业必须从技能、工作习惯、个性特征、工作环境等方面规划其所需要的员工类型，并对他们进行充分的培训，使他们能够较快与工作、组织环境进行匹配，适应企业发展的需要。

第三个目标是确保企业能够敏锐的回应外部环境的变化。人力资源规划过程要求决策者考虑与环境中各个领域相关的各种情形。对国内政治环境，如政治制度、政治性团队、党和国家的方针政策；国际政治环境，如国际政治局势、国际关系以及目标国家的政治环境；经济环境，如社会经济结构、经济发展水平以及经济政策；劳动力市场、自然环境、科学技术环境以及社会文化环境的转变作出充分的估计，而不是被动对此作出回应，使企业总能比竞争对手领先一步。

第四个目标是为人力资源活动及其系统提供方向和连贯性。人力资源是战略与操作计划之间的中间环节，需要具体转变为各种业务计划才能执行，这便是其内部一致性。人力资源规划贯通所有其他人力资源职能，包括获取人力资源、开发人力资源、评估人力资源和酬报人力资源四大职能，并为其他各种人力资源职能指明方向。外部一致性方面，人力资源规划必须适应企业的经营战略，使人力资源管理为企业战略服务，也即是，人力资源管理的各项职能必须有助于企业绩效的实现。

人力资源规划的第五个目标是将直线经理和职能管理人员的观点结合起来。虽然人力资源规划通常是由人力资源部门发起和运行，但它需要组织中的所有人力的参与。在企业所有资源中，人力资源是构成企业核心竞争力的关键战略性资源，如何调动员工的工作积极性、开发员工的最大工作潜力，需要公司领导、直线经理和职能经理人的共同努力，不但要从管理方法上创新，更重要的是观念和认识上的突破。直线经理人应该突破人力资源部门仅仅是为其他部门做一些服务性工作、不需要专业技术的指导、不需要直线经理的配合、直线经理的工作也不涉及人力资源管理工作等错误认识。直线经理不但要注重本职业务和技术工作，也要考虑怎样有效领导下属员工去完成这些工作，考虑在自己职权范围内的人力资源管理工作。有了直线经理和人事经理的相互协作，才有望将公司的人力资源管理工作推上一个新台阶。当然，公司人力资源部也必须帮助直线管理人员参与规划过程，但在安排他们参与规划的过程中，也要考虑其业务专长和既定的工作职责。

第三节 战略人力资源规划类别和内容

一、战略人力资源规划类别

规划一般在组织的不同层面进行，这包括时间跨度和战略层次两个层面。

（一）时间跨度

按照人力资源规划的时间跨度来分，人力资源规划可分为长期规划、中期规划和短期规划。人力资源规划的时间跨度可以为半年或一年，这种规划以会计年度来计算，要求实现企业的具体目标,操作性较强;中期规划的时间跨度可能达到1~3年,有一定的任务性和较强的操作周期;长期规划可以是5年以上甚至更长的时间,主要是依据企业的长远战略目标,为实现企业未来发展所作出的纲领性政策。

一般来说,人力资源规划的跨度决定了实际的操作性与非操作性。由于长远规划是对企业人力资源的一个纲领性设想,带有对愿景的预测和计划,因而由于外部环境和内部能力的变化,其常常是不确定的,会随着经济、技术、国家政策和社会环境的变化而做相应的调整。短期计划则风险较小,可以明确预见,可以操作,易于确定。但短期计划瞄准即时利益,如经济不景气时的裁员、市场过热时提高员工工资和福利、注重绩效评估结果等。长期规划则着眼于企业未来发展及价值增长,而不是竞争性的利益诉求。它更偏重于从宏观上对企业人力资源进行调节,不注重一时一地的利益,譬如整体性招聘和员工援助计划,侧重于整合企业的所有资源为人力资源规划服务,而不仅仅从人力资源的职能层面强调规划程序。如图6-2所示。

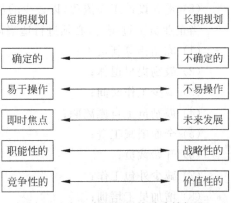

图6-2 人力资源规划的过渡性假设

(二)战略层次

按照人力资源规划的层次来分,人力资源规划可分为整体规划和接班人规划。整体规划即根据企业战略确定的人力资源管理的总体目标和匹配政策。它主要是为特定的、较低层次的岗位员工进行的规划。接班人规划则集中于管理岗位的关键个人,特别是高层管理团队(TMT),保证这些岗位有合适的人选。整体规划主要是预测人员需求与供给、人力资源相关政策变化及组织发展的前景。

需求预测主要考虑以下相关因素。

(1)考虑企业战略规划对产品或服务需求的增长或减少;

(2)预测的假设基础必须明确表达,并且根据相应条件的变化而修改;

(3)部门预测(自上而下)估计员工的需求;

(4)自上而下地预测高层对层次和部门分配的固定的工作额度;

(5)对员工要求的技能也必须考虑进去。

整体规划的供给预测,则需权衡企业内外部情况,考虑以下因素。

(1)应用技能目录,确定现有员工的能力、技能、经验水平和数量;

(2)应用计算机数据库,建立人力资源信息系统,最少每年更新一次;

(3)分析企业以外的劳动力市场情况,特别是对市场就业率和失业率的分析;

(4)应用统计学方法分析劳动者在企业内部或行业间的流动情况;

(5)通过统计分析,对人力资源成本进行计算。

根据人员需求与供给预测的情况,制定相应的平衡策略。针对员工短缺与过剩的策略显然是不同的。当企业缺乏相应的员工时,通常会采取下列策略。

(1) 招募新员工；
(2) 鼓励推迟退休；
(3) 雇用退休人员做临时工作；
(4) 减少离职率；
(5) 要求现有员工超时工作；
(6) 将工作外包到外部企业；
(7) 雇用临时工；
(8) 重新设计工作流程,以较少的员工完成任务。

当企业员工过剩时,必须进行适当调节,通常会采取下列策略。
(1) 冻结招募新员工；
(2) 鼓励提早退休；
(3) 减少工作时间；
(4) 鼓励员工自愿离职；
(5) 全面削减工资；
(6) 开始裁员；
(7) 减少外包工作；
(8) 增加员工培训；
(9) 扩大业务运行,增加生产能力；
(10) 不替代离退休人员。

接班人规划(succession planning),又称管理继承人计划(或者企业传承计划),是指公司确定和持续追踪关键岗位的高潜能人才,并对这些高潜能人才进行开发的过程。高潜能人才是指那些公司相信他们具有胜任高层管理位置潜力的人。企业接班人规划就是通过关键岗位的交接,识别高潜能员工的发展需要和支持他们的职业发展,以有效地获取组织人力资源,它对公司的持续发展有至关重要的意义。

现实中,许多组织没有能实施好接班人规划,例如合格的接班人常常到外部企业寻求发展机会。这给许多企业一个警示,如何去挑选一个合适的接班人？即使企业认识到这个过程的重要性,它们也很难去有效执行继任规划。传统的接班人规划往往根据组织结构系统图来进行,某个高级岗位有空缺,其下属可能是接替的最合适人选。这种通过上级来提前评价和推荐的方式,可能有害于组织的持续的发展,如管理风格相似、缺乏创新,流动性差,关系复杂。因此,系统的接班人规划则提出更高的要求。

(1) 识别关键岗位所需的战略能力和素质。企业战略是组织的关键能力来源,而企业未来的领导人则是战略实施的组织者与领导者,因此所具备的能力必须符合企业的战略要求；通过对外部人力资源市场和内部人员素质和能力的存量,如工作职能、工作性质、人员素质、年龄结构、职位结构的分析,识别企业关键岗位的人员供需状况和成本。

(2) 将个人职业发展的启动和责任分配给候选员工；要为企业接班人提供量身定做的职业生涯发展规划。企业接班人选经过前一阶段的评估,将获得有关其绩效及能力评估的详细反馈。企业要根据未来职位的素质模型确定对接班人的培训需求,从而使其具备适合组织发展需要及胜任未来职位要求所需要的各种专业知识和能力。为企业接班人量身定做职业生涯发展规划,为其分配具有挑战性的关键任务,这样,双重的压力及动力使真正优秀的未来领导人能够脱颖而出。

(3) 考虑候选人的素质和能力与企业的经营目标相匹配。这需要权衡是何种战略目标和经营目标以及企业能够提供的资源,确保候选人的素质和企业能力相匹配。

(4) 创造开放的接班人过程,减少封闭性与神秘性。实行公开、公平竞争,确保选到最佳人选。比较成熟的企业的继任者是在上任前数月前才做出选择的,而且不将任何人排除在圈外,对所有的候选者实行公正、公开的竞争,就极可能找到最佳的候选人。

(5) 对接班人规划及时评估。注意运用评估工具对潜在候选人进行评估。常用的评估工具包括绩效评估的数据,还可运用在招聘甄选中惯用的个性和心理测试、角色扮演、评价中心等方式。候选人能否入围,要以某段时间内的绩效水平、改进程度及工作中表现出来的能力与潜质等为依据。

华为曾经是一个名不见经传的民营企业,创业之初不过区区十余人,在短短的十几年间,其发展成为利润最高、研发投入率最高的中国电子信息百强企业之一。究其成功的原因,最重要的因素之一是按照战略规划目标,制定人力资源规划并大规模进行相关人才储备。另一方面,国有企业的接班人规划也常常对企业的经营影响非常之大。2005年7月8日,四川省委、省政府、省国资委正式决定:由于年龄原因,倪润峰将不再担任长虹集团公司和股份公司领导职务。同样是国企老总,同样因为年龄,早先是三九集团的赵新先、长城集团的王之,如今是长虹的倪润峰先后黯然出局,而且同样是由主管的国资委任命了新的领导班子。

关注职位空缺及候选人的接班人发展状况,企业接班人规划的最终目标是保证组织在适当的时候能为职位找到合适的人选。它关注与管理的对象是职位与接班人两个方面,协同把握职位空缺及候选人发展的动态情况。继任并非选择组织领导人的终点,企业接班人规划并不以找到了组织未来的领导人为终点,它延伸至新的任职者真正接任工作、行使职权那一刻。有效的企业接班人规划,不仅需要确认哪些人适合哪些职位,而且还需要不断地识别和准备新的关键人才,让他们在未来的职位上获得成功。每个高层管理人员的管理生涯都是有限的,公司必须在关键领导岗位在任者管理生涯结束之前的相当一段时间,进行企业接班人规划工作,连续地准备后继领导人才,这样公司才能真正实现持续性发展。同时,接班人规划必须被不同的业务部门所接受,每个部门都有特定的需求。将这一过程集中并引导符合企业战略管理层人员的开发,并必须被高层所认同和接受,以保证候选人在能力和素质上达到企业要求,可以尽快适应组织发展要求。当然,多元化的人力资源来源带来创新和组织改进的同时,也对企业的成本提出较高的要求。因此,企业在实施接班人计划时,必须从长计议,考虑到该规划的可测量性,以及对企业的贡献和价值增值。接班人规划最终的目的是要实现组织利益的目标,同时要兼顾企业实际能提供的资源和能力,充分激发员工的积极性和主动性,使组织和员工的价值最大化。

二、战略人力资源规划内容

人力资源规划的内容较多(见表6-1),主要有以下几个方面。

表 6-1 战略人力资源规划的内容

规划项目	目标	主要内容	预算内容
总体规划	组织利益	人力资源管理的总体目标和配套政策	预算总额
人员获取规划	低成本、高素质员工	需要补充人员的岗位、数量、任职资格、招聘成本、测试	招聘、选拔、测试费用
培训开发计划	员工素质提高、企业效益提高	培训对象、目的、内容、时间、地点、教员、成本、效益	培训总投入、脱产人员工资
绩效计划	绩效改善、能力与岗位匹配	绩效标准、评估方法、绩效流程、绩效反馈、绩效面谈	绩效考评费用、员工空置费用
职业规划	员工发展	骨干人员的使用与培养、后辈人才准备、退休计划	培训总投入、脱产人员工资、安置费
晋升规划	激励	晋升政策、晋升时间、晋升策略、岗位情况、价值评估	职位变动引起的工资变动
薪酬激励计划	减少流失、提高士气、激励	薪酬结构、薪酬水平、工资关系、福利项目、福利形式	增加的工资奖金、福利总额
劳动关系计划	员工参与,保护安全、社会责任	减少和预防劳动争议、改进劳资关系、鼓励员工参与、承担社会责任	调整后员工数

资料来源:根据汪玉弟."企业战略与HR规划".华东理工大学出版社,2008,第185页;张德.人力资源开发与管理(第三版).清华大学出版社,2007,第88页整理而成。

(一)总体规划

总体规划是企业根据其竞争战略和发展战略确定的人力资源管理的总体目标、配套政策和长远计划。

(二)获取规划

获取规划是指根据外部劳动力市场和内部岗位空缺、能力和资源情况,制订的人员补充计划。这包括确定企业合适的人员规模、空缺人数、招聘计划、选拔、甄选和测试流程以及对其进行的预算。

(三)开发计划

组织通过培训和开发可以有效提高其员工的整体素质,为企业价值增值作出贡献。人员培训开发计划就是企业通过有计划对员工进行培训,引导员工的技能发展与企业的发展目标相适应的策略方案。人力资源是一种再生性资源,企业可以通过有计划、有步骤的分门别类的培训来开发人力资源的潜力,培养出企业发展所需要的合格人才。企业人员培训的任务就是设计对现有员工的培训方案、生理与心理保健方案。人员培训计划的具体内容包括：受训人员的数量、培训的目标、培训的方式方法、培训内容、培训费用预算等。

（四）绩效计划

绩效计划按责任主体分为公司绩效计划、部门绩效计划以及个人绩效计划三个层次。一般来讲，公司绩效计划会分解为部门绩效计划，部门绩效计划会分解为个人绩效计划；一个部门所有员工个人绩效计划的完成支持部门绩效计划的完成，所有部门绩效计划的协调完成支持公司整体绩效计划的完成。绩效计划按期限可以分为年度绩效计划、季度绩效计划、月度绩效计划等，年度绩效计划分解为季度绩效计划，季度绩效计划可以进一步分解为月度绩效计划。季度、月度绩效计划的制订以年度、季度绩效计划为基础，同时还要考虑外部环境变化以及内部条件的制约。绩效计划的内容包括绩效标准及其衡量方法、实现绩效目标的主要措施、绩效反馈、绩效面谈和与此相对应的其他人力资源管理目的。

（五）职业规划

员工职业生涯规划既是员工个人的发展规划，又是企业人员规划的有机组成部分。企业通过员工职业生涯规划，能够把员工个人的职业发展与组织需要结合起来，从而有效地留住人才，稳定企业的员工队伍。特别是对那些具有相当发展潜力的员工，企业可以通过个人职业生涯规划的制定，激发他们的主观能动性，使其在企业中发挥出更大的作用。

（六）晋升计划

晋升计划是企业根据企业目标、人员需要和内部人员分布状况，制定的员工职务提升方案。对企业来说，要尽量使人与事达到最佳匹配，即尽量把有能力的员工配置到能够发挥其最大作用的岗位上去，这对于调动员工的积极性和提高人力资源利用率是非常重要的。职务的晋升，意味着责任与权限的增大，根据赫兹伯格的双因素理论，责任与权限都属于工作的激励因素，它们的增加对员工的激励作用巨大。因此，人员晋升计划最直接的作用就是激励员工。

（七）薪酬激励计划

薪酬激励计划一方面是为了保证企业人工成本与企业经营状况之间恰当的比例关系；另一方面是为了充分发挥薪酬的激励功能。企业通过薪酬激励计划，可以在预测企业发展的基础上，对未来的薪酬总额进行预测，并设计、制定、实施未来一段时期的激励措施，如激励方式的选择，以充分调动员工的工作积极性。

（八）劳动关系计划

即关于如何减少和预防劳动争议，改进劳动关系，增进员工保护的计划。

上述各个方面是相辅相成的，总体规划为其他规划指明了方向，而职能规划则对整体规划提供支持。同时,职能规划之间又相互协同,培训计划和晋升计划带来职位空缺,需要招聘和获取人员;开发和获取需要以绩效计划为依据,还要获得薪酬规划和劳动关系计划的支持。

第四节 战略人力资源规划程序

保持和提高企业的竞争能力,是人力资源规划的终极目标。人力资源规划的主要过程可分为四个阶段:调查分析准备阶段,预测阶段,制定规划阶段,规划实施、评估与反馈阶段。如图 6-3 所示。

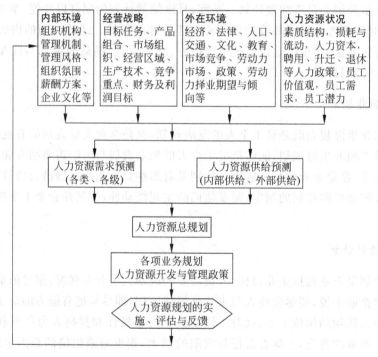

图 6-3 人力资源规划的过程

一、准备阶段

准备阶段是人力资源规划的第一个阶段,它的质量如何决定了其后的三个阶段的流程执行情况,所以必须高度重视。此阶段的主要任务是通过扫描外部环境和内部能力,对相关信息进行调查、收集和分析。主要有经济、法律、人口、社会风气、政策、文化、交通、外部劳动力市场与薪酬状况、劳动力择业期望等外部环境;组织结构、管理机制、管理风格、组织文化、权力结构等内部环境;组织人力资源存量情况,如主要人员调整,人员知识、技术的经验要求,员工的培训与教育等;组织的经营战略包括各职能单元策略,如财务策略、技术策略、人力资源策略等。在这一部分中最重要的是对企业内部和外部信息的收集与反馈。外部环境的分析在前面已有交代,这里主要分析内部信息模块,主要包括以下八个方面。

(1) 员工基本信息管理模块。包括职员基本人事信息和人事变动信息两部分,主要用于职工基本信息的录入、修改、查询、统计以及人事变动情况的记录,并提供各类员工卡片、名册、统计报表。职工基本信息包括姓名、性别、身高、健康状况、身份证号码、文化水平、专业教育水平、工作经历、婚姻状况、家庭住址、联系方式等情况。

(2) 绩效评估模块。影响和决定绩效的因素包括员工自身的主观因素和员工工作所处的客观环境因素两类,前者主要是指员工的活力(工作状态或工作积极性与主动性)、素质、技能和创造能力;后者则是指组织为员工工作提供的内部客观环境条件(含物质性和非物质性的各种条件)以及组织外部的客观社会环境条件(诸如社会政治与经济状态、社会风气、市场竞争强度等)。该模块主要用于对员工工作职责和内容、工作绩效进行管理和评价,对绩效要素进行量化,形成综合评价模型,为薪酬、奖惩、培训开发提供依据。

(3) 教育、培训模块。将员工进入本企业以前的受教育情况以及在岗培训情况录入,具体项目有:学生时代所在的学校名称、学习的起止时间、学习的专业类别、取得的学历、授予的学位、奖惩情况、参与社会活动情况及评价、校内承担职务情况等;工作后参加的在职教育及企业培训记录,如教育培训时间、项目、学时数、学习科目、各门考核分数等;员工第二学历、第二专业情况。

(4) 劳动合同管理模块。将员工与企业签订劳动合同的类别、签订时间、终止时间及原因(考核不合格、违法判刑、调动、死亡等)、合同变更时间及原因(出现某种违纪现象等)、续签合同时间、未尽事宜等录入。

(5) 劳动报酬模块。主要包括收入发放的类别(月薪制、年薪制、计件制、工时制等),每个月的基本工资数,根据绩效评估确定的奖惩比例,工资调整情况,保险、集体福利、各类公积金金额及类别,上缴所得税情况等。

(6) 人员招聘管理模块。本模块可根据人力资源计划以及职位信息,对编制招聘计划、发布招聘信息、采集应聘信息、甄选、面试、录用全过程进行自动化管理。运用人员素质测评系统软件,对应聘人才的品德素质、身心素质、能力素质等进行测评,并建立人才数据库,记录人才的背景、生平资料、工作经历、专业技能、主要绩效、目前状况以及相关的素质测评数据。通过互联网,从网络人才市场直接获得基本人才信息,存入本企业的人力资源信息系统备用。

(7) 职位管理模块。职位评价是用科学的评价手段,对各个职位相对价值的大小加以评定并得出各个职位的基准薪酬,而职位分类则在对给各个职位的职责作了界定和职位评价得到了各个职位基准薪酬的基础上,对所有职位进行职系、职组的分类及职级、职等的划分。该模块包括职位分析、职位控制两部分,通过职务分析,对岗位要素进行定量化,建立综合分析模型,评价岗位设置的必要性和重要性程度,形成岗位规范和职位说明书,管理各职位的任职情况、超编情况、空缺情况,按部门提供职位表和空缺职位表。

(8) 薪酬与保险福利管理模块。包括薪酬项目、计算公式和表格的自定义功能;薪酬数据录入、计算、汇总、转换、输出功能;薪酬发放凭证、表格打印功能;保险福利项目管理功能；人工成本统计分析功能等。进行人力资源管理工作，需要频繁使用相关的人力资源信息。

二、预测阶段

对人力资源进行规划，必须掌握未来的情况，而未来具有很大的不确定性，因此，人力资源经理只能通过预测对未来做出一个尽可能贴近的描述。在人力资源规划中，关键是人力资源需求预测和人力资源供给预测，它们是制定各种战略、计划、方案的基础，在人力资源规划中占据核心地位。根据组织战略规划和内外部环境的变化，对人力资源的供给和需求可以采取定性和定量的各种统计方法及预测模型进行预测。定性预测主要又称自下而上法则。这种方法根据员工的兴趣、能力和职业发展前景，结合企业未来发展战略目标的变化，对各类、各级需求和内部、外部的人力资源状况进行预测，以促进企业人力资源合理配置，实现战略规划目标。相应的预测方法将在第五节进行阐述。

人力资源预测包含非常广泛的内容，主要有以下两个方面。

（1）人力资源存量与增量预测。前者是指企业人力资源现有的状况，如企业博士学位、硕士学位、学士学位的绝对数量和相对数量，具有高级职称、中级职称和初级职称的员工数量；员工年龄结构，即不同年龄员工的存量比例；性别情况，男性员工与女性员工的数量等。后者是指由于企业规模扩大所产生的人力资源数量和质量的扩张，包括员工数量和质量的增加。

（2）人力资源结构预测。外部环境发生变化，为了适应这种变化，企业的人力资源结构必须发生变化。如由于计算机和网络的普及，企业对拥有专业知识和熟练计算办公自动化的人员的需求数量日益增多。另一方面，由于经济条件的改善，私家车的数量递增，企业对专职司机的需求会减少。人力资源需求预测就是为了保证在任何情况下，企业都具备较好的人力资源配置，避免出现不同层次的人力资源结构失衡。

在人力资源预测过程中，必须考虑下列因素。

（1）企业外部环境的变动情况以及人才市场的供求状况和发展趋势；

（2）企业的战略目标和经营方向；

（3）企业规模的变化以及资源和能力结构的变化情况；

（4）人力资源政策在人员异动中的作用；

（5）行业本身的发展和人力资源供需趋势；

（6）企业的员工离职率及其原因；

（7）员工个人职业生涯规划情况。

人力资源预测是人力资源规划中技术性最强的工作，由于影响因素和预测技术较多，其预测的准确度直接影响规划的成败，它是整个人力资源管理中最为关键的工作。

三、制定规划阶段

根据人力资源战略制定总体规划以及相应配套的职能计划是人力资源规划的重要步骤。这些涵括了总体规划、工作分析规划、人员配置规划、人员招聘和甄选规划、人员需求和供给规划、人员补充规划、人员考核规划、人员职业生涯规划以及人力资本投资规划等。由于不同的企业所处的行业和地域不同,以及执行外部政策和内部能力的不同,所制定的规划的详细目录和过程也不尽相同。

四、规划实施、评估与反馈阶段

人力资源规划的最后一个阶段是规划的实施、评估与反馈阶段。人力资源规划不仅仅停留在文件上,还必须有效实施,并根据实施情况进行评估,核算人力资源规划投资效益。同时,由于人力资源规划是一个动态过程,在实施过程中可能出现某些偏差,企业有必要根据当时所处的环境以及企业内部能力适时进行调整,达到人力资源供给和需求的动态平衡。为了确保三年培养滚动计划的顺利完成,自2009年起,宝钢不锈钢分公司炼铁厂每年年底都会对实施情况进行分析、评估,次年第一季度刷新项目实施内容,滚动实施目标,并修订下一年度滚动计划。通过项目的实施,力争通过3~5年时间,使炼铁厂在人力资源拥有量和劳动生产率方面,达到宝钢分公司或国际同类企业先进水平,争取做到行业领先。通过人力资源蓄水池作用,缓冲人力资源需求和供给的矛盾。

第五节 人力资源规划的预测模型与方法

一、人力资源需求预测

为了有效实现企业的经营战略目标和人力资源战略目标,在进行人力资源预测前,必须对企业所需的人力资源质量、数量以及结构和能力进行预测。人力资源需求预测是人力资源规划中的最重要一环。有效的需求预测能够促进组织目标和战略的实现,不准确的需求预测则可能妨碍企业的生产经营及其目标的实现。人力资源需求预测是依据企业的基本战略、组织能力以及岗位要求,运用相应的工具和技术,对企业需求的人员进行的预测。常用的人力资源需求预测有以下几种方法。

(一)经验预测法

经验预测法是企业各级管理人员根据自己过去的经验和直觉,由组织的基层开始直到组织的最高层,来确定企业未来所需人员。需要预测的因素主要包括:新职位的需求数量;撤换不需要补充的岗位;已有职位的变动;人员需求额的成本变动等。经验预测法的具体做法是,现有基层管理者根据自己部门在未来各个时期的业务增减状况,根据经验,提出本部门的需求量,经过人力资源部门的整合后,权衡人力资源目标和企业目标,评估收集的信息,制定出总的预测方案,再经高层核准后实施,作为人员配置计划下达到各级管理者。预测的效度取决于管理者经验、能力和直觉判断的准确性。中国古代的伯乐相马,即是这种预测方法的最好解释。这种预测方法是一种短期预测,比较粗糙,若用于中长期预测,则不准确。比较适用于中小企业和企业发展初期,预算费用较小,可以结合其他定量方法进行。

(二)德尔菲法

德尔菲法(Delphi)又叫专家评估法,是一种利用有经验专家的知识和综合分析能力,对组织未来的人力资源需求进行预测的方法。一般采用问卷调查的方式,听取专家(尤其是人事专家)对企业未来人力资源需求量的分析评估,并通过多次重复,最终达成一致意见。它是一种定性预测方法。德尔菲法的工作步骤:第一步:提出预测目标和要求,确定专家组(一般20~30人),准备有关资料,征求专家意见。这里的专家可以来自组织内部,也可以来自组织外部;可以是管理人员,也可以是普通员工;可以是基层的管理人员,也可以是高层经理。总之,这里的专家不是学者意义上的而是对所研究的问题有深入了解的人员,即对所研究的问题有发言权的人员。在预测过程中,主持预测的人力资源部门应做到以下两点:向专家说明预测对组织的重要性,以取得他们对这种预测方法的理解和支持;为专家提供充分的信息,包括已经收集的历史资料和有关的统计分析结果,目的是使专家能够做出比较准确的预测。第二步:简明扼要地以调查表方式列出预测问题(问题一般以25个为宜),交付专家组讨论评价,然后由预测组织统计整理。首先审视企业的战略定位,确定关键的预测方向、解释变量和难题,并列举出预测小组必须回答的一系列有关人力资源预测的具体问题;然后使用匿名填写问卷等方法来设计一个可使各位预测专家在预测过程中畅所欲言地表达自己观点的预测系统。使用匿名问卷的方法可以避免专家们面对面集体讨论的缺点,因为在专家组的成员之间可能存在着身份或地位的差别,较低层次的人容易受到较高层次的专家的影响而丧失见解的独立性。同时也存在一些专家不愿意与他人冲突而放弃或隐藏自己正确观点的情况。在实施过程中应注意:所提的问题应该尽可能简单,以保证所有专家能够从相同的角度理解员工分类和其他相关的概念;在必要时,可以不问人员需求的总体绝对数量,而问变动的百分比或某些专业人员的预计变动数量;对于专家的预测结果也不要求精确,但是要专家们说明对所做预测的肯定程度。第三步:修改预测结果,充分考虑有关专家的意见。第四步:进行最后预测,在第三步统计资料的基础上,通过2~3轮的反复修改,指导专家提出最后意见及根据,并达成一致。第五步:根据专家的最终意见,制定人力资源需求预测方案。

这种方法既可用于企业整体人力资源需求量预测,也可用来预测部门人力资源需求,它的目标是通过综合专家们各自的意见来预测某一领域的发展状况,适合于对人力需求的长期趋势预测。但为了更好地提高预测效果,企业应该遵循下列原则:

(1)专家应具有较强的代表性;
(2)提供的资料要充分;
(3)所有的问题应该是专家能够重复回答的问题;
(4)不要求精确,允许专家粗估数字,并让专家说明充分理由;
(5)设计的问题应该在措辞上准确,不能引起歧义,保证所有专家能够达到意见的集中;
(6)获得组织中各级管理人员及员工的支持。

（三）描述法

描述法是指人力资源计划人员可以通过对本企业组织在未来某一时期的有关因素的变化进行描述或假设。从描述、假设、分析和综合中提出企业未来的人力资源需求预测规划。人力资源计划人员可以根据不同的描述和假设的情况预测和制订出相应的人力资源需求备选方案。但是，这种方法不适用于长期预测，因为时间跨度越长，对环境变化的各种不确定因素就更难进行描述和假设。

（四）趋势分析法

这是一种定量的分析方法，又称时间序列分析方法。其实质是将人力资源的历史资料和现有数据按时间顺序排列成一个序列，运用数学工具加以延伸，从而达到预测人力资源需求未来可能达到的水平。

其基本思路是：确定组织中哪一种因素与劳动力数量和结构的关系最大，然后找出这一因素随雇用人数的变化趋势，由此推导出未来的趋势，从而得到未来人力资源的需求，一般有六个步骤。

(1) 确定恰当的与员工数量有关的因素；
(2) 对所确定的因素和员工数量与历史记录进行分析，找出两者间的相关关系图；
(3) 借助关系图，计算每人每年的平均生产量，以确定劳动生产率；
(4) 确定劳动生产率的变动趋势；
(5) 对劳动生产率进行必要的调整；
(6) 对预测年度的情况进行推测。

表 6-2 是一个运用趋势分析法的例子。我们注意到随着永和家电公司的销售额在增长，公司的员工数也在增长。但是它们之间的关系不是线性的。在该例子里，我们还假设从 2000 年开始公司员工的生产率每年有 3% 的提高，所以我们还列出了经过调整后的员工需求量。

表 6-2 趋势分析法举例：永和家电公司

年　　度	销售额/元	员工数/人	调整后员工数(3%效率增长)/人
2000	100 000 000	5 000	5 000
2001	120 000 000	6 000	5 825
2002	140 000 000	7 000	6 598
2003	160 000 000	8 000	7 321
预测年度	预测销售额/元	预测员工数/人	
2004	180 000 000	9 000	7 996
2005	200 000 000	10 000	8 626

二、人力资源供给预测

在制定人力资源规划之前，不仅要对人力资源进行需求预测，同样也必须进行供给预测，以达到人力资源需求与供给的动态平衡，有效利用外部人力资源市场为企业经营战略服务。人力资源供给预测就是指企业为了实现其既定的战略目标,通过对内外环境的扫描和权衡,应用适当的工具和方法,对未来企业外部所能提供的人力资源禀赋所做的预测。人力资源供给预测主要有以下几种方法。

(一) 企业接班人规划

企业接班人规划的实施步骤是现代人力资源管理的重要组成部分,它的主要任务是为企业储备未来的领导人,它关注继任人员的潜力与未来的发展,因此对企业的现状及未来发展有重大意义。开发一个有效的企业接班人规划应包括以下几个步骤。

(1) 审查、分析相关文件。对企业的战略和业务规划、目前的组织结构、最近相关的组织调整方案进行分析和审查。

(2) 启动组织会议、制订方案。在组织会议上确定实施方案的范围,交付成果,时间限制,企业可以使用的资源,项目的成员等内容。

(3) 对高层管理人员进行培训。对管理层人员进行培训的目的是,争取他们对企业接班人规划的支持和理解。召开管理层人员培训会,并在会议上介绍企业接班人规划的方法和测评流程,时间一般控制在两个小时左右。

(4) 进行价值驱动因素的行为描述。进行价值驱动因素的行为描述是确定所有测评的基础,其目的是确定价值驱动因素行为描述库。这个步骤需要 3~4 人参加,企业总经理和人力资源部门的负责人必须参加,需要半天的时间。

(5) 设计并确定岗位价值驱动模型。对价值驱动模型进行设计需考虑岗位描述、业务规划、战略目标等相关因素。模型创建的过程应基于价值分类方法论。模型创建成功后,就要证实并最终确定岗位价值驱动模型,可以采用焦点小组形式,小组的成员由每个部门的管理者组成。

(6) 开发测评工具,进行高层领导测评。首先要依据岗位设计测评问卷,然后由高层领导进行测评。测评流程一般分为两个并行的工作程序:将现在的高层领导团队对照企业关键领导岗位的价值驱动模型进行测评;选择企业的关键员工,将他们对照相应的价值驱动模型进行测评。

(7) 生成高层领导测评报告并撰写综合报告。每个高层管理人员和关键员工都将收到一份测评报告,内容包括:个人价值驱动因素的评估描述;单项得分;个人价值驱动因素评估描述与岗位的价值驱动模型之间的契合程度;个人的优点和弱点。然后高层领导将依据以上的结果,撰写总结报告,包括以下内容:企业的领导力现状、企业领导力差距、企业高层管理的人才连续性等。

(8) 设计高层管理员工开发方案。在识别企业关键岗位后继人才后,企业还要根据他们个人的测评结果,即要继任的关键岗位的价值驱动模型、个人与关键岗位的匹配程度设计出针对这些后继人才的开发方案,并在实际开发过程中进行不断反馈和调整。图 6-4 展示了某企业接班人规划的详细情况。

(二) 马尔可夫分析方法

马尔可夫预测模型是俄罗斯数学家 Markov 建立的一种预测模型。马尔可夫模型

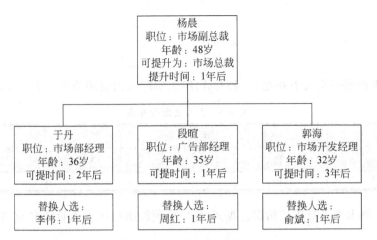

图 6-4　企业接班人替换表

用来预测具有相等间隔时点的各类人员的人数。马尔可夫模型假定：预测期间，人员类别划分是固定的，给定时期内低级人员向高一级转移的比率是固定的，这个比率称之为转移概率。一旦各类人员的人数、转移概率和补充人数给定，则未来人力资源分布就可以预测。马尔可夫模型广泛应用于企业供给预测上，主要通过转移概率作为中介，找出过去人力资源变动规律，来预测未来企业的人力资源变动趋势，为人力资源的配置提供依据。

马尔可夫模型为：

$$\eta_i(t) = \sum_{j=1}^{k} \eta_i(t-1) \cdot P_{ij} + \gamma_i(t), j,i = 1,2,\cdots k, t = 1,2,\cdots \quad (6-1)$$

定义：$\eta_i(t)$——时刻 t 时 i 类人员数量；

P_{ij}——从 j 类向 i 类转移概率；

$\gamma_i(t)$——在时间区间 $(t-1,t]$ 内 i 类所补充的人数；

k——类别数。

若 i 类人员中存在人才外流，则

$$\sum_{j=1}^{k} P_{ij} < 1$$

将式(6-1)写成矩阵方式，定义：

$$N(t) = [n_1(t), n_2(t) \cdots n_k(t)]$$
$$K(t) = [\gamma_1(t), \gamma_2(t) \cdots \gamma_k(t)]$$
$$P = \begin{bmatrix} P_{11} & P_{12} & \cdots & P_{1k} \\ P_{21} & P_{22} & \cdots & P_{2k} \\ P_{k1} & P_{k2} & \cdots & P_{kk} \end{bmatrix} \quad (6-2)$$

则式(6-2)可改写为：

$$N(t) = N(t-1) \cdot PK(t) \quad t = 1,2,\cdots \quad (6-3)$$

马尔可夫预测人力资源供给的步骤为：

(1) 确定转移矩阵。例若一企业有三类人员，管理人员、技术人员和一般员工，据统计资料估计其转移概率矩阵 P 为：

$$P = \begin{bmatrix} 0.6 & 0.2 & 0 \\ 0 & 0.4 & 0.3 \\ 0 & 0 & 0.6 \end{bmatrix} \quad (6\text{-}4)$$

若每年在第一类人中补充 80 名人员,组织实际人力资源分布如表 6-3 所示。

表 6-3 人力资源分布表

	类 别			总 数
	1	2	3	
$t=0$	140	100	60	300

(2) 预测未来人员供给情况。据式(6-1)可预测出组织人力资源分布结果如表 6-4 所示。

表 6-4 计 算 结 果

T	1	2	3	总 数
	F S T	F S T	F S T	
0	140	100	60	300
1	80+84=164	42+40=82	30+36=66	312
2	80+98=178	49+33=82	25+40=65	325
3	80+107=187	54+33=87	25+39=64	338
4	80+112=192	56+35=91	26+38=64	347
5	80+115=195	58+36=94	27+38=65	354
6	80+117=197	59+38=97	28+39=67	361
7	80+118=198	59+39=98	29+40=69	365
8	80+119=199	59+40=99	29+42=71	369

注:F:补充人数;S:留下人数;T:总人数

马尔可夫模型本质上是一种稳态的随机过程,其基本假设是:在给定时期内 i 类人员向 j 类人员的转移仅与起始阶段 i 类的总人数有关,而与以前的变化无关。

第六节 本章小结

这一章论述了战略人力资源规划的重要性及其规划的困难性。有效的人力资源规划是制定人力资源战略的最关键部分。人力资源规划是指企业为了实施其发展战略,完成企业的生产经营目标,根据企业内部环境和条件的变化,运用科学的方法对企业人力资源需求和供给进行预测,制定相应的政策和措施,从而使企业人力资源供给和需求达到平衡。更为具体地说,人力资源规划包含相应的总体规划和职能规划。相应的规划实现五个目标:第一个目标是要防止人员配置过剩或者不足。第二个目标是确保企业在适当的时间、地点有适当数量且具有必备技能的员工。第三个目标是确保企业能够敏锐地回应外部环境的变化。第四个目标是为人力资源活动及其系统提供方向和连贯性。第五个目标是将直线经理和职能管理人员的观点结合起来。这些目标的有效实现取决于人力资源规划过程中的执行力问题。有效的人力资源规划包含许多关键流程和规划方法。人力资源规划的主要步骤包括调查分析准备阶段,预测阶段,制定规划阶段,规划实施、评估与反馈阶段四个阶段。通过有效的预测和评估企业内外部环境以及运用主观和客观的工具和技术,如德尔菲法、马尔可夫链以及趋势分析法,对人力资源需求和供给进行预测,确保组织拥有能处理组织与环境之间关系的人才,从而更好地保持与环境的适应性。

重要名词术语

战略人力资源规划	晋升规划	趋势分析法	接班人规划
人力资源预测	职业生涯规划	替换表	蓄水池
人力资源计划	劳动关系规划	马尔可夫链	
总体规划	主观预测	马尔可夫模型	
获取规划	客观预测	马尔可夫分析法	
开发规划	经济预测法	人力资源需求预测	
薪酬激励规划	德尔菲法	人力资源供给预测	
绩效规划	描述法	制定人力资源规划	

思考题

1. 什么是人力资源规划?人力资源规划的职能和含义是什么?
2. 人力资源规划包含哪些内容?分别有何特征?
3. 企业为什么制定人力资源规划?
4. 影响企业人力资源的需求的影响有哪些?
5. 战略人力资源规划的目标和原则有哪些?
6. 人力资源规划有哪些类别?
7. 如何进行人力资源规划?主要步骤有哪些?
8. 什么是人力资源需求预测?怎样进行人力资源需求预测?
9. 什么是人力资源供给预测?怎样进行人力资源供给预测?
10. 德尔菲法的基本思路是什么?怎样有效运用这种方法对人力资源需求进行预测?
11. 马尔可夫链的含义是什么?如何利用其对人力资源供给进行预测?

案例

世茂集团人才战略

一、公司背景

世茂集团是一家国际性、综合性的投资集团,多年来一直致力于房地产、旅游、酒店、百货、进出口贸易等多个领域，目前拥有沪港三间上市公司，实力雄厚，绩效卓著。本着"缔造生活品位，成就城市梦想"的开发理念，世茂集团积极投身于中国大中型城市的运营改造。集团以每年超过两百万平方米的开发速度，在北京、上海、江苏、福建、黑龙江等地建造了具有21世纪水准，集现代新型示范住宅区、超五星级酒店、行政办公、旅游娱乐、休闲购物于一体的新城，绩效骄人，成果斐然。在二十多年的发展过程中，集团已经逐步实现了：全局性规划凸显品牌优势、国际间合作成就专业优势、规模化效应积累成本优势、高效率开发争取时效优势、创新型架构集聚管理优势、立体化投资强化财务优势、高品质项目拓展客户优势、信息化平台创建技术优势八大优势。在改变众多城市市容环境的同时，世茂集团不断为城市注入新的活力，提高广大市民的生活质量，谱写了房地产业的辉煌篇章，赢得了社会各界的广泛赞誉。2004年集团入选"中国蓝筹地产"、获2004年度中国"超级品牌"，并名列"中国城市运营商50强"之首，董事长许荣茂先生更被评为"推动中国城市化进程十大杰出贡献人物"。

世茂，凭借充足的资金实力与丰富的开发经验在中国十多个城市建造一个又一个精品项目，促进了城市的繁荣和活力，并树立了优良的品牌形象，获得了良好的投资收益。在华投资的20年间，体味城市文化内涵，着眼城市未来发展，集团以开发项目的质量好、品质高、运作快、信誉佳赢得了社会各界的普遍赞誉。

早在20世纪80年代末，世茂就在甘肃兰州投资开发了著名的东方红商业城。同时，在福建兴建了振狮开发区、闽南黄金海岸度假村、福建武夷山度假村等多个标志性房地产及旅游项目，为当地的招商引资奠定了良好的基础。

进入20世纪90年代，集团在北京先后开发建设了亚运花园、华澳中心、紫竹花园、御景园等大型优质房地产项目，北京亚运花园、华澳中心、紫竹花园、御景园多次获得"北京明星楼盘"称号，华澳中心荣获"1996年首都十佳公共建筑设计奖"。进入新千年，集团将发展重点移到上海，在上海陆续开发了五大经典项目。其中，上海世茂滨江花园于2001—2004连续四年蝉联"上海市住宅销售金额第一名"，2004年在加拿大获"国际花园社区"金奖；上海世茂房地产有限公司被评为"上海2001年房地产十大著名企业"，2004年度上海房地产关注品牌(商标)等。自2005年以来，集团先后实施了新世纪的新战略。首先是"专注主业，兼顾房产领域多元组合"战略，集团有计划有步骤地推进产业拓展，现已逐步建立了高端住宅、豪华酒店及商业办公三大集团核心产业。截至2007年7月31日，集团在上海已建成三家超五星级酒店：上海世茂佘山艾美酒店、上海世茂皇家艾美酒店及上海外滩茂悦大酒店，总客房数近1 700间，占据上海豪华酒店约20%的市场份额。预计到2015年前后，集团将在全国范围拥有30多家五星级酒店。其次是"核心区域发展"战略，将优势资源集中投入到中国经济发达或极具发展前景的经济圈，目前集团的重点投资区域已经包括长三角地区、环渤海地区。涉及上述两个重要经济圈的项目数量占集团总项目的2/3。2006年7月，集团旗舰企业世茂房地产控股有限公司在香港联交所主板成功上市，广受全球投资者认可，市值一路稳健走高。

新战略的实施，为集团长期发展奠定了坚实的基础，并显现出积极的作用。世茂也屡获殊荣，如"2005令人尊敬的上海房地产企业"、"首届亚洲品牌盛典十大最具潜力品牌奖"、"2007中国外资房地产TOP10首位"、"品牌中国金谱奖——中国房地产行业年度10佳品牌"等。

二、世茂人才战略

20世纪80年代初,满怀着创业报国的激情和提升国人居住品位的理想,世茂进入中国内地市场,积极投身到中国城市化建设的最前沿;二十几年来,世茂集团保持了一贯的高瞻远瞩和专注如一的市场敏觉,紧随内地经济快速发展的步伐,凭借着超前的战略眼光和独特的投资理念,在高端房地产行业,励精图治,精耕细作,树立起了新的财富地标和勤勉创新的鲜明旗帜。回顾1989年至今二十余年来的发展历程,世茂能取得如此骄人绩效,关键在于较好地优化并充分利用了各种资源,尤其是人力资源的获取和高效使用,保证了世茂能够在激烈的市场竞争中立稳脚跟并得以快速发展,逐步铸造成了如今颇有市场知名度的金玉品牌。

随着内地经济发展的持续高涨,越来越多的跨国企业鱼贯进入中国,市场竞争也日趋白热化,竞争已经深入到不同市场和同一市场的细分层面,竞争的焦点集中到资本、管理、品牌、技术、人才等要素的综合竞争力上,身处竞争格局瞬息万变的房地产行业,世茂集团立足长远,与时俱进,从1999年年底进入上海房地产市场以来,就抓住竞争制胜之道,从人力资源着手,努力打造管理的核心竞争力,决心依托人才战略,使管理能力整合提升更上一层楼。在人力资源管理方面,通过导入战略人力资源管理方案来强化集团整体的决策执行力度和管理水平,通过搭建高效的"双赢"互动平台以充满希望的事业留住人,以优良的机制与待遇吸引人,以优秀的企业文化熏陶人,以企业的发展远景激励人,努力打造优秀的人才团队。

(一)创新招聘用人机制

世茂一方面推行突破地域的"天罗地网搜才计划",在全球范围内跨国界、跨疆界、全渠道地寻找认同世茂核心价值观的人才;通过这种不限地域的招聘方式,力争从招聘开始,打破传统的用人观念,最大范围、最大程度地根据集团的发展规划广纳四方英才,以人才为唯一导向的操作大大提高了人员招聘与选拔的效率和成功率。另一方面逐步打破身份和资历界限,建立灵活的用人制度,使集团的用人标准转变为以能力为基础择优录用,员工不能再依靠原有身份和资历坐享其成,凡是进入世茂的新员工没有终身制的概念,随着集团的发展,根据能力的提高和相关经验的积累,每个员工都有无限的上升空间和提升机会。与此相配套,基于招聘策略和职位管理系统,集团开发了系统化测评工具,将不同层面的职位要求转化为不同核心能力模型和竞争力纬度,用于招聘面试、跟进员工培训和员工职业生涯规划的推进工作,这些举措无疑为员工发展平台的建设增添了无穷的动力并给予了严格的衡量标准,系统化测评工具不仅为集团招聘与选拔工作提供了科学的参考,更为将来的精细化管理预留了广阔的空间,可谓是促进集团发展战略的利器。

世茂用特有的开放而严谨的立体招聘方式和系统科学的面试工具,将越来越多的人才吸引到共创未来的远景之下,为实现个人、集团和环境的共同进步而奋进。从加入世茂那刻起,新员工在统一教育管理平台上接受世茂文化的熏陶和优厚的激励,个个都树立了立志奋发、共享成功的拼搏精神和勇于实践、排除万难的创新精神。同时世茂人还以宽广的胸怀千方百计地吸引离职人才回流，目前已取得一定成效。

（二）创新绩效管理制度

绩效管理是人力资源管理的重要环节，为其他制度的推行和贯彻提供指导性文件。如果绩效评估失当或沟通不充分，往往会造成放大的负面效应，会直接影响团队的合作效率和员工的工作热情，所以绩效管理制度可谓是人力资源管理的"双刃剑"。世茂根据当前行业发展状况和集团绩效管理的现状，根据总体发展策略和人力资源管理目标，决定设计并推行以用人为手段、以公司战略为导向的绩效管理体系，以此来充分调动员工的工作积极性，提高员工的工作效率。

世茂具体的做法是借用"外脑"推行"以人才为本的管理与发展规划"，世茂的人本管理核心思想通过以下两个指标得到了落实：一、"关键性绩效指标"为导向的绩效评估指标；二、企业核心价值观为导向的行为指标。通过上述两项指标，将绩效评估制度充分量化，使公正公平的考核和激励有据可依。

（三）创新薪酬分配策略

借助于特有的文化氛围和资源共享的互动平台，世茂在全集团各个层面积极倡导并大力推行基于团队合作效率的个人价值体现与事业发展计划，在增进团队合作效率和提升世茂整体竞争力的同时，引导并协助广大员工逐步实现个人职业生涯规划并不断积累事业必成的信念和优厚的物质基础。与此相应，世茂已经实行了与员工绩效表现相配套的富有行业竞争力的薪酬体系，并作为世茂长期而持久的发展定位和管理重点，用于长期激励更多的员工在团队合作中不断进步。世茂采用的薪酬回报体系是宽带薪酬制，主要是根据贡献拉开内部分配差距，使薪酬与集团效益、岗位责任、个人效绩以及团队配合指标相结合，逐步建立以岗位工资为主体的分配机制，具有严谨的理论依据和坚实的实际数据支持，充分体现了对员工贡献、价值和能力等素质的全面尊重；每一个世茂员工，通过个人努力做出的任何贡献都会得到高于市场平均值的回报。

（四）创新教育培训体系

培训是现代企业得以发展和创新的动力，也是吸引优秀人才的重要途径，更是一项持久的战略性投入。许多企业由于没有长远的战略规划，因而投资计划方面往往在培训上"惜投"，甚至在经营出现阶段性停滞时最先扣减培训支出，造成培训没有体系可言，操作空泛而缺乏长远性和针对性，培训的长期效力无从发挥，总体的投入与产出比例严重失衡，如此恶性循环使企业对培训更加惜投，企业的发展和创新力也更得不到保证。世茂根据房地产行业的特点和员工的培训需求，首先做出了充分的培训预算，然后在充分的资金保证的基础上制订了详尽的培训计划并安排了培训课程，并硬性落实到各个基层。在师资方面，世茂利用外部培训资源和内部优秀的讲师相结合，实行多层次的针对性培训。安排的课程既包括专业方面的培训，也包含投资理财等生活方面的讲座，更涉及了各个层面管理方向的培训课程，所有培训课程设置的依据是充分反映企业核心价值的、针对不同员工的各类"核心能力"模型；培训的方式有重点资助考取资格证书、专家现场讲座、专业沙龙以及提升个人价值的 MBA 培训班等。

以上四个方面仅仅是世茂人力资源管理工作中的四个关键环节，是世茂提升人力资源管理的突破口；而人力资源管理工作是一项系统工程，也是一项人性化的企业文化建设过程，起点是集团的战略使命和员工的需求，通过世茂企业文化建设的同步结合和相互促进，保证战略规划的实施，终点是实现员工和世茂的共生和双赢，完成世茂肩负的改进城市化建设品质的历史使命。

高品质的项目更需要高素质的员工，卓越的企业需要精英人才，世茂所构建的高效管理团队和完善的人才梯队，体现出了海纳百川、广纳贤才的气魄，并为人力资源的高效使用配备了强大的不断升级的支持系统，保证对更多的员工和团队加以系统的锻炼培养，走向卓越。

根据百度百科文：世茂集团和 http://baidu.com/view/1853785.htm 和世茂集团官网 http://www.shinaogroup.com 整理。

参 考 文 献

[1] 张德. 人力资源开发与管理(第三版). 北京：清华大学出版社，2007，87～88.

[2] Huselid, M. A. The environmental volatility on human resource planning and strategic human resource management. Human Resource Planning. 1993,16(3)：35～51.

[3] 威廉·P.安东尼，K.米歇尔·卡克马尔，帕梅拉·L.佩雷威. 人力资源管理：战略方法. 赵玮，徐建军译. 北京：中信出版社，2004.

[4] 杰弗里·梅洛. 战略人力资源管理. 吴雯芳译. 北京：中国劳动社会保障出版社，2004.

[5] Greer, C. R., Dana, L. J., Jack, F. Adapting human resource planning in a changing business environment. Human Resource Management,1989,28(1)：105～123.

[6] Greer, C. R. Strategic Human Resource Management. Prentice-Hall,2001.

[7] Susan E. Jackson, Randall S. Schuler. 人力资源管理：从战略合作的角度. 范海滨译. 北京：清华大学出版社，2005.

[8] 赵曙明. 人力资源战略与规划. 北京：中国人民大学出版社，68.

[9] 汪玉弟. 企业战略与 HR 规划. 武汉：华东理工大学出版社，2008.

[10] 付亚和，许玉林. 绩效管理. 上海：复旦大学出版社，2004,3～27.

[11] 余凯成，程文文，陈维政. 人力资源管理. 大连：大连理工大学出版社，2001.

[12] 周三多，陈传明，鲁明泓. 管理学——原理与方法(第四版). 南京：南京大学出版社，2006.

[13] 赵曙明，伊万切维奇. 人力资源管理(第九版). 北京：机械工业出版社，2005.

[14] 冯忠铨. 现代人力资源管理. 北京：中国财政经济出版社，2001.

第七章
战略性工作分析与组织设计

- 解释工作分析、工作描述和工作说明书等概念
- 阐述工作分析信息在组织人力资源管理中的作用
- 描述工作分析信息的四种收集方法
- 掌握定编的作用和定员的方法
- 了解工作分析的基本步骤
- 理解工作分析在其他人力资源管理职能中的各种用途
- 阐述职位评价的意义和步骤
- 分析工作设计的原理及掌握工作设计的方法
- 洞悉组织设计中的管理问题及其特点
- 了解组织设计的类型及其过程

开篇案例——人力资源是战略资源

IBM 矩阵式的组织结构

IBM 公司是一个巨人公司,单一地按照区域、业务职能、客户群落、产品或产品系列等来划分部门,在企业里是非常普遍的现象,以前的 IBM 也不例外。近年来,IBM 公司把多种划分部门的方式有机地结合起来,其组织结构形成了"活着的"立体网络——多维矩阵。IBM 既按地域分区,如亚太区、中国区、华南区等;又按产品体系划分事业部,如 PC、服务器、软件等事业部;既按照银行、电信、中小企业等行业划分;也有销售、渠道、支持等不同的职能划分。

任何事情都有它的"两面性"。矩阵组织在增强企业产品或项目推广能力、市场渗透能力的同时，也存在它固有的弊端。显然，在矩阵组织当中，每个人都有不止一个老板，上上下下需要更多的沟通协调，所以，"IBM 的经理开会的时间、沟通的时间，肯定比许多小企业要长，也可能使决策的过程放慢。"叶成辉强调，"其实，这也不成为问题，因为大多数情况下还是好的，IBM 的经理们都知道一个好的决定应该是怎样的。"另外，每一位员工都由不同的老板来评估他的绩效，不再是哪一个人说了算，评估的结果也会更加全面，"每个人都会更加用心去做工作，而不是花心思去讨好老板。"同时运用不同的标准划分企业部门，就会形成矩阵式组织。显然，在这样的组织结构内部，考核员工绩效的办法也无法简单。在特定客户看来，IBM 公司只有"唯一客户出口"，所有种类的产品都是一个销售员销售的；产品部门、行业部门花大气力进行产品、客户推广，但是，对于每一笔交易而言，往往又是由其所在区域的 IBM 员工最后完成。问题是，最后的绩效怎么计算？产品部门算多少贡献，区域、行业部门又分别算多少呢？叶成辉说："其实，IBM 经过多年的探索，早已经解决这个问题了。现在，我们有三层销售——产品、行业和区域，同时，我们也采取三层评估，譬如说经过各方共同努力，华南区卖给某银行10套AS/400，那么这个销售额给华南区、AS/400产品部门以及金融行业部门都记上一笔。"当然，无论从哪一个层面来看，其总和都是一致的。譬如从大中华区周伟焜的立场来看，下面各分区绩效的总和，大中华区全部行业销售总额，或者大中华区全部产品（服务）销售总额，三个数字是一样的，都可以说明他的绩效。

在外界看来，IBM 这架巨大的战车是稳步前进的，变化非常缓慢。叶成辉认为，这其实是一种误会。基层的员工、比较高层的经理，这两头的变化相对比较小，比较稳定。譬如说一名普通员工进入 IBM，做 AS/400 的销售，差不多四五年时间都不会变化，然后，可能有机会升任一线经理。再譬如亚太区的总经理，也可能好多年不变，因为熟悉这么大区域的业务，建立起很好的客户关系，也不太容易。所以，外界就觉得 IBM 变动缓慢。"但是，在 IBM 矩阵内部的变化还是很快的。中间层的经理人员差不多一两年就要变化工作，或者变化老板，变化下属，这样就促使整个组织不断地创新，不断地向前发展。"叶成辉说，"我在 IBM 公司十多年，换了十多位老板。每一位老板都有不同的长处，从他们那里我学到了很多。其实，IBM 的每一位员工都会有这样的幸运。"矩阵组织结构是有机的，既能够保证稳定地发展，又能保证组织内部的变化和创新。所以，IBM 公司常常流传着一句话：换了谁也无所谓。

资料来源：根据胡明沛. IBM 矩阵：访叶成辉先生[J]. IT 经理世界，2004，4：85～86整理

第一节 工作分析与设计的战略重要性

如第四章所述，正是组织发展和工作角色发生了变化，导致评估员工能力和岗位价值评估和组织设计的内容和实质发生转变。过程和工作的再造将会是近几年人力资源领域的战略性挑战。许多迹象表明工作的基本特征正在变化。功能方面对定义一个人的工作不再像以前那么重要。取而代之的是，由具有极不相同的背景的人所组成的跨学科、跨功能的团队越来越普遍。难怪人们对再造大多存在这样的抱怨：一旦组织过程重组，新环境下新的工作责任就难以较好地认定。

表 7-1 后现代工业场所和前工业场所中的角色要求比较

	前工业场所	后工业场所
任务	非结构化 内部导向 静态	结构化 外部驱动 动态
目标	共同的 没有明确的个体贡献 固定的	共同的 特定的个体贡献 多变的
角色	模糊的 共同的 同样的知识和技能	具体的 不同的 特定的知识和技能、创造性能力、特质
过程重点	社会角色 社会联系 冲突、规范形式	社会角色、任务角色、学习角色 社会联系、任务联系、学习联系 绩效合作
绩效要求	对团队产品有累加 或者平均贡献	个体绩效的适时合作者 适应变化的环境 随着时间发展持续提升

许多工作环境还使得员工可以有更大的灵活性来选择他们什么时候和怎样工作。一些组织,如 AT & T、Hewlett-Packard 和 Pfizer,已经配备了灵活的工作条件以满足日趋多样化的员工队伍的要求。这些项目包括了对传统工作的各种变化,如压缩工作时间制、远程办公、职务分担和弹性工作时间。虽然,目前还不清楚是否能够通过使用我们前面讨论的定量方法给这些新的工作安排制作出精确的工作描述,但是,可以断定,组织功能的有效运转需要进行一定类型的工作分析。

工作分析和设计的战略重要性首先是用一种系统的方法,为构筑清楚和连贯人力资源管理方法奠定了基础。因为工作分析的结果可以应用于人力资源管理的许多方面,因此它也是其他人力资源管理职能的基础,所以工作分析与设计本身就是一项战略决策。工作分析涉及的战略意义主要有以下四个方面。

(1) 管理人员必须决定员工参与工作分析过程的程度及其对工作和组织设计的贡献。员工参与有利于他们接受并认同这些结果,并感知到工作的意义。而且由于员工自己参加了工作分析与设计,因此对结果更加信任,更愿意努力实现目标。与此相对应,员工参加工作分析与设计可能会夸大他们工作的重要性。

(2) 工作分析与设计的第二个战略决策是确定其分析与设计的详细程度。工作分析与设计的结果应该非常详细还是仅仅突出重要部分,这取决于工作分析结果的应用。如果工作分析和所有的人力资源职能相对应,则工作分析必须非常详细,但如果仅仅应用于绩效评估,则可以考虑列出主要的职责即可。

(3) 工作分析与设计第三个与战略相关的主题是战略与结构的问题。公司的战略决定了其采用的组织结构和公司治理机制。工作分析与设计必须依据其组织结构和战略位势进行操作。

(4) 最后管理人员必须确定是采用传统工作分析方法还是采用面向未来的工作分析方法。传统的工作分析与设计方法假定工作是静止的、没有变化的。工作是官僚主义的,它独立于工作的责任者而存在。无论员工进入或者离开组织,对工作没有影响。

因此员工对工作和岗位的影响是有限的。面向未来的工作分析与设计方法则考虑工作分析与公司的战略经营方向一致。

第二节 工作分析的概述

一、工作分析的概念与术语

在组织中完成任何工作都包含了各种各样的活动,工作是组织活动中一个最基本的单元。一个企业要有效地进行人力资源管理,就必须对工作的特点以及能胜任各种工作的人员特点进行分析,而这就是工作分析的主要内容。为了真正了解某一个具体工作并对多种工作进行细分,管理人员必须知道工作是可以划分成若干构成因素,并按照工作内容的层次进行排列的。有很多工作(job)的定义。狭义的工作是指在一段时间内为达到某一目的所进行的活动,即任务(task)。广义的工作是指在组织中担任的全部角色总和(如图 7-1 所示)。

(1) 工作。为特定组织目标而必须完成的若干任务的组合(前锋)。

(2) 工作要素。工作中不能再继续分解的最小动作单位(射门)。

(3) 任务。为了实现某项工作的目标而需要从事和完成的一种活动或一系列活动。由一个或多个工作要素组成(进球)。

(4) 职责。处在某种位置上的员工个体所应完成的特定任务,他可以有一个或多个任务组成(踢球)。

(5) 职权。处在某个位置上的员工所享有的,为完成该职责所需要的各种权力(守门员的看门)。

(6) 职位。又称岗位,是指在一定时期内,组织要求员工个体完成的特定任务及其负有的职责或相应被赋予的职权的集合(中锋)。

(7) 职务。一组重要职责和相应的职权的职位(队长)。

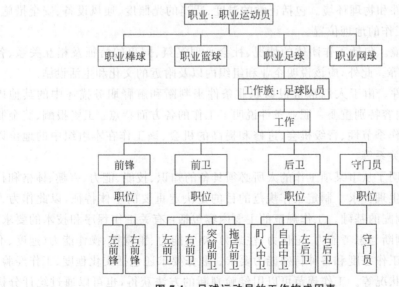

图 7-1 足球运动员的工作构成因素

(8) 职业。不同组织、不同时间，从事相似活动的一系列工作的总称（运动员）。

(9) 工作族。即工作类型。指两个或两个以上的工作任务相似或所要求的工作人员素质与技能特征相似的一组工作（足球队员）。

一项工作包括了一组相关的活动和责任。从理论上说，工作的义务应该由相似和相关的自然工作单位组成。它们应该清楚而明确的不同于其他工作，以使员工间的误解和冲突降到最低点，并使员工认识到组织期望他们怎样。有的工作可能需要几个员工来完成，每个人都有一个单独的位置。一个职位由一名员工所承担的不同义务和责任组成。例如，在一家市图书馆里，参考工具书部门可能需要4个人（4个职位）来工作，但他们所有的人只有一个工作。

关于工作分析（job analysis），在最近的一个世纪的时间内，国外学者随着工作分析的发展给出了不同的定义。所谓的工作分析是对一个工作岗位的各个重要方面进行的有目的地、系统收集信息，并确定完成这项工作的具体实施行为的过程。它是分析者采用科学的手段与技术，直接收集、比较、综合有关工作的信息，为组织的特定发展战略、组织规划，为人力资源管理及其相应的职能活动服务的一种管理活动。当然，在所收集的信息中包含任职者所必须拥有的知识、技能和能力。除此之外，也包含一些其他的个体特征，如身体条件、工作经历、资格证书（如从事会计需具有会计资格证，医生需要医师资格证等）。一般把工作分析分为两个部分：工作描述（即职位描述）和工作规范（即任职资格）以及工作说明书。

工作描述就是确定工作的具体特征，包括工作的物质特点和环境特点。它包括以下几个方面的内容。

(1) 工作名称。即指是什么工作。

(2) 工作活动和程序。包括所要完成的工作任务、工作职责、完成工作所需要的资料、机器设备与材料、工作流程、工作中与其他工作人员的正式联系以及上下级关系。

(3) 工作条件和物理环境。包括正常的温度、适当的光照度、通风设备、安全措施、建筑条件，甚至工作的地理位置。

(4) 社会环境。包括工作团体的情况、社会心理气氛、同事的特征及相互关系、各部门之间的关系等。此外，应该说明企业和组织内以及附近的文化和生活设施。

(5) 职业条件。由于人们常常根据职业条件来判断和解释职务描述中的其他内容，因而这部分内容特别重要。职业条件说明了工作的各方面特点：工资报酬、奖金制度、工作时间、工作季节性、晋级机会、进修和提高的机会、该工作在本组织中的地位以及与其他工作的关系等。

工作规范说明了从事某项工作的人所必须具备的知识、技能、能力、兴趣、体格和行为特点等心理及生理要求。制定工作规范的目的是决定重要的个体特征，以此作为人员筛选、任用和调配的基础。工作规范的主要内容包括：有关工作程序和技术的要求、工作技能、独立判断与思考能力、记忆力、注意力、知觉能力、警觉性、操作能力（速度、准确性和协调性）、工作态度和各种特殊能力要求。职务要求还包括文化程度、工作经验、生活经历和健康状况等。工作规范可以用经验判断的方法获得，也可以通过统计分析方式来确定。

工作说明书作为组织重要的文件之一,是指用书面形式对组织中各类岗位(职位)的工作性质、工作任务、责任、权限、工作内容和方法、工作环境和条件,以及本职务任职人资格条件所作的统一要求(书面记录)。它应该说明任职者应做些什么、如何去做和在什么样的条件下履行其职责。一个名副其实的工作说明书必须包括该项工作区别于其他工作的信息,提供有关工作是什么,为什么做,怎样做以及在哪做的清晰描述。它的主要功能是让员工了解工作概要,建立工作程序与工作标准,阐明工作任务、责任与职权,有助于员工的聘用、考核与培训等。

二、工作分析的内容

信息时代,组织的市场、产品、顾客在不断地变化,这些变化迅速反映了组织结构、任务、工作内容等的改变,工作分析也将成为适应变革的必要选择。工作分析的内容取决于组织的目的与用途。一般地,组织进行工作分析有以下的目的。

(1) 组织需要对组织内的各项工作进行分析与明确的规范,以使新建立的组织能够很好地运行。

(2) 组织需要对现有工作的内容与要求进一步明确化或合理化,以便制定切合实际的绩效评价、工作评价以及奖酬制度,以调动员工的积极性。

(3) 新技术、新方法、新工艺或新系统的产生使组织内的工作性质、环境与条件等发生重要变化后,组织必须对工作进行重新分析。因此,这些组织的工作分析的内容和侧重点、收集的信息也都不相同。由于组织的性质不同,组织内各个工作的性质、要求也不相同,组织为各项工作提供的条件也不相同。

工作分析的结果产生工作描述和工作规范,并解决以下八个问题。

(1) Who(责任人):谁来完成这项工作?哪些人(包括个人特征和经验)最适合这项工作或这个岗位?

(2) What(工作内容):这项工作具体做什么事情?哪些任务可以合并起来作为一个工作岗位?

(3) When(工作时间):完成任务所需要的时间是多少?

(4) Where(工作岗位):工作地点在哪里?

(5) Why(为什么这样做):为什么安排这一工作?

(6) For Who(或 For Whom 上下关系):他在为谁服务?

(7) How(如何操作):他是如何工作的?怎样设计一个工作岗位以提高绩效?如何将工作分析中获得的信息应用到人力资源管理中?需要哪些行为才能完成工作?

(8) Prerequisite(工作条件):组织提供何种工作条件?

通常情况下,工作分析主要包括两方面内容。一是对工作所包含的任务、职责、责任以及其他特征的确定,即工作描述。二是对完成工作的任职人所具备的知识、技能及其他特征的说明,即工作规范或工作说明。

（一）工作描述

工作描述具体说明了工作的目的与任务，工作内容与特征，工作责任与权利，工作标准与要求，工作时间与地点，工作流程与规范，工作环境与条件等问题。由于组织不同，工作描述的内容也不相同。工作描述没有标准的格式，然而，规范的工作描述书一般应包含以下内容。

（1）工作概况。它说明工作名称、工作编号、所属的部门、工作时间与地点、工作关系等。工作名称是组织对从事该项工作活动所规定的工作名称。工作名称应简明扼要，力求反映工作的内容与责任。工作代号（或工号）是组织对各种工作进行分类并赋予的编号，以便于对工作的识别、登记、分类等管理工作。所属部门，就是指对工作的性质以及所在部门的界定。工作时间与地点，就是指完成工作活动的时间范围以及主要的地点。工作关系即该项工作活动接受的监督、所施予的监督的性质与内容，或者该工作活动结果对组织的影响，通常是描述该工作接受的直接上级、直接下级或直接服务对象。

（2）工作目的。是用简短而精确的陈述来说明组织为什么要设立这一工作。通常，工作目的用一句话就足够表达清楚了，但一定要表示从组织机构的观点来看这一工作所有的意义和目的。

（3）工作职责。是关于一项工作最终要取得的结果的陈述，换言之，为了完成本项工作的目标，任职人员应在哪些主要方面开展工作活动并必须取得什么结果。这是工作描述的主体部分，必须详细描述。

（4）工作规模。是说明工作规模有多大。通常是用罗列数据的形式来表示该项工作所直接的和非直接影响的量的意义，即用数据的形式来表示工作的规模。每个工作的设立一定有其在某一方面的影响，不过有时这种影响可能很小或隐约不易见。描述工作规模通常是列出明确的数据。如财政上的数据（年度预算、年度收益）是描述工作规模大小的有用数据。

（5）工作条件。工作描述还应说明执行工作任务的条件，如使用的办公设备、使用的原材料、工具和机器设备等，以及工作的物理环境，包括工作地点的温度、光线、湿度、噪音、安全条件等，还包括工作的地理位置以及可能发生的意外事件的危险性等。社会环境说明完成工作的任务所需要涉及的工作群体的人及相互关系；完成工作所需要的人际交往的数量和程度；与组织内各部门的关系；工作活动涉及的社会文化、社会习俗等。在全球经济一体化的趋势下，工作社会环境的描述是一个新的趋势。

（6）工作绩效标准。有关工作绩效标准方面的内容，如工作质量、数量或者执行的行为、完成的定额和执行的时间等也同样需要进行分析。这类内容可以帮助企业了解应该用一种什么标准来对从事这一工作的人进行评价。

（7）聘用条件。它是说明工作任职人在组织中的有关工作安置等情况。包括工作时数、工资结构或等级、支付工资方法、福利待遇、该工作在组织中的正式位置、晋升机会、工作季节性、进修机会等。

以下是关于招聘主管工作描述的例子（表7-2）。

表 7-2　招聘主管工作描述

岗位名称	招聘主管	岗位所属部门	人力资源部
直接上级	人力资源部经理	岗位级别	B5
岗位编码	QZ-JB-RL-08		

工作目的
为企业招聘优秀、适合的人才
工作要点
制订和执行企业的招聘计划
制定、完善和监督执行企业的招聘制度
安排应聘人员的面试工作
工作要求
认真负责、有计划性、热情周到
工作责任
组织下属的职业发展和培训工作,提出培训需求以确保下属不断适应岗位的需要
根据企业发展情况,提出人员招聘计划
执行企业招聘计划
制定、完善和监督执行企业的招聘制度
制定面试工作流程
安排应聘人员的面试工作
应聘人员材料的管理,应聘人员材料、证件的鉴别
负责建立企业人才库
完成直接上级交办的所有工作任务
衡量标准
上交的报表和报告的时效性和建设性
工作档案的完整性
应聘人员材料的完整性
员工招聘成本
员工招聘质量
工作难点
如何提供详尽的工作报告
工作禁忌
工作粗心,留有首尾,不能有效向应聘者介绍企业情况
职业发展道路
招聘经理、人力资源部经理

岗位设立人		岗位设立日期	
岗位批准人		岗位批准日期	

（二）工作说明书

工作说明就是对工作任职人要求的说明,即为完成特定工作所需必备的生理要求与心理要求。主要包括以下方面的内容(如表 7-3 所示)。

表 7-3　厂长工作说明书

岗位名称	厂长	岗位所属部门	浆板分厂
直接上级	集团生产副总	岗位级别	A11
岗位编码	QZ-JB-OA-01		

主要职责

认真履行承包合同，全面负责处理分厂的生产、行政等事务，向总经理负责并在分管副总经理的领导下开展工作

编制分厂中长期发展规划，审定年度生产、销售综合计划，提出季度工厂奋斗目标和中心工作及重大措施方案

督导工厂各部门的日常生产活动，定期召开有关会议，发现问题、分析原因，采取有效措施，确保生产线正常运转

协助公司领导开发项目工程、研制产品，督促工厂各部门制订近期、中期、远期研制和开发计划并确保其实施和实现

加强管理，确保工厂各部门和各类人员职责、权限规范化，建立质量管理体系

贯彻执行公司成本控制目标，在提高产量、保证质量的前提下减少厂区的各种生产成本

组织下属的职业发展和培训工作，提出培训需求以确保下属不断适应岗位的需要

贯彻执行公司的安全管理规章制度，确保厂区无安全事故发生

切实做好环境保护和劳动保护工作，不断改善劳动条件

岗位资格

教育背景：企业管理、理工类或相关专业大专以上学历

技术职称：高级职称

工作经验：8年以上制造企业管理工作经验

岗位技能

熟练操作办公软件

熟悉国家的法律法规和地方的政策规章

较强的业务判断能力、出色的分析能力和极强的业务管理能力

良好的团队合作精神，较高超的领导艺术

其他

受过企业管理、生产管理、管理能力开发、市场营销、财务管理等方面的培训

岗位设立人		岗位设立日期	
岗位批准人		岗位批准日期	

（1）一般要求。包括年龄、性别、学历、工作经验等。学历可分为六个等级：研究生以上、大学本科、大学专科、高中和中专、初中、小学以下。

（2）生理要求。包括健康状况、力量与体力、运动的灵活性、感觉器官灵敏度。力量与体力通常指任职人能承受举、提、推、拉的强度；运动灵活性即指手、脚、身体移动敏捷，能自由自在地控制身体各部分的能力；感觉器官灵敏度即指说、听、看能力的要求，包括口头语言表达思想、交流信息的能力；通过口头交往来获得的能力，或者需要精细辨别声音的能力；用眼睛来感知物体的形状、大小、距离、动作、色彩或其他物理特征等。

（3）心理要求。包括一般智力、观察能力、集中能力、记忆能力、理解能力、学习能力、解决问题能力、创造力、数学计算能力、语言表达能力、决策能力、交际能力、性格、气

质、兴趣、爱好、态度、事业心、合作性、领导能力等。

表 7-3 是某浆板厂厂长的工作说明书。

三、工作分析的用途

工作分析是人力资源管理非常重要的工作，它被认为是人力资源管理工作者所从事的所有各种活动的基石。人力资源管理的各种计划或方案——选择、绩效评价、培训与开发、工作评估、薪酬管理、职业生涯规划、工作设计以及人力资源规划等均需要通过工作分析获得一些信息，因此，工作分析在人力资源管理中具有十分重要的作用，见图 7-2 所示。

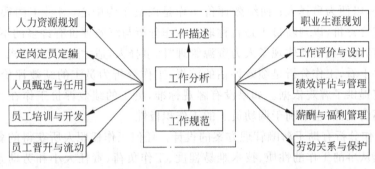

图 7-2 工作分析作用图

（1）工作分析是人力资源规划的基础。在制订人力资源计划时，不仅要分析组织在动态环境中的人力资源需求，而且通过执行某些响应的活动来帮助组织适应这种变化。这种计划的过程需要获得关于各种工作对于各种工作技能水平要求的信息，这样才能保证在组织内有足够的人力来满足战略计划的人力资源需要。工作分析就是根据组织的需要，分析影响工作的各种因素，合理地划分部门职责，将相近的工作归类，设置各项工作。通过组织内各部门间各项工作的分析，可以得到各部门的人员编制情况，这也为人力资源规划提供了需求信息。同时工作分析也提供了每项工作的责任、任务、工作时间、工作条件等信息，也确定了组织所需的人力；工作分析所了解的每项工作所需要的不同的知识、技能和能力则为组织确定了人力资源的素质。

（2）工作分析对组织人员的甄选与任用具有指导作用。通过开展工作分析，可明确组织中各项工作的目标与任务，规定各项工作的要求、责任等，同时提出各职位任职人的心理、生理、技能、知识和品格等要求，在此基础上，组织可以确定人员的任用标准，通过人员测评和招聘、选拔或任用符合工作需要与要求的合格人员。只有工作要求明确，才能保证人员工作安排的准确，使组织内的所有工作人员能尽其才，尽其用。

（3）工作分析有助于员工培训与开发工作。工作分析已经明确规定了完成各项工作所应具备的知识、技术和能力及其他方面的素质与条件等要求。这些素质与条件并非所有的人员都能达到，这就需要对员工进行培训与开发。根据工作分析所提供的信息，针对不同的工作要求、任职人员的具体情况，设计不同的培训方案，采用不同的培训方法。对不同素质人员进行培训，一方面可帮助员工获得工作必备的专业知识和技能，以具备上岗任职资格或提高员工胜任本职工作的能力；另一方面工作规范化的培训也可为员工升迁到更高的工作职位做好准备，以提高员工的工作效率。因此工作分析为员工培训开发提供了必不可少的客观依据。

(4) 工作分析有利于职业生涯规划与管理。通过工作分析对组织中的工作要求和各项工作之间的联系的研究，组织可制定出行之有效的员工职业生涯规划，同时，工作分析也使员工有机会或有能力了解工作性质与规范，制定出适合自身发展的职业道路。

(5) 工作分析为绩效评价提供了客观的标准与依据。工作分析以工作为中心，分析和评定了各个工作的功能和要求，明确了每个工作的职责、权限，以及工作任职人的资格和条件，以便为事择人；而绩效评价工作是以员工为中心，对员工的德、能、勤、绩等方面的综合评价，以判断员工是否称职。工作分析与绩效评价有许多的不同点，但就其实质而言，这两项活动体现了人力资源管理"因事择人，适才适所"的要求。从人力资源管理程序上看，工作分析是绩效评估的前提，工作分析为员工的绩效评价的内容、标准等的确定提供了客观依据。如果没有客观标准，员工的绩效评价工作在很大程度上就会带有不公正性，也不利于调动员工的工作积极性。

(6) 工作分析有助于薪酬管理方案的设计。任何工作任职人所获得的薪酬高低主要取决于其从事的工作的性质、技术难易程度、工作负荷、责任大小和劳动条件等。而工作分析正是从这些基本因素出发，从而使各项工作在组织中的重要程度或相对价值也得以明确。一般地，工作的职责越重要，工作就越有价值；需要有更多的知识、技能和能力的工作对组织来说更具价值。以此为依据制定的薪酬水平保证了工作在和担任本职工作的劳动者与劳动报酬之间的协调和统一，使组织内员工得到公平合理的报酬。

(7) 工作分析有利于把握员工的安全与健康。工作分析反映了完成各项工作的环境与条件，如说明某项工作是否具有危险性。因此，对在某些危险工作的任职人，组织必须提供安全地工作的预防措施，确保工作的顺利且不影响员工的安全与健康。

(8) 工作分析有利于改善员工的劳动关系。工作分析为每个工作的任职者提供了客观标准，成为组织对员工进行提升、调动或降职的决策依据；工作分析保障了同工同酬，并使员工明确了工作职责及以后的努力方向，必然使员工积极工作、不断进取；工作分析获得其他有关信息也使管理者更为客观地进行人力资源管理决策。

(9) 工作分析有助于工作设计工作。工作分析通过人员测定和分析，不断对工作进行重新设计和改进，推动各工作在组织中的合理配置，以促进组织的科学化，保证生产过程的均衡，协调地实现生产要素配置的合理化、科学化，提高组织的生产效益。

第三节 工作分析的流程与方法

因为进行工作分析时必须收集的信息各种各样，所以要执行的具体程序和方法会因组织的不同而不同，而且要视工作分析的目的和性质而定。

一、工作分析的流程

工作分析是一个全面的评价过程,这个过程可以分为四个阶段:准备阶段、调查阶段、分析阶段和完成阶段。这四个阶段的关系十分密切,它们相互联系、相互影响(见图 7-3)。

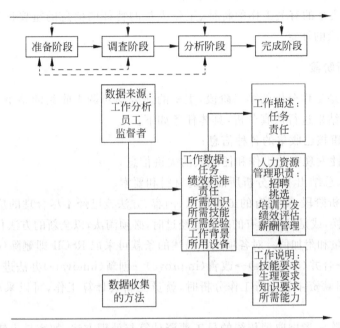

图 7-3 工作分析步骤和流程图

(一)准备阶段

准备阶段是工作分析的第一阶段,主要任务是了解情况,建立关系,组成工作小组。解决"为什么进行工作分析"和"怎样进行工作分析"两方面的问题。具体工作如下。

(1)明确工作分析的意义、目的、方法、步骤;
(2)向有关人员宣传、解释;
(3)和与工作分析有关的工作员工建立良好的人际关系,并使他们作好良好的心理准备;
(4)组成工作小组,以高效为原则;
(5)确定调查和分析对象的样本,同时考虑样本的代表性;
(6)把各项工作分解成若干工作元素和环节,确定工作的基本难度。

(二)调查阶段

调查阶段是工作分析的第二阶段,主要任务是对整个工作流程、工作环境、工作内容和任职人等主要方面进行全面的调查的过程。具体任务如下。

(1)设计各种调查问卷和调查提纲;

(2) 对不同的目的、不同的调查对象灵活运用不同的调查方法,如面谈法、问卷法、观察法、参与法、实验法、关键事件法等;

(3) 广泛收集有关工作的特征及需要的各种数据,一方面是提出原有工作描述书与工作规范书的主要条款的不清楚的问题,另一方面对新工作的所有信息进行收集;

(4) 收集工作任职人必需的特征信息;

(5) 对收集来的有关工作的特征、工作人员的特征的信息的重要性以及其发生的频率等做出等级的评定。

(三) 分析阶段

分析阶段是工作分析的第三阶段,主要的任务是对调查收集的整个工作的特征与任职人的特征结果进行认真分析,具体任务如下。

(1) 仔细审核已收集的各种信息;

(2) 创造性发现有关工作和任职人的关键信息;

(3) 归纳、总结出工作分析所需要的材料和要素。

在工作分析阶段,对现有的工作概念、内容、方法或已经不尽合理的应该改善,或者需要做部分更换,或是发现原有的一套已经过时,必须淘汰,以全新的方法代替,否则就不能提高工作质量和附加值。对各项工作描述的条款可采取 RSCII 即删除(eliminate)→简化(simplify)→合并(combine)→改善(improve)→创新(innovate)办法进行分析。

例如,在对薪资主管进行工作分析时,就员工薪资计算工作,可以采取以下步骤来确认。

是否可删除?考虑取消传统的员工薪资计算与处理方法,如容易出错的人工操作。

是否可以简化?考虑把部分薪资处理程序交给相关银行代理。

是否可以归并?考虑将相关功能与财务部合并,实行归口管理。

是否可以改善?考虑对员工出勤记录、请假记录、加班记录等涉及薪资计算的统计资料数据库进行彻底清理整顿,改善效率。

是否可以创新?考虑应用 IT 技术及高效软件实施无纸化、网络化操作。

(四) 完成阶段

完成阶段是工作分析的最后阶段。该阶段是在前面三个阶段工作的基础上,形成工作分析的最终结果即工作描述书和工作说明书,这也是本阶段的任务。具体包括以下工作。

(1) 根据收集的有关工作的信息,草拟出工作描述书和工作说明书;

(2) 将草拟的工作描述书和工作说明书与实际工作进行对比;

(3) 修正工作描述书和工作说明书;

(4) 经过多次反馈、修订,形成最终的工作描述书和工作说明书;

(5) 将工作分析的成果运用于实践中,注重实际工作过程中的反馈信息,不断完善工作描述书和工作说明书;

(6) 对工作分析进行总结评估,并将工作描述书和工作说明书进行归档保存,建立工作分析成果的管理制度,为以后的工作分析提供信息。

二、工作分析方法与信息收集

工作分析的方法多种多样,但没有一种方法可以独立完成整个工作分析。工作分析的内容取决于工作分析的用途和性质,不同企业工作分析的侧重点不同,因此所需收集的信息和运用的方法也不相同。要编制一份完整的工作分析表,必须收集到有关工作的足够的信息,收集工作分析信息有四种基本方法:观察、面谈、问卷和工作日志(work log),它们可以单独或结合起来使用。这四种方法,或者它们的任意组合,都必须关注重要信息。考虑到时间和成本,管理者需要收集可参照的、有用的数据。因此,无论采用什么方法,一些核心的数据形式必须收集。专业的工作分析者通常与在职者和主管进行广泛的面谈,收集工作记录,可能的话,还直接观察在职者进行工作。在实践中,要做好工作分析,常常需要根据不同的岗位,结合不同的方法进行。

(一)观察法

所谓观察法,一般是有经验的人,通过直接观察某一时期内工作的内容、形式与方法,并在此基础上分析有关的工作因素。直接观察方法用于标准的、工作周期短的体力劳动。如自动流水线上的员工、保险公司的档案人员及仓库保管人员所进行的工作。并通过对信息进行比较、分析、汇总等方式,得出职务分析成果的方法。观察法适用于体力工作者和事务性工作者,如搬运员、操作员、文秘等职位。

由于不同的观察对象的工作周期和工作突发性有所不同,所以观察法具体可分为直接观察法、阶段观察法和工作表演法。

(1)直接观察法。职务分析人员直接对员工工作的全过程进行观察。直接观察适用于工作周期很短的职务。如保洁员,他的工作基本上是以一天为一个周期,职务分析人员可以一整天跟随着保洁员进行直接工作观察。

(2)阶段观察法。有些员工的工作具有较长的周期性,为了能完整地观察到员工的所有工作,必须分阶段进行观察。譬如行政文员,她需要在每年年终时筹备企业总结表彰大会。职务分析人员就必须在年终时再对该职务进行观察。有时由于阶段跨度太长,职务分析工作无法拖延很长时间,这时采用工作表演法更为合适。

(3)工作表演法。对于工作周期很长和突发性事件较多的工作比较适合。如保安工作,除了有正常的工作程序以外,还有很多突发事件需要处理,如盘问可疑人员等,职务分析人员可以让保安人员表演盘问的过程,来进行该项工作的观察。

在使用观察法时,工作分析人员应事先准备好观察表格,以便随时进行记录。条件好的企业,可以使用摄像机等设备,将员工的工作内容记录下来,以便进行分析。另外要注意的是,有些观察的工作行为要有代表性,并且尽量不要引起被观察者的注意,更不能干扰被观察者的工作。

工作分析人员必须观察从事这些工作的人员的一个有代表性的例子。观察通常不适用于涉及重要脑力活动的工作,如科学研究者、律师或者是数学家的工作。观察的技巧要求工作分析人员观察与工作相关的行为。在进行观察时,工作分析人员应尽可能地避免唐突，他或她必须站在一旁以便工作人员进行工作。表 7-4 是对一名制药厂包装工人的工作分析观察提纲：

表 7-4 工作分析观察提纲

被观察者	李晓	日期	2010.09.18
观察者	张国强	观察时间	上午 8：00～12：00
工作类型	培训	工作部门	人力资源部

观察内容：
　　什么时候开始正式工作？_____
　　上午工作多少小时？_____
　　上午休息几次？_____
　　第一次休息时间从_____到_____
　　第二次休息时间从_____到_____
　　上午完成多少件产品_____
　　平均多长时间完成一件产品_____
　　与同事交谈几次_____
　　每次交谈约_____分钟
　　室内温度_____度
　　喝了几次水？_____
　　什么时候开始午休？_____
　　出了多少次品？_____
　　搬了多少原材料？_____
　　噪音分贝是多少？_____

（二）面谈法

　　与在职人员进行面谈常常与观察法结合起来。面谈可能是收集工作分析信息使用最广泛的技术。它使工作分析人员可以与在职人员进行面对面的交流。在职人员可以向工作分析人员提问，而工作分析人员也可以通过面谈判断从工作分析得到的知识和信息将来如何使用。面谈可以对单个在职人员、一组在职人员或者了解这项工作的主管人员进行。通常，面谈将使用一系列有结构的问题，以使不同个人和小组的答案可以进行比较。

　　虽然面谈可以产生有用的工作分析信息，但是了解它潜在的局限性也是很必要的。面谈难以标准化，不同的面谈人员可能会问不同的问题，而同一个面谈者也会无意识地对不同的回答者问不同的问题。另外，面谈者还可能无意识地歪曲回答者提供的信息。最后，面谈的成本非常高，特别是不能进行集体面谈时。

　　面谈法的优点在于可以简单而迅速地收集到工作分析所需的资料，并能够通过面对面的交流了解员工的工作态度和情绪以及对工作和岗位的看法。不足之处在于：一方面，要花费大量时间和精力，尤其是规模较大的组织，需要比较复杂的工作分析资料时，组织的大规模访谈可能妨碍生产和经营。另一方面，访谈需要经过专门训练的工作分析专业人员，如果双方的交流不够充分，搜集的信息往往被扭曲、失真。

(三) 问卷法

使用问卷通常是收集信息花费最少的方法。它能在短期内有效地收集大量的信息。工作分析信息表就是一份结构性的问卷，它包括了关于工作内容、工作要求、工作条件和配备的一系列详细的问题。一种较低结构化的、更开放性的方法是要求在职人员用他们自己的话来描述他们的工作。这种开放的形式使得在职人员运用他们自己的语言和思想来描述工作。

问卷应该具备的结构化形式和程度是一个争论的话题。工作分析人员在这个问题上有他们自己个人的偏好。问卷的确没有最好的形式。但是，这里有一些提示可以使问卷使用起来更加容易。

(1) 越短越好——人们通常不喜欢填表格。

(2) 解释问卷是用来做什么的——人们想要知道为什么要填写表格。员工希望知道为什么要问这些问题以及如何处理他们的回答。

(3) 简单——不要试着使用专业词汇。使用最简单的语言来陈述和提问。

(4) 使用之前测试问卷——为了改进问卷，要求一些在职人员完成并评价它的特点。测试帮助分析人员在最后确定问卷之前修改问卷。

利用已编制的问卷，要求被试者填写，来获取有关工作的信息是一种快速而有效的方法。一般要求被试者对各种工作行为、工作特征和工作人员特征的重要性和频率评定等级。问卷法适用于脑力工作者、管理工作者或工作不确定因素很大的员工，譬如软件设计人员、行政经理等。问卷法比观察法更便于统计和分析。要注意的是，调查问卷的设计直接关系着问卷调查的成败，所以问卷一定要设计得完整、科学、合理。

(1) 职务分析调查问卷（PAQ）。职务分析调查问卷是美国普渡大学的研究员麦考米克等人研究出的一套数量化的工作说明法。虽然它的格式已定，但仍可用之分析许多不同类型的职务。PAQ 分为：资料投入、用脑过程、工作产出、人际关系、工作范围、其他工作特征六个部分，共有 194 个问题。

(2) 阈值特质分析方法（TTA）。劳普兹等人在 1981 年设计了"阈值特质分析"（TTA）问卷。特质取向的研究角度是试图确定哪些是个体工作成绩出色的个性特点。TTA 方法的依据是：具有某种人格特质的个体，如果职务绩效优于不具有该种特质者，并且特质的差异能够通过标准化的心理测验反映出来，那么就可以确定该特质为完成这一工作所需的个体特质之一。

(3) 职业分析问卷（QAQ）。美国控制数据经营咨询企业在 1985 年设计了职业分析问卷，对职务进行定量的描述。QAQ 是一个包括各种职业的任务、责任、知识技能、能力以及其他个性特点的多项选择问卷。例如，在 QAQ 中，软件职务被规划分为 19 种责任、310 个任务和 105 个个性特点。

企业可以根据自己的实际情况，来自制职务分析问卷，这样效果可能会更好些。

问卷调查法一般采用的步骤和要领是：

第一，事先需征得样本员工直接上级的同意，尽量获取直接上级的支持；

第二，为样本员工提供安静的场所和充裕的时间；

第三,向样本员工讲解职务分析的意义,并说明填写问卷调查表的注意事项;

第四,鼓励样本员工真实客观地填写问卷调查表,不要对表中填写的任何内容产生顾虑;

第五,职务分析人员随时解答样本员工填写问卷时提出的问题;

第六,样本员工填写完毕后,职务分析人员要认真地进行检查,查看是否有漏填、误填的现象;

第七,如果对问卷填写有疑问,职务分析人员应该立即向样本员工进行提问;

第八,问卷填写准确无误后,完成信息收集职务,向样本员工致谢。

(四) 工作日志或日记法

工作日志或工作日记是为了了解员工实际工作的内容、责任、权力、人际关系及工作负荷,而要求员工在某一个时间段内坚持写工作日志,日后经过归纳、整理、提炼,获得工作分析所需信息的一种方法。这种方法要求在职人员记录日记或日志。不幸的是,大多数人不会遵守规定去记日志。如果每天都记下日志,它能提供关于工作的非常好的信息。每天的日志也可以成为周记、月记的基础。这就可以区别开日常和非日常的工作职责。在试图对难以观察的工作进行分析时,工作日记和日志非常有用,如工程师、科学家以及高级管理人员从事的工作。

使用工作日志或者日记法获得的信息可靠性很高,适用于获取有关工作职责、工作内容、工作关系、劳动强度与工作负荷等方面的信息,所需费用较低。随着计算机技术的飞速发展、监控技术的日益完善,工作日志的真伪鉴别效度日益提高。当然,工作日志或日记法使用的范围很小,可能会干扰员工的正常工作,而且信息处理量较大。实时跟踪和追溯可以提高因员工应付导致的效度不高的问题。

第四节 工作设计与评价

工作设计是人力资源管理的一项基础工作,它以工作分析为依据,利用工作分析的结果对具体的工作进行设计。工作设计又称岗位设计,是指根据组织需要并兼顾个人的需要,规定每个工作的任务、责任、权力以及与组织中其他工作的关系的过程。它研究和分析工作如何做以促进组织目标的实现,以及如何使员工在工作中满意以调动员工的工作积极性。它把工作的内容、工作的资格条件和报酬结合起来,目的是满足员工和组织的需要。工作设计问题主要是组织向其员工分配工作任务和职责的方式问题,工作设计是否得当对于激发员工的积极性、增强员工的满意度以及提高工作绩效都有重大影响。

工作设计或再设计往往受技术、竞争和成本压力三种因素的驱动。技术是能够改变下游岗位的一个新的推动力,能够在各个业务之间提供标准化程度,增强相互之间的协调性。技术的变化导致了资源的重新分配和竞争的加速,推动了工作实质的变化和对岗位新的任职资格的要求。与此相对应,技术和竞争给企业带来了降低成本的压力。

三种因素也导致了企业面临全新的环境和岗位再造的压力,企业在这种压力之下,可能不满意当前绩效或新的业务的进展，需要对工作进行重新设计，以便于适应市场的需要。当今的企业信息部的产生，正是在计算机和互联网新技术的推动下产生的。企业为了适应日益变化的环境，必须实时了解市场信息，将信息传递和翻译给不同的职能部门和决策者，以提高运营速度和降低成本，增强企业绩效。

当然工作设计与企业绩效之间存在明显的关系。工作设计是在工作分析的基础上，对不合理岗位的重新设计。同时，工作设计通过对组织、流程和岗位的再造，为组织创造了新的生机，为实现满意的企业绩效提供保障，如图7-4所示。

(1) 组织重组涉及企业组织结构、公司治理、管理模式和管理制度的创新。

(2) 流程再造则涉及过程创新、过程改善以及过程再设计，是在企业战略的指引下，通过对企业运作流程和程序进行重新设计和优化，以提高企业绩效。

(3) 三定主要是对企业的岗位进行调整，涉及定岗、定编和定员。它主要是对具体的职责进行调解，即明确部门取消、划出移交、划入和增加以及加强的职责，规定部门的主要职能和相应承担的责任，确定部门内设机构的设置和具体职责，并核定部门人员数。

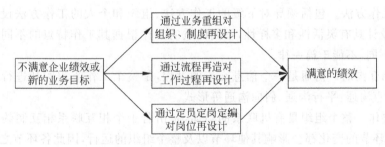

图 7-4 工作设计与绩效的关系

一、工作设计的主要内容

(一) 工作内容

工作内容的设计是工作设计的重点，一般包括工作广度、深度、工作的自主性、工作的完整性以及工作的反馈五个方面。

(1) 工作的广度。即工作的多样性。工作设计得过于单一，员工容易感到枯燥和厌烦，因此设计工作时，应尽量使工作多样化，使员工在完成任务的过程中能进行不同的活动，保持工作的兴趣。

(2) 工作的深度。设计的工作应具有从易到难的一定层次，对员工工作的技能提出不同程度的要求，从而增加工作的挑战性，激发员工的创造力和克服困难的能力。

(3) 工作的完整性。保证工作的完整性能使员工有成就感，即使是流水作业中的一个简单程序，也要是全过程，让员工见到自己的工作成果，感受到自己工作的意义。

(4) 工作的自主性。适当的自主权力能增加员工的工作责任感，使员工感到自己受到了信任和重视。认识到自己工作的重要，使员工工作的责任心增强、工作的热情提高。

(5) 工作的反馈性。工作的反馈包括两方面的信息：一是同事及上级对自己工作意见的反馈，如对自己工作能力、工作态度的评价等；二是工作本身的反馈，如工作的质量、数量、效率等。工作反馈信息使员工对自己的工作效果有个全面的认识，能正确引导和激励员工，有利于工作的精益求精。

（二）工作职责

工作职责设计主要包括工作的责任、权力、方法以及工作中的相互沟通和协作等方面。

(1) 工作责任。工作责任设计就是员工在工作中应承担的职责及压力范围的界定，也就是工作负荷的设定。责任的界定要适度，工作负荷过低、无压力，会导致员工行为轻率和低效；工作负荷过高、压力过大又会影响员工的身心健康，会引起员工的抱怨和抵触。

(2) 工作权力。权力与责任是对应的，责任越大权力范围越广，否则二者脱节，会影响员工的工作积极性。

(3) 工作方法。包括领导对下级的工作方法、组织和个人的工作方法设计等。工作方法的设计具有灵活性和多样性，不同性质的工作根据其工作特点的不同采取的具体方法也不同，不能千篇一律。

(4) 相互沟通。沟通是一个信息交流的过程，是整个工作流程顺利进行的信息基础，包括垂直沟通、平行沟通、斜向沟通等形式。

(5) 协作。整个组织是有机联系的整体，是由若干个相互联系相互制约的环节构成的，每个环节的变化都会影响其他环节以及整个组织的运行，因此各环节之间必须相互合作相互制约。

（三）工作关系

组织中的工作关系，表现为协作关系、监督关系等各个方面。以上三个方面的工作设计，为组织的人力资源管理提供了依据，保证事（工作）得其人、人尽其才、人事相宜；优化了人力资源配置，为员工创造更能够发挥自身能力、提高工作效率、提供有效管理的环境保障。

二、工作设计的方法

Hackman 和 Oldham(1976)提出的工作特征(job characteristics model, JCM)是工作设计的新发展。模型探讨了不同的职位特征对员工产生激励的状况，为后续的工作设计方法提供了理论基础(如图7-5所示)。

(1) 技能多样性。即完成某个岗位的工作时个人所需具有的一系列技能、能力和知识的程度。这与泰罗当初提出的分工理论是不同的，他需要员工具有一系列的技能和禀赋，而不是单一的岗位技能。

(2) 工作完整性。即员工所从事的任务在多大程度上涉及一整件工作自始至终的整个过程。任务完整性越高，员工内在激励水平就越高。

(3) 工作重要性。是指工作在多大程度上会对组织内外人们的生活或工作产生影响。当员工认为工作对于很多人都非常重要时,他们往往喜欢自己的工作。工作设计时必须考虑工作重要性对员工工作意义和外部形象的作用,激励员工努力感兴趣地从事工作。

(4) 工作反馈性。即完成工作任务的人获得的有关其工作任务反馈的信息,包括同事和上级反馈的信息。

(5) 工作自主性(autonomy)。即工作在多大程度上允许自由、独立,以及在具体工作中个人制订计划和执行计划的自主范围。

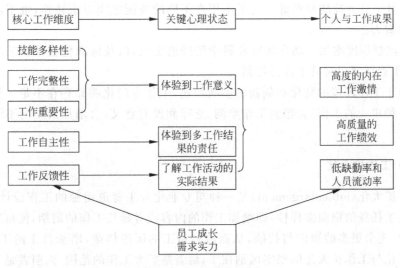

图 7-5 工作特征模型

JCM 提供了一种框架,通过它可以得到工作特征对员工影响的一些结果,例如满意度、组织承诺和留职意愿,也为工作设计提供了坚实的理论基础。一些学者针对工作特征开发了新的、更具广泛性的多方式工作设计问卷(multimethod job design questionnaire, MJDQ),以探求动机的、机械的、生理的、知觉的及动力的工作设计方法对员工所产生的激励。

基于以上理论基础,实践中相应的工作设计方法主要有:工作专门化、工作扩大化、工作丰富化、工作轮换和工作授权。

(一) 工作专门化

工作专门化是一种最传统的工作设计方法,是在工作内容和员工的基本责任没有改变的情况下,旨在向员工提供更具挑战性的工作。它利用动作和时间研究,通过对工作责任的垂直深化,将工作分解为若干小的单元,并标准化以及专业化操作内容和操作程序,以提高员工的工作效率。麦当劳的创始人克罗克为了使企业理念"Q、S、C+V"(质量、服务、清洁、价值)能够在连锁店餐厅中贯彻执行,保持企业稳定,每项工作都做到标准化、规范化,即"小到洗手有程序,大到管理有手册"。他指派麦当劳的主管透纳,用了几个月的时间,针对几乎每一项工作细节,反复、认真地观察研究,写出了营运手册。该手册被加盟者奉为神明,逐条加以遵循。与此同时,还制定出了一套考核加盟者的办法,使一切都有章可循、有法可依。可以这么说,透纳在建立麦当劳著名的连锁店的一致性上的功绩,足以跟克罗克媲美,为麦当劳的标准化、规范化及不断的扩展立下了汗马功劳。这是工作专门化的典型例子。

工作专门化有其适应条件和相应的特点。

(1) 最大限度提高员工的工作效率。由于工作细分为许多简单的高度专业化的操作元素,员工可以仅仅具备相应的、并不复杂的技能即可胜任工作。

(2) 对于员工技能要求低。员工不用在不同的技能之间寻求转换,也不需要复杂的知识和智力。

(3) 控制程度增加。动作研究和科学管理的实践,以及标准化程序和工作流程的制定,便于管理部门对员工进行控制。

但由于工作环境的变化和创新的不断加速,工作专门化明显存在不足。如员工长期从事一种单一的工作,会感到工作单调、乏味和没有意义,会增加员工的不满和厌恶情绪。

(二) 工作扩大化

工作扩大化(job enlargement)是一种与专业化分工背道而驰的工作设计方法,就是增加员工任务的横向多样性,即增加工作的内容或者延长工作的周期,使员工的工作变化增加,要求更多的知识与技能,从而减轻员工的厌倦情绪,增加员工的工作兴趣。工作丰富化与工作扩大化的根本区别在于,后者是扩大工作的范围,而前者是工作的深化,以改变工作的内容。工作扩大化的途径主要有两个:"纵向工作负载"和"横向工作负载"。"负载"是指将某种任务和要求纳入工作职位的结构中。"纵向工作负载"是为了扩大一个工作职位,增加需要更多责任、更多权利、更多裁量权或更多自主权的任务或职责,将以前是上级的部分工作责任赋予员工。"横向工作负载"是指增加属于同阶层责任的工作内容,以及增加目前包含在工作职位中的权力。

在20世纪60年代,扩大工作范围盛行一时。它增加了所设工作岗位的工作内容。具体来说,工作者每天所做的工作内容增加了。如果说过去做一道工序,现在扩大为做多道工序。盛行了一段时间之后,工作者对增加了一些简单的工作内容仍不满足。其原因在于扩大工作范围与轮换工作虽然增添了工作者的工作内容,但是在"参与、控制与自主权"方面,没有增加任何新东西。因而必须寻求新的专业化与分工方式。

工作扩大化的好处在于:可以提高产品质量,降低劳动成本,提高员工满意度,改善整个工作效率,生产管理也变得更加灵活。但实质上,在激发员工的积极性和培养挑战意识方面没有太大意义。

(三) 工作丰富化

第三种工作设计的方法是工作丰富化。所谓的工作丰富化是指在工作中赋予员工更多的责任、自主权和控制权。工作丰富化与工作扩大化、工作轮调都不同,它不是水平地增加员工工作的内容,而是垂直地增加工作内容。这样员工会承担更多更重的任务、更大的责任,员工有更大的自主权和更高程度的自我管理,还有对工作绩效的反馈。

工作丰富化的核心是体现激励因素的作用,因此实现工作丰富化的条件包括以下几个方面。

(1) 增加员工责任。不仅是要增加设计本身的责任,还要增加其控制产品质量,保持生产的计划性、连续性及节奏性的责任,使员工感到自己有责任完成一个完整工作的一个小小的组成部分。同时,增加员工责任意味着降低管理控制程度。

(2) 赋予员工一定的工作自主权和自由度,给员工充分表现自己的机会。员工感到工作的成败依靠他的努力和控制,从而认为其与个人职责息息相关时,工作对员工就有了重要的意义。实现这一良好工作心理状态的主要方法是通过完善岗位(或职务)说明书明确各岗位的职责,给予员工工作自主权。同时还跟员工心态有关,要打破怕承担责任的心理。

(3) 反馈。将有关员工工作绩效的数据及时地反馈给员工。了解工作绩效是形成工作满足感的重要因素,如果一个员工看不到自己的劳动成果,就很难得到高层次的满足感。努力克服有考核无反馈现象,那样还不如不考核。反馈可以来自工作本身、管理者、同事等。

(4) 增加员工工作要求。应该以增加责任和提高难度的方式改变工作。

工作丰富化的优点:提高了对员工的激励水平和员工的工作满意程度,提高了员工生产效率对产品质量以及降低员工离职率和缺勤率产生的积极影响。工作丰富化的缺点:培训费用的增加,工资报酬的上升及工作设施的完善或扩充。

(四) 工作轮换

第四种工作设计的方法是工作轮换。工作轮换属于工作设计的内容之一,指在组织的不同部门或在某一部门内部调动员工。目的在于让员工积累更多的工作经验。实践中有两种类型的工作轮换:纵向的和横向的。纵向轮换指的是升职或降至。但一般的工作轮换是水平方向的多样变化,即横向轮换。工作轮换有利于促进员工对组织不同部门的了解,从而对整个组织的运作形成一个完整的概念;有利于提高员工解决问题的能力和决策能力,帮助他们选择更合适的工作;有利于部门之间的了解和合作。工作轮换可以充分激励员工的内在需求,给员工和组织带来巨大收益。

(五) 工作时间多元化

随着技术变得越来越先进和人性化以及城市的扩大化,员工工作和居住的距离可能很远,这就需要企业灵活安排工作时间。在西方国家,针对才能出众、又要承担养育子女任务的女性员工采用弹性工作制越来越流行。装备电脑、传真等现代化设备使家庭办公成为现实,不过更加常见的是半日工作制或是每周三日工作制。女性员工大多愿意以部分绩效和薪金为代价留出更多的时间给家庭和子女,非全职工作制使她们不必为此放弃工作的机会,以达到工作和家庭的平衡。灵活的工作日程方法主要可以采取的方法有几种:弹性工作时间、压缩作用、工作分享和远程工作。如表7-5所示。

弹性工作时间（flexible work time）是指在完成规定的工作任务或工作固定的工作时间长度的前提下，员工可以自由选择工作的具体时间安排，以代替统一固定的上下班时间制度。弹性工作制是20世纪60年代由德国的经济学家提出的，当时主要是为了解决职工上下班交通拥挤的问题。目前弹性工作时间制有多种形式。

（1）核心时间与弹性时间结合制。一天的工作时间由核心工作时间（一般为5～6个小时）和核心工作时间两头的弹性工作时间所组成。

（2）成果中心制。公司对职工的考核仅仅是其工作成果，不规定具体时间，只要在所要求的期限内按质量完成任务就照付薪酬。

（3）压缩工作时间制。职工可以将一个星期内的工作压缩在两三天内完成，剩余时间由自己处理。

压缩工作周（compressed work week），通常是指把正常的周工作时间安排在更短的工作日内进行的方案。一般说来，标准工作周要求我们每周工作五天，每天八个小时，一周工作四十个小时。在压缩工作周的制度下，员工可以选择一天工作十个小时，这样一周就只需要工作四天，同样，周工作时数仍然是四十个小时。从管理当局的角度来看，四日工作制具有不同的短期和长期效果。刚开始推行时，压缩工作周会取得许多有利结果，如更高的士气、更少的不满意、更低的缺勤率等。而且，压缩工作周提供了更好地利用空闲时间安排家庭生活、处理个人事务及进行娱乐活动的潜力。此外，还有诸如生产率的提高，调离人数及旷工人数的减少等优点。但是实行一段时间以后，也有一些公司遇到了员工会抱怨工作太疲劳、将工作与个人生活协调太困难等问题。管理者也会发现，组织要对工作日八小时以外的工作时间支付加班费，这无疑增加了组织的运营成本；另一方面，管理者仍然规定员工几点上班、几点下班，因此这种方法仍然没有给员工多少自由，尤其是在他们挑选合适的工作时间方面。某些情况下，这些问题已导致了产品质量降低和顾客服务的减少。一些公司甚至在经历了压缩工作周的问题后，重新启用了传统的五天工作制。

弹性工作时间制的主要优点体现在以下两个方面。

（1）可以减少缺勤率、迟到率和员工的流失。

（2）由于员工感到个人的权益得到了尊重，满足了社交和尊重等高层次的需要，因而产生了责任感，提高了工作满意度和士气。

它的缺点也很明显。它会给管理者指导下属员工的工作造成困难，特别是在弹性工作时间内，导致工作轮班发生混乱。当某些具有特殊技能或知识的员工不在现场时，它还可能使问题更加难以解决，或使进度延缓，同时使管理人员的计划和控制工作更为麻烦，花费也更大。许多工作不宜使用弹性工作时间制，例如，百货商店的营业员、办公室接待员、装配线上的操作工。

工作分享（work sharing）是近期西方使用比较频繁的一种工作设计方式。所谓工作分享，就是允许两个或者多个员工分担原来一个全日制工作日，并分享该工作的报酬和福利，以减少失业率，并增加工作时间的灵活性，平衡工作与家庭的关系。概言之，工作分享包括这样一些措施：重组和重构工作岗位及付薪的工作时间。工作分享主要有：工作岗位分享制、时间购买计划、缩短法定工作时间、过渡性退休和弹性工作制等形式。

表7-5 工作/生活平衡福利　　　　　　　　　　　　　　　　　　（%）

福　利	是	否	计划以后提供
弹性时间工作制	56	42	2
远程办公(兼职)	37	60	3
压缩工作周	33	66	1
探亲假超过联邦 FMLA 所规定	26	74	<1
探亲假超过州 FMLA 所规定	25	75	0
远程办公(全职)	19	79	2
公司托儿中心	6	93	1
托儿费补贴	5	95	<1
公司补贴托儿中心	4	96	<1

资料来源：Burke, M. E. (2005). SHRM 2005 benefits survey report. Alexandria, VA: Society for Human Resource Management.

工作分享在不同的国家有不同的作用和形式。加拿大是一个职业相对自由的国家，劳资双方是一种契约买卖关系，一直以来都存在较高的失业率。然而加拿大又是一个工会力量强大的国家，注重尊重和保护员工的合法权益。因此当企业遭遇不景气、生产萎缩时，他们通过实施"工作分享补助计划"、"缩短标准工作时间"等措施，推迟和避免了员工下岗失业。美国的劳动力市场高度自由化，劳资双方是买卖契约关系，员工流动非常频繁。知识经济的崛起对美国的工作结构进行了重构，雇主与员工双方都有自愿实施工作分享的愿望，主要是工作岗位分享、过渡性退休等，来改善工作场所，促进员工工作和生活之间的平衡。德国是一个双向选择、自由雇佣的国家，在劳资关系方面形成了稳定的职工社会伙伴关系，德国工会争取缩短工作时间的努力一直没有间断过，通过实施缩短标准工作时间创造和挽救了许多的工作岗位。一直使德国维持着较为持续高速的经济发展。英国劳动力市场的变化，导致了其复杂的就业特点。英国实施工作岗位分享和弹性工作制有着广泛的社会基础，对于扩大就业、解决女性就业起到了有效的积极作用。

总之，随着世界经济全球化步伐的加快，劳动力市场呈现了各种新的特点。正因为其他各国根据自己的国情，因地制宜实施了各种工作分享，才使得就业问题在一定程度上得到了缓解，对社会稳定和发展起到了积极的作用，这也正是我们要借鉴的地方。

远程办公就是在家办公或者在旅行但可以与办公室联系的做法。计算机、互联网和移动电话的发展促进了新的工作方式的进一步发展，促进了远程办公的产生。美国大约有三千万人至少部分时间在家工作，大量的公司用远程办公来招聘公司职员。远程办公的优点包括拥有更多的旅行时间、避开高峰时间、避免办公室的烦扰和能够有灵活的工作时间，提高了处理家庭问题的灵活性。缺点是，上级可能不能全面指导，缺乏相应的监控机制。同时，由于减少了正规办公室的日常交往，会给员工带来一系列社会和心理问题。

第五节　组织设计及其变革

组织设计是一个动态的工作过程,包含了众多的工作内容。科学的组织设计,要根据组织设计的内在规律性有步骤地进行,才能取得良好效果。组织设计可能的三种情况:(1)新建的企业需要进行组织结构设计;(2)原有组织结构出现较大的问题或企业的目标发生变化,原有组织结构需要进行重新评价和设计;(3)组织结构需要进行局部的调整和完善。

任何组织都是在一定的外部环境下生存的,组织作为企业资源和权力分配的载体受制于环境的约束,但在人的能动性的支配下,对环境做出积极的反应。战略管理的结构学派认为,战略先于结构,或者说战略决定结构。结构学派认为,大多时候,组织可以被描述为一种稳定的结构。在某一个时期,特殊的结构形式与特殊的内容相匹配,导致组织形成相对应的行为,从而又产生一套特殊的战略。当稳定在某一时刻遭到破坏,就会转向一种不稳定的结构。组织成长过程如同人的成长过程要经历幼年、青年、中年、老年等阶段。组织的这种成长过程和阶段称之为组织生命周期。组织的成长是一个由非正式到正式、由低级到高级、由简单到复杂、由幼稚到成熟、由应变能力弱到应变能力强的发展过程。整个发展过程由数个发展阶段组成,每一个发展阶段由两个时期组成,一个是稳定发展时期,另一个是变革时期。当企业处于稳定发展时期,组织为了适应内外部条件,就会从内部产生一些新的矛盾,现行组织结构不再适应环境的要求,组织就会发生不稳定,进入创新时期。再采用适当的方法,变革现行的组织结构,危机将得到解决,组织结构又适应外部环境,从而进入下一个稳定发展阶段,如此循环往复。组织设计是一个动态过程,因受组织环境,如人力、物力、资金、市场、文化、政府政策的影响,必须因地、因时、因人而异。设计建立的组织结构不是一成不变的,相反,它是一种连续的或至少说是周期性活动的。

一、组织设计实施与步骤

(一)组织设计内容

由于组织面临的外部环境和内部拥有的资源不同,组织设计内容和步骤也不同。一般来说,组织设计包含以下内容。

(1)设计原则的确定。根据企业的目标和特点,确定组织设计的方针、原则和主要参数。

(2)职能分析和设计。确定管理职能及其结构,层层分解到各项管理业务和工作中,进行管理业务的总设计。

(3)结构框架的设计。设计各个管理层次、部门、岗位及其责任、权力,具体表现为确定企业的组织系统图。

(4)联系方式的设计。进行控制、信息交流、综合、协调等方式和制度的设计。

(5)管理规范的设计。主要设计管理工作程序、管理工作标准和管理工作方法,作为管理人员的行为规范。

（6）人员培训和配备。根据结构设计,定质、定量地配备各级管理人员。

（7）运行制度的设计。设计管理部门和人员绩效评估制度,设计精神鼓励和工资奖励制度,设计管理人员培训制度。

（8）反馈和修正。将运行过程中的信息反馈回去,定期或不定期地对上述各项设计进行必要的修正。

（二）组织设计步骤

根据 Ancona 等人关于组织设计的流程,可以将其分为三个步骤:战略分组(Strategic Grouping)、战略链接(Strategic Linking)和战略整合(Strategic Alignment)。战略分组涉及工作和职位划分及部门建立;战略链接是指通过设计正式和非正式的结构和过程将各种不同的单元链接并协调起来,包含管理层级设置和三定措施;战略整合则主要通过资源分配和能力整合来促进战略分组和战略链接的实施和达到组织设计的目标。因此,通常意义上,组织设计包含以下步骤。

（1）工作和职位划分。根据企业的总体战略和人力资源战略,对所需岗位和需要设计的工作进行分析和预测,通过对总体目标的层层分解,将总体任务划分为一系列各不相同又互相联系的工作和职位,通过工作说明进行描述,制定每一个岗位的职责和相应的任务,并评价每一个岗位的价值。

（2）部门建立。通过将相近或者相似的工作和任务进行合并,将每一类工作进行分析、归并,建立相应的部门。企业部门化通常有三种方式:职能部门化、产品部门化和区域部门化。

（3）管理层级设置。不同规模的企业设置的层级往往是不同的,这受多重因素的影响,如管理人员的能力、下属的能力、管理幅度大小、技术特点、市场特点、授权范围以及组织的能力和人力资源状况的约束。现代组织趋向于扁平式组织结构,管理幅度有加大的趋势。一般来说,管理层级在3~7个左右是比较有效的。美国五星上将艾森豪威尔在第二次世界大战中任盟军欧洲部队最高司令官时,有三名直接下属,而武汉钢铁集团总经理则有6位副总经理和1位股份公司总经理辅助。

（4）定员定岗定编。定岗定编的目的是实现"人、岗、事"三者之间的合理匹配,以达到"人尽其才、才尽其用"的目标。这里最重要的是首先要弄清楚企业要做的"事"。有了工作目标,然后才需要相应的岗和人来做。当然,企业的战略目标,也就是"事"的确定,也不是一个简单的问题,它必然涉及企业一系列内外部的因素,如经济环境、市场竞争、技术变化、客户需求等各方面的影响。弄清楚企业战略目标是企业发展的前提条件。定员和定岗定编要注意彼得原理。彼得原理的具体内容是:"在一个等级制度中,每个职工趋向于上升到他所不能胜任的地位"。彼得指出,每一个职工由于在原有职位上工作成绩表现好(胜任),就将被提升到更高一级的职位;其后,如果继续胜任则将进一步被提升,直至到达他所不能胜任的职位。由此导出的彼得推论是,"每一个职位最终都将被一个不能胜任其工作的职工所占据。层级组织的工作任务多半是由尚未达到不胜任阶层的员工完成的"。每一个职工最终都将达到彼得高地,在该处他的提升商数

(PQ)为零。至于如何加速提升到这个高地,有两种方法。其一,是上面的"拉动",即依靠裙带关系和熟人等从上面拉;其二,是自我的"推动",即自我训练和进步等,而前者是被普遍采用的。其后,诺斯古德·帕金森(C. N. Parkinson)——著名的社会理论家,曾仔细观察并有趣地描述层级组织中冗员累积的现象。他假设,组织中的高级主管采用分化和征服的策略,故意使组织效率降低,借以提升自己的权势,这种现象即帕金森所说的"爬升金字塔"。彼得认为这种理论设计是有缺陷的,他给出的解释员工累增现象的原因是层级组织的高级主管真诚追求效率(虽然徒劳无功)。正如彼得原理显示的,许多或大多数主管必已到达他们的不胜任阶层。这些人无法改进现有的状况,因为所有员工已经竭尽全力了,于是为了再增进效率,他们只好雇用更多的员工。员工的增加或许可以使效率暂时提升,但是这些新进的人员最后将因晋升过程而到达不胜任阶层,于是唯一改善的方法就是再次增加员工,再次获得暂时的高效率,然后是另一次逐渐归于无效率。这样就使组织中的人数超过了工作的实际需要。

(5)确定权力关系。组织的不同部门拥有的权力范围不同,会导致部门之间、部门与高层主管之间以及部门与下属单位之间的关系不同,从而组织结构不同,这涉及组织的权力分配和职权关系问题。权力关系涉及上级之间的职权关系和直线部门与参谋部门之间的职权关系。当权力过于集中在高层管理者手中,中层可能感觉在组织中的地位相对渺小,从而失去积极性。因此,现代组织有扁平化的倾向,这样上级由于管理幅度较大,不可能对下级控制得过多过死,有利于下级获得相应的权力,从而提高其积极性。

(6)通过组织运行不断修改和完善组织结构。组织结构的设计是一个动态过程,不可能一蹴而就,根据组织环境和内部能力变化不断进行调整和修改。中兴通信公司多次调整组织结构,1998年从之前的职能制调整为事业部制,2007年进一步调整为注重以客户为主的现有组织结构模式。

二、组织结构的形式

所谓组织结构是指组织的框架体系,是对完成组织目标的人员、工作、技术和信息所作的制度性安排。根据Ancona等人对组织结构的划分以及组织结构设计的历史发展,我们提供以下七种常见的组织结构模式:直线职能型、事业部型、客户型、地区型、流程型、矩阵型和网络型组织结构。

(一)直线职能型组织结构

直线型是最早、最简单的一种组织结构。在这种组织结构中,命令直接从高层开始向下传递,经过若干管理层到底层,形成一条权责明确的指挥链。一般包含营销、设计、生产、采购、质量、销售、人力资源、财务、技术等部门。

每一个下级成员只对他的直接上级负责,这种结构的特点是单一领导,结构简单组织清晰,上下级关系容易确定。指挥命令统一、领导有力、领导效率高。但是这种结构形式使上级管理人员容易陷于日常行政事务中,不利于集中精力思考研究重大问题,不利于同级部门之间的合作与交流,也受到管理人员专业知识和精力的限制,会发生较多的决策失误。这种形式比较适合规模较小,业务较单纯的企业,如夫妻店式的旅行社。

而由泰勒首先采用的职能型组织结构,是在实行直线管理的同时,又授予各个职能部门在自己的业务范围内向下级单位下达命令和指挥的权力。这种结构发挥了职能人员的专业技能和特长,有较高的决策效率和组织效率,能够适应组织技术比较复杂和管理分工较细的企业,如中型旅游酒店。但是,其弊端也是明显的。它违背了组织必须遵循的统一指挥和统一领导的原则,造成多头领导而使执行部门或人员无所适从,也易出现组织混乱和人员间的冲突。

直线职能式组织结构,又称 U 型结构,就是组织从上到下按照相同的工作和职能(和部门)将各种组织活动组合在一起的一种组织形式。直线职能型组织结构吸纳了以上两种结构的优点,是目前现代企业中采用较多的一种组织结构。企业内部所有的机构和部门分为两大类:一类是业务部门。这种部门独立存在,直接行使权力,有自身特定的业务内容,如制造企业的营销部等;另一类是职能部门。这类部门不能独立存在,它为业务部门服务,如企业的人力资源部、财务部、办公室等。它的特点是业务人员通过指挥链直接参与企业目标的实现,职能人员间接参与为实现企业目标的服务,职能部门人员仅是业务管理人员的参谋,只能对下级人员、机构提供建议和业务指导,没有指挥和命令权力。

对大多数企业来说,职能型组织结构有下列职能,如市场部、财务部、研究与发展部、人力资源部等。该组织结构的优点是直线管理,一级对一级负责,责权分明,机制简化,号令统一,便于统一管理,提高了内部的专业化程度。同时,该结构使得决策权掌握在最高层管理者的手中。另外,该组织结构节省成本,减少了人事方面的复杂性,而且中、高层有专人负责。职能人员减轻了业务人员的工作负担,使管理者有更多的时间和机会集中精力解决那些更为重要的事情,而且领导集中,职责清楚,特别是在需要专门知识的情况下,职能人员的作用就显得尤为重要。但是,这种结构形式也存在缺点。组织内经常产生权力纷争,从而导致业务人员和职能人员之间的摩擦增多。这种组织结构比较适合中、小型企业或产品品种单一的企业。各个部门横向联系薄弱并导致各个职能的成员注重部门目标而不是企业的整体目标。若沟通不利则导致部门间的矛盾,并使工作效率受到影响。

(二)事业部制组织结构

企业经营规模的扩大,销售范围突破地域限制而延伸至全国和世界,要求产生与之相匹配的组织结构从而取代直线职能制。由通用汽车公司和杜邦公司在 20 世纪 20 年代首创的事业部型组织结构,也称为战略经营单位(SBU)。这种组织结构的目的是在企业内部建立自我包容的单位,每个单位或事业部一般都是自治的,由分部经理对全面绩效负责,拥有充分的战略和经营决策权力。特点是按照"集中决策,分散经营"的思想,企业根据顾客、产品、地区等分别设立若干个事业部,总部对各事业部提供支援服务和进行外部监管。优点是促进服务专业化,既有利于最高决策层摆脱烦琐的日常行政工作,集中精力做好企业大政方针的决策,为企业发展指明方向,也有利于调动各事业部的积极性和主动性,根据实际情况及时调整销售策略,灵活经营,在事业部范围内协调销售、经营、接待等各方面的力量,也可为企业培养全面管理人才。这种结构形式适合于大型跨行业、跨地区的企业。缺点是活动和资源出现重复配置,增大成本,事业部之间的协调、沟通和支援较差,各部考虑问题往往从本部门出发,而忽视了整个企业的利益。为了克服这种矛盾,一些企业采取了职能式组织结构和事业部制组织结构的混合形式,特别是当企业从成长期发展到成熟期时,这种混合型的组织结构被很多企业所采纳(如图 7-6 民生银行的事业部制结构)。

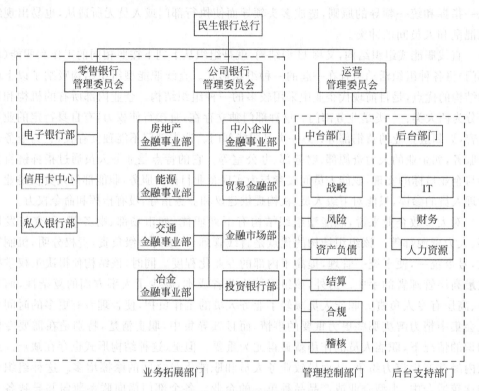

图 7-6　民生银行事业部制

(三)客户型组织结构

这种组织结构是为同类客户工作的,具有不同职能、专业和技能的人组成部门。例如某通信服务提供商建立的客户导向的组织结构图。如图 7-7。

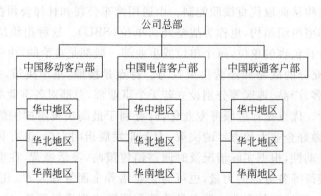

图 7-7　某通信服务提供商的组织结构图

这种组织结构的优点是：以客户为中心,组织提供的服务更加有针对性,服务也更加专业化,能为客户创造更多的价值。缺点是：员工的工作完全是以客户需求为中心,因此专业知识可能没有得到发展;另外,不同客户部门下面可能有重叠职能,存在各种资源浪费,各个客户部之间存在竞争,部门之间的协调成本增加,资源共享的可能性减弱。

（四）区域型组织结构

区域结构提供较功能结构更多的控制,因为由许多地区性的层级来完成以前由单一集权阶层所执行的工作。大型贩卖组织,如 Neinan Marcus、Dillard Department Stores 及 Wal-Mart,在他们建立全国商店后也快速地转变成地理结构,因为此类结构可在不同区域的服饰需求下(如在西南日出时穿大衣)处理不同的需求。同时因为采购的功能维持集权化,中央的组织可以为所有地区采购。如此,公司可达到采购及配销上的规模经济,并减少协调与沟通的问题。

区域型组织结构的优点是把地区分部作为利润中心,有利于地区内部各国子公司间的协调;有利于提高管理效率;公司可以针对地区性经营环境的变化,改进产品的生产和销售方式;适应高差异性的区域环境;迅捷的服务实现客户满意;适应不同的产品;跨职能的高度协调;在产品不多的大中型公司效果最好;决策比较分散。但是缺点也是明显的。各区域之间横向联系,不利于生产要素在区域间的流动,还有可能从本部门利益出发,影响企业整体目标的实现;同时,地区分部结构易造成企业内部在人员和机构上的重叠,增加企业的管理成本;失去了职能部门内部的规模经济,导致了产品责任和联系环节不够全面;失去了深度竞争和技术专业化,从而不利于产品的整合完善(如图 7-8 所示)。

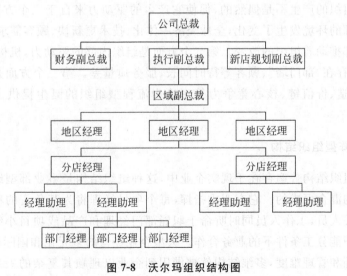

图 7-8　沃尔玛组织结构图

（五）流程型组织结构

所谓流程型组织,即以组织的各种流程为基础来设置部门、决定人员的分工,在此基础上建立和完善组织的各项机能。"流程型组织"是面向流程（process-focused），将相关的活动看成贯穿全程的某个流程，流程上的组织成员对整个流程负责，其收入取决于该流程的最终产出结果的好坏。显然，流程型组织能够实现整个流程的优化，提高顾客（即流程最终结果的接受者）的满意度，这样一来，使组织真正实现了"以顾客为中心"的目标（如图 7-9，海尔集团流程型组织结构）。

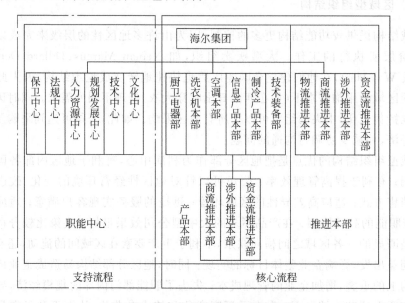

图 7-9　海尔集团流程型组织结构图

流程型组织的产生不是偶然的，促使它产生的驱动力来自于三个方面：第一个方面是组织外部的环境发生了变化，全球经济一体化、技术更新快、顾客需求多样化，这些外部的变化都推动着组织的改变。第二个方面是组织内部的驱动力，机构臃肿、部门之间互相推诿、存在"部门墙"、顾客等待时间长、服务质量差。第三个方面是管理理论的发展，流程再造、价值链、核心竞争力等理论为流程型组织的诞生提供了丰厚的理论滋养。

（六）矩阵型组织结构

矩阵型组织结构普遍存在于现实企业中，这种组织结构是事业部型组织结构和职能型组织结构混合而成的。它有双重指挥，每个项目经理将为其负责的项目从各职能部门选调有关人员，工作人员同时听命于职能部门经理和产品或项目小组经理。这种结构适合于职能分工条件下的业务合作。大型企业经营的多元化和国际化加大了最高管理层的协调和管理难度，多维结构就被借用到企业以理顺其复杂的关系。它的出现是矩阵结构和事业部结构结合的结果，也是系统理论在组织管理上的具体应用。这种组织结构一般包含三四个管理维度，如按产品划分的事业部是产品利润中心；按市场研究、技术研究等职能划分的专业参谋机构，是专业成本中心；按地区划分的管理机构是地区利润中心。在这种组织结构中，产品事业部、专业参谋部和地区部门代表机构共同组成产品事业委员会,共同负责一个企业的运作,这样便于协调三方矛盾。这种结构适用于跨国公司或规模巨大的跨地区的公司(如图 7-10 所示,TCL 集团矩阵式组织结构图)。

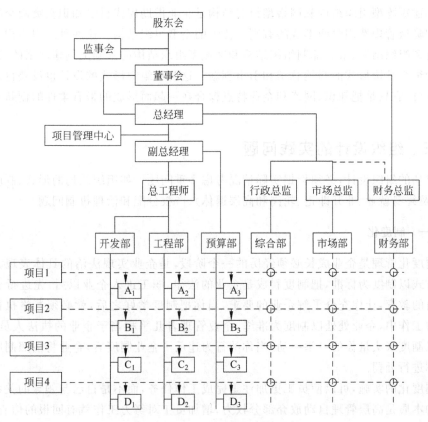

图 7-10 TCL 矩阵式组织结构图

(七) 网络型

未来的典型企业将是以知识为基础的,一个由根据大量的来自同事、客户和上级的反馈信息进行自主决策、自我管理的各类专家构成的组织。在网络时代,网络是信息的载体,我们把这种以网络为载体的组织称为网络组织。纵横交错的计算机网络改变了信息的传播方式,同时也正在改变着企业组织结构的模式。传统的等级制组织结构在科技的冲击下向网络结构转化。在网络结构里,劳动不再是可分的,而是为知识员工共同承担。劳动分工不存在,建立其上的金字塔形组织结构也就摇摇欲坠了。原来起上传下达重要作用的中层组织逐渐消失,处于网络端点的生产者和消费者可以直接联系,高层决策者可以与基层执行者直接交流,基层执行者也可以根据实际情况及时进行决策。企业组织变成了由许多节点所组成的动态网络,这些节点可能是许多单个的员工,也可能是一个部门,或者是为解决特定问题而存在的项目小组。网络组织的出现淡化了企业组织与其外界环境及企业内部不同职能部门之间的界限。由信息技术支持的网络组织单元之间点到点的联系使其间的边界被打破,信息流动模糊了传统的企业边界和职能界限。淡化了卖主、顾客和竞争对手之间的区别,而把供应者、消费者、竞争者都纳入到组织的范围内,使企业日益成为更加开放的系统。

上述矩阵型组织结构和网络型组织结构是企业借助现代科学知识在突破交易成本束缚和降低管理费用时而形成的有别于传统的新型组织结构。这两种组织结构形式是在职能型组织结构、事业部制组织结构和区域型组织结构的基础上创建起来的,是对前面三种组织结构形式的归纳总结和引申创新。这两种组织形式的设计也没获得大家的普遍认可,它只是把知识、网络和企业特点糅合在一起而形成的带有柔性的创新型组织结构。

三、组织设计的实践问题

成功的组织设计,必须根据实际情况考虑多重问题。如组织结构的形式、制度化问题(涉及终身就业、非开即走、轮岗和高层退休)、产权分配和治理机制问题。

(一)制度化

制度化管理是企业成长必须经历的一个阶段,是企业实现法治的具体表现。这种管理方式以制度为标准,把制度看成是企业的法律,职工进入企业以后,先进行企业制度方面的教育,让你充分了解企业的要求,当你把制度学好之后,就必须严格执行。在平时的工作中,企业处处以制度为准绳,企业管理者几乎相当于企业的执法人员,时不时地以制度来丈量你的一举一动,当你的行为违反了企业制度后,企业将按照制度的约定对你进行处罚。

制度化的实施,可以使员工更加注重完成工作任务,而不是自己与领导的关系。制度化的本质是高层管理自动放弃部分权力,增加员工对努力工作就有回报的信心,也是为了更规范地管理企业。它具有以下作用。

(1) 利于企业运行的规范化和标准化,促进企业与国际接轨。企业通过各种制度来规范员工的行为,员工更多的是依据其共同的契约即制度来处理各种事务,而不是以往的察言观色和见风使舵,使企业的运行逐步趋于规范化和标准化。这些处事原则更加符合国际惯例,更加接近欧美发达国家的处事风格。

(2) 利于企业提高工作效率。制度化管理意味着程序化、标准化、透明化。因此,实施制度化管理便于员工迅速掌握本岗位的工作技能,便于部门与部门之间、员工与员工之间及上下级之间的沟通,使员工最大程度地减少工作失误。同时,实施制度化管理更加便于企业对员工的工作进行监控和考核,从而促进员工不断改善和提高工作效率。

(3) 制度化管理是我国企业现阶段防止腐败的最有效的措施之一。腐败产生的根源在于权力失去监控和约束。制度使企业的各项工作程序化和透明化,任何时候任何人的工作都处于企业员工的监视之下,强化了对权力的监控和约束,产生腐败的可能性减小;同时,制度中对腐败行为的严厉制裁措施,也使腐败的风险和成本增大,从这个意义上讲,制度化管理从源头上防止了腐败行为的产生。

(4) 制度化管理可在很大程度上减少决策失误。制度化管理使企业的决策从根本上排斥一言堂,排斥没有科学依据的决策,企业的决策过程必须程序化、透明化,决策必须要有科学依据,决策的结果必须要经得起实践的检验和市场的考验,决策人必须对决策结果承担责任,在最大程度上减少了决策失误。

当然,制度化管理也有其消极的一面,如过分尊崇战略目标,而不能根据企业的动态能力进行变化;扼杀员工的创造性和个性;增加企业经营风险;因缺乏执行力而成为一纸空文等。

(二)员工异动

组织设计的另外一个问题是员工激励与就业的矛盾的处理问题,即员工异动。日本企业多年来一直实行年功序列制,取得了很好的效果。与此同时,西方一些发达国家多采用非升即走的竞争激励策略。这就产生了一个现实的管理两难困境:终身就业和非升即走。企业如果不对员工做出长期的就业承诺,员工就没有工作的积极性和责任感,对企业的忠诚度就会下降。心理契约不仅仅建立在员工对组织的承诺基础上,企业也必须对此负有责任。然而终身就业制可能造成国有企业"铁饭碗"现象。因此,在岗位设计时必须考虑就业和竞争激励的机制之间的权衡问题。

如果实行终身就业制,对于普通员工来说也许是一种利大于弊的措施,因为这保证员工的长期就业和忠诚度,员工会体现出更多的"主人翁"精神。反之如果企业在组织设计时考虑竞争激励策略,即非升即走的晋升策略,员工与企业之间可能呈现的是一种交易型雇佣关系。

与终身就业对应的是高层退休问题。一些公司规定,高层到达一定年龄必须退休,这样做的好处是:防止思想老化,防止权力过度膨胀以及有利于培养年轻接班人。但与此同时,这会浪费一些身体较好、经验丰富的资深员工资源。因此一些学者建议根据个人意愿和公司标准实行弹性退休计划,对退休年龄划定一个上限和下限,然后据此进行操作。惠普公司的经历见证了高层退休计划的重要性,1980年,惠普创始人退休之后,约翰·杨担任CEO长达13年,使惠普公司高速发展,但后期官僚机构臃肿,决策效率下降,惠普的竞争力和股票价格开始下降。1992年,路·普莱特接任CEO,8年间他使惠普营业额增加3倍。1999年,卡莉·菲奥瑞那继任CEO,惠普进入一个高速发展阶段。惠普实行总裁60岁退休制度,如果正常退休,可以拿到大笔退休金以及额外的奖金,但如果推迟退休,奖金每年下降,至65岁完全没有奖金。2005年卡莉·菲奥瑞那退休,获得4 500万美元的股票期权以及遣散费。组织设计必须在员工忠诚度与竞争之间找到一个平衡,以利于激发员工的积极性和忠诚度,为组织持续改革和创新、获取持续竞争优势奠定基础。

(三)产权与治理结构

组织设计也会涉及产权分配及其治理问题,也就是通常人们所说的内部的产权安排或者权力结构问题,或者企业内部的治理结构问题。企业产权是以财产所有权为基础,反映投资主体对其财产权益、义务的法律形式。一般情况下,产权往往与经营性资产相联系,投资主体向企业注入资本金,就在法律上拥有该企业相应的产权,成为该企业的产权主体。采取不同企业制度的企业拥有不同的企业产权,例如独资企业拥有全部资产的产权;股份制公司拥有全部资产的经营权,但没有任何所有权。企业拥有哪些产权、拥有多少产权、如何分配产权,直接影响企业的性质、运转和企业内部权力结构。组织设计也必然受到企业产权分配和内部权力结构的影响。

20世纪以来,以美国为代表,企业组织结构的变革大体经历了三个阶段,即依次采取了三种结构:H型结构(控股公司)、U型结构(职能型)和M型结构(混合结构)。随着控股公司的出现,产权分配和内部治理结构问题凸显。早期的公司股权大部分控制在单一股东手中,造成一股独大、公司领导专权现象。随着公司治理机制逐步完善,人们发现过度的股权集中给企业的伤害极其巨大,股权逐渐呈现分散化模式。财富500强中,有15家股权极其分散,无人持股超过3%。500强中,最大持股人平均持股15.4%,最大5人平均持股28.8%。20%的公司股权集中是因为有机构投资人(美英主要股份公司的投资30%来自退休金一项)。Forbes调查746个CEO的持股情况,发现他们平均持股占总股份的2.42%,但中位数只有0.25%。从这些数据来看,CEO持股主要是为了激励,与公司控制关系不大。这表明公司所有权集中度相对较小。

股权结构是公司治理结构的重要组成部分,它对公司的经营激励、收购兼并、代理权竞争、监督等公司治理机制均有较大的影响。所谓股权结构,其含义可概括为两个方面:一是公司的股份由哪些股东所持有;二是各股东所持有的股份占公司总股份的比重有多大。前者是说明股份持有者的特质,而后者则是说明股权集中或分散的程度。

如图7-11所示,美国公司的股权是高度分散的。据相关资料表明,个人股东的持股比例虽在逐年下降,但仍处在较高的水平之上,1970年为79.4%,1980年为70.8%,1990年为54.5%,与美国公司的股权结构相比,日本公司的股权是比较集中的,1995年个人股东持股比例只有23%,而法人股东持股高达66%。而在法国,股权结构比较分散的是比较少见的,尤其是上市公司。图7-11比较了法国、英国和德国的股权分散程度。在前170家公司中,英国持股25%以上的大股东占所有公司的比重仅为16%,与此相反,在德国,几乎85%的公司至少一个股东持股25%以上。在法国,将近80%的公司至少有一个股东持股25%以上。

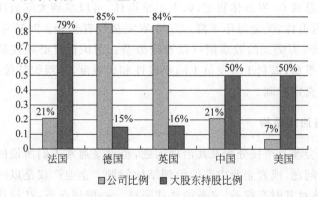

图7-11 英国、德国、法国上市公司股权分散程度比较

股权结构对公司治理效率的影响不仅仅取决于股权集中或分散程度,即持股比例的数量,更取决于股东特质,即持股比例的质量。在美国公司中,持股比例较高的股东,一是个人股东,二是机构投资者。个人股东的特质主要是对自身利益有强烈的追求,但对公司的治理能力较低,因此不得不借助股票市场,采用"用脚投票"的方式来影响经营者的行为。

由于公司治理存在内部治理和外部治理两个方面。企业内部权力结构也叫内部治理结构或者管理结构。内部治理主要包括:运行机制、董事会结构、资本结构比较、股权结构比较、经营者报酬激励与人事管理比较。外部治理主要体现在:政府地位、企业控制权市场(接管与收购)、金融体系(银行和股票市场)以及法律体系。

董事会在各国的结构与作用有显著的差异。在德国实行的是双层董事会制:监督委员会与管理委员会。在较小的公司董事会结构非常简单,而在较大的有限责任公司里,就要实行共同决策的原则:必须设有一个监督委员会和一个管理委员会。监督委员会的首要职能就是保障管理委员会的管理能力,并有权任命管理委员会职员。而管理委员会的职能是通过法律对管理层进行领导。日本的董事会几乎全部是由"内部人"组成,公司内部的管理者控制了董事会。在较小的公司中,董事会兼具董事会和最高管理委员会的职能。而在较大的公司中,却很少如此。公司由一个要务会控制,该委员会由总裁和董事会高层组成。董事会的规模很大,而且呈现不同等级。主席就是首席执行官。在每个公司中,包括主席在内的3~4个董事被授予代表公司的特殊的权力,他们就是董事代表。由于存在等级和权威关系,因此存在上下级关系的董事之间很难进行有建设性的讨论。日本公司董事会的作用极其有限。法国人认为,采用监督委员会/管理委员会的双层董事会机制存在严重缺陷。在法国存在两种董事会体系。体制1表现为传统的董事会机制,它主要由两个部分组成:董事长和董事会。董事长由董事会选举产生,而董事会由股东大会选举产生。在法国,董事长是公司权力的代表。与英国、美国的总裁相比,法国的董事长具有更为广泛的权力。这类似于目前中国的董事会体制。另一方面,法国存在第二种体制:类似于德国的双层董事会制。公司中设立管理委员会和监督委员会,管理权力掌握在管理委员会手中。管理委员会中的一位被任命为董事会主席,而且监督委员会不能解雇他,只有股东大会才有权解雇。美国公司是股东有选择董事的权力。董事会曾经由执行官控制,但近几年来,非执行董事逐渐起到非常重要的作用。首席执行官是经理和董事中最有权力的。执行董事一般包括4~5个成员,首席执行官一般包含在其中。美国董事会中的委员会数量是极其巨大的,一般公司至少拥有一个委员会,大约85%的董事会拥有两个委员会。更具体的,98%的公司拥有审计委员会;超过80%的公司拥有薪酬委员会,大约50%的公司拥有提名委员会。英国的董事会结构与美国极其类似,非执行董事在公司中占据重要地位。所有董事均由股东选出,再由董事会任命。如果管理者被任命为董事,那么处于支配地位的就是总裁,其他的董事都是他的下属。

尽管西方产权分配和公司治理模式给予中国企业很多启发,但也应该看到不同的国家之间有非常大的差异。La Porta等对比了英国、美国与欧洲大陆国家及日本之间政治文化和法律的差异,他们发现,各国公司治理模式随着其金融市场的发展在20世纪早期开始产生了显著分歧。法律保护至少在三个方面反映公司治理的质量：(1)股东的权力；(2)债权人权力；(3)法律执行的水平和质量以及会计标准。他们认为，在对投资者的保护方面，普通法系国家全面优于法国这种大陆系国家(斯堪的纳维亚国家和德国这种大陆法系国家则居于两者之间)。就法律执行质量而言，斯堪的纳维亚国家和德国这种大陆法系国家表现最好，而处于法兰西这种大陆法系国家表现最差。但无论差异如何，其存在的共性缺陷却需要提防。

1. 信息与利益不对称

由于监管各方信息不对称，造成监管中出现真空。

(1) 例如董事会成员(包括独立董事)的选定、信息和利益。在董事会成员选定过程中，大股东和经营层比其他监管者有更多的信息。

(2) 政府监督结构的作用有限。由于政府并不完全熟悉公司的内部信息和管控制度，信息往往被公司操控、扭曲，例如美国电信公司的丑闻。

(3) 内部审计——CFO的利益。考虑到自身利益，公司CFO会满足公司高层管理人员的压力而采取非道德的措施和行为。

(4) 独立审计的利益。独立审计也会考虑自己的利益，而不是社会和公众的压力。

2. 权力结构不平衡

公司采取内部治理是为了达到权力结构平衡。制约与平衡的重要性主要体现在以下方面。

(1) 当个人控制足够多的资源，包括信息资源，就使任何监督机制失效。权力结构变得不平衡，信息混乱，容易决策失误。

(2) 治理结构的核心问题是防止形成个人对资源的垄断和权力过度集中。而决定个人权力的因素包括：领导任期、人际关系中的连带关系(包括裙带关系)、资源控制(包括信息资源的控制)。

而为了防止权力过度集中，最好的办法是实行授权。但如果过度授权，又会造成下属滥用权力，以权谋私。因此，公司必须解决好授权与集权之间的矛盾。原则上，需要加强制度建设，实现"四化"：制度化、规范化、程序化、透明化。只有建立一套制度化、规范化、程序化和透明化的文化和机制，才能使权力运用合理化；能够限制老板的权力，有利于实现授权；有利于实现信息透明，防止个人滥用权力；增加个人的可替代性，防止形成尾大不掉。具体措施包括以下方面。

(1) 成立最高决策机构，如董事会，按程序对重大问题决策。以老板否决或采纳决定的次数作为衡量该制度完善程度的指标。

(2) 成立职能常设机构，如薪酬委员会、技改委员会，按程序对职能问题进行决策或提出建议。以建议采纳次数作为机构工作有效性的指标。

(3) 成立重要问题专题讨论及建议机构(如生产安全、产品质量、抗震救灾)。

(4) 完成岗位描述，包括职责权力的清楚描述，分清责任和权力。

(5) 关键岗位采取AB制、双人双岗制或四只眼制，重要客户和业务交谈有上级委派的第三者在场，两人独立记录报告。①B岗可是副职，在一定条件下可以被替代；②A岗职权也可是互相制约的双正职，如书记市长、师长政委；③第三者可随机指派；

④"四只眼"是中国银行业对双人双岗制的俗称。曾有两个 CEO 的西方银行包括花期银行、摩根斯坦利和瑞士信贷集团。

(6) 建立文字报告制度,包括①日常报告,对每天、每个班的工作内容作记载性和责任性报告;②总结报告,定期对月、季、年度的工作内容和结果作综述,提供系统的信息;③报告内容要规范、容易分享、容易保留、容易回访调用。

(7) 建立信息中心,提供大家分享、自由使用的信息。譬如,电子医疗(Medtronic)的 myMetronic 内联网、GM、Motorola 的类似设施。信息包括公司的日常事务(如产量、成本变化数据)、重大决策、人事任命、重要通知、个人信息。

(8) 定期轮岗,防止形成利益小集团,增加"勾结"的难度。

(9) 建立标准的交接班制度和程序。以完成交接班所需时间作为该制度的指标(参考远大—远铃的半小时交接班制)。

(10) 建立高层退休制度,防止位高权重但思想老化的元老重臣(参考 HP 经验)权力过于集中,妨碍公司运营。退休可以以年龄或任期为依据。

(11) 个人升迁以客观指标为依据,按程序决定,改伯乐相马为赛马选马。客观指标的例子有:①个人在常设或专题委员会提案被采纳的次数和实施效果;②多年绩效评估结果;③重大问题特殊贡献。

(12) 建立程序审查机构。该机构的主要职责是监督和报告个人和部门对程序和规则的执行情况,并不对个人和部门工作的内容进行审查。

总之,制度化、规范化、程序化和透明化的作用,就是通过制度设计,把员工个人愚弄老板或上级主管的个人或少数人的问题,转化为经常地、长期地对上下左右很多人负责的问题,增加个人作弊的难度。

第六节 本章小结

这一章论述了战略性工作分析及其设计的重要性及其相应的流程。工作分析是战略人力资源管理最烦琐和最复杂的部分。工作分析为其他人力资源职能提供了实践依据和信息。实现工作分析必须了解工作分析的相应术语,包括工作、任务、职责、职权、职位、职务等。工作分析结果有两个部分:工作规范和工作说明书。实现工作分析最终结果包含:准备阶段、调查阶段、分析阶段和完成阶段。要想顺利完成工作分析,必须采用适当的方法对工作分析的信息进行有效收集,这些方法包括观察法、面谈法、问卷法和工作日志法。工作分析不是一个静止的过程,单一的工作分析可能不适应组织环境的变化和员工的心理需求,需要对工作进行重新设计,这包括工作专门化、工作扩大化、工作轮换、工作丰富化和工作时间多元化以及工作分享和远程办公。同时,根据环境决定战略,战略决定结构,企业必须对组织结构进行适时调整,这表现在企业可以采用职能式组织结构、事业部制组织结构、矩阵式组织结构和网络式组织结构。在组织结构设计过程中必须考虑一些实践问题,如制度化、高层退休、竞争激励、产权分配以及治理结构问题。

重要名词术语
ZHONG YAO MING CI SHU YU

工作	工作规范	工作日志法	远程办公
工作要素	工作说明书	工作设计	组织设计
任务	前工业场所	工作特征模型	组织结构
职责	后工业场所	工作专门化	直线组织结构
职权	准备阶段	工作扩大化	事业部制组织结构
职位	调查阶段	工作丰富化	矩阵式组织结构
职务	分析阶段	工作轮换	网络式组织结构
职业	完成阶段	工作时间多元化	制度化
工作族	观察法	弹性工作时间	高层退休
工作分析	面谈法	压缩工作周	产权分配
工作描述	问卷法	工作分享	治理结构

思 考 题

1. 工作分析的战略重要性在哪里?
2. 工作分析包含哪些基本的内容?
3. 工作分析有哪些主要的用途?如何将工作分析与战略进行链接?
4. 怎样进行有效的工作分析?需要完成哪些步骤?
5. 如何对工作分析所需要的信息进行收集并恰当运用到工作分析之中?
6. 工作分析数据收集的方法有哪些?如何正确有效使用这些方法?
7. 什么是职位说明书?它在人力资源中起什么作用?
8. 什么是工作日志法?如何利用工作日志法进行工作分析信息收集?
9. 为什么要进行工作设计?其主要内容有哪些?
10. 工作设计有哪些相应的方法?各种方法有何优缺点?
11. 什么是工作特征模型?
12. 如何利用工作专门化进行工作设计?
13. 如何利用工作丰富化进行工作设计?
14. 如何利用工作扩大化进行工作设计?
15. 如何利用工作轮换进行工作设计?
16. 如何利用工作分享进行工作设计?
17. 如何利用弹性工作时间进行工作设计?
18. 组织结构有哪几种基本的形式?它们的适用性如何?
19. 组织设计的步骤有哪些?其基本内容是什么?
20. 组织设计中应该注意哪些实践问题?

案例

民生银行事业部制改革

一、民生银行事业部制改革的背景和思路

业务发展是企业进行组织架构变革的根源。民生银行推动公司事业部制改革,根源也是为了顺应市场竞争环境的变化,适应业务经营转型的需要。通过对民生银行公司业务管理委员会有关负责人的访谈了解到,民生银行选择全面推动公司业务的事业部制改革,主要有三个方面的考虑。一是应对利率市场化。利率市场化对银行的收益影响巨大,要求银行具有较强的定价议价能力。由于民生银行的客户结构群相对较好,基本上60%以上的客户信用评级为2A以上,这部分群体的议价能力很强。因此,在利率市场化逐步深入的进程中,必然会导致民生银行的存贷款利差空间的缩小。民生银行需要通过事业部制的改革来增强公司业务的议价能力,减轻利率市场化对银行收益造成的直接负面效应。二是提升公司市场价值。自从2000年上市以来,民生银行的股票价格就一直处于估值比较低的状况。究其原因,与公司的业务结构不合理导致资产回报率较低有很大的关系,传统的存贷利差的业务模式很难达到国际先进水平,制约了公司价值的提升。民生银行希望通过事业部制改革,推行专业化销售、专业化管理、专业化评审,以专业化的团队提供专业化的服务,来留住客户并尽量延长客户价值链条,加速实现公司业务结构的多元化,从而提高资本约束条件下的价值创造能力。三是推动业务经营转型。民生银行公司业务的收入贡献度一直保持在90%以上,为了扭转零售业务发展缓慢、处于相对弱势的局面,在2003年、2004年、2005年三年间,民生银行投入大量资金,试图打造零售业务的竞争力、提高其贡献度,但实际效果并不理想。与此同时,公司业务在2006年、2007年也出现了增长放缓的情况。为做大公司业务主要利润增长点,同时推动零售业务的发展,建立对公、零售均衡增长的业务模式,民生银行决定在分行集中经营改革的基础上,对公司业务进行彻底的事业部制改造。上收分支行的对公业务营销经营平台,让其专注于零售业务的发展。

从这些动因出发,民生银行事业部改革的总体思路被确定为"公司化运作"与三个"专业化"。"公司化"运作就是战略定位清晰,实现人财物相配套、责权利相对称。三个"专业化"分别是:专业化销售——基于产品和客户细分建立专业化的营销架构和团队,业务单元之间划分清晰的边界,建立明确的协作模式和收入共享机制;专业化管理——专注于提升制定规则、资源配置、战略决策和集中运营的能力;专业化评审——风险管理嵌入业务单元,充分授权,专业评审,实现授信、监控和市场有效对接,责权利结合,激励约束配套,风险收益匹配。

按照这个总体思路,民生银行在事业部制改革方案设计过程中,参考了花旗、汇丰、德意志、UBS以及富通银行等多家国际一流银行的案例,兼顾了客户优先、边界清晰、管理集中、利益共享、业务多元、产业完整、经营相似等多条原则,突出了以客户为中心的经营理念,理顺了中后台与前台之间的关系,实现了以利润为中心的集约化经营,实行了专业化和标准化管理,提高了业务运行的效率与质量,同时注重宏观和量化的风险

控制、营销与风险的紧密对接,以增强风险管理的能力。特别是在事业部模式的选择上,考虑到国内银行在产品专业化运营方面不具优势,最终选择了以客户维度为主轴、产品事业部和客户事业部并存的矩阵混合模式,以维系传统的客户资源,充分利用人财物方便配置的优势。

2007年12月18日,民生银行第四届董事会第十四次会议审议通过了《关于公司金融机构改革和内部机构调整的议案》,改变以分行为中心的块状作坊管理模式,对现在分散在各分支行的公司业务人员按照客户、产品和行业三个维度进行了重新整合。按照行业线划分,成立了房地产、交通、冶金、能源四个行业金融部;按产品线划分,成立了金融市场部、投资银行部和贸易金融部;按客户类型,成立主要服务于中小企业客户的工商企业金融部(已更名为中小企业金融事业部)。上述几个事业部中,贸易金融部的模式和地位比较特殊,既是业务拓展部门,也是为前台业务部门提供产品和解决方案的中台部门。

二、民生银行事业部制改革的过程

在民生银行的高层达成统一认识之后,立即聘请麦肯锡咨询公司,着手制定事业部制改革的实施方案,并通过试点推广的方式,予以强势快速推进。从分行集中经营改革开始,按计划,民生银行事业部改革将经历三个阶段。

第一阶段,分行集中经营改革。2006年7月,民生银行将公司业务营销平台从全国246家支行上收到分行,成立了煤炭、焦炭、冶金、电力、化工、交通、机械等176个行业金融部,并按照公司化运作理念,对公司金融主要产品线和行业线实施准事业部制,使分行成为公司业务的基本单元,所有支行专注于零售业务的经营,不再经营批发业务。通过这一阶段的改革,初步理清了公司业务各条线的发展规划、市场定位,形成了专业化团队、专业化营销和专业化评审的经营格局,为一年后启动的公司事业部制改革创造了条件。

第二阶段,事业部改革全面快速推进。2007年7月,民生银行高层在分行长会议上正式宣布,即将进行彻底的公司事业部制改革。同年9月,民生银行再次将重点行业公司业务经营权从分行上收至总行,将总行公司银行部更名为公司银行管理委员会办公室,同时组建了地产、能源、交通、冶金四大行业金融事业部,贸易金融、投资银行、金融市场三大产品事业部,以及总行直属金融部——主要服务于中小企业客户的工商企业金融事业部。同年11月,民生银行事业部制改革实施小组坐镇广州、深圳,实施分行改革试点,此后仅用了43天就完成了24家分行的事业部制改革推广,新成立的八大公司事业部于2008年1月进入正式运营。

第三阶段,管理与服务能力的综合提升。这一阶段的任务是:提升公司业务条线的整体管理能力,完善利润中心的业务运作机制,使中后台管理流程化、标准化;完成分支行的重新定位和职能调整;IT系统全面改造升级;打造租赁公司、基金公司、信托公司平台,形成国内银行业较全面的公司金融体系。

在推行事业部制改革之前及改革过程中,民生银行还在许多方面为改革做了大量配套准备工作,对改革的成功推行起到了基础性的作用。一是资金池管理和内部资金转移定价体系建设。对事业部和银行其他部门之间发生的产品、服务和资源转移进行准确计价,是推行事业部制管理、实施独立核算的前提。民生银行目前已经形成了全行集中统一的内部资金池,对事业部存款流入与贷款流出采取不同资金转移价格。对从资金池提取的信贷资金超过其存款贡献的事业部,实行惩罚式的累进式资金价格,以迫使事业部精耕细作,在拓展信贷业务的同时,努力增加存款与中间业务收入,提高客户的综合贡献度。二是信息技术平台建设。民生银行在成立之初就已经十分注重对科技的投入,2000年底上市之后更是将所募集资金的很大部分投入科技平台建设。继2001年打造"大集中"科技平台、创建会计核心系统后,又于2007年开始进行核心系统改造升级工作。改造后的新核心系统可以为管理会计系统提供完整的数据源,而管理会计系统则是实现事业部成本、收益乃至责任利润考核的依据。目前为止,民生银行已经建立或在建的八大信息管理系统包括CRM系统、客户服务中心系统、个人信贷业务系统、授信风险管理系统、管理会计系统、业务流程系统、人力资源管理系统、员工培训系统。民生银行的信息管理系统,实现了业务处理流程与前台业务部门以客户为中心进行设置的原则相一致,由此有效加快了民生银行的业务处理效率。三是数据库建设。事业部管理信息系统的顺畅运行,有赖于目标聚集、强大的数据平台的支持。民生银行2001年6月率先在国内银行业实现了"数据大集中",2003年开始着手建立数据仓库,成为国内第一家开发企业级数据仓库的银行。经过多年的建设,集中了包括核心业务系统、网上银行等约30个系统的各类数据,并对管理会计、资产负债、风险管理、人力资源、非现场稽核查等十余个系统提供数据支持,还形成了对人民银行、外管局、银监会的统一数据报送,初步建立了统一数据源、统一数据标准、精细化管理的数字化管理平台。四是垂直独立的信贷评审体系建设。民生银行在2000年初收回分支行行长的贷款审批权,推行了独立评审制。2002年建立了独立的风险管理组织体系。2004年设立了负责信贷风险管理的首席信贷执行官,向北京、上海、广州等多个城市的分支机构和个人按揭中心派驻由总行信贷评审部垂直领导的各级授信评审部及信贷审查官。评审人员隶属于总行,与分行没有人事和经济利益上的联系,从而实现了真正意义上的"审贷分离"。

三、民生银行事业部制组织架构与运营模式

推行事业部改革后,民生银行的总行内设部门基本上可以分成两类。一类是前台业务拓展部门,另外一类是中台的管理控制部门和后台支持保障部门(见图7-7)。具体来说,前台业务拓展部门主要设有11个事业部,其中8家公司业务事业部分别是地产、能源、交通、冶金四大行业金融事业部,贸易金融、投资银行、金融市场三大产品事业部以及主要服务于中小企业客户的中小企业金融事业部,另外零售业务板块又成立了信用卡、电子银行和私人银行等三个事业部。在条线管理上,总行事业部根据目标客户分布,有选择地在各地设立了分部,并实行严格的分层授权管理体制,内部经营权限高度集中,授信额度内的信贷审批权、财务资源配置权,人员录用、选拔、任免、考核、奖惩、晋升决定权都在事业部总部。

如何清晰界定事业条线、职能部门与分行板块三者之间的职能定位、业务边界与协调机制,建立密切合作、合理分工、有机协调的管理机制,解决好改革过程中分行利益受损与业务挤压的问题,是事业部架构设计的难点和关键所在。为此,民生银行专门成立了分支行定位改革小组,研究事业部制改革后分行的职能定位和业务定位,力争以有效

的组织形式减少摩擦,解决分行业务增长问题,同时总行中后台配套支持改革小组直接参与,一揽子解决事业部与分行之间可能出现的磨合问题。另外,民生银行还在总行设立了公司业务管理委员会,与资产负债管理委员会、风险管理委员会相互配合,共同协调管理事业部与分支行之间的利益分配。

为了充分发挥总分联动的优势,民生银行在纵向上对事业部和分支行的业务分工进行了重新调整。总分支行、各事业部各有侧重,通过交叉销售、联动营销与收益分享,共同为客户提供一体化、网络化、一站式服务。总行事业部专业导向地提供对重点行业客户的批发服务,一是不利于分散经营的,如能源、交通等大客户行业;二是风险较高的,如房地产、冶金等行业;三是发展潜力较大的,如石化、财政存款等。行业金融事业部按照所属行业不同,负责开发维护各自行业内的客户。产品部门(贸易金融部)也配备了自己的营销中心,通过产品经理的推动,进行客户开发和维护。分行层面不再经营总行事业部所管辖的业务,专注经营对公负债业务、特色公司业务和零售业务,支行则只做零售业务。

在分行与事业部的关系上,分行有责任组织代理销售事业部专营产品,扩大交叉销售;分行作为公共服务平台,对事业部营销支持的中台和运营保障功能的后台都有设立,为事业部提供落地服务,如资金调拨服务、授信业务放款服务、行政后勤服务、落地人员的人事劳资服务、地方经济金融和行业信息服务、科技支撑服务、法律合规服务,与监管机构沟通联系等。事业部的落地服务按统一标准给分行报酬。

在横向前、中、后台关系的处理上,民生银行总行向各事业部下放了部分风险、财务、人事权限,并在事业部内设置了风险总监、财务总监、人事专员等岗位,实行主管派驻制和双线管理、双线汇报。譬如在风险管理上,由总行风险管理委员会对风险总监进行派驻和考核,事业部总裁对风险总监进行行政管理和业务发展要求,风险总监对事业部内部风险团队进行转授权和管理。在制度流程设计上,授信审批与放款审核相分离,将经营权即额度使用权直接赋予各事业部负责人,而将授信审批权赋予风险总监。事业部总裁和风险总监都具有业务发展和风险控制两重压力,从 KPI 指标看分别是 7/3 和 3/7,即对总裁的考核中,业务发展占 70%,风险控制占 30%,风险总监相反。

配合组织架构的调整,民生银行在多项事业部运营机制上都进行了创新。一是独立审批和差别授权。事业部实行总行集中分行业进行信贷审批,信贷评审官与业务部门保持独立性。为提高信贷审批效率,风险管理委员会向各地方派驻风险审批人员,对外派的风险审批人员授予额度审批权力,但最终信贷风险管理由总行风险管理委员会负责。对风险评审人员考核原则为绩效权重 30%,风险权重 70%。此外,民生银行还大力推行"专家评审制度",实行信贷风险评审委员会的垂直化、专业化和专职化管理。对行业金融部推行评级制度,实行分类管理,不同类别行业部实行不同的授信授权。

二是全面风险管理。实现业务发展与风险控制的最佳结合,是事业部的核心问题。民生银行通过标准化的品牌管理、专业化的营销手段、格式化的合同文本、规范化的操作流程以及精细化的运营管理来降低业务风险,落实全面风险管理理念。以信贷作业流程为例,民生银行设立了授信规划岗,根据事业部自身的组织架构和营销体系,制定适合事业部业务特征的详细营销规划、客户准入标准及授信政策,从而在最前端形成有效的风险识别及过滤机制,有效控制授信风险。在授信审批过程中,由客户经理或风险经理发起业务后,经区域或分部负责人审批后上报区域评审官,超越权限的,报风险总监甚至专业贷审会。最后,事业部根据自身的特色客户类型、产品、风险敞口、保证方式等实施贷后监管。

三是市场化的考核计价机制。民生银行各事业部人财物相互独立,完全独立核算,均有利润、业务的考核指标。对分行的考核,公司业务占40%,零售业务占40%,平台管理占20%,事业部的落地服务实行考核加分。支行考核的内容主要是创利和平台服务。当产品事业部与其他事业部或分行发生业务交叉时,则通过双向计价、交叉考核的办法进行核算,相应的业务费用也进行分摊。在资金方面设立了资金池,按照内部转移定价机制确立各事业部的资金使用成本。通过实行标准化责任成本预算核定各分行、事业部的固定费用、办公费用,按净收入一定标准配比业务经营费用。

四、民生银行事业部制运行效果

事实上,实践证明,民生银行选择事业部制改革的时机把握是准确的,改革的方向是正确的。2008年下半年,全球金融海啸突如其来,国内外宏观经济形势发生重大变化,民生银行各公司业务事业部专业经营的市场领域都经历了过山车式的大起大落,银行面临着严峻挑战。面对不利环境,民生银行各事业部发挥专业团队作用,深入研究市场变化,结合国家产业政策预判行业发展趋势,坚持细分行业业务结构及客户结构,灵活配置业务资源,强化行业产品和服务模式创新,及时调整当期业务策略,巩固发展主流客户合作,强化内部管理,有进有退,积极防控风险,总体发展呈现良性趋势。

2009年,在继续确保良好资产质量的同时,各事业部专业化服务能力大大提升,使得贷款定价能力显著提高,2009年民生银行的净息差居全国性银行之首,各事业部的贷款定价能力提升是关键因素。2010年上半年,各事业部为客户提供综合服务的能力大大提升,在存贷款增速同比大幅下降的同时,中间业务发展迅速,成为民生银行非利息收入的最主要贡献者。

事业部改革几年下来,四大行业事业部的经营特色开始显现。如地产部持续推进的客户、区域结构调整,以及初步形成的客户分层开发、区域梯次发展态势;能源部实施退电进煤策略,在煤炭信贷市场取得了差异化市场竞争优势,并在区域市场形成强势;交通部退公路进铁路、进汽车,布局产业链中的高收益环节;冶金部针对行业资产收益水平低的特点,从公司年报来看,事业部经营效益和经营效率得到有效提升,专业化能力有所增强,新体制的经营优势和管理优势初步显现。2008年末,事业部存款余额比年初增加365亿,增幅31.26%,比全行公司存款平均增幅高16个百分点;事业部贷款余额比年初增加292亿,增幅15.84%。事业部新发放贷款加权平均利率高于全行新发放公司贷款加权平均利率0.23个百分点。2010年和2009年相比,公司利润从156.56亿元上升到229.76亿元,增长46.76%;收入从420.60亿元增长到547.68亿元,增长30.21%;每股收益从0.51上涨到0.66,上涨29.41。

民生银行也是市场上最具有创新意识的商业银行之一,在提供差异化服务、满足客户多样化需求方面不断进取。以贸易金融为例,2008年是贸易金融部实施事业部制改革的第一年,特色产品在业内知名度逐渐提高。国际保理业务笔数为1.62万笔,在国内同业中继保持第一位,业务量达到 3.48 亿美元,在国内同业中位居前列。

公司的私人银行业务也开展得有声有色,已在市场引起广泛关注和良好反响,初步树立了高端品牌形象,获得《21世纪经济报道》评选的"2008年度亚洲十佳商业银行之最具成长力私人银行奖"。2008年公司信用卡业务取得了突飞猛进的发展。累计发卡量达到649万张,有效卡量563万张,有效户数372万户,累计交易额已经突破1 080亿元,先后获得中国银联、国际组织和多家主流媒体颁发的"2007年最佳白金信用卡"、"2007年度信用卡卓越市场营销奖"、"2007年度最具创新信用卡"等多个奖项。公司推出的理财产品丰富多样,"非凡理财"屡获殊荣,品牌价值不断提高,获得了最佳理财产品、最佳设计创意等奖项。

在取得巨大成功的基础之上,民生银行将推进事业部的深化改革。

来源:根据孙素民.《民生银行公司业务事业部制改革的实践及启示》.农村金融研究,2009,10,16~22;中国民生银行官方网站及其2010年年报编写。

参 考 文 献

[1] Iigen D R, Pulakos E D. The changing nature of performance implications for staffing, motivation and development. San Francisco:Jossey-Bass Publishers,1999.

[2] Borman,W. C. , & Motowidlo, S. J. Task and contextual performance:The meaning for personnel selection research. Human Performance,1997(a),10(2):99~109.

[3] 朱必祥. 人力资本理论与方法[M]. 北京:中国经济出版社,2005.

[4] P. N.康德瓦拉.创新管理—保持并拓展你的优势[M]. 北京:华夏出版社,2005.

[5] Murphy,P. R. ,&Jackson,S. E. Managing work role performance:challenges for twenty-first-century organizations and their employees. Edited by Iigen D R,Pulakos E D. The changing nature of performance implications for staffing, motivation and development. San Francisco:Jossey-Bass Publishers,1999.

[6] 韩翼,廖建桥. 基于不同组织形态的绩效评估模式研究.南开管理评论,2006,9(3):61~66.

[7] 赵曙明,伊万切维奇. 人力资源管理(第九版). 北京:机械工业出版社,2005.

[8] 威廉・P. 安东尼,K. 米歇尔・卡克马尔,帕梅拉・L. 佩雷威. 人力资源管理:战略方法. 赵玮,徐建军译. 中信出版社,2004.

[9] William J. Rothwell. , & N. C. Kazanas. Strategic Human Resource Development. Englewood Cliffs,NJ:Prentice-Hall,1989.

[10] Jeffery S. Schippmann. Strategic job modeling:working at the core of integrated human resource. Mahwah,NJ:Lawrence Erlbaum Associates,199,114~115.

[11] Cartwright,S. , &Holmes,Nicola. The meaning of work:The challenge of regaining employee engagement and reducing cynicism. Human Resource Management Review,2006,16:199~208.

[12] 萧鸣政.工作分析的方法与技术.北京:中国人民大学出版社,2002.

[13] 周文,刘立明,黄江瑛. 工作分析与工作设计. 湖南:湖南科学技术出版社,2005.

[14] 赵曙明,伊万切维奇. 人力资源管理(第九版). 北京:机械工业出版社,2005.

[15] Hackman,J. R. & Oldham,G. R. (1976). Motivation through the design of work:Test of a theory. Organizational Behavior and Human Performance,16,250~279.

[16] 杰弗里・梅洛著,吴雯芳译. 战略人力资源管理. 中国劳动社会保障出版社,2004.

[17] Henry P. Sims, Jr., Andrew D. Szilagyi, Robert T. Keller. The Measurement of Job Characteristics. Academy of Management Journal,1976,19(2):195~212.

[18] Fields, D. L. 工作评价:组织诊断与研究实用量表. 阳志平,王薇,王东升,宋珉译,时勘审校. 北京:中国轻工业出版社,2004.

[19] Maslach,C,Schaufeli,W. B. ,Leiter,M. P. Job burnout. Annual Review of psychology,2001, 52:397~422.

[20] Denis D. Umstot, Terence R. Mitchell,Cecil H. Bell,Jr. Goal Setting and Job Enrichment: An Integrated Approach to Job Design. Academy of Management Review,1978 3(4). 867~879.

[21] 亨利·明茨伯格,布鲁斯·阿尔斯特兰德,约瑟夫·兰佩尔. 战略历程:纵览战略管理学派. 刘瑞红,徐佳宾,郭武文译. 北京:机械工业出版社,2001.

[22] 伊查克·爱迪思. 企业生命周期. 北京:中国社会科学出版社,1997.

[23] 韩翼,廖建桥. 基于不同组织形态的绩效评估模式研究. 南开管理评论,2006,9(3):76~81.

[24] Ancona,Deborah, Kochan Thomas. , & Scully Maureen, et al. Managing for the future, Organizational Behavior & Process . 3th. Mason:Ohio,South-Western College Publishing,2004.

[25] 周三多,陈传明,鲁明泓. 管理学-原理与方法(第四版). 南京:南京大学出版社,2006.

[26] 劳伦斯·彼得. 彼得原理.北京:机械工业出版社,2007.雷蒙德·赫尔,闾佳;司茹译.

[27] http://wiki.mbalib.com/.

[28] Rousseau, D. M. , Park, J. M. . The contracts of individuals and organizations. Research in organizational Behavior,1993,15:1~61.

[29] Tsui A Pearce J. L. , Porter, L. M. ,. Tripoli, A. M. Alternative approaches to the employee- organization relationship: does investment in employees pay off?. Academy of Management Journal,1997,40(5):1089~1121.

[30] 黄少安. 产权经济学. 北京:经济科学出版社,2004.

[31] 小阿尔弗雷德·D. 钱德勒. 看得见的手:美国企业的管理革命. 北京:商务印书馆,1997.

[32] 张兆国,唐丽,黄岩. 中美日公司治理结构的财务比较. 中国软科学,2001,5:41~44.

[33] 唐纳德·H·邱. 公司财务和治理机制:美国、日本和欧洲. 杨其静等译,北京:中国人民大学 出版社,2005.

[34] La Porta,R. , F. Lopez-de-Silanes,A. Shleifer,and R. Vishny. Law and Finance. Journal of Political Economy 1998,106,1113~1155.

[35] La Porta,R. , F. Lopez-de-Silanes,A. Shleifer,and R. Vishny. Corporate Ownership around the World. Journal of Finance,1999,54,471~517.

第四部分

操作与实践

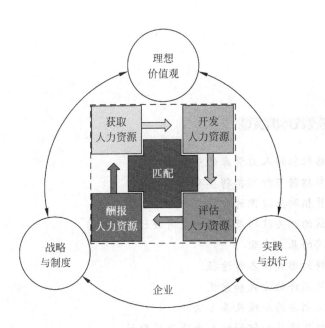

- ◆ 第八章 战略人力资源获取
- ◆ 第九章 战略人力资源开发
- ◆ 第十章 战略人力资源评估
- ◆ 第十一章 战略人力资源酬报
- ◆ 第十二章 战略职业生涯管理

第八章

战略人力资源获取

学习目标 XUE XI MU BIAO

- 了解战略性招聘人力资源的重要性
- 阐述内部招聘与外部招聘各有何利弊
- 描述人员招聘应遵循的原则
- 掌握面试的相关技巧及提高面试有效性的方法
- 了解招聘的基本步骤
- 了解招聘的形式和各种途径
- 阐述人员测评的方式和意义
- 分析员工测评的原理及其方法
- 阐述组织战略是如何影响人力资源获取的

开篇案例——人力资源是战略资源 KAI PIAN AN LI

丰田公司全面招聘体系

丰田公司著名的"看板生产系统"和"全面质量管理"体系名扬天下,但是其行之有效的"全面招聘体系"鲜为人知,正如许多日本公司一样,丰田公司花费大量的人力物力寻求企业需要的人才,用精挑细选来形容一点也不过分。

丰田公司全面招聘体系的目的就是招聘最优秀的有责任感的员工,为此公司做出了极大的努力。丰田公司全面招聘体系大体上可以分成6大阶段,前5个阶段招聘大约要持续5~6天。

第一阶段:丰田公司通常会委托专业的职业招聘机构,进行初步的甄选。应聘人员一般会观看丰田公司的工作环境和工作内容的录像资料,同时了解丰田公司的全面招聘体系,随后填写工作申请表。一个小时的录像可以使应聘人员对丰田公司的具体工作情况有个概括了解,初步感受工作岗位的要求,同时也是应聘人员自我评估和选择的过程,许多应聘人员知难而退。专业招聘机构也会根据应聘人员的工作申请表和具体的能力和经验做初步筛选。

第二阶段:评估员工的技术知识和工作潜能。通常会要求员工进行基本能力和职业态度心理测试,评估员工解决问题的能力、学习能力和潜能以及职业兴趣爱好。如果是技术工作岗位的应聘人员,还需要进行6个小时的现场机器和工具的实际操作测试。通过前两个阶段的应聘者的有关资料转入丰田公司。

第三阶段:丰田公司接手有关的招聘工作。本阶段主要是评价员工的人际关系能力和决策能力。应聘人员在公司的评估中心参加一个4小时的小组讨论,讨论的过程由丰田公司的招聘专家即时观察评估,比较典型的小组讨论可能是应聘人员组成一个小组,讨论未来几年汽车的主要特征是什么。实地问题的解决可以考察应聘者的洞察力、灵活性和创造力。同样在第三阶段应聘者需要参加5个小时的实际汽车生产线的模拟操作。在模拟过程中,应聘人员需要组成项目小组,承担起计划和管理的职能,譬如如何生产一种零配件,人员分工、材料采购、资金运用、计划管理、生产过程等一系列生产考虑因素的有效运用。

第四阶段:应聘人员需要参加一个1小时的集体面试,分别向丰田的招聘专家谈论自己取得过的成就,这样可以使丰田的招聘专家更加全面地了解应聘人员的兴趣和爱好,他们以什么为荣,什么样的事业才能使应聘员工兴奋,更好地做出工作岗位安排和职业生涯计划。在此阶段也可以进一步了解员工的小组互动能力。

通过以上四个阶段,员工基本上被丰田公司录用,但是员工需要参加第五阶段:一个25小时的全面身体检查。了解员工身体的一般状况和特别的情况,如酗酒、药物滥用等问题。

最后在第六阶段,新员工需要接受6个月的工作表现和发展潜能评估,新员工会接受监控、观察、督导等方面的严密的关注和培训。

丰田的全面招聘体系使我们理解了如何把招聘工作与未来员工的工作表现紧密结合起来。从全面招聘体系中我们可以看出:

首先,丰田公司招聘的是具有良好人际关系的员工,因为公司非常注重团队精神;

其次,丰田公司生产体系的中心点就是品质,因此需要员工对于高品质的工作进行承诺;

最后,公司强调工作的持续改善,这也是为什么丰田公司需要招收聪明和有过良好教育的员工,基本能力和职业态度心理测试以及解决问题能力模拟测试都有助于良好的员工队伍的形成。正如丰田公司的高层经理所说:受过良好教育的员工,必然在模拟考核中取得优异成绩。

(根据《当作经理人》.徐小惠.丰田公司"全面招聘体系"对我国大学生就业的启示.当代经理人,2006,10,101~102整理。)

第一节 招聘概述

一、人员招聘的任务

招聘就是企业吸引应聘者并从中选拔、甄选、录用企业需要的人选的过程。招聘是为每个岗位配备适当的人选,所以招聘首先是为了满足组织的需要与期望;同时,招聘也是为每个人安排合适的工作,因此在考虑组织空缺的同时,通过人员测评,甄别人员的特点、爱好和需求,使员工更好地与组织进行匹配。企业在招聘甄选过程中常常需要回答下列问题。

(1) 企业现有的空缺是多少?需要招聘多少员工?
(2) 招聘临时工还是固定工?
(3) 从外部招聘还是从内部招聘?二者是否可以同时进行,比例多大?
(4) 企业各空缺职位需要具备什么样知识、技能、能力和经验的员工?
(5) 企业怎样向外界发布职位空缺信息?
(6) 如何吸引高质量人才到企业工作?
(7) 企业如何对招聘员工的质量进行甄别、测试和评估?

因此人力资源招聘的任务主要有以下三个方面。

(1) 通过人员招聘使组织系统开始运转。组织是一个动态的系统,组织系统要进行有效地运转,必须根据环境的不断变化对系统进行有效的调整。组织适应和变革的过程往往也是发展壮大的过程。组织机构和岗位发生变化的同时,也带来人员数量和质量上的变化。特别是在全球化经济格局下,组织创新带来了人员素质要求的变化。为了组织明天的发展,必须进行适当的人员招聘。

(2) 维持组织成员的忠诚。人才流动对个人来说是重要的,它可以使人才自己通过不断的尝试,找到最适合自己才能、给自己带来最大利益的工作。另一方面,人才流动对组织有更深远的影响,尽管这些影响可能是正的或者负的。特别是优秀人才的外流给企业带来很大的伤害,企业必须通过人员招聘补充需要的人才,同时,激励现有在职员工安心工作。

(3) 履行企业的社会义务。企业的社会义务之一就是提供就业岗位,招聘正是企业履行这一社会义务的过程。特别是大型国有企业,有义务去招聘更多适合于组织发展需要的员工。

二、人员招聘的原则

"如果你拥有本行业最优秀的人才,并与你的文化相匹配,而且你能够适当地激励他们,那么你一定能够成为本行业的领导者。"正如思科总裁 Chambers 所言,人才获取对企业的生产经营有着巨大的影响。企业必须战略性地运用招聘和录用策略,保证新录用的员工能够适应组织文化,并在组织社会化过程中表现出很好的适应性。因此,在员工招聘过程中,必须采取相应的原则。

(1) 因事择人原则。选人的目的在于使其承担一定的职务,要求其从事与该职务相应的工作。要使企业的工作能够有效地完成,招聘的员工必须具备与工作岗位相匹配的能力、知识和工作经验。

(2) 公开原则。组织越是想获得高质量的主管人员,提高自己的管理水平,就越应在选拔和招聘未来主管人员的过程中鼓励竞争。按照这一原则,组织应该将现有空缺向一切适合的人选开放,不管组织内部还是组织外部,大家机会均等。

(3) 用人所长原则。在招聘过程中,要根据职务的要求,知人善任,扬长避短,为组织选拔最合适的人选。量才使用,做到人尽其才,才能让员工与企业同生死,共患难。"视卒如婴儿,故可与之赴深溪;视卒如爱子,故可与之俱死。"对人才的爱惜、用之所长是企业人才招聘的主要原则之一。

(4) 效率原则。由于企业进行招聘是要花费一定的成本的,职位空缺也会造成不利的影响,这些都需要组织进行规划,选择适当的方法,选择适合于本企业文化的员工,尽可能降低招聘成本和使用成本,以提高组织招聘的工作效率。

三、人员招聘的流程

(1) 招聘前的准备工作。主要是指成立相应的负责招聘的部门以及安排专门的人员从事招聘工作。同时企业必须关注国家相关的法律及劳动、人力资源政策规定,向人力资源部门提出用工申请。另一方面,相应的文字准备工作也要同时进行,如招聘简章、表格等。

(2) 制订招聘计划,确定淘汰比例。根据外部劳动力市场和内部岗位空缺、能力和资源情况,制订人员补充计划。这包括确定企业合适的人员规模、空缺人数、招聘计划、选拔、甄选和测试流程以及对其进行的预算和效益评估。通过工作说明书明确每个岗位需要的员工的学历、能力、工作经验甚至性格等因素。

通过招聘计划确定招聘人员数量、采取的招聘方式、甄选方式、招聘时限、需要员工工种、招聘流程以及淘汰比例等。

在招聘过程中,企业必须吸引到比空缺岗位要多的求职者,但要知道到底以多大的比例进行录用,就需要事先确定淘汰比例。估计淘汰比例一般使用产出金字塔。使用金字塔模型,人力资源部可以知道,为了获得一定数量的合格的员工,必须吸引多少申请者应聘才能确保所有的空缺职位填满。图8-1展示了某个公司各个环节淘汰的人数及其比例。

(3) 发布招聘信息。发布招聘信息是指企业面向可能应征的人员通过各种渠道传递招聘信息以吸引招聘者。招聘就是一个员工与组织互动的过程,企业提供相应的引诱条件吸引高层次人才进入企业,同时通过严格的甄选程序挑选员工。Schneider及同事提出吸引——选择——淘汰(attraction-selection-attrition)模型,并认为保留在组织中的个体具有相同的性质,是人决定环境,而不是环境决定人。他提出了四个基本的假定:

① 被组织吸引、由组织选择、经组织保留的人产生一个特别类型的组织,并由此决定组织的行为;

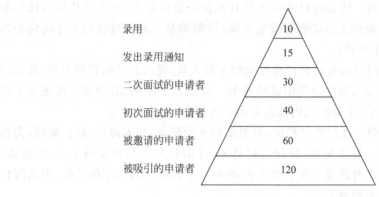

图 8-1 招聘产出金字塔

② 被吸引到组织中的人限制了其他进入到该组织中的人的行为,并形成同类型的组织人,由此看起来组织好像决定个体的行为;

③ 组织的目标、结构、流程是由组织的创立者所选择,或者说通过创立者的选择创立了一个特定的组织。组织中的流程和结构的发生经由人的演变(创立者)满足与组织生存相关的日常需求;

④ 作为吸引、选择、淘汰的周期结果,组织将严格限制进入组织中的个体范围。

为了使相关的人员能够得到企业有关职位空缺的信息,企业需要利用一定的媒体,在适当的时间、适当的地点,以适当的形式传递给适宜的人群。发布招聘信息的方式很多,如电视、报纸、杂志、网络、灯箱、车体以及大量的人才招聘发布会和校园招聘会。对于高级人员的选择,可以通过猎头公司或者人才公司帮助进行寻找。在社会资本日益发达的今天,员工代为传递信息,并介绍员工进入企业也成为一种有效的方式。

(4) 进行甄选。甄选是选择那些具有必要才能、能够出色完成特定工作的人员的过程。组织采用的甄选过程的复杂程度各不相同。一些组织通过复杂的人力资源战略,通过低成本迅速补充岗位,另外一些企业则通过多重程序,尽可能挑选最佳人选。宝洁校园招聘通常在每年秋冬季举行,使用非常严格的招聘流程对大学生进行甄选,主要包括递交简历、申请表领取及填写、初试、解难能力测试、英文测试和复试等步骤。第三节将就人员的选拔和测试进行详细介绍。

(5) 招聘决策。根据面试及各种测试的结果,企业基本上决定了最终录用的人选。一般企业在通知应聘者最后的决定并经过体检过程后与录用人员签订劳动合同,然后开始试用期,经过一段时间的组织社会化之后,开始上岗工作。企业与员工签订劳动合同符合我国《新劳动合同法》规定,它是劳动者享有的必需的权利。通过签订劳动合同明确劳资双方的责任和义务。

(6) 招聘评估。这是招聘工作中必不可少的一个环节。企业根据申请人的数量、质量、平均招聘成本、填补空缺职位所需时间,以及录用者的能力和实际工作绩效,对本次招聘进行评估,这将有助于企业改进招聘方案,提高招聘效益。第四部分将就招聘的效应进行分析。

第三节 招聘的策略及其来源

人员招聘就是通过各种招聘方式、运用各种招聘技术获取候选人的过程。组织可以采用灵活的招聘策略获取高质量的人才,也可以以低成本方式快速获得人才。当然也可以采用外包形式,将组织负责的一些招聘任务委托给其他的公司进行。同时,组织获取员工的来源分为两种:外部招聘员工和内部招聘员工。组织招聘策略及其常用的技术主要表现在两个方面:即当企业因发展需要及人员流动出现职位空缺时,应采用灵活的雇用方式还是常规的招聘方式;招聘来源是内部招聘还是外部招聘。

一、招聘来源

人员招聘的渠道的选择通常取决于企业的人力资源管理策略、岗位性质以及对岗位职业资格的要求。组织招聘渠道一般分为两种:外部招聘和内部招聘。

(一)招聘途径

越来越多的企业开始意识到充分利用组织内部现有人力资源的重要性,将内部招聘作为获取人力资源的一种有效的方式。内部招聘和外部招聘各有利弊,两者基本上是互补的,如表 8-1 所示。

表 8-1 内部招聘与外部招聘的比较

内部招聘	
优 点	缺 点
1. 利于鼓舞士气、提高工作热情	1. 引起同事不满,造成政治斗争
2. 吸引外部人才	2. 来源局限于企业内部,招聘质量受限
3. 保证选聘工作的正确性,合理配置人才	3. 容易造成近亲繁殖
4. 利于组织学习和培训投资得到回报	4. 形成攀比现象,对失败者影响较大
5. 有利于被聘者迅速展开工作	5. 有限的升迁链
6. 较少培训和社会化过程,费用较低	
外 部 招 聘	
优 点	缺 点
1. 选择余地大,保证招聘质量	1. 外部招聘的人员进入角色较慢
2. 新员工具有新思想、新方法,利于创新	2. 对内部员工的伤害
3. 平息内部竞争的紧张关系	3. 培训和社会化需要时间,成本较高
4. 为组织带来新鲜空气,避免裙带关系	4. 不熟悉工作,需要适应一定时间
5. 人才现成,节省培训投资	5. 可能造成招聘质量的信息不对称

(二)内部招聘

内部招聘是企业在出现职位空缺时优先考虑企业内部员工申请该职位的招聘方式。内部招聘的途径非常多,主要有工作公告、员工推荐和管理层指定。内部招聘一般是企业人力资源部门在内部公开发布招聘信息吸引内部员工前来应聘,并按照一定程序对内部员工进行甄选、测试并最后录用的过程。如果企业没有员工应聘或者应聘的员工不胜任岗位要求,企业会采取外部招聘的形式进行招聘。

1. 工作公告

通过将岗位空缺信息张贴在公告牌上、公司的时事通信上或公司的互联网上,让公司所有人都清楚了解公司的空缺岗位。工作公告可以了解现任员工中谁可能对空缺职位产生兴趣。

过去,使用工作公告发布职位空缺并没有使用公告牌和企业内部刊物多。但是现在,工作公告已经成为组织采用得最多的创新招聘技术之一。许多公司将工作公告视作高效职位管理系统不可分割的一部分。由于媒体的日渐发达,公司可供采取的工作公告方式非常多,例如利用内部电视、电子邮件、企业主页、张贴海报、会议等。工作公告中的内容应包含空缺岗位名称、工作说明、待遇条件、认知资格等。

2. 内部员工推荐

现有员工是一个获取有用的劳动力信息的极好的来源,通过社会关系和广泛的社会网络,他们可能会认识一些胜任公司空缺岗位的人。一些组织甚至采用金钱激励的方式,为成功的推荐支付酬金。广泛应用时,这种推荐方式可以成为有力的招聘技术。尽管这一来源的成功率较高,但它的成本却较低。一般来说,优秀的员工为了自己的声誉,不会推荐一个让他名誉受损或者给自己带来更多麻烦的员工。如果推荐的员工被录用了,特别是通过强关系所推荐的员工被录用了,那么这些员工通常会扮演师傅(mentor)或者导师角色对被推荐员工进行指导,确保被推荐人在组织中获得成功。例如著名的思科公司每年约有80%的新进员工都是通过员工推荐到企业的。

只要企业的招聘流程和选拔标准明确,员工推荐就是一种有效的招聘方式。许多企业明文规定,员工在推荐人选时,必须避免任人唯亲和拉帮结派、搞小团体、小帮派等现象。研究表明,员工推荐是众多方法中员工离职率最低的一种招聘手段。

3. 管理层指定

另一种内部招聘的方式是管理层指定。管理层通过技能库进行搜索,寻找合适的岗位空缺者进行填补。技能库通常包含一个详细清单:员工教育水平、姓名、培训、当前岗位、工作经验、相关工作技能与能力以及资格证明。

4. 内部调动

在同级的岗位中调换员工的工作,与内部晋升不同,这是一种横向的职业流动。通过调动向员工提供全面了解组织中不同机构、不同职位的机会,为未来的提升做准备或为不适合岗位的员工寻找最恰当的位置。内部调动可以为企业培养未来的候选人提供必要的准备,如果是针对不胜任的员工,也可以有一个缓冲时机。联想集团采取的就是这种措施,并没一味强调末位淘汰制。如果员工不适合或者不胜任该岗位,企业会先分析不胜任的原因,是能力问题还是人际关系问题或者业务不熟练。找到问题后,主管领导会写一封评价信放到公司决策支持系统里,如果企业有空缺岗位,可以首先考虑这些员工。

（三）外部招聘

外部招聘是按照一定的标准程序，从外部劳动力市场上吸引和甄选符合空缺岗位要求的员工前来应聘。外部招聘的来源非常多样化，其中使用较多的有人才招聘会、校园招聘、网络招聘、职业中介招聘、媒体广告招聘。

1. 校园招聘

每年有大批的应届毕业生进入劳动力就业市场，特别是国家实施扩招计划以来，就业压力与日俱增，2007—2009年我国大学毕业生每年近五百余万。员工招聘一般有两种类型：经验型和潜力型。应届生的招聘主要是着重于后者。近几年来，随着中国企业高速发展，企业对人才的需求越来越强烈，校园招聘也成为一种人才储备的主要发源地。但在招聘过程中，两极分化比较严重，一方面，企业对优秀人才的争夺愈演愈烈，名校和高素质的毕业生比较抢手；另一方面，每年约有50万人以上的毕业生很难找到工作。近期的调查显示，2009年应届毕业生签约率不到60%。国家在推动企业增加招聘名额的同时，也采取了相应措施，如连续五年招聘两万村官到农村就业，研究生可以采取项目就业形式连续工作两年。

校园招聘有非常多的优势，如短时间、低成本吸引大量高素质有潜力的人才；其次，校园招聘可以提升企业形象，为未来的人才吸引提供基础；另一方面，校园招聘对象比较单一，时间也比较集中（一般在10~12月），招聘到的应届生缺乏经验，流动性较高。

2. 广告招聘

媒体广告招聘的方式多种多样，其效果和成本也不尽相同。最为常见的媒体广告招聘有：网络招聘、报纸、杂志、广播电视、印刷品、灯箱、车体等。媒体广告招聘的特点是速度快、覆盖面大、受众多。此外媒体广告还能帮助企业提升知名度和传播影响力。如纳杰招聘通过多种媒介招聘模式进行，报纸是其主要的手段之一。

3. 人才招聘会

人才招聘会是指在人才或者专业劳动力比较密集的地区，在政府有关部门的统一组织下，招聘企业缴纳一定金额的租金，由主办单位负责宣传，吸引应聘者参加的专门交流会。除了定期召开的人才招聘会，各地也会组织一些相应的专门招聘会，如下岗职工招聘会、医药行业招聘会、建筑行业招聘会、法律专业招聘会。人才招聘会虽然经济高效，但一般不适合于招聘中高级专业人才。一些职业中介机构为企业招聘高素质人才，通常采用封闭洽谈会的形式。调查表明，大部分企业对人才招聘会的效果不满意，究其原因主要有：

（1）招聘会商业气息过浓，职业中介或者政府管理机构对招聘的对象失去控制；

（2）招聘企业只是为了宣传企业形象而不是着眼于招聘本身，使很多应聘者不满意。

4. 网络招聘

网络招聘以其招聘范围广、信息量大、时间长、挑选余地大、应聘人员素质高、招聘效果好、费用低而获得了越来越多公司的认可。2000年世界500强企业中有79%的企业使用网络招聘，而这一数字1998仅为29%。这说明，越来越多的大型企业采纳了网络招聘的模式，一些知名企事业更是成为网络招聘的先行者。如美的集团、海尔集团、华为公司等。就行业而言,计算机行业、电子制造业、银行、证券和保险业、家电行业和大型零售企业都普遍使用了网络招聘。

网络招聘的方式主要有两种:公司主页设置招聘广告以及委托专门招聘网站进行招聘。中国比较好的招聘网站如中华人才网、前程无忧网、智联招聘网等。还有一些专门针对大学应届生的网站,如大学生就业网、研究生就业网等。我国目前正式登记的人力资源信息网站大约300多家,其中涉及专门招聘的有190余家。这些专门的招聘网站主要面向各类人员,规模大、信息全,是以人才培训、求职、招聘、猎头为主要服务项目的综合性网站。

公司主页设置招聘广告是利用互联网招聘员工的另外一种方式。对于已经有自己主页的公司,利用互联网进行招聘的优势非常明显:易搜寻、信息量大、招聘时间长、费用低,而且求职者可以快速反应,公司还可以方便随时更新招聘信息,充分利用网站访问者的信息,分类保存,成为后续储备人才。

5. 猎头公司

企业在招聘有经验的专业人员和管理人员,特别是高层次人才时,一般的招聘方式可能无法满足其岗位的需要,因此常常采用寻求猎头公司代为捕获高层次人才的方式。猎头公司是为企事业单位有偿工作的机构,不论是否招聘到合适的人才,根据合同,必须支付一定的费用。猎头经常与多家企业保持紧密的联系,同时他们必须密切关注人才市场。他们穿梭于企事业单位和人才之间。他们熟知组织及其文化、目标、结构和需要,以及公司发展情况,了解企业缺乏何种人才。同时,通过各种渠道,他们了解各种专业人才,并进行归类。一旦企事业单位缺乏某类人才,他们会及时提供合适的、胜任的人才。猎头公司的佣金一般非常高,费用通常按照获取人才的第一年薪酬的百分比进行提取,有关的搜寻和谈判成本则由公司支付。企业和猎头公司之间应该建立信任的关系,才可以使这种交易维持下去。猎头公司必须本着为公司和人才双双负责的态度对人才进行搜寻,否则关系较难维持,信誉得不到有效保障。

各类主要招聘方式的优缺点比较如表8-2所示,它们都有自己的优点和缺点。同时,由于各种招聘来源的适应对象不同,企业必须依据自己的内部能力和外部劳动力状况采取相应的招聘方式。

表 8-2 各种招聘来源的优缺点比较

招聘方法	优 点	缺 点
内部调动	花费少;有利于提高员工士气;申请者了解企业的情况	供给有限
招聘广告	覆盖面广;可以有目标地针对某一特殊群体	会吸引来很多不合格的申请者
内部推荐	可通过现有的员工提供有关的信息;推荐者会根据自己对企业的了解对申请者进行筛选	对增加员工的种类和改变结构不利
猎头组织	对"猎取"高级和临时人才特别有用	可能上当受骗
校园招聘	针对性比较强;能够吸引大量的申请者	应聘者缺乏实践操作能力;可能有比较高的员工流失率
人事外包	能够满足企业的临时人力资源需求	员工缺乏忠诚度

由于两种招聘策略各有千秋,企业在采取相应的决策时,应该根据实际时机相机决策。在实际运作中,具体结合企业的战略、外部环境、公司实力、外部和内部劳动力市场情况进行权衡考虑,表 8-3 比较了各种招聘来源的有效性。一般来说,在以下情况下可以采取从内部招聘。

(1) 稳定的外部环境;
(2) 稳定的企业战略;
(3) 有限的时间和资金;
(4) 外部人才匮乏。

采用外部招聘则在下列时机进行。

(1) 组织需要变革;
(2) 易变的外部环境;
(3) 需要新思想、新观点和新领导;
(4) 内部人才匮乏。

表 8-3 各种专业人员招聘来源的有效性比较

行 政 办 公	生 产 作 业	专 业 技 术	销 售 人 员	管 理 人 员
媒体招聘	媒体招聘	媒体招聘	媒体招聘	内部晋升
内部晋升	申请人毛遂自荐	内部晋升	员工推荐	媒体招聘
申请人毛遂自荐	内部晋升	校园招聘	内部晋升	私人就业服务机构
员工推荐	员工推荐	员工推荐	私人就业服务机构	猎头公司
政府就业机构	政府就业机构	申请人毛遂自荐	申请人毛遂自荐	员工推荐

二、招聘替代办法

当组织出现职位空缺时,管理者常常面临这样的选择,是招聘员工还是利用其他的灵活雇用方式来满足企业的需要?通常情况下组织不论采用哪种方式都有利有弊。灵活雇用方式有利于降低企业的雇用成本,但会降低员工的忠诚度。固定的招聘方式,费用较大,给企业带来冗员,但却会增加员工的主人翁精神。灵活雇用是指企业利用外部的人力资源来满足组织的发展需要,通常包括以下多种形式。

(一) 临时用工

招聘临时工还是固定工是一个战略性的选择。企业可以通过聘请临时工来调节组织生产对人力资源需求变动的影响,比较适合一些特定时期,如企业经营的旺季。由于临时工解聘比较容易,所以在淡季时,可以根据实际情况进行解聘。招聘临时工可以组织自己进行,也可以通过中介机构或者外包获取。

(二) 外包

外包是企业将原来由组织成员负责的日常事务性及服务性管理工作交由外部人员或者服务机构来完成。通过合同协定,规定相应的外包事宜,从而减轻企业对相关人员的管理费用、工资成本和各种福利的支出。运用外包策略可以减少企业的招聘成本和工资支出成本。

(三) 人才租赁

人才租赁主要是组织在搜寻某类专业技术或者管理人才时,可以向专门的人才租赁公司租借专门性人才,以满足组织对特殊人才的需要。这种方法同其他灵活性方法一样避免了组织长期雇用大量的平时较少有用武之地的专业人才而支付的高额薪酬及各种社会福利支出,同时也有效避免了组织因临时招聘不到胜任的专业人才而影响企业的生产经营活动。

第三节 人员选拔与人员测评

人员选拔是企业经过相应的招聘之后,运用各种科学的评价方法和手段,从对候选者的资格审查开始,经过用人部门与人力资源部的共同初选、体检、个人资料核实到人员甄选的过程。选拔是在众多的申请者中挑选出符合岗位要求的申请者,并由他们来填补空缺的过程。选拔是一种区分、预测及匹配的过程。由于每个组织的文化和历史不同,对员工的要求也不尽相同。企业需要寻找那些能够适应组织发展和组织文化的候选人。由于这一步直接决定最后的人员录用,因而这是招聘过程中最为关键的一步。同时,在这一过程中会运用多种选拔和测评方法,包括有关的人员测评技术。

一、人员选拔

能否在众多的申请者中挑选出符合岗位空缺要求的合格申请者,对一个组织的生产经营活动产生重大影响。调查表明,80%的全球高层管理人员认为,在2010年的时候,吸引和挽留人才成为企业战略的首选。人员选拔与测评是招聘系统中技术性最强的工作,涉及多种方法,对应聘者的心理素质、个性特征、能力、智商、身体条件、知识和技能、工作经历等各个方面进行系统测试。

(一) 人员选拔与评价的意义

自古至今,人才选拔在组织的发展中都起到非常重要的作用。例如汉代的举孝廉和隋唐以来的科举选拔制度,都是对行政人员的选拔。改革开放以后,人才选拔的方式多种多样,尤其是企业选拔制度有了很大改善。人才选拔不再是单一的考试和面试,诸如心理测验、能力测试、评价中心、情景模拟等方法都进入选拔人才行列。有效的方法对人员的甄选的可靠性与有效性提供了帮助。当然,能否正确选拔到适合组织的人才,将对企业的发展起到至关重要的作用。

(1) 良好的选拔计划有助于组织及时获得岗位需要的各类人才,为人员的预测提供发展基础。有效的选拔计划,可以提供应聘者的知识、技能、能力、人格、兴趣、偏好、优缺点等相关信息,为培训和开发未来的员工、提高绩效奠定基础。

(2) 良好的选拔计划有助于降低人员招聘风险,节约企业的招聘成本。通过对应聘者进行选拔和测评,可以了解候选人的个性、人格、能力、工作风格,得出一些诊断性信息,从而分析出候选人是否胜任空缺岗位的工作。通过选拔和评价,可以找到与空缺岗位相匹配的人选,从而减少了为获得必要的工作技能而额外支出的培训费用,或招聘失败所带来的巨大招聘成本和误工成本。

(3) 良好的选拔计划有利于人员的安置和管理。通过人员的选拔和评价可以了解一个人素质的高低,可以知道一个人的优点和缺点,这样可以通过适当的社会化措施,扬长避短,用人所长,把最合适的人配置到最合适的岗位上。从而做到人尽其才,人岗匹配。

(二) 人员选拔的过程

选拔工作并没有一成不变的模式,工作程序常常因组织规模大小、空缺职位数量与要求、公司办公效率、人力资源市场供应和企业需求紧迫程度而决定。一些组织通过浏览申请表和简历便决定这些员工是否被录用,另外一些企业则通过精巧的设计,有时甚至是昂贵的选拔系统尽最大可能选出最佳候选人。一般来说,企业对应聘者的选拔要经历以下步骤:简单交谈、填写职位申请表、选拔测试、选拔面试、履历审核和背景调查、体格检查和正式录用。如图8-2所示。

(1) 简单的交流。在应聘者填写职位申请表之前,招聘人员可以先行和应聘人员进行简单的交流,初步了解应聘者是否符合空缺岗位的基本要求,并向申请者介绍公司的组织文化、发展历史和产品等基本情况,如实说明公司对此岗位的要求和回答应聘者存在的困惑。

(2) 填写职位申请表,递交简历。对潜在员工进行最初的筛选通常是通过调查并且让申请者填写一份申请表来完成的。申请表中应该询问的项目有一般传记性信息;工作经历信息,包括最近的工作、企业姓名、地址、在职日期、职位、离职原因;个人基本信息:姓名、性别、年龄、住址、联系方式、受教育程度、大学经历、培训情况。有些还附加推荐信或者求职信。

(3) 选拔测试。选拔测试的方法有很多,许多用人单位都将各种形式的测试作为人员选拔程序的重要组成部分,并借助这些测试,进一步判断申请者是否具备与职务工作有关的各种知识及技能。选择测试的方法有多种,通常包括:面试、笔试、心理测验、评价中心等。

(4) 面试。面试是所有选拔方法中使用最为广泛的一种筛选方法,几乎所有的企业在所有的职位选拔中都会运用到面试。面试是指在招聘选拔的过程中,面试官与应聘者在特定的场景中进行双双互动的交流活动。面试有多种分类如根据问题的呈现方式有结构化面试、半结构化面试和非结构化面试。根据面试提问的方式则可以分为提问式面试、非引导式面试、情景面试和压力面试。面试可以作为一种普适化的选拔方法对应聘者的个人知识、能力、经验、品德特征、身体条件以及反应灵敏度和外貌进行全方位的测试,因此对企业选拔人才起到至关重要的作用。

(5) 履历审查和背景调查。经过几轮的筛选工作后,用人单位常常会对其中优胜者的履历及其背景进行调查,以便做出最终的录用决策。用人单位一般通过电话、电子邮件、信函或登门拜访等方式,对申请人的学校或者以往工作过的单位的老师或者主管了解其工作能力、品行和人际关系情况,以证实应聘者提供的信息是否虚假。

(6) 身体检查。许多组织要求在录用前进行一次彻底的身体检查,从而确保该候选人在身体状况方面具有履行该空缺岗位的工作能力。这样既能避免员工投诉由于工作环境导致的身体伤害而要求经济补偿,也可以避免将身体虚弱不能胜任工作的员工录用而影响企业的生产经营。身体检查必须符合国家法律的要求,对真正不符合职业要求的申请者进行淘汰,而不能戴有色眼镜,对申请者有歧视行为。身体检查一般在用人单位淘汰了其他不合格者之后进行,以降低企业的选拔成本。

(7) 正式录用。经过层层的选拔程序之后,用人单位最终可以向挑选出的优胜者发出录用通知,并对其进行试用。通过试用期的工作表现,可以让员工了解是否胜任空缺工作岗位。

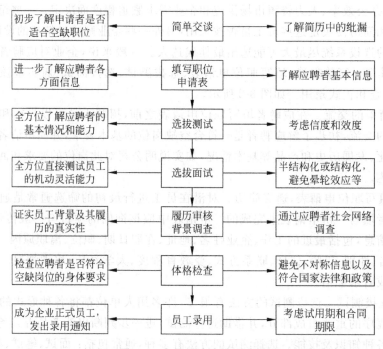

图 8-2　人员招聘选拔的流程

二、人员选拔测评

(一) 人员录用测评概述

人员测评概念在许多场合广泛使用,也经常见诸报纸、杂志。而当前的人事工作在很多管理环节都不同程度地借鉴、引用人员测评技术,小到小型公司录用新员工,大到机关录用干部、公务员竞争上岗、人员招聘考核等都在利用测评技术。

人员测评是指通过一系列科学的手段和方法对人的基本素质及其绩效进行测量和评定的活动。人员测评的具体对象不是抽象的人,而是作为个体存在的人其内在素质及其表现出的绩效。人员测评的方法包含在概念自身中,即人员测量和人员评价。人员测评的主要工作是通过各种方法对被试者加以了解,从而为企业组织的人力资源管理决策提供参考和依据。

(二) 人员录用测评的基本功能

1. 鉴定功能

鉴定功能是人员测评的最直接的功能。鉴定是指对人的心理素质、能力素质、道德品质和工作绩效等作出鉴别和评定。由于人员测评综合采用了多种科学方法和技术,它能依据人员测评的目的和要求对被测试者进行更为客观和准确的鉴定,并将鉴定的结果以定量或定性的方式表示出来。人员测评鉴定功能的实现有赖于人员测评工具的科学性和人员测评实施过程的规范性以及鉴定标准的适当性,这三者是实现人员测评的鉴定功能的必要条件。

2. 预测功能

素质测评尤其是心理素质测评,是在对员工过去和现在素质及大量表现行为全面了解和概括的基础上,判断素质表征行为运动群的特征和倾向的过程。心理学是人员测评的重要理论基础,有关人的发展规律是心理学研究的重要领域。在进行人员测评工具设计时就已经考虑到人的发展规律了,更为重要的是用于人员测评的量表在编制过程中,非常注重对其效度的研究,即探索人员测评的结果与某一段时间后的工作行为(或实绩)之间的关系。通过素质的量和质的测评可以测量个体素质的差异,这样就可以根据各个被测评者目前的素质差异了解他将来发展的差异。

3. 诊断功能

人员测评的诊断功能就是指采用一定的人员测评技术和方法对被测评者的相应要素进行客观评价,使组织和个人能够进行反省和自我检查,找出存在的问题、缺陷和不足,以便采取针对性的措施加以改善,如优化组织结构、改善思维方式、更新知识和观念等,使组织和个人清除前进中的障碍,实现可持续发展。

4. 导向功能

所有人员测评都是有目的的,无论是主测者还是受测者,都不是为测评而测评,而是要根据测评结果作出决策,如是否录用、是否晋升、是否给予奖励等。人员测评的结果总是与人们的某种利益或个人发展息息相关。因此,好的人员测评结果总是人们所希望的。为了获得好的测评结果,被测评者往往要针对测评的内容和标准,进行各种学习和训练。由此,吸收了新的知识,提高了能力和技能,增强了自身的素质和修养。人员测评的导向功能体现在测评的内容和评价标准反映了社会对人员的需求标准。如果被测评者均以测评的内容和标准为导航,自觉地用他们所认可的测评要素以及其标准来调整自己的行为,强化自己的基础和实际技能,则社会人员需求和供给的差距就会大大缩小。正是从这个意义上看,人员测评具有导向功能。

5. 激励功能

激励功能是指人员测评能够激励人们积极进取的愿望与动机,使人们自觉自愿地努力学习和工作,从而不断地提高每一个人的素质和工作能力。每个人都有自尊和进取的需要，希望自己在人员测评中取得好成绩、好结果。这就迫使人们发奋努力、不断进取。从行为修正激励理论观点看，获得肯定性评价的行为将会趋于高频率出现，而获得否定性评价的行为将会趋于低频率出现。因此，人员测评是促使个体素质的培养与修养行为向着社会所要的方向发展的强化手段。

（三）人员录用测评方法

1. 纸笔考试

纸笔考试主要用于测量人的基本知识、专业知识、管理知识、相关知识以及综合分析能力、文字表达能力等素质及能力要素。它是一种最古老、而又最基本的人员测评方法，至今仍是企业组织经常采用的选拔人才的重要方法。纸笔考试在测定知识面和思维分析能力方面效度较高，而且成本低，可以大规模地进行实施，成绩评定比较客观，往往作为人员选拔录用程序中的初期筛选工具。

2. 心理人格测验

心理测量是通过观察人的具有代表性的行为，对于贯穿在人的行为活动中的心理特征，依据确定的原则进行推论和数量化分析的一种科学手段。心理测验是对胜任职务所需要的个性特点能够最好地描述并测量的工具，被广泛用于人事测评工作中。心理测验使用比较广泛的有：标准化测验和投射测验。标准化心理测验一般有事前确定好的测验题目和答卷、详细的答题说明、客观的计分系统、解释系统、良好的常模以及测验的信度、效度和项目分析数据等相关的资料。通常用于人事测评的心理测验主要包括：智力测验、能力倾向测验、人格测验、其他心理素质测验，如兴趣测验、价值观测验、态度测评等。标准化的心理测验同样具有使用方便、经济、客观等特点。

投射测验主要用于对人格、动机等内容的测量，它要求被测试者对一些模棱两可或模糊不清、结构不明确的刺激做出描述或反应，通过对这些反应的分析来推断被试者的内在心理特点。它基于这样一种假设：人们对外在事物的看法实际上反映出其内在的真实状态或特征。投射技术可以使被试者不愿表现的个性特征、内在冲突和态度更容易地表达出来，因而在对人格结构、内容的深度分析上有独特的功能。但投射测验在计分和解释上相对缺乏客观标准，对测验结果的评价带有浓重的主观色彩，对主试和评分者的要求很高，一般的人事管理人员无法直接使用。

3. 面试

面试是通过测试者与被试者双方面对面地观察、交谈，收集有关信息，从而了解被试者的素质状况、能力特征以及动机的一种人事测量方法。可以说，面试是人事管理领域应用最普遍的一种测量形式，企业组织在招聘中几乎都会用到面试。面试按其形式的不同可以分为结构化面试和非结构化面试。

（1）结构化面试。所谓结构化面试就是首先根据对职位的分析，确定面试的测评要素，在每一个测评的维度上预先编制好面试题目并制定相应的评分标准，对被试者的表现进行量化分析。不同的测试者使用相同的评价尺度，对应聘同一岗位的不同被试者使用相同的题目、提问方式、计分和评价标准，以保证评价的公平合理性。

（2）非结构化面试。非结构化面试则没有固定的面谈程序，评价者提问的内容和顺序都取决于测试者的兴趣和现场被试者的回答,不同的被试者所回答的问题可能不同。

面试的特点是灵活,获得的信息丰富、完整和深入,但是同时也具有主观性强、成本高、效率低等弱点。同时,面试过程中会产生相应的错误,如第一印象、晕轮效应、个人偏见、对比性错误和类我偏见。

为避免类似错误和偏见的出现,组织在设计面试时,必须采用战略面试法。战略面试通常采取下列做法:收集适当的信息支持或反驳直觉;运用有序的方法翔实记录你作出聘用决定的过程;审核决策过程和结果;在可行与适合的情况下采取团队面试;有效聘用决定对招聘和人员保留的作用。

选拔中可供运用的测试见表 8-3。

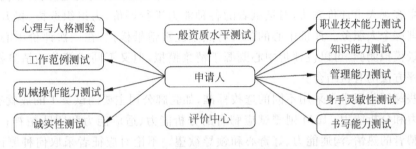

图 8-3　选拔中可供运用的测试

4. 情景模拟

情景模拟是通过设置一种逼真的管理系统或工作场景,让被试者参与其中,按测试者提出的要求,完成一个或一系列任务,在这个过程中,测试者根据被试者的表现或通过模拟提交的报告、总结材料为其打分,以此来预测被试者在拟聘岗位上的实际工作能力和水平。情景模拟测验主要适用于管理人员和某些专业人员。常用的情景模拟测验包括以下几方面。

(1)文件筐作业。将实际工作中可能会碰到的各类信件、便笺、指令等放在一个文件筐中,要求被试者在一定时间内处理这些文件,相应地作出决定、撰写回信和报告、制订计划、组织和安排工作。考察被试者的敏感性、工作独立性、组织与规划能力、合作精神、控制能力、分析能力、判断力和决策能力等。

(2)无领导小组讨论。安排一组互不相识的被试者(通常为 6~8 人)组成一个临时任务小组,并不指定任务负责人,请大家就给定的任务进行自由讨论,并拿出小组决策意见。测试者对每个被试者在讨论中的表现进行观察,考察其在自信心、口头表达、组织协调、洞察力、说服力、责任心、灵活性、情绪控制、处理人际关系、团队精神等方面的能力和特点。

(3)管理游戏。以游戏或共同完成某种任务的方式,考察小组内每个被试者的管理技巧、合作能力、团队精神等方面的素质。

(4)角色扮演。测试者设置一系列尖锐的人际矛盾和人际冲突,要求被试者扮演某一角色,模拟实际工作情境中的一些活动,去处理各种问题和矛盾。

情景模拟测验能够获得关于被试者更加全面的信息,对将来的工作表现有更好的预测效果,但其缺点是对于被试者的观察和评价比较困难,且费时。

5. 评价中心技术

评价中心技术在第二次世界大战后迅速发展起来,它是现代人事测评的一种主要形式,被认为是一种针对高级管理人员的最有效的测评方法。一次完整的评价中心通常需要两三天的时间,对个人的评价是在团体中进行的。被试者组成一个小组,由一组测试人员(通常测试人员与被试者的数量为1:2)对其进行包括心理测验、面试、多项情景模拟测验在内的一系列测评,测评结果是在多个测试者系统观察的基础上综合得到的。

严格来讲评价中心是一种程序而不是一种具体的方法,是组织选拔管理人员的一项人事评价过程,不是空间场所、地点。它由多个评价人员,针对特定的目的与标准,使用多种主客观人事评价方法,对被试者的各种能力进行评价,为组织选拔、提升、鉴别、发展和训练个人服务。评价中心的最大特点是注重情景模拟,在一次评价中心中包含多个情景模拟测验,可以说评价中心既源于情景模拟,但又不同于简单的情景模拟,是多种测评方法的有机结合。

一些跨国公司常常采用不同的选拔标准,如壳牌公司主要测试员工的成就感、人际关系能力和分析能力;IBM 则测试应聘者的分析能力、适应能力和团队精神;思科则考虑应聘者的热情、沟通能力、好奇心和领导欲望。不论对应征者采取何种测试,企业招聘的最终目的都是选拔到适合企业的员工。

人员录用的测评方法及使用频率见表 8-4。

表 8-4 人员录用的测评方法及其使用频率

方　　法	被公司采纳的比例	方　　法	被公司采纳的比例
面试	94	心理能力测试	31
申请表	87	人格测试	17
能力测试	78	诚实性测试	7
身体检查	50		

第四节　人员招聘录用效果评估

一、人员招聘录用失误的代价

如果在招聘录用中出现失误,公司将付出沉重的代价。错误选拔的不利影响主要表现在以下几个方面。

(1) 公司绩效受到影响。当公司招聘的是空缺岗位的员工时,新进员工如果不能胜任现职岗位,直接的损失就是公司的绩效目标难以实现。同时,由于机会成本,公司本应该招聘到比较好的员工来完成该岗位的工作,却由于不合格的招聘,可能丧失了大量的业务机会。

(2) 公司形象受到影响。根据分选效应理论,一个好的行业或者企业,应该招聘到好的员工。当招聘的员工素质低下,特别是在公共关系部门和服务部门,对公司形象的影响更加巨大。社会认同理论研究发现,人们对组织的认同和依附感不仅受自我概念的影响,也受企业形象的影响。当企业招聘到不合格的员工时,人们可能将此归结为企业也不合格。因此,错误的选拔和录用会严重影响企业的形象。

(3) 影响士气。社会资本理论认为,人们更愿意和自己地位等同或者高于自己地位的人交往。一旦错误录用了不合格的员工,可能降低人们对企业和自己的期望。因为员工是"大"的部分里的一个,他们希望在自己的团队中,谈笑有鸿儒,往来无白丁。一个不合格的招聘不仅影响团队氛围,也大伤员工士气。另外,当员工发现,同一岗位上存在能力更弱的竞争者,而工资一样,公平的天平将向"我的投入产出比大于他的投入产出比"倾斜。员工会抱怨企业不公平,也会使员工失去理智从而影响员工士气。

(4) 浪费了大量的招聘成本。不称职的员工不但工作绩效低,而且会浪费企业的人工成本和招聘成本。招聘选拔工作的失误往往使企业蒙受巨大损失:国家招聘一个公务员的成本大约为 2.6 万元,而面试一个中层经理的费用在千元以上,参加一次人才交流会的成本在 2 000 元以上。同时,企业不得不重新招聘一个新的员工来取代他。相应来说,招聘所造成的损失或者耗费的成本主要有:招聘广告费(或人才交流会租金);招聘甄选成本(简历筛选、申请表制作成本及人工成本、面谈所花费的人力、心理测试成本,体检一般是应聘员工自己支付费用);新员工培训费用;新员工工资;行政人员办公支出和工资支出;误工费用;机会成本:合格员工产出的成果等。

二、人员招聘录用方法的价值评估

对招聘结果进行评估是整个招聘工作中的最后一个环节,它可以帮助企业分析招聘工作的实际效果。人员录用的评估,包含两个方面:一是对员工招聘结果的成本效益评估;一是对招聘选拔方法的评估。这一部分首先对员工录用方法进行评估,下一步在此基础上对录用结果的价值进行评估。

虽然我们介绍了多种人员录用测评的方法,但组织必须了解,每种方法使用的频率及其稳定性、可靠性和有效性是不同的。调查表明,在所有的人员录用测评方法中,面试可能是最为普遍的一种方法,其次是申请表和能力测试。

在对人员录用进行测评时,信度和效度是对测试方法的最基本要求。只有信度和效度达到了一定要求,其测试结果才能作为录用的依据。

(一) 信度

员工测试必须考虑其可靠性或者信度。测试信度意味着测试与测试值一致。要使测试与测试值一致,测量必须没有误差。测试值中常常包含两个部分:真值和误差。误差可以是系统的,也可以是人为的。系统的误差包括在心理测试中使用的一些工具。人为的误差常常包括设计面试问卷不规范、笔试题目出现偏差等。常用的测试信度的方法有重测法、分半法、复本法和内部一致性等。重测信度或再测信度表明多次测试的稳定性,它是指用相同的一种方法对同一组应聘者在两个不同的时间进行测试的结果的一致性。譬如对相同的应聘者进行的两次面试。再测信度与方法本身有关,也受应聘者成熟程度影响。

复本信度又称等值系数。要使用复本测试法来评估信度,必须就同一城市产生两份相同试题。这两个测试不完全一样,但它们要涉及相同的材料并具有相同的难度和长度。通过考察两次测量的相关系数，产生的系数称为等效系数。如果相关系数较高（如高于0.80），表明测量比较可靠；如果相关系数较低（如0.30），表明测量不可靠。

分半信度是指将进行同一次测量所得结果（样本）随机分成相等的两半，所得的这两部分结果的相关系数。这种方法的依据是如果测试中问题比较接近或者相似，他们之间的相关性应该很高。这表明，每一半样本在内容和形式上可以代表整个样本。

内部一致性系数被用来确定每个测试是否都度量同一结构。最为常用的是科隆巴赫系数。

（二）效度

效度即有效性或准确性，是指实际测评到的应聘者的有关特征与想要测到的特征的符合程度。有许多不同的方法可以用来评估效度。效度主要有四种：内容效度、表面效度、构念效度和效标效度。

（1）内容效度。即测试方法能真正测出想测的内容的程度。在使用内容效度时，必须注意，被度量的概念必须与特定的工作相关。良好的工作分析能够帮助人力资源管理者确定测试中度量的特定知识、技能和能力是否胜任该岗位所需的知识、技能和能力。内容效度还要证明要求应聘者完成的那些测试项目可以代表应聘者在工作中会遇到的各种情况和难题。

（2）表面效度。如果接受此项测试的人认为测试项与工作相关，那么该测试方法就具有表面效度。换句话说，表面效度就是从表面上看来该测试似乎与工作要求的知识、能力和技能相关。

（3）构念效度。是指某个特定的测量与其他测量之间的关系是否符合理论假设。所谓构念主要是由研究者通过抽象、假设而提出的一些可操作性的概念或特质，如人力资本、社会资本、工作满意度、创造力等。这些构念往往不能直接测试，要通过一定指标或者设计的题目进行测试。如果一项测试得出的结果可以准确反映出要度量的结构，那么就认为该项测试具有构念效度。

录用测评工具的有效性见表8-5。

表8-5 录用测评工具的有效性

工　　作	能　　力	有　效　性
生产一线主管	一般智力	0.64
	机械能力	0.48
	空间判断力	0.43
机械维修员	机械原理	0.78
警官和侦探	数量能力	0.26
	推理能力	0.17
	空间感和机械能力	0.17
计算程序员	数字类比	0.46
	算数推理	0.57

（4）效标效度。人力资源管理者利用效标效度来确定测试是否可以准确预测结果。效标效度就是预测因子（如简历、求职表、心理测试、能力测试、诚实性测试）和效标

尺度(绩效评价方法、绩效评价等级)之间的相关性。相关性越高,预测因子对测试结果(效标)预测越准确。效标效度实际上是建立一种标准或准则,利用这种标准或者准则来预测员工未来的绩效。选拔中所使用的方法就是这种标准或者准则,如利用面试结果来预测员工能力高低和将来绩效的好坏。

三、人员招聘录用结果的价值评估

员工招聘录用的核心是获得有价值的、高质量的员工,并使员工离职率最低、工作满意和工作绩效高以及雇佣双方产生心理契约。在实物方面要考虑填补空缺岗位的成本、填补空缺岗位的速度、填补空缺岗位的数目以及填补空缺岗位的多元化。评估招聘的结果主要是考虑申请者质量、申请者数量、申请者的来源多元化以及接受比(ratio of offers acceptances)。而要处理好这些问题,有三个基本前提:增强企业的吸引力;有效确定招聘对象;获取有效的人力资源信息。

(一)增强企业吸引力

什么样的企业最具吸引力?最受欢迎的雇主有哪些特点?2005年中央电视台所做的调查发现,最受欢迎雇主所保有的标准有以下十条。

(1) 有将企业发展目标与员工自身发展目标联结在一起的人力资源规划和员工生涯规划,使员工在实现企业目标的同时能实现自身价值,这是员工快乐工作的基础;

(2) 员工互相尊重,工作心情舒畅,快乐工作,人际关系和谐;

(3) 企业成功的同时能让员工体会到自身的成就,共同分享成功的喜悦;

(4) 员工有成长、提高的空间,有施展员工自身才华的平台;

(5) 领导四不(不偏听、不偏心、不偏信、不制造矛盾),三公(公开、公平、公正),四结合(信任与监督相结合、权力与监管相结合、责任与激励相结合、薪酬与指标相结合);

(6) 有明确的责任、权益制度,工作监督检查整改复审制度,投诉制度,激励制度、合理化建议制度;

(7) 有能为广大员工所认同、接受的企业文化,员工在认同、接受的基础上,大多数能自觉将企业文化作为自身的工作、行为标准;

(8) 为员工提供有利于企业目标实现的有针对性的、个性化的支持和服务;

(9) 了解员工意见、建议,分析原因,有改进措施,不断提高员工满意度;

(10) 了解员工自身的特点,有针对性地对其培养提高,根据员工的特点,将员工安排在合适的工作岗位上。

另外一些研究者认为,报酬高、就业安全、福利好、员工参与程度高、学习机会多、提升机会多、工作环境好、工作具有挑战性、公司信誉好、产品竞争力强是企业吸引劳动者的十佳因素。双因素理论认为保健因素包括公司政策、管理措施、监督、人际关系、物质工作条件、工资、福利等。当这些因素恶化到人们认为可以接受的水平以下时,就会对工作产生不满意。但是,当人们认为这些因素很好时,它只是消除了不满意,并不会导致积极的态度,这就形成了某种既不是满意、又不是不满意的中性状态。那些能带来积极态度、满意和激励作用的因素就叫做"激励因素",是那些能满足个人自我实现需要的因素,包括成就、赏识、挑战性的工作、增加的工作责任,以及成长和发展机会等。如果这些因素具备了,就能对人们产生更大的激励作用。从这个意义出发,赫茨伯格认为传统的激励假设,如工资刺激、人际关系的改善、提供良好的工作条件等,都不会产生更大的激励;它们能消除不满意,防止产生问题,但这些传统的"激励因素"即使达到最佳程度,也不会产生积极的激励。

实际上,近期研究表明,报酬和福利可能是最好的激励因素之一。因为存在逆向选择问题,报酬水平决定应聘者的总体质量。当报酬下降时,优质应聘者和员工首先离开,另谋高就。分选效应的研究表明,薪酬高的行业和职业招聘到高质量的员工。就业安全是隐性收入,而福利是非货币收入。为了实现一生价值最大化,员工往往在收入水平和就业安全、货币收入和福利、当前收入和未来收入、收入和工作环境、自我实现和情感多种因素之间进行平衡。企业要增强吸引力,实现企业最终的发展战略目标,必须确保招聘到理想的员工,提供发展机会,采取合理的激励机制和退出机制。

(二) 有效确定招聘对象

工人们常常带着自己的私人信息去面试。他们既有可能具有某些自己一时无法加以证明但却能够提高绩效的实践经验,也有可能知道自己存在某些可能阻碍他们在某项特定工作中达到最高效率的潜在问题。员工的能力、知识和生产率往往会给企业带来巨大收益,因此应该有效确定招聘对象。那么什么是理想的员工呢?理想员工因企业的具体条件而不同,没有最好的,只有最合适的。成本效益最好的劳动力是那种工资和产量之间比率最低的劳动力。

理想的员工往往是与企业组织文化最匹配的员工,也是工资与生产率之比最低的员工。企业不是休闲场所,也不是集中营。理想的员工具有普适的情景特征。

(1) 现实能力。是已有知识与能力的体现。当代经济的特征就是环境变化快,未来不确定性大,有短期行为倾向的企业或者部门,需要聘用现实能力强、来了就能干的员工。譬如为了击败竞争对手可口可乐公司,与竞争对手不同,百事可乐公司倾向于招聘有经验的员工。

(2) 潜力。潜力也就是人类原本具备却忘了使用的能力,也就是存在但却未被开发与利用的能力。潜能的动力深藏在我们的深层意识当中,也就是我们的潜意识。潜意识内聚集了人类数百万年来的遗传基因层次的资讯。它囊括了人类生存最重要的本能与自主神经系统的功能与宇宙法则,即人类过去所得到的所有最好的生存情报,都蕴藏在潜意识里,因此只要懂得开发这股与生俱来的能力,几乎没有实现不了的愿望。员工的潜力取决于学习能力和适应能力。稳定的和成长型的企业,应该有长远计划,多聘用有潜力的年轻员工。

(3) 创造力。许多人把创造力定义为能够带来重大价值的产品、服务、流程或是更新、更好的创意。个体层面的创造力是指在个体水平上产生的新颖的、同时又是切实可行的、对组织而言具有价值的产品、过程、方法与思想。两类企业特别需要招聘具有创造力的员工:新创企业和高科技企业。由于创新是与风险紧密联系在一起的,安全第一的企业要多用循规蹈矩的人。当然,一些公司可能更加强调高层创造力,另外一些公司可能强调基层员工的创造力。

(4) 性格品行。中国古代对人员的选拔首倡德才兼备,现代研究表明情商也是员工成功和产生高效率、减少阻碍的品行之一。大五人格和大七人格的研究表明,不同性格品行的员工的工作效率不一致。如表8-6所示。研究表明,诚实性、可靠性、乐观、合作精神和成就欲望等比能力更重要。在服务型企业中,个体的性格品行可能与绩效更加相关。

(5) 产出价格比。公司招聘员工的最终目的是要获得价值增值,或者说雇用到那种工资和产量之间比率最低的劳动力,详细的分析见下一节。

与工作绩效相关的性格品质见表8-6。

表8-6 与工作绩效相关的性格品质

总因素	子维度	具体因素	分类
大五人格	神经质	焦虑、生气、敌意、沮丧、敏感害羞、冲动、脆弱	Costa 和 McCrae (1985)
	外向	热情、乐群、支配、忙忙碌碌、寻求刺激、兴高采烈	
	开放性	想象力、审美、感情丰富、尝新、思辨、不断检验旧观念	
	宜人性	信任、直率、利他、温顺、谦虚、慈悲	
	责任感	自信、有条理、可依赖、追求成就、自律、深思熟虑	
大七人格	适应性	感情稳定、能承受压力	Hogan 和 Shelton (1998)
	抱负	充满活力、力量、竞争性	
	社交能力	爱交际、外向	
	宜人性	亲切、友好、容忍、有节制	
	可依赖性	自控、诚实、可依赖	
	精明	有创造力、艺术敏感性、有文化修养	
	成就感	任务定向、工作努力、耐力	

(三) 有效评估招聘对象

对人员招聘录用的价值评估主要是对招聘的效果(确切地说,是对招聘的收益)进行评估。企业在作出质量和工资的组合决策后,必须能够以最低的成本吸引到高质量的求职者。对招聘结果的评估是指用人单位在录用一定数量的新员工后,根据特定的指标,运用有效的评估方法,对整个招聘工作的数量、质量、效率和效益进行评价。这里将围绕评估的内容、评估的指标和方法进行阐述,涉及评估的招聘成本、成本效用、招聘成本率等。对招聘结果进行评估通常涉及以下几个方面的内容。

(1) 评估招聘工作的数量。一个良好的招聘计划能够吸引大量的申请者前来应聘,以便用人单位在人员招聘录用时有更大的选择余地。事实已经证明,在筛选结果能够导致较大比例的求职者被拒绝的情况下,对求职者进行筛选更有利可图。当应聘者的净价值为正时,企业就会录用他们。这就意味着,当应聘者中有相当大一部分人可能给企业带来负的收益时,选拔和评估是有收益的。如果仅仅从100名应征者淘汰1名员工,选拔得不偿失。申请者的数量主要受报酬、就业安全、福利、员工参与程度、学习机会、提升机会、工作环境、工作意义、公司信誉、产品竞争力等因素影响。工作越富有吸引力,应征的蓄水池水位越高。录用员工数量评估主要考虑录用率、招聘完成率和应聘率三个方面。

$$录用率 = \frac{录用人数}{应聘人数} \times 100\%$$

$$应聘率 = \frac{应聘人数}{计划招聘人数} \times 100\%$$

（2）评估招聘工作的质量。衡量一次招聘是否成功,除了考虑吸引申请人数量之外,还要考虑吸引的申请者的质量。对录用人员的质量评估实际上是对录用员工的能力、潜力、素质和经验的综合评估。前面已经谈到,招聘质量的要求视企业的不同而不同。用于招聘质量的评估主要有员工胜任率和员工留职率。在实际岗位中,胜任的录用员工越多,招聘录用的质量越好。与此相似,留置于企业的高质量员工越多,招聘的质量越好。

$$录用胜任率 = \frac{录用者中胜任工作的人数}{总录用人数} \times 100\%$$

$$录用留职率 = \frac{录用者中留任工作的人数}{总录用人数} \times 100\%$$

（3）评估招聘工作的效益。对招聘结果的评估还涉及评估招聘工作的效益,这涉及招聘工作的成本以及相应的收益。招聘的成本主要包括直接成本与间接成本。直接成本包括行政人员的工资、媒体广告费、差旅费、委托费、电话费、选拔费、人才中心租金等。间接成本主要包括新员工岗前培训费、不合格员工辞退费、机会成本、误工费等。招聘结果效益的评估主要是评估成本和收益的比例,如总成本收益率、招募成本效益、选拔成本效益、录用成本效益以及收益比例。

第五节 人力资源获取的战略性思考

吸引、配置和留置员工是任何组织赖以生存和发展的有力武器。后工业时代企业的实质就是人才的竞争。高效的招聘、选拔和录用高素质的人才是企业获取持续竞争优势的关键。组织的战略决定了企业招聘和选拔的过程。一般来说,具有不同战略的组织应该招聘不同的人员。同时组织的结构和生命周期也决定了文化价值主体和招聘员工的特征。企业在招聘、选拔和录用员工时,应充分认识到企业所处的外部市场和内部文化、机制的整合,否则员工可能因与组织目标和价值不一致而离开企业。

一、组织战略目标与人力资源获取

公司层面的战略应回答的关键命题是企业要做什么,如何做以及由谁来做。业务单元(SBU)层面的战略关键命题是向那些目标客户以何种方式提供什么样的产品或服务。企业人力资源战略是企业战略的一部分。人力资源的获取与企业战略密切相关。采取低成本战略的企业,在员工招聘时,往往比较注重员工招聘成本,在选拔时,仅仅用简历、面试和纸笔测试,以缩减成本支出。相反,寻求差异化的策略的企业,可能对员工的甄选采取较为严密的策略,如通用电气公司招聘强调文化的适应与契合问题。杰克·韦尔奇在GE2000年度报告上曾经把GE员工分为三种类型:(1)既能为公司创造价值又符合公司的文化精神、价值标准的人,要提拔重用;(2)目前不能为公司创造价值,但其思维方式、价值观念符合公司的文化精神、价值标准的人,要对其进行培训,为其创造发展机会;(3)能够为公司创造价值,但其思维方式、价值观念却不符合公司文化精神和价值标准的人,开除掉。因此,企业的人力资源招聘、选拔与录用必须与企业的战略匹配。表 8-7 展示了在三种基本竞争战略情况下的人力资源获取战略。

表 8-7 与战略匹配的人力资源招聘与录用

人力资源获取策略	基本竞争战略		
	成本领先	差异化	目标聚集
员工来源	外部	内部	两者兼顾
晋升阶梯	狭窄、不易转换	广泛、灵活	狭窄、不易转换
甄选决策	人力资源部	业务部门	结合两者
甄选方法	简历和面试为主	多重方法	心理测试
甄选标准	强调技能	强调与文化的契合	结合两者
社会化过程	正式的雇用和社会化过程	非正式的雇用和社会化过程	结合两者

二、建立以企业文化为基础的用人机制

企业文化是以企业的历史上形成的价值观为核心,以管理体系所规范的行为和生活方式为表现的精神文化和物质文化的总和。企业文化具有影响和规范企业内部员工思想和行为的作用,引导人才在行为上寻求一种最佳的行事方式,实现企业发展的战略目标。人力资源部门要通过对人才的招聘、甄选、上岗培训等,将企业文化的核心价值观渗透到人才的头脑中,通过工作预览和社会化过程,使员工的工作价值观和组织目标有机结合,使人才产生对组织的认同感,强化自我观念和外部形象的一致性,将企业的发展和人才的发展高度紧密地结合在一起,使人才的发展跟上企业的发展。同时,随着企业的发展,还要不断丰富企业文化的内涵和外延,使企业文化的发展跟上时代的脚步,吸引和留住时代前沿人才。

英特尔(Intel)在用人上强调六个核心价值观:(1)以客户为导向;(2)纪律严明;(3)质量至上;(4)鼓励尝试冒险;(5)良好的工作环境;(6)以结果为导向。英特尔(Intel)总裁葛鲁夫用最简洁的语言揭示了企业独特的文化和对高层人才的要求:只有偏执狂才能生存。偏执的发明,偏执的经营,偏执的成功。

英特尔在招聘及用人方面体现了其核心价值观和企业文化。英特尔通过猎头、纸媒体广告、人才网站来寻找人才,在销售和市场方面需要更多的是有工作经验的人,研究和开发方面则招聘了许多毕业生。公司内部设立员工推荐奖,如果员工能够推荐一名优秀员工将给予奖励。与此相对应,公司给予离开的人有一次重复雇用的机会,对于离开的员工都会做离职面试,通过此项行动了解自己,或者留住员工。

英特尔对人员的甄选非常严格,尤其是面试方面。英特尔有一套全球共用的职位素质系统,用人经理可以网上去看,结合这些标准,再结合具体的情况,确定即将招聘

位置的素质标准。面试时考虑应聘者是否适应英特尔的六个价值观,了解他们与六个价值观的匹配情况,通过应聘者价值观与公司价值观的一致性对人才进行甄选。

三、像招聘一样管理离职员工

在中国,企业员工离职问题特别严重,特别是在经济发达地区。2002年10月30日～11月3日,勺海市场调查有限公司对北京、上海、广州三地615名居民的调查显示,参加工作以来,跳过1～2次槽的被访者占总体的46.5%,跳槽3～5次的占43.7%,少数被访者(占总体的9.8%)跳槽超过6次以上,现代人多次变换工作已是大势所趋。调查还发现,近2/3的被访者表示"如果有可能,还会继续跳槽",北京和上海的这一比例是70.1%;广州的比例为57.1%。

由此可见,"员工的频繁离职"是中国企业目前面临的最为严重的问题之一。这种情况带来的直接结果就是"企业人才匮乏"。随着大型国际企业纷纷到中国建立长期据点,以及大量中小型企业随后而入,中国目前正面临人才短缺以及人员流动的问题,高层领导人的短缺尤其严重。基于市场需求急切,中国的人力资源成本仍有逐年上升的趋势。专业人才不足的现象,尤其是金融、市场销售以及研究与开发等领域显得尤为突出。此外,优秀的管理人才更是企业所渴求的对象。翰威特公司的调查表明,在中国有45.1%的企业仍面临管理人才短缺的问题。反观韩国、中国香港和中国台湾,缺乏管理人才的公司则分别占8.3%、10%和14.3%的比重,远不比中国大陆来得严重。调查还显示,有43%的中国企业感觉人才流动是一大问题。而在新加坡和马来西亚,只有5%和4.5%的公司对这项问题感到担忧。

员工离职也会对企业产生消极的影响。主要表现在以下几个方面:(1)离职成本。由于离职者和新进者素质和能力不一致,企业员工离职形成的成本显然也是不同的。低素质者离职,高素质者进入的情形是最优状况,此时,离职成本最低。高素质者离职,低素质者进入的情形是最不利于企业的,此时,离职成本最高。其实,仅仅考虑员工更替成本损失是不够的。要对员工离职的成本进行有效的估计,需要对人力资本投资和由于员工离职而没有实现的效益,以及新进人员可能产生的收益进行估计。这些成本包括:获得新员工的直接和间接成本;新员工培训、离职员工培训损失成本;离职的直接和间接成本。(2)对工作绩效的影响。如果离职的员工绩效高于企业平均水平,那么企业的整体工作绩效将会降低。另一方面,高素质员工的离职对在职员工的保留也存在严重影响。受其影响,在职员工可能产生离职想法,从而使生产率降低。(3)对员工士气的损害。员工离职对企业产生的消极影响还表现在对其他在职员工情绪和工作态度产生的消极影响。通过连锁反应刺激更大范围员工离职。特别是当员工看到离职员工得到了更好的发展机会或因离职获得更多收益时,留在岗位上的员工就会动心,工作积极性会受到影响。

正是这些有害的影响,企业必须基于战略性的考虑,对员工离职进行管理。企业必须通盘考虑员工离职与企业整体愿景及其组织绩效或效能的受损情况,通过建立程序化的沟通及离职员工管理程序,确保低素质的员工被推出(push)企业,高素质的员工留在企业(pull)。因此企业必须采取相应的措施,了解以下几个方面。

（1）离职员工离开的真实原因以及导致员工离职的主要事件；这些原因可能包括领导层的问题、战略定位问题、文化与理想问题、上级工作方式问题、工作任务及其意义、人际关系问题、生活质量问题、成长机会问题、酬报问题；

（2）离职员工与公司当前文化的契合度问题；

（3）离职员工对公司当前工作环境以及内部人际关系的看法；

（4）对所在部门和公司层面需要改进的合理化建议；

（5）离职后本岗位后续工作展开的建议以及离职后个人职业生涯规划等。

第六节　本章小结

这一章论述了战略性获取人力资源的重要性及其相应的策略。招聘是战略人力资源管理重要和最具挑战性的部分。招聘必须根据企业的理想和长远战略进行规划，考虑外部市场的供给和内部需求。人员招聘有两种来源：内部招聘和外部招聘。内部招聘通常采用的方式是工作公告、员工推荐、管理层指定和内部调动；外部招聘采取的方式有：校园招聘、广告招聘、人才招聘会、网络招聘和猎头公司等。招聘过程中必须对候选人进行甄选和测试，一般来说，企业对应聘者的选拔要经历以下步骤：简单交谈、填写职位申请表、选拔测试、选拔面试、履历审核和背景调查、体格检查和正式录用。人员录用测评的方法多种多样，主要有纸笔考试、心理人格测验、面试、情景模拟、评价中心技术。人员测评必须要进行评估，以了解各种方法的信度、效度以及成本问题，同时要对其价值进行评估。最后本章链接了人力资源获取的战略性考量及其采取的相应措施。

重要名词术语
ZHONG YAO MING CI SHU YU

招聘	校园招聘	纸笔测试	录用率
招聘原则	广告招聘	心理人格测验	应聘率
招聘流程	人才招聘会	投射测验	录用胜任率
招聘金字塔	网络招聘	结构化面试	录用留职率
招聘来源	猎头公司	非结构化面试	价值观
内部招聘	临时工	情景模拟	企业文化
外部招聘	外包	文件筐	离职
工作公告	人才租赁	角色扮演	
员工推荐	人员选拔	评价中心技术	
管理层指定	面试	信度	
内部调动	录用	效度	

思 考 题

1. 企业招聘的目的有哪些?
2. 企业招聘人员的一般程序是什么?
3. 企业招聘应遵循哪些原则?
4. 企业招聘有哪些来源?内部招聘与外部招聘有哪些方法,利弊如何?
5. 招聘有哪些替代的方法?
6. 人员选拔有何意义?人员选拔的流程如何?
7. 怎样进行人员录用测评?
8. 面试有哪些方法?怎样提高面试有效性?
9. 如何对招聘录用的方法进行评估?
10. 如何对招聘录用进行价值评估?
11. 企业在获取人力过程中应该进行哪些战略性考量?

案例

神通公司的员工招聘和选拔计划

一、背景

神通公司是一个业务蒸蒸日上的投资咨询公司,该公司依靠政府背景和五位高素质核心员工的努力,年业务量以200%的速度增长。现今,该投资公司业已一跃成为投资咨询业的一颗闪亮的新星。该公司的总裁杜克先生因为年轻有为而成为众多商学院醒目的演讲者。在公司高速发展时期,加快人力资源开发是必要的。因此,杜克先生决定委派一位得力干将王建国——一名人力资源管理硕士,专门负责神通公司的人事管理。

王建国是一个精明、学识渊博的年轻人,得知被任命为神通公司人力资源部的总经理时,王先生立即就投入到人力资源部的筹建活动中去了。杜克先生答应每年将公司营业额的1%作为人力资源部的运行经费,并认为人力资源部的员工选择一般的公司内部职员即可担当,不必花费太多的时间选择。而王建国则认为人力资源部相对于一个投资咨询公司而言,是一个极其重要的核心部门,糟糕的人力资源部门会毁掉公司的前程。如果现在公司招聘了一批低素质的人,过一段时间他们会渗透到公司的各个部门,再过一段时间他们又要为公司招进素质更低的人。所以,人力资源部门必须要着力加强。王建国因此建议杜克总裁将人力资源部门的运行费用从1%提高到5%;同时,王建国还认为公司必须改变目前在招聘工作中的随意性和主观性,比尔运用在学校所学的关于人力资源管理的相关知识,还专门请教了以前的几位恩师,最后设计出了一整套颇为复杂的选拔和面试新员工的方案。财务主管张凯文极力反对这套方案,认为这将大大提高目前公司的招聘成本。而王建国则坚持认为执行这套方案,将给公司带来无法估量的收益。杜克先生则处于矛盾之中,于是决定在下周召开高层管理会议,讨论王建国的方案以及将来人力资源部门在公司中的地位等诸多问题。

二、方案

首先,王建国认为,公司的业务发展很快,提升内部员工应该是填补空缺职务的首选,这种策略的引人之处在于:

(1) 为事业发展创造了机遇;毕业生的偶像和楷模;
(2) 如执行严格,可掌握候选人的可靠资料;
(3) 节省新员工适应的时间;
(4) 节省外招的费用。

当然,提升内部员工也有不足之处,那些几乎完全依靠内部提升的公司容易自满而检查不到漏洞,过分注重"谁正确",而不是"什么正确",那些循规蹈矩、没有犯过错的员工受到重用,而那些有识之辈则因不适应而被轻视或开除。

因此,王建国认为60%的晋升机会从内部提升,而40%的职位从外部招聘,则可能达到令人满意的效果。王建国决定从以下途径寻找潜在人力资源。

(1) 大学招聘委员会;
(2) 学校;
(3) 专业团体;
(4) 政府机构;
(5) 人力资源中介机构。

其次,关于发布招聘信息。比尔认为神通公司信誉很高,尽管无须做招聘广告便不断有人找上门来。但为了吸引最具才华的人才加入,王建国决定定期发布招聘广告,并且精心设计了求职登记表,希望借此建立公司自己的备选人才库。

(1) 选拔面试。王建国决定采用四轮面试法。第一轮是人力资源部的初步筛选,备有结构化面试和非结构化面试两种方式;第二轮是在初步筛选后,再由人力资源部门组织进行能力倾向和心理测试;第三轮是由业务部门进行相关业务的考察和专业知识技能测试;第四轮是由招聘职位的最高层经理和人事招聘专员参与,选出个人需求与公司需求最配合的人选。

(2) 初步面试。通常,初步面试由公司的人力资源部主管主持进行,通过双向沟通,使公司方面获得有关应聘者学业成绩、相关培训、相关工作经历、兴趣爱好、对有关职责的期望等直观信息;同时,也使应聘人员对公司目前情况及公司对应聘者的未来希望有个大致的了解。王建国设计出以下几种常见的问题。

① 你离开大学后主要从事过什么工作;
② 你认为你在工作中的主要成就是什么;
③ 哪些事你认为做得不太好,而这些事可能是你进一步发展的机会;
④ 你在你自己的工作中学到了什么;
⑤ 你认为工作上的哪些方面最刺激,最令人满意;
⑥ 你在工作中期待的是哪些东西;
⑦ 你对将来是怎么想的,从现在起5~10年里你想干什么岗位;

面试结束后,人力资源部要对每位应聘人员进行评价,以确定下一轮应试人员的名单。比尔罗列的具体操作是:

① 就应聘者的外表、明显的兴趣、经验/背景、合理的期望、职务能力、教育/培训、是否马上能上任、过去雇用的稳定性等项目从低(1分)到高(10分)打分;

② 就职务应考虑的优缺点,如以前职务的态度、对前任上级的态度、对有关职责的期望、对生涯或职业期望等作具体评议。所有应聘者提供的书面材料也供评价参考。

(3) 专业技能测试。比尔认为在专业技能测试过程中,进行"模拟测验"是行之有效的一个办法。其具体做法是,应聘者以小组为单位,根据工作中常常碰到的问题,由小组成员轮流担任不同角色以测试其处理实际问题的能力。整个过程由专家和公司内部的高级主管组成专家团监督进行,一般历时两天左右,最后对每一个应试者做出综合评价,提出录用意见。"模拟测试"的最大特点是应聘者的"智商"和"情商"都集中表现出来,它能客观反映应聘者的综合能力,使企业避免在选择管理人员时"感情用事"。"模拟测验"基本上由三个环节组成。

一是文件处理练习。秘书给每一个应聘人员一个在每个经理人员或高级管理人员那里都能见到的文件筐,文件筐里有典型的难题:一般例行问题和经理们从休假回来工作时常见的指示,应聘人员必须在规定的时间里处理这些问题以展示他们在实际工作中处理类似问题的能力。

二是无领导小组讨论。应聘人员被分成一个小组一起讨论几个业务上的具体问题,在会议进行过程中,评价人员仔细观察每一个参加者和其他人员是如何作用的,以考评被测试者的能力和态度,包括说服人的能力、领导能力、组织决策能力、时间应用能力、创造力和容忍力及敏感度、诚实、自信等品性。

三是紧张演习,主要是测试应聘人员应付压力的素质和能力。它由一系列苛刻的问题组成,以火烧眉毛的进程、不友好的方式推出,其紧张情景通常是应聘职务可能涉及的场景。

(4) 能力倾向和心理测试。比尔从公司外聘三名心理专家从事这项工作,通过该项测试,可以进一步了解应聘人员的基本能力素质和个性特征,包括人的基本智力、认识思维方式、内在驱动力等,也包括管理意识、管理技能技巧,针对性很强。比尔认为能力倾向和心理测试,能够较全面、客观地反映被测评者是否具有胜任管理岗位的基本素质倾向。

三名心理学家提供了一系列标准化的测试方法,如《16种人格因素问卷》(16PF)、《明苏达多项人格测验》(MMPI)、《管理者行为风险测验》、《寇德职业与兴趣表》、《适应能力测验》、《温得立人事测验》、《魏斯曼人事分类测验》、《罗夏克测验》等,王建国认为应该进行至少两项的管理能力和心理测试,然后按其加权平均计值。

(5) 最高层参与决定人选。最后一轮面试实际上是以上三轮面试结果的最后确定。王建国认为最高主管的参与至关重要。最高主管将就各个岗位和职业发展方向做出进一步的说明,与求职者进一步进行双向沟通,以确保员工能够在指定的时间投入工作。

上述四轮面试计划,将耗费一个半月左右的时间,再加上前期的准备工作,整个一轮选拔人才的时间有可能是三个月,按照比尔的估计,一年将举行2～3次的招聘面试,那么,仅招聘和选拔将耗用大半年的时间,再加上日常的工作分析、绩效评估等工作,若要进行全面的人力资源管理,王建国迫切地需要人手和经费的支持。杜克先生也开始有些困惑:公司对人力资源开发如此巨大的投入,是否会带来想象中的巨大回报?建立以人力资源管理为中心的管理体系,是否会使公司迷失方向?

资料来源:胡君辰. 人力资源开发与管理案例精选[J]. 复旦大学出版社,2001.

参 考 文 献

[1] 周三多,陈传明,鲁明泓. 管理学原理与方法(第五版). 南京:南京大学出版社,2009.
[2] 冯忠铨. 现代人力资源管理. 北京:中国财政经济出版社,2002.
[3] 吕航. 人力资源测评方法与技术. 广州:暨南大学出版社,2007.
[4] Schneider,B. The people make the place. Personnel Psychology,1987,40:437～453.
[5] Schneider,B.,Goldstein,H. W.,& Smith,D. B. The ASA framework:An update. Personnel Psychology,1995,48:747～773.
[6] 格兰诺维特. 找工作:关系人与职业生涯研究. 张文宏译. 上海:上海人民出版社,2008.
[7] 林南. 社会资本:关于社会结构与行动的理论. 张磊译. 上海:上海人民出版社,2005.
[8] 赵曙明,伊万切维奇. 人力资源管理(第九版). 北京:机械工业出版社,2005.
[9] Lin,N,Ensel,W. M.,& Vaughn,J. C. Social resource and strength of ties:structural factors on occupational status attainment. American Sociological Review,1981,46:393～405.
[10] 梁晓雅. 人力资源吸收与选拔. 成都:四川出版集团. 四川人民出版社,2008.
[11] 李德伟. 人力资源招聘与甄选技术. 北京:科学技术文献出版社,2006.
[12] 李志,王林. 世界500强招聘特征探析. 中国人力资源开发,2007,3.
[13] 梁晓雅. 人力资源吸收与选拔. 成都:四川出版集团. 四川人民出版社,2008.
[14] 戴维·D. 杜波依斯,威廉·J. 罗思韦尔,德博拉·乔·金·斯特恩,琳达·K. 肯普. 基于胜任力的人力资源管理. 于广涛等译,钱振波等校,北京:中国人民大学出版社,2006.
[15] 李德伟. 人力资源招聘与甄选技术. 北京:科学技术文献出版社,2006.
[16] 萧鸣政. 人员素质测评. 北京:高等教育出版社,2007.
[17] 理查德·坎普,玛丽·E. 维奥哈伯,杰克·L. 西蒙内提. 面试战略——如何招聘优秀员工. 上海:上海交通大学出版社,2002.
[18] 威廉·P. 安东尼,K. 米歇尔·卡克马尔,帕梅拉·L. 佩雷威. 人力资源管理:战略方法. 赵玮,徐建军译. 北京:中信出版社,2004.
[19] James A. Breaugh and Mary Starke. Research on Employee Recruitment:So Many Studies,So Many Remaining. Journal of Management,2000,26(3):405～434.
[20] 365优办公资料网(http://www.365u.com.cn/)
[21] 巴里·格哈特,萨拉·L. 瑞纳什著,朱舟译. 薪酬管理理论证据与战略意义. 上海:上海财经大学出版社,2005.
[22] 爱德华·拉齐尔. 人事管理经济学. 刘昕译,董克用校. 北京:北京大学出版社,2000.
[23] Zhou,J.,& George,J. M. When job dissatisfaction leads to creativity:Encouraging the expression of voice. Academy of Management Journal,2001,44(4):682～696.
[24] Iigen D R,Pulakos E D. The changing nature of performance implications for staffing,motivation,and development [M]. Beijing:Chinese Light Industry Press,2004,207～217.
[25] 韩翼,廖建桥,龙立荣. 员工工作绩效结构模型构建与实证研究. 管理科学学报,2007,10(5):

62～77.
- [26] Costa P T, McCrae R R. Revised NEO personality inventory & NEO five-factor inventory professional manual. Psychological Assessment Resources, Inc, 1992, 27～135.
- [27] Hogan R, Shelton D. A socioanalytic perspective on job performance. Human Performance, 1998, 11(3): 129～144.
- [28] 谌新民. 员工招聘成本收益分析. 广州：广东经济出版社, 2005.
- [29] 冯忠铨. 现代人力资源管理. 北京：中国财政经济出版社, 2002.
- [30] Rynes, S. L., & Barber, A. E. 1990. Applicant attraction strategies: An organizational perspective. Academy of Management Review, 15: 286～310.
- [31] 谌新民. 员工招聘成本收益分析. 广州：广东经济出版社, 2005.
- [32] 李震. 中国国有和私营体制下员工的离职倾向对比实证研究. 武汉：华中科技大学硕士论文, 2004: 1～12.

第九章
战略人力资源开发

学习目标 XUE XI MU BIAO

- 培训与人力资源开发的关系
- 定义培训和学习
- 了解学习理论与人力资源开发的关系
- 分析人力资源开发的需求
- 掌握常见培训与开发的方式与方法
- 描述不同的人的学习风格
- 解释培训如何迁移
- 讨论如何对培训进行评估及如何应用培训评估成果
- 比较新员工、管理人员与团队培训的不同特征
- 解释不同战略导向下人力资源培训和开发的策略

开篇案例——人力资源是战略资源 KAI PIAN AN LI

日立公司的人力资源开发

日立制作所1910年由小平浪平创立。小平浪平在久原矿业公司的日立矿业修理工厂生产了第一台5马力的发动机。从那时起,日立"利用自主开发的技术进行电机生产",在各个领域发展壮大起来,形成了日立企业集团。

一、日立的人才培养观念与体系

（一）培养人才的观念

日立公司的经营者认为:一方面,企业由人形成,培养人才、开发智能,是企业经营

的最重要的课题之一,没有人才的培养,也就没有企业的发展;另一方面,人的资质、能力得到经营者恰当的指导后,可以依靠自己的努力获得提高和进步。

培养企业内部人才的目的,首先为了造就优秀的产业人员。企业这样做,在某种意义上是担负起为社会培养人才的使命,通过企业内部教育,培养其高尚的人格以及创造能力、责任感和实践能力。其次可以促使企业内部人员学习和掌握知识和技能,从而保证企业人员顺利地完成业务工作,适应高水平的经营技术革新。

日立公司的人才培养由在岗培训、脱产培训和自我教育三方面组成。

（二）人才培养体系

根据教育培养对象的不同,日立公司的人才培养主要分为以下三类。

（1）经营管理人才培训。经营管理人才培训的目的是增强经营管理人员的组织和经营管理能力,扩展他们的视野。促使年青一代飞快进入经营管理第一线,培养他们开拓事业和创业的精神。

经营管理人才的脱产培训主要在日立综合研修所进行,该所共有四个培训中心。培训根据不同的层次分别进行。主要有：事业部总责任人（厂长）培训,每年2次,每次16人,时间为3天。培训内容为国内外形势、经营思想。培训方式以讨论为主。事业所副所长（副厂长）培训,每年2次,每次20人,时间为10天。培训内容为各种管理技术。培训方式为白天上课,晚上讨论。部长培训,每年9次,每次16人,时间11天。培训内容为经济动向、文化素养。培训方式为白天一半上课,一半讨论,晚上个人研究和小组讨论。另有部分特别培训,以专项业务为主。副总工程师、主管研究员培训,每年1次,每次16人,时间为12天。培训内容为经济和技术动向、管理技术、文化素养。课长、主任工程师培训,每年44次,每次20人,时间为5天。此外,日立公司还与外单位合作进行各种联合培训。

（2）专业技术人员培训。专业技术人员培训的目的：一是促使专业技术人员了解企业传统产品和新产品方面的知识以及技术方面的基础知识。二是培养专业技术人员的商品企划能力、开发能力、生产技术能力、销售企划能力等,扩展视野,提高综合思维能力。三是促使专业技术人员学习尖端技术,如极限技术、跨学科技术和系统技术等新领域,以避免产品落伍、失去机遇。

日立所属的各事业所或工厂都举办以本单位专业技术人员为对象的技术培训或讲座,全公司规模的专业技术人员培训主要由日立技术研修所、日立茨城工业专科学院以及日立京滨工业专科学院举办。培训内容也因培训对象的层次不同而不同：新进公司的人员（进修员）所接受的是基础知识和技术的培训,主要课程为进修员教育、基础技术专门讲座和各事业所专门技术讲座。骨干技术人员培训的是第一线技术人员、研究人员所需要的技术,主要课程有基础技术专门讲座、各事业所专门讲座、综合基础、技术进修、高技术专业、讲演会、研究会、学习会、轮流讲读会、研究发表会和海外留学等。面向管理职务的培训内容是技术革命管理,主要课程有讲演会、研究发表会、高技术专业技术进修、管理人员技术进修。

（3）生产技能培训。生产技能培训以日立所属各工厂的现场技术人员为对象,由日立生产技能研修所举办。包括管理类培训和技能类培训。管理类培训的对象为骨干技师、监督者、作业主任和专职人员(监督员、执行员、企划员和技术员),培训的主要内容为管理、监督者研修、管理技法、人际关系和新技术、系统等。技能类培训主要是为了提高工程技巧,取得国家或行业资格。培训分为上级(高水平)、执行员、技师、企划员和技术员。培训的主要内容为:技能专门研修(以骨干技师为对象,上级和中级培训),机械加工、电气电子、自动机器、机器控制、OA、半导体制造和焊接。

(4) 国际化教育和语言培训。国际化教育和语言培训由日立公司的国际研修中心举办,中心总部在东京,国际化教育在此进行,中心还有设在茨县的茨城外国语研修和设在京滨的外国语研修所,外国语言培训在两个研修所进行。

国际化教育有一种是以与从事国际商务有关工作的人为对象,主要有国际交易、国际谈判、海外管理、亚洲业务管理、海外活动与法务等课程。另一种是以派驻海外的人为对象,主要有海外派遣、美国情况、中国情况、亚洲情况、欧洲情况和派遣者夫人海外生活培训等课程。

国际化教育和语言培训主要是为了提高职员的外语水平,掌握沟通技巧和商务交谈方法,提高日立公司职员的国际化意识。

二、日立人才培养的特点

(一) 适应环境

纵观日立公司的发展历史,可以看出,日立公司的成长和发展是根据市场的需求,逐渐增加品种,不断地适应社会需求的历史。日立最初从重工业起步,后来依次逐渐扩大轻工产品,到20世纪40年代,其事业已扩展到家电和信息电子以外的各个领域。50年代后期,日本国民收入水平开始提高,日立从电动机起步,经过30年的努力,稳定了家电事业。70年代以后,计算机、通信机器、半导体等电子技术部门在日立也得到飞速发展,成为日立事业的另一大支柱。由于日立公司的经营策略能随着经济环境的变化而不断调整,所以日立公司在今天能发展成在世界电机厂家中拥有最广泛的生产线的企业。

经营资源是指"人"、"财"、"物",到了现代,又包括"信息",这些资源中最重要的当然是"人"的因素。日立公司人才培养的课程是随着经营战略的变换而逐步丰富和完善的。譬如,近年由于信息产业的发展,日立的经营也向这方面倾斜。在人才培养方面,无论是经营管理人才培训,还是专业技术人员培训,或是生产技能培训,都增设了OA、软件等信息方面的课程。另外,由于日立的经营向全球化发展,所以国际教育成为日立公司人才培养的一个重要组成部分,尤其是最近,日立着手开拓中国市场,所以在人才培养中增设了中国语课程;由于知识产权问题受到关注,所以新近开设了知识产权的有关课程。从培养对象来看,日立公司注意到韩国等亚洲经济腾飞国家重视培养年轻人的信息,根据日本年轻人个性化、价值观念多样化的倾向,正努力下功夫培养人才,以增强企业的国际竞争力。

(二) 自主与协作培训

日立公司采用集团制,由四个集团组成,各集团按利润中心制进行管理,自主独立、自主发展,公司既属于集团,又对母公司的依存度较低,保持了企业的活力。虽然日立公司的人才培养工作由总公司统一部署、统一指挥,但人才培养的实施工作则根据不同的类别、不同的层次，由不同的培训机构分担。如经营管理人才培训主要由日立综合研修所举办，专业技术人员培训主要由日立技术研修所、日立茨城工业专科学院以及日立京滨工业专科学院举办，生产技能培训主要由日立生产技能研修所举办。这些培训机构既自主努力，又共同合作，形成一套完善的人才培养体系，为日立公司确保人才、提高劳动生产率发挥了不可忽视的作用。

（三）重视研究开发

日立经营活动的特色之一就是进行广泛而深入的研究开发，研究开发的投入巨大，日立公司也因此获得举世瞩目的发展。

日立公司研究开发的主体是一支庞大的专业技术人员队伍。如何培养和使用这些人才，是日立公司的一个重要课题。

日立公司在对国内外人才进行充分研究之后发现，工程师的能力，只要"让他做他想干的事"，就会有很大的提高。所以日立公司为专业技术人员安排工作的方针是：按照本人的意愿，做想做的工作，去想去的地方，从录用专业技术人员的那天起，就"爱惜每个人，想办法培养、开发智能"。

日立公司通过研究，了解到"人有了目标，就有了精神"。所以，在专业技术人员的培训中，强调让他们了解公司的使命、经营方针以及各种制度，认识到个人的责任，自主自立，自我提高。鼓励专业技术人员根据经营环境的变化，主动学习，更新知识，启发思想，同时，对研究开发人员的学习和工作成绩及时给予评价。由于专业技术人员的培养受到重视，日立公司形成了他们引以为傲的技术传统和专业技术人员精神，从某种意义上说，这也是日立公司的一种企业精神。

根据中国人力资源开发网．日立公司人才培养特色和Bttp://www.chinahrd.net 整理

第一节 人力资源开发和培训概述

一、人力资源开发的概念

受成人教育、成人发展、组织心理学、经济学和组织行为学知识的影响，人力资源开发正在变成一门显学。人力资源开发为广大的理念所包含，即广大的从业人员试图接纳一个广义的学习的观点，即学习所带来的收益，这涉及对员工和组织绩效的影响。诸如干中学、隐性知识、改造式学习、经验学习、学习型组织、组织学习等在本领域的影响越来越大。随着实践领域的不断成熟，人力资源开发理论将更多关注培训、学习如何影响员工绩效和组织绩效，评估人力资源开发的收益以及促进高层管理人员对人力资源开发的信任问题。这要求：

（1）高级管理人员必须意识到人力资源开发已经成为企业竞争优势的源泉之一；

（2）他们需要重新认识人力资源开发的目的是为了促进组织整体战略的调整与转变；

（3）从管理层的视角考察人力资源开发的价值；

（4）人力资源促进绩效转变之间的关系。

1998年，美国培训与开发协会对540家企业的调查表明，约有550亿美元用于正式员工的培训当中。一项调查表明，91%的公司提供高层管理培训，75%的公司提供销售培训，56%的公司提供执行发展培训，44%的公司提供技术培训。几项研究表明，中国人力资本投资收益率高于6%以上。这表明人力资源开发对组织的意义变得越来越明显。

人力资源开发兴起于员工的培训与发展，并逐渐成为一门复杂的学科，一个以组织学习和绩效评估为核心的实践领域。人力资源开发于1969年由Leonard Nadler在美国培训发展协会的年会上首次提出，伦纳德·纳德勒（Leonard Nadler）认为，人力资源开发是指："在特定的时期为提高增加绩效的机会而进行的有组织的学习经历"。伦纳德·纳德勒的定义仅仅考虑了为改善绩效而开展的正式学习的活动、倡议、设计和实施，并未考虑学习的层次，如团队和组织学习，以及由此而形成的战略框架和思维模式，即分析、设计、实施和评估人力资源开发。

如果一个组织将员工视为人力资本的话，那么培训和开发代表着对这些资本的持续投资，这也是企业获得持续竞争优势和基业长青的最重要投资之一。那么什么是人力资源培训？什么是人力资源开发呢？不同的学者给出不同的答案，表9-1展示了不同学者的看法。

表9-1　具有代表性的人力资源开发定义

人力资源开发是：
- 综合利用培训发展、职业发展和组织开发来提高个人和组织的效率（McLagan & Suhadolnik，1989）。
- 涉及为加强个人、团队或整个组织的、长期的、与工作有关的学习能力的理论和实践领域（Watkins，1989）。
- 为了优化人力资源和促进组织发展、提高效率，通过建立和运用以学习为主的干预模式提高个人、团队、集体和组织学习能力的研究和实践（Chalofsky，1992）。
- 开发者通过学习、教育、培训、管理层有效方式，为实现一定的经济目标与发展战略，对既定的人力资源进行利用、塑造、改造与发展的活动（萧鸣政，2006）。
- 人力资源开发是一种主动的、系统化的干预，它与战略规划和文化变革紧密联系。与传统的培训发展不同，人力资源开发强调针对具体问题做出相应的逐步干预（Beer & Spector，1995）。
- 人力资源开发是通过组织开发和个人培训、以提高绩效为目的所进行的开发或者激发人力资源专家的活动（Swanson，1995）。
- 人力资源开发包括旨在对组织和个人学习产生影响的所有活动和过程（Steward & McColdrick，1996）。

由此可见，人力资源开发是一个比较广泛的概念，它从战略的视角统合了培训、教育、学习、管理等概念，并从不同的层次进行描述。在这里，培训是只与工作相关的技能的学习，这种学习在很短的时间就会获得回报，因而是一种低风险的投资。而教育主要是为下一个工作做好准备，它在一个中等长度的时间段内取得回报，具有中等回报率。开发则具有战略意味，在长期内取得回报，具有高风险性。如表9-2所示。本书对人力资源开发的概念和定义是：通过一定的措施和手段，补充和提高员工的知识和技能，改善员工的工作态度和胜任能力，激发其潜在创造力，促进员工实现自身价值，增强员工工作满意度和对组织的归属感和责任感，从而提高员工自身的绩效和组织效能。

表 9-2　人力资源开发的定义

	主要内容	关注点	回报期	回报风险
培训	知识与技能方面的掌握与提高	工作相关的技能	短期	低
教育	态度、心理与行为的改变、智力与体力基础素质的培养	为今后工作做准备	中期	中等
开发	潜能挖掘与现有能力发展与发挥	战略视角文化变革	长期	高度
管理	现有人力资源的利用与发挥		现在	无
学习	获得知识，形成技能，培养聪明才智。是学、思、习、行的总称	包含以上三种	长期	不确定

二、人力资源培训和开发历史沿革

人力资源培训和开发有着非常悠久的历史，从早期的学徒制培训、职业教育，到工厂学校的出现，再到大规模学院培训和职业院校的培训及专业培训师和培训机构的出现，经历了非凡的历练过程。

人类早期的狩猎、农耕、军事、宗教、文化和国家治理等活动中，都出现过人力资源培训和开发思想。较早的孔子的讲学、《孙子兵法》的学习、儒家学术思想的宣传等，都是培训和人力资源开发的先例。早期采取的培训和开发方式仅仅局限于学徒制，如孔子的 3 000 弟子、鬼谷子传授兵法。许多人是通过师徒制将医学、法律、政治学、经商技巧、兵法、文学、武术传授给下一代。正所谓"传道、授业、解惑"。由于缺少专门的职业学校和技术学校，店主或者师傅就亲自教授并培训他们的弟子。18 世纪的欧洲和 19 世纪的中国，这种现象非常普遍。直到 20 世纪下半叶，中国的一些企业里，仍然存在师徒制或者学徒制，如家具厂的学徒制。然而这种一对一的单纯培训模式只适用于小规模的作坊式的经营。随着时代的发展，尽管师徒制可能依然起作用，但却越来越正规化，越来越网络化，越来越集群化，尤其是那些需要某种工艺技能的行业，这种培训模式得到更加广泛的使用。

早期的师徒制不适应于工业化时代，随着机器种类的日益繁多和操作的日益复杂化，人类开始逐渐认识到大规模培训和人力资源开发的重要性。1809 年，戴维特·克林顿在纽约建立了第一所私立职业学校，开启了手工技能学校的培训的先河，为当时的工业革命及其后的西方现代化奠定了人力资源供给基础。

随着工业化进程的加快和工厂数目的不断增加，对熟练工种的需要超过了职业学校提供的学生的人数，仅仅靠职业学校提供人力资源不能满足工厂发展的需要。一些企业开始尝试工厂式学校。蒸汽机和流水作业的出现，管理科学化的要求被提上议事日程。泰罗 1911 年提出管理人员和操作人员的分离问题，这使得原有的职业化教育仅仅局限于操作工和熟练工种的要求，不能适应工厂的发展，一些学校正是在这种环境下应运而生。第二次世界大战对人力资源培训与开发起了极大的推动作用，特别是第二次世界大战之后，发达国家面临着修复生产，发展中国家需要高速发展，要求更大规模组织和更高效率的员工，干中学和人力资本理论的诞生，将西方人力资源培训和开发推到了一个前所未有的高度。与此相对应，出现了职业培训机构和职业培训师。进入 21

世纪,组织学习、学习型组织的出现,使培训组织更加多样化,培训内容更加丰富化,培训手段更加科技化,培训对象全员化和分级化,培训时间长期化。

三、人力资源培训和开发的重要性

现代技术的快速变化引起的知识老化和技能的老化,工作再设计带来的新技能的需要、企业兼并与收购需要将原来不同企业文化的员工结合起来,员工流动性增加、知识的全球性流动以及模仿能力的加快和创新周期的缩短,使得员工培训与开发日益成为组织的一个主要战略问题。企业要使员工在一个多变的环境中保持持续的竞争力,需要不断使用现有的最好的技能和最新的技术对员工进行培训。其次工作再设计带来的更具有广泛责任的职位,要求员工在承担更多职责的同时,建立异质性的关系网,进一步发展人际关系技巧和获得最新的外部信息。

在培训方面的战略性挑战包括,为新员工培训制定标准以及为承担新的工作职责的员工制定培训标准。对新进员工提供不断的培训和发展机会是非常重要的,新员工需要了解规则、政策、流程以及权力结构、产品、运作模式,同时在不断的组织社会化过程中,逐步接受组织的价值观、信仰和理想。

在人力资源培训和开发上,企业所获得的收益远远高于其所投入的成本。一种公司投资视角将培训和开发看作提高长期生产率的机会。培训和开发可以视为解决许多问题的方法,诸如因技能缺乏所导致的质量不佳以及员工自愿离职以寻找更高的报酬的工作等。培训和开发为员工和组织带来的收益是多方面的。一项调查显示,不同的管理者参与培训的原因是多方面的,如表 9-3 所示。

表 9-3 管理者参加培训的主要原因

原因	类型			
	高校学习(%)	MBA(%)	外部短期培训(%)	公共专题培训(%)
扩大个人视野	78	74	68	69
获得与其他管理者交流的机会	40	35	31	49
掌握特殊知识所需知识和技能	54	60	88	78
追踪最先进的知识和技能	55	56	77	59
对管理者的奖励形式	6	8	4	2
为未来的工作做储备	27	27	17	21
接受管理技能方面的培训	48	55	35	51
获得与其他项目有关的培训	9	8	23	57
提高工作质量意识	53	45	45	62
了解本公司的管理方法	—	—	—	82

现代组织之所以对人力资源开发和培训越来越重视,主要是因为培训和开发能够为组织带来收益,能有效提高组织和员工的素质。重要作用表现在以下两个方面。

(1) 员工个人的收益。增强员工的市场竞争能力,为未来的工作做准备;提高员工的就业安全性,获得差异性的技能和知识;增进员工工作技能、知识和技巧以提高员工工作绩效;改善员工工作态度,增加员工忠诚度及对组织的认同感和归属感,保留优秀员工。

(2) 企业的收益。培训改善效益和利润率,提高员工完成不同任务的责任和灵活性;通过培训可以促进组织变革,使组织更具灵活性、更有生命力和竞争力;减少管理层级,使员工对其行为结果更加负责,增强企业的竞争优势;培训是建立优秀组织文化的重要手段,使员工和组织的目标和价值观保持一致;为组织发展提供人力资本。

第二节 学习理论与人力资源开发

一、学习及学习理论

学习(learning)是相对永久且不属于自然成长过程结果的人的能力的变化。学习包含个人的改变,这种改变不仅仅是指人们成熟过程中的滋润作用,而是人们对某些遭遇的反应。包括运动技能、思维能力、知识内容、认知策略、意识或者态度的改变,这些能力与特点和学习成果有关(如表9-4)。学习是关于知道什么和知道为什么的抽象知识以及知道是怎样和为什么的实践知识。学习意味着持续地开发,以及不断增加员工的知识和技能,以便迎接来自外部的威胁和挑战。

表 9-4 学 习 成 果

学习成果类型	能力描述	举 例
言语信息	陈述、复述或描述以前储存在大脑中的消息	陈述遵守公司安全程序的三条理由
智力技能	应用可被推广的概念和规则来解决问题并发明新产品	设计并编制一个满足顾客要求的计算机程序
运动技能	精确并暗示执行一种体力活动	射击并持续射中小的移动靶
态度	选择何种活动方式	在24小时内回复来函
认知策略	管理自己的思考和学习的过程	选择使用三种不同的策略来判断投资收益

在当今的环境和组织趋势下,持续学习已经成为绩效中越来越重要的一个成分。就个体而言,持续学习是一个过程。在其整个职业生涯中,个体通过这一个过程获得知识、技巧和能力,为未来的工作和发展做好准备。绩效中关于持续学习的维度反映出形成计划、学习并将新知识和新技能应用于不断变化的组织环境中的过程。持续学习对于定义和评价个人与组织绩效是非常重要的。组织变化的实质或与此相关的持续学习的重要性表明了学习和对变化的响应变得重要起来,而这超出了绝对绩效的范围,这就暗示绩效需要重新定义。学习能力和应对变化的能力必须包含绩效的定义和绩效测量的方法。在今天的许多组织中,它还是个体绩效的重要组成部分。组织对持续学习的支持越多,员工就越能体会到学习的价值,从而增加他们参与学习活动的动力。参与学习活动会导致一种或者多种效果,譬如维持职业竞争力、获得晋升与进步,或者寻找新的就业方向。实际上,参与到持续学习和表现出绩效的提高也成为了许多组织进行绩效评价的重要维度。

持续学习是一个动态的迁移过程,在员工与组织以及职业不断交互的过程中,个体通过获取知识、技巧和能力,以适应和满足日益多变的技能、知识和创新要求。"持续"意味着有强烈的学习需求意识并能看重学习。这种学习可以使个体将当前的工作做得更好,可以使个体发展新的技能并为将来的工作做好准备。由于在不同的公司内,甚至在不同的职业内,个人都可能会有多种职务或者工作序列,那些渴求持续学习的员工会去寻找与他们自己有关的信息,以及那些未来可能会要求的技能信息。找到这些信息就意味着找到了学习和技能的缺口。并且这些员工愿意投入时间、精力、物力和财力来接受教育,以求能弥补这些缺口并提高他们的绩效。同时,由于教育是一个市场信号,能够区分不同员工的绩效和生产能力,获得基于绩效的高额报酬。因此,持续学习导入了绩效的信息,学习能力传递了一种高绩效的信号。如图 9-1 所示。

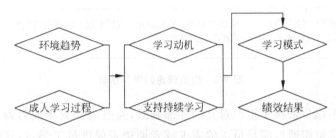

图 9-1 持续学习的绩效模型

强化理论认为,人们愿意采取或者逃避某些行为是依据这些行为过去导致的结果来决定的。通过正向刺激或者负向刺激来增强或者减弱某种行为。从培训的视角来看,强化理论说明了为了让学习者获得知识、改变行为或者调整技能,培训者需要知道这种行为受到正的刺激或者是负的刺激。正的刺激强化员工的学习行为,而负的刺激弱化员工的学习行为,甚至导致员工不学习。譬如对电工的培训,通过师傅示例或者播放幻灯片,指出哪些是安全行为,哪些是不安全行为,如不戴手套或者带电操作被视为不安全行为,则制定规则或者处罚措施,这是一种负强化行为。

针对成人的学习,外部刺激不仅仅依赖于组织对其行为的强化,通过目标设定也可以达到这一结果。美国马里兰大学管理学兼心理学教授爱德温·洛克(Locke)和休斯在研究中发现,外来的刺激(如奖励、工作反馈、监督的压力)都是通过目标来影响动机的。目标能引导活动指向与目标有关的行为,使人们根据难度的大小来调整努力的程度,并影响行为的持久性。目标本身就具有激励作用,目标能把人的需要转变为动机,使人们的行为朝着一定的方向努力,并将自己的行为结果与既定的目标相对照,及时进行调整和修正,从而能实现目标。这种使需要转化为动机,再由动机支配行动以达成目标的过程就是目标激励。目标设定可以应用于培训方法和培训项目之中,使培训内容更有逻辑性,知识、技能与实际目标或者实践更加相关,培训的目标更加明确。但这些目标或者强化带有被动培训的性质,而成人需要自主地进行学习,这有可能造成伦理陷阱和目标不一致问题。

期望理论提出了目标设置与个人需求相统一的理论。期望理论假定,个体是有思想、有理性的人。对于他们生活和事业的发展,他们有既定的信仰和基本的预测。因此,在分析激励员工的因素时,我们必须考察人们希望从组织中获得什么以及他们如何能够实现自己的愿望。

根据期望理论,不同行为的选择需要根据他的行为预期、实现手段和效价进行评估。当员工相信自己能够完成培训项目内容(行为预期),而且学习与更高的绩效、更高的报酬、同事的认可(实现手段)这些成果有关,且员工认为这些效价与培训相关,那么他们就有动力进行培训(图9-2解释了这种机理)。

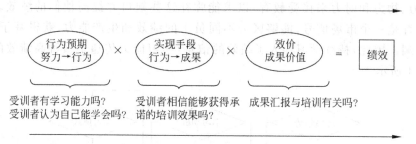

图9-2 期望理论的学习动机

成人学习不仅仅依赖于组织对其的外部刺激,通过内部刺激或者内部强化也可以达到目的。通常组织通过满足员工的需求或者期望来促进员工学习,这便是行为学习中的成就需求理论。

需求理论强调了员工对某一种学习成果的价值取向。尽管马斯洛、阿尔德法以及麦克莱伦的需求理论主张并不相同:马斯洛强调低层次的需求得到满足,人们才会追求自我实现等高层次需求;阿尔德法强调若高层次需求未被满足,员工会重新关注低层次需求;而麦克莱伦则主要强调成就、归属和权力需要,但需求理论说明为了激励员工学习,培训者应该了解受训者的需要并使培训者的期望与这些需求相一致。通过员工不同层次的需求满足,提供分级性的培训。

二、培训中的成人学习原理

成人学习和儿童学习有着迥然不同的特点,因而在培训中针对成人学习的特点,有效运用成人学习原理显得非常重要。成人学习理论是在满足一些特定需求理论的基础上发展起来的。成人学习具有许多特点。

(1) 成人学习具有目的性。成人需要知道他们为什么需要学习一些东西。

(2) 成人学习具有自主性,他们喜欢在培训过程中有一定的独立思考、独立操作的余地,喜欢按照自己的学习方式和学习进度来学习,喜欢探究问题的根源。

(3) 成人学习往往以问题为中心。他们重视应用与实践,注重技能提高,要求即学即用,解决实际问题。

(4) 成人学习的动机既有内部的又有外部的。成人喜欢受到尊重,实现自我价值,同时为了提高技能、获取新知识、满足工作需要,他们往往主动学习。

成人学习与未成年人学习是不同的,应该区别进行对待。表 9-5 概括了成人学习的要点。

表 9-5　成人学习的指导方针

特　征	教　育　学	成人教育学
结构	以成熟化过程为基础 刚性格式 以主题/课程为中心 规则、程序、法律	弹性、开放、广泛 响应性 多科性 启发性
氛围	权威领导 正式、低信任 竞争性 输赢	放松、信任、互相尊重 非正式、温暖 写作、支持 赢赢
领导	教师主导 重任务 控制 轻视经验价值 假设学员不成熟和依赖 低风险	创新、创造性 任务和关系并重 独立、成熟 指导、示范 基于经验 高风险
规划	管理人员和教师 强调理性和合法机制 政策、计划和决策 高政治性	管理人员、教员和学员 互相评价 协助完成需求评估 彼此协商 以问题为中心
激励	外部报酬和惩罚	自我指导 内部激励 学习合约
沟通	单向 传播技术 情感压抑	双向 互相尊重 情感自由表达 支持性
评估	教师 标准参考 评定成绩 客观	以准则为基础 兼顾主观和客观 学员、同事和教师共同选择标准

资料来源：曹振杰,王瑞新,齐永兴. 人力资源培训与开发教程. 北京：人民邮电出版社,2006,33.

三、学习理论对人力资源开发的意义

学习理论告诉我们,成人学习会因过程不同而不同。学习的过程比较复杂,这一过程通常包括预期、直觉、加工储存、语义编码、长期储存、恢复、推广和满足。预期强调受训者预感到培训能够为自己带来的收益;直觉是指从环境当中获取信息并进行组织整理,使其能指导实践;加工储存和语义编码都与短期记忆有关;恢复则是对记忆的内容进行放映,然后用它来影响绩效;推广主要是将所学习的内容应用到不同的情景当中;满足指受训者通过所学内容及其推广过程获得的回报和满意度。

员工在学习的时候需要知道学习的理由,不仅如此,员工需要有意义的培训内容,以及需要实践的机会,需要将培训的内容储存下来。通过经验和示范模仿进行重复学习,所谓活到老、学到老便是此意。另外,员工的学习也依赖于组织的积极反馈和团队支持以及培训项目的合理安排。有效反馈强化了员工的正确行为和不正确行为,而团队支持则给员工提供了外部支持,通过共享信息、知识分享和经历体验,引导员工的工作卷入和沉浸体验。良好的协调工作,特别是对培训项目的针对性设计可以促使受训者及时发现问题,通过培训计划前、培训计划中和培训计划后的各种活动进行协调,保证团队学习和建设的有效性。

社会学习理论强调四个过程:关注、保持记忆、行为复制和激励过程。那些被强化或者被奖赏的行为会再次发生,那些被报酬或者奖赏行为成为一种导向,引导他们模仿、学习,直至达成目标。员工会向那些优秀的示范者学习,作为自己的榜样。关注意味着人们意识到某种行为得到奖赏或者绩效优秀之后会采取学习行为。学习者必须知道他们应该关注哪些技能和知识才能符合岗位要求。学习者也必须具有一定的素质(包括身体素质)去观察示范者的行为,如师傅在做拉面的过程中的动作和行为。学习者也只有通过关注示范者才能学会某种技能、知识、行为,才会继续学习。

学习者也必须保持记忆,对他们观察到的技能或行为进行保留。通过对记忆的技能和行为进行编码,以便于产生复制行为。早期的学习理论(例如强化理论)认为,一个人对刺激会做出反应,当反应得到强化,期望的行为就会出现。但是,当代的心理学家认为,对行为的这种解释忽视了人是一种有思想的高级动物。示范行为得到强化,人们也不一定会接受这种行为,人们会考虑行为本身的风险和成本以及从事此项行为的意义。这些行为是否能够展现真我,是否违背价值观和伦理道德。

学习的目的是非常明显的,其对于企业人力资源开发具有重要意义。一方面,学习可以提高组织绩效,建立高绩效系统,为企业获取竞争优势奠定基础。另一方面,学习可以为企业应对社会化的挑战提供准备,特别是可以为员工的多元化融合、劳动力市场短缺赢得竞争优势。学习也可以促进学习者的发展,提升学习者的素质和能力,延长其职业生涯。

第三节 人力资源培训与开发的流程与方法

在组织中,制订成功的培训计划必须涉及培训战略与规划问题。人力资源开发和培训需要精心计划、认真组织、有效实施、准确评估,以便用最少的培训资金获得最大的培训效果。通常来说,人力资源培训与开发包含需求分析、目标设计、计划实施和效果评价四个步骤,如图9-3所示。

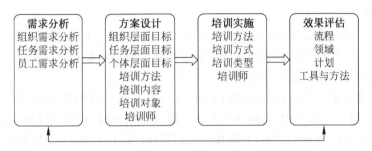

图 9-3　人力资源开发和培训过程模型

一、培训与开发的流程

（一）培训需求分析

大多数情况之下，企业是根据需求来提供培训的。培训的需求分析通常是从组织、人员和任务三个方面进行分析（表 9-6 展示了三个层面的需求分析的相关问题）。培训需求分析反映了一个组织或者个人预期应该发生的事情和实际发生事情之间的差异。为了有效评估培训需求，往往需要在设计培训活动之前收集人员、岗位、任务甚至组织的信息，通过采用一定的需求分析方法和技术来进行。通过对组织战略、现有人力资源构成、企业绩效水平、公司文化、重大事件、培训投资及其收益的分析，确认绩效差距，确定相应的培训和开发成本，以获取组织内部和外部的支持，为企业真正的培训需求提供充足的信息和资料。

表 9-6　需求分析的三个层面

组织层面
培训与组织是相关的吗？
培训对日常工作有何影响？
培训的成本和收益是什么？
组织是否具备培训所需的资源和能力？
工作层面
给职位分配了什么职责？
每个职位所需的知识和技能是什么？
工作如何给员工提供直接的反馈？
每个职位需要培训的差异在哪里？
哪些岗位需要接受培训？
员工层面
员工所具备的知识、技能和能力是什么？与岗位的要求有什么差异？
员工的学习方式是什么？
员工的个性是什么？
员工有什么需求？

1. 组织需求

组织层面的分析需要确定企业的战略目标是如何体现在培训与开发活动之中？培训与开发是怎样与组织目标相结合？培训与开发如何影响企业的日常经营活动？培训与开发的成本与预期效益是什么？

组织需求分析主要包括组织战略分析，这涉及与组织战略相关的组织资源与能力分析、组织结构与特征分析、组织环境分析。通过组织分析，企业可以理清组织目标、资源、特质、环境之间的互动关系，准确找到组织存在的问题与差距，确定如何通过培训解决这些问题。培训的战略性角色决定了培训的类型、培训的内容、培训的次数、数量，以及企业培训的组织方式和培训方法。当企业处于挑战者地位、采用进攻性战略时，企业采取的培训方式以技能为主，而当企业处于防守型地位、采取防御型战略时，可能强化组织价值观，强调文化培训。组织需求分析也涉及管理者及员工对培训的支持态度。如果管理者和员工对培训持否定甚至抵制的态度，这将极大地影响培训效果，增加培训难度。培训是一个长期过程，企业必须动用相应的人力、物力，耗费大量的时间和金钱。若企业缺乏相应的支持性资源，培训就会搁置。

2. 工作需求

工作需求分析有助于确定培训的内容、重点以及培训的具体目标。通过对工作说明书和岗位职责的分析，了解员工有效完成该项工作所必须具备的条件，找出差距，确定培训需求。吉列公司在向市场推出三刃刮胡刀之前，引进了一种新的生产刮胡刀的设备。为了让员工熟练掌握新机器的操作方式，公司进行了组织需求和工作层面的需求分析。工作需求分析涉及工作的饱满程度、工作的饱和程度、工作的内容和形式、工作需要的技能和知识、工作的上下级关系等。

3. 员工需求

在收集到工作的相关信息之后，需要将需求分析转向员工。员工需求分析主要是确定员工的技能和知识与组织的适应性以及与岗位的匹配程度。需要了解被培训者具有哪些知识、技能和能力。被培训者的学习风格是什么样的？被培训者有什么特别的需要？总体上，涉及员工的专业知识、知识结构、年龄、员工个性、员工能力和素质。

组织、工作、员工三个层面的分析是一个动态的过程，缺少任何一个层面的分析都不可能对培训进行可靠的、有效的分析。影响员工培训的需求因素非常复杂，企业不可能也不必要对所有影响培训需求的因素都进行考虑，必须抓住重点进行分析。

（二）培训设计

要进行相应的培训设计，就必须制定相应的培训目标，了解员工学习的结果和学习风格，然后对培训项目进行设计。

1. 培训目标

在培训需求确定之后，需要设计培训活动的计划与目标（表9-7是美国空军地勤人员的培训计划）。这些目标直接来自于培训需求。培训目标指的是培训活动的目的和期望的结果，一般来说，它用于确立不同类型的培训结果，进而评价培训项目的效果。培训计划则可能包括5W1H，即为什么培训（Why）、培训谁（Who）、什么时候培训

(When)、在哪儿培训(Where)、如何进行培训(How)。具体涉及：培训目的、培训负责人、培训对象、培训内容、培训师、培训时间、培训方法、培训场所及其设备、培训效果评估的设计。

表 9-7　美国空军地勤人员的培训计划

水压测量标准
寻找问题与不正常工作时的修正 A. 使用水压测量表，技术规则，工作说明书，电子图标，测试装备和 AFTO Form 对非正常工作原因进行诊断 B. 使用水压测量表，技术规则，电子图标，测试装备对不正常工作原因进行诊断
培训装备
水压测量表(3) 万用表(1)
培训方法
讲座/讨论(0.5 小时) 行为和反馈(9.5 小时) 自我学习(4 小时)
培训指导
培训师解释程序文件、工作说明书、万用表和技术规则的使用以及对安全威胁和防护简单进行介绍。确保学生在检查和确认不正常工作的过程中正确使用护耳设备。第一个问题是显示一个学生在工作说明书中遇到的问题。在显示问题之后，学生将练习对附加的问题进行诊断。向培训者陈述适当的和正确的行为。培训者给予个体所需的帮助。在完成诊断问题的练习之后，每个学生将进行进一步的测量。每个学生将诊断 3 个问题，并对每个问题完成工作说明书中所要求的 AFTO Form 349 操作，并书面陈述所完成的工作。为了安全起见，只有一个单元在确定问题时进行了操作。确定问题后，学生将把有问题的部分同非操作的部分隔绝。在进一步测验完成后，培训者将对标准检查项目进行注释。问题诊断后，学生将对培训者设计的测试台上修正一个给定的问题。当课堂大小超过 6 个学生时，需要有 2 个培训者和 10 个小时的呈现和行为培训对水压测量进行培训。

认识到培训目标，员工就能够取得最大的学习效果。培训目标必须与培训需求相结合，通过确定具体的、可测量的培训目标，包括期望的员工行为，让其遵守这些行为从而实现培训目标。当然绩效管理系统有关员工绩效的缺陷，可以为培训目标的设计提供可靠的数据。培训目标涉及三个方面的内容。

(1) 期望员工做什么。即企业期望员工在工作中能够对企业有什么贡献，产生的绩效是什么。组织往往通过社会化的方式，使员工认同组织的价值观和目标，确保员工与组织文化相匹配，从而实现组织目标。

(2) 可以结合当前的绩效质量或水平。通过制定绩效标准，分析岗位的实际情况，确定员工在当前情景下的绩效标准。

(3) 员工完成所期望的绩效或者结果的条件状况是什么。如果员工缺乏相应的知识或者技能，就必须进行相应的培训，以确保员工达到组织期望的绩效和结果。如果员工没有完成，必须进行有针对性地培训，以纠正员工的偏差行为。

2. 学习的结果

制订培训和开发计划,确定培训和开发目标,必须考虑学习的结果。学习是为了掌握一些专门的和通用的知识和技能。知识往往有四扇窗户,如表9-8所示。员工通过扩大他盲区和共盲区以获得专业技能,通过共识区和自盲区获得通用技能。学习的结果则涉及词语信息、智能技能、动作技能、态度和认知策略。词语信息包含名词、标签、数据和其他一些知识实体,也包含员工工作岗位上的专门知识。智能技能包含概念、准则规定等,它们对于解决问题、顾客服务以及产品创新有着极其重要的意义。而动作技能则是从事工作所必需的条件,包含身体运动协调性,这在早期的动作研究中已有涉及。而态度和认识策略则是员工行为和绩效结果的前提。态度是一种员工行为的倾向,是个人信念和情感的结合,决定了一个人采取某种行动的倾向。与工作有关的态度有很多,如工作满意度、组织承诺、工作参与等。认知策略是对学习过程的调节。

表9-8 知识的四扇窗户

		自 己	
		已知要素	未知要素
他人	已知要素	共识区	自盲区
	未知要素	他盲区	共盲区

3. 学习风格

制订培训和开发计划,确定培训和开发目标,也必须考虑员工的学习风格。学习活动被认为是一种连续过程,包括下列四个阶段:具体的经验、深刻的观察、抽象的概念、主动的实验。具体的经验意味着完全投入经验学习;深刻的观察则倾向多方观察、思考这些经验;抽象的概念则整合发展理论与塑造概念;主动的实验倾向行动解决问题。四个阶段分别代表两个构面的两端而形成四种学习风格,即发散者(diverger)、同化者(assimilator)、收敛者(converger)和适应者(accommodator)。每一种学习风格的特征,分别说明如下。

(1) 发散者。学习者具备具体经验与深刻观察的能力。他们有丰富的想象力和创意,擅长脑力激荡,如咨询员、组织发展顾问及人事经理具有此种学习风格。

(2) 同化者。学习者具备深刻观察与抽象概念化的能力。他们善于归纳推理及建立理论架构模式,从零散观察中提出一个完整的诠释,但他们较缺少对人、事、物实际的价值判断,这是基础科学和教学者的特色。

(3) 收敛者。学习者具备抽象概念化与主动实验的能力。他们擅长于问题的解决、决策制定,而在知识的获得上是借由假设和演绎推论的方式,很多工程师具有此种学习形态。

(4) 适应者。学习者具备主动实验与具体经验的能力。他们的长处在于实际地完成计划与试验,从中获得经验并投入新形势中,对危机处理和机会的找寻有较强的能力。当外界的情况改变时,他们能处变不惊迅速地调整适应环境。他们可说是冒险家,常以直觉之错误尝试法来处理问题。

Kolb四种学习风格如图9-4所示。Kolb指出,学习风格是生活经验的结果,同时受遗传的影响。不同的学习者可能同时拥有四种风格之中的一种或者一种以上,在不同的情境下,也可能向另一种学习风格转换。这一理论有助于根据培训者的学习风格,采用不同的培训方式,设计不同的目标,采纳不同的培训内容,进行不同的效果评估。

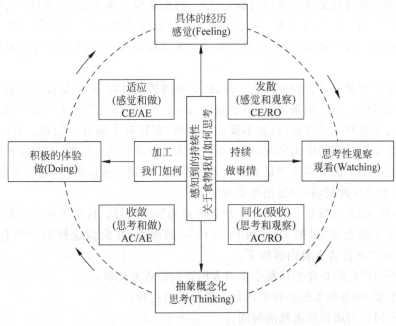

图 9-4　Kolb 学习风格理论

不同的员工具有不同的学习风格,因而必须根据具体情况进行设计。学习是教育心理学上一个很重要的概念,是个体经由练习或经验使其行为产生较持久改变的历程。学习是指行为改变的历程,而非仅指学习后行为表现的结果。而学习风格是指一个学习者与其学习环境交互影响的知觉中,培养出的一种具有相当稳定的反应模式,它通常包括个人认知风格、情景特征与生理习惯等特质。学习风格意指学习者对于学习过程的一种偏好方式,它对学习结果有相当大的影响。学习风格的差异可以解释为什么某些个体对一些培训方法,例如角色扮演、讲授、录像带或者案例教学感觉更加满意。

4.培训项目设计

人力资源培训与开发的设计是运用现代学习、教学及组织理论和技术,针对特定的对象和目标,分析培训与开发问题、寻找解决办法、评价培训与开发效果并修正设计方案的过程。培训项目的设计是方案设计中的一个必需的内容。主要包括教学设计、培训课程设计、培训者选择以及教材的开发。

通常教学设计考虑培训教学的目标、课程的单元化、选择培训师和培训供应商、培训中其他要素的考虑以及对培训方案的评价和培训方案的修正。在这一过程中,首先要链接企业的战略目标和价值链,通过培训需求的分析,构建人力资源培训目标,以确立当前绩效与预期绩效之间的差异,从而有针对性地进行培训。在确定教学目标之后,要对教学进行分析。教学分析的目的在于了解员工所必须具备的技能以及需要进行何种技能的培训。了解不同类型的知识广度和深度、起点知识和素质,分析学习者的学习风格和个性特征,以便因材施教。考虑到组织对不同员工绩效目标和期望是不一致的,因此必须选择相应的教学策略,开发不同的培训评估题目和运用不同的教材。

培训课程地设计是在培训项目确定之后,将培训项目落实为可见的培训内容,从而展现给培训者的一种活动。为了科学合理地设计课程体系,就必须依据一定的原则对课程进行设计。通常来说,课程的设计必须满足系统原则、效益原则、认知规律和学习理论。

培训是一个涉及多方面的巨大系统,因此在课程设计时,必须综合考虑企业内外部环境、企业战略和目标、培训需求、员工能力、讲师、教材、费用及企业经营等因素。对培训的各个方面必须统筹考虑,但也不要面面俱到,要针对个别有所侧重。另一方面,培训必须考虑企业实际的能力情况,因为企业的资源和能力是有限的,必须探索在教学设计考虑如何以最少的成本获得最大的收益。因此要根据企业的特点,充分利用时间,降低费用,合理设计教材,科学运用培训方法。

美国《培训》杂志每年会发布一个培训产业的年度报告。这个报告主要集中在不少于一百个员工的企业,根据 Dun 和 Bradstreet 的调查,在美国这样的组织有 142 494 个。2008 年产业报告主要内容如下。

(1) 不同产业的企业平均每个学习者的花费所占的比例;
(2) 小型、中型和大型公司平均每个学习者的花费;
(3) 不同公司培训所消耗的时间;
(4) 各种不同的培训活动所占的比例;
(5) 培训所使用的方法和技术的比例;
(6) 培训所使用的不同工具的比例;
(7) 外包情况。

培训者选择是非常复杂的,企业根据实际情况对培训机构和培训师进行选择,这包括对内部培训师和外部培训机构的选择。对培训机构的选择往往需要考虑多方面因素,如成本、信用、经验、企业战略、盟友关系、期望的结果、培训方式等。培训师的选择则必须考虑其素质、经历和专长。《培训》杂志的调查显示,2008 年美国总体培训费减少到 562 亿美元,外部咨询公司和培训机构所占份额为 154 亿美元。如表 9-9 所示。可见企业对外部培训机构和内部培训师都有所选择。

表 9-9 组织中最流行的 20 种培训

	提供这种类型的培训(%)	被设计和被递送		
		只在内部(%)	只在外部(%)	两者都有(%)
新员工上岗引导	92	89	2	9
领导力	81	22	18	60
性骚扰	81	49	12	40
新设备操作	80	47	8	46
绩效评估	80	75	3	23
团队建设	77	32	9	59

续表

	提供这种类型的培训(%)	被设计和被递送		
		只在内部(%)	只在外部(%)	两者都有(%)
安全性	77	32	9	59
问题解决/决策制定	76	33	12	55
培训者	74	27	30	43
产品知识	72	62	4	34
公开演讲/表达技能	70	30	28	43
招聘/面试	70	46	15	39
时间安排	69	29	20	52
质量/过程改进	67	41	7	52
基本的生活/工作技能	65	41	11	49
商务/技术性的写作	64	29	37	34
管理变革	64	28	18	54
战略规划	61	35	15	50
顾客教育	61	64	8	29
多样性	59	39	17	44
舒适	57	24	27	49
创造性	52	33	23	44
伦理	48	46	10	45
新职介绍/退休	48	41	25	34
矫正数学/算术	35	38	34	28
作为第二语言的英语	30	34	40	26

资料来源:"Industry Report 1999"(October 1999),Training,p.57.转引自,赵曙明,伊万切维奇.人力资源管理(第九版).北京:机械工业出版社,2005.

(三)培训实施

培训实施是培训工作的重要阶段。实施培训时应该预见可能存在的干扰因素,应该设计一种程序来避免干扰,确保培训进行转化和迁移。一些研究者认为,成人学习不仅受到其个人特点的影响,也受到工作环境、培训设计、实施手段和效果评估和反馈的影响。成人行为改变在长期条件下受到质疑。孔子的3 000弟子中,只有72人成才的事实表明,学习绩效不仅受外部环境的影响,也受内在动机以及员工历史的影响。学习迁移理论认为,只有当两种情景中具有相同的要素时,才能产生迁移,譬如,学习数学和学习经济学(共同元素为数学思维)、学习语文与学习数学(没有共同元素)。培训迁移理论指出,培训输入(包括受训者特征、培训设计和工作环境)都会影响培训效果的迁移。

首先是受训者特征,包括影响学习的各种能力和动机。动机往往有外部动机和内部动机。外部动机包括学习所带来的收入提高、地位、晋升、荣誉、社会赞许等;内部动机则包含个人成长、对他人影响、强烈兴趣、好奇心、对社会的影响等。而能力包含自己所擅长的和自己不擅长的。受训者如果在自己动机和能力之间找到契合点,学习将会是一种沉浸体验,一种高度的快感,特别内部动机和能力高度结合时更会产生。影响成人学习的第二个因素是培训项目的设计。保持和推广将会受到培训项目设计的影响。这些包括有意义的材料、实践机会、反馈、学习目的、培训场所以及讲师。

培训迁移过程模型见图 9-5。

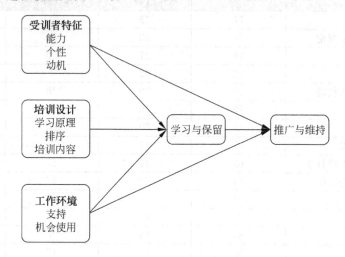

图 9-5　培训迁移过程模型

资料来源：Baldwin, T. T., & Ford, J. K. Transfer of training: A review and directions for future research. Personnel Psychology, 1988, 41: 63～105.

另外，影响成人学习效果的转化还包括工作环境，这涉及支持性的组织氛围、团队氛围、同事、技术支持以及制度环境、报酬体系。当组织对学习进行持续的奖励时，报酬成为一种学习的导向作用。成人受到奖励刺激会付诸更多精力到学习活动之中，奖励什么，学习什么。如清华大学经济管理学院教师需发表外文，对 A 类期刊的奖励达到 50 000 元，并且职称晋升与其挂钩，导致教师大量学习和培训外文写作模式。这种导向性组织氛围可能带来绩效的提升，也可能不带来绩效的提升，这涉及培训设计是否是指向组织绩效的。如果 A 类期刊所发表的文章与中国的情景和社会认同不一致，组织的地位并不能得到有效提升。

培训实施要对影响培训转化和迁移的因素进行有效的控制，以便使培训达到满意的效果。这就需要企业采取以下相关措施和步骤来保证培训实施的进行。

（1）详细收集与培训相关的资料。这些资料包括组织培训战略、培训实施计划和目标、培训需求评估报告、以往培训计划及其评估报告、培训预算、培训师记录、课程大纲、培训地点和设施情况、部门工作计划、培训工具和方法、技术要素等。

（2）比较组织期望目标与现实之间的差异。通过培训的反馈以及以往培训效果的评估，找出组织期望培训的目标与现实之间的差异，以便进行纠偏。

（3）分析实现目标的培训计划。掌握培训进程的重要标准在于培训计划是否达到实现目标所需条件，同时对照企业资源和能力看是否满足这些条件，考虑实际之中存在哪些干扰因素。

（4）培训计划纠偏。培训过程中可能出现培训与实际效果或者目标不符的情况，必须进行纠正。一般来说，培训可能产生三种情况：第一，培训完全符合企业目标计划,不需要进行纠偏;第二,培训部分偏离了企业目标,需要对培训计划进行适当修改;第三,培训完全脱离企业实际,必须重新拟订计划。

(5) 公布并跟进落实。企业在实施培训方案的过程中,必须注意以前的培训、学习和习惯可能带来的困难,关心员工是否应用了实际所学的知识,建立一个支持和促进培训和开发的组织环境。在尽可能模拟真实的条件下实施培训,转化就可能变得很容易。有关培训的方法和技术将在第四节介绍。

(四)培训的效果评估

实施培训之后还需要进行效果评估。效果评估是整个培训与开发的一个有机组成部分,也是人力资源培训与开发的最后一个阶段。该阶段决定了人力资源培训和开发的干预措施是否取得预期效果。Kirkpatrick认为培训的效果评估从四个层次进行,这涉及反应、学习、行为和结果四个层次。在实践中,四层次评估模型颇具挑战性,衡量非常困难。如表9-10所示。

表9-10 培训效果评估的四个层次

层次	问题	评估方法
反应	学员是否喜欢这个培训?他们是否认为有用?对培训、课程、培训组织是否满意?学员的积极性是否很高?	问卷调查、面谈考察、综合座谈、情绪测试
学习	学员在多大程度上学到了新知识和新技能?学员对培训内容、技巧、概念的吸收和掌握程度如何?	测试、模拟、笔试、口试、模拟练习与演示、角色扮演、演讲、文章写作
行为	培训之后学员的行为是否发生改变?他们是否应用学到的知识和技能?	问卷调查、行为观察、访谈、绩效评估、360度评估、管理能力评鉴、态度调查
结果	由于培训,企业或业务部门是否变得更好?组织绩效是否更高?员工素质和绩效是否提升?	个人与组织绩效指标:事故、质量、生产率、成本、利润、离职率、士气、成本效益分析、组织气候的资料分析、客户满意度、员工素质、相关利益者的调查

反应是衡量员工是否喜欢培训、培训师和培训设施。通常企业会采用一个问卷来进行测量,如果员工对培训项目不太喜欢,就不可能产生有效的培训结果,但一个员工喜欢培训项目,也不一定产生有效的培训效果。研究者在对第一层次的评估时发现,高分数与实际的培训并没有高度相关。多数人员评估员工的反应时仅仅在项目一结束就填写问卷,这种时间的压迫,使问卷填写质量难以得到保证。太多的培训强调销售什么,而不是根据员工的需求进行,会造成员工对培训的抵制、顺从或者沉默。

学习是衡量员工参加培训后是否获得了新知识和新技能。如果预期的学习涉及工作技能或者知识获取,那么评价可以通过实践联系融进项目设计,例如,以知识为基础的培训可以用测验来衡量,以技能为基础的培训可以用模仿或者演示来衡量。讨论用的案例分析和角色扮演也可以成为评价的一部分。研究者发现,积极的反应和学习之间并无密切联系。幽默的授课受到学生的欢迎,但并不能给学生带来更多的知识和技能。

要使第三层次的评估,即行为的评估变得更有实效,必须超越仅仅确定学习什么进而怎样应用学习的问题。行为是衡量员工学习之后是否将知识和技能转化为实践应用的问题。对行为的评估常常涉及绩效评估,譬如,Borman等将利他行为、帮助行为、遵守组织纪律等列入关系绩效之中,一些企业也对其进行考评。行为锚定法可以评估员工行为发生的改变。Kirkpatrick假定通过学习之后,员工就可以将学习到的知识和技能应用到实际工作之中,这种想法未免过于天真,学习迁移理论告诉我们,环境和员工自身特征等许多因素会促使这种转化变异,这些因素包括应用机会、影响行为的激励和奖励体制、同行的压力以及工作场所的支持体系。

结果评估是观察培训的整体效果,以及培训对生产率、效率、质量和客户服务等用于评价员工贡献和绩效的方法所产生的影响。这可以通过预算、成本报告、销售数字、产品、库存调查,或者其他的方法对组织绩效进行评价。

研究发现,在第一阶段,培训对员工的自我效能感、沟通风格、身体姿势、语调、面部表情等呈现正相关影响;在第二阶段,员工获得的新知识和新技能显然得益于培训的作用;在第三阶段,员工的任务满意度、感知的信息传递、任务激励态度有明显的改变。在最后阶段还发现培训不仅影响员工的任务绩效,而且增强了员工的主人翁精神,降低缺勤和离职,增加对组织的承诺,更加敬业。研究还发现,培训对于员工自我的提升、态度的改变、人力资本的储蓄以及组织绩效的提高,从而提高财务绩效有着显著的影响,如图9-6所示。

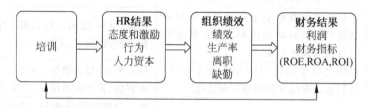

图 9-6 培训对组织绩效的影响

需要注意的是,不是每个培训项目都会对个人和组织绩效产生直接影响。Kirkpatrick四层次评价模型虽然为实践者所接受,但在评估实践中,企业往往更关注培训带来的直接效益,如投资收益率、员工绩效,对于员工的反应(感情)和态度以及隐性收益不够重视。人们在关注绩效结果的同时,必须考察认知效果、技能效果、情感效果。价值观的改变、态度的转换和内隐动机的激发可以使员工与组织文化更加匹配,心理资本更加丰富,员工更加乐观、自信、积极向上,对工作更加感兴趣,从而使远期绩效更好。

二、培训与开发的方法

常见的方法可以分为四类:演示法(presentation methods)、传递法(hands-on methods)、团队建设法(team building methods)和新技术方法。前三种是比较传统的方法,后一种是新兴方法。演示法包括课堂教学、研讨法和视听法;传递法包括在职培训、自我指导学习、师徒制、仿真模拟法、案例研究、商业游戏、角色扮演、行为示范等方法;团队建设方法则包含团队训练和行动学习;新技术方法主要有多媒体培训、计算培训、智能指导系统、远程学习等。2008年美国培训杂志产业报告显示,课堂面授、在线自学、应用模拟和虚拟教室成为培训所使用的传递信息的最前面的四种方法。

培训过程中,还必须根据培训者和受训者的特点和风格对教材进行选择。教材可以采用培训者自己编写、集体合编、现有教材补充和扩编以及直接使用现有教材。课堂上使用的培训材料可以多样化,如采用印刷材料、视听材料。印刷材料有工作任务表、卡片、岗位指南、企业文化手册、测验、学员手册、培训指南、临时教材、内部文件等。视听材料包括投影材料、幻灯片、录像、电影、远程教学、上机实验、电子阅读等。图9-7显示了美国受训者采用的培训传递信息的主要方式。尽管互联网已经风靡全球,课堂面授仍然占据主导地位,2005—2008年间,一直占60%以上。对常见培训与开发的方式与方法的统计也显示,课堂实时项目培训占到90%的比例。

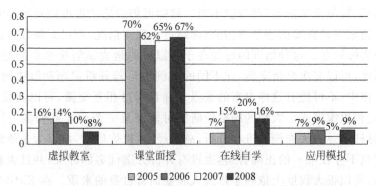

图9-7　2005—2008年间培训所使用的传递信息的前四种方法

资料来源:"Industry Report 2008",Training,p.24.

(一)课堂教学法

课堂教学法是人们最熟悉的培训方法,因为它是学校最基础、最主要且最重要的教学手段。讲授法是由培训者向受训者讲授知识,是最传统的培训方式。讲授法最大的优点就是可以系统地将知识教给员工,只要教材选得恰当、讲授主次分明,就可以清晰地传递知识。并且可以将大量的知识在短时间内传授给员工,也可以将深奥难懂的理论知识讲解清楚。培训者还可采取提问和讨论等方式活跃氛围,引导受训者主动思考。但是,讲授法常常被指责为冗长而无实践的讲授,认为仅是系统地讲授知识,而没有提供实践的机会,导致知识只停留在理论层面。这种批评是值得深思的,过于依赖讲授法,确实会让知识流于形式,而难转化到实际工作中。同时,培训的效果在很大程度上受到培训师的影响,如果培训人的讲授索然无味,或是毫无重点的胡侃一通,必将收效甚微。无论如何,讲授法是一种重要的培训方法,不可取代。但由于它具有局限性,应与其他方法配合,才能进一步强化培训成果。

(二)研讨法

研讨法也叫会议法,是将兴趣相同或者相异但可以互相启发的人聚集在一起讨论并解决问题的一种广泛使用的方法。在国外有很多工作坊(workshop),与会者会就某些大家感兴趣的问题进行交流、碰撞，激发对问题的新见解，从而解决实际问题。

（三）案例方法

在案例方法（case method）中，向受训者提供关于某个问题的书面描述，这个问题可以是现实的，也可以是虚拟的。受训者根据提供的资料，分析整个问题，并且提出解决方案。受训者可以通过讨论得出方案，也可以自己独立思考。案例方法的一个基本假设是，员工可以通过这些过程的研究与发现进行学习。案例方法适合于对高级智能的开发，如分析能力、综合评价能力和评估能力。案例方法并不是要教给受训者一个"正确"的解决方法，而是培养受训者分析问题和解决问题的能力，并且提供一些有益的思路。案例方法有五个特点：运用组织的实际问题、尽量让受训者陈述看法、对教师的依赖降至最低、教师很少回答"对"或"不对"、教师可创造适当程度的戏剧场面来推进案例研究。无论案例是真实的还是虚构的，都贴近于现实情况，所以案例分析也就是在模拟解决一个实际问题。这种培训的好处在于可以大胆地尝试解决某个问题，而不需承担风险。因此，可以多次分析案例，在不同的案例中培养分析问题和解决问题的能力，而在现实工作中，不可能有这样丰富的场景。并且通过相互交流，可以激发灵感、打开思路，从而完善思维模式。大型的跨案例研究可能涉及一个行业或者多个行业中的标杆企业，对标杆企业的优秀模式进行分析，总结经验，提炼启示，可以为企业经营实践所用。由于案例不存在唯一的正确答案，也没有评价方案优劣的标准，并且也看不到方案真实的效果，所以很大程度上依赖于培训人和受训者自身的素质。在EMBA班里开展一次案例分析，和在焊工班组里开展一次案例分析，那效果肯定完全不同。培训人能否有效引导，受训者之间能否相互激发，都影响着培训效果。

（四）在职培训

在职培训（on the job training，OJT）是指新员工或没有经验的员工通过观察并效仿同事及管理人员执行工作时的行为而进行的培训。美国公司每年投入大约900亿美元～1800亿美元用于非正式的在职培训。中国人力资源和社会保障部针对此类问题，起草了《职业技能培训和鉴定条例（征求意见稿）》。2009年8月6日，国务院法制办全文公布征求意见稿，向社会各界征求意见。征求意见稿规定，用人单位应当根据岗位技能要求，对在职职工开展技能提升培训和新技术、新工艺培训，且应当按照职工工资总额的1.5%～2.5%提取职工教育培训经费，列入成本费用，依法在税前扣除。用人单位用于一线职工教育培训的经费，不得低于本单位职工教育培训经费总额的70%。若用人单位未按照规定提取和使用职工教育培训经费的，则可能面临1万元以上5万元以下的罚款。

在职培训的基本假设是：(1)员工可以通过观察和提问得到学习；(2)一个有效的OJT方案应该设定学习目标、明确培训责任、列出要学习的知识和技能、考察同行优秀企业的做法、设计OJT过程、熟练工人应向受训者讲解、给予受训者实践的机会并反馈信息。不然OJT很容易流于形式，而让受训者错失学习机会。

在职培训是一种有效的培训方式，很多工作都是通过这种方式学习的，几乎所有的新员工都会接受不同形式的在职培训。绝大多数工作都很难通过书面系统描述,并且很多工作细节也不可能在其他培训方法中详尽描述,而通过在职培训可以观察到最真实的工作情境,随时发现学习点,可以迅速地让员工掌握新的技巧和熟悉工作环境。这种方法非常省钱,因为培训者边干边教,而受训者边干边学,较少耽误正常工作。同时,还能及时反馈受训者的学习情况。但是,由于熟练员工本身不是专业的培训师,没有什么培训技巧,也不容易抓住关键点讲授,因而很大程度上靠受训者自己观察和提问。对于陌生的工作,受训者很难发现一些重要的操作行为,往往只看到了表面现象,而不知其中奥妙。还有一些受训者由于心理因素或性格原因,不喜欢提问,即使喜欢提问的员工也不一定问到"点"上。所以受训者的观察和提问可能收效较慢,而且难以深入。在职培训最重要的一个缺陷是,很多工作细节无法通过观察和提问来学习。

(五) 角色扮演

角色扮演(role playing)是在设计的一个接近真实情况的场景中或情景下,指定受训者扮演特定的角色,借助角色的演练来体验该角色,从而提高解决该类问题的能力。在特定场景下,受训者不受任何限制地即兴表演,"剧情"随着参与者的表现而自由转换,直到培训者终止或是受训者感到完成这一任务。对于表演结果,培训者和其他参与者都可加以评论,相互商讨,从中受益。受训者扮演特定角色即兴表演,亲身参与,并共同决定着"剧情"发展,因此参与者有极大的兴趣投入,并主动从中学习。由于只是扮演,受训者可尝试采用不同的态度或不同的性格,看结局有什么样的变化。角色扮演提供了观察和感受用不同方式处理问题的机会。培训者和其他受训者都可对表演给予评价和建议,表演者也可参加到讨论中,信息及时反馈,表演者从中认识到处理问题的得失。表演者亲身扮演角色,对角色的处境、困难、顾虑、思路都有了切身体会,不管将来会处于这个角色的位置还是其相关位置,都有利于他顺利地解决问题。Scott Meyers认为,角色扮演可以训练人们体察他人情绪的敏感性。在角色扮演中,最突出的特点就是人与人之间的直接交流,这非常有利于培养人际关系方面的技能,因此,在培训公关人员、销售人员时常常采用这种方法。角色扮演让参与者有机会处理工作中可能出现的情况,提供了难得的实践机会。并且,这种方式非常省钱,几乎不需要什么物质成本。培训者的指导非常重要,如果没有事先准备好关于学习者可学到什么内容的概括性说明,那参与者在完成表演后很难有进一步提高,也就是说,仅仅是其真实行为的再现,而没有提高行为的有效性。如果受训者扮演后得不到应有的反馈,他们常常认为这是浪费时间。由于对角色扮演的认识不够,一些受训者会认为只是个游戏,而另一些受训者则干脆不愿参与,这反令培训者陷于被动,所以执行起来有一定的困难。如果给受训者事先的指导较少,可能会导致表演失误,从而引起尴尬和挫败感,反而会打击受训者今后的工作信心。最后,角色扮演需要的时间较长,每轮表演只能让较少的人参与,这种培训方法比较耗时。

(六) 行为模仿

行为模仿(behavior modeling)是先向受训者展示正确的行为,再要求他们在模拟环境中扮演角色，根据他们的表现，培训者不断地提供反馈，受训者在反馈的指导下不断重复工作直至能熟练完成任务。这种培训方法的基本思路是，受训者看到任务的执行过程，并在反馈信息下不断重复实践，直到熟练完成任务。具体地讲，行为模仿有四个步骤：第一，建立模式，向受训者展示正确的行为，可以通过电影、录像等现代手段，也可以通过真人扮演；第二，角色扮演，让每个受训者扮演其中角色，演习正确的行为；第三，不断强化，培训者根据受训者的表现，给予表扬、建议等反馈，强化受训者的行为；第四，鼓励受训者在将来的工作中采用正确的行为。

行为模仿和角色扮演的相似之处在于，都要扮演某个角色，都要表演某些场景。但二者又有重要区别，角色扮演是在某种场景下自由发挥表演，而行为模仿则要求受训者必须以正确的行为处理问题，并且一旦出错就被要求重复演习直至正确。也就是说，行为模仿是告诉了受训者正确的方法，并要求掌握这种正确方法。由于与角色扮演比较相似，所以角色扮演的许多优点在此方法中也有体现。一个完全区别于角色扮演的优点是，学习并实践正确的方式。在这种培训中，受训者一开始就清楚什么是正确的处理方式，并在实践中不断地模仿正确行为，通过不断强化后，让这种行为自然而然地在将来的工作中体现。所以行为模仿适用于那些能明确识别正误的、有规范操作程序的、简单且程序化的行为。

这种培训方法最大的缺点就是，从一开始就限制了受训者的思维。受训者首先看到了正确的行为方式，潜意识中会努力地向其靠拢，并且也被鼓励效仿。而事实上，解决一个问题一般有多种方式，可能还存在其他更好的方法，但可能存在的更优方法在一开始就被扼杀。而且，现实情况是复杂的，所教授的正确方法不一定在任何情况下都适用，由于受训者没有做过这方面的思考，当发生"非正常"情况时往往束手无策。

（七）视听培训

视听培训是利用幻灯、电影、录像、录音、电脑等视听材料进行培训。这些视听材料可以调动人的视觉和听觉，促进学习效果。视听材料可以在市场上购买，市场上有许多音像资料，并且专门用于培训，较专业；也可以自己制作，根据组织的实际情况和具体要求，制作出符合组织需求的音像资料。购买或制作视听材料时，一定要明确培训的需求，需要哪方面的内容、需要什么程度的资料。在播放前，要说明培训的目的，让受训者思路清晰地接受新知，而不是像看电影一样一带而过。播放完后，培训者要进行讲解，对其中的难点和重点进行剖析，补充说明，强化学习效果。最好还能引导受训者讨论，让他们对某些关键问题做进一步的思索。

由于视听培训调动了人的多重感观，易引起受训者的兴趣，印象深刻。视听材料最大的一个优点，是可以跳过某个片段或是重复某个片段，培训者可以很方便地根据培训需求进行选择。对于不重要的内容可以跳过，对于重要的内容不但可以重放，还可对某一细节暂停或放大等以便于进一步详细了解。作为永久保存的资料，可以重复使用，大大简化了培训工作。

视听材料的出现，给培训师提供了"偷懒"的机会。一些培训师过于依赖，不管适用与否，都倾向于使用。而一些重要的内容不一定出现在视听材料中，培训者如不额外讲解，会使之遗漏。同时，视听材料是永久性资料，如不注意更新，一些内容容易过时。视听材料毕竟是单方面的演示，不能结合现场的氛围和学习的需要转变，所以培训者有责任根据培训情况进行补充和说明。

（八）电脑化指导

电脑化指导（Computer-Based Instruction，CBI）指使用电脑，通过操练/辅导、游戏、模拟过程或网络对受训者进行指导。操练是基于实践的事实和程序进行提问和回答的演练。电脑先是对一个问题做出解释，然后提出一系列相关或类似问题让受训者解答，电脑再判断正误，并给予正确的指导。游戏是对工作中的情形进行描述，由受训者分析该如何处理。根据受训者的答案，电脑给出相应的可能结果及反馈信息。电脑模拟训练是让受训者操作或维护某个设备，根据电脑显示的内容，受训者做出反应，电脑再判断他的反应是否正确。对于网络培训，培训课程储存在网上，各地的受训者都可利用网络浏览器进入网站接受培训。

随着电脑的普及，越来越多的工作依赖电脑，培训领域也越来越关注如何运用电脑提高培训质量和数量。运用电脑可以实现交互式培训，受训者与电脑直接交流，电脑像老师一样，可以教授知识、提出问题、分析问题、解答问题、指出关键点，受训者则可自由地向电脑提问、反复训练，而不用有所顾忌。运用电脑实现了自我调速式学习，每个人的学习进度不同，可以根据个人情况自由地选择课程，可以随时学习，可以选择性学习，可以重复学习。无论在电脑上犯了什么错误，最多是重新开始，而不需承担任何风险，这给受训者提供了大胆尝试、多次反复的机会，有利于进一步了解不同方式的效果，有利于加深学习印象。由于不用承担风险，又可无数次反复运用，当系统建立后，使用的平均成本是相当低的。电脑可以融入声音、图像、动画等，大大丰富了学习的内容，增加了学习的趣味性。如果通过网络学习，电脑的优势会更加明显，因为它消除了地域限制和时间限制，任何地区的人可在任何时间进行学习。最后，电脑的快速、精准等特质，无疑提高了培训的质量。

但从另一方面说，建立一套电脑化的指导系统是比较昂贵的。通过外界购买或建立一套网络培训系统，一般都必须支付一笔不菲的费用。如果是自己设计和建立，不但花费较大，而且也很费时。在使用之后，人们容易对电脑化指导形成依赖，但电脑毕竟不能代替人。受训者与培训者交流的机会大大减少，如果通过网络学习，甚至没有机会与培训者交流。无论电脑如何智能、程序设计得如何完善，人的作用总是无法取代的。

（九）师徒制

师徒制（apprenticeship 或 mentoring）是一种既有在职培训又有课堂培训并且兼顾工作与学习的培训方法。师徒制似乎是一种比较"原始"的培训机制，高科技企业往往对其听而远之。但现在国内外一些高科技企业却又在重拾这种祖传方法。研究发现，相对于没有参与师徒制的个人而言，参与非正式师徒制的员工在组织里有比较高的满足度、认同度和机动性。对正式或非正式师徒制有较高满意度的徒弟，在工作满足、组织认同、升迁机会的满足度、职业生涯认同、程序正义、组织承诺等项目上，比起低度满足的徒弟有更高的满足度以及较低的离职倾向。而且，低度满足的徒弟比起没有师徒制度的员工还有更显著的差异。同时，最低限度的、无效能的师徒制与正面的工作和职业生涯态度无关。对渴望被引导的人来说，师徒制的确重要。刚进入公司的新人，假如能在职业生涯早期碰到良师益友，就可能有助于他较快升迁，薪水也较高，而且对未来的职业发展有比较高的满足感。研究者普遍认为，由资深者向资浅者提供更多的指引，可以让这些徒弟更早学到应该具备的技能。师徒制是最复杂和与发展有重要关系的一种方法，担任师傅的人必须是有多年经验且资深的老师、指导者、支持者。因此，有研究指出，担任导师的人倾向于选择与自己背景、教育、性别、种族、宗教信仰等相似的徒弟，因为这些与自己相似、能相互认同的人，通常被认为比较容易与自己沟通。实行师徒制的相关企业必须注重四点变化：首先是员工与公司之间的劳动契约已经产生了变化；其次是技术本质上的改变，会影响个人职业生涯及其发展的形式和功能；再次是组织结构的改变，会影响个人接受发展协助的来源；最后是组织成员的多样性，尤其在种族、国籍、性别方面，会影响发展资源的有用性。

  师徒制培训的一个主要优点是可以让学习者在学习的同时获得适当的收入，缺点是无法保证在培训之后还能继续保有原来岗位。同时，师徒制下培训的员工的知识面可能比较狭窄。

（十）企业外培训

  企业外培训是邀请企业外的组织对受训者进行培训。企业外的组织可以是学校，也可以是培训机构。与学校相关的培训计划，可以是脱产学习、半脱产学习或在职学习，根据学习要求而定。脱产学习可以让员工专心学习，在一段时间内集中而快速地掌握知识或技能，但会耽误工作，组织将为此付出较高的代价，员工回来时岗位也有被别人顶替的危险；在职学习不需要脱离岗位，可以边工作边学习，虽然不会太大地影响工作，但人的精力和时间有限，工作和学习的冲突会不时出现，解决不好反而会两头耽误；半脱产学习介于两者之间，其利弊也各占一半。企业外培训，可以送员工到培训机构参加培训，也可以请培训机构来企业。前者费用较低，但受益人少，而且培训不是专门针对本企业；后者费用较高，但受益人多，并且可以根据企业情况提出相应要求。企业外培训借助外部力量，可以汲取外界新的知识、技能和信息，向企业输送新鲜的氧气。如果是送员工出去培训，其过程也是与相关人士进行交流，加以利用，也可为企业引入新项目、新业务，甚至是新的人才。

  由于不是企业自己设计的培训，针对性不一定强，可能学员学到的东西最后很少在企业中运用，甚至毫无作用。并且受训者很可能将其作为增强个人素质的机会，反而会增加受训者跳槽的砝码。

（十一）其他培训与开发方法

  培训与开发的方法相当多，由于二者均是为了提高员工或管理人员的能力，所以很多方法是相通的，可以互相借用，而无明确的界线划分。新技术培训方法有很多是与高科技相联系的。CD—ROM和镭射光盘是通过个人电脑,在培训中融入动画、录像、图表等,也可以直接用于语言、音乐和课程的学习。虚拟现实为受训者提供三种利用计算机技术的学习方式,通过使用专业设备和观看计算机上的虚拟模型,受训者可以感受模拟环境并进行沟通。远程专家系统是利用计算机技术把专家的知识组织和运用到某一特定问题的技术。程序化教学(programmed learning),是用系统的方法传授工作技能,先向受训者提出问题或事实,让受训者回答,然后反馈信息,可以采用书或电脑作为教学手段。自我指导学习法,是让受训者自己全权负责的学习方式,不需要任何指导者。如图9-8所示是常见培训与开发的方式与方法。

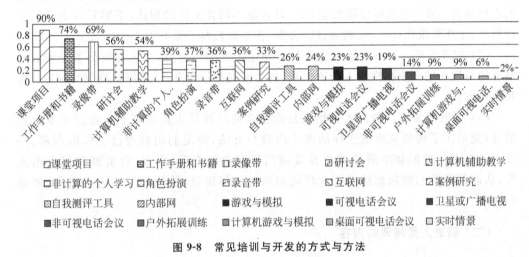

图9-8 常见培训与开发的方式与方法

随着员工队伍多样化趋势的出现,组织实施多样化培训,促进相互理解,尽可能消除多样化带来的沟通困难和障碍。读写能力培训,主要是向半文盲员工提供阅读和写作方面的培训,也可向出国人员提供该培训。艾滋病等疾病教育,是向员工介绍疾病方面的基础知识,增加其自我保护意识,消除不必要的顾虑。

第四节 管理培训与开发

培训对象不同,培训的特点也不同。本节主要讨论新员工和管理人员的培训,在此基础上,分析目前的热点团队的培训与开发。新员工的培训通常被称为入职培训、员工定向或组织社会化。

一、新员工培训

(一)新员工培训意义

如果说招聘是对新员工管理的开始,那么新员工培训是企业对新员工管理的继续。这种管理的重要性在于通过将企业的发展历史、发展战略、经营特点及企业文化和管理制度介绍给新员工,对员工进入工作岗位有很大的激励作用。新员工的培训具有以下意义。

(1) 节约成本。新员工明确了企业的各项规章制度后,可以实现自我管理,节约管理成本。

(2) 适应工作。通过岗位要求的培训,新员工能够很快胜任岗位,提高工作效率,取得较好的工作绩效,起到事半功倍的效果。通过新员工培训,管理者对新员工更加熟悉,为今后的管理打下基础。

(3) 了解企业。新员工培训对于个人来说是对企业进一步了解和熟悉的过程,通过对企业的进一步熟悉和了解,一方面可以缓解新员工对新环境的陌生感和由此产生的心理压力;另一方面可以降低新员工对企业不切合实际的想法,正确看待企业的工作标准、工作要求和待遇,顺利通过磨合期,在企业长期工作下去。

(4) 职业发展。新员工培训是新员工职业生涯的新起点,意味着新员工必须放弃原有的与现在的企业格格不入的价值观、行为准则和行为方式,适应新组织的行为目标和工作方式。

(5) 增强归属感。新进人员培训是指给企业的新员工提供有关企业的基本背景情况,使员工了解所从事的工作的基本内容与方法,使他们明确自己工作的职责、程序、标准,并向他们初步灌输企业及其部门所期望的态度、规范、价值观和行为模式等,从而帮助他们顺利地适应企业环境和新的工作岗位,使他们尽快进入角色,增强归属感。

(二) 新进人员培训的内容

(1) 企业文化。包括企业的经营历史、创业者、宗旨、规模和发展前景、经营理念、价值观等。主要让新员工知道企业反对什么、鼓励什么、追求什么。

(2) 公司的规章制度。使员工们在工作中自觉地遵守公司的规章,一切工作按公司制定出来的规则、标准、程序、制度办理。包括工资、奖金、津贴、保险、休假、医疗、晋升与调动、交通、事故、申诉等人事规定;福利方案、工作描述、职务说明、劳动条件、作业规范、绩效标准、工作考评机制、劳动秩序、安全机制等工作要求。

(3) 企业内部的组织结构和权力系统。使新员工明确在企业中进行信息沟通、提交建议的渠道,使新员工们了解和熟悉各个部门的职能,以便在今后工作中能准确地与各个有关部门进行联系,并随时能够就工作中的问题提出建议或申诉。

(4) 业务培训和岗位职责。指企业的经营范围、主要产品、市场定位、目标顾客、竞争环境等,增强新员工的市场意识;使新员工熟悉并掌握各自本职工作所需的主要技能和相关信息,从而迅速胜任工作。

(5) 企业行为规范。如关于职业道德、环境秩序、作息制度、开支规定、接洽和服务用语、仪表仪容、精神面貌、谈吐、着装等的要求。

(三) 新员工培训的程序

(1) 新员工培训的准备工作。文字资料:编写和印制好的员工手册、新员工培训计划、按培训内容编写的培训资料或提纲、新员工基本情况表、新员工培训通知书等。

硬件部分:场地的布置、设备的检查与调试座位的排定、温度的调节、学习用品的准备、后勤服务与保障等。

(2) 新员工培训执行的程序。第一步:概况介绍,由高层经理人员致欢迎词,介绍公司概况的相关内容,及员工可以对公司具有的期望和公司对员工的要求。主要内容有:企业发展历史、组织结构与权力系统、主要领导、部门岗位及其职责、安全机制、公司主要办公地点,主要产品、经营方向等。第二步:参观厂区。由公司领导或人力资源部管理人员带领,向新员工介绍企业的关键部门和主要场所。第三步:制度介绍。由人力资源部门进行企业制度的讲解和指导,并与新员工进行讨论。第四步:业务指导。由新员工的直属上司对业务知识进行特定性的岗位指导。第五步:举行新员工座谈会。鼓励新员工尽量提问并进行详细解答,进一步使员工了解关于公司和工作的各种信息,使新老员工更好地沟通。

二、管理人员开发

管理人员开发(management development)是指一切通过传授知识、转变观念或提高技能来改善当前或未来管理工作绩效的活动。管理人员开发是一项重要工作,在竞争激烈的市场中,高素质的管理人才对公司的成功起着十分关键的作用,因此,公司必须向管理者或具有潜力的管理候选人提供指导,帮助他们提高素质,以应对未来工作的需要。

管理人员开发之所以重要有几个原因。其中一个重要原因就是,内部提升已成为管理人才的主要来源。反过来说,事实上这些管理人员都需要经过某种开发活动,以具备承担新工作或未来可能工作的能力。同样,通过帮助员工或现任管理人员顺利胜任更高职务,管理开发可加强组织的连续性;通过让接受管理培训的人树立为本企业工作的正确价值观和态度,管理开发可帮助这些个人完成社会化过程。

(一) 管理人员开发目标

管理人员开发除了具有一般培训的传递信息、学习知识、提高能力的目标之外,可能更为重要的是观念的更新和企业文化的传承。

当组织日益庞大,管理者们会自然形成一种习惯,就是按照规则和程序来办事。一个庞大的行政体系是推陈出新的巨大障碍,它限制了组织的创造力。要想创新,领导就必须加倍努力工作来避免这种趋势的发生,给不同的意见、革新和新的商业投资以机会。然而,家长式领导作风主导了员工的价值观,侵蚀了这种机会。通过开发和培训,接触不同的外部信息,管理人员可以了解更多不同于本企业的新观念和新信息,了解国家的宏观走势和经济计划,了解国内外优秀企业的经营实践以及社会价值理念、劳动力市场情况。

另外,组织文化、公司使命、宗旨和价值理念是在创立者的基础上,通过多年的历练而形成的。对企业文化的认同度,决定了组织系统的稳定性和员工对组织形象的感知。在不断的互动过程中,员工往往通过外部人的认同感来确立自己对公司的形象的认同。管理者是企业获得长期竞争优势的关键,他们通过传承企业文化来确保组织成员的价值与目标的一致性,激励员工增强对组织的认同感。要达到这一目标,管理人员自己必须首先认同组织文化,让企业的使命感渗入骨髓,工作对于他们来说是一种感召而不是谋生的手段,而这离不开企业文化的培训。

(二) 管理人员开发方法

要使组织文化融入管理人员的血液,企业必须了解管理人员的价值观、知识、技能、态度、行为方式,通过运用一定的方法评估企业所需要的、管理人员实际拥有的上述多种因素来判断他们应该开发的方面。管理人员开发通常可以采用四种方式:正规教育、人员测评、在职体检和人际互助。

(1) 正规教育。包括专门为管理人员设计的脱产和在职培训计划、顾问或大学提供的实际课程、在职 MBA、EMBA 或者 EDP 项目及其他的在校学习项目。通用电气公司对管理人员的开发项目主要有:公司基层领导会议、新经理开发课程、部门经理培训项目、高层经理培训项目、经理办公会。正规教育为基层管理者、中层管理者和高层管理者制订了不同的开发计划。一些公司还成立了自己的大学,将企业的管理人员不定期送到企业大学进行培训。

(2) 人员测评。人员测评是指在收集信息的基础上为员工提供有关其人格、行为、交流类型、技能等方面的反馈,例如 MBTI 人格诊断量表。通过测评员工的人格、知识、技能、态度,确保员工行为与组织目标一致。

(3) 在职体验。在职体验是指员工体验在工作中面临的各种关系、难题、需求、任务、困难及其他事项。一般来说,在职体验主要是针对管理人员与现有工作不匹配而采取的一种措施。在一个等级制度中,每个职工趋向于上升到他所不能胜任的地位。彼得指出,每一个职工由于在原有职位上工作成绩表现好,就将被提升到更高一级职位;其后,如果继续胜任则将被一个不能胜任其工作的职工所占据。层级组织的工作任务多半是由尚未达到不胜任阶层的员工完成的。每一个职位最终都将达到彼得高地,在该处他的提升商数为零。至于如何加速提升到这个高地,有两种方法。其一是上面的拉动,即依靠裙带关系和熟人等从上面拉;其二是自我的推动,即自我训练和进步等。在职体验包括工作丰富化、工作轮换、工作调动、晋升、降级、外派等。通过在职体验可以对员工工作做出调整,承担新的责任、扩大或者缩小工作范围、处理非权威的工作关系、增加胜任力。

(4) 人际互助。管理员工还可以通过与组织中资深成员的交往来开发自身的潜能,并增进对公司的了解。罗宾斯认为,在组织中寻求一个经验丰富、卓有成效的导师是成功职业生涯必不可少的环节。公司可以通过一定安排把有经验的资深员工与缺乏技能和经验的员工安排在一起,形成导师关系。或者通过指定高级经理和管理人员结成对子。一般来说,每个导师可以指导 5~10 名的基层管理人员或缺乏经验的管理人员。通过有效地接触、沟通、行为示范甚至讲座来濡染学员。成功的导师计划往往会带给管理人员和组织巨大利益,譬如,员工成为"大"的中间的一个,更有依附感,得到了心理支持和职业支持,使员工能更好适应组织和社会,获得更强的晋升能力、加薪和组织影响力。

(三) 管理人员开发过程

由于管理人员所从事的专业和所承担的责任是不同的,对管理人员的培训和开发要区别于一般员工。当然,这种开发活动的最终目的是提高组织的未来工作绩效。由这个最终目的所决定的管理人员开发过程如表 9-11 所示。

表 9-11 管理人员开发的步骤及公司责任

步 骤	管理人员责任	公 司 责 任
机会	我需要怎样改进?	提供评估信息,帮助员工认清强项、弱项、机会、挑战、兴趣和价值观
目标	我想要开发什么?	提供开发指导,共同契约开发问题
标准	我如何了解自己所取得的进展?	提供反馈
方法	我该采用何种开发方法?	提供一切培训工具
行动	我该采用何种行动才能达到开发目标?	提供课程教育、人员测评、在职体验和人际互助等开发方式
时间	我该制定什么样的时间表?	协同商定合适的时间表
评估	我通过开发后比开发前有何进步?	提供评估和测试,并进行反馈

组织必须首先给管理人员提供培训机会,并让管理人员意识到自己的优点、缺点、威胁和机会。明确自己的价值和真正自我、内在兴趣和需求,分析哪些方面可以改进。然后,通过沟通,达成相应的契约,明确他们需要开发什么,要达到什么标准以及达到这种标准所需要采取的合理的开发方法。通过课程教育、人员测评和在职体验等,促进员工采取行动,并在一定的时间内,通过对比,评估开发前和开发后所取得的进步。

(四) 管理人员开发的内容

管理人员开发的内容涉及其主要的潜能评估体系、人员继任计划、管理类别体系和职业技能鉴定。

潜能评估可以理解为素质测评,即利用 360 度对管理人员的潜能进行评估。这必须满足如下条件。

(1) 所采纳的标准必须与公司的战略目标和理想相一致;
(2) 与继任计划的体系相一致;
(3) 集中适用于所有职位的少数标准;
(4) 获得尽可能多的资料;
(5) 集中于员工的行为而非性格。

管理人员的潜能通常包括:企业家精神、承受压力能力、社交能力、学习能力、心理资本、整体思考能力、表率作用、资源管理能力等。表 9-12 是一家跨国公司的潜能评估问卷。

表 9-12　管理人员潜能开发

潜在维度	潜在轮廓				
	顶尖 10%	超过平均	平均	低于平均	底部 10%
整体性行为（整体性思考能力） • 什么是她/他去年遇到的最感困难的决策？ • 她/他是怎样决策的？ • 她/他的决策从目前看有怎样的后果？			×		
企业家精神 • 什么是她/他去年经历的最大风险？ • 她/他是如何处理的？ • 她/他的决策从目前看有怎样的后果？		×			
诚信正直 • 什么是她/他去年遇到的最大利益冲突？ • 她/他是怎样解决的？ • 她/他的决策从目前看有怎样的后果？			×		
乐观的现实主义 • 什么是她/他去年面临的最大压力？ • 她/他是怎样克服的？ • 她/他的行为从目前看有怎样的后果？				×	
领导的表率作用 • 什么是她/他去年与员工交往的最大问题？ • 她/他是怎样改进的？ • 她/他的行为从目前看有怎样的后果？				×	

总体潜能评价：1＝当前可以提拔或者开发
　　　　　　　2＝两年后可以提拔或者开发
　　　　　　　3＝在职位内实现丰富化
　　　　　　　4＝仅限于在目前岗位上工作

　　人员继任计划主要是针对企业人力资源规划表，对企业所有管理者进行一次绩效、潜能和继任方面的评估，通过评估，对优秀人才予以开发，提拔到更高一级位置上的过程。有关人员继任计划参见人力资源规划部分。

　　人员类别分析是定期利用计算机做出某个企业、部门或者某类管理人员的类别分析表，其依据是根据企业绩效和潜能评估，把员工的绩效、现有能力和潜能进行比较。一次重点制定人力资源战略，对人员开发（工作轮换、工作扩大化、工作丰富化、晋升和职业规划）战略发挥影响，表 9-13 是一个企业的实例。通过对人员分类可以了解哪些管理人员目前可以提升，哪些管理人员两年内可以提升，哪些管理人员可以在现有专业领域继续工作，哪些管理人员在现有岗位继续发挥其特长。

表 9-13 管理人员分类

未来潜能 当前整体能力	不足	一般	好	良好	优秀	
	10%	18%	42%	20%	10%	
目前可以提升				2%	3%	5%
两年内可以提升			8%	12%	6%	26%
在现有专业领域		3%	28%	6%	1%	38%
在现有岗位上继续发挥其特长	10%	15%	6%			31%

职业技能鉴定是一种定性的方法，通过管理人员的上级、人力资源部门对管理人员的工作绩效进行交换意见，并通过协商，在管理人员是否胜任现有岗位的能力上达成一致。具体的方法与管理者潜能类似，寻找管理人员的人格特征、专业能力、领导能力以及社会能力等。

这些管理人员开发工具不仅帮助他们实现个人成就和社会价值，也增进他们的归属感和认同感，增强对自我的认知，使他们更好地适应企业的发展，增强生活的乐趣和工作的挑战意义，从而提高企业的持久竞争力。

三、团队培训和开发

美国培训和发展协会在 ASTD(American Society for Training and Developing, ASTD)报告中指出，2000—2001 年尽管出现经济下滑，2000 年 376 家公司平均每位员工的培训费用为 704 美元，比 1999 年的 677 美元提高 4%。由于工作性质和特点及员工角色的变化，这些数字一直在增加，到 2008 年达到 1 075 美元。公司面临的一个基本的问题是，这些投资是花费在单个员工身上还是团队身上。员工在团队中工作与独立工作是不一样的，这意味着，团队工作比独自工作需要更多的培训。

团队培训是指通过协调所在团队成员的个人绩效从而实现团队的共同目标，进而实现组织目标的一种过程。团队培训是培养成员技能和能力，鼓舞其士气以达到团队目标的重要手段。团队培训重在协调为达成共同目标而努力工作的不同个人之间的合作。各个成员之间信息的分享以及个人的行为将会影响群体的整体绩效情况。成功的绩效取决于在决策活动中的相互协调能力、团队的绩效以及处理潜在危险情况的思想准备。大多数培训团队的科目主要有三个：培养团队的凝集力、培养有效的团队工作方法以及培养团队工作的领导人。

(一) 培养团队凝集力

团队是一个由若干个人组成的相互依赖的组织,这些个人共同负责为本组织创造一定的成果。团队中的成员具有共同的目标和价值观,为了工作的目标而相互依赖,并在一定的时间内保持稳定。团队往往在一个集体的环境下,保持相对的独立性和管理边界。

尽管团队中的成员具有某些相似性,但他们的智力、技能、动机甚至身体状况不可能是一致的,因而相互之间就有可能产生意见不一致或者行动不一致,这种不一致通常会产生冲突。Jehn指出,冲突表现为三种类型:关系冲突(情绪冲突)、任务冲突(认知冲突)、过程冲突。关系冲突是建立在与工作无关和社会问题基础上的冲突,通常会引起愤怒、人际摩擦、人格崩溃、自我中心和紧张感,这是一种情绪的不适应或紧张。任务冲突是客观的,尤其是关于理念、理想、计划或者项目的评估。而过程冲突则集中在团队成员对如何完成任务尤其是应该干什么等问题的不同意见上。组织必须考虑通过减少或者增加冲突气氛来促进团队效能或者创造性。团队的凝集力是至关重要的,成功的团队合作意味着这个团队能够适应成员结构由增加、减少、扩大和流动带来的变化。形成团队凝集力得具有以下必备条件。

(1) 团队成员具有共同的目标;
(2) 团队成员在年龄、需求、背景上较为相似;
(3) 团队中每个成员都尊重他人的能力和权限;
(4) 团队中每个成员都具备创造力;
(5) 团队曾经受过危机和失败的考验。

(二) 培训团队工作方法

团队培训战略包括交叉培训和协调性培训两种。交叉培训指让团队成员熟悉并实践所有人的工作,以便在有人暂时或永远离开团队后,其他成员可介入并取代他的位置。协调培训是一种强调如何促使团队成员分享信息,分担决策责任,从而使团队绩效达到最大化的培训方式。协调性培训对于一个商业飞行团队或者一个医疗小组来说显得尤其重要,这是因为,尽管小组成员分别负责监视设备和环境的不同方面,但是他们却必须分享信息才能作出关于病人照看或飞机安全及工作绩效等方面的最有效决定。团队领导培训是指团队管理者或辅导人员所接受的培训,这种培训的内容可能包括:如何解决团队内部的冲突;如何帮助团队协调自己行动;如何培养其他团队技能等。

团队培训通常可以利用课堂讲授或者观看录像的方式来传播关于沟通技巧的知识,然后再利用角色扮演法或情景模拟法来为受训者提供一个练习的机会,从而将在课堂上讲授的沟通技巧通过实地练习来加以体会。

(三) 培训团队领导人

团队领导是一种上下互动的关系,通过发展一个良好的团队互动环境来促进成员间的合作与沟通,进而引发团队成员去追求和达成团队的共同目标。团队领导的主要工作包括确定资源如何有效运用,引导训练团队成员有效解决问题以激励团队成员达成目标,以及让团队发展得更成熟。团队领导扮演着管理者、促进者、教练/训练者、工作协调者和外部联络者五种角色。培训团队领导人,关键在于要让团队领导者知道:如何创建团队目标;如何铸造团队精神;如何创建一个良好的团队气氛;如何形成团队动力和凝集力;如何激励员工良性竞争,避免搭便车行为;如何促进团队的创造力,而不是受团队规范的影响,使团队成员遵守组织纪律。

第五节　与战略匹配的人力资源培训与开发

　　在战略确定以后,要在组织的不同单元之间进行资源的分配,要针对不同的战略实施不同的人力资源匹配与开发策略。为了实施全面的战略,最具实力的竞争者正在使用培训和开发来提高员工队伍的素质和能力。人们常说,员工是公司最宝贵的资源,或者说员工是公司的第一资源。但是,事实却恰恰相反,经济萧条之时,公司往往浪费这种资源,裁员成了公司首先选择的战略。一方面,公司的管理者认为,人是极易投资和极易撤资的对象,相比之下,固定资产如厂房、机器和设备可能就非常麻烦。另一方面,管理者对员工的潜力和潜能不屑一顾,他们潜意识里认为更多的物质资源才是组织绩效的深层次原因。巨大的人才和人力资源市场随时为他们开启了招聘的开关。一方面,他们将人当作可以随时买卖的机器和商品;另一方面,不遵守商品买卖的市场规律。考虑了裁减员工可以减少人工成本这一侧面,却没有从战略上考虑企业长远的发展必须是以人为本。人不仅仅具有智力资产,还具备心理资产。这种资产可以在企业最困难的时候显现出极大的心理能量和韧性,支持企业走过最艰苦的时段,也可以带来企业灾难性的毁灭。苹果公司由于决策失误,采取了降低成本的做法,在连续削减成本的过程中,采取不通知、不进行沟通、野蛮残暴解雇工人的方法,结果使公司面临更大的困境。吉林通钢的重组面临同样的问题,在改革仓促的背景下,实行30年工龄一刀切的硬措施,导致员工情绪失控,最后形成"吉林通钢事件"。

　　人力资源开发研究文献一直探讨公司战略对于组织培训和开发的关键作用。战略能够影响一个公司如何运用它的实物资本(如厂房和设备)、金融资本(如资产和现金)及人力资本(知识、智力)和心理资本(员工信心、乐观)。经营战略被看作是一项综合了公司目标、政策和行动计划的规划。表9-14显示了与战略匹配的人力资源培训与开发的关键事件。当公司采取低成本战略时,通常强调个人能力,因此强调范围有限的知识和技巧,实施个人的在职培训,企业往往通过自己设立企业大学或者定期培训来提升员工的知识和能力。采用差异化经营策略的则强调公司与其他企业的不同之处,因此要求具有广泛的知识、技巧和创造性,常常通过外部对团队或者项目团队进行培训。由于组织内部的同一化问题,采用这种策略的公司往往传递外部新颖信息、购买所需技能或者利用外部培训机构。而采用目标聚集的经营策略的企业,对专门知识和领域知识的需求更迫切,一般强调应用范围适中的知识和技巧。这种知识和技巧成为专有知识,不易转换和共享。公司可能利用在职培训或者外部培训,或自己培养技能或者购买技能,这取决于公司的能力和资源。

表 9-14 战略匹配的人力资源培训与开发

战　略	低　成　本	差　异　化	目标集聚
内容	应用范围有限的知识和技巧	应用范围广泛的知识和技巧	应用范围适中的知识和技巧
个人或团队	个人培训	团队或跨职能培训	狭窄不易转换
在职或外训	在职培训	外部培训	结合两者
自我培训或购买所需技能	企业自己培养所需的技能	从企业外部购买所需技能	结合两者

为了实现公司的上述目标，组织可以遵循以下步骤进行。

（1）企业最高层领导与人力资源部门负责人共同制定符合企业理想的、与人员招聘、人员考核、人员薪酬相一致的人力资源培训与开发模式；

（2）采用目标聚集的评价方法，有针对性地选出那些与企业理想相符的后备员工（蓄水池）；

（3）共同制定和隐喻一个简单、全面、有激励作用的360度激励考核体系和潜能评估体系；

（4）各层次直线经理与人力资源部负责人共同编制人员名册；

（5）人力资源部对人员名册进行分级，以利于后续人力资源培训与开发；

（6）通过有针对性的分级培训，对有潜力、绩效优秀的员工进行职业规划；

（7）通过职位轮换、工作丰富化、提拔、代理等多种手段，辅之以企业内外部培训，实施各项开发措施；

（8）对各项培训和开发事项进行效果评估，分类列出培训和开发的收益，列出各种收益或者亏损清单，并进行反馈和公示；

（9）修正原来的人力资源培训和开发战略。

第六节　本章小结

人力资源培训与开发对组织来说是一个关键的战略问题。组织必须知道人力资源培训和开发是一种可行的长期投资。投资过程中，必须了解学习理论和成人学习原理，以便有针对性地进行培训和开发，合理利用培训和开发资源。学习是相对永久且不属于自然成长过程结果的人的能力的变化。学习包含个人的改变，这种改变不仅仅是人们成熟过程中的滋润作用，还是人们对某些遭遇的反应。包括运动技能、思维能力、知识内容、认知策略、意识或者态度的改变，这些能力与特点与学习成果高度相关。强化理论认为人们愿意采取或者逃避某种行为是依据这些行为过去导致的结果来决定的，因此可以对符合组织目标的行为采取正强化，对有害于组织目标的行为采取负强化。目标设定认为，目标能引导活动指向与目标有关的行为，使人们根据难度的大小来调整努力的程度，并影响行为的持久性。目标本身就具有激励作用，目标能把人的需要转变为动机，使人们的行为朝着一定的方向努力，并将自己的行为结果与既定的目标相对照,及时进行调整和修正,从而实现目标。期望理论相信,不同行为的选择需要根据他的行为预期、实现手段和效价进行评估。当员工相信自己能够完成培训项目内容(行为预期),而且学习与更高的绩效、报酬、同事的认可(实现手段)这些成果有关,且员工认为这些效价与培训相关,那么他们就有动力进行培训。需求理论强调了员工对某一种学习成果的价值取向,因此可以根据员工未被满足的需求提供培训。成人学习不同于儿童,他们是带着目的进行学习,需要知道学习的内容,并希望在学习中受到尊重。人力资源部必须根据成人学习的特点对人力资源培训与开发流程进行有效设计,通过需求分析、方案设计、培训实施和效果评估达到战略目标。这需要关注学习成果和风格、成人学习迁移、培训项目设计、培训师和教材选择以及培训工具的合理利用。人力资源部门还必须了解管理人员的培训和开发与新员工培训与开发是不一样的,需要正规教育、人员测评、在职体检和人际互助等方式,开发管理人员潜能、并进行适当分类,为其职业生涯和后续发展提供依据。有效的人力资源培训与开发还包括对团队的培训与开发,培训团队的科目主要是三个:培养团队凝集力、培训有效的团队工作方法以及培训团队领导人。当然,这些措施必须与组织的战略结合起来,当公司采取低成本战略时,通常强调个人能力,实施个人在职培训,企业往往通过自己设立企业大学或者定期培训来提升员工的知识和能力。采用差异化经营策略的则强调公司与其他企业的不同之处,因此要求具有广泛的知识、技巧和创造性,常常通过外部对团队或者项目团队进行培训。由于组织内部的同一化问题,采用这种策略的公司往往传递外部新颖信心、购买所需技能或者利用为外部培训机构。而采用目标聚集的经营策略的企业,对专门知识和领域知识的需求更迫切,一般强调应用范围适中的知识和技巧。这种知识和技巧成为专有知识,不易转换和共享。公司可能利用在职培训或者外部培训,或自己培养技能或者购买技能,这取决于公司的能力和资源。

重要名词术语
ZHONG YAO MING CI SHU YU

人力资源开发	期望理论	学习结果	演示法
培训	需求理论	学习风格	传递法
教育	成人学习理论	发散者	团队建设法
管理	社会学习理论	同化者	在职培训
学习	培训流程	收敛者	仿真模拟
师徒制	培训需求	适应者	案例研究
学习理论	组织需求	培训项目设计	角色扮演
成人学习	工作需求	学习迁移反应	行为示范
持续学习	员工需求	学习	
强化理论	培训设计	行为	
目标设定	知识四扇窗户	结果	

思 考 题

1. 你认为培训和开发有何异同点,如何在实际中进行区分和运用?
2. 为什么说培训和开发对于企业获取竞争优势非常重要?
3. 你认为学员参加培训主要是为了什么?实际之中,你可以调查一家企业的员工,看他们究竟为什么参加培训。
4. 什么是学习?学习有哪些基本的理论?这些理论如何促进你的学习?
5. 成人学习有何特点?如何根据成人学习特点设计相应的培训计划?
6. 人力资源培训与开发的流程是怎样的?
7. 培训需求分析包含哪几个部分?分别如何进行分析?
8. 学习者往往有哪些风格?如何根据学习者的风格对培训进行设计?
9. 为什么要进行效果评估?培训效果的评估层次是怎样的?如何对培训进行效果评估?
10. 工作设计有哪些相应的方法?各种方法有何优缺点?
11. 培训与开发常用的方法有哪些?
12. 新员工培训有哪些步骤和内容?
13. 如何对管理人员进行有效开发?
14. 团队培训和开发的障碍有哪些?如何对团队进行培训和开发?
15. 在三种不同的战略情况下,如何进行人力资源培训和开发?

案例

奥康的员工培训制度化

培训教育作为企业发展战略的一个有机组成部分,在奥康已被纳入了制度化的管理。公司颁布的[2003]第5号文件就是经全员讨论修改后的《培训管理制度》,制度中就培训宗旨、原则、方针、组织管理、培训需求分析与计划、培训项目设计、成果转化、效果评估和员工的培训权利与义务以及2004年投入培训的687万专款使用等都作了明确的规定,使得培训"有法可依、有法必依、违法必究、执法必严"。

一、人本理念

奥康集团的人本理念是:员工并非打工仔,同是奥康一家人。一般的企业在生意兴旺时便大量雇用员工,而在不景气时便找借口随意解聘,有这种作风的企业谈不上尊重人才,从而也无法使来自五湖四海的员工同公司形成一个整体,患难与共!由于皮鞋行业的特殊性,每一年都有生产淡、旺季之分。每到生产淡季时,奥康集团就调整薪酬政策,对那些平时拿计件工资的员工一律给予较高的固定工资制,使他们同样生活得安稳,过得开心。在公司里还有一条不成文的规定,凡是连续三年被评为先进的员工,不分岗位和职位,结婚时,公司都要为他们配送大彩电、洗衣机和适合婚期穿的新皮鞋。

为了丰富员工的业余生活,公司建立了凭员工证可以免费上网的网吧,还有乒乓球室、桥牌室、台球室、图书馆、足球场等专门供员工娱乐和学习的场所,为员工营造了良好的氛围。从员工的角度出发,正视人的价值、尊重人、信任人,视员工为企业不可分割的家人,是奥康培训人才的前奏。

二、"五训"育人

"五训"指的就是军训、岗前培训、在职综合培训、专业培训和选择培训。

(一)军训

只听说过部队里面有军训,学校里有军训,很少听说过民营企业将军训以制度来规范的。但奥康集团从建厂以来就明文规定,每名新员工上岗之前必须先接受一个星期的严格的军训。2003年暑假,公司将四百多名中层以上管理干部全部拉到永嘉县人武部,聘请部队教练进行训练。因为员工来自五湖四海,每个人的体质、习惯、兴趣不同,通过军训有利于使员工克服害怕吃苦、作风散漫、意志脆弱、集体观念和纪律观念淡薄等缺点;有利于培养员工的爱国、爱厂精神,增强组织纪律性,养成勇敢顽强、坚忍不拔、吃苦耐劳、勇争一流的奥康品德;发扬团结友爱、互相帮助的集体主义精神;锻炼意志、增强体质。

(二)岗前培训

员工刚进入一个组织时,他最关心的是学会如何去做自己的工作和养成与自己的角色相应的行为方式。岗前培训意味着员工必须放弃某些理念、价值观念和行为方式,来适应奥康的要求和目标,学习新的工作准则和有效的工作行为。一般来说,在奥康,一名新员工进公司后,首先,由分管行政的副总裁向其介绍公司的信念和期望以及公司对员工的要求。然后由培训处对其进行一般性的指导,在这一过程中,培训处的代表和新员工要讨论一些共同性的问题,包括介绍组织的概念、各种政策与规定、薪酬制度、工作时数和福利等。其次,由新进员工的直属上司执行特定性的指导,包括介绍部门的功能、新进员工的工作职责、工作地点、安全规定、绩效检查标准以及一起合作的同事等。

(三)在职综合培训

为了提高人员素质适应能力,公司所有管理及行政人员由人力资源部统一安排,每个月接受培训学习的时间不能少于二十小时。主要是在知识、技术方面和工作态度、熟练技巧、综合素质以及人际关系、整体形象等其他方面。培训主要有教练法——让有经验的员工或直接上司进行训练;助理制——用来培养公司的未来高级管理人才;工作轮调——让未来的管理人员有计划地熟悉各种职位以及由内部资深专业讲师和临时到外面聘请专家教授来公司授课等方式。在现代社会,众所周知,高水平的管理人才代表高质量的管理效率。因此,特别值得一提的是,在奥康总部行政大楼二楼培训大厅里,有一个用上等木材制作成的特殊讲台——每个月由总裁亲自带头在台上发表演讲,演讲完毕后接受大家的提问。然后,副总裁、经理、处长和一般员工都轮流上台发表演讲和个人观点,形成了一种相互学习、相互探讨共同进步的浓郁氛围。

(四)专业技术培训

人才差距是造成企业经营差距的最大因素。要想在激烈的社会环境中生存下来,就必须要拥有专业的合格人才,来增强企业的核心竞争力。随着技术革新的加速发展和深化，每名员工所需的专业知识技术仅仅靠学校教育获取，是远远不够的。奥康从实际情况出发，将专业技术岗位分为两大方面，一是工程技术人员岗位。工程技术人员肩负着皮鞋新产品的开发和新科技知识应用的责任，公司将他们分为高级、中级和初级技术层来进行相关的培训，重点在于掌握与国际同行业相适应的皮鞋潮流知识，以适应国际市场竞争的需要。公司还特意常年聘请意大利著名设计师Gianmario Ross来公司担任首席设计师和顾问。二是技术工人岗位。操作工人是企业的主体，千百万双皮鞋要通过他们直接制造出来。他们的技能的高低、应变能力的强弱决定了产品的质量。因此，对技术工人的培训是以岗位培训为重点，让他们精通本工作的操作技术。

（五）选择培训

随着世界范围的贸易往来、资金融通和技术转换的规模日益扩大，全球一体化的时代已来临，奥康也在努力打造国际品牌。如何使管理人员与时俱进？所以公司每年都有计划、有选择地组织骨干到外面接受培训。2003年六月份，所有经理级以上干部全部到中国台湾健峰管理学院宁波教学点进行为期一个星期的体验式培训；2004年2月，所有处长全部到雁荡山进行封闭式的培训，像这样与咨询管理顾问公司合作培训的次数，在奥康每年都有好几次。奥康还与温州职业学院进行合作，共同培养人才。在职业学院里有一个班是"奥康班"，正班主任是学院的老师，负责日常教学管理；副班主任则由公司人力资源部的同志兼任。在读书学习三年中的每个假期里每位同学必须来公司接受实践，公司的各种大型活动他们也同样以员工的身份参加。平时，公司也派经验丰富的专业老师给他们上课。这个班同学在正式合格毕业后，就被公司安排到各个岗位上进行实际锻炼和培养。对于高层管理人员，则分批派送到浙江大学、清华大学、中国企业培训中心等单位进行短、中期深造。

三、培训效果评估

培训效果评估就是培训活动实际绩效的考察和测定。培训活动的任何环节出现问题和不足，都会最终影响到培训的效果并表现为培训效果的不彰。因此，在每次项目培训完毕后，公司都从培训的内容、强度、培训的量、环境、时间以及培训活动净收益等方面来进行评估，从中找出问题、不足和薄弱环节，寻求改进的途径和方法。

教育终身化，工作培训学习化，是人类社会发展的大趋势。未来的企业也不再仅仅是一个经济组织，而是负有相当的教育职能、负有为人的成长提供有利条件的新型机构。人的发展是企业管理的重要目标之一。让员工在培训学习中工作，实现个人与工作的真正融合，是企业开创美好未来的必由之路，同样也是奥康生命乐章的主旋律。

根据荣华.民营企业对培训的觉醒——奥康：员工培训制度化.企业文化，2004年第7期整理.

参 考 文 献

[1] 赖尔·约克斯.战略人力资源开发.胡英坤，孙宁译[M].大连：东北财经大学出版社，2007.
[2] 曹振杰等.人力资源培训与开发教程[M].北京：人民邮电出版社，2006.
[3] 张帆.中国的物质资本和人力资本估算[J].经济研究，2000,8：65~71.
[4] 诸建芳，王伯庆，恩斯特·使君多福.中国人力资本投资的个人收益率研究[J].经济研究，1995,12：55~63.

[5] L. Nadler and Z. Nadler,eds. The handbook of human resource development[M]. ,2nd ed. New York:John Wiley&Sons,1990.

[6] 杰弗里·梅洛著,吴雯芳译.战略人力资源管理[M].北京:中国劳动社会保障出版社,2004.

[7] 赖尔·约克斯.战略人力资源开发.胡英坤,孙宁译[M].大连:东北财经大学出版社,2007.

[8] 张德.人力资源开发和管理.北京:清华大学出版社,2007.

[9] 萧鸣政.人力资源开发的理论与方法[M].北京:高等教育出版社,2006.

[10] 杰克·J.菲利普斯.寻找隐性收益:培训投资回报评估方法.蒋龙琴,江涛译[M].北京:人民邮电出版社,2004.

[11] Higgins,M. C. and Kram,Kathy. E. Reconceptualizing mentoring at work A developmental network perspective[J]. Academy of Management Review,2001,26(2):264~288.

[12] Granovetter, M. S. The Strength of Weak Ties[J]. American Journal of sociology,1973,78(6):1360~1380.

[13] Burt, Ronald. 1992. Structural Holes:The Social Structure of Competition. Cambridge:Harvard University Press.

[14] Sarri,L. M.,&Johnson,T. R. A survey of management training and education practices in companies[J]. Personal Psychology,1988,41:731~743.

[15] 雷蒙德·A.诺伊.员工培训与开发.徐芳译[M].中国人民大学出版社,2001.

[16] 韩翼,廖建桥,龙立荣.员工工作绩效结构模型构建与实证研究[J].管理科学学报,2007,10(5):62~77.

[17] Skinner, B. F. Science and human behavior[M]. NewYork:Macmillan. ,1953.

[18] Locke,E. A.,&Latham, G. D. A theory of goal setting and task performance. Englewood Cliffs,NJ:Prentice Hall,1990.

[19] 爱尔文·戈尔茨坦,凯文·伏特.组织中的培训.常玉轩译[M].北京:清华大学出版社,2002.

[20] Goldstein, I,L. Training in work organizations[J]. Annual Review of psychology,1980,31,229~297.

[21] Kolb, D. A. Experiential Learning:experience as the source of learning and development[M]. Prentice-Hall,1984.

[22] Anonymous. Training. Minneapolis:Nov/Dec 2008. 45(9):16~34.

[23] Anonymous. Training. Minneapolis:Nov/Dec 2008. 45(9):20~22.

[24] 资料来源:"Industry Report 1999" (October 1999),Training,P_{57}.转引自,赵曙明,伊万切维奇[M].人力资源管理(第九版).北京:机械工业出版社,2005.

[25] 杰弗里·梅洛著,吴雯芳译.战略人力资源管理[M].北京:中国劳动社会保障出版社,2004.

[26] Baldwin,T. T.,& Ford,J. K. Transfer of training:A review and directions for future research[J]. Personnel Psychology,1988,41:63~105.

[27] 杨杰.组织培训[M].北京:中国纺织出版社,2003,235~236.

[28] Kirkpatrick DL. (1959a). Techniques for evaluating training programs[J]. Journal of ASTD,I3(n),3~9.

[29] Kirkpatrick DL. (1959b). Techniques for evaluating training programs:Part 2—Learning[J]. Journal of ASTD,13(12),21~26.

[30] Kirkpatrick DL. (1960a). Techniques for evaluating training programs:Part 3—Behavior[J]. Journal of ASTD,I4(\),13~18.

[31] Kirkpatrick DL. (1960b). Techniques for evaluating training programs:Part 4—Results[J]. Journal of ASTD,14(2),28~32.

[32] Arthur, W., Bennett, W., Edens, P. S., et al. Effectiveness of training in organizations: A meta-analysis of design and evaluation features [J]. Journal of Applied Psychology, 2003, 88: 234~245.

[33] Borman W C, Motowidlo S J. A theory of individual different in task and contextual performance [J]. Human Performance, 1997, 10(2): 71~83.

[34] Towler, A. J. Effects of charismatic influence training on attitudes, behaviors, and performance [J]. Personnel Psychology, 2003, 56, 363~381.

[35] Tharenou, P, Saks, A. M., & Moore, C. A review and critique of research on training and organizational-level outcomes[J]. Human Resource Management Review, 2007, 17: 251~273

[36] Payne, S. C., & Huffman, A. H. A longitudinal examination of the influence of mentoring on organizational commitment and tuorover[J]. Academy of Management Journal, 2005, 48(1): 158~168.

[37] 张德. 人力资源开发和管理[M]. 北京: 清华大学出版社, 2007.

[38] Dutton, J. E., Dukerich, J. M., & Harquail, C. V. Organizational images and member identification. Administrative Science Quarterly, 1994, 39: 239~263.

[39] 雷蒙德·A. 诺伊. 员工培训与开发徐芳译. [M]. 北京: 中国人民大学出版社, 2001, 177~192.

[40] 劳伦斯·J. 彼得, 赫尔·彼得原理. 闾佳等译[M]. 北京: 机械工业出版社, 2007.

[41] 罗宾斯等 著, 孙健敏等译. 管理学[M]. 北京: 中国人民大学出版社, 2004.

[42] Martin, H. 石伟, 王忠译. 愿景与工具: 整体性人力资源管理[M]. 中国劳动社会保障出版社, 2004.

[43] Anonymous. Training. Minneapolis: Nov/Dec 2008. 45(9): 16~34.

[44] Thompson, L. L. 创建团队. 方海萍译[M]. 北京: 中国人民大学出版社, 2007.

[45] Mathieu, J, Maynard, M. T, Rapp T., and Gilson, Lucy. Team Effectiveness 1997—2007: A Review of Recent Advancements and a Glimpse into the Future[J]. Journal of Management, 2008, 34(3): 410~476.

[46] Jehn, K, A. A Qualitative Analysis of Conflict Types and Dimensions in Organizational Groups [J]. Administrative Science Quarterly, 1997, 42(3): 530~557.

[47] Jehn, K, A. A Multimethod Examination of the Benefits and Detriments of Intragroup Conflict A Multimethod Examination of the Benefits and Detriments of Intragroup Conflict [J]. Administrative Science Quarterly, 1995, 40(2): 256~282.

[48] http://news.ifeng.com/mainland/200908/0810_17_1294127.shtml.

[49] Williamson, O. E The Economic Institution of Capitalism[M]. New York: Free Press, 1985.

第十章
战略人力资源评估

学习目标 XUE XI MU BIAO

- 理解绩效管理的战略意义
- 理解什么是绩效、绩效定义及其实质
- 区分绩效管理与绩效评估的关系
- 掌握绩效管理的基本理论
- 了解相应的绩效评估方法
- 阐述系统绩效管理的基本流程
- 处理在绩效管理和绩效评估过程中遇到的难题
- 分析绩效管理纵向匹配与横向匹配的含义

开篇案例——人力资源是战略资源 KAI PIAN AN LI

诺基亚的绩效管理体系

一、绩效管理理念

在诺基亚,绩效管理的理念无处不在,而"以人为本"一直是诺基亚奉行的基本理念。诺基亚不仅要做到让员工满意,更要让客户满意。客户是诺基亚的立业之本,而员工是组织价值的创造者。诺基亚将自己定位为为顾客创造价值,成为员工最友好的伙伴。诺基亚选择员工是基于公司理念和组织价值观。诺基亚认为,人的技术技能可以通过培训获得,但是性格、品质和价值观是难以改变的。与公司价值观和企业文化相近或者相同的人,是公司的文化能够不断传承的最经济的方法。

诺基亚的价值观、企业文化决定了企业战略目标和年度经营计划,从而决定了绩效管理模式。一般来说,当企业的战略目标和年度经营计划发到管理者手中的时候,他们要么直接放入文件筐,继续埋头于案头工作,要么只是简单浏览一下自己职责范围内的内容,而对其他方面则一概不管。这两种情况都将导致战略目标和年度经营计划的使用效率下降,作用得不到充分的发挥。导致这种现象的根本原因就是绩效沟通没有做好。当企业的战略目标和年度经营计划制定完成以后,更重要的工作是如何被企业各个层面的管理者和员工理解、认同并执行。充分地解读企业的战略目标和年度经营计划应该是管理者必须做而且必须做好的重要工作。诺基亚将沟通始终贯穿于整个人力资源管理的实施过程中,通过有效的上下级沟通,使管理者知道:为完成企业战略目标和年度经营计划,本部门/团队承担的主要职责是什么;为完成这些职责,本部门/团队需要的资源和支持是什么;如何分解并向员工传达这些目标任务;为帮助员工实现目标,自己又该做哪些努力等。从而使公司的价值理念、组织战略、企业理想与人力资源资源职能有机结合。正是基于这样的理念,诺基亚的绩效管理才有了实施的基础。

绩效管理最能体现企业的管理文化,而绩效管理文化其实就是企业的核心文化。在诺基亚,公司的管理文化是:一切行为瞄准公司战略;一切行为符合公司价值观。在这种企业文化的影响下,形成了如今公司绩效管理模式的三个层面,一是业务线绩效管理;二是团队绩效管理;三是个人绩效管理。

在诺基亚看不到一般集团公司惯用的子公司绩效管理概念(譬如 EVA)。诺基亚认为既然所有企业都是为集团公司共同的战略目标服务,那么,就没有必要再为分公司制定目标了,只要考察不同的产品线和经营单元就可以了。正是这种务实的态度和创新思维,轻而易举就将企业常常难以逾越的公司间"本位主义"通过贯穿上下的业务线化解了。

诺基亚在绩效管理上的另一个显著特点就是真正体现了绩效管理"以人为本"的理念,诺基亚关注的是每一个员工的绩效改进而不仅仅是绩效结果。对于一家在全球拥有几万名员工的跨国公司,绩效评价和管理精细到个人的难度和复杂程度可想而知,能高效地将高高在上的战略一口气落实到底,将公司战略、绩效评价、绩效改进与员工个人最紧密地结合在一起,真正实现了公司发展与员工利益浑然一体的人本主义管理文化。

诺基亚的绩效管理是时时开展、持续不断的,是对企业经营全过程进行的监控和辅助;而绩效评估是一个定期的循环,是绩效管理的环节之一,既不是全部,也不是关键。如果只做绩效评估,那么关键就是指标的设计过程,但是这往往起不到绩效改善和激励的作用,因为绩效评估结果往往受商业环境以及市场变化的影响,很难有效调动员工和团队的积极性。而绩效管理的关键是沟通的过程,通过沟通对存在的问题和改进的目标达成共识,是绩效改善的基础。诺基亚的绩效目标正是基于沟通基础上的绩效改进,其焦点是基于未来、关注未来,而不是评估过去。通过对过去绩效的确认与评估,获得对未来绩效的改进方法与途径,从而提高员工绩效,最终实现组织战略目标。因此,在诺基亚公司的绩效管理流程和政策中,自始至终贯彻的是"沟通"的观念,而不是指标设置。

二、平衡执行双线绩效管理

诺基亚将绩效管理的理念付诸实施主要是通过双线绩效管理:纵向绩效管理和横

向绩效管理。纵向绩效管理是指产品线上的绩效管理,而横向绩效管理则是部门与团队绩效管理的跨越。诺基亚公司通过纵横网络覆盖公司的整体绩效管理体系,从而有效地将公司理念、价值观、战略目标和产品线、部分与团队以及个人有机组合在一起,为提升公司整体绩效、获得持久的竞争优势奠定基础。

纵向的产品业务线的绩效管理,是一个以研究、产品、销售为一体的单元,从芬兰诺基亚集团直接管理到大陆合资厂以及销售公司的一条贯穿始终的"竖线"。作为一个独立的绩效评价单元,业务线可能覆盖了多个国家和地区的多家不同公司;同时,因为业务线也是以客户为对象,以产品和业务的交付为主线的利润中心。在这一层面上,诺基亚使用平衡计分卡来管理绩效。因为平衡计分卡的管理思想既关注眼前的结果,又照顾到了企业未来的发展潜力,非常适合在整个业务链环节实施,符合公司长远利益和具体工作的有效实施。

诺基亚从全球范围内寻找标杆,通过标杆超越管理实现对竞争对手的超越。通过收集世界一流企业的各种信息和数据,将其与自身的管理进行比较,寻找差距,进行改进,并最终接近或者超过竞争对手。公司在全球的不同业务单元寻找最佳指标,在同行业竞争对手中寻找最佳指标作为参考依据,并依次制定出自己的目标曲线或直线,然后将实际执行结果对比标注在旁边。每个月都要进行对比分析,找出差距,寻找提高和解决的办法,使产品和服务的整个交付过程和各个环节的表现逐步接近目标最后超越它们,其结果是赢得了客户和市场品牌,获得的是企业的健康发展和股东价值的回报。

由于纵向上的绩效评价和改进是基于职业经理人和团队建设基础的,它没有与奖金和提成挂钩,关注的焦点只是绩效改进与否,因此,有效地屏蔽了为追逐单项绩效而牺牲公司整体战略目标的做法。但这对公司企业文化建设提出了严格的要求,即只有在追求成就感的卓越企业文化和价值观氛围下才可以实现。

部门与团队的绩效管理是一条"横线"。公司以部门为单位,横跨多个产品线和业务线。在这个层面上,主要设计四种指标:公司绩效指标、部门绩效指标、部门重点工作和改进行动方案。因此,这些团队的绩效指标是由部门经理或者团队主管来代表部门或者团队与管理层依照公司绩效指标共同制定的。其中,前两个指标是量化指标,是根据公司战略目标和预算分解得出的,后一个指标是主观评价指标,目的是通过这些工作和行动促成前面两个指标的完成。指标最多为五个,简单并易于执行,这些指标将被用来在每个月的管理例会上重新审核,以确定这些措施真的被落实了,并取得了好的结果,否则将做及时的调整和改变。

三、投资人力资源的绩效管理理念

绩效管理的关注点和落脚点是人、团队与部门、业务线与产品线,但最终关注点是人。只有员工个人绩效管理到位,绩效提升,那么他所属的团队和部门的绩效才会提升,他所属的业务线和产品线绩效才会提升。

在诺基亚公司,个人绩效管理也被简称为"投资人力资源",IIP(investment in people),包括四部分内容。

第一部分是个人主要目标和完成目标的主要行动方案,还是最多五个指标,不设立太多目标的目的是保证做"好"、切实可行;如果条款太多就容易流于形式,使得重点太多反而没有重点，导致员工精力分散，如果指标变成了根本无法实现的，那么就丧失了制定指标的意义。基于力求有效的管理理念，公司并不鼓励员工做得更多，而是先保证能够做到，并能做好，然后下一步再继续改进，不断进步。制定这部分目标的时候，一般是员工先提出自己的看法和方案、员工自己认为的重点和工作需要改进的方向；然后由部门经理要告诉员工公司的期望值以及经理认为的重点和改进方向；之后，与员工进行充分讨论，最后一定要与员工就此达成一致后才能记录下来，这个过程被称为"了解情况，统一认识，灌输公司战略意识"。这样可以使员工的目标与公司的目标一致，员工的重点与公司的重点一致，并充分发掘员工的思考力，容易获得员工的认可。

第二部分是员工绩效评价部分，就是对第一部分设定的目标的完成情况进行评估，每半年进行一次。

第三部分是员工技能评估，对于员工所从事的工作和岗位所需要的技能与公司或者是经理期望达到的水平以及员工目前具有的水平进行评估，目的是认识现状，也就是对完成工作和目标的资源进行评估。

第四部分就是员工个人发展计划，如员工未来的职业发展期望，员工需要的机会和历练，公司将要安排的岗位培训和轮岗情况，并根据第三部分员工技能评估决定员工必须在哪些方面进行提高和完善，通过什么途径，多长时间做到，是否需要公司资源的支持等。

IIP 相关绩效评鉴的目的在于发挥个人和企业的最大绩效，并建立一套更标准和透明的评价制度。年度绩效评价将检讨前一年间所做过的所有 IIP，并将直属主管的观察和其他合作专案经理的回馈意见同时纳入评估。诺基亚的绩效管理的目的在于：

（1）协助管理人员从事员工绩效的管理、指导与支援；
（2）决定基本薪资调升标准；
（3）建议未来认股权奖励；
（4）增加绩效管理的透明化和一致性；
（5）找出表现未达标准员工，并为之拟订改善计划。

四、绩效管理保障与落实

在诺基亚公司，绩效管理与绩效激励机制匹配是通过分级宽带来实现的。

其中，奖金分为季度奖、年度奖和激励奖，每一种奖金的额度都相当于员工一个月工资水平。季度奖是部门经理根据员工绩效表现按季度发放，这样有利于对优秀的行为提供及时的反馈。年度奖在很大程度上要与公司绩效相联系，这样做可以让员工具有商业敏感性，充分感受竞争和市场环境，充分理解公司绩效并真正形成团队意识，让员工充分体会公司绩效好，员工的个人利益就好，否则就要受影响。激励奖来自整个集团的目标完成情况，如果每股收益都达到了股东的期望，奖金的比例就高，其目标是使员工服从整个集团的战略，感受到股东价值的创造是每一个人的贡献。

工资待遇分为十几个级别，每一级都有一个浮动范围，譬如 $80\% \sim 120\%$，80% 可能是级别的最低档，有可能比下一级的高档还要低，120% 是最高档，有可能比上一级的低档还要高，员工的岗位和个人技能决定了级别，譬如高级会计师是 8 级，没有加班费，但是工资比 7 级的会计师要高很多，原理是高级别的人有更高的自觉性，软性工作更多,更无法衡量。员工的工作表现和工作负荷程度决定了在级别里的工资水平,譬如一个表现优秀的会计师可能因为能力所限无法被提升为高级会计师,或者时间短不足以让经理人员判断其稳定的表现和对公司的贡献,就会拿到7级110%以上的水平工资,而表现不佳的会计师可能会拿到80%水平的工资。级别与级别工资差别很大,就像财务部门,高工资和低工资可能相差几倍。以上的工资体系建立和调整、员工升职或者降薪、奖金的分配和设置,都是与绩效管理相呼应的,并对绩效管理起到辅助和推动作用。

此外,预算管理的实质也是将战略计划分解到每一个团队、产品线,最后通过与员工的商谈和落实,成为每一个员工的个人计划,并在执行中不断地监控、对比、改进、完善;员工个人计划实现了,就意味着公司的预算完成了。个人计划是与绩效管理的绩效评价相联系,与绩效管理的工作改善方案相联系的。员工要完成重要的工作,就必须在战略指标的指引下确定自己的工作重点;公司要完成财务指标,就必须依赖每一个团队完成相关的财务指标,没有对比就无法改进,没有对比就无法找出差距和问题。因此,要想改进工作,就需要有一定的参考指标,预算是其中最重要的指标之一。

五、绩效管理实施

诺基亚的绩效管理并没有使用复杂的软件,只需要财务部门提供几个简单的数据就可以完成整个绩效评价体系,真正实现了对绩效的有效管理。

诺基亚的绩效管理实施是通过五个简单的步骤进行的,如下图所示。

一是战略与预算的分解与共享,大部分人都要参与到这个看似公司老板级的活动当中。

二是个人计划与沟通,绩效管理的任何一个环节都需要有效的沟通。诺基亚通过一年多次不同形式的沟通,使员工充分了解企业文化、价值观和公司战略,然后达成共识,推动公司战略目标的实现。

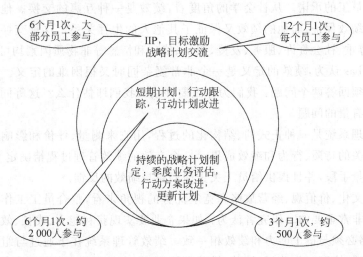

三是监控与辅导。瞄准绩效改善的管理总是关注过程的,对执行过程的有效监督可以防止走弯路,对执行过程的有效指导可以帮助员工提高生产力,将在评估结果中可能出现的问题避免在评估之前。

四是绩效评估。绩效评估的最终目的并不是计算奖金和决定升迁,而是帮助员工客观认识到绩效表现与期望值的距离、待改进的方面,并且以事实为依据,提高公司整体素质,以获得持久的竞争力。

五是检讨不足,寻找改进办法。在分析现状达成共识的情况下,为绩效改进提供思路。

以上五步看起来很复杂,但是因为其与日常管理融合在一起,并不是孤立的绩效管理,它融合各种管理理念于一体,并没有因此额外增加很多工作。如果公司基础工作做好了,从绩效管理角度考虑实际上是非常易于实现的。

根据首席财务官言诺基亚:简单务实做绩效和 http://www.topcfo.net 整理.

第一节 绩效管理的战略意义

一、一体化战略人力资源管理中的绩效管理

通过工作分析、招聘、挑选和培训,组织力图创造出一支能够从事所需要的工作的员工队伍。然而,一个组织在实现其战略目标方面的长久成功不仅取决于其获取人力资源和开发人力资源的能力,还表现在评估人力资源,以确保员工的行动与公司的价值观和战略目标一致。

为此,我们首先要了解绩效、绩效评估和绩效管理的含义。从管理学角度看,绩效是组织期望的结果,它包括组织绩效、流程绩效和个人绩效三个层次。组织绩效是建立在个人绩效的基础上,但个人绩效的实现不一定保证组织绩效的达成。从经济学的角度看,绩效与薪酬是员工和组织之间的对等承诺关系,绩效是员工对组织的承诺,而薪酬是组织对员工的承诺。从社会学的角度看,绩效是一种互惠的交换。他的生存权利由其他人的绩效保证,而他的绩效又保证了其他人的生存关系。这种交换不仅仅是物质的交换,尊重、社会赞许、服务、友爱、服从、威望和情感等非物质因素均可以成为交换的内容。Lebas认为,绩效的定义是一个非常复杂同时又很困难的定义。管理者或者绩效评估必须回答两个问题:我们为什么要评估和我们评估什么?这等同于到底是先有鸡还是先有蛋的问题。

绩效管理系统是一种正式的、结构化的过程,用它来测量、评价和影响员工那些与岗位工作有关的特质、行为和绩效成果。一个有效的绩效管理过程精确定义优秀绩效,使用绩效测量手段,并且提供给员工关于他们自身绩效的反馈。

从企业文化、价值观、经营战略和竞争优势的视角来看,整合员工工作绩效和企业绩效目标是非常重要的。研究者认为:如果企业要实现获利能力、成长、效率和价值的话,企业战略必须与员工能力和绩效相一致。绩效管理系统在于通过与组织战略及其价值观相一致,协同工作分析、招聘、挑选和培训,促进员工发展,确定适当的报酬和奖励,以便加强员工的工作动力,促进人力资源规划。

管理者有义务发展、应用、监控和修正绩效测量方法。将企业的战略目标及绩效管理体系紧密联系在一起。在设计绩效管理体系时,必须考虑流程中的主要控制点,而不

仅仅是结果,在制定关键绩效指标的过程中,决定关键绩效指标是否可以采用。很不幸,并不是所有的测量方法都满足上述条件。诸如销售人员,生产人员等有形成果可以被精确测量,但对行政人员、会计或者技术员工等所生产的服务或无形成果却很难被测量。

绩效评估是用来测定员工有效工作程度的一种行为。关于绩效评估的其他术语包括绩效评估、人事等级评定、价值等级评定、绩效评价、员工评价和员工评估。

绩效评估不能等同于绩效管理,它是绩效管理的一个重要方面和环节。英文中绩效评估常以"performance appraisal"、"performance assessment"、"performance evaluation"、"performance measurement"来表示,用以阐释组织有系统地评估员工工作绩效与其发展潜力。有些学者认为绩效评估是一种控制工具,它所提供的回馈是管理者针对员工的行为,决定采取奖惩的策略。因此,绩效评估不仅是评估员工的行为,而且是纠正员工行为的第一步。Deadrickh 和 Gardner 认为绩效评估涉及决定和表达员工应如何执行其工作,以及如何建立改善计划的过程。绩效评估包括三个层面的内容。

(1) 绩效评估是从企业经营目标出发对员工工作进行考评,并使评估结果与其他人力资源职能相结合,推动企业经营目标的实现;

(2) 绩效评估是人力资源管理系统的组成部分,它是运用一套系统和一贯的制度性规范、程序和方法进行的考评;

(3) 绩效评估是对组织成员在日常工作中所表现的能力、态度和绩效,进行以事实为依据的评价。

二、绩效管理的战略意义

正如诺基亚公司一样,人力资源管理是一个系统的动态过程。理想(愿景)与价值观、战略与制度以及实践与执行的互动,奠定了公司绩效管理的基础。绩效管理不仅要与企业理想和价值观一致,还必须在纵向上与公司战略目标与制度一致,在横向上与其他人力资源职能相一致。绩效管理的目的是多种多样的,在传统上,我们常常把绩效管理的目的仅限于人力资源管理领域。但是,近年来,随着企业管理的需求和发展,绩效管理的目的已经扩展到了更为广阔的领域,上到确保企业战略的实现,下到保障具体的业务实现。鉴于此种情况,我们把绩效管理大致划分为战略层面和人力资源管理层面。

在现代企业中所推行的绩效管理的作用,远远超出了人力资源管理的领域。如通过绩效管理,可以提高企业核心竞争力、实现企业战略转型、并且能够确保企业将组织短期目标与长期目标相联系等,因而成为企业在竞争环境中确保生存和发展的有效手段。为了实现企业的使命,即成为行业的领导者,组要完成五项战略目标:(1)超出顾客需要的服务,为顾客提供意想不到的服务;(2)实现顾客的高满意度;(3)持续的创新,使企业具有不断的成长性;(4)员工素质的不断提升,以提高企业在竞争环境中的适应性;(5)股东预期的实现,确保股东的利益。同时,为了实现企业五个方面的战略目标,企业必须采取相应的绩效评估标准与绩效评估方法。通过组织战略目标传递企业文化和理念,通过具体的经营职能实现组织目标,通过绩效管理链接组织目标和具体经营职能,达到企业持续发展的目的。

三、绩效管理的战略系统

有效的绩效管理系统要求员工和管理者一起设定绩效期望、审查效益、评价组织和个人需要以及规划未来。战略性绩效也必须通过四个步骤来实现：分析、评估、设计和实施，如图10-1所示。

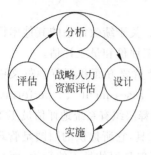

图10-1 战略绩效管理的决策步骤

（1）绩效管理分析。绩效管理的第一个步骤就是进行分析，如分析绩效管理与企业战略的管理，分析绩效管理的用途及与其他人力资源的关系，分析评估什么，由谁来评估，评估的重点以及评估的影响等。

（2）绩效管理设计。绩效管理的第二个步骤是设计，即设计绩效管理体系，制定绩效管理目标，最终结果是形成经理和员工共同签订的文字记录以及相应的绩效评估体系和方法。

（3）绩效管理实施。绩效管理的第三个步骤是实施。通过收集信息、做文档记录，对人力资源进行总结，分析问题的原因，制定相应的对策，并有助于企业绩效管理的提高和发展。

（4）绩效管理评估。在绩效评估结束之后，全面审视企业绩效管理额的政策、方法、手段及其他的细节，不断改进和提高企业的绩效管理水平。

绩效管理系统是一个封闭的系统，通过分析、设计、实施和评估，循环往复，促进企业人员素质和绩效的不断提高，以实现组织战略目标，并为企业获得长久的竞争优势、基业长青奠定基础。

以下章节按照绩效管理分析，绩效管理设计（主要涉及绩效管理标准、指标、方法和技术）、绩效管理实施和绩效管理评估四个方面进行，此后描述绩效管理与企业战略的匹配，最后对本章进行总结。

第二节　绩效管理分析

绩效管理是一个闭环的、螺线上升的系统，分析是绩效管理的第一步。通过考察绩效管理与企业战略的管理，以及与其他人力资源职能的匹配情况（如培训和开发、报酬管理等），分析由谁来进行评估、评估什么、为什么评估、如何评估，并因此而设计相应的评估方法。图10-2展示了绩效管理系统战略性关联事件。

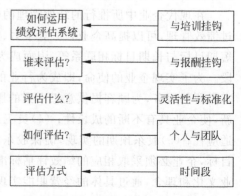

图10-2 绩效管理系统的战略性分析

一、谁来评估

美国研究型大学为了强调认真教学，将学生的评语作为教授的评估内容之一。很快，有人发现,学生所学内容和考试的难度都有明显下降,课堂上趣味性的内容增加,学生成绩也普遍提高。一些中国的高校也模仿此类评估模式,结果发现,教师对学生关注的程度超过对教学的关注程度,试卷评估的内容更简单,课堂纪律更加涣散,学生的成绩却显著提高。与此不同的是美国海军的新评估制度,50万现役军人中,1/3左右基层人员的评估,均由直接负责的军官一人完成。诺基亚公司则考虑了将个人和团队评估结合在一起,通过纵线和横线的联合,推动公司绩效管理的全面执行。不同的公司显现了如此不同的评估方式。但很显然,绩效评估中往往会出现许多的问题需要我们考虑。

(1) 不能仅仅通过上级的评估来决定员工的绩效表现好坏。上级直接评估带来的灾难性后果是:缺乏能为员工绩效表现提供有效反馈的信息;对员工日常工作没有足够的观测以有效地评估其绩效;缺乏关于下级工作的技术范围的知识;缺少绩效评估过程的培训;个人知觉的错误可能带来偏见;一个人评估的主观性可能缺乏效度。

(2) 避免绩效评估中的错误。尽管上级评估并不是最合适的方法,但一些公司却走入另外的困境,在评估中也会犯一些经常性的错误。

① 最常见的错误之一是,过多无关者发表意见。选择评估者时目标不明确,以为信息越多越好,迷信360度评估。统计表明,在美国的大企业中8%左右使用360度评估,70%左右也正在考虑使用。

② 对交换关系的忽视也经常是管理者易犯的错误之一。以个人为评估单位,容易引发同事间的竞争与不合作;以团队为单位进行评估,会造成大锅饭,平均主义,对优秀人才的培养不利;以领导意见为主,可能造成裙带关系和小团队、小派别;以顾客意见为主,容易造成迎合顾客,损害公司利益。

正是因为以上原因,需要根据绩效评估的用途来选择由谁来进行评估。360度评估可能带来过量的信息和过高的成本,巨量的表格也影响员工的工作。对于中层管理者来说,大量的上级和大量的下级、同事造成实际上评估的不科学性。表10-1列示了对于人事决策、自我发展以及人事研究的不同适用评估者对象。用于自我发展的绩效评估可以采用360度评估或者单独使用上级、同事、下级、自己和客户中的一种,而用于人事决策和人事研究,则需要慎重考虑下级员工与自我评估。

表 10-1 绩效评估信息来源于用途

	直接上级	同事	下级职员	自己	客户
人事决策	合适	合适	不合适	不合适	合适
自我发展	合适	合适	合适	合适	合适
人事研究	合适	合适	不合适	不合适	合适

二、为什么评估

不同的公司评估的目的不尽相同。Cummins公司将绩效评估和个人发展计划、工作计划视为整体。Oz公司则用绩效评估指导培训和个人发展计划,但不将绩效评估用于工资增长,其目的是鼓励合作,使评估体系灵活,易于改变。美敦力(Metronic)公司按评估结果内定提拔对象。

绩效评估作为支撑企业人力资源管理的有力工具，在实际应用中具有多种功能，譬如我们可以列出下面这样一些希望通过绩效评估所要达到的目的。

(1) 给上级衡量员工优缺点的途径；
(2) 给员工定期与上级就绩效进行沟通的机会；
(3) 作为薪资或绩效奖金调整的依据；
(4) 作为赏罚的依据；
(5) 作为晋升或降级的依据；
(6) 作为组织成员提高竞争意识与危机意识的手段；
(7) 作为发掘教育训练的需求、人才培育的依据；
(8) 作为协助职业生涯规划的依据。

表 10-2 列出了进行绩效评估常见的一些目的。一般而言，这些用途或是管理方面的，或是战略发展方面的。

表 10-2 绩效评估的人力资源管理目的

绩效评估的目的	绩效评估的目的
1. 薪资管理	11. 满足法律要求
2. 工作反馈	12. 调任和分配决策
3. 衡量个人优缺点	13. 临时解雇决策
4. 记录员工决策	14. 满足员工培训需求
5. 确认个人工作	15. 确定企业培训需求
6. 决定提升	16. 员工计划编制
7. 衡量劣质工作	17. 巩固权力框架
8. 帮助目标确定	18. 确定企业发展需要
9. 继续或终止聘用决策	19. 确立有效研究的标准
10. 评价目标完成情况	20. 评价员工体系

从上面的应用情况看，在人力资源管理领域里，绩效管理的目的有两类，一类是从维持和发展组织的角度出发而考虑绩效问题；另一类是从对员工个人进行管理的角度出发而进行的绩效问题。目前我国往往重视第二类目的而忽略第一类目的对组织的重要性。即便对第二类目的而言，也往往强调评估与利益分配的关系，并没有有效发挥评估的主体功能。我们一再强调，绩效管理的目的并不仅仅与利益的分配相关，而更多地通过有效运用评估的手段提高员工的工作绩效和职业能力。

从管理的角度看，评估计划可以为人力资源管理活动的各个层面提供服务。譬如，研究发现，绩效管理在报酬决策中被广泛运用。"按劳取酬"的操作方式在所有形式的企业中均有运用。又如，绩效管理与其他一些重要的人力资源决策有直接的联系，包括提升、调任和临时解雇决策。与此同时，绩效管理数据还可以被用来做出人力资源规划，在岗位评定计划中衡量某个岗位的相关价值，以及在有效性选择测试中作为标准。绩效管理还能为企业在发生涉及人力资源方面的纠纷与诉讼时提供原始的"书面证据"。企业通过保存准确、客观的员工工作记录，可以应付可能发生的诸如提升、薪资分配和停止聘用等有关人力资源管理方面的纠纷与诉讼。

从个人发展的角度来看，绩效管理为评价个人优缺点和提高工作绩效提供了一个反馈渠道。通过员工开发活动，绩效表现的不足必须及时得到纠正，通过将员工的行为恰当反映在特定的绩效目标上，并提供适当而具体的反馈，促进员工职业发展。

无论员工处在哪个工作层次，评价程序都会为其提供一个发言的机会以消除潜在的问题，并为员工制定新的目标以达到高的绩效。新的绩效评估方法更注重为员工制订培训、发展和成长计划。为发展的目的而运用的绩效评估方法认为，作为各级评估者的经理们，他们的任务是改善员工的工作方式，而不仅仅是评价员工过去的绩效。因此，以发展为目的的绩效评估方法，其主要优点之一就是为员工的绩效改进建立了一个合理的基础。

Siemens SMIS 2002年开始实行的绩效评估过程是基于使员工更加了解公司整体目标、分公司目标以及本部门目标，利用沟通和辅导关系，通过绩效工资将上下级的关系结合得更加紧密，以利于公司战略目标的实现，从而也为员工的发展提供契机。

三、评估什么

从根本上来说，员工的绩效评价可以对员工的个性特质、行为和结果进行评估。一些学者认为，绩效就是完成任务的结果，与产出、成果或成就同义。绩效不能和行为、工作活动、义务、职责或能力混淆。吉尔伯特（1996）提醒HRD专业人员要避免重行为、轻绩效做法。他把这个问题称为行为崇拜（the cult of behavior）。

在对员工进行评估时，主要表达六种要求（如表10-3）。

表10-3 表达绩效要求的六种方法

评估指标	基于产出/结果的绩效表达的具体内容
明确并能衡量的责任	反映与工作执行者应明确的责任的可衡量产出相联系的目标和设定方法
广泛的责任和职责	对通常被表达为义务和职能责任领域的工作中的关键要素的描述
目的/目标	反映工作目的和对胜任的工作执行者的主要产出的预期
主要工作活动和任务	根据活动的范围和责任描述工作重要组成部分
书面工作描述	解释核心职责和责任的范围
能力清单	绩效结果的声明，经常以行为或结果表现出来

作为结果/产出的绩效定义，从实践证据表明，许多词可以用来表示结果/产出的绩效，具体如图10-3所示。

（1）责任：指职位或部门应承担的为部门或公司目标服务的任务，它的重点是结果。它阐述的是员工在某个职位上做出了"什么"贡献，而不是"如何"做出贡献。

（2）产出：指员工在一段时间内所获得的成果。其主要因素强调的是员工的结果，与员工的职位、员工的资源以及员工的外部环境不相关。

（3）关键成果领域：是活动的重要领域，这些领域的成就决定或表明成功。

（4）指标：主要区分为一般指标和关键绩效指标。是指衡量员工工作状况的基准，表明了在规定时间内对预期成就的具体衡量标准，因而焦点在于产出或结果而不是投入或努力（Hale，1993）。

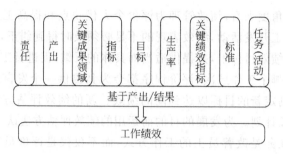

图 10-3 基于产出/结果的工作绩效清单

(5) 目标：与工作流程相联系，具有时间先后顺序的结果的描述（拉姆勒和布拉奇，2005）。可以将它和指标结合起来。

(6) 生产率：涉及对成本和收益的评价。

(7) 关键绩效指标（KPI）：是衡量企业战略实施效果的关键指标。

(8) 标准：从产出或结果方面说明了对执行某种专业职责的个体预期。它不着眼于个体的潜在能力或特质，它描述了要求个体要达到的预期结果。

(9) 任务（活动）：一项要完成的工作。

绩效以结果/产出为导向的概念倾向于将工作看作是所要完成的任务或活动的集合，以满足组织所定义的目标或价值。尽管工作目标作为绩效的标准在实践中被检验为一个合理解释，但目标设定在实践中存在很多的问题。由于技术的发展，很多结果可能不是员工所能控制的，导向结果的行为能证明这一点，因此，仅仅用结果/产出来定义绩效，会导致对如何取得绩效的重视不足。

绩效应该与任务完成情况、目标完成情况、结果及产出等同起来的观点在许多心理学的文献中受到了质疑。我们不能把绩效看作是完成工作或达到目标是因为：许多工作结果并不一定是因为员工的行为所产生的，也可能是与员工毫无关系的其他的因素在起作用。过分注重结果会忽视重要的程序因素和人际关系因素，强化反生产绩效行为，增加员工的不满意程度，降低员工的组织承诺。

当今比较流行的是绩效行为的观点，它的主题是工作绩效不是产出或结果。但这并不表明，目标或结果在绩效定义中毫无地位。Murphy 的定义清楚地表明了这种关系：绩效的范围被定义为一套与组织或个体所工作的组织目标相关的行为。这个宽泛的定义既包括生产性（productive）绩效行为，又包括反生产（counterproductive）绩效行为——贡献于组织目标或不利于组织目标的行为。对于行为绩效的观点，Campbell 也做过积极的尝试。他提出了绩效构成的一个因素模型，并且推测可以用细化的工作任务熟练程度、非细化的工作任务熟练程度、书面和口头交流任务的能力、所表现出的努力、维护个人纪律、促进他人和团队绩效、监督管理/领导和管理/行政管理八个总的因素表示。Campbell 认为，"这些因素中的三个——核心任务熟练程度、所表现出的努力和个人纪律的遵守情况，是每项工作的主要绩效组成部分"，而其他因素则随着所适用的工作不同而变化。尽管如此，由于缺乏具体的经验测试，这个模型还只是处于推测阶段。

上述对绩效的行为定义显然聚焦于非细化的工作绩效行为。由于钟点工和临时工的日益增多,仅仅将员工绩效定位于非细化的工作绩效行为是不够的。大量的工作行为只需要通用的能力而不是特殊化的能力,如家政服务员、出纳、搬运工、销售人员等,这就必须寻求一种通用的绩效行为模型。通用工作行为绩效的分类对评估、预测和理解工作绩效的实质有许多优点。它涵盖了和工作绩效相关的全部范围的行为,同时对于不同工作种类具有预测作用。因此,工作绩效与工作效果、生产率有相当大的区别。工作绩效是个体表现的一种行动或行为,效果则涉及绩效结果的评价,而生产率则是评价组织运行得怎么样。工作绩效是人们实际做的,并且可以被奉行的东西,它只包括与组织目标有关的,并且可以按照个体的能力(即贡献程度)进行测量的行动或行为。绩效不是后果或结果,它本身就是行动。

另一种则是基于员工个性特质对员工进行评估。它们可能包括员工对组织的忠诚感、勤奋度、社交能力等。这种方法测量员工个人所具有的特征是否与组织文化和公司价值观相匹配,而不是他们实际上做了什么。因此,基于员工个性特征的绩效评估方法的应用价值有限。例如,快乐的员工就是绩效高的员工并没有得到实证的确切支持。

表 10-4 展示了三种绩效评估方法所包含的不同的内容。

表 10-4 绩效评估的标准内容

员工特征(投入)	员工行为(过程)	工作结果(产出)
工作知识	完成任务	销售额
力气	服从指令	生产水平
证书	报告难题	生产质量
业务知识	维护设备	浪费
成就欲	维护记录	事故
社会需要	遵守规则	设备修理
可靠、忠诚、诚实	按时出勤	服务的客户量
创造性	提交建议	客户的满意度
领导能力		

可以看出这三种绩效评估方法都有其局限性,管理者在进行绩效评估时要充分考虑结合三种方法的优点,在努力建立与组织战略目标相一致的前提下,综合运用三种方法,以使绩效评价的内容和绩效评价指标符合组织文化和绩效评估的目的。在绩效评估内容选择过程中,易犯的错误是,评估的内容繁杂,目的不明确,重点不突出,甚至脱离公司目标。Siemens USA of Energy Mgmt and Info Syst 要求员工在制定自己的绩效目标时,要能理解公司、分工司的目标,说明不同层次目标之间的关系。绩效评估的内容始终要与公司的战略目标相一致。

四、如何评估

在绩效管理的设计中,下一个必须明确的战略决策是如何评价员工。通过绩效反馈,可以使员工了解自己的工作绩效,共同分析原因,找出双方有待改进的地方,共同确定下一期的绩效计划和改进点。这是整个绩效管理体系循环回路中非常重要的一个结点，也往往是最容易忽视的一个阶段。绩效反馈的作用可以反映出绩效管理体系的动态性和成长性。

有效的绩效反馈可以在一个绝对或者相对的基础上进行。绝对的绩效评估是根据绩效评估的要求或者工作标准进行的，所有的员工被严格测评。相对评估方法则是通过员工之间相互的比较，然后进行等级排列。相对绩效评价可以提供员工间绩效优劣的比较，但不能实际评估他们的绩效。虽然相对评估方法在确定最优的员工和最差的员工方面很有用，但也应该用绝对绩效评估方法进行补充，以实现组织战略目标。为了详细了解如何对员工进行绩效评估，第三节详细介绍了绩效管理的方法及其技术的设计。

第三节 绩效管理设计

一个优秀的员工，总是希望他的努力及努力的成果能被老板或主管所赏识。相反地，不努力的员工则是希望能够滥竽充数，不为他人所发现。留住优秀员工，淘汰差的员工，员工实施绩效评估是很有效的方法。一个良好的员工绩效评估系统，可以支撑企业持续产生高绩效，保证企业的长久发展，这一点是毫无疑问的。问题是打造一套适用于本企业的良好的绩效评估系统，确实是一个费时、费力的过程。

绩效评估的技术分为非系统的绩效评估技术与系统的绩效评估技术。系统评估技术，如基于关键绩效指标（KPI）的绩效评估系统、基于目标管理的绩效评估系统、基于平衡计分卡的绩效评估系统等，但是更多的企业在进行绩效评估时并不是自组织战略目标到员工个人绩效目标逐级进行系统评估，而是就具体的工作任务，在员工个体绩效层面上设计评估工具并进行绩效评估。这些技术或方法包括：绩效评定法、比较法、行为特征评定法等。

一、非系统的绩效评估方法

（一）以绩效报告为基础进行绩效评估

绩效评定表法是一种被广泛采用的考评方法，它根据所限定的因素来对员工进行考评。采用这种方法，主要是在一个等级表上对绩效的判断进行记录。这个等级被分成几类（通常是一个5级或7级的量表），它常常采用诸如优秀、一般和较差这些形容词来定义。当给出了全部等级时，这种方法通常可以使用一种以上的绩效评估标准。绩效评定表可以。

评价所选择的因素有两种典型类型：与工作有关的因素和与个人特征相关的因素。如表10-5所示，与工作有关的因素是工作质量和工作数量；而涉及个人因素的有诸如依赖性、积极性、适应能力和合作精神等特征。评价者通过指明最能描述出员工及其绩效的每种因素的比重来完成这项工作。

表 10-5 员工绩效评定表

员工姓名_____ 工作头衔_____ 部　门_____ 基层主管_____ 评价时期 从_____到_____	评价说明： 1. 每次仅考虑一个因素，不允许因某个因素给出的评价结果而影响其他因素的评价。 2. 考虑整个评价时期的绩效。避免集中在近期的事件或孤立事件中。 3. 以满意的态度记住一般员工应履行的职责。高于一般水平或优秀的评价，表明该员工与一般的员工有明显的区别。				
评价因素 ＼ 评价等级	较差，不符合要求	低于一般，需要改进，有时不符合要求	一般，一直符合要求	良好，经常超出要求	优秀，不断地超出要求
工作量：考虑完成的工作量，生产率达到可接受的水平了吗？					
工作质量：在进行任务指派时要考虑到准确、精密、整洁和完成情况					
可靠性：在进行任务指派时要考虑到准确、精密、整洁和完成情况					
积极性：该员工实现工作承诺的信任程度					
适应能力：考虑是否具备对需求变化和条件变化的反应能力					
合作精神：考虑为了他人及与他人工作共同的能力。如果让你加班，是否愿意接受？					

未来成长和发展的潜力：
☐ 当前工作的最好或接近最好的绩效
☐ 将这一排序交替进去下去，直到所有的员工都被排列出来
☐ 经过进一步培训和实践能取得进步
☐ 没有明确的限定

员工对该评价声明：　　我同意☐　　　　不同意☐

评论：

员工	负责人	审查人
日期	日期	日期

许多绩效评估的绩效评定表还提供了对员工成长潜力的评价。表 10-6 中所示表格包含了与一个人未来成长和发展潜力有关的几个类别。评估的结果从当前工作的最好或接近最好的绩效一直排列下去，没有明显的界限。虽然在对过去绩效或将来潜力同时作出评价方面有些欠缺，但这种做法还是经常被采用的。

（二）以员工比较系统为基础进行绩效评估

大部分的绩效评估工具要求评定者依据某些优胜标准来评价员工绩效。然而，使

用员工比较系统为基础的绩效评估,员工的绩效是通过与其他员工的绩效相比较来评价的。换句话说,员工比较系统是用排序,而不是用评分。排序形式有多种,如简单排序、配对比较或强制分布。

1. 简单排序法

在使用简单排序法进行绩效评估时,评价者只要简单地把一组中的所有员工按照总绩效的顺序排列起来即可。例如,部门中绩效最好的员工被排列在最前面,最差的被排在最后面。这种方法的主要问题是,当个人的绩效水平相近时难以进行准确排序。

作为简单排序法的一种演变,平均比较法将每个员工的工作绩效与其他员工的工作绩效进行简单比较,获得有利的对比结果最多的员工,就在绩效评估中被排列在最高的位置上。而有些人力资源管理者对这样一种评估方法持有疑义,他们的观点是员工所要达到的是他们的任务目标,而不是他们取得的目标要比工作小组中的其他人更好。这种评估方法的使用事实上已超出了个人绩效领域,因此应在一个更广泛的基础上进行考虑。

通常来说,根据某些工作绩效评价要素将员工们从绩效最好的人到绩效最差的人进行排序,要比绝对地对他们的绩效进行评价容易得多,因此,交替排序法也是一种运用得非常普遍的工作绩效评价方法。其操作方法如下(表10-6是一种交替排序法示例)。

表10-6 运用交替排序法进行员工绩效评估

运用交替排序法对员工绩效进行评估
评价所依据的要素:_____

　　针对你所要评价的每一种要素,将所有员工的姓名都列举出来。将工作绩效评价最高的员工姓名列在第1行的位置上;将评价最低的员工姓名列在第20行的位置上。然后将次最好的员工姓名列在第2行的位置上;将次最差的员工姓名列在第19行的位置上。将这一交替排序继续下去,直到所有的员工都被排列出来

评价等级最高的员工	
1. _____	11. _____
2. _____	12. _____
3. _____	13. _____
4. _____	14. _____
5. _____	15. _____
6. _____	16. _____
7. _____	17. _____
8. _____	18. _____
9. _____	19. _____
10. _____	20. _____

(1) 将进行评价的所有下属人员名单列举出来,然后将不是很熟悉因而无法对其进行评价的人的名字划去。

(2) 用表格来显示在被评价的某一特点上,哪位员工的表现是最好的,哪位员工的表现又是最差的。

(3)再在剩下的员工中挑出最好的和最差的。依次类推,直到所有必须被评价的员工都被排列到表格中为止。

很显然,运用简单排序法进行绩效评估的最大优点就是简单实用,其评估结果也令人一目了然,但这种方法容易对员工造成心理压力,在感情上也不易接受。

2. 配对比较法

配对比较法使得排序型的工作绩效法变得更为有效。其基本做法是,将每一位员工按照所有的评价要素("工作数量"、"工作质量"等)与所有其他员工进行比较,根据配对比较的结果,排列出他们的绩效名次,而不是把各被评估者笼统地排队。假定需要对5位员工进行工作绩效评价。那么在运用配对比较法时,你首先应当列出一张像表10-7所示那样的表格来,其中要标明所有需要被评价的员工姓名以及需要评价的所有工作要素。然后,将所有员工根据某一类要素进行配对比较,然后用"+"(好)和"-"(差)标明谁好一些、谁差一些。最后将每一位员工得到的"好"的次数相加。在表10-7中,员工李四的工作质量是最高的,而张三的创造性却是最强的。

表10-7 两两配对比较法示例

就"工作质量"要素所做的评价						就"创造性"要素所做的评价					
被评价员工姓名:						被评价员工姓名:					
比较对象	A 张三	B 李四	C 王五	D 刘六	E 赵七	比较对象	A 张三	B 李四	C 王五	D 刘六	E 赵七
A 张三		+	+	-	-	A 张三		-	-	-	-
B 李四	-		+	+	+	B 李四	+		-	+	+
C 王五	-	+		+	+	C 王五	+	+		-	+
D 刘六	+	+	-		-	D 刘六	+	-	+		-
E 赵七	+	+	-	-		E 赵七	+	-	-	+	
	0	4+	0	2-	2-		4+	2-	2-	0	0

配对比较法的缺点是,一旦下级人数过多(大于 5 人),手续就比较麻烦,因为配比的次数将是按 $[n(n-1)]/2$(其中 n 为人数)的公式增长的。5 个下级的配比需要 10 次;10 个下级就要配比 45 次;如有 50 个下级就要 1 225 次。而且只能评比出下级人员的名次,不能反映出他们之间的差距有多大,也不能反映出他们工作能力和品质的特点。如对武汉钢铁集团员工的绩效评估,如果运用两两比较法,对多达 15 万人的评估,将配对上百亿次。

3. 强制分布法

该方法需要评估者将被评估者按照绩效评估结果分配到一种类似于正态分布的标准中去。这种方法是基于这样一个有争议的假设,即所有小组中都有同样优秀、一般、较差表现的员工分布。可以想象,如果一个部门全部是优秀员工,则部门经理可能难以决定应该把谁放在较低等级的小组中。

强制分布法与"按照一条曲线进行等级评定"的意思基本相同。使用这种方法,就意味着要提前确定准备按照一种什么样的比例将被评价者分别分布到每一个工作绩效等级上去。如表10-8所示。

表 10-8 强制分布法

绩 效 等 级	绩效分布比（%）	绩 效 等 级	绩效分布比（%）
绩效最高的	15	绩效低于要求水平的	20
绩效较高的	20	绩效很低的	15
绩效一般的	30		

这种方法的优点是有利于管理控制,特别是在引入员工淘汰机制的公司中,它能明确筛选出淘汰对象,由于员工担心因多次落入绩效最低区间而遭解雇,因而具有强制激励和鞭策功能。当然,它的缺点也同样明显,如果一个部门员工的确都十分优秀,如果强制进行正态分布划分等级,可能会带来多方面的弊端。

从以上介绍的三种基本的比较方法可以看出,员工比较系统的优点是成本低、实用,评定所花费的时间和精力非常少。而且,这种绩效评估法有效地消除了某些评定误差,如避免了宽厚性错误及评定者的居中性错误。当然,员工比较系统也有几个缺点。首先,因为判定绩效的评分标准是模糊或不实在的,评分的准确性和公平性就可能受到很多质疑。其次,员工比较系统没有具体说明一个员工必须做什么才能得到好的评分,因而它们不能充分地指导或监控员工行为。最后,公司用这样的系统不能公平地对来自不同部门的员工的绩效进行比较。比较常见的例子如：A 部门排在第六名的员工可能比 E 部门的第一名做得更好。

（三）针对员工行为及个性特征进行绩效评估

1. 因素评价法

因素评价法是将一定的分数按权重分配给各项绩效评估指标,使每一项绩效评估指标都有一个评价尺度,然后根据被评估者的实际表现在各评估因素上评分,最后汇总得出的总分,就是被评估者的考绩结果。此法简便易行而且比排队更为科学。表 10-9 是某一公司利用 3 种因素、8 种子因素进行的因素评估法。

表 10-9 因素评估法

因　素	1 级	2 级	3 级	4 级	5 级
技能因素（35%）					
1. 知识	14	28	42	56	70
2. 经验	12	24	36	48	60
3. 创造力	14	28	42	56	70
绩效（35%）					
1. 数量	20	40	60	80	100
2. 质量	20	40	60	80	100
3. 特殊贡献	10	20	30	40	50
态度（30%）					
1. 责任感	10	20	30	40	50
2. 协作态度	10	20	30	40	50

我们也可以为被评估人设定更多因素,对员工绩效进行评估。例如利用技能、能力、成绩和组织纪律四因素进行评估。

(1) 技能。占总分30%,分为上、中、下三个等级。出勤率100%为满分(30),病、事假一天扣1分,旷工一天扣20分,迟到或早退一次扣15分,旷工一天以上或缺勤30天以上者不得分。

(2) 能力。占总分20%,分上、中、下三等。技术高、能独立工作、完成任务好、胜任本职工作的评为上,低于这个技术水平的评为中或下。在评估阶段内如有1个月未完成下达任务的扣10分。

(3) 成绩。占30%,分上、中、下三等。协调性好、积极主动工作、安全生产、完成任务好的评为上,较差的评为中,再差的评为下。在工作、生产中出现的一次差错,造成损失的或安全、质量方面发生事故经公司研究作出处理者一次扣10分,情况严重者不得分;如有1个月未完成下达任务的扣15分,病、事假每1天扣0.5分。

(4) 组织纪律。占20%,分为上、中、下三等。工作服从分配、遵守规章制度、讲究文明礼貌、能团结互助的评为上,否则评为中或下。违反公司规章制度或因工作失职经公司处理者一次扣10分。

各考绩因素的上、中、下三个等级的比例均分别控制在25%、60%、15%。

2. 图解式评估法

图解式评估法也称为图尺度评价法。图解式评估法主要是针对每一项评定的重点或考评项目,预先订立基准,包括依不间断分数程度表示的尺度和依等级间断分数表示的尺度,前者称为连续尺度法,而后者称为非连续尺度法,实际运用中,常以后者为主。表 10-10 就是一种典型的评价尺度表。它列举出了一些绩效构成要素(如"质量"和"数量"),还列举出了跨越范围很宽的工作绩效等级(从"不令人满意"到"非常优异")。在进行工作绩效评价时,首先针对每一位下属员工从每一项评价要素中找出最能符合其绩效状况的分数。然后将每一位员工所得到的所有分值进行加总,即得到其最终的工作绩效评价结果。

表 10-10　图尺度评价表

员工姓名_____	职　位_____
部　门_____	员工薪员_____
绩效评价目的:□年度例行评价□晋升□绩效不佳□工资调整□试用期结束□其他	
员工到现职时间_____	
最后一次评价时间_____　正式评价日期时间_____	
说明:请根据员工所从事工作的现有要求仔细地对员工的工作绩效加以评价。请核查各代表员工绩效等级的小方框。如果绩效等级不合适,请以 N 字样说明。请按照尺度表中所标明的等级来核定员工的工作绩效分数,并将其填写在相应的用于填定分数的方框内。最终的工作绩效结果通过将所有的分数进行加总和平均而得出	

续表

评价等级说明	
O：杰出(outstanding)。在所有各方面的绩效都十分突出，并且明显地比其他人的绩效优异得多 V：很好(very good)工作绩效的大多数方面明显超出职位的要求。工作绩效是高质量的并且在评估期间一贯如此 G：好(good)。是一种称职的和可信赖的工作绩效水平，达到了工作绩效标准的要求 I：需要改进(improvement needed)在绩效的某一方面存在缺陷，需要进行改进	U：不令人满意(unsatisfactory)。工作绩效水平总的来说无法让人接受，必须立即加以改进。绩效评价等级在这一水平上的员工不能增加工资 N：不做评价(not rated)。在绩效等级表中无可利用的标准或因时间太短而无法得出绪论

员工绩效评估要素	评价尺度		评价的事实依据或评语
1. 质量：所完成工作的精确度、彻底性和可接受性	O □ V □ G □ I □ U □	100～91 90～81 80～71 70～61 60 及以下	分数
2. 生产率：在某一特定的时间段中所生产的产品数量和效率	O □ V □ G □ I □ U □	100～91 90～81 80～71 70～61 60 及以下	分数
3. 工作知识：时间经验和技术能力以及在工作中所运用的信息	O □ V □ G □ I □ U □	100～91 90～81 80～71 70～61 60 及以下	分数
4. 可信度：某一员工在完成任务和听从指挥方面的可信任程度	O □ V □ G □ I □ U □	100～91 90～81 80～71 70～61 60 及以下	分数
5. 勤勉性：员工上下班的准时程度、遵守规定的工间休息、用餐时间的情况以及总体的出勤率	O □ V □ G □ I □ U □	100～91 90～81 80～71 70～61 60 及以下	分数
6. 独立性：完成工作时不需要监督和只需要很少监督的程度	O □ V □ G □ I □ U □	100～91 90～81 80～71 70～61 60 及以下	分数

利用图尺度评价表不仅可以对员工的工作内容、责任及行为特征进行评估，而且可以向评估者展示一系列被认为是成功工作绩效所必需的个人特征（例如合作性、适应性、成熟性、动机），并对此进行评估。譬如我们可以为每一个必备的特征给定一个5级或7级的评定量表，量表上的分数用数目或描述性的词或短评加以规定，用以表示不同的绩效水平。

图解式评估法的优点是它实用而且开发成本小，人力资源经理们也能够很快地开发出这种图解形式，因此许多组织都使用图解式评定量表。当然此种方法也有缺点，图解式评定量表也有很多问题，譬如量表不能有效地指导行为，也就是说，评定量表不能清楚地指明员工必须做什么才能得到某个确定的评分，他们因而对被期望做什么一无所知。例如在"态度"这一项上，员工被评为"2"这个级别，可能很难找出如何改进的办法。

除此之外，图解式的评定量表也不能提供一个良好机制以提供具体的、非威胁性的反馈。因为多数负面反馈一般应集中在具体行为上，而不是评定量表所描述的定义模糊的个人特征。例如，如果告诉员工他们不可靠，大部分员工会很生气，感到被冒犯；如果用行为的条件给出反馈："上周有6位顾客向我投诉你没回他们的电话，"那么员工感觉会好一点。

与图解式评定量表相关的另一个问题是评定的准确性。由于评定量表上的分数未被明确规定，所以很可能得不到准确的评定。例如，两位评定者可能用非常不同的方式来解释"平均"标准，这样未被明确规定的绩效标准会导致评定失误的增加，还有可能提供偏见产生的各种现成机制。也有一些人认为，图解式评定量表作出的评定只不过是"主观判断的说法"，并认为这种评定量表不应用于晋升决策，因为在这样一个主观的过程中可能存在潜在的偏见。

3．行为锚定等级评价法

行为锚定等级评价法是传统绩效评定表和关键事件法的结合。使用这种方法，可以对源于关键事件中有效和非有效的工作行为进行更客观的描述。熟悉一种特定工作的人，能够识别这种工作的主要内容。然后他们对每项内容的特定行为进行排列和证实。因为此种方法的特点是需要有大量员工参与，所以它可能会被部门主管和下属更快地接受。

史密斯和肯道尔开发了被称之为行为锚等级评价法（BARS）或行为期望尺度法（BES）的评估方法。行为锚定等级评价法的评估表通常包括6~10个明确定义的绩效维度，每一个维度具有5~6个关键事件"锚"。评估者应该明白所有锚阐述和在被评估者相应等级的某一点上画"×"（如图10-4所示的银行贷款助理的行为锚定绩效评价）。

行为锚定等级评价法和行为观察评价法都是基于行为的评估方法，因此他们被开发出来的目的正是希望能比其他评估尺度形式具有更少的主观评价（主观评价最显著的就是图解式评价法）。不幸的是多年的研究表明这种希望并没有得到保证。如果一定要说行为导向方法比其他形式的方法具有什么优势的话，那就正是在开发过程中特别运用的地方。因为主管和下属在尺度开发过程中都被涉及，这样，一般来说这些尺度就能更好地被那些必须完成评估表的人和绩效被评估的人所接受。

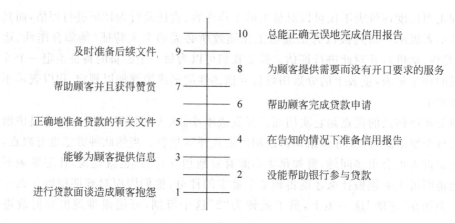

图 10-4　银行贷款助理的行为锚定绩效评价

行为锚定等级评价法的第二种可能的优点是它帮助管理者增强与有效工作绩效相关的关键事件的关注。这些事件允许主管和下属一起讨论好绩效和差绩效的特定类型，并且这也可能使反馈比假如主管只是讲述空泛的通则更易接受。

行为锚定等级评价法的优点很多，尽管使用行为锚定等级评价法要比使用其他的工作绩效评价法（如图尺度评价法）花费更多的时间。但是许多人认为，行为锚定等级评价法有以下一些十分重要的优点。

（1）工作绩效的计量更为精确。由于是由那些对工作及其要求最为熟悉的人来编制行为锚定等级体系，因此行为锚定等级评价法应当能够比其他评价法更准确地对工作绩效进行评价。

（2）工作绩效评价标准更为明确。等级尺度上所附带的关键事件有利于评价者更清楚地理解"非常好"和"一般"等各种绩效等级上的工作绩效到底有什么差别。

（3）具有良好的反馈功能。关键事件可以使评价人更为有效地向被评价人提供反馈。

（4）各种工作绩效评价要素之间有着较强的相互独立性。将众多的关键事件归纳为 5 种至 6 种绩效要素（如"知识和判断力"），使得各绩效要素之间的相对独立性很强。譬如，在这种评价方法下，一位评价者很少会有可能仅仅因为某人的"知觉能力"所得到的评价等级高，就将此人的其他所有绩效要素等级都评定为高级。

（5）具有较好的连贯性。相对来说，行为锚定等级评价法具有较好的连贯性和较高的信度。这是因为，在不同评价者对同一个人进行评价时，其结果基本上都是类似的。

从行为锚定与图解式评定的比较上看，行为锚定等级评价法和图解式评定量表一样，要求评估者根据个人特征评定员工。典型的行为锚定等级评价量表包括 7 个或 8 个个人特征，被称做"维度"，每一个都被一个 7 级或 9 级的量表加以锚定。但是行为锚定式评价量表中所使用的评价量表与图解式评价量表中所使用的评价量表在结构上并不相同。行为锚定式评价量表是用反映不同绩效水平的具体工作行为的例子来锚定每个特征。

行为锚定式评价量表最大的优点在于它指导和监控行为的能力。行为锚定使员工知道他们被期望表现哪些类型的行为，从而给评估人提供以行为为基础的反馈机会。

在最初被提出时,行为锚定式评价量表被预测将大大优于图解式评价量表。人力资源管理专家认为,行为锚定导致更准确的评分,因为它们能使评估者更好地诠释评定量表上不同评分的含义。然而,正如我们看到的,这种期望并未达到。

(四) 其他绩效评估方法

1. 关键事件法

某些现代绩效评估应用了关键事件法,以便评估更具有针对性。关键事件法利用一些从一线管理者或员工那里收集到的工作表现特别的事例进行评估。通常,在这种方法中,几个员工和一线管理者汇集了一系列与特别好的或差的员工表现有关的实际工作经验。而平常的或一般的工作表现均不予考虑。特别好的或差的工作表现可以把最好或最坏的员工从一般员工中挑出来。因此,这种方法强调的是代表最好或最差表现的关键事例所代表的活动。一旦评估的关键事件选定了,所应用的特别方法也就确定下来了。关键事件法一般有如下几种。

(1) 年度报告法。这种方法的一种形式是一线监督者保持评估期内员工关键事件的连续记载。监督者每年报告决定员工表现的每一个记录。其中特别好的或特别差的事例就代表了员工在评估期内的绩效。在评估期中没有或很少记录的员工所做的工作是令人满意的,他们的绩效既不高于也不低于预期的绩效水平(标准或平均绩效水平)。年度报告法的优点是它特别针对工作,其工作联系性强。而且由于评估是在特定日期就特定事件进行的,评估者很少或不受偏见的影响。

(2) 关键事件清单法。关键事件法也可以开发一个与员工绩效相联系的关键行为的清单来进行绩效评估。这种评估方法对每一工作要给出 20 或 30 个关键项目。评估者只简单地检查员工在某一项目上是否表现出众。出色的员工将得到很多检查记号,这表明他们评估期表现很好。一般员工将只得到很少的检查记号,因为他们仅在很少的某些情况下表现出众。

关键事件清单方法常常给不同的项目以不同的权重,以表示某些项目比其他项目重要。通常权重不让完成被评估的评估者得知。基本将员工关键事件清单上的检查记号汇总以后,就可以得到这些员工的数量型的评价结果。由于这种方法产生的结果是员工绩效的数字型总分,因此,必须为组织内每一不同岗位制定一个评估清单,这种方法很费时间而且费用也很高。

(3) 行为定位评级表。这种量表把行为评估与评级量表结合在一起,用量表对绩效做出评级,并以关键行为事件根据量表值做出定位。这种方法用起来很方便。这种量表用于评价性目标,它可以很容易获得与绩效增长和提升可能性相联系的数字型评价结果。这种方法也更能用于开发性目标,因为它是与工作紧密相联的,而且是用代表好的工作成绩的关键事项作为评价事项。

2. 例外事件评估法

在对员工绩效进行评估时,我们往往会发现对于某些例行的工作,会存在这样一种现象,那就是即使这些工作被很好的完成,也不会被列为重要的绩效评估指标,而一旦这些例行的工作出了差错,却又会给整个组织带来巨大的损失。如何对以这些常规性的例行性的工作为主要工作内容的员工进行绩效评估,我们使用不良事故法来进行评估,即通过预先设计的不良事故清单对员工行为进行评价以确定员工的绩效水平。作者在为企业设计绩效评估体系的实践中,多次运用了这样一种绩效评估方法。

二、系统的绩效评估方法

系统的绩效评估方法主要有关键绩效法(KPI)、平衡计分卡法(BSC)、目标管理法以及其他绩效评估方法。本节主要介绍前三种方法。

(一)关键绩效评估法

关键绩效指标(KPI)是基于企业经营管理绩效的系统评估体系。作为一种绩效评估体系设计的基础,我们可以从以下三个方面深入理解关键绩效指标的具体含义。

1. 关键绩效指标的含义

关键绩效指标是用于评估和管理被评估者绩效的可量化的或可行为化的标准体系。也就是说,关键绩效指标是一个标准化的体系,它必须是可量化的,如果难以去量化,那么也必须是可以行为化的。如果可量化和可行为化这两个特征都无法满足,那么就不是符合要求的关键绩效指标。关键绩效指标体现对组织战略目标有增值作用的绩效指标。这就是说,关键绩效指标是连接个体绩效与组织战略目标的一个桥梁。既然关键绩效指标是针对组织战略目标起到增值作用的工作产出而设定的指标,那么基于关键绩效指标对绩效进行管理,就可以保证真正对组织有贡献的行为受到鼓励。通过在关键绩效指标上达成的承诺,员工与管理人员就可以进行工作期望、工作表现和未来发展等方面的沟通。关键绩效指标是进行绩效沟通的基石,是组织中关于绩效沟通的共同辞典。有了这样一本辞典,管理人员和员工在沟通时就可以有共同的语言。

表 10-11 是某企业关键绩效指标体系指标集,它将有助于我们更好地理解什么是关键绩效指标。

表 10-11 某企业关键绩效指标体系

管理改进指标			成长与发展指标	
客户指标	产品指标	财务指标	员工队伍指标	领导能力指标
员工认同度 投诉率 对投诉的处理 顾客维持率 新顾客获得 个性化服务	申请立项通过率 结算延迟天数 支出审核失误率 产品一次合格率 服务等级提升率 培训计划达成率	销售额 利润 投资回报率 净资产增长率 销售增长率 流动资产周转率 总资产周转率 成本利润率 净资产保值增值率	员工流失率 员工自然流动率 人员需求达成率 在职培训人均时数 目标完成率	计划执行能力 授权 与员工的沟通 管理创新

2. 设计关键绩效指标的要求

设计关键绩效指标必须满足以下要求。

(1) 指标容易理解；

(2) 被评估者对于该指标所评估的方面具有相当的控制力；

(3) 指标可以实施；

(4) 指标所评估的内容，其基本资料的来源必须可信；

(5) 指标所评估的内容可以衡量；

(6) 指标所评估的内容，其基本资料可以以低成本获取；

(7) 指标所评估的内容与战略目标一致；

(8) 指标所评估的内容与整个指标体系一致。

(二) 平衡计分卡

1. 平衡计分卡定义

平衡计分卡(balanced score card, BSC)作为一种具有划时代意义的战略管理绩效评价工具，被誉为20世纪最伟大的三个管理工具之一。1992年，BSC由美国哈佛商学院教授、著名管理会计学家罗伯特·S.卡普兰(Robert Kaplan)和诺朗诺顿研究所所长、复兴方案国际咨询企业总裁大卫·P.诺顿(David Norton)率先提出。他们于1993年在《哈佛商业评论》上发表了论文《平衡计分卡的实际应用》，1996年在《哈佛商业评论》上发表了论文《把平衡计分卡作为战略管理体系的基石》，使得平衡计分卡的理论框架更加完善。

2. 平衡计分卡的构成

平衡计分卡作为一种绩效管理工具，是一套基于企业核心能力的、将长远目标和近期目标相结合、注重财务指标与非财务指标的绩效评价体系和战略管理工具。BSC表明了企业员工需要什么样的知识、技能和系统(学习与成长角度)，才能建立、创新适当的战略优势和效率(内部流程角度)，使公司能够把特定的价值带给市场(顾客角度)，从而最终实现更高的股东价值(财务角度)。我们可以把平衡计分卡看作是飞机座舱中的标度盘和指示器。为了操纵和驾驶飞机，驾驶员需要掌握关于飞行的众多方面的详细信息，诸如燃料、飞行速度、高度、方向、目的地，以及其他能说明当前和未来环境的指标。只依赖一种仪器可能是致命的。同样地道理，今天，管理一个组织非常复杂，要求经理们能同时从几个方面来考查绩效。

(1) 财务指标。为了取得财务上的成功，我们应该如何同股东周旋？财务性绩效指标，能够综合地反映企业绩效，可以直接体现股东的利益。因此，它一直是公司战略绩效评价的核心内容，是其他三个方面的出发点和归宿。及时和准确的财务数据一直以来都是管理层得以有效管理企业的重要因素，财务目标也是管理者在制定战略时首先考虑的目标。通常，财务指标包括营业收入、经济增加值和现金流量等。

(2) 顾客指标。为了实现公司前景，我们应该如何应对我们的顾客？顾客指标反映了企业保持及拓展市场的力度和财务收入来源的稳定性。企业要想取得长期的经营绩效，就必须创造出受顾客青睐的产品与服务，因此企业的活动必须以顾客价值为出发点。顾客所关心的四类事情包括：时间、质量、性能和服务、成本。对于企业来说，应该明确这些方面所应该达到的目标，然后把这些目标转化为指标。常见的顾客指标包括：

市场份额、顾客满意度和顾客利润率等。

(3) 内部经营过程指标。为了让股东和顾客满意,我们应该在哪些业务流程中做到最好?对内部业务流程的分析不仅可以使管理层了解其业务运行情况,而且通过评估,管理者可以发现企业内部存在的问题,并采取相应措施加以改进,进而提高企业内部的管理效率。内部业务流程指标主要包括三个方面:①衡量企业创新能力的指标,如新产品开发所用的时间、新产品销售额在总销售额中所占的比例、比竞争对手率先推出新产品的比例、所耗开发费用与营业利润的比例等;②衡量企业生产经营绩效的指标,如完成订单周期、产品和服务的质量和成本、次品率等;③衡量企业售后服务的指标,如企业对产品故障的反应时间和处理时间、售后服务的一次成功率、客户付款的时间等。

(4) 学习和成长指标。为了实现公司前景,我们应该怎样开发我们的变革和增长潜力?学习和成长指标确认了企业为了实现长期的绩效而必须进行的对未来的投资,一般学习与成长绩效指标包括:①员工能力。主要反映员工被激励后发挥能力的状况,这对培育企业核心竞争能力至关重要,如员工满意度、员工流动性、员工培训次数、奖励与员工士气;②信息系统能力。主要指企业和员工能否快捷地取得有关市场、客户、内部经营过程及决策后的反馈等重要信息的能力,如信息覆盖率、信息系统的灵敏度;③激发积极性、授权和协作。主要反映员工积极性被激发的状况以及集权、授权与分权的程度,如员工提案改善建议次数、因员工所提建议而节省成本的金额。

平衡计分卡的这四种指标并不是相互孤立的,而是一系列具有因果联系的指标体系。四种指标展示了绩效和绩效动因之间的关系,且每一个方面的调整都会引导企业战略目标的调整和改进。为了在财务方面获得最终成功,企业必须得到较高的客户满意度。如何才能得到较高的客户满意度呢?这就要求在内部经营过程方面,具备一定的技能和能力。而技能和能力归根到底取决于学习与成长方面的高水平的员工。

3. 平衡计分卡的实施流程

对平衡计分卡进行本地化调整之后的基本流程如下。

(1) 分析公司的业务状况。包括企业生命周期、SWOT分析和价值定位分析。

(2) 确定企业的价值定位。企业成功的关键之一是针对关键客户或目标市场建立一个致胜的价值定位。一般有三种价值定位:产品领先、高效运作和客户亲密度。价值定位能够帮助企业确立战略重点。

(3) 根据公司战略设定平衡计分卡四个角度的战略绩效目标。这四个角度是财务、客户、内部流程以及学习和成长。公司的平衡计分卡使企业能够有效地跟踪财务目标,同时也关注开发新产品、创新和学习等关键能力的进展,并开发有利于未来成长的品牌知名度等无形资产。这一步开发的平衡计分卡,可以看成公司层面的平衡计分卡,后面的部门记分卡和个人记分卡将依此而定。

(4) 在组织内传达战略并把绩效目标逐级落实到组织内各级单位,以至于个人。部门和个人的平衡计分卡是在这个步骤开发的,通过部门和个人平衡计分卡的设计可以有效避免横向失衡和纵向不一致。

(5) 把平衡计分卡、能力发展和浮动绩效相挂钩。在这一步要确定员工的能力模型以发展员工的能力,同时要把能力发展的进展也计入员工的综合绩效评分中,用与绩效直接挂钩的形式激励员工完善自己的能力。

(6) 使用平衡计分卡软件系统,定期汇报绩效结果,根据评估分析,对战略作相应调整,并重复上述流程。由于平衡计分卡涉及大量的数据,使用信息技术能够减轻数据采集、汇总的负担。

需要说明的是,步骤一和步骤二的目的是帮助企业确定竞争战略。大部分企业其实已经有了自己的战略,在这种情况下实施平衡计分卡,可以直接从步骤三开始。

4. 平衡计分卡对传统绩效管理工具的超越

(1) 平衡计分卡增加了对无形资产的评价。随着电子、信息技术的发展,实物资产对于公司的重要性逐渐降低。同时,人力资本、知识资本等无形资产却已成为现代公司成功的关键条件。但是,传统的效绩衡量系统建立在传统会计数据的基础上,以财务衡量为主。

(2) 平衡计分卡提供长期发展能力的评价指标。传统的财务评价指标只反映结果,不反映过程,会导致机会主义、短期行为,可能牺牲企业的长期利益,进而侵蚀企业创造未来绩效的能力;还可能使经营者通过提价、降低服务水平等方式来提高短期获利能力,从而使企业丧失客户,最终损害企业的长期利益。

(3) 平衡计分卡将视野投向外部利益相关者。传统的效绩衡量系统注重企业内部管理,这在卖方市场的情况下的确有效。但在买方市场条件下,厂商之间存在着激烈的竞争。在绩效衡量系统中,除了把视野投向内部经营过程外,还必须投向外部利益相关者,关注如何吸引顾客、如何令股东满意、如何获得政府的支持和如何赢得公众的赞誉。

(三) 目标管理法

1. 目标管理流程

在大部分的传统绩效评估体系中,评估者运用上述技术中的一种来判定过往绩效和试图汇报他们的判定结果。因为绩效评估是被用于做对员工影响重大的决策的,评估者被置于困难的、某种程度上敌对的角色之上。麦克雷戈相信主管应该和下属一起设置目标来取代由于给予判定而产生敌对。这将使下属能够表现出自我控制和管理他们的工作绩效。根据麦克雷戈的早期见解,德鲁克和奥迪奥恩将之发展成为目标管理(MBO)法。目标管理法不仅仅只是一种评估体系和过程。它被看作是一种管理实践哲学,一种管理者和下属可以一起进行计划、组织、控制、交流和讨论的方法。通过参与设置目标或者主管安排任务,下属在履行工作过程中被提供给一种追随进程和一个努力目标。通常,目标管理程序遵循如下所示的系统化步骤。

(1) 主管和下属开会明确下属的关键任务和设置有限数目的目标;
(2) 参与者设置现实的、挑战性的、明确的和可以理解的目标;
(3) 在征询下属意见之后,主管建立评价目标完成程度的标准;
(4) 审核中间过程的日期被一致通过和加以实施;
(5) 主管和下属按要求对原有目标进行一些修改;
(6) 主管做出目标完成状况的最终评估,并且召开小组会议和下属一起就结果进

行商议和鼓励;

(7) 在考虑前一循环和未来预期的基础上,下属和主管商议后设置下一循环的目标。

2. 设置绩效管理目标和标准

一旦确定以目标管理为基础进行绩效评估,那就必须为每个员工设立绩效目标。绩效目标的设定除了可以参考其他绩效评估方法中所使用的绩效指标设计外,还必须关注下列问题。

(1) 员工的主要工作任务是什么?

(2) 如何衡量员工的工作?采用什么样的标准对不同层次的员工进行测评?

(3) 每项工作的时间期限是什么?员工在有限的时间内是否能够达成绩效目标?

(4) 员工在完成绩效目标过程中具有哪些权限?

(5) 员工在达成绩效目标过程中需要哪些支持和帮助?员工实现绩效目标的资源和能力是否达到要求?

(6) 经理人员如何帮助员工实现目标?

(7) 其他相关问题:如技能、知识、培训、职业发展是否和员工绩效目标相匹配?

绩效目标要得以实现,在设置时必须满足相应的原则。

(1) 目标必须服务于公司的战略规划和远景目标。目标设定的进程从战略层次开始,经由战略单元,最后逐步分解到个人(如图10-5所示)。

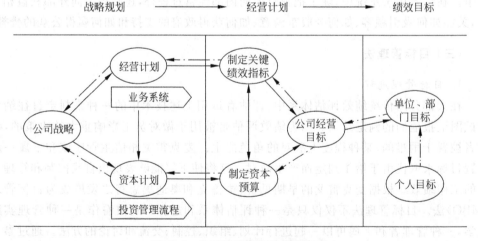

图 10-5 公司战略目标的分解过程

(2) 目标设置是基于员工岗位说明书而做。脱离岗位说明书的目标设置可能带来法律上的问题。

(3) 目标必须是具体的和富有挑战性的。具体的和富有挑战性的目标是创造高绩效的保证。一个富有挑战性的目标是那种只有当员工付出他们最大的努力才能实现的目标。经理们所犯的一个常见的错误,是允许目标被设定成太容易实现的目标。

(4) 目标必须满足 SMART 原则。即目标必须是明确的(specific)、可测量的

(measurable)、相匹配的(aligned)、现实可行的(realistic)和有期限限制的(timed)。

3. 目标管理存在的问题

尽管说在对员工进行绩效评估的过程中,目标的使用对于激发他们的工作表现、工作热情等方面是很有效的,但有时却很难确定有关产出方面的工作衡量标准。譬如,工作过程、工作行为可能与工作结果同样重要。如果说一个员工通过一种不道德的或非法手段达到了他(她)的目标,这对组织来说是非常有害的。仅仅以目标管理所确定的目标作为绩效评估的依据,在一定程度上会忽视员工的技术、知识和态度等其他方面,而员工的绩效水平却是这些方面的综合作用。目标管理法的许多其他缺陷和问题也已被提出。这些缺陷和问题包括如下几个方面。

(1) 涉及了太多的文书工作;
(2) 设置了太多的目标,因此出现混乱;
(3) 目标管理法被强制应用于一些很难建立目标的工作领域;
(4) 将目标管理结果和奖励关联起来可能会很困难;
(5) 太过着重于短期事项,不利于公司长远目标的实现;
(6) 目标管理被用作为胁迫性强硬控制手段而不是激励手段。

如果目标管理想获得成功的话,这些问题和其他问题都需要被减小至最小或者被克服。在一些情况下,目标管理是非常有效的;在另外一些场合中,它是花费昂贵的和分裂性的。就像对其他可利用的评估技术一样,管理者在选择或者废弃目标管理程序之前需要检测其目的、成本、收益和他们的自我偏好。

第四节 绩效管理实施与评估

无论选择哪种技术或哪种绩效评估方法,在使用过程中都将遇到许多问题。没有哪一种技术是完美的,它们都是有一定约束条件的。这些约束条件中的一些对于所有技术来说是普遍的,然而其他一些是某些技术更可能遇到的。造成绩效评估产生误差的原因非常多,但主要有以下几种。

一、绩效评估中出现的误差

(一) 绩效评估中误差类型

绩效评估存在评估者、被评估者和评估体系,因此常常在这三个部分出现误差。

绝大部分员工对绩效评估存有戒心。可能最普遍的担心就是关于评估方的主观性。主观偏见和偏好是产生绝大多数绩效评估体系敌意的实际问题。这些担心被隐藏起来,然而其他更普遍的争议就浮现上来。例如,那些反对使用正式绩效评估体系的人们认为:

(1) 它们太过着重于减轻低绩效的表面症状而不是确定深层原因;
(2) 管理者和员工不喜欢评估过程。评估者在做出员工绩效水平决策方面确实令人存疑;

（3）那些被评估为最高绩效等级的员工表现出了相反的激励结果：它们降低他们的绩效。

建立和采用一套明确的、适当的指标体系，是成功进行绩效评估的必要条件之一。如果评估标准是拙劣的，使用技术是烦琐的或者体系是形式主义的，那么这样的设计确实应该被谴责。标准过高，员工难以完成；标准过低，又浪费员工能力。同时，如果使用的标准仅着重于行为而不是产出（结果），或者关心个性特征而不是绩效水平，那么评估结果可能不能被很好接受。一些评估技术花了很长时间来完成或者索要大量的书面分析，这两种情况都是管理者所抵制的。如果这是问题所在，那么就选择另一种技术。最终一些体系并未运行或发挥作用。一些主管使用这种体系，但其他人仅仅随便完成书面工作填写。高层管理者对绩效评估的支持可以弥补这种形式主义问题。

尽管标准非常明晰，如果指标不明确或者不适当，容易被曲解或者引起不同的理解，或者虽有指标体系，却脱离员工工作实际，难以量化或者量化不规范，都会造成绩效评估的误差。

另外，即使体系是被很好设计的，如果评估者（通常是主管）不配合和未被很好培训的话，那么仍旧会有问题。主管可能觉得评估过程不是很舒服，或者出现道格拉斯·麦克雷戈所谓的"玩耍的上帝"情形。这常常是因为他们没有被充分培训或者没有参与设计程序。评估者的不充分培训可能导致在完成绩效评估过程中的一系列问题，包括如下几个方面。

（1）晕轮效应；
（2）宽容或苛刻效应；
（3）居中效应；
（4）近因效应；
（5）对照效应；
（6）个人偏见（刻板印象；类我效应）；
（7）暗示效应。

（二）绩效评估中误差分析

（1）晕轮效应。有一段时间，人们相信晕轮误差是绩效评估的主要问题所在。当评估者基于对被评估者概括笼统的印象之上来划分绩效的几种维度的等级时就会出现晕轮误差。

晕轮误差可能是正面的也可能是负面的，也就意味着原有印象会导致评估等级过高或过低。假设现有一名信息系统经理认为某一特定计算机程序员在开发新软件方面是部门中最好的。如果仅仅基于这种印象之上就给予这名程序员在决策和同事合作还有领导潜质上的高等级评定，那么晕轮误差就发生了。

理解和处理晕轮误差时的一个问题是仅仅如果评估未曾被证明是合理的，就认为评估是一个误差。那就是说，想象一下这样一种情况吧：我们的计算机程序员在除编程之外的其他三种绩效维度也获得了高评分。即使管理者是基于总体印象来给予评分的，这些评分也可能代表着一种精确评估。换句话说，认识到在晕轮误差和真实晕轮之间存在差异是极其重要的,当绩效不同方面的一致高分或低分为被评估者的绩效所实际证明,真实晕轮就产生了。

有趣的是,晕轮误差并不像以前人们认为的那样普遍。评估者确实似乎能在许多场合区分晕轮误差和真实晕轮。当晕轮误差出现时,它们很难被消除。减少这种类型误差的一种方法是使评估者在进行另一种维度评估之前按一种维度评估所有下属。这种实践的理论基础就在于每次考虑一种维度的做法强迫评估者在评估下属时进行更具体的思考而不是笼统性思考。

(2)宽容或苛刻效应。绩效评估要求评估者客观地对绩效进行总结。保持客观对每个人来讲都是困难的,评估者具有他们自己"客观"看待下属的有色眼镜。总体上,宽容或苛刻误差可能产生于评估者对他们下属的评估之中。一些评估者把每件事都认为是好的——他们是宽容评估者。其他评估者把每件事都认为是不好的——他们是苛刻评估者。

评估者可以通过检查他们的评分来评价他们苛刻或宽容评分的自我倾向。这种自我评价的效果有时出奇的好。另一种用来减少苛刻和宽容评分的方法是让评估者配置评分——强制产生一种正常分布(例如,10%的下属将被评为优秀、20%被评为良好、40%被评为中等、20%被评为中等以下和10%较差)。

(3)居中效应。中心倾向误差产生于当评估者避免使用高分或低分和给予相似评分时。评估者相信这样一种哲学:每个人都是大致平均的。他们因此在1~7尺度下给下属评4分或者在1~5尺度下给下属评3分。这种类型的"平均主义"评分也几乎是无用的——它不能区分下属。这样,它对于制定有关绩效、晋升、培训或者应该被反馈给被评估者的人力资源管理决策基本不能提供任何信息。必须要使评估者意识到区分被评估者以及评估结果使用的重要性。有时,这会刺激评估者使用更少的中心(平均)分布评分。

(4)近因效应。许多评估体系的一个困难就在于被评估行为的时间框架。相对事情近因,评估者会不记得更多的过去事件。这样,许多人更多地是基于过去几周的结果而不是六个月的平均行为而被评估。这被称为近因效应。

一些员工非常清楚这种困难。如果他们知道评估的日期,他们会使他们提前几个星期的业务工作表现得显眼和积极。许多评估体系都存在这种困惑。这种困惑可以通过一种诸如关键事件法或目标管理法(MBO)的技术或通过不定期评估的方法来减轻。

(5)对照效应。回顾一下这样的情形:在使用个体绩效评估技术时,每位员工都被认为其评估是和其他员工的绩效无关的。然而,一些证据暗示主管很难做到这一点。如果主管让另一位员工的绩效影响给予其他人的评分时,对照效应就出现了。例如,当一名普通员工的绩效在一名杰出员工的绩效之后被立即评估时,主管可能会最终给这名普通员工打分为"中等以下"或者"较差"。

对照效应也可能出现于当主管无意识地对比员工当前的绩效和以前的绩效并且这种比较会影响评分时。如果那些过去是较差绩效的人改善绩效的话,即使这种改善仅仅使他们的绩效升到"中等",他们也可能会被评为"中等以上"。

对照效应是另一种很难被消除的评估问题。幸运的是,因为关于员工绩效的更多信息将被收集到,这种类型性的误差似乎会随着时间的逝去而消散。

个人偏见误差(顾名思义)是和主管个人偏见相关的一种误差。个人偏见误差分为好几种。一些误差是可以被意识到的,譬如由于性别或种族对一些人的明显歧视。或者一些主管可能会试图"率性而为",相较他们不喜欢的人而言,会给予那些他们喜欢的人更高的分。

其他的个人偏见误差是更加细微的并且主管完全可能根本没有意识到。例如,有时当评估者因为被评估者具有和评估者相似的品质和性格而给予被评估者更高的评分时,一种个人偏见误差就产生了。个人偏见误差已经在许多绩效评估研究中被侦查出来了。研究指出个人喜好能影响管理者给下属绩效水平定性和将给予他或者她的反馈种类。然而,"定性"评分看起来比"定量"评分更易受到诸如喜好这类个人偏见的影响。而且,和被评估者性别和种族相关的误差确实存在。当主管拥有充分的与绩效相关的信息时,这些误差的影响通常是不大的,但是因为诸如性别、年龄和种族这类特质而产生的哪怕很微小的影响也是人们关注的。这样,组织应该尽力消除由于这些特质带来的哪怕很微小的影响。

(三)消除产生绩效评估误差

绩效误差的产生往往给组织和员工个体带来不利,有效消除绩效评估误差是管理者面临的一大课题。

首先塑造优秀的企业文化,建立良好的组织气氛是缓解绩效评估冲突和减少绩效评估误差的重要措施之一。良好的企业文化为员工的沟通、上下级之间达成共识以及建立共同的绩效目标提供基础,同时,也为评估人员和被评估人员理解评估方法、正确实施评估方案提供了支持。

重视对评估人和被评估人的培训,也是减少误差的有效方法之一。只有评估人和被评估人都理解了评估方案,绩效评估才可以有效执行。

选择正确的评估方法是减少绩效评估误差最重要的措施之一。每一种评估方法都有其优点和缺点,组织应该根据内外部条件的限制,来选择和开发适当的绩效评估方法。不同的企业应根据实际情况采用不同的方法,如大型企业可以采用系统的绩效评估方法,而小型企业可以采用排队法。

多渠道的绩效反馈来源,特别是发展性反馈可以有效搭建评估者与被评估者之间的关系,从而有效降低绩效评估误差。

二、绩效管理的实施

尽管在绩效评估过程中会出现这样那样的问题,有效的绩效实施必须取得高层管理者的一直支持。与此同时,在制订完善的实施计划的同时,要广泛宣传,以获得最大多数的支持。企业为了保证绩效实施的成功,必须明确可运行的战略目标,建立一致的责权利结构,通过透明的信息传播,在岗位分析的基础上,明确责任主体,并出台相应的企业绩效政策。

绩效管理与绩效评估不一样,绩效管理是指为了达成组织的目标,通过持续开放的沟通过程,形成组织目标所预期的利益和产出,并推动团队和个人做出有利于目标达成的行为。绩效评估是指一套正式的结构化的制度,用来衡量、评价并影响与员工工作有关的特质、行为和结果,考察员工的实际绩效,了解员工可能发展的潜力,以期获得员工与组织的共同发展。通过绩效考评判别不同员工的劳动支出、努力程度和贡献份额,有针对性地支付绩效、给予奖励,并及时向员工反馈信息促使其调整努力方向和行为选择组合,使他们最大限度地利用其人力资源来实现组织目标。

绩效评估是绩效管理的重要一部分。绩效评估成功与否不仅取决于评估本身,而且很大程度上取决于与评估相关联的整个绩效管理过程。有效的绩效评估有赖于整个绩效管理活动的成功开展,而成功的绩效管理也需要有有效的绩效评估来支撑。绩效评估与绩效管理并不是等价的,但传统的绩效评估往往忽视了绩效管理的全过程。绩效管理与绩效评估的主要区别参见表 10-12 所示。

表 10-12 绩效管理与绩效评估的主要区别

区别点	理论基础	过程的完整性	侧重点	出现的阶段	应用
绩效管理	激励	一个完整的、系统的管理过程	信息沟通与绩效提高,强调事先沟通与承诺	伴随着管理活动的全过程	组织战略实现,员工素质提升
绩效评估	控制	管理过程中的局部环节和手段	判断和评估,强调事后评价	只出现在特定的时期	晋升、绩效、裁员、培训等

一般来说,绩效管理的实施遵循以下程序。

(1) 建立在组织战略目标基础上,通过明确的工作描述,确定员工责任与权利,即绩效计划;

(2) 主管人员与下属解释交流,达成适当和有效的个人目标与标准;

(3) 收集信息,适时地进行非正式反馈;

(4) 进入正式评估,按照预先拟定的程序进行;

(5) 总结,向上级、本人和有关部门报告;

(6) 纠偏,对正在实施的绩效评估中发现的错误或者误差进行纠正;

(7) 反馈,通过适当的措施对绩效结果进行应用和反馈,如提供奖励或者晋升。

对绩效进行设计之后,被评估者就开始按照计划开展工作。在工作的过程中,管理者要对被评估者的工作进行指导和监督,对发现的问题及时予以解决,并随时根据实际情况对绩效计划进行调整。在整个绩效管理期间内,都需要管理者不断地对员工进行指导和反馈即进行持续的绩效沟通。这种沟通是一个双方追踪进展情况、找到影响绩效的障碍以及得到双方成功所需信息的过程。作为激励手段的绩效管理也应遵循人性化的特征。不管员工等级的高低,相互之间谁大谁小,都是平等的,这是一种服务和支持。基于这种认识,经理要从心的沟通开始,关心尊重员工,与员工建立平等、亲切的感情,在实现目标的过程中为员工清除各方面的障碍。双方共同探讨员工在组织中的发展路径和未来的目标。持续的绩效沟通能保证经理和员工共同努力,及时处理出现的问题,修订工作职责,上下级在平等的交往中相互获取信息,增进了解,联络感情,从而保证员工的工作能正常地开展，使绩效实施的过程顺利进行。

Medtronic 绩效管理六个步骤：建立期望、辅导反馈、改进计划、绩效评价、奖励回报和发展规划。GE 中国公司从目标确定与计划制订开始，通过过程管理、年终考评、结果沟通与确认到评价结果的运用，始终强调把简单的事情做好，建立良好的沟通机制，视六西格玛为生命，同时用事实来评价软性因素。评价结果将与绩效、培训、晋升、工作调动等挂钩，考核的最终目的是为了提高和完善员工自身素质，促进员工职业生涯的发展。和大多数企业对绩效评价的立场不同的是，GE 将员工的绩效管理视为一个有机系统，而不是走过场，或者无头无尾。GE 将年终评估和全年评估相结合，始终注意绩效评价的时间差和绩效沟通。

三、绩效管理的反馈与改进

绩效实施与过程管理中主要包括两方面的内容，一个是员工数据、资料、信息的收集与分析；另一个是绩效沟通。绩效管理的循环是从绩效计划开始，以绩效反馈和面谈等导入下一个绩效周期。在这个过程中，决定绩效管理方法有效与否的就是处于设计与评估之间的环节——持续的绩效沟通和绩效信息的收集与分析。

信息的收集和分析是一种有组织的系统的收集有关员工工作活动和组织绩效的方法。所有的决策都需要信息，绩效管理也不例外。没有充足有效的信息，就无法掌握员工的工作的进度和所遇到的问题；没有有据可查的信息，就无法对员工的工作结果进行评价并提供反馈；没有准确必要的信息，就无法使整个绩效管理循环不断进行下去并对组织产生良好影响。一般的绝对绩效评估所使用的技术与手段主要有：口头、纸笔测验、监视、电话和互联网等方式。例如，Wells Fargo 使用计算机软件，监听并报告基本结果。Cummins 和其他很多公司一样，让员工在互联网上填写自我评估。到评估时间，计算机自动提醒员工。惠普公司为了保证绩效评估的质量，要求经理人员每年要参加 5 小时的网上培训。菲利普则采用计算机对员工进行网上评估并予以追踪。Cargill 的上下级交流、年度目标确定通过网上进行。半年后如员工对目标有所改动，计算机会自动通知主管领导。与此相对应，绩效管理信息的收集显得尤为重要。绩效目标的实现要通过绩效评估来进行衡量，因此，员工绩效的信息资料的收集就显得特别重要。在这个环节中，经理要注意观察员工的行为表现，并做记录。同时要注意保留与员工沟通的结果记录，必要的时候，请员工签字认可，避免在年终考评的时候出现意见分歧。做文档的一个最大的好处是使绩效评估时不出现意外，使评估的结果有据可查，更加地公平、公正。

绩效管理的实施的成功也取决于绩效结果的有效反馈。Cargill 将员工对绩效评估过程的满意程度，作为对领导考核的指标之一。惠普原评估体系中，要求销售人员在制定目标时，明确和顾客吃饭的次数。有些人估计主管不会细看个人报告，便将次数定为 0。这样，年末评估时，他们很容易达到和超过目标。Oz（冰岛通信业 120 人小企业）不允许领导在评估下级时参看下级的自我评估，双方独立评估后面谈交流。

绩效评估并不是绩效管理的终点，在绩效评估结果出来以后，主管人员还需要与员工进行一次甚至多次面对面的绩效沟通或者绩效面谈。通过绩效反馈和面谈，使员工了解主管对自己的期望,了解自己的绩效,认识自己存在的不足之处;并且,员工也可以提出自己在完成绩效目标中遇到的困难,请求上级的指导,并提供相应的资源。通过绩效沟通与反馈,使组织目标与员工绩效表现相一致。通常,绩效反馈时需要注意以下几点。

(1) 给员工的反馈表现具体而不是泛泛而谈;
(2) 反馈必须来自可靠和可信的来源;
(3) 反馈必须及时提供,以产生最大的效益;
(4) 绩效评估必须建立在明确和可测量的目标之上;
(5) 绩效管理系统必须包括员工和经理间的对话和沟通。

为了实现这一目的,管理人员可以采用多途径反馈系统或者360度反馈系统。360度评价并不普遍使用,一般是员工或者领导为了自我发展、自我提高时使用。做评估的是上级、下级、同事、客户和自我。组织可以指定一个内部的咨询人员或拥护者,使其对整个评估过程负责。首先在小范围内进行初步实施与试验,召开适当的座谈会,明确测量标准的有效性;其次培训所有的评估人员,避免评估的系统错误。通过多途径反馈系统,可以促进管理能力和领导力的开发,使员工发现自身问题,以推动组织的变革和改进措施,使组织更加开放和富有参与性。通过有效的反馈评价,扩大正规的绩效评估系统,使它与管理者和员工的绩效评估联系起来。

在绩效反馈过程中,持续不断的沟通是绩效管理的关键。沟通时应该注意以下事项。

(1) 沟通应该真诚。一切的沟通都是以真诚为前提的,都是为预防问题和解决问题而做。真诚的沟通才能尽可能地从员工那里获得信息,进而帮助员工解决问题,提供帮助,不断提高经理的沟通技能和沟通效率。

(2) 沟通应该及时。绩效管理具有前瞻性的作用,在问题出现时或之前就通过沟通将之消灭于无形或及时解决掉,所以及时性是沟通的又一个重要的原则。

(3) 沟通应该具体。沟通应该具有针对性,具体事情具体对待,不能泛泛而谈。泛泛的沟通既无效果,也不讲效率。所以管理者必须珍惜沟通的机会,关注具体问题的探讨和解决。

(4) 沟通应该定期。经理和员工要约定好沟通的时间和时间间隔,保持沟通的连续性。

(5) 沟通应该具有建设性。沟通的结果应该是具有建设性的,给员工未来绩效的改善和提高提供建设性的建议,帮助员工提高绩效水平。

四、绩效管理的效果评估

传统绩效评估的目的是通过对员工的工作绩效进行评估,将评估结果作为确定员工绩效、奖惩、晋升或降级的依据。因而出现一些错误的观念。

(1) 将绩效评价等同于绩效管理;简单地认为绩效评价就是绩效管理,忽略了沟通。

(2) 角色分配上出现错误,认为绩效管理全部是人力资源部的工作,是他们的责任。

(3) 过于追求完美，做好了绩效计划和持续的沟通，以避免形式主义。

(4) 认为绩效管理是经理对员工做的事，要让员工明白绩效管理对他们的好处他们才乐意接受，才会配合经理做好绩效管理；要让经理明白对自己的好处，他们才愿意接受、参与和推动。

现代绩效管理的目的不限如此，绩效管理不仅用作人力资源职能的改进，也是为实现战略目标而服务的。当绩效评估完成以后，评估结果并不是可以束之高阁、置之不理的，而是要与相应的其他管理环节相衔接。例如，绩效及奖金的分配、职务调整、通过沟通改进工作、培训与再教育等。

企业管理人员要知道，没有完美的绩效管理体系，任何的绩效管理都需要不断改善和提高。在绩效评估结束后，需要全面审视企绩效管理的政策、方法、手段及其他的细节并进行诊断，不断改进和提高企业的绩效管理水平。这就涉及绩效管理的最后一个环节，即对绩效管理整个过程的评估。Levy 和 Williams(2004)认为，影响评估者和被评估者效果的因素是多重的，远端变量包括：组织文化、气氛和价值观、公司战略和目标以及人力资源战略等；近端过程变量包括：评估者和被评估者的知识、情感和承诺、群体/任务特征、上下级关系等；近端结构变量包括：绩效标准、绩效维度、评估系统特征等。这些远端和近端因素都会对评估者和被评估者行为产生影响，从而影响员工和组织的绩效。绩效评估的效能不仅取决于对评估误差的纠正，也依赖于评估等级的准确性及评估者和被评估者的反应（如图 10-6 所示）。

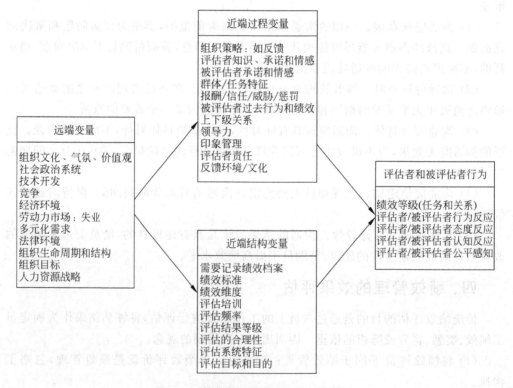

图 10-6　绩效管理的效果评估过程模型

由于绩效管理有多种用途,譬如用作战略的目的和人力资源管理的目的。前者旨在促进企业战略目标的实现,而后者旨在通过作用于中层(Meso)变量,如绩效、晋升来推动组织战略的实现。因此,从绩效管理本身的效果来说,主要是检验通过绩效管理之后,企业战略目标是否得以实现。检验的标准主要从不同的绩效层次进行,如组织层次、流程层次和员工层次。如表10-13所示。

表10-13 绩效管理效果评估的层次和内容

绩效变量	绩效层次		
	组 织	流 程	员 工
使命或战略目标	组织的使命或战略目标是否实现	流程目标是否可以帮助组织满足个人和组织的使命或者目标?流程是否得到改进	员工的主业和个人使命是否达成?素质是否提高
系统设计	组织系统结构和政策是否可以支持企业绩效的实现	流程是否可以作为一个系统有效运行	员工绩效标准和绩效指标是否设置过高
能力	组织能力是否得到提高,以满足不断发展的战略目标,组织资源的配置是否与绩效管理相匹配	流程是否能够满足绩效管理所需的数量、质量和时间上能力的要求	员工在一个绩效周期之后,心理、生理和情感能力是否符合下一周期的要求?是否需要调整
动机	组织的决策、文化和激励机制是否满足或者支持组织使命的达成及员工素质的提高	流程是否提供绩效期望的信息和人力资源要素?流程是否符合绩效管理导向	员工是否尽心尽力?态度有何改变?行为有何改变
知识与技能	组织是否提供必要的知识和技能以满足绩效管理的分析、设计、实施和改进	流程是否满足绩效管理过程中知识和技能的要求?哪一个流程缺乏相应的知识和技能	员工是否具备足够的知识、技能和经验?是否需要采取其他的人力资源措施来改变员工,如培训、辞退

第五节 绩效管理与战略的匹配

战略性绩效随着战略人力资源管理的发展逐步被人们所认识,较早引入战略性绩效研究的Wright等人认为绩效战略的理论基础是权变理论,即绩效战略要根据环境的变化,尤其是企业战略的变化而变化。此后,众多的学者开始对战略绩效管理进行了研究。

战略绩效管理是指利用绩效工具来适应内外部环境的变化,同时协助企业战略的制定与实施。战略绩效管理强调通过满足企业战略选择及其与其他人力资源的关联,将企业文化、愿景、目标、价值观通过符号转化系统变为实际的行动方案。

这里要求企业的绩效管理决策必须与其战略目标相匹配。常见的绩效主要战略问题有以下几个方面。

(1) 企业如何确定通过有效的绩效管理适应市场变化。绩效管理不仅仅是对员工确定相应的等级标准,它还必须具有导向功能。通过绩效管理,将员工的知识、技能、能力甚至价值观与组织使命和目标连接在一起。Porter、Miles 和 Snow 对此都有论述。绩效管理便承担这一功能,将员工态度、行为与组织的发展和利润联系在一起。没有员工的绩效,一切组织目标的实现都是空谈。

(2) 决定使用个人绩效评估还是团队绩效评估。企业必须知道,工作动力来自于个人而不是团队,技能、行为和态度的开发是通过个人,而不是团队进行的。企业在实施战略目标时,最终的绩效目标必须分解到个体。但同时,考虑到个体绩效评估的诸多弊端,应结合团队绩效进行评估。

(3) 通过开发高绩效体系,带来高工作绩效。绩效管理作为人力资源管理的核心和基础,承担着连接企业使命、战略、经营战略及其与其他职能战略之间的关系。高绩效管理系统运转取决于与组织使命和战略目标的有效匹配。

(4) 通过战略性的绩效管理,对员工进行分类、选择和淘汰,最终提升企业的整体素质。

要完成上述目标,必须考虑绩效管理与企业战略及其资源相匹配的问题。这涉及绩效管理与企业战略纵向匹配(即与公司战略和经营战略的匹配)、绩效管理与企业战略的横向匹配(即绩效管理与人力资源其他职能的匹配)以及绩效管理各个不同维度之间的匹配(如绩效目标与绩效标准之间的匹配)。

一、纵向匹配

在前面,曾经提到企业战略匹配需要将企业的人力资源与总体要素之间进行匹配,也即是人力管理必须与企业的价值观、理想、文化、战略与制度,以及操作与实践保持一致。人力资源管理受企业价值观、理想和文化、战略与制度的影响,也必然影响到作为人力资源管理实践职能之一的多项管理。因此,在本部分,我们主要探讨组织文化、企业经营理念和生命周期以及组织战略与绩效管理的关系。

(一) 绩效管理与组织文化的匹配

企业的绩效管理在纵向整合上受到其组织文化和经营理念的影响。组织文化是指组织全体成员共同接受的价值观念、行为准则、团队意识、思维方式、工作作风、心理预期和团体归属感等群体意识的总称。经营理念即是系统的、根本的管理思想。管理活动都要有一个根本的原则,一切的管理都需围绕一个根本的核心思想进行。这个核心思想就是我们这里所说的经营理念。

从总体上来讲,组织文化在组织的活动过程中,对绩效管理发挥着以下几种功能和影响。

(1) 绩效目标导向功能。组织文化对组织和组织内成员的价值取向和行为取向起导向作用,使组织成员的个人工作目标与组织的整体目标趋于一致。既是组织成员个体目标趋向组织目标的内在动因,又是个体目标的发展导向。组织文化的目标导向方式,与传统管理活动强调纪律或遵从制度有所不同,它侧重于通过组织文化的塑造来引导组织成员的行为,使人们在潜移默化的过程中接受共同的价值观念,自觉地把个人目标与组织目标有机结合起来。

(2) 凝聚功能。当一个组织的价值观一旦被组织成员认同接受、达成共识,就会形成一股黏合力量,从各方面把组织成员团结起来,使组织产生巨大的向心力和凝聚力,这两股力量是推动组织绩效持续提升的"源动力"! 组织文化的核心内容是组织成员共同创造的一种精神文化,它包括组织价值观、组织精神、群体意识、道德规范、行为准则等。组织文化的凝聚功能,还体现为组织文化的排他性,即组织内部强大的凝聚力导致组织成员对内表现为对组织内部的依存,对外则产生对异质体的敏感性和竞争性。

(3) 激励功能。以组织文化为组织的精神目标和支柱,可以激励全体成员自信自强,团结进取。现代管理理论中的组织文化强调个人的自由和全面发展。以组织文化来塑造组织成员,每个成员积极参与组织工作,实行自主管理、自我发展,可以有效地调动组织成员的创造性和主动性,使组织的行为趋向合理,从而提高组织管理的效率和组织绩效。

(4) 约束功能。组织文化通过非正式的、约定俗成的群体规范或共同的价值准则对组织成员的思想、行为产生约束和规范的作用。与组织的正式规章制度不同,组织文化是一种"软约束",通过组织中的群体意识、大众舆论、组织的传统习惯等精神文化方面的内容,对组织成员的个体行为产生从众的心理动力和压力,从而使其产生对行为的自我约束和控制。组织文化虽然没有强制人们遵守的性质,但对个体产生的影响,往往比正式命令、权威的效力更为持久和深刻。在绩效管理方面,组织文化的约束功能能够起到固化管理理念的作用,可以把绩效管理融为组织文化的一部分。

组织文化和经营理念决定了企业战略和经营战略,从而决定了企业价值活动。每一个企业都会有意无意地形成自己独特的组织文化,它来源于企业创立者的思想理念、企业的历史传统、工作习惯、社会环境等。奎因认为,组织文化可以区分为发展式组织文化、市场式组织文化、家族式组织文化和官僚式组织文化。更确切地说,组织文化可以分为传统的组织文化和参与性组织文化。

传统型的组织文化和参与性组织文化的绩效管理取向是不同的。传统型文化强调职位、地位、晋级和权威性,报酬基于岗位和单个工作,决策由管理层做出,因此绩效考虑是短期行为,很少员工参与,主要是采用个人评估方式,绩效评估结果应用于薪酬和晋升。参与性文化强调个性、团队的结合,强调行为和结果标准的综合,员工高度参与,绩效评估应用于员工开发和职业生涯发展。

文化是一种符号,最终要通过经营理念传递到执行过程中。不同的经营理念产生不同的决策,企业往往在不同的极端之间运作。譬如到底是奖、勤、罚、懒还是奖励贡献;到底是鼓励冒尖还是和谐主导;到底是脑力为主,还是讲求经验;到底是个人为主还是团队绩效;到底是内部一致还是外部平衡,这取决于企业的文化和经营理念。如表11-14所示。

表 10-14　绩效管理系统与组织文化的一致性

	传统文化	参与性文化
绩效分析	评估对象限于上级，信息来源单一，考核是为了维持，考核内容贫乏，以个性特质为主，基于结果导向	360度评估，信息来源丰富，有针对性地运用绩效评估，考核是为了发展，考核内容涵盖个性、行为和结果，采用绝对和相对评估综合方式
绩效设计	设计单一的考核方法，如等级排列、强制分布法、目标管理法	综合设计多种方法，特别是系统的绩效评估方法，如KPI、BSC
绩效实施	未能达成一致，各个环节脱节，绩效标准不统一，绩效指标缺乏针对性，信息收集来源单一	取得各级管理者的支持，始终贯彻企业经营理念和战略目标，绩效标准统一，绩效指标设计合理，信息收集来源丰富
绩效评估	走形式，不能针对不同岗位和技能进行评估，短期标准，个人评估为主，员工基本不参与	有针对性，旨在导向性作用，采用长期标准，个人评估和团队评估结合，员工充分参与
绩效反馈	单向沟通	多途径反馈系统，持续沟通
绩效应用	薪酬、晋升和裁员	自我发展、提高素质、实现组织目标

（二）绩效管理与企业生命周期的匹配

研究者认为，不仅企业的组织文化和经营理念影响绩效管理，企业所处的生命周期阶段也会对其绩效管理有影响。根据企业生命周期理论，可以将企业的发展分为开创期、成长期、成熟期和衰退期。在四种不同的阶段企业应该采用不同的绩效管理模式，如表 10-15 所示。

表 10-15　绩效管理系统与企业生命周期的关系

	开创期	成长期	成熟期	衰退期
绩效管理重点	个性	结果、行为	行为、结果	结果、能力
绩效管理内容	财务指标 外部客户	内部流程 财务指标	员工发展 财务指标	内部流程 财务指标
绩效管理方法	KPI、排序法	KPI	行为锚定、BSC	强制分布
绩效管理标准	短期	中长期	长期	短期
绩效管理结果应用	晋升、裁员	晋升、薪酬	素质提升、绩效改进	裁员
绩效沟通	很少沟通	单向沟通	多途径沟通	单向沟通

处于开创期的企业生产能力较小，主要以物质资源配置为核心，产品质量不稳定，市场占有率低，销售额小，资金短缺，成本高，价格高。这一阶段人力资源管理的目标就是吸引和留住关键人才、鼓励创新。

在此阶段的绩效管理重点是设立绩效计划，绩效评估倾向于以个性为主，重视利润、销售额、组织规模等量化指标。但是同时实行奖金或股票选择权等计划，从而使有能力的员工留在企业。在其绩效系统中更强调个人绩效，常设立较高的绩效奖金。为留住关键的技术人才和管理人才，一些企业还根据员工的绩效和能力采用期权等长期激励方式，以便将企业成长与员工收益、短期激励和长期激励有机联系起来。

处于成长期的企业则采取与开创期不同的绩效管理模式。处在这一时期的企业的主要特征是,产品和服务的销售量猛增,市场占有率大幅度提高,企业以及企业的产品和服务具有一定的品牌知名度,企业开始大量招聘员工并进行培训。企业的流程开始变得逐渐复杂,多元化的价值观对企业单一的绩效管理模式造成冲击。企业开始注重战略规划和中长期发展计划,与此相对应,空缺的岗位增多。为了应对岗位的空缺,绩效管理结果往往用于晋升和薪酬激励。

成熟期的企业的规模、产品的销量和利润、市场占有率都达到了最佳状态。企业的营销能力、生产能力以及研发能力也处于鼎盛时期,企业及其产品的社会知名度很高。企业主要是挽留关键人员,强调人员的稳定性,绩效管理的重点在于通过行为规范来提升结果,往往采用多途径反馈系统,接纳员工对绩效管理中出现问题的建议,通过绩效改进提升整体员工的素质,以获得组织的继续发展。

衰退期的企业往往采取收缩战略,绩效管理的焦点是与裁员、剥离以及清算等联系在一起的。企业可能从一些产品市场中撤退。此时,企业以控制成本和收回投资为主要目标,因此为了降低成本,维持企业的生存,企业对于将员工的收入与企业的经营绩效挂起钩来的愿望是非常强烈的。同时,通过末位淘汰等方法对员工进行裁员。

企业是一个有机生命体,在不同阶段会产生不同的特点和矛盾,因而企业战略、结构和经营流程也是不一样的。有效的绩效管理模式是将绩效管理与企业发展的不同阶段进行整合,根据不同生命周期设计不同的绩效管理体系。

(三) 绩效管理与企业战略的匹配

研究者认为,不同的绩效管理模式要适应不同的企业战略,企业战略和绩效管理之间联系越紧密或者越匹配,企业的效率就越高。企业战略通常包含三个独立的层次:公司整体战略、经营战略和功能性战略。公司战略决定了公司会选择在哪些行业中展开竞争,经营战略(或基本竞争战略)强调在同一行业中采取何种经营手段面对市场。

波特认为,企业可以在不同的经营市场环境中找到缝隙,从而采取不同的经营战略。譬如采用差异化战略、成本领先战略和目标集聚战略。戴尔电脑强调规模经济性、程式化和效率,以便形成行业中的成本领先地位。与此相类似 Miles 和 Snow,则提出防卫者、展望者和分析者战略。波特的差异化战略和成本领先战略与 Miles 和 Snow 的展望者和防卫者战略的分类有许多共同之处,在成本领先战略或防御者战略中,公司倾向于采用集权式的决策,同时强调通过市场渗透来节约成本。与此相反在差异化或展望者战略中,公司采用宽泛的、变化的产品线,使用分散决策和快速反应策略。

使用成本领先战略、差异化战略和目标集聚战略的企业在绩效管理程序、行为、用途、范围及其结果应用均呈现不同。实施成本领先战略的企业,强调短期行为,主张通过较低成本击败对手或者成为行业领先,因此绩效评估主要是结果导向,以个人考核为主,以控制成本为目的,评估范围狭窄,评估的信息来源单一,上级作为考核的唯一考官;而差异化战略强调生产与众不同的产品,关注创新和新颖性。企业谋求基业长青和在同行业中保持持久的竞争优势,因此,评估内容涉及行为和结果两种指标。为了创造有别于市场的产品或服务,常常以团队为评估单位,评估范围宽广,评估信息丰富,主要用于员工的发展和素质提升;相比于成本领先和差异化战略,采用目标集聚战略的企业,绩效管理时间观念、绩效导向、评估程序、评估用途等倾向于二者的结合。

对应不同的经营战略,企业必须采用不同的绩效政策。采用成本领先战略的企业通过规模效应扩大市场,关注的是降低成本、吸纳和维系人才的绩效哲学;采用差异化战略的企业强调的是创新,鼓励员工提供不同的建议,强调高水平的协作。他们都倾向于采用激励工资,使用定量方法衡量工作绩效,使用收益分享等措施提高企业效益。对一些研究者的结果总结如表10-16所示。

表10-16 与经营战略相匹配的绩效管理

	成本领先	差异化	目标集聚
时间性观念	短期	长期	短期
行为或结果	结果导向	行为和结果导向	结构导向
个人或团队	个人导向	团队导向	两者结合
评估程序	一致性的程序	特制的程序	两者结合
评估用途	作为控制方法	用于员工发展	两者结合
评估范围	狭窄	多重目的	两者结合
评估者	上司	多方面	两者结合

一些学者也利用 Miles 和 Snow 的防卫者、展望者和分析者模型进行了类似分析。结果发现,采用防卫者战略的企业关注当前流程,评估基础是员工技能、特征、任务行为,上级是主要的评估者,评估的次数比较频繁,主要是通过管理人员实施战略,而员工很少参与;与此相反,实施展望者战略的企业,关注工作或项目的结果,以目标管理为基础,采用 360 度或者多反馈评估系统,关注长远发展或者灵活性,管理者和员工都高度参与;采用分析者战略的企业,有些采用流程管理,有些采用结果管理,所使用的标准或者评估者依赖于组织的类型,员工和管理者中等程度参与绩效管理的分析、设计、实施和评估。

二、横向整合

绩效管理不仅要与组织文化、企业生命周期和企业战略相匹配,高绩效系统还必须与其他人力资源职能进行整合。

张鹏程等则提出有关人力资源束的概念,人力资源束是战略人力资源管理的一个主要方面,其依据是 Wright 和 McMahan 对战略性人力资源的定义,即"使组织达成自身目标的有计划的人力资源的调度和活动的模式"。它强调了通过人力资源规划、政策和实践对人力资源进行配置,形成竞争优势。在进行配置的时候要保持内部一致性或匹配,这种匹配包括横向和纵向两个方面。纵向匹配是指与公司经营战略的匹配;横向匹配是指人力资源各部分实践的内部一致性。其中横向匹配,即人力资源实践的内部一致性,在很多研究分析中有将其称为束(bundles)或整合结构(configurations)。在不同配置模式下,人力资源政策之间的关系会有所不同,大致可以分为四种:(1)附加关系,即互相独立,对组织绩效的交叠作用;(2)综合关系,即一种实践的作用取决于另一种是否存在；（3）替代关系，即几种实践会产生共同的结果，可以互相替代；（4）协同关系，即几种实践的综合作用大于几种实践的简单相加。正协同指两个或多个部分的共同作用比简单相加作用更大；负协同意思相反，指两个或多个部分的共同作用反而不如两个部分的独立作用。

内部匹配或者说绩效管理与其他人力资源职能之间匹配的一致性受到比较少的关注。有效的纵向和横向整合也依赖于不同绩效维度之间的匹配。譬如林肯公司采用的是基于个人绩效评估为主、团队绩效为辅的绩效支付制度。另外他们不仅将客观绩效也将主观绩效作为支付绩效的基础。从某种意义上来说，是将主观指标和客观指标两种指标进行横向整合。基于团队和基于个人的绩效目标显然是不同的，二者的结合也有利于纵向整合。绩效管理作为贯穿人力资源束的基本功能之一，起到了连接公司战略和职能战略以及人力资源束的作用。下表总结了绩效管理与其他人力资源束之间的相互关系。绩效管理不仅对工作分析、招聘录用以及培训开发的效果进行检验，同时也受到他们反作用力的影响，促进企业对绩效管理系统进行完善。同时，绩效管理还对职位变动、薪酬决策和职业规划产生影响。如表11-17所示。

表10-17 绩效管理与其他人力资源之间的关系

	绩效管理	
	互动内容	互动方向
工作分析	工作分析是绩效管理的重要依据；绩效管理对工作分析进行验证	工作分析 ⇔ 绩效管理
招聘录用	绩效管理的结果促使企业做出招聘决策；绩效管理可以检验招聘录用的信度和效度	招聘录用 ⇔ 绩效管理
培训开发	双向关系，绩效管理结果可以呈现需要被培训的人；培训开发可以促进绩效管理的改进，如绩效指标的改进	培训开发 ⇔ 绩效管理
职位变动	绩效管理的结果会影响职位变动和解雇退休方面的决策	绩效管理 ⇒ 职位变动
薪酬福利	绩效管理影响浮动薪酬	绩效管理 ⇒ 薪酬福利
职业生涯	绩效管理发现员工的不足，为未来的培训、开发、技能提高、个性梳理提供依据	绩效管理 ⇒ 职业规划

第六节 本 章 小 结

良好的绩效不仅取决于公司战略的定位、设计和执行,也依赖于其他职能单元的有效匹配。作为人力资源的职能之一,绩效管理贯穿于整个企业管理的始终,并将企业战略和其他的职能以及人力资源束紧密结合在一起。有效的绩效管理不仅依赖于对绩效进行分析,考虑如何运用绩效评估系统、谁来评估、评估什么、如何评估,还取决于采取何种方法进行评估。在设计绩效管理系统时,要考虑绩效管理用作何种目的,以及方法的选择问题。通常绩效评估有系统和非系统方法。非系统的方法,如聚焦于个性特质、行为和结果的某一方面,如图表评价尺度法、行为锚定等级评定法、关键事件法。系统的评价方法则通过对企业战略目标的分解,最后将目标落实到个人,综合性地运用个性特质、行为和结果,如目标管理法、平衡计分卡法以及关键绩效指标法。在选取一定的绩效评估方法之后还必须对绩效指标和绩效标准进行审慎的考虑。通常在设计相应的方法之后,绩效实施成为必然。实施绩效管理必须取得上层的支持,并采用多种方式收集信息。在实施绩效管理之后,还要对实施的效果进行评估,对结果进行应用,并对绩效管理中存在的问题进行反馈、沟通和改进。

从战略视角分析,传统的绩效管理不尽如人意,以职位为基础的绩效管理模式逐渐被综合性的绩效管理所取代。考虑到外部环境和内部气候的不同,企业还必须根据其组织文化、经营理念、企业生命周期和经营战略,选取不同的绩效管理模式,设计不同的绩效管理方法,运用不同的绩效指标和绩效标准。在考虑纵向匹配的同时,关注横向匹配,即绩效管理与其他人力资源束之间的关系。

重要名词术语

一体化战略	个性	关键事件法	对照效应
绩效管理	绩效指标	例外事件法	绩效反馈
绩效评估	绩效标准	关键绩效指标法	绩效沟通
绩效管理战略系统	绩效报告	平衡计分卡	绩效改进
绩效管理分析	员工比较	目标管理	360度评估
绩效管理设计	排序法	绩效误差	纵向匹配
绩效管理实施	强制分步法	晕轮效应	横向匹配
绩效管理评估	因素评级法	宽容或苛刻效应	企业文化
结果	图解式评估法	居中效应	企业生命周期
行为	行为锚定等级评定法	近因效应	人力资源束

思 考 题

1. 什么是基于一体化战略人力资源管理的绩效管理体系？
2. 绩效管理具有哪些战略性含义？
3. 绩效管理具有哪四个基本的组成部分？怎样对每一个部分进行分析？
4. 什么是绩效评估？进行绩效评估对组织有哪些重要作用？绩效评估与绩效管理有哪些区别？
5. 如何定义工作绩效？如何依据工作绩效定义确定绩效评估内容？
6. 绩效评估方法和技术有哪些？如何进行绩效评估？
7. 什么是平衡计分卡？如何利用平衡计分卡连接企业战略与绩效管理？
8. 什么是关键绩效指标？如何利用关键绩效指标实现组织战略？
9. 什么是目标管理法？目标管理的基本流程有哪些？如何实施目标管理？
10. 何谓绩效评估误差？造成绩效评估误差的原因有哪些？可以采取哪些对策消除绩效评估误差？
11. 绩效管理如何与企业文化相匹配？
12. 绩效管理如何与企业生命周期相匹配？
13. 绩效管理如何与企业经营战略相匹配？
14. 绩效管理如何与其他人力资源职能相匹配？

案例

神州数码 KPI 及其价值树

一、公司背景

神州数码控股有限公司由原联想集团分拆而来，并于 2001 年在香港联合交易所主板上市（股票代码：00861.HK）。公司将"数字化中国"作为自己的企业发展目标，致力于为中国客户提供第一流的电子商务基础建设产品、解决方案和服务，业务领域覆盖了中国市场从个人消费者到大型行业客户的全面 IT 服务，客户遍及金融、政府、电信、公共事业及企业领域。神州数码与一百多家国际顶尖 IT 厂商建立了合作伙伴关系。如今的神州数码是中国本土最大的综合 IT 服务提供商。2008—2009 财年实现营业收入 423.26 亿港元，较上一财年增长 20.10%，财年净利润达 6.41 亿港元，较上一财年增长 59.84%，连续 4 年增长速度超过 20%。

二、神州数码的 KPI

神州数码 KPI 二期工作的实施正在如火如荼地落实，同时 KPI 也是公司上下对管理理念和管理工具的一次转变。从 2001 财年初的 KPI "登陆"神州数码到如今的"登堂入室"，其成为各级管理者不可或缺的管理技能。

（一）KPI 的推广

2001 年 3～8 月，神州数码已经完成了 KPI 体系一期创建工作。总裁室成员、本部、职能总经理以绩效合同方式创建了KPI。KPI管理理念在公司得到传播、认同、积极响应。2001年10月,通过KPI二期工作,创建全员化的、以价值管理为核心的KPI体系。

作为一家上市公司,神州数码必然要把一个从前陌生的观念提升到一个战略的高度,那就是如何对投资人负责;换言之,从郭为当年倡导的"四赢"到如今神州数码的"最负责任",都要求神州数码人正视投资人的利益,对投资回报负责,而这也许是以客户为导向的一种深化。

伴随市场的严峻和业务利润空间的压力,管理能力将逐渐成为神州数码的核心竞争力,从传统的以考核收入和利润为主到考核"投资回报"价值系统的转变,各级管理者同时需要从关注单一化指标和内部(局部)利益调整到关注如何为公司整体的长远发展和创造价值上来。基于杜邦财务模型的价值树及其配套的管理工具,将会进一步明确目标和价值创造体系,梳理其业务流程,强化过程管理和领导,极大地提升神州数码的效率和效益。

(二) KPI体系及价值束

KPI体系同时也是神州数码的一个管理工具。它是以价值创造为核心,以责任体系和业务流程为前提,以经营管理数据和技术支持为保障,以过程控制和领导为运用,以绩效持续提升为结果的管理系统;它实现了把财务报表转变成直观的商业模型,可以发现数字背后的问题,使每个岗位都明确自己的定位和价值。

神州数码KPI体系是建立在杜邦财务分析的基础之上的,通过投资回收率将指标细分成七个层次。二级指标包含税前净利润和贷款周转天数;三级指标包含销售收入、销售毛利、应收账款等;四级指标进一步细化到各大区;五级指标分解到各大平台;六级指标落实到各销售员;七级指标则到各级销售助理和技术支持,如图10-7和图10-8所示。

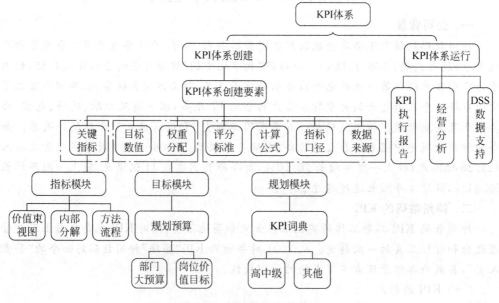

图10-7 神州数码KPI体系

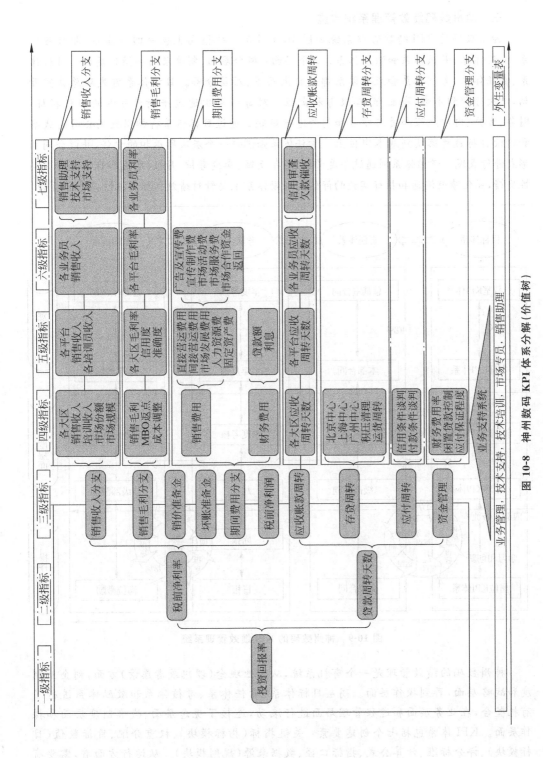

图 10-8 神州数码 KPI 体系分解（价值树）

三、神州数码绩效管理系统实施

神州数码的 KPI 绩效管理系统如图 10-9 所示。从横向上包含四个体系,即目标体系、责任体系、考核体系和激励体系;三个层面:观念层面、制度层面和操作层面。目标体系、责任体系、考核体系和激励体系都是自上而下、层层分解。目标体系首先从总裁室开始,依次分解到本部、事业部、二级部和岗位。对每一层次通过平衡计分卡的四种指标:财务、客户、内部流程和员工学习和创新进行串联。通过目标体系将神州数码公司的战略和绩效目标最终落实到基本岗位上。责任体系强调每一个层次所承担的责任,并以合同的形式进行表现。考核体系则通过年度考核、半年反馈、季度考核、月报、周报和日报进行滚动性反馈,强化绩效沟通和指标实施的评估。激励体系主要针对绩效目标实施情况进行激励。

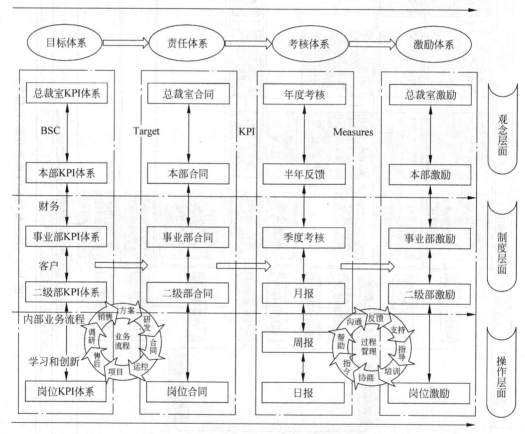

图 10-9 神州数码的 KPI 绩效管理系统

神州数码的绩效管理是一个有机系统,从企业观念(理想或者愿景)方面,到企业制度和战略层面,再到操作层面。高层目标体系、责任体系、考核体系和激励体系进行了有机整合,在业务层面和过程管理层面进行滚动,连接了观念层面、战略制度层面和操作层面。KPI 体系包括七个创建要素:关键指标(指标模块)、权重分配、目标数值(目标模块)、评分标准、计算公式、指标口径、数据来源(规则模块)。从运行方面看,需要有三个保障:KPI 执行报告、经营分析、DSS 数据支持。从行动步骤方面看,需要分三个阶段和七个步骤。

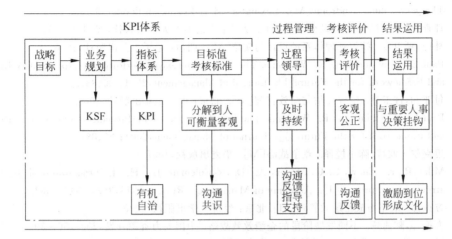

图 10-10　神州数码绩 KPI 效管理流程与实施

根据百度文库：神州数据 KPI 培训材料和 http://wenku.baidu.com 编写。

参考文献

[1] 付亚和,许玉林.绩效管理[M].上海：复旦大学出版社,2004.3～27.
[2] Lebas M. J.. *Performance measurement and performance management*. Int. J. Production Economics,1995,41(August),23～35.
[3] 赵曙明,伊万切维奇.人力资源管理(第九版)[M].北京：机械工业出版社,2005.
[4] Chen, H. M and Fu, P. Ch. A systematic framework for performance appraisal and compensation strategy[J]. Human Systems Management,2008,27：161～175.
[5] 韩翼,廖建桥.基于不同组织形态的绩效评估模式研究[J].南开管理评论,2006,9(3)：61～66.
[6] 乔恩·沃纳.双面神绩效管理系统[M].北京：电子工业出版社,2003.9.
[7] Deadrickh D. G.；Gardner D. D.. Performance distributions：measuring employee performance using total quality management principles[J]. Journal of Quality Management,2000,4(2)：225～241.
[8] Gaugler B B, Thornton G. C. Number of assessment center dimensions as a determinant of assessor accuracy[J]. Journal of Applied Psychology,1989,74：611～618.
[9] 杰瑞·W.吉利,安·梅坎尼克.组织学习、绩效与变革——战略人力资源开发导论[M].北京：中国人民大学出版社,2005.
[10] 韩翼.员工工作绩效结构模型构建与实证研究[C].武汉：华中科技大学博士论文,2006.
[11] Murphy K. R, Sharella A. H. Implications of the multidimensional nature of job performance for the validity of selection tests：multivariate frameworks for studying test validity[J]. Personnel Psychology,1997,50：823～854.
[12] Hunt, S. T. Generic work behavior：An investigation into the dimensions of entry, hourly job performance[J]. Personnel Psychology. 1996,49：51～83.
[13] Campbell,J, P., Gasser, M, B., &Oswald, F. L. The substantive of job performance variability. In K. R. Murthy (Ed.), individual differences and behavior in organizations (pp. 258-299). San Francisco：Jossey-Bass. Organ, D. W. (1988). Organizational citizenship behavior：

The good soldier syndrome[M]. Lexington,MA：Lexington Books,1996.
[14] 理查德·S.威廉姆斯.绩效管理[M].大连：东北财经大学出版社,2003,1～155.
[15] 林愚,顾卫俊.绩效管理体系的设计与实施[M].四川：电子工业出版社,2006.
[16] Paul E. Levy and Jane R. Williams. The Social Context of Performance Appraisal A Review and Framework for the Future[J]. Journal of Management,2004；30、881.
[17] 付亚和,许玉林.绩效评估与绩效管理[M].北京：电子工业出版社,2009.
[18] Paul E. Levy and Jane R. Williams. The Social Context of Performance Appraisal：A Review and Framework for the Future[J]. Journal of Management,2004；30、881.
[19] 迈克尔·波特.陈小悦译.竞争战略[M].华夏出版社,1997.
[20] Miles, R. E, Snow, C. C, Meyer, A. D., &Coleman, Jr. H. J. Organizational strategy, structure,and process[J]. Academy of Management Review,1978,3(3)：546～562.
[21] 方振邦.战略与战略绩效管理[M].北京：经济科学出版社,2005.
[22] 方振邦,陈建辉.不同发展阶段的企绩效效战略.中国人力资源开发,2004,56～59.
[23] 巴里·格哈特,萨拉·L.瑞纳什著,朱舟译[M].上海：上海财经大学出版社,2005.
[24] Dunphy,D. C. and Hackman,B. K. Performance Appraisal as a Strategic Intervention[J]. Asia Pacific Journal of Human Resources 1988,26：23～34.
[25] Baker, G., Gibbons, R., Murphy, K. J. Subjective Performance Measures in Optimal Incentive Contracts[J]. Quarterly Journal of Economics,1994,109(4)：1125～1156.

第十一章
战略人力资源酬报

学习目标
XUE XI MU BIAO

- 解释薪酬的基本概念和组成成分
- 分析战略薪酬的重要性及必要性
- 了解薪酬设计的原理及其操作
- 分析影响薪酬的决定因素
- 分析影响薪酬水平的相关因素
- 掌握薪酬理论在薪酬决策中的作用
- 利用相应的薪酬策略进行决策
- 理解福利结构及其主要形式
- 阐述最新的薪酬激励方式
- 洞悉薪酬设计中的管理问题及其特点
- 分析薪酬与战略如何匹配与整合

开篇案例——人力资源是战略资源
KAI PIAN AN LI

IBM公司高绩效薪酬体系

IBM公司即国际商用机器公司(International Business Machine),是美国一个拥有34万员工、520亿美元资产的大型企业。它创立于1911年,前身是计算机指标记录公司(CRT),1924年改为现在的名字。早期公司主要生产统计分类机、称量器具、计时器等。1944年,IBM公司向哈佛大学赠送其首台大型计算机——自动顺序控制计算机,1951年以后,IBM开始决定开发商用电脑,1952年12月研制出IBM第一台存储程序计算机,也是通常意义上的电脑。它是全球最大的信息技术和业务解决方案公司,其业务遍及174个国家和地区,且拥有70种主要的产品和服务线。世界500强企业中的90%的通信、零售和电子公司,以及1 000家中的675家,都在其客户范围之内。2008年,IBM公司的全球营业收入达到1 036亿美元,在美国共计注册4 186项专利,成为美国历史上首家在单一年度专利注册数量超过4 000项的公司。

IBM致力于倡导高绩效的组织文化,该公司把员工的薪酬问题作为人力资源管理的根本工作,他们认为,在薪酬上如有不合理的地方,员工会对公司和上司感到失望,影响员工的干劲。因此,必须建立完整的薪酬体系。IBM薪酬设计的总的指导思想是薪酬与绩效管理是相关的,重点鼓励那些公司或部门所推崇的行为。薪酬完全是一个工具,制订加薪计划就是为了鼓励这些行为。

一、IBM公司的薪酬管理

(一)价值决定薪酬

IBM根据各个部门的不同情况、工作的难度、工作的重要性将职务价值分为五个系列,在五个系列中分别规定了薪酬最高额与最低额。假设把这五个系列叫做A系列、B系列、C系列、D系列与E系列。A系列属于最单纯部类的工作,而B、C、D、E系列则是困难和复杂程度依次递增的工作,其职务价值也愈高。A系列的最高额并不是B系列的最低额。A系列的最高额相当于B系的中间偏上,而又比C系列的最低额稍高。做简单工作领取A系列薪酬的人,如果只对本工作感兴趣,那么他可以从A系列最低额慢慢上升,但只限于到A系列的最高额。领取A系列薪酬的许多员工,当他们的薪酬超过B系列最低额的水准时,就提出"请让我做再难一点的工作吧",向B系列挑战,因为B系列最高额比A系列最高额高得多。各部门的管理人员一边对照薪酬限度,一边建议员工"以后你该搞搞难度稍大的工作,是否会好一些",从而引导员工渐渐向价值高的工作挑战。

(二)绩效决定薪酬

加薪取决于以下几个方面,一是所做的工作本身,工作内部的价值是怎么样的,这个工作在外面市场上的薪资水平如何,所需要的技能、技巧如何等;二是员工自身的学习能力,员工要能在做中学,要不断提高,然后才能升到下一个级别,有更好的作为和回报;三是要看这个职位对公司的绩效产生的影响,是大还是小,是直接的还是间接的;四是工作态度,工作态度决定一切。

员工期望值是水涨船高的,公司建议每次涨工资的幅度应该有一个合理的范围,在员工入职的时候我们就会将有关定岗、定薪、加薪、升级的原则和尺度告诉员工,与员工有一个沟通,并希望员工在工作期间获得成长。

员工个人成绩大小是由考核评价体系确定的。IBM公司采取了与个人承诺相结合的方式,每一位员工若希望加薪,会有一个相应的考核指标,即个人业务承诺计划。通过员工与直线经理和公司人力资源的讨价还价,共同拟定绩效标准,最后确定对应的薪酬。个人绩效评估通常强调致胜、执行(包括态度和行动)和团队精神三个方面。通过确立目标、过程监控和团队合作达成组织、实现团队和个人目标。态度与价值观及企业文化都是相关的,主要强调三点:主动、积极和专业。IBM推崇团队合作,团队合作在IBM的绩效评估指标中占到大约1/3的比重。当然也会考虑很多其他方面的因素，其中很重要的是要看来自合作方的反馈，譬如客户、老板、二线经理等，有点像360度评估，综合评估一个人的绩效，而不是单方面的。

薪酬依据工作情况而确定，通常由直属上级负责对员工工作情况进行评定，上一级领导进行总的调整。每个员工都有进行年度总结和与他的上级面对面讨论这个总结的权利。IBM文化非常强调双向沟通，通过高层管理人员面谈、员工意见调查、邮件或信件、员工申诉四种渠道，为员工就薪酬福利待遇问题提供了多种沟通途径。

上级在评定时往往与做类似工作或工作内容相同的其他员工相比较，根据其成绩是否突出而定。评价大体上分十到二十个项目进行，这些项目从客观上都是可以取得一致的。例如在简单的指示下，理解是否快，处理是否得当。对营业部门或技术部门进行评价是比较简单的，但对凭感觉评价的部门如秘书、宣传、人事及总务等部门怎么办呢？IBM公司设法把感觉换算成数字，以宣传为例，他们把考核期内在报纸杂志上刊载的关于IBM的报导加以搜集整理，把有利报道与不利报道进行比较，以作为衡量一定时期宣传工作的尺度。评价工作全部结束，就在每个部门甚至全公司进行平衡，分成几个等级。例如，A等级的员工是大幅度定期晋升者；B等级是既无功也无过者；C等级是需要努力的；D等级则是生病或因其他原因达不到标准的。从历史看，65%～75%的IBM公司员工每年都能超额完成任务，只有5%～10%的人不能完成定额。那些没有完成任务的人中只有少数人真正遇到麻烦，大多数人都能在下一年完成任务，并且干得不错。

（三）竞争性薪酬

IBM公司认为，所谓一流公司，就应付给员工一流公司的薪酬，这样才算一流公司。员工也会以身为一流公司的员工而自豪，从而转化为热爱公司的精神和对工作充满热情。为确保比其他公司拥有更多的优秀人才，IBM在确定薪酬标准时，首先就某些项目对其他企业进行调查，确切掌握同行业其他公司的标准，并注意在同行业中经常保持领先地位。定期调查选择对象时主要考虑以下几点。

（1）应当是薪酬标准、医疗保险和各项福利都优越的一流企业。

（2）要与IBM从事相同工作人员的待遇进行比较，就应当选择具有技术、制造、营业、服务部门的企业。

（3）应是有发展前途的企业。为了与各公司交换这些极秘密的资料，根据"君子协定"，绝对不能公开各公司的名字。当然，IBM所说的"必须高于其他公司的薪酬"，归根结底是要"取得高于其他公司的工作成绩"。在提薪时，根据当年营业额、利润等计算出定期提薪额，由人力资源部门提出"每人的平均值"。因此，要提高提薪额，就必须相应地提高工作成绩。

IBM的策略和定位是为员工提供充足的发展机会。在中国区所做的有关"大学毕业生最想进的公司"的调查中，IBM在外企中名列第一。IBM在现金或某一项福利方面不一定是最好的，但IBM相信，并不是靠高工资来吸引员工，因为高工资带来的问题是可能会让员工丧失掉其他的发展和上进机会，而是更注重以综合的指标来吸引人才。

IBM在员工发展方面做得不错，他们采取工作流动的方式，鼓励员工在工作中学习,这是IBM的特色,而且是行之有效的。流动主要针对管理层,专业与专业之间很少转换,但专业人才跟管理人才之间是可以转换的。公司也很注重员工的职业生涯规划和个人发展,在这个问题上,经理和员工要做充分的沟通。绩效评估更多讲的是硬性指标,个人发展更多是沟通,涉及员工的优劣势、兴趣、愿望、培训、提升等,这些是员工普遍感兴趣而且非常乐意谈的话题。年初和年底经理一定要跟员工一起去规划他的职业发展,共同制定长期和短期的职业发展目标,经理要了解员工是否喜欢现有的工作,员工在一两年之内是否有换岗的打算等。如果员工换岗,他要在离开前带一个人出来,以便在他离开时有人接替他。

公司还利用各种资源为员工提供培训机会。一方面员工有网上大学,各个领域的专才在网上都有自己的一片天地,网络起到知识总汇的作用,可以进行有效的资源共享,IBM在知识管理方面做得很好;另一方面,面对面的培训与e-Learning穿插进行,面对面的教学作为e-Learning的补充,通过交流巩固网上所学的知识;同时也非常注重知识的运用,员工经过培训后,公司会给予他与学到的知识有关的挑战,给他布置新的任务,让他参加项目小组,或让他做某一方面的助手,目的是让他在实践中巩固和运用所学的知识,真正做到学以致用。

公司薪酬和福利是比较全面的,叫做整体打包(total package)。薪酬方面和许多公司的做法一样,年底双薪,加上浮动奖金、销售奖金等,从一线销售到职能部门有很多种奖金计划。福利方面,除政府规定的福利项目外,还增加了一些补充项目,譬如在住房、医疗、养老等重大项目上都有补充计划,目的是让员工得到更多的福利,减少一些问题的困扰,解除他们的后顾之忧,以便全身心地投入到工作中来。在员工生产、疾病以及家属患有疾病时,不管大病小病,在医疗方面,给予一定的支持,譬如,补充医疗计划中带薪的病假制度等都是很有吸引力的。

还有一些福利项目并不需要花太多的钱,但却起到了很好的效果,譬如员工帮助计划,其中一项是考虑到外企员工的工作压力和心理问题,由一个专家团队专门为员工提供心理咨询和心理帮助,很受员工欢迎。在外企长期超负荷的工作压力下,一些心理疾病在不知不觉中产生的,员工遇到的很多问题可能并非来自工作,但这些问题会反过来对工作造成影响,譬如工作不专心,脾气急躁,打不起精神等。IBM希望通过这个"帮助计划",一方面,让员工了解必要的心理学知识,提高对自我心理的认知程度,另一方面也希望他们通过心理专家的指导获得有效的解决途径,将压力排解掉。为此,IBM也通过网站、板报栏、光盘、讲座等形式做了很多心理健康的宣讲工作,确实解决了困扰员工的一些问题。

(四)平衡性薪酬

IBM公司的薪酬是科学与艺术的统一。科学表现在用数字来反映薪酬,无论是个人工资、月总工资、平均工资还是企业的劳动成本都是用数字呈现出来的。IBM公司在制定整个企业的薪酬框架以及每个人工资的时候一定要量化到非常具体的数字上面去,所以需要利用科学的方法和工具来帮助制定科学的目标,包括做市场调研、市场定位、制定内部原则、设计薪酬框架、进行绩效评估、设定加薪幅度、分配奖金等都是非常量化的。

艺术方面主要是平衡问题,很多时候薪酬的制定就是要去平衡公司与员工之间的期望值。公司需要员工多出效益,达成各项目标和战略,员工需要回报,这就需要在二者间掌握平衡,既要保证公司的正常运转,又要提供具有竞争力的薪水给员工。员工对自己的薪酬满意与否,他自己心中的砝码不是一个绝对值,而是他跟别人比较而来的感觉,公司会考虑员工的感受,也会从财务的角度去看公司的实际收入能否支持这些开支,时刻在这两者间保持平衡。公司每做一个决定都需要在天平的两端去找一个点,可能这个点未必正好在中间,有些时候偏重员工的满意度,有些时候偏重公司财务满意度,怎么去找这个点,就有很多艺术的成分了。另一方面,公司会把薪酬福利同员工的绩效以及公司策略等联系起来,通过薪酬福利政策的制定,去引导员工的行为,激励员工做出更好的业绩,这也是艺术。

做好期望值管理的关键是要给员工一个合理的期望值,让公司、管理者和员工个人的期望值朝着一个方向努力,努力把鸿沟缩小,最好能缩小到一致。公司通过多种方式进行平衡。一方面,公司制定硬性规定,基于公平、公正、公开的原则,将包括提升、加薪在内的所有体制、政策透明化,虽然不会具体到每一个人、每一个数字,但会让每一个人了解薪酬制定的原则、宗旨及相关的政策、制定的依据、整个公司的薪酬框架、个人的工资处于什么样的位置、如何加薪,如何提升等。

加薪制度是与绩效相关的,员工会知道自己绩效的好与坏,知道评估的依据,他的期望值是根据政策来的,而政策是跟员工沟通的结果,部门经理也是根据公司政策与员工沟通,以便对员工的绩效有一个公正的认识。所以在制度透明的情况下,员工的期望值就有了根据,他对自己的付出及应得的回报会有一个大致的估计,自然会将期望值固定在一个比较合理的范围内。

IBM薪酬的公平性体现在让大家知道标准是什么,标准对每个人都是一样的。公司告诉大家目标达成与否的结果,在是否达成的问题上还会有沟通,会告诉他为什么会是这样的结果,他可以保留意见,但他却能了解为什么,这就是公平点。

二、IBM公司的薪金和福利

IBM一直致力于薪酬与福利制度的完善,以使员工的工作与生活都更充实、更丰富,从而充分发挥自己的才华。

(一)IBM公司的薪酬与福利指南

IBM公司的薪酬与福利是由现金薪酬与众多的福利项目组合而成的。通过系统化地设计,配合公司内部的各种管理制度,以及公司为员工提供的多种事业发展计划,达到吸引、保留优秀人才,减少人员流失,激励员工更大地发挥潜能,为公司及个人的发展多做贡献的宗旨。

(二)IBM的薪酬与福利项目

(1)基本月薪——对员工基本价值、工作表现及贡献的认同。
(2)综合补贴——对员工生活方面基本需要的现金支持。
(3)春节奖金——农历新年之前发放,使员工过一个富足的新年。
(4)休假津贴——为员工报销休假期间的费用。
(5)浮动奖金——当公司完成既定的效益目标时发出,以鼓励员工的贡献。

(6) 销售奖金——销售及技术支持人员在完成销售任务后的奖励。

(7) 奖励计划——员工由于努力工作或有突出贡献时的奖励。

(8) 住房资助计划——公司拨出一定数额存入员工个人账户，以资助员工购房，使员工能在尽可能短的时间内用自己的能力解决住房问题。

(9) 医疗保险计划——员工医疗及年度体检的费用由公司解决。其他保险——包括人寿保险、人身意外保险、出差意外保险等多种项目，关心员工每时每刻的安全。

(10) 退休金计划——积极参加社会养老统筹计划，为员工提供晚年生活保障。

(11) 休假制度——鼓励员工在工作之余充分休息，在法定假日之外，还有带薪年假、探亲假、婚假、丧假等。

(12) 员工俱乐部——公司为员工组织各种集体活动，以加强团队精神，提高士气，营造大家庭气氛，包括各种文娱、体育活动、大型晚会、集体旅游等。

此外，IBM还在每个季度根据员工绩效排序，评选出各种奖项的获得者，例如：

(1) 每月之星(1/30)，奖牌；

(2) 季度成就奖(1/50)，奖金(100～2 000美元)；

(3) 百分成就奖(1/100)，国外旅游(2 500～10 000美元)；

(4) 金杯奖(1/400)，全家豪华游，奖金，荣誉(20 000美元)

(5) 亚太奖(1/3000)，全家豪华游、珠宝、奖金、荣誉(25 000～50 000美元)等。

(三) IBM的薪酬制度

IBM薪酬制度表现在三个方面。

(1) 具有完整的职位评估系统，对内部不同工种及不同工作系统分类并级别化。由于内部不同级别的薪酬水平不同，充分体现按贡献取酬的精神。

(2) 严格的工作表现评估系统。由主管与员工共同完成每年度的工作计划制订和工作表现评估过程，工作表现的好坏与加薪与升职紧密相关，从而实现"按贡献取酬"的目的。

(3) 严谨的薪资调查方法。密切关注本行业的薪酬变化情况，调整薪酬结构，以保证薪酬和福利在本行业中保持竞争力。

在制定薪酬时，IBM遵循四个原则。

(1) 授权原则。为了激发员工的活力，公司把薪酬调整的决定权下发到各直线经理手中，他可以分配他领导的团队的工资增长额度，有权力决定将额度如何分配给这些人。这种做法打破了原来基于内部的单纯的公平性薪酬体系，使员工的薪酬与公司绩效紧密联系在一起，遵循了IBM的文化和战略目标。

(2) 递增原则。在IBM，不加薪等于减薪，这符合非升即走的原则。表现优秀的可能连续加薪，而如果一个员工连续四年表现不好，那么他可能被辞退。

(3) 协同原则。IBM强调团队管理，IBM 1994年对原来的薪酬管理制度进行改革，强调所有的管理人员的奖金都是基于整体绩效的，不仅取决于所在部门的绩效，也取决于整个IBM的绩效。

(4) 均等原则。工作表现及专业技能是在提升及加薪过程中首先要考虑的因素。IBM的薪酬制度及管理制度保证了提升及加薪的机会对每个员工均等。只要积极制定职业生涯目标,不断更新专业技能,积极进取,不断扩大工作范围及影响力,提高领导才能,你的 IBM 职业生涯及你的报酬将会随之蒸蒸日上。

根据:21世纪人才报,文:林风,IBM高绩效的薪酬文化整理.

薪酬就是魔鬼!可以肯定地说,尽管薪酬并不能完全推动世界的前进,但薪酬一直在折磨着世俗人们的心灵。如果你不是为了获得那张纸片,你至少是为了获得那份喜悦和成就!根据如今占优势的战略观点,薪酬和福利适当设计,可以创造出一种员工激励、客户满意和组织效能的综合效应,并不断为将来的顾客满意度、营业收入和利润水平奠定基础。而要做到这一点,薪酬实践必须与企业经营战略以及其他人力资源职能进行匹配和整合。本章我们讨论以下五个方面的内容:(1)薪酬的战略性意义;(2)薪酬理论及其制度;(3)薪酬决策及其设计;(4)福利;(5)薪酬实践及其与战略的匹配和整合。

第一节 薪酬的战略性意义

一、薪酬概述

什么是薪酬?什么是福利?为什么不同的公司会出现不同的薪酬决策?

薪酬是复杂的、令人着迷的话题。根据正略钧策 2011 年薪酬白皮书,尽管平均而言,薪酬和福利成本占据美国经济总量的 60%~70%,在中国,企业占比在 10%~22%,但大多数经理并不能确切知道在员工身上花费了多少,或者这种支出带来的后果是什么。通用电气公司按照强制分布法来评估员工,并且每年解雇排名在后 10% 的员工。《通用 2000 年报》表示:"排名在前 20% 的员工必须受到尊敬、培训,并在精神和钱袋方面都得到回报,因为正是他们令奇迹出现。"IBM 公司则采取多种方式,激励员工最大潜能,根据员工绩效排序,评选出各种奖项的获得者。微软公司则采取了不同的薪酬战略,它们往往支付比市场水平低得多的工资,作为回报,员工会获得股票期权,其数量依员工职位和绩效而变化。同时,用公司的话来说,员工还获得一次改变世界的机会。

那么为什么不同的公司会采用不同的薪酬组合策略?薪酬是否对绩效存在激励作用?是实施差异性薪酬还是保持整体薪酬平等更好?哪一种薪酬制度和策略更好?高层管理人员薪酬过高还是过低?实施怎样的薪酬结构更利于组织与员工达成共识?哪些因素决定薪酬?这些必须从了解薪酬和福利定义及其所赋予的战略意义开始。

(一)薪酬定义

薪酬是企业对员工所做的贡献,包括他们实现的绩效、时间、学识、技能、经验和创造而获得的各种形式的酬劳或答谢。薪酬的实质是一种公平的交易或交换关系,是员工在向单位让渡其劳动或劳务使用权后获得的报偿。一般来说,薪酬包括直接以现金形式支付的工资(如基本工资、绩效薪酬、激励薪酬)和间接地通过福利(如养老金、医疗保险)以及服务(带薪休假等)支付的薪酬。对于企业来说,薪酬是一种成本,而对于员工来说,它是劳动所得的回报,或者是认同。Milkovich 认为:"薪酬是指员工作为雇用关系的一方所得到的各种货币收入、服务及福利之和",这一定义实质上界定了薪酬的狭义概念。

在战略薪酬理念中,薪酬被赋予超出金钱以外的更多含义,它不仅包含现金和福利,还包含心理契约甚至心理交换。

(1) 薪酬是一种人力资本投资。薪酬不仅是一种直接投资,即利润＝收入－人工成本－其他成本,它更多表现为激励员工、提高素质、维持健康、丰富心灵的一种手段。尽管双因素理论认为,薪酬是一种保健因素,当代的许多研究发现,薪酬首先还是一种激励因素。薪酬在直观上表现为企业的一种成本支出,间接表现为企业的一种人力资本投资。

(2) 薪酬是一种契约或者双方的交换关系。这种交换不仅仅体现在经济的交换上,还体现在物质、情感、认同、成就、赞赏以及相反的角色上。薪酬的高低不仅是一个人能力的体现,也是对一个人整体上的认可,尽管高薪酬并不一定使人感到更幸福和更乐观。

(3) 薪酬也是企业战略的一种导向器。薪酬不仅是当前的管理工具,也是未来管理的导向器。通过薪酬调节,可以将组织的意志和目标传递给员工,促使员工与组织目标达成一致,也可以通过薪酬的升降,调节员工的流动。

(4) 薪酬是员工能力的价格。员工与组织的交换关系不仅体现在货币性报酬上,也体现在想成为"大的"中的一个部分,即员工的归属感。在很多场合,员工将薪酬看作是能力、地位、自尊和自我价值的反映。换句话说,员工认为,有什么样的能力就值什么样的价格。收入的高低不仅是工作绩效的显示器,也是地位象征的晴雨表。高薪酬彰显员工的高能力、高价值和高身份,更为社会所赞许。

(二) 薪酬组成

从上述意义可以看出,薪酬分为狭义薪酬和广义薪酬,狭义的薪酬包括基本薪酬、奖金、福利及附加薪酬四个部分。广义的薪酬可分为物质薪酬与心理薪酬两个部分。心理薪酬是相对于物质薪酬而言的,是指由于自己努力工作而受到晋升、表扬或受到重视,从而产生的工作的荣誉感、成就感、责任感等。心理薪酬实际上就是员工从工作本身所获得的心理收入,即对工作的责任感、成就感、胜任感、富有价值的贡献和影响力等。物质薪酬保障了员工的基本生活和物质享受,激发员工进行更多人力资本投资,而心理薪酬满足员工的心理感知,激发员工更多的心理资本投资。

通常来说,广义的薪酬(如图 11-1)主要有以下几个部分。

1. 基本薪酬

基本薪酬是根据员工所承担或完成的工作任务或者是员工所具备的完成工作的技能向员工支付的稳定性报酬,是员工收入的主要部分,也是计算其他薪酬性收入的基础。在西方国家,传统上来讲基本薪酬分为薪水(salary)和工资(wage)两种类型。薪水是管理人员和专业人员(即白领职员)的劳动报酬,一般实行年薪制或月薪制,这些职员的薪金额并不直接取决于工作日内的工作时间的长短,加班没有加班工资。工资是体力劳动者(即蓝领员工)的劳动报酬,一般实行小时工资制、日工资制或月工资制。员工所得工资额直接取决于工作时间长短。法定工作时间以外的加班,必须付加班工资。

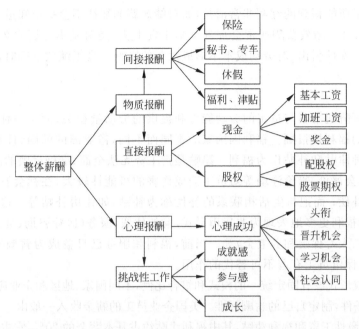

图 11-1 广义的薪酬基本构成

但是现在随着蓝领与白领的工作界限的日益模糊,并且由于企业为了建立一整套的管理理念,培养员工的团队精神,他们把基本工资都叫薪水,而不再把员工分成薪水阶层和工资阶层。IBM 公司给员工定级从 Band1 到 Band10,Band10 最高。从 Band1 到 Band5(合同工)是有加班费的,从 Band6 开始到 Band10(正式工),没有加班费。

2. 奖金

奖金就是为了奖励那些已经完成或者超过某些绩效标准的员工,或为了激励追求者去完成某些预定的绩效目标,在基本工资的基础上支付的、可变的、具有激励性的报酬。它可以从两个角度去理解,即奖金被用于:对已完成的超额、超标准的绩效进行奖励;对预定的绩效目标进行激励。简单地说,奖金就是为了奖励完成者和激励追求者所支付的报酬,其支付依据主要是绩效标准。

(1) 绩效薪酬。是对员工超额工作部分或工作绩效突出部分所支付的奖励性报酬,旨在鼓励员工提高工作效率和工作质量。它是对员工过去工作行为和已取得的成就的认可,通常随员工绩效的变化而调整。其中包括"绩效加薪"、"一次性奖金"和"个人特别绩效奖"三种比较常用的形式。

(2) 激励薪酬。相对于绩效薪酬,用来对预定的绩效目标进行激励的奖金支付方案我们称为"激励薪酬",其中包括对个人、团队和组织的激励计划。用于衡量绩效的标准有成本节约、产品数量、产品质量、税收、投资收益、利润增加等,不计其数。激励薪酬有短期的,也有长期的。

激励薪酬与绩效薪酬是不同的。激励薪酬是一种提前将收益分享方案明确告知员工的方法,它是以支付工资的方式影响员工将来的行为;而绩效薪酬则侧重于对过去突出绩效的认可。激励薪酬制度在实际绩效达到之前已经确定,通常员工对于超额完成财务目标后所能得到的红利非常清楚,而对绩效薪酬往往不会提前知道。另外,二者的最大区别在于:绩效薪酬通常会加到基本工资上去,是对基本工资永久的增加。而激励薪酬是一次性付出,对劳动成本不形成永久的影响。员工绩效下降时,激励薪酬也会自动下降。

3. 福利

这部分薪酬通常不与员工的劳动能力和提供的劳动量相关,而是一种源自员工组织成员身份的福利性报酬。福利因国家的不同而不同,像亚洲的韩国、日本、中国等国都会发放各种津贴和补贴作为福利。津贴是指工资无法全面、准确反映的由劳动条件、社会环境、社会评价、物价浮动等对员工造成伤害的可能性较大,在社会看来不够体面的工作等的补偿;而把与生活相联系的补偿称为补贴,如住房补贴等。这在欧美是较少的,他们的福利更多地表现为非货币形式,譬如休假、服务(医疗咨询、员工餐厅)和保障(医疗保险、人寿保险和养老金)等。当前,福利和服务已日益成为薪酬的重要形式,它对于吸引、保留员工有着不可替代的作用。

薪酬构成形式没有固定统一的模式和组合比例,不同国家、地区和企业应根据实际需要和可能的条件,制定自己的薪酬标准。美国企业员工的薪金收入一般由三个部分组成:基本薪金、刺激性工资和福利津贴,其中福利津贴约占基本薪金的20%,它主要有三类。

(1) 劳动时间内的额外报酬,如加班费、星期六或星期日、法定假期的劳动津贴、年终或半年的分红。

(2) 劳动时间外的报酬,如病假、事假补贴、圣诞节红利、教育和训练补贴等。

(3) 保健费和保险费,如抚恤金、团体人寿保险、住院费、团体工伤事故和保健费、医疗保险等。

日本重视分配对生产的促进作用和调节劳资矛盾的作用,主要采取年功序列制。员工的基本工资随员工本人的年龄和企业工龄的增长而每年增加,而且增加工资有一定的序列,按各企业自行规定的年功工资表次序增加。年龄越大,企业工龄越长,对企业的贡献也愈大,功劳也愈高,因此,员工的工资也要逐年增加;同时考虑到随着员工年龄的增长,生活开支也会有所增加,所以员工的工资和生活补贴在一定的年龄段也要每年增加。实行年功序列工资制的企业按员工入厂的年限对员工分层,入厂在2年内的叫新人层;3～5年的叫一般层;6～9年的叫中坚层;10～14年的叫核心层;15年以上的叫监督层。日本没有全国统一的工资等级标准。

4. 心理报酬

员工的心理报酬是指员工个人对企业及其工作本身在心理上的一种感受,属于非货币性报酬的范围,工作特征理论描述了这种心理感状态。根据该理论,当员工的工作在技术种类、工作性质、工作意义、自主权及反馈者这五个核心层面的评价很高时,员工的工作体验会增强其心理状态(心理报酬)。员工通过自己的努力工作得到的非货币性奖励就属于员工心理收入。这种奖励又可分为职业性奖励和社会性奖励,职业性奖励又可以细分为:职业安全、自我发展、和谐工作环境和人际关系、晋升机会等;而社会性奖励由地位象征、表扬肯定、荣誉、成就感等因素构成。企业对员工的物质报酬在某种程度上、在一定的范围内对员工起到了很好的激励作用。人们为了维持生存和更好的物质生活,的确在为金钱而工作,但是他们更为生命的价值而工作。正如比尔·盖茨所说,来到微软,你不仅得到工资,你也将会得到"一次改变世界的机会"。徐淑英等人认为,不同雇用关系模式的企业采取了不同对待员工的模式,均衡的员工组织关系模式体现了员工与企业之间纯粹的经济交换关系,而非均衡模式则表现为企业对员工的过度投资或者投资不足。在不同的雇用模式下,员工的心理卷入和报酬是不一样的。只有在相互投入型的企业中,员工的组织公民行为较强,对组织更为认可。一般来说,心理报酬包括以下部分。

(1) 参与决策的权力;
(2) 能够发挥潜力的工作机会;
(3) 自主且自由地安排自己的工作时间;
(4) 较多的职权;
(5) 较有兴趣的工作;
(6) 个人发展的机会;
(7) 多元化的活动等。

表 11-1 是深圳香格里拉酒店薪酬组成。

表 11-1 深圳香格里拉酒店薪酬组成(2005 年)

行政职能部门	职务设置	总监	经理	副经理	主管	文员	技工	保安
	工资范围	8 000～10 000 元以上	5 000～6 500 元	4 000～5 000 元	2 800～3 500 元	1 500 元	1 500～1 800 元	800～1 000 元
备注	总监级工资与国籍有关,该职务工资范围仅限于中国国籍员工,且不包括港、澳、台籍员工							
房务部	职务设置	总监(外籍)	经理	副经理	楼层主管	领班	服务员	前台接待
	工资范围	20 000 元以上	5 000～6 500 元	4 000～5 000 元	2 800～3 500 元	1 500 元	750～1 000 元	1 200～1 500 元
餐饮部门	职务设置	总监(外籍)	经理	副经理	主管	领班	咨客	服务员
	工资范围	20 000 元以上	5 000～6 500 元	4 000～5 000 元	2 800～3 500 元	1 500 元	1 000～1 200 元	800～1 000 元
备注	餐饮部总监统管所有餐饮部门							
年终薪酬	根据员工工龄按比例年终多发放 1～3 个月工资(一年发放 13～15 个月薪水)							
社保标准	月薪 1 551 元(深圳市平均工资 60%)以下的员工以 1 551 元作为购买基数,月工资在 1 551 元以上的员工按其实际工资作为社保购买基数;							
例休	一律每周安排 2 天例休							
年假	服务满一年以上的主管级以下员工享受 7 天年假,主管级员工享受 9 天年假,经理级以上员工享受 10 天年假;							
平时加班福利	主管级以上员工加班不计,基层员工按照 1∶1 的标准补足钟点;							
例休加班福利	按照 1∶1 的标准安排补休或按照 1∶1 的标准发放加班费;							
法定假加班福利	按照 1∶3 的标准安排补休或按照 1∶3 的标准发放加班费;							

	职务设置	总监	经理	副经理	主管	文员	技工	保安
行政职能部门	工资范围	8 000~10 000元以上	5 000~6 500元	4 000~5 000元	2 800~3 500元	1 500元	1 500~1 800元	800~1 000元

工作餐标准	一日4餐,20元/天,经理级以上员工享受经理餐
住宿标准	全部为3室2厅的套房,根据房间的大小安排普通员工6~8人/间,主管4人/间,经理以上1~2人/间
住宿条件	1.有班车接送;2.经理级员工房间安装空调;3.发放床上用品,每月换洗一次;4.水电费全免
调薪	每年统一调薪一次,幅度为5%左右
其他福利	1.每月发放劳保用品包括:纸巾2卷、工袜2~3双、工鞋每半年换一次; 2.酒店医疗室为员工提供免费治疗,员工享有住院及特殊转诊治疗,医院费用由酒店承担; 3.每年可享受有薪病假12天

二、薪酬与福利战略的重要性

(一)薪酬对个人的重要性

经济学家、心理学家对工资与其他工作或者组织特质、个人心理变化所作的预测,强化了工资激励员工行为的重要性。对经济学家来说,工资可以很好的计量,并且易于为寻找工作的人传递明确的信号。同时,假定不存在个性的差异,每个员工对于金钱的偏好是相同的,即钱越多越好。另外一个潜在的证据表明,无论在什么地方,人们总是从贫穷的地方向富裕的地方迁移。

心理学家质疑工资对员工的重要功效——Maslow的需求层次理论、Herzberg的双因素理论,以及Deci和Ryan的认知评价理论都提出了不同的看法。这些理论显示,货币化的报酬并不是激励工作的主要决定因素。需求层次理论强调生理需要和安全需要是低层次的,这些需求可以通过金钱得以满足。然而,低层次需求的满足并不是人类的终极目的,人们在得到这些满足之后,需要获得更高级的需求,诸如爱、自尊和自我实现。但没有足够的证据表明,人们的低层次需求可以得到充分的满足,也没有研究表明,人们对钱的需求具有天花板效应。虽然员工具有自我实现等高层次的需求,但这并不意味着,他们对钱不感兴趣。Herzberg的双因素理论主要强调哪些因素造成员工的对工作的满意和不满意,并将保健因素作为动物最基本的天性,不具有工作激励性质,而报酬就是其中之一。或者说,报酬是一种保健因素,可以引起或者减少不满意,而不会导致满意或激励。目标设定理论是另一种激励理论。它强调,任务的设定有助于人们得到激励。然而,人们不仅可以在任务和工作上对目标进行设定,他们也可以对报酬进行设定。工作意义也许是人们参加工作的主要动机或者说最高境界,但Gardner对最具创造力的七位天才的研究发现,他们同样乐于物质和感官享受,甚至不惜打官司维持自己的利益所得。

认知评价理论认为,对货币化报酬的高度重视,将会降低人们对工作本身的兴趣,因而可能抑制另一项极为有利的激励来源,工资所呈现的控制性将会威胁员工自我决定的需要。因为对报酬过多的关注,使人们成为金钱的奴隶不能自拔——货币化报酬对员工的内在兴趣的激励净效应为负值。

尽管心理和行为理论对货币化报酬的激励效应的重要性提出了质疑,但近期的研究发现,需求层次理论过多关注创造性天才,而双因素理论的激励和保健因素存在大量重叠,认知评价理论主要适用于学生群体,较少关注信息在工作场所中的作用。在工作场所中,基于绩效的工资可能对激发员工内在动机具有更大的作用。既然高工资具有分选效应,也即是可以吸引到高素质的人才,难道这不是对内在动机的一种激发?在30年的研究中,对50 000个研究对象的调查发现,工资在男性中认为最重要的特质排第七位,在女性中排第五位。由此可见,工资对于个体具有重要的意义,货币化的报酬不仅对员工的行为有导向性作用,也影响到员工的工资满意度、晋升和未来职业发展、员工质量、努力程度以及自信心和自我感知。

(二)薪酬对组织的重要性

20世纪90年代以来,全球化、知识经济、企业重组、流程再造、科技创新使企业处于更加严峻的市场竞争环境中,人才成为企业获得竞争优势的第一资源。薪酬战略作为组织的关键的战略领域,影响企业吸引求职者、保留员工以及为了实现组织战略目标确保员工有最佳表现能力。研究表明,薪酬不仅具有激励效应,激励员工付出巨大努力,也具有分选效应,即吸引高素质人才来到企业。员工所具有的知识、技能、能力、态度和行为是影响企业经营差异的决定因素,薪酬系统提供了一种想要强化所需要行为的能力。传统的基于职务而提供的报酬系统,往往通过工作分析来决定这些岗位或者职务所需的知识、技能和能力。通过对等级制的分离,用薪点或者影响职务或者岗位的因素综合取舍薪酬高低。通过工作评价来处理公司内部的公平性,通过薪酬调查来处理薪酬的外部公平性。然而,从战略视角分析,传统的薪酬制度不尽如人意。基于职务和岗位的薪酬,评价的是薪酬规定的行为或者能力,诸如组织公民行为,创造力是不被鼓励的。另外,组织中的职务是有限的,职务天花板阻碍了许多具有创造性的天才和内在动力的人的前进之路。激励和公平的矛盾在传统的静态的报酬系统中出现严重冲突,战略性薪酬的实施势在必然。

(1)实施战略薪酬管理是应对企业外部环境变化的需要。市场需求的变化、竞争对手的变化、资源供应的变化、相关宏观政策的调整,都将引起企业生产经营管理的变化,对企业薪酬策略和整体薪酬管理都将带来重大影响,为此,需要及时调整薪酬管理策略以适应外部环境变化。

(2)实施战略薪酬管理是适应深化企业改革的需要。企业改革已经进入攻坚阶段,改革是深层次的,根本性的。改革主要强调资源、资产、债务、股权、业务、机构、人员、利益关系等各个方面的重新组合,其中,利益关系的重组,要与前七个重新组合相匹配。所谓利益关系的重组,就是企业整体分配关系的调整,就是薪酬体系及其他分配制度的重建。

(3) 实施战略薪酬管理是加强科学管理的需要。企业使命和企业理想决定企业的发展战略,其中,制度建设对企业发展战略起到了巨大的支撑作用,这些制度主要包括:战略决策管理制度、生产运行管理制度、市场营销管理制度、技术研发管理制度、战略薪酬管理制度、财务会计管理制度、新型用人管理制度等。在这些制度建设的基础上形成科学的管理体制。其中,战略薪酬管理是科学管理制度的有机组成部分。科学管理体制还要求科学的组织机构设置、岗位配备相配套。

战略薪酬管理是指利用薪酬工具来适应内外部环境的变化,同时协助企业战略的确定与实施。战略性薪酬不仅强调人力资源是第一资源,强调员工的知识、智力、技能、能力、态度与行为的导向性作用,还把企业的愿景、目标、价值观、经营理念转化为具体行动,紧密地和薪酬激励联系在一起。

薪酬对企业竞争优势的作用通常体现在三个方面。

(1) 价值性。即薪酬管理对于企业控制成本、吸引人才、提升绩效以及对员工的行为和态度有直接和间接的影响。薪酬虽然不是炸弹,但研究表明,它仍然是第一激励要素。对上述因素产生影响的薪酬管理及其制度,具有对企业竞争优势的显著价值性。在对一项医院工资的研究中表明,高工资水平将会加大失去工作的惩罚力度,从而减少偷懒行为,换句话说,管理监督和工资溢价是可以互相替代的,因而较高的工资,管理人员可以更少,或者说,可以采取更大的管理幅度。薪酬具有非常重要的价值性,这是因为,作为交换媒介,它是任何其他刺激或激励手段在实用价值方面无法比拟的。

(2) 难以模仿性。如果一项薪酬制度很容易被其他的企业所模仿,那么所有公司都可以采用这种薪酬战略获得竞争优势。公司薪酬调查的目的便是对外部市场及其产业中同类公司的薪酬的状况进行调查和分析,以得出有利于企业薪酬决策的启示。

(3) 分选效应。尽管薪酬的作用更多的被赋予激励的意义,但研究已经证实,平均工资更高的企业,往往会吸引到更高素质的人才。研究和实践仅仅关注奖励效应,也即是,探讨薪酬如何影响员工目标选择、努力或者行动,而不是员工的特质或者素质。一些少量的研究发现,高工资对企业吸引人才、增大申请人蓄水池规模、提高接受工作的可能性以及优化工作申请人的质量方面起到非常大的促进作用。理论表明,薪酬水平在吸引和留置决策中是一个比较重要的因素。

福特效率工资制度

福特公司在早期的薪酬设计中采用的是效率工资制度。老福特相信,高出外部市场一倍的工资,将可以激发员工的高绩效,并使优秀员工留在组织,高工资减少了劳动的流动性。工人由于许多原因离职——接受其他企业更好的职位,改变职业,或者迁移到其他地方。企业向工人支付的工资越高,留在企业的激励越大。企业通过支付高工资减少了离职的频率,从而减少了雇用和培训新工人的时间和费用。实际证据表明,支付如此高的工资有利于公司。根据当时的一份调查报告:"福特的高工资摆脱了惰性和生活中的阻力。工人绝对听话,而且可以很有把握的说,自1913年的最后一天以来,福特工厂的劳动成本每天都在下降。"旷工减少了75%,这表明工人的努力程度大大提高了。高工资改善了工人的纪律,使他们更忠实地关心制度,并提高了他们的个人效率。

类似地,我们较少关注福利战略的形成及其重要性。尽管福利在薪酬中的比例并不是很大(在大型公司可能占到27%),但这并不表明福利没有战略意义。更可能的原因是,福利计划通常比较复杂,相对于货币化薪酬更难评价其效果。另外,由于福利不是基于薪酬进行度量的,一些人可能认为它与公司战略没有关系。但福利的好坏却决定了一个企业区别于其他企业的特征。最佳雇主的调研表明,最好的公司往往在薪资和福利方面比其他的企业都好。

不管你是利用降低薪酬来达到减少成本的目的,还是利用提高薪酬获得高素质人才,薪酬的最终目标都是站在企业的立场上对人力资源进行合理利用,并最终实现组织的战略目标。薪酬的战略目标是显而易见的,主要涉及四种系统目标:一是特征目标,即如何对人才进行运作。二是引导目标,即如何引导、激发员工改变态度和行为。三是工具性目标,即如何管控成本和处理劳动关系。四是形象目标,即高薪酬可以为企业带来良好的形象及品牌价值(如图11-2所示)。

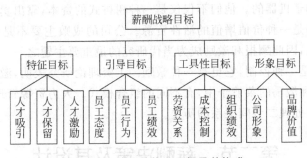

图11-2　薪酬的战略目标及其构成

薪酬对企业的影响是显然的,这不仅会影响企业的总体成本和劳资关系,同时,对人才的吸引、维持和开发具有重要意义。企业还可以利用不同于市场的薪酬来维护其稳定性,改变员工态度,引导员工行为,激发员工努力并提高绩效,以及提升组织声望和组织绩效,获得持久的品牌价值。

三、薪酬的理论意义

薪酬研究主要是解释薪酬差异、薪酬决定、薪酬分配和薪酬管理等的内在规律,从而为企业薪酬决策提供理论基础和基本分析框架。对薪酬的研究,经济学和管理学都做出了重要贡献。当代科学技术不断发展,心理学、社会学、经济学、组织行为学甚至计算机科学的前沿理论也逐步被应用于薪酬领域。

经济学理论对薪酬(工资)的解释经历了比较漫长的时期,从亚当·斯密开始就强调工资在企业分配中的重要性。亚当·斯密认为是总体净效应而不是价格本身决定了职业选择和人才吸引。基于此,新古典经济学借助于供给需求分析建立了劳动力市场均衡工资理论,探讨外部市场对工资的决定影响。早期的工资理论,如重农学派的最低工资理论、古典经济学家的工资基金理论以及边际生产率理论、均衡市场决定理论、集体谈判理论等主要探讨工资的决定及其分配。效率工资理论、人力资本理论、后制度经济学家的工资差异理论以及赢者全得(锦标赛)理论,则开始了收入分配和工资差异理论的尝试。这些理论,在某个时期、某种程度上对工资的决定及其运行机制有了部分的解释,但均未能考虑组织和员工互动所产生的影响。

管理学研究则提供了经济学研究中所不同的一个侧面。科学管理时代将工资看作是对人进行控制的一种工具。员工效率的提高意味着组织和个人双双盈利。工资水平作为一种获取或者控制员工的工具,显示了巨大的魔力。因为管理学家相信,没有人会拒绝金钱。然而,行为科学不相信这种把人当作机器的命题。以梅奥的"霍桑试验"为起点,马斯洛的需求层次理论、赫兹伯格的双因素理论、弗鲁姆(Vroom)的期望理论、斯金纳(Skinner)强化理论、亚当斯(Adams)的公平理论为主,掀起了对人的主体的研究,强调人的价值远胜于机器。人们对薪酬不是被动的接受,而是主动反馈。工资对人的刺激只是一个方面,还有大量的心理因素承担这一重任。

目标设置理论、社会认知理论、资源依赖理论、经济学的代理理论、交易成本理论从多个视角对薪酬进行了战略上的阐释。特别是战略人力资源理论产生之后,人们逐渐认识到,人是有别于机器的。他们不仅仅是一种树桩式的资本,靠出卖劳动力获得唯一的生活资金,他们是一种价值增值的活性资源。公司的成败主要不是依赖于机器和技术,而是依赖于人,因此酬报和激励成为当代研究的最重要主题之一。

管理不仅仅是一种控制,它更是一种激励。工资理论研究表明,激励和监督是一对孪生子。在监督和激励的菜篮子中,有不同的组合模式。人力资源管理,或者说人类历史上的管理,就是处理二者间关系的历史。

第二节 薪酬决策及其设计

薪酬决策是重要的企业管理活动,主要涉及劳动力成本管理问题。成功的薪酬决策能让企业在支付能力范围内,以具有竞争力的薪酬政策吸引并挽留优秀人才。在这个不断变化的时代中,吸引、挽留员工并激励他们的优异表现成为一个比以往更重大的挑战。面对这一挑战,胜利者会获得生产力的增长,组织得以生存;失败者的命运则是生产力下降,组织最终解体或被接管。

薪酬决策的内容包括薪酬体系决策、薪酬水平决策、薪酬结构决策等诸多方面的问题。薪酬决策的核心是具备外部竞争性、内部一致性、合理认可员工的贡献以及提高薪酬管理过程的有效性,以使企业的薪酬系统有助于企业战略目标的实现。由于不同类型的薪酬决策支持不同的企业战略,因此企业必须根据组织的经营环境和既定战略做出合理的薪酬决策。

(1)薪酬体系决策。薪酬体系是指薪酬的构成,即一个人的工作报酬由哪几部分构成。一般而言,员工的薪酬包括以下几大主要部分:基本薪酬(即本薪)、奖金、津贴、福利、保险五大部分。薪酬体系决策的主要任务是确定企业的基本薪酬以什么为基础,传统上,根据企业决定员工基本薪酬的基础不同大致分为职位薪酬体系、技能薪酬体系和能力薪酬体系三种。

(2) 薪酬水平决策。薪酬水平是指企业内部各类职位和人员平均薪酬的高低状况,它反映了企业薪酬的外部竞争性。薪酬水平反映了企业薪酬相对于当地市场薪酬行情和竞争对手薪酬绝对值的高低。它对员工的吸引力和企业的薪酬竞争力有着直接的影响,其数学公式为:薪酬水平=薪酬总额/在业的员工人数。

(3) 薪酬结构决策。薪酬结构是指组织中各种工作或岗位之间薪酬水平的比例关系,包括不同层次工作之间报酬差异的相对比值和不同层次工作之间报酬差异的绝对水平。

确定薪酬结构通常需要进行工作价值的程度比较,即对各职务相对于其他职务来评估其价值,它是从劳动质量和工作种类的市场供应这个角度来确定一项职务的薪酬大小。

由于前一节已经讨论了薪酬体系决策,这一节主要介绍薪酬水平决策和薪酬结构决策。这其中涉及影响薪酬决策的因素、薪酬市场调查、薪酬水平决策及其设计、薪酬结构决策及其设计四个方面。

一、影响薪酬决策的因素

影响薪酬决策的因素非常多,主要分为三类因素:企业外部因素、企业内部因素和个人因素。

(一)企业外部因素

企业外部因素可以理解为宏观因素或者环境因素,也涉及多方面内容。

1. 劳动力市场状况

劳动力市场,是指企业和求职者以薪酬和其他工作福利交换组织所需要的知识、技能、素质与行为的场所。劳动力市场的多种情况对薪酬具有影响,主要包括:劳动力市场的地理位置、供需状况、内部劳动力市场、失业率、离职率、政府与工会。中国薪酬调查网显示,2008年各省薪酬收入分布,上海以平均65 743元居首,而贵州省以6 742元居末,首尾相差近十倍,这便是地理位置所造成的薪酬水平差异。

劳动力市场上某种人才的供求失衡,以及竞争对手之间的人才竞争,都会直接影响薪酬的设定。中国同声传译人才紧缺,造成其薪酬普遍高涨。据不完全统计,我国专业的同声传译人才有30人左右,至于国际上流行的在经贸、科技、政法等各个领域学有所长的专业型同声传译人才仍是一片空白。一般同声传译人员的工资多以小时来计算,每个译员每天的工作量不会超过八小时。它也有低档、中档、高档之分,与之对应的薪水可以划分为一天6 000元、7 000元、8 000元不等。

另外劳动市场的失业率和就业率也会对工资薪酬产生影响。以2008年全球爆发金融危机以来为例,由于金融危机导致就业率不足,失业率增加,2009年中国本科生就业平均薪酬下降11%。

2. 国家政策和法规

许多国家和地区对薪酬设定的下限和性别歧视问题都有相应的规定（图 11-3 表达了不同国家间的薪酬差异）。如中国设置工资指导线,根据经济发展情况用以调控企业的总工资。2009 年,广东省率先对工资指导线进行下调。另一方面,一些城市也规定了最低工资水平,如武汉市规定城区最低工资标准为 580 元/月。国家政策也会对员工的用工时间、加班费、童工雇用、高管薪酬等进行强制性规定。《劳动法》和《劳动合同法》明文规定：国家实行劳动者每日工作时间不超过 8 小时、平均每周工作时间不超过 44 小时的工时制度。法定加班费按照工资的 3 倍进行支付等,显示了法律法规对工资的影响。

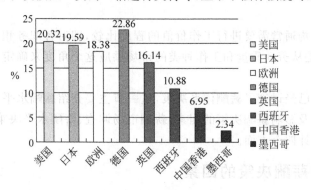

图 11-3 薪酬的国家间差异

来源：根据美国劳工统计局（2001）整理

3. 经济状况

在设计薪酬战略时,必须要去了解经济水平的差异以及相应的基准职位的薪酬信息,从而使得设计出的薪酬方案能够兼顾竞争力和节约成本。经济发展水平和劳动生产率是企业薪酬的晴雨表。对一个国家而言,劳动生产率低,劳动者的平均薪酬必然低。

4. 行业和所有制状况

不同的行业,由于其基本条件和企业能力不同,因而其薪酬决策也不会相同。根据《中国统计年鉴》,总体上看,企业工资均呈现上涨趋势,金融行业和科学研究行业上涨最快,从 1978 年到 2002 年分别上涨 30 倍,农、林、牧、渔业上涨最慢,不到 20 倍。

竞争者的情况也会影响公司的薪酬决策。公司往往通过薪酬调查,对竞争者的薪酬支付情况进行调查。如果企业处于行业领先地位,它们可能采取高于平均市场薪酬的策略。通用电气公司董事会薪酬委员会陈述报告认为：“最为恰当的,也是最为符合股东利益的做法,是将公司的工资、奖金及其他奖励的整体水平设定在可比公司群体的平均水平之上,这将使公司得以继续吸引、留住和激励最高水平的管理决策人才”。

5. 工会

影响员工薪酬的另一个重要的外部因素是工会。在西方发达国家,工会在员工薪酬方面起着重要作用。有证据表明工会试图提高薪酬水平,虽然这更可能发生在存在强大工会的行业。工会是劳资双方的缓冲器。参加工会的工人比没有参加工会的工人工作的时间更长,赚得更多。工会对组织的员工是否参加工会有影响。工会可以通过种种策略要求企业提高工资、福利、改善工作条件。

当工会正试图在一个特定的雇用地点组织员工时,有组织的运动将会给薪酬经理加上限制。当组织经济良好、竞争力强时,工会可以利用组织工会会员罢工的威胁形式促进企业提高员工工资和福利。工会倾向偏好每类工作都是固定报酬或者变动主要是反映资历而非价值的增加的情况,在私人和其他性质的组织尤其如此。当预期的绩效数量与技术有关时(譬如装配线),工会会强烈要求按时间付酬而非按价值付酬。但是在中国内地,工会的性质和西方国家是不一样的,工会一般作为行政体制中的一员而不是和资方讨价还价的一方,这削弱了员工对工资的掌控能力,强势组织和弱势员工成为中国企业的普遍现象。

(二) 企业内部因素

影响薪酬设定的企业的内部因素有许多,主要涉及如下几个方面。

(1) 企业的经营性质与内容。在劳动密集型的企业中,员工主要从事简单的体力劳动,劳动成本在总成本中占很大比例;在高科技企业中,高技术员工占主导,这些员工从事的是科技含量高的脑力劳动,因此劳动力成本在总成本中比重不大。这两种类型的企业的薪酬策略必定不同。

(2) 企业的历史与组织文化。组织文化对薪酬设定有重要的影响,企业通常制定一些正式或非正式的薪酬政策,以表明它在劳动力市场中的竞争地位。

(3) 企业能力。经营比较成功的企业会倾向于支付高于劳动力市场水平的薪酬。因为企业经济效益归根结底决定着企业对员工薪酬的支付能力。一些企业采用收益分享制,便是依据企业经营能力和支付能力进行奖励。这种支付能力一般只能够决定薪酬设定的最高限额,如何合理设定薪酬,还需考虑其他诸多因素。

(4) 决策者。企业决策者的风险态度、工资取向和价值观以及经营策略都会对薪酬水平产生影响。

(三) 员工特征因素

通常,如果企业希望员工能够进行某种行为,那么它就必须在员工出现这种行为时,给予该员工以奖励。因此员工的个人绩效水平是薪酬设定的重要影响因素。另外员工的资历、经验、潜力、技能也会影响薪酬的设定。

(1) 职务和岗位价值。该职位的责任大小,工作的复杂程度,任职资格要求的高低,工作条件以及艰苦程度等对薪酬的决策也会产生影响。

(2) 员工工龄。大部分企业都会考虑员工每工作满一年就增加工龄工资,以期望鼓励员工在企业里长期工作。日本实行的年功序列制主要是考虑员工的工龄和资历。

(3) 员工技能。考虑员工从事的不同工作岗位,需要有不同的专业技能,而某些技术可能是公司所紧缺的,或者需要多年积累才能具有的,所以,会有不同技能的薪酬差别。

(4) 工作绩效。对不同工作表现、不同价值贡献的员工,实行差异性的薪资待遇。基于战略的薪酬管理主要就是基于绩效的薪酬,通过对员工的绩效评估来决定员工的薪酬和奖励。

（5）教育程度。员工的学历、知识和技能往往也成为薪酬高低的一个衡量指标，图 11-4 和图 11-5 展示了不同学历经理人和员工的薪酬状况。

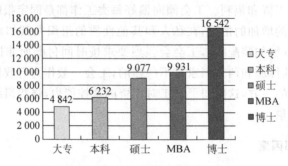

图 11-4　不同学历经理人的每月薪酬状况（月薪：元）

资料来源：中国人力资源网对不同学历经理人的调查

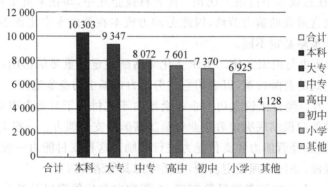

图 11-5　不同学历员工的薪酬状况（月薪：元）

根据中国统计年鉴(2003)年整理

二、薪酬水平：战略含义

（一）薪酬水平与外部竞争性

薪酬水平是企业薪酬体系的重要组成部分和薪酬的战略要素之一。一个企业的薪酬水平往往会直接影响企业在劳动力市场上的竞争优势，进而影响企业的竞争力。薪酬水平往往被用来描述企业薪酬的外部竞争力。薪酬水平由不同的层次表现，它可以指一定时期内一个国家、一个地区、一个部门或者一个行业人员的平均薪酬水平，也可以指一个特定的群体，如人力资源经理的薪酬水平。

外部竞争力即外部公平性，指组织的薪酬水平高低以及由此产生的组织在劳动力市场的竞争力的大小，它往往受劳动市场价格、外部竞争力及内部实际情况的影响。薪酬的外部竞争力取决于与竞争对手相对的薪酬水平。一个组织薪酬水平的高低无疑会直接影响组织在劳动力市场上获取高素质员工的能力的强弱。在市场竞争日益激烈的今天，薪酬水平（外部公平性）必须与薪酬结构（内部公平性）结合起来，才能真正提高企业的竞争性。

(二) 薪酬水平策略

提高薪酬的外部竞争力涉及许多要素,是一个系统工程。在战略层面上,企业的薪酬策略必须和公司战略、文化相一致,突出公司的价值导向;在操作层面上必须考虑外部公平性(薪酬水平)、内部公平性(薪酬结构)和个人公平性(绩效评估和反馈)协调;在执行层面上,则必须考虑薪酬方案的制定、薪酬决策沟通、薪酬预算和薪酬审核。一般来说,薪酬决策可以采用以下策略(表11-2对比了不同薪酬政策下的相应目标)。

表11-2 薪酬策略的目标

薪酬政策	薪酬政策目标				
	吸引力	留置力	成本控制	降低对薪酬不满	提高绩效
领先市场	好	好	不明确	好	不明确
追随市场	中	中	中	中	不明确
滞后市场	差	不明确	好	差	不明确

1. 领先型(高)薪酬策略

领先型薪酬策略是使本组织的薪酬水平高于竞争对手或市场的薪酬水平的策略。这种薪酬策略以高薪为代价,在吸引和留住员工方面都具有明显优势,并且将员工对薪酬的不满降到一个相当低的程度。

2. 追随型(次高)薪酬策略

追随型薪酬策略是力图使本组织的薪酬成本接近竞争对手的薪酬成本,使本组织吸纳员工的能力接近竞争对手吸纳员工的能力。追随型薪酬策略是企业最常用的策略,也是目前大多数组织所采用的策略。

3. 滞后型(低)薪酬策略

滞后型薪酬策略是使本组织的薪酬水平低于竞争对手或市场薪酬水平的策略。采用滞后型薪酬策略的企业,大多处于竞争性的产品市场上,边际利润率比较低,成本承受能力很弱。受产品市场上较低的利润率所限制,没有能力为员工提供高水平的薪酬,是企业实施滞后型薪酬策略的一个主要原因。当然,有些时候,滞后型薪酬策略的实施者并非真的没有支付能力,而是没有支付意愿。

4. 权变(市场)型薪酬策略

权变型薪酬策略主要是根据职位类别制定不同的薪酬策略,这种策略可以考虑用不同的薪酬进行组合。对特殊人才或者紧缺人才实行特殊的薪酬,便是权变策略之一。我国一些大学对海归高层次人才采用的便是权变薪酬策略。

5. 混合型(组合)薪酬策略

所谓混合型薪酬策略,是指企业在确定薪酬水平时,根据职位类型或者员工类型来分别制定不同的薪酬水平决策,而不是对所有的职位和员工均采用相同的薪酬水平定位。譬如,有些公司针对不同的职位族使用不同的薪酬决策,对核心职位族采取市场领袖型的薪酬策略,而在其他职位族中实行市场追随型或相对滞后型的薪酬策略。

总而言之,对企业里的关键人员例如高级管理人员、技术人员,提供高于市场水平的薪酬,对普通员工实施匹配型的薪酬政策,对那些在劳动力市场上随时可以找到替代者的员工提供低于市场价格的薪酬。此外,有些公司还在不同的薪酬构成部分之间实行不同的薪酬政策。譬如在总薪酬的市场价值方面处于高于市场的竞争性地位,在基本薪酬方面处于稍微低一点的拖后地位,同时在激励性薪酬方面则处于比平均水平高很多的领先地位。

虽然有时在一些难度较大的工作上应用以上策略时还需要进行相应修改,但这五项策略一般仍可以适用于所有组织。策略选择部分地反映出经理的态度和动机,如果经理对公众的赞誉有较高的需求,领先者策略将会适用;否则,可能选择低薪策略。另一个因素反映的是企业文化和薪酬决策者的有关价值观,如果经理具有长远发展的需求,那么低薪策略不太可能欣然地被接受,但如果企业崇拜英雄主义和冒险主义,那么企业薪酬相应就比较高,相反,如果企业提倡安全性,可能会比较忽视薪酬。

另外两个影响薪酬水平策略选择的因素是:一个组织可以吸引和保留员工的程度和这个组织的支付能力。影响吸引和保留人力资源的因素包括:工作安全和福利水平、工作环境、雇主形象和名声。影响组织支付能力的一些因素包括:人力资源成本、公司的利润和公司所处的生命周期阶段。因为这些显著的因素,一些公司可能根据相应的劳动力市场情况采取权变薪酬策略。一些有关薪酬的主要策略决策在后面的章节会详细地分析。

(三) 薪酬调查

薪酬调查,就是通过一系列标准、规范和专业的方法,对市场上各职位进行分类、汇总和统计分析,形成能够客观反映市场薪酬现状的调查报告,为企业薪酬设计方面提供决策依据及参考。薪酬调查是薪酬设计中的重要组成部分,重点解决的是薪酬的对外竞争力和对内公平性问题,薪酬调查报告能够帮助企业达到个性化和有针对性地设计薪酬的目的。

1. 薪酬调查的目的

企业薪酬调查的目的非常多,一般来说,主要有以下原因:了解市场薪酬水平;调整薪酬水平;保持外部竞争力;优化薪酬结构;整合薪酬要素;确定人工成本标准等。如图 11-6 所示。通过薪酬调查,掌握了外部市场的薪酬情况,可以为企业薪酬决策提供依据,保持相对外部竞争者的优势地位,从而吸引高素质的人才。(见图 11-6)

2. 薪酬调查步骤

一般来说薪酬调查包括以下几步:第一步,确定薪酬战略,这包括企业采取的基本竞争战略和经营战略。第二步是选择调查对象,一般地说,可供调查的对象有六类:(1)同行业中同类型的其他企业;(2)其他行业中有相似岗位或者工作的企业;(3)与企业招聘同一类劳动力,可构成人力资源竞争对象

图 11-6 薪酬调查的目的

的企业;(4)本地区在同一劳动力市场上招聘员工的企业;(5)经营策略、信誉、报酬和工作环境比较接近的企业;(6)标杆企业。第三步是进行薪酬调查,这涉及调查的对象与调查方法。第四步是对薪酬调查的结果的处理、表达和应用。最后是根据调查结果对薪酬水平和薪酬结构进行调整。表 11-3 是薪酬调查的表格。

表 11-3　薪酬调查表格

1. 有关公司基本资料			
公司名称		公司性质	
行业属性		上年公司收入	
员工人数		公司地址	
2. 有关个人基本情况			
您的姓名		性别	
出生年月		学历	
专业		所在部门	
所在岗位		参加工作时间	
服务年限		在本岗位工作时间	
上次加薪时间		薪酬满意程度	
3. 有关个人收入情况			
基本薪酬	每月____元	岗位薪酬	每月____元
职务薪酬	每月____元	绩效薪酬	每月____元
年资薪酬	每月____元	通信补贴	每月____元
年终奖金	每年____元	年终分红	每年____元
交通补贴	每月____元	高温补贴	每月____元
防寒补贴	每年____元	出差补贴	每月____元
购车补贴	每月____元	劳保补贴	每月____元
工作餐补贴	每月____元	加班补贴	每月____元
生日补贴	每月____元	住宿补贴	每月____元
养老保险	每月____元	其他补贴	每月____元
失业保险	每月____元	医疗保险	每月____元
生育保险	每月____元	工伤保险	每月____元
住房公积金	每月____元	年金	每年____元
在职培训	每月____元	带薪休假	每年____元
其他说明			

3. 薪酬调查结果呈现

在进行完薪酬调查之后,要对收集到的数据进行处理和分析。在整理中要注意将不同地区、不同行业、同等岗位的不同调查内容进行处理。常用的方法非常多,也可以借助内容分析法,对内容进行编码,形成最后的结果。结果呈现可以采用四种方式。

(1)数据排列。例如可以将同行业的不同公司的数据进行排列,设计薪酬的高、中、低档,计算中值、75%分位和25%分位的薪酬值。如果采用领先于市场的薪酬策略,则要考虑75%以上,甚至90%点处的薪酬水平。

(2)频率分析。如果在薪酬调查时企业只能提供平均薪酬水平,而不能提供详细数据,则可以进行频率分析,了解企业薪酬的大体情况。

(3) 制图。可以利用 EXCEL、SPSS 等计算机软件制作直线图、圆柱图、饼形图和差异图。

(4) 相关和回归分析。可以利用统计软件 SPSS、SAS 等所提供的统计功能,分析两种或者多种数据之间的关系,找出影响薪酬水平、薪酬差异、薪酬结构、支付因素的主要因素,进而对本企业的薪酬体系进行预测和改进。

表 11-4 是 2005 年深圳五星级酒店的薪酬调查(服务员收入)。

表 11-4 基于 2005 年深圳五星级酒店的薪酬调查(服务员收入)

酒店名称	恒丰海悦	丹枫白露	富苑	圣廷苑	威尼斯	希尔顿彭年	香格里拉	平均值
下限	900	800	800	1 000	1 000	1 000	800	900
中数	1 100	900	900	1 100	1 250	1 200	900	1 050
上限	1 300	1 000	1 000	1 200	1 500	1 400	1 000	1 200

(四) 薪酬满意度与公平性

在设计整个薪酬体系时,组织必须关注员工认为的公平的薪酬体系。所有的员工不仅会拿自己的薪酬与单位内部的员工相比,还会拿自己的薪酬与外部同等岗位的薪酬水平相比。除此之外,他们也会拿自己现在的薪酬与过去的薪酬相比。当个人感知到图 11-7 所示比例不相等时,不公平的思想就会产生。亚当·斯密认为,决定报酬满意度的主要因素是员工的判断,即应该从工作中获得的收成(例如工资水平、增长幅度、激励、荣誉感和地位)。与其他同等的人相比,如果感到受到不公平待遇时,他们会找到一种解释以消除自己的不安,从而达到心理上的公平感。亚当·斯密(1965)认为,当员工发现组织不公正时,会有以下六种主要的反应:改变自己的投入,如降低产出或者减少工作时间;改变自己的所得,例如偷窃或受贿;扭曲对自己的认知;扭曲对他人的认知;改变参考对象,例如,与比自己差的人相比;改变目前的工作,如离职。公平与否的判定受个人的知识、修养的影响,即使外界氛围也是要通过个人的世界观、价值观的改变才能够使其产生作用。

$$\frac{产出或报酬_{自己}}{投入或贡献} = \frac{产出或报酬_{他人}}{投入或贡献} \qquad \frac{产出或报酬_{过去}}{投入或贡献} = \frac{产出或报酬_{现在}}{投入或贡献}$$

图 11-7 公平理论

因此,薪酬制度要有效发挥其作用机理必须有一个前提,那就是建立在公平的基础之上,使员工对薪酬感到满意。薪酬的公平性表现在三个方面:内部公平、外部公平和个人公平,在决策过程中则要考虑到分配公平、程序公平和互动公平。对这些公平的理解直接影响员工的积极性、忠诚度、认可度和工作绩效。

1. 外部公平

员工对薪酬的满意度会影响员工的工作效率。员工往往都喜欢拿薪酬来进行比较,会和外部同等职位进行比较,如果觉得拿得多了就会产生满意感,如果拿得少了,就会产生不满意感。另外,在选择企业的时候,报酬是很重要的选择因素,拿招聘企业的待遇和现在企业、选择企业进行比较,往往会选择薪酬较高的单位。外部公平性即是组织内部的报酬水平相对于外部报酬的公平性,它往往用于指导组织采取相应的报酬策略,是采取领先报酬策略、追随者报酬策略、滞后于劳动力市场的策略还是混合策略。

薪酬制度要定期进行薪酬调查,及时调整薪酬水平,保留、激励现有人员,吸引高素质的人才加入到队伍中来。在国内企业,外部人员在不了解企业的情况下,往往认为员工工资高的企业一定是好企业,所以很多工资高的企业往往汇集了一大批高素质的人才,工资低的企业汇集了一般人才,缺乏高素质人才,对企业的长远发展不是一件好事情。战略的实施需要一支能打仗的队伍,如果这支队伍都不合格,这仗可就岌岌可危了。

2. 内部公平

员工不仅仅喜欢和外部企业同等职位进行比较,还喜欢在内部进行比较,特别是和同等职位、同等职级的人进行比较,如果发现自己干得多,拿得少了自然就会不满意,如果干得少了,拿得和别人一样多,干得多的人也会不满意。"不患寡而患不均"的平均主义的思想对企业来说是一个非常具有伤害力的不好现象。很多企业绩效评估无法推行,其中一个很重要的原因就是平均主义思想在作怪。所以,我们对价值评价一定要科学,价值贡献大的人拿得自然就多,价值贡献小的人拿得自然就少,贡献越大拿得越多,只有把差距拉开,才有激励作用。当然前提就是建立职位评估系统和绩效系统,分配的依据要能够说服员工,否则,适得其反。在战略的实施过程中,必然要及时论功行赏,只有解决了内部公平性的问题,才有意义。

3. 个人公平

个人公平是指员工对同一组织中从事同一工作的个体间的工资差别的感觉。由于支付薪酬的方式不同,个人对公平的感知也会不同。

一般来说,以资历作为基础的支付方式比较普遍。它考虑随着工作经验的增加而增加工资,并不与绩效相关联。这种支付方式对于维持员工的稳定和情绪,特别是中年以后的员工有非常重要的作用,但对于新员工来说是一种压抑。他们可能必须等到一定的年限才可以达到某种限度的工资,从而影响他们的积极性。这种工资体制由于不鼓励绩效高低,有可能鼓励绩效很差或者绩效不合格的员工留在组织。员工们可能感到程序上不公平,产生的不公平感比其他付酬方式更大。

一些企业可能以绩效为基础支付薪酬,通过薪酬或者激励计划鼓励员工更加努力,完成更多的任务,从而获得更多的报酬。基于绩效的支付方式包括工资浮动机制和长期激励计划,如利润分享、股票期权等。基于绩效的付酬机制的个人公平性感知主要取决于企业的反馈机制。如果员工感觉企业的反馈过程不透明、有偏见、系统规则错误,员工从程序、互动和结果上都会感觉到不公平。

基于技能和能力的工资体制也颇受欢迎,因为很多的技能、智力、知识和创造力都可以进行测试,而且与组织长期战略是一致的。基于技能和能力的工资体制不仅支持员工终身学习新技能、新知识,对于组织和个人的长远发展具有明显的推动作用。组织必须将评估的技能和战略目标相结合,通过导向性指引,引导员工学习与组织战略及其目标相一致的技能。这种方法的正确运用有助于整个组织的素质提升,也为员工未来的职业发展奠定基础。但是,这种工资体制也有其缺点,如果目标导向不明确,员工学习的新技能可能不能适应组织发展。而且,由于企业对技能的评估往往是已经过时的技能,如果组织降低工资,也会引发员工的不公平感觉。

以团队为基础的工资体制,鼓励员工的合作与灵活性,提倡员工遵循团队规则,强调团队凝聚力。这种工资体制往往以团队的整体利益和绩效为基础,评估的是团队的整体绩效。团队绩效一方面可能会引起不同团队之间的恶性竞争;另一方面可能对团队内比较突出的员工产生规范压力,枪打出头鸟,对绩效杰出的个体产生巨大压力。较强的团队价值观和凝聚力,也可能促使"搭便车"现象的产生,因而绩效高的员工可能感觉分配不公平。

为了了解员工对薪酬的公平感知和满意情况,企业应采取薪酬满意度调查。薪酬满意度调查是为了满足员工对薪酬公平性的要求所进行的调查。员工实际获得的报酬与他们知道的其他人获得报酬之间的差距,通常是其产生满意或者不满意的直接原因。员工对薪酬产生不满意通常来自六个重要的判断。

(1) 员工的期望与实际获得的报酬之间的差距。当员工进入企业时,他们是带着非现实的期望走进企业。如果他们的期望与组织的支持产生极大的差距,他们就会感到"震惊"(shock),引发的后果是抗议、忠诚、服从、沉默、蔑视或者离职。

(2) 比较工作结果与他们实际所获的差距。员工的认知参照框架的不同,其所感知到的差距也不同。员工可能将自己现在的所得与付出与过去相比,也可能与自己的同事或者朋友相比。参照框架的不同,认知的落差也不同。

(3) 过去存在获得更高报酬的期望。员工受早年生活的影响,形成一种自我概念和认知图式。在进入企业早期,这种自我概念和认知图式与组织要求进行互动,当感知到期望与实际获得产生落差时,有可能出现认知失调。

(4) 对将来所获得报酬的低期望。收入的周期理论表明,年轻的时候储蓄得少消费得多,因此消费倾向大,如果有社会保障系统的话影响不大;随着年龄的增长,储蓄增多,消费倾向减小,此时如果有社会保障系统则会增加消费也就是消费倾向增大。对未来预期所获报酬的减少,促使员工加大对现在收入的期望。

(5) 认为应该拿到的报酬要比实际的高。人们总是过高估计自己的能力,而过低估计别人的能力。所以当评价自己的报酬时,他们总是认为比现在应该获得更高的报酬。

(6) 感到他们个人并不对差的绩效负责。员工会质疑企业的评估系统的正确性和公平性。

通过薪酬满意度调查可以了解员工薪酬满意的真实情况,以利于企业对包括薪酬福利水平、薪酬福利结构(比例)、薪酬差距、薪酬决定因素、薪酬的调整、薪酬的发放方式等进行决策。此外还可以了解员工对工作环境、工作气氛、工作时间和工作条件等的非货币化报酬的满意情况,化解员工不满意危机。

三、薪酬结构设计

(一) 薪酬结构的内涵

在前面,我们集中讨论薪酬水平及其设计。薪酬水平主要是指不同企业之间的工资水平差异,而薪酬结构则是指同一企业内部基于不同类型、不同岗位、不同水平的工作或技能之间存在的工资差异,主要是一种纵向的等级关系,包括薪酬等级的数目、薪酬级差、等级区间以及级差决定标准。广义的薪酬结构则包含薪酬组合,即不同薪酬形式之间的比例关系,如基本薪酬、奖金、福利之间的比例关系。

不同的薪酬结构往往会对企业的薪酬战略及其他人力资源职能产生显著影响。一个完善的薪酬结构可以为员工支付提供客观标准,为其他薪酬形式建立平台,也为建立组织内部公平性提供依据,激励员工在特定的、目标位导向的行为上采取行动。

(二)薪酬结构的类型

薪酬结构类型主要有四种:以岗位为基础的薪酬结构、以绩效为基础的薪酬结构、以技能和胜任力为基础的薪酬结构以及以市场为基础的薪酬结构。此外,由于企业所处的外部环境的不确定性,以及内部临时需要,会对薪酬结构做出特殊的处理,形成组合型的薪酬结构。

1. 以岗位为基础的薪酬结构

图 11-8 展示了以岗位为基础的薪酬结构,它表示的是以薪酬等级为技术方法建立起来的集合表达方式。薪等制建立起来的薪酬曲线是阶梯式的。这是因为在某一特定薪酬区间,薪酬水平相邻的员工的薪酬差异可能不大,但不同等级的员工的薪酬的差异可能比较大。不同曲线代表了岗位评价的分数(岗位等级)和报酬范围(该岗位可以得到的最低和最高价值)。一般来说,一条曲线包含几种岗位,如副总经理这条曲线,可能代表了不同性质的职位,如人力资源副总经理、财务副总经理、生产副总经理等。不同的企业可以根据统一层次设置工资,分别从 1 级到 8 级。如副总经理级别是一致的,但工资可以从 1 级到 8 级,譬如,很多企业的营销副总裁的工资高于其他副总裁的工资。不同的曲线代表了不同的层级,最上面的曲线代表最高的工资,而下面的曲线代表了最低工资。

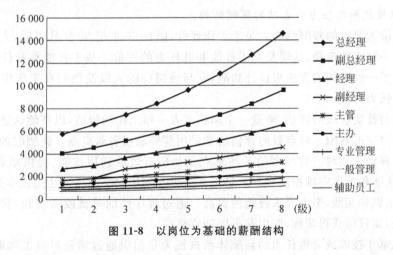

图 11-8 以岗位为基础的薪酬结构

一般来说,同一薪酬水平的员工的薪酬差异在 10% 左右,而不同层次的员工的薪酬差异则为 30% 左右。如同一水平的财务经理和人力资源经理薪酬可以取经理这一水平的1~8级,每级相差10%左右,而经理和副经理之间的差异可以达到30%左右。

以岗位为基础的薪酬结构类别,以所完成的工作和市场为基础,体现的是岗位价值,对价值的量化按照职位等级进行,通过对岗位价值的评估,转化为对应的薪酬。对点数的评估通常采用薪等制或者薪点制。薪酬的加减主要通过职位的移动来实现,管理者关注的重点是员工与工作的匹配、晋升与配置,通过工作、薪酬和预算控制成本。员工关注的焦点则是通过寻求晋升而不是绩效达标来挣到更多的薪酬。员工薪酬取决于所担任的职务的重要程度、任职要求的高低以及劳动环境等。基本工资、岗位工资、职务工资等都属于这种薪酬结构。

以岗位为导向的薪酬结构具有明显的优点。

(1) 它体现了同工同酬原则,不管员工的技能、年龄、性别、教育等方面是否存在差异,只要在同样的岗位上从事同样的工作,将获得同样的报酬。

(2) 操作比较简单,管理成本较低。可以采取诸如排序法、强制分布法、因素分析法进行分析,操作简单,易于被人接受。

(3) 与岗位挂钩,实际也体现了能力和技能的一个方面。高层岗位往往也体现了员工的人际交往能力、交流能力、知识、专业能力等。采用此种方法实际上综合考察了员工的素质,因此有利于激励员工的积极性。

同样,以岗位为导向的薪酬结构具有的缺点也非常明显。

(1) 无法反映在同一工作岗位上的工作员工的技术、能力和绩效的差别。

(2) 根据彼得原理,由于企业的职位是有限的,如果员工上升到力不能及的岗位,而薪酬依然较好,将影响其他员工的积极性。

(3) 由于员工的薪酬不是基于能力和绩效,在企业内可能形成官僚气氛,不重视绩效而重视人际关系。

庞大的科层体系和臃肿的组织结构可能是实现以岗位为基础的薪酬结构的障碍。如果岗位可以明确规定彼此职责,实行这种薪酬结构将有助于企业的稳定和发展。

2. 以技能和胜任力为基础的薪酬结构

以岗位为导向的薪酬结构立足于工作评价,而在20世纪90年代以后,人力资源管理者有了一种新的选择,这便是基于技能和胜任力的评价。基于技能和胜任力的薪酬结构提供了一种不同的方法来设计薪酬,它与该岗位的人以及他们在工作中表现出的技能和胜任力有关。

通过对技能板块的评估,衡量一个岗位或者一项工作的价值,以技能认证及市场定价转化为对应的薪酬。对点数的评估通常采用薪等制或者薪点制。薪酬的加减主要通过职位的移动来实现。管理者的关注重点是如何有效地利用技能、提供培训、通过培训、技能认证和工作安排控制成本。员工在这种薪酬导向下不再关注岗位本身,他们通过学习、培训和实践,努力寻求技能的提高。通过程序性的考试或者实践,获得相关的技能认证,如教师获得职称,医生获得医师资格等。

引入基于技能或者胜任力的薪酬体系被视为是组织通过增强对员工离职的干预,提高其工作满意度、自尊、自信和成就感,并通过工作转换和技能的丰富化使其技能在更大的范围内得到锻炼和发展,从而保持员工的稳定性。基于技能的薪酬结构体系还被认为能够对员工变化的心理契约问题做出反应。在人均 GDP 超过 1 000 美元的国家,终生就业已经成为明日黄花。在很多情况下,组织也不可能提供传统的无限上升的职务路径。组织只有通过不断提供培训、学习、增加技能的机会带来双方发展基础上的竞争优势和增加收入的机会。当然基于技能的薪酬结构导向,往往也被员工认为是公平的、透明的、更加简化的体系。

以技能为导向的薪酬结构具有明显的优点。它有利于员工提高技能、能力以及知识的深度和广度,对高技能、高能力和具有高学历的知识型员工的保留起到非常重要作用。但它也同样存在缺陷,譬如在薪酬设计的每一个阶段,设计、引入、过渡、运行、维持和消亡都会存在困难。另一方面,企业对于何种技能的导向非常难以确定,如果所评估的技能是 A,而报酬是 B,企业和员工将会双双受损。基于技能的薪酬体系的变动也是一个值得考虑的问题。企业对技能的需要往往依赖于外部环境和组织战略,如果这种技能培训需求变得滞后,那么支出的工资成本将得不偿失。

3. 以绩效为基础的薪酬结构

绩效薪酬,又称绩效加薪、奖励工资(merit pay)或与绩效评估挂钩的工资(pay-for performance),常用来指将绩效和工资连接起来,目的在于激励人们更好地工作。绩效薪酬的基本原则是通过激励个人提高绩效从而促进组织的绩效。通常,员工和组织在战略目标的指引下会达成一个双双认同的目标,而绩效薪酬的作用就是指引员工朝着这个目标努力。基于绩效薪酬的假设是:人们的绩效薪酬是可以度量的;个人间的绩效区间是明晰的;提高工资可以预见个人绩效也会提高;个人绩效对组织绩效有贡献。

薪酬在影响工作选择、工作搜寻及保留员工方面发挥效应,同样也可能是为了对员工期望获得高工资做出回应。Locke 等人的研究发现,在货币化激励、目标设置、参与管理与工作丰富化的四种激励技术中,货币化激励的效应最为显著,带来的最大的绩效改进的中位值是 30%,而其他三项并未超过 20%。其他的一些研究与实践也发现,货币报酬对员工的绩效起到非常重要的作用。相应来说,薪酬对绩效的正向作用表现在两个方面:一是对于员工直接的奖励效应取决于获得薪酬的可能性及其数额,而这些特质会影响员工是否付出努力、坚持不懈地工作;二是不同的工资基础,如效益工资、收益分享(gain sharing)可以影响工作申请人及在职员工的去留,对绩效产生间接影响效应。采用个人奖励体系或者团队奖励制度,提供基于绩效的高额工资,不仅对吸引、选择保留员工起到积极作用,也有效地改进员工素质,提高绩效。

绩效薪酬制度的前身是计件工资,起源于福特所采用的效率工资制,但它不是简单意义上的工资与产品数量挂钩的工资形式,而是建立在科学的工资标准和管理程序基础上的工资体系。它的基本特征是将员工的薪酬收入与个人绩效挂钩。绩效是一个综合的概念,比产品的数量和质量的内涵更为宽泛,它不仅包括产品数量和质量,还包括员工对企业的其他贡献。企业支付给员工的绩效薪酬虽然也包括基本工资、奖金和福利等几项主要内容,但各自之间不是独立的,而是有机地结合在一起。根据美国 1991 年《财富》杂志对 500 家公司的排名,35% 的企业实行了以绩效为基础的工资制度,而在 10 年以前,仅有 7% 的企业实行这种办法。研究清晰地显示,正式使用绩效管理系统的公司财务表现要明显优于未使用的公司,同一公司执行正式绩效管理系统比没有执行前的效果也更好(见图 11-9)。

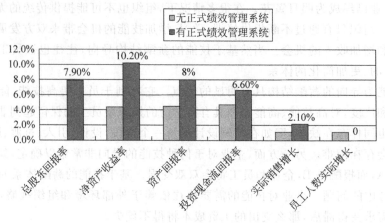

图 11-9 财务状况对比分析

资料来源：中国经营报，2004 年 8 月 30 日，B6 版。

以绩效为导向的薪酬结构具有明显的优点：它将个人的收入同其本人的工作绩效直接挂钩，会鼓励员工创造更多的效益，同时又不增加企业的固定成本；严格的、长期的绩效薪酬体系是一种有效的方法，让公司不断改进员工的工作能力、工作方法，提高员工绩效；这种方法使绩效好的员工得到了奖励，同时也能获取、保留绩效好的员工。

绩效薪酬的缺点也非常明显。首先，绩效薪酬鼓励员工之间的竞争，破坏员工之间的信任和团队精神。员工之间会封锁信息，保守经验，甚至可能会争夺客户。对那些一定需要团队合作才能有好的产出的企业，这种方法就不适用；其次，为特定工作制定绩效标准可能也会遇到问题，绩效薪酬鼓励员工追求高绩效，如果员工的绩效同组织(部门、公司)的利益不一致，就可能发生个人绩效提高、组织绩效反而降低的情况。

企业决策层在决定是否采纳绩效薪酬时，应该考虑的问题是：绩效薪酬制度是否有违组织的宗旨？绩效标准是否符合组织的战略利益？绩效评估会不会扭曲，是否能提高企业的绩效？只要方案合适，绩效薪酬确实能给企业带来好处。

4. 以市场为导向的薪酬结构

市场工资制是根据劳动力市场的价格确定企业的薪酬水平，根据地区及行业人才市场的薪酬调查结果，来确定岗位的具体薪酬水平。至于高于、等于或是低于市场水平，要考虑企业的盈利状况及公司的战略目标和人力资源战略。市场工资制主要关注外部的竞争性，着眼于组织在劳动力市场上的吸引力，强调的是按市场上各类人员的价格来支付本组织内各职位相对价值的大小。在 NBA 有一条支付准则，如果有另外一家俱乐部能够支付某种水平的工资，为了留住球员，俱乐部必须跟随这种工资。

市场工资是基于市场价格对员工的价值进行评估，经济学家对市场工资理论作出了最好的解释：市场将迫使企业提供总体吸引力基本相同的工作，并且工作吸引力的短期差异将在长期不存在。劳动者寻求总体效用最大化与企业寻求价值最大化有一个交点，这个交点便是市场均衡工资。对于某些不令人愉快的工作、更有难度的工作、学习成本较高的工作、没有保障的工作、工作条件差的工作、环境恶劣的工作、高度责任心的工作,较高的工资补偿将会缓冲员工的不满意。有保障的工作、较愉快的工作、难度不大的工作、环境较好的工作可以接受较低的工资。市场经济供求关系决定价格的基本规律也适用于员工的工资模式,人才资源的稀缺程度在很大程度上决定了薪酬的水平。

实施以市场为导向的薪酬体系,一是企业要有一定的岗位管理基础。如果不能界定岗位的职责或者技能等级的含义,则很难和市场标准职位的薪酬水平进行比较;二是要准确进行市场薪酬调查。实行以市场为导向的薪酬体系有非常多优点:一是企业可以通过薪酬策略吸引和留住关键人才;二是企业也可以通过调整那些替代性强的人才的薪酬水平,从而节省人工成本,提高企业竞争力;三是参照市场定工资,长期会容易让员工接受,降低员工在企业内部的矛盾。当然其缺点也非常明显:一是市场导向的工资制度要求企业有良好的发展能力和盈利水平,否则难以支付和市场接轨的工资水平;试想如果公司 A 和 B 处于同一个行业中,公司 A 的劳动成本比公司 B 高 10%,如果二者的劳动成本均占总收入的 40%,则 A 公司的产品价格高于 B 公司 6%。产品价格的约束导致工资处于竞争劣势;二是员工要非常了解市场薪酬水平,才能认同市场工资体系,因此,这种薪酬模式对薪酬市场数据的客观性提出了很高的要求,同时,对员工的职业化素质也提出了要求;三是完全按市场付酬,企业内部薪酬差距会很大,会影响组织内部的公平性。表 11-5 比较了四种薪酬结构的差异和优、缺点,这表明企业必须根据外部环境和自身情况设计相应的薪酬结构。

表 11-5 四种薪酬结构的对比分析

薪酬结构	岗位工资	能力工资	绩效薪酬	市场工资
薪酬决定	岗位的整体价值	员工拥有的知识和能力	员工的绩效	劳动力市场供求关系
管理者重点	员工与岗位匹配	员工技能提升与考察	绩效标准与绩效指标	准确的薪酬市场调查
员工重点	晋升	提升技能和能力	绩效提升	讨价还价
薪酬增长	工作资历、绩效	知识、技能和能力	绩效提升	市场供求关系
培训作用	是工作需要而非员工意愿	提升技能的必然	提高绩效和素质	—
员工晋升	需要工作空缺	能力所及	绩效高	市场紧缺
绩效评估	岗位价值	员工能力	工作绩效	市场稀缺
优点	同岗同酬	鼓励员工发展有关广度和深度的技能	激励效果明显,节约人工成本	竞争性强,操作简单
缺点	灵活性差,官本位思想	技能评定复杂,能力界定困难	助长短期行为,破坏团队气氛	缺乏内部公平性

四、岗位评价与薪酬设计

岗位评价理论又称职位评价或工作评价,薪酬专家通过岗位评估系统确认各种工作的相对价值。与工作分析不同,岗位评价是一种系统地测定每一岗位在其组织内部价值结构中所占位置的技术。它以岗位职责和任务在整个工作中的相对重要程度的评估结果为标准,以某具体岗位在正常情况下对任职者的要求进行的系统分析和对照为依据,而不考虑个人的工作能力或在工作中的表现。常用的岗位评价方法主要有:排序法、点数法、分类法、因素比较法四种,比较如表 11-6 所示。

表 11-6 岗位评估方法的比较

比较基础	分析单位	
	整个岗位(定性分析)	岗位部分因素(定量分析)
岗位与岗位	排序法	因素比较法
岗位与标准	分类法	要素计点法

(一)排序法

排序法是在不对工作内容进行分解的情况下,由评定人员凭着自己的经验和判断,将各工作岗位的相对价值按高低次序进行排列,从而确定某个工作岗位与其他工作岗位的关系。这是一种定性的评估方法,常用的排序方法有简单排序法、配对比较法、交替排序法。

简单排序法是依据一个简单的标准,如工作环境、工作强度、工作复杂性或者对组织战略的影响等,对所有的岗位进行高低排序。这种方法通常在比较小的公司使用。在工作岗位比较复杂的公司往往很难进行。而且很难断定一个评价 96 分的员工就比一个评价 94 分的员工更强。因此,组织在采用简单排序法时,可以考虑划分一个分数段而不是一个特定的分数来进行评估。

配对比较法也称相互比较法,就是将所有要进行评价的岗位列在一起,两两配对比较,其价值较高者可得 1 分,最后将各岗位所得分数相加,分数最高即等级最高,按分数高低将岗位进行排列,即可划定岗位等级。通过计算平均序数,便可得出岗位相对价值的次序。配对比较法适用于较小的企业,或者发展初期的企业。企业规模越大,越难于比较。对具有 100 个以上岗位的企业,至少需要比较 4 950 次($n(n-1)/2$)。

交替排序法,是根据绩效考评要素,将员工从绩效最好到最差进行交替排序,最后根据序列值来计算得分的一种考评方法。这种方法的倡导者认为,在一般情况下,从员工中挑选出最好的和最差的,要比对他们绝对的绩效的好坏差异进行评分评价要容易得多。因此,这种方法在西方企业的员工绩效评价中运用得也很广泛。

但谁是最好,谁是最差,仍完全由上司凭其主观判断来选定,这为上司凭主观喜好评价留下了空间。主管面对的是具体的个人,他个人的利益、情感和偏好不可能不掺杂到这种优劣评价中去。被评为差的员工往往是新来的、关系不好的员工,被评为优秀的员工往往是关系好的、老员工。

(二)分类法

分类法又称套级法,是对排列法的改进。它是在岗位分析的基础上制定一套职位级别标准,然后将职位与标准进行比较,将它们归到各个级别中去。它实际上是将简单排序法进行改进,将一系列岗位设定为一个区间,对应一个等级。其工作步骤为:(1)岗位分析;(2)岗位分类;(3)建立等级结构和标准;(4)岗位测评排列。计算机类岗位进行工作分类如表11-7所示。

表11-7 计算机岗位分类

级 别	岗 位 内 容
第一级	简单工作,没有监督责任
第二级	简单工作,没有监督责任,团队卷入
第三级	中等复杂性的工作,没有监督责任,有团队责任
第四级	中等复杂性的工作,有监督责任,团队授权
第五级	复杂性的工作,有监督责任,团队领导

分类法的优点为:(1)比较简单,所需经费、人员和时间相对较少。在工作内容不太复杂的部门,能在较短时间内得到满意结果;(2)因等级标准的制定遵循一定依据,其结果比排列法准确、客观;(3)出现新工作或工作变动时,容易按照等级标准迅速确定其等级;(4)应用灵活,适应性强,为劳资双方谈判及争端解决留有余地。分类法的缺点为:(1)岗位等级的划分和界定存在一定难度,带有一定主观性;(2)较粗糙,只能将岗位归级,但无法衡量职位间价值的量化关系,难于直接运用到薪酬体系中。

(三)因素比较法

因素比较法是有一定计量性的工作评价方法,它是选择多种报酬因素,然后按照每种因素分别排列一次,再根据每种报酬因素得到的评价结果设置一个具体的报酬金额,最后计算出各种工作在各种报酬因素上的报酬总额并把它作为这种工作的薪酬水平。和点数法不同的是,它没有一个基准点,而且使用的量表不是基于点数而是基于因素的比较。常用的五种通用的因素包括:

(1)责任:该岗位的钱、人力资源以及上级责任等;

(2)技能:在该岗位上所需要的相应的知识、协调性和技能;

(3)身体:做、站、走、跑、举、移动速度等;

(4)智力:智商、问题解决能力、推理能力和想象能力;

(5)办公条件:噪音、温度、危险、整洁等。

因素评估法具有许多优点和缺点。其中一个优点是采用逐步正式的评估,评价结果较为公正。其次通过对不同因素的评估,将其定量化为薪酬。如果选用的因素较少,就会简化评价工作的内容,缩短评价时间。因素评估法的缺点非常显著:各影响因素的相对价值在总价值中所占的百分比,完全是考评人员的直接判断,这就必然会影响评定的精确度。其次,操作起来相对比较复杂,而且很难对工人们做出解释,尤其是给因素注上货币值的时候很难说明其理由。

岗位价值评估的方法很多,主要用于内部一致性或者说对内部公平性的评估。作为内部一致性评估方法,也有其显著的缺陷性。内部一致性薪酬体系会降低公司对竞争者变化反应的灵活性和灵敏度。工作分析和价值评估结构化了岗位体系,要想在一段时间进行快速变化几乎是不可能的。另外,它往往导致官僚作风和裙带关系的蔓延,员工的薪酬取决于所设计的岗位,如果员工能力过剩,也不会得到相当的工资。最后,评价的主观性也导致员工依据上级主管办事而不是依据绩效办事,这不仅会造成恶劣的官僚气氛,也会对组织吸引新员工造成冲击。

伴随着科学技术的进步,人们的思想观念也发生了很大的变化,与此同时,对薪酬的设计也提出了严峻的挑战。薪酬设计日益走向人性化的特点,以采用宽带薪酬、自助式福利、及时支付工资和长期激励、强调胜任力基础为主的薪酬机制等,将逐步取代传统的以职位为基础的薪酬模式。人们有理由相信,未来的某一天,企业将采取按需分配的薪酬模式,工作不再是一种谋生手段,是人们集合、交流、娱乐和发表"我有一个梦"的理想宣言的场所。

(四) 要素计点法

要素计点法是一种定量评估岗位价值的方法,这是一种运用最为普遍的方法。通过将构成工作或岗位的付酬因素进行分解,对每种因素赋予权重和点数,计算总的点数和及其在总体点数中的百分值,从而得出岗位价值的一种方法。这种方法是先选定若干关键性评价要素,并确定各要素的权数,对每个要素分成若干不同的等级,然后给各要素的各等级赋予一定分值,这个分值也称为点数,最后按照要素对岗位进行评估,算出每个岗位的加权总点数,便可得到岗位相对价值。利用这种方法必须注意准确选择因素和度量每种因素的点数。美世公司采用 7 种通用因素和 16 种分类因素对岗位价值进行评估,如表 11-8 所示。

表 11-8 岗位评估表

	岗 位 名 称										
	因 素		程度	点数	程度	点数	程度	点数	程度	点数	程度	点数
1	组织的影响	组织规模										
		影响力										
2	管理	下属种类										
		下属人数										
3	职责范围	工作多样性										
		工作独立性										
		业务知识										
4	沟通	能力										
		频率										
		内外部										
5	任职资格	教育背景										
		工作经验										
6	问题解决	操作性										
		创造力										
7	环境条件	环境										
		风险										
	总分											

通常要素计点法采取以下几步：(1)选择基准岗位；这些岗位可能包含一些代表性的工作；(2)确定评价因素；(3)确定评价因素的级别；(4)确定评价因素的重要性(权重)；(5)定义评价要素，划定要素等级；(6)各评价要素等级的点数配给；(7)评价所有岗位。

要素计点法的优点为：(1)主观随意性较少，可靠性强；(2)相对客观的标准使评价结果易于为人们接受；(3)通俗，易于推广。

要素计点法的缺点为：(1)费时，需投入大量人力；(2)评价要素定义和权重的确定有一定技术难度；(3)不完全客观和科学，要素的选择、等级的定义和要素权重的确定都有一定的主观因素。

第三节 福　　利

一、什么是福利

对于企业的员工而言，福利是员工的间接报酬，狭义福利仅指组织为员工提供的除工资和奖金之外的任何物质待遇。广义的福利包含三个层次：一是作为一个合法的公民有权享受政府提供的文化、教育、卫生、社会保障等公共福利和公共服务；二是作为企业成员可以享受的企业兴办的各种集体福利；三是指员工工资、现金奖励之外的，企业为员工提供的实物和服务等福利形式。

从主体意义上来说，福利是企业的一种边缘薪酬，与核心薪酬以及绩效薪酬、知识工资和激励薪酬不同，它不是以对企业做出多少贡献为依据，它是为员工提供基本的生活收入，而不论员工实际绩效如何。

福利几乎适用于所有的员工，而奖金则只适用于高绩效员工。福利的内容很多，各个企业也为员工提供不同形式的福利，但可以把各种福利归为以下几类：补充性工资福利、保险福利、退休福利、员工服务福利。

目前的趋势是福利在整个报酬体系中的比重越来越大。

二、福利内容

福利的内容很多，现行员工福利的内容大体可以分为四个部分。

(1) 为减轻员工生活负担和保证员工基本生活而建立的各种补贴制度。如员工生活困难补贴、冬季员工宿舍取暖补贴、独生子女费、托儿费、探亲假路费、婚丧嫁待遇、员工丧葬补助费、供养直系亲属抚恤费、员工病伤假期间救济费、员工住房补贴等；

(2) 为员工生活提供方便而建立的集体福利设施。如员工食堂、托儿所、理发室、浴室等；

(3) 为活跃员工文化生活而建立的各种文化、体育设施。如图书馆、阅览室、体育活动场所等；

(4) 兴建员工宿舍等。

我国员工福利的发展相对于世界上发达国家来说，还处于初级阶段，在计划经济时期，主要是以企业统包的形式进行，企业就是一个小社会，容纳了包括幼儿园、小学、食堂、医疗、喜事和葬礼等在内一切工资和奖金之外的待遇。在向市场经济的转型过程中，货币化福利逐渐取代非货币化福利，如补贴、津贴、困难救济金、年终奖励，但由于缺乏差异性和个性化，无法起到真正的激励作用。随着市场经济的进一步发展，福利的形式也变得多种多样。最为常见的福利形式有四种：法定福利、个人福利、有偿假期和生活福利。

（1）法定福利。法定福利主要涉及社会保障和社会保险方面的内容，是政府以立法的形式，强制要求用人单位必须提供的福利待遇。如图11-10所示，主要有养老保险、失业保险、工伤保险、医疗保险等。

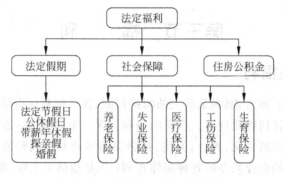

图 11-10 我国员工法定福利组成

（2）个人福利。个人福利方面，不同企业提供不同的福利，主要基于企业战略目标及实际能力。主要有提供员工住房或住房补贴；提供交通接送或交通补贴；组织公司旅游；或提供疗养机会；节日礼物或优惠实物分配；家庭特困补助；家庭红白事慰问金、抚恤金；工伤残疾、重病补助；娱乐或体育活动；本企业股份、股票或期权优先权等。

（3）有偿假期。有偿假期是指员工在有报酬的情况不来上班工作时所获得的一种福利。如一些学校的教授学术休假制度。主要包括带薪培训或教育补助；疗养期间的工资；旅游时的工资等。

（4）生活福利。生活福利是组织为自己的员工提供的一些生活设施和服务。如法律顾问；心理咨询；家属安排；托儿所、托老所；免费午餐、员工食堂或伙食补助；卫生设施；娱乐设施、体育设施；图书馆等。

三、福利的战略含义

福利必须被视为全部报酬的一部分，而总报酬是人力资源战略决策的重要方面之一。从管理层的角度看，福利可对以下若干战略目标做出贡献：协助吸引员工；协助保持员工；提高企业在员工和其他企业心目中的形象；提高员工对职务的满意度。

与员工的收入不同，福利一般不需纳税。由于这一原因，相对于等量的现金支付，福利在某种意义上来说，对员工就具有更大的价值。

传统的福利往往大同小异，所有的员工都享受同样的、没有差异的福利，这在一定程度上对员工的稳定性具有积极作用，但企业往往吃力不讨好。现代企业逐步采用弹性福利,员工可以根据自己的爱好和家庭实际情况采取自助式选择。企业利用福利套餐,推出不同的福利组合形式供员工选择。微软公司的福利体系独具特色,包括员工股票购买计划、舒适的办公环境、生日祝福、家人体验日、体育锻炼卡等。这种福利组合为员工提供了合适的福利选择。

每个组织的福利目标是不一致的,但无论如何,组织在进行福利管理时,必须符合长远发展目标,满足员工的特定需求,并符合组织的薪酬策略,在此基础上能够激励大部分员工。领先市场的薪酬策略的企业可能考虑优于其他企业的福利计划,而采用滞后于市场的薪酬策略的企业则可以在保持福利总额不变的基础上灵活地对福利进行组合。对于一些特殊人才的福利,也可以进行额外考虑,如解决配偶工作,提供住房等,以吸引高素质人才来到企业。

第四节 薪酬与战略的匹配与整合

战略性薪酬随着战略人力资源管理的发展逐步被人们所认识,较早引入战略性薪酬研究的是 Gomez-Mejia 等人,他们认为薪酬战略的理论基础是权变理论,即薪酬战略要根据环境的变化,尤其是企业战略的变化而变化。此后,众多的学者开始对企业薪酬战略进行研究。

战略薪酬管理是指利用薪酬工具来适应内外部环境的变化,同时协助企业战略的制定与实施。战略性薪酬不仅仅对员工的贡献做出酬报,还将企业愿景、目标价值观通过符号转化系统变为实际的行动方案。

这里要求企业的薪酬决策必须与其战略目标相匹配。常见的主要薪酬战略问题如下。

(1) 企业如何确定与市场相适应的薪酬水平。在组织进入某种行业或者领域之后,它还必须决定如何在产品市场中展开竞争,以获取利润,这涉及经营战略决策问题,Porter、Miles 和 Snow(1978)对此都有论述。与此相对应,尽管公司的经营战略决策主要与战略形成有关,除非战略计划得以成功实施或者执行,否则一项好的计划也不会带来价值增值,往往这些需要功能性的职能来完成,薪酬便承担了这一职能。

(2) 努力平衡固定薪酬和变化薪酬之间的关系。如果企业谋求稳定性,固定薪酬可能占有较大比例,但如果企业处于新创期和高速发展期,变化的薪酬可能非常重要。企业可以通过固定薪酬来稳定员工,通过合理匹配变动薪酬来激励员工。

(3) 决定使用个人报酬还是团队报酬。企业必须知道,工作动力来自于个人而不是团队,技能、行为和态度的开发是通过个人,而不是团队进行。如果要进行公平的报酬,并不意味着吃大锅饭。启动团队报酬必须明确团队中个人的责任,同时激励团队的凝聚力和价值观。

(4) 确定货币报酬与非货币报酬的比例。由于福利并不需要征收税收,而现今报酬需要支付税收,所以一般员工更愿意企业支付福利等非货币报酬。

(5) 通过开发有效的薪酬体系,带来高工作绩效。以建立支付个人和团队薪酬相结合的薪酬体系为目标,通过个人价值(知识、技能和素质)以及团队协作、团队精神来进行付酬,而不是基于岗位进行付酬。

(6) 主要任务是为了吸纳、维系、激励和开发优秀资源。传统的报酬系统是稳定、长期固定的、非激励性的,现代企业应该从吸引、选择、淘汰(ASA)、激励、开发等方面,建立一个有机的薪酬管理系统。

要完成上述目标,必须考虑薪酬管理与企业战略及其资源相匹配的问题。这涉及报酬政策与企业战略纵向匹配(即与公司战略和经营战略的匹配)、报酬政策横向匹配(即报酬与人力资源其他职能的匹配),以及薪酬政策各个不同维度之间的匹配(如薪酬与福利之间的匹配)。在研究薪酬的整合问题时,人们更喜欢用内部匹配与外部匹配,我们这里用纵向匹配和横向匹配来称谓。

一、纵向匹配

在第四章,曾经提到企业战略匹配需要将企业的人力资源与总体要素进行匹配,也即人力管理必须与企业的价值观、理想、文化,战略与制度,以及操作与实践保持一致。人力资源管理受企业价值观、理想和文化、战略与制度的影响,也必然影响作为人力资源管理实践职能之一的薪酬政策。因此,在本部分,我们主要探讨组织文化、企业经营理念和生命周期以及组织战略与薪酬政策的关系。

(一) 组织文化与薪酬政策

企业的薪酬政策在纵向整合上受到其组织文化和经营理念的影响。广义组织文化是指企业在经营和发展中形成的物质文明和精神文明的总和,包括组织管理中的硬件和软件,外显文化和内隐文化两部分。具体地说,组织文化是指组织全体成员共同接受的价值观念、行为准则、团队意识、思维方式、工作作风、心理预期和团体归属感等群体意识的总称。经营理念即是系统的、根本的管理思想,管理活动都要有一个根本的原则,一切的管理都需围绕一个根本的核心思想进行,这个核心思想就是我们这里所说的经营理念。经营理念是企业的经营哲学、经营观念和行为规范,它是组织文化的隐性部分。

组织文化和经营战略决定了企业的战略和经营战略,从而决定了企业的报酬政策。传统型的组织文化和参与性的组织文化其报酬政策大大不同,如表11-9所示。传统型文化强调职位、地位、晋级和权威性,报酬基于岗位和单个工作,决策由管理层做出,报酬象征着地位和权力;参与性文化强调个性、团队的结合,报酬基于技能和绩效而做出,报酬信息透明,报酬决策基于委员会做出。

表11-9 报酬系统与组织文化的一致性

	传 统 型	参 与 性
基本报酬	基于岗位	基于技能
刺激计划	单个工作为主	团队和项目为主
沟通政策	非常严格的信息分布	公开个人报酬率、报酬调查数据和相关信息
报酬决策	高层管理	与员工相近的管理层
福利	因组织层次不同而不同	自选方案
晋升	所有决策由高层管理来决定	所有岗位公开招聘,同事参与决策过程
地位象征	许多,基于不同的岗位而分配	很少,不强调组织层次

文化是一种符号,最终要通过经营理念传递到执行过程中。不同的经营理念导致决策不同,企业往往在不同的极端之间运作。譬如到底是奖勤罚懒还是奖励贡献;到底是鼓励冒尖还是和谐主导;到底是脑力为主,还是讲求经验;到底是个人为主还是团队薪酬;到底是内部一致还是外部平衡,这取决于企业的文化和经营理念。

(二) 企业生命周期与薪酬政策

研究者认为,不仅企业的组织文化和经营理念影响薪酬政策,企业所处的生命周期阶段也会对其薪酬政策有影响。根据企业生命周期理论,可以将企业的发展区分为开创期、成长期、成熟期和衰退期。在四种不同的阶段企业应该采用不同的薪酬政策,如表 11-10 所示。

表 11-10 报酬系统与企业生命周期的关系

	开 创 期	成 长 期	成 熟 期	衰 退 期
HR重点	创新、吸引关键员工	招聘、培训	挽留、一致性	控制成本、撤退
风险	高	中	低	中至高
基本工资	<市场	=市场	=或>市场	=或<市场
福利	<市场	<市场	=或>市场	=或<市场
绩效薪酬	较高	高	较高	低
短期激励	股份奖励	现金奖励	利润分享或现金激励	不大可能
长期激励	期权(大范围)	期权(小范围)	股票购买	不大可能

处于开创期的企业生产能力较小,主要以物质资源配置为核心,产品质量不稳定,市场占有率低,销售额小,资金短缺,成本高,价格高。这一阶段的薪酬水平偏低,薪酬制度不完善,薪酬的形式也比较单一,人力资源管理的目标就是吸引和留住关键人才、鼓励创新。在此阶段的薪酬战略措施往往是短期内提供相对较低水平的固定薪酬,但是同时实行奖金或股票选择权等计划,从而使员工能够通过长期为企业工作来得到比较慷慨的回报。为了节省现金和控制人工成本,通常采用较低水平的基本工资和福利等形式,在其薪酬系统中更强调部门或个人的绩效,常设立较高的绩效奖金。为了关键的技术人才和管理人才,一些企业还采用期权等长期激励方式,以便将企业成长与员工收益、短期激励和长期激励有机联系起来,这既降低了企业风险,又具有较强的激励作用。

企业处于成长期的则采取与开创期不同的薪酬。处在这一时期的企业主要特征是,产品和服务的销售量猛增,市场占有率大幅度提高,企业以及企业的产品和服务具有一定的品牌知名度,企业开始大量招聘员工并进行培训。企业往往以绩效薪酬为主,工资也较开创期高。使用大范围的现金报酬激励员工,减少了期权范围,鼓励个人贡献。对产品创新、新的技术和新的技能也会足够重视,赋予直线经理较大的薪酬决策权。由于企业扩张,员工的岗位不断轮换,因而薪酬政策也变得相当灵活。

成熟期的企业规模、产品的销量和利润、市场占有率都达到了最佳状态,企业的营销能力、生产能力以及研发能力也处于鼎盛时期,企业及其产品的社会知名度很高。企业主要是对关键人员的挽留,强调薪酬内部公平性和稳定性,薪酬水平企业一般追求与市场持平或者略高于市场水平的薪酬,而且密切关注竞争对手所支付的薪酬状况,本企业的薪酬水平既不能低于竞争对手,最好也不要高于竞争对手太多,尽可能地控制薪酬成本,如可口可乐公司。基本薪酬和福利的成分比较大而且较为稳定,有些企业采用绩效薪酬与长期激励(如利润分享、股票期权)相结合的方式对员工进行激励,如深圳华为。薪酬决策的集中度比较高,确定薪酬的基础主要是员工所从事的岗位价值。通常可以采取一定的措施来提高浮动薪酬或奖金在薪酬构成中的比重。

衰退期的企业往往采取收缩战略,薪酬政策也是与裁员、剥离以及清算等联系在一起的。企业可能从一些产品市场中撤退。此时,企业以控制成本和收回投资为主要目标,因此总体薪酬较低,企业提供的薪酬低于或者持平于市场,福利也不乐观,一般不实行激励(包括短期和长期激励)薪酬。企业对于将员工的收入与企业的经营绩效挂起钩来的愿望是非常强烈的。

企业是一个有机生命体,在不同阶段会产生不同的特点和矛盾,因而企业战略、结构和经营流程也是不一样的。有效的薪酬战略是将薪酬政策与企业发展的不同阶段进行整合,根据不同生命周期设计不同的薪酬体系。

(三)企业战略与薪酬政策

研究者认为,不同的战略薪酬要适应不同的企业战略,企业战略和战略性薪酬之间联系越紧密或者越适应,企业的效率就越高。

波特认为,企业可以在不同的经营市场环境中找到缝隙,从而采取不同的经营战略。譬如采用差异化战略、成本领先战略和目标集聚战略。戴尔电脑强调规模经济性、程式化和效率,以便形成行业中的成本领先地位。

使用成本领先战略、差异化战略和目标集聚战略的企业在薪酬决策过程、行为、原则及其结果上均呈现不同。成本领先战略的企业强调对外公平,而差异化战略和专门化战略强调对内公平;成本领先战略的工资基础是岗位或年资,使用固定薪酬(基本薪酬),而差异化战略支付薪酬的基础是能力或绩效,较多使用浮动薪酬,目标集聚策略的工资基础强调能力与绩效的结合,并将固定薪酬和浮动薪酬一起使用;决策过程也是截然不同,成本领先策略的企业强调集权,通过高层做出决策,而差异化策略的企业则授权中层或子公司尽心决策。采用目标集聚策略的企业有效地将授权与分权同一,针对市场和公司能力采用不同的方式。相对于采用差异化和专门化战略的公司,采用成本领先战略的公司有较低的基本工资及较低的福利、但较高的总体潜在收入(如表11-11所示)。

表 11-11 与经营战略相匹配的薪酬管理

	成本领先	差异化	目标集聚
公平原则	对内公平	对外公平	对内公平
基本薪酬	低	高	中
归属感	低	高	高
雇用保障	低	高	高
固定与浮动	固定薪酬	浮动薪酬	结合两者
计算基础	岗位或者年资	能力或绩效	结合两者
集权与分权	集权	分权	结合两者

不同的战略性薪酬要适应不同的企业经营战略,即企业的薪酬战略与企业经营战略之间越匹配,企业的绩效就越高。对应不同的经营战略,企业必须采用不同的薪酬政策。采用成本领先战略的企业是通过规模效应扩大市场,关注的是降低成本、吸纳和维系人才的薪酬哲学;采用差异化战略的企业强调的是激励,鼓励员工对整体目标认同,强调高水平的协作。它们都倾向于采用激励薪酬,使用定量方法衡量工作成果,使用收益分享等措施提高企业效益,但采用成本领先战略的企业的工资较其他两种战略的工资更低。对一些研究者的结果总结如表11-12所示。

表11-12 不同薪酬系统和政策所支持的竞争战略

系统或政策	资料来源	成本领先型	差异化型	创新型
组织结构	Miler(1986)	机械 →		有机
人力资源系统	Arthur(1994)	控制 →		归属
薪酬系统	Gomez-Mejia & Ballkin(1992)	制度规范		经验
薪酬哲学	Corroll(1987)	成本	激励	吸引/保留
薪酬水平	Miles & Snow(1984)	低于市场	市场持平	高于市场
激励基础	Miller(1986)	低 →		高
绩效薪酬	Schuler(1987)	有限 →		广泛
管理	Tichy(1984)	封闭 →		开放

资料来源:Montemayor, E. F. Congruence between pay policy and competitive strategy in high-performing firms. Journal of Management,1996,22(6):889~908.

二、横向匹配

薪酬战略不仅要与组织文化、企业生命周期和企业战略相匹配,高效率的薪酬体系还必须与其他人力资源职能进行整合。仅仅研究一种或者仅仅独立处理薪酬政策可能带来实践上的偏差,例如人们可能发现采用股票期权对高管有长期的激励作用,但这可能与绩效评估联系在一起的。薪酬战略与政策是否有效不仅取决于战略上的哲学思考,也得益于内部和外部情景实现了匹配。单一的人力资源功能并不能起到实际上所预测的那么大的作用,雇用系统的理想状态是各种人力资源职能在横向上的整合。Delery和Doty提出了薪酬维度与其他人力资源战略职能的相关性命题(如表11-13所示)。尽管这些理论显示出报酬政策和职能与其他人力资源职能有某种可能的关系,但并没有足够的证据显示这种关系,实际整合程度远远低于人们的期望。

表11-13 雇用系统的特征

	市场型系统	内部系统
内部职业机会	雇用一切来自于外部的人员	主要从内部雇用
晋升阶梯	很少使用内部晋升	广泛使用各种晋升阶梯
培训	很少使用正规培训	广泛的正式培训
结果导向评估	采用量化的绩效评估或者结果导向的评估措施,以量化的结果进行反馈	主要采用行为定向的定性评估措施,非量化的结果反馈,反馈是基于发展的目的
利润分享	广泛使用	较少使用
雇佣安全	很低	很高
参与程度	员工很少发表言论,提出创新建议	员工经常参与决策,提供创新建议
工作说明书	工作没有清晰定义,工作是松散的	严格定义工作

张鹏程等则提出有关人力资源束的概念,人力资源束是战略人力资源管理的一个主要方面,其依据是 Wright 和 McMahan 对战略性人力资源的定义,即"使组织达成自身目标的有计划的人力资源的调度和活动的模式"。它强调了通过人力资源规划、政策和实践对人力资源进行配置,达到竞争优势。在进行配置的时候要保持内部一致性或匹配,这种匹配包括横向和纵向两个方面:纵向匹配是指与公司经营战略的匹配,横向匹配是指人力资源各部分实践的内部一致性。其中横向匹配,即人力资源实践的内部一致性,在很多研究分析中有将其称为捆绑(Bundles)或整合结构(Configurations)。在不同配置模式下,人力资源政策之间的关系会有所不同,大致可以分为四种。

(1) 附加关系。即互相独立,对组织绩效的交叠作用。

(2) 综合关系。即一种实践的作用取决于另一种是否存在。

(3) 替代关系。即几种实践会产生共同的结果,可以互相替代。

(4) 协同关系。即几种实践的综合作用大于几种实践的简单相加。正协同指当两个或多个部分的共同作用比简单相加作用更大;负协同意思相反,指两个或多个部分的共同作用反而不如两个部分或多个部分的独立作用。

Dyer 和 Holder 对人力资源策略束的分类:利诱型、投资型和参与型。

(1) 利诱战略(inducement strategy)。使用此种战略的企业的主要目的为寻求具有高度稳定性及可靠性的员工,此种战略高度依赖薪酬策略来留住员工,因此,通常员工的薪资都不低;另外,由于工作高度分工,员工招募甄选都较为简单,培训成本也很低,雇用关系为纯粹的利益交换关系。

(2) 投资战略(investment strategy)。使用此战略的企业多处于一个不断成长和创新的环境中,因此,使用投资战略的企业会聘用高于公司需求数量的员工,同时相当重视员工的教育训练,以储备多样性技能的员工;另一方面,雇用关系建立在长期的观点上,员工工作保障高,以期这些多样性技能的员工能对公司有更多的贡献。

(3) 参与战略(involvement strategy)。此战略的特点是将权力下放至最基层,让员工有参与感,进而提升员工的参与性、主动性与创新性。无论是工作设计、教育训练或薪资制度皆以团队导向为基础,强调员工的参与,以及与其他成员的互动。利诱型策略要求薪资在行业内属于较高水平;公司经常采取物质的形式提高员工的积极性。相比之下,由于已经在其他方面投入较多,投资型与参与型策略在物质性的报酬方面的条件并不优厚。

格哈特等人的研究表明,薪酬与其他人力资源政策间的整合并不像实际预想的那样能达到极其好的效果,在对 41 个管理者/专业人员及 34 个小时制员工的研究中发现,前者在绩效评估和招聘选拔两方面与薪酬政策高度相关,而后者则只在招聘与选拔方面表现出优势。从有效性的角度来讲,显然没有提供确切的证据,对单个企业也许可以实现这种功能间的整合,更多的期待可能是综合性跨行业的整体研究。

内部匹配或者说薪酬战略本身之间匹配的一致受到比较少的关注。Gomez-Mejia 和 Ballkin 提出两类通用性战略模型的多薪酬策略,即规则性战略和经验性战略,分别对应不同的薪酬。但是否 17 种不同维度都简单一一对应于同一种因素?不同薪酬战略之间是否存在协同效应或者损耗效应?

有效的纵向和横向整合也依赖于不同薪酬维度之间的匹配。譬如林肯公司采用的是基于个人绩效评估为主、团队绩效为辅的薪酬支付制度。另外它们不仅将客观绩效也将主观绩效作为支付薪酬的基础。从某种意义上来说,是两种工资的横向整合。基于团队和基于个人的绩效目标显然是不同的,二者的结合也有利于纵向整合。

第五节 本章小结

为什么IBM公司的薪酬不同于其他公司的薪酬战略？薪酬是复杂的、令人着迷的话题。在制定薪酬政策方案时,组织会面临许多关键问题。这些问题包括：薪酬水平如何确定、薪酬结构如何确定、采用可变薪酬还是固定薪酬、使用团队薪酬还是个人薪酬、如何确定福利在薪酬中总的比例等。

薪酬分为狭义薪酬和广义薪酬,狭义的薪酬包括基本薪酬、奖金、福利及附加薪酬四个部分。广义的薪酬可分为物质薪酬与心理薪酬两个部分。心理薪酬相对于物质薪酬而言,是指由于自己努力工作而受到晋升、表扬或受到重视等,从而产生的工作的荣誉感、成就感、责任感。通常来说,企业不仅要支付给员工相对于其贡献的货币报酬和非货币报酬,还要考虑员工的心理报酬,即对报酬的满意度及公平感知。因此,企业必须在确定影响薪酬水平和薪酬结构的外部因素、企业因素和个人因素的基础上,进行薪酬调查,以探测员工薪酬满意度和对外部、内部和个人公平的感知。

薪酬不仅对个人具有重要作用,对组织绩效的提升也同样关键。经济学家、心理学家对工资与其他工作或者组织特质、个人心理变化所作的预测,强化了工资激励员工行为的重要性。行为科学家更多关注成就、需求、自我实现等内在动机和内在激励因素,对于分选效应,即高工资能够吸引到高素质的人才关注较少。薪酬战略的目的不仅在于控制成本的财务目标(工具性目标)和吸引人才的目标,还具有引导员工和树立企业形象的作用。考虑到薪酬的活性价值增值作用,薪酬激励和监督是一对孪生子,在监督和激励的菜篮子中,有不同的组合模式。人力资源管理,或者说人类历史上的管理,就是处理二者间关系的历史。

薪酬决策是重要的企业管理活动,主要涉及劳动力成本管理问题。成功的薪酬决策能让企业在支付能力范围内,以具有竞争力的薪酬政策吸引并挽留优秀人才。影响薪酬的,影响薪酬决策的因素非常多,主要分为三类因素：企业外部因素、企业内部因素和个人因素。企业外部因素通常包括：劳动力市场状况、国家政策、法规、经济状况、行业和所有制状况和工会等。影响薪酬的企业因素包括：企业的经营性质与内容、企业的历史与组织文化、企业能力和决策者等。影响薪酬的个人因素则涉及职务和岗位价值、员工工龄、员工技能、工作绩效和教育程度。

从战略视角分析,传统的薪酬制度不尽如人意。基于职务和岗位的薪酬,评价的是薪酬规定的行为或者能力,诸如组织公民行为,创造力是不被鼓励的。另外,组织中的职务是有限的,职务天花板阻碍了许多具有创造性的天才和内在动力的人的前进之路。激励和公平的矛盾在传统的静态的报酬系统中出现严重冲突,战略性薪酬的实施势在必然。薪酬决策不仅要考虑外部的竞争性和内部的公平性,还要考虑员工对报酬水平的满意情况。通过薪酬调查，确立相应的薪酬策略、薪酬水平和薪酬结构。在薪酬设计时，综合考虑以岗位为基础、以绩效为基础、以技能为基础和以市场为基础的薪酬结构，利用点数法、分类法、排序法、因素比较法等岗位评价方法合理设计薪酬。

从主体意义上来说，福利是企业的一种边缘薪酬，与核心薪酬及绩效薪酬、知识工资和激励薪酬不同，它不是以对企业做出多少贡献为依据，它是为员工提供基本的生活收入，而不论员工实际绩效如何。但在实践中必须将薪酬和福利有机进行结合，以产生更大的战略价值。

考虑到外部环境和内部气候的不同，企业还必须根据其组织文化、经营理念、企业生命周期和经营战略，选取不同的报酬策略和设计方法。在考虑纵向匹配的同时，关注横向匹配及薪酬内部维度之间的匹配。

重要名词术语

薪酬	薪酬决定	岗位基础薪酬	纵向匹配
薪酬组成	薪酬影响因素	技能基础薪酬	横向匹配
基本薪酬	外部竞争性	绩效基础薪酬	组织文化
狭义薪酬	薪酬水平策略	市场导向薪酬	经营战略
广义薪酬	薪酬调查	岗位评价	企业生命周期
整体薪酬	薪酬满意度	薪酬设计	成本领先战略
奖金	薪酬公平性	点数法	差异化战略
福利	外部公平性	分类法	专门化战略
心理薪酬	内部公平性	排序法	
薪酬重要性	个人公平性	因素比较法	
薪酬目标	程序公平	法定福利	
薪酬决策	分配公平	个人福利	
薪酬水平	互动公平	有偿假期	
薪酬结构	团队薪酬	生活福利	

思 考 题

1. 什么是薪酬？薪酬的基本组成是怎样的？
2. 为什么说薪酬对个人和组织都非常重要？
3. 薪酬战略目标主要指向哪些方面？
4. 为什么对薪酬作用及其政策的理解会出现分歧？现存的理论如何解释这些？
5. 薪酬决策包含哪几个系统？
6. 如何对薪酬水平进行决策？不同的薪酬水平策略有什么异同？目标是什么样的？

7. 如何进行薪酬调查以满足员工薪酬满意和心理公平性？
8. 企业采取哪几种薪酬结构制度进行决策？它们有何异同？你对此有何看法？
9. 为什么要进行工作设计？其主要内容有哪些？
10. 以岗位为基础的评价方法有哪几种？各有什么特点？如何进行实践上的应用？
11. 什么是福利？福利组成是什么？如何进行战略性福利决策？
12. 薪酬决策如何与组织战略进行匹配？

案例

美的空调事业部薪酬管理

美的空调事业部采取岗位职级序列薪酬制，薪资分配以岗位特质和工作绩效为依据，收入的绝对高低由岗位特质决定，收入的相对高低由工作绩效决定。建立员工贡献与报酬对称的价值分配体系。业务部员工薪资分为管理薪酬、营销业务薪酬、直接薪酬三大类。员工按岗位及工作性质不同划分为管理类、技术类、营销业务类、财务类、事务类、生产工人等几大类，其中管理类、技术类、财会类、事务类人员均列入管理薪酬范畴，营销业务类人员列入营销业务类薪酬范畴，生产工人列入直接薪酬范畴。如表11-14所示。不同类别的人员薪资构成如下。

(1) 管理人员薪资＝岗位薪酬＋绩效收益＋年资薪酬
(2) 技术研发人员薪资＝基本薪资＋项目薪资＋年资薪酬
(3) 营销业务人员薪资＝底薪＋提成＋年资薪酬
(4) 生产工人薪资＝工时×工时标准（或产量×单件产品标准单价）＋年资薪酬

表11-14 人员类别划分明细表

人员类别	岗位类别	相应岗位
管理类	经营管理	经营分析、策划、企划、投资、资产管理、证券管理、监察、法务、品管等
	生产管理	生产计划、采购、统计、设备、工装管理、工程、计量、质检、调度、仓库主管、能源管理等
	营销管理	市场网络建设、客户管理、营销体系管理等
	技术管理	直接从事技术规划、技术及项目管理工作的人员，包括新产品企划、科技情报管理、科研课题管理、CAD管理、开发项目评价、技术培训、标准化管理、知识产权、专利管理等
	行政管理	包括人力资源管理、翻译、公关、宣传、文秘、安全主管、基建主管、信息、合同管理等岗位
财会类		包括会计、审计、财务分析、成本分析、预算管理、资金管理、税务、出纳
事务类		办公室辅助人员、资料、档案管理、安全员、维修、司机、打字、总机、清洁、绿化、电梯工
营销业务类		分公司经理、业务主管、业务员、区域市场推广、售后服务等
技术类		技术研究、项目开发、测试评价、制造工艺、信息工程等

员工薪资分配的实现形式在现实分配过程中的确定依据如下：管理类薪酬计发——与岗位特质及工作绩效挂钩；技术类薪酬计发——与研发项目的进度及市场表现挂钩；营销业务类薪酬计发——与销售绩效挂钩；直接薪酬计发——与产量或产值挂钩；年资薪酬计发——与在本企业服务年限及相应标准挂钩；医疗保险退休金——与在本企业服务年限及缴费标准挂钩；绩效收益计发——与事业部经营绩效及个人工作绩效挂钩。

为使薪资的发放更科学合理，发挥其应有的激励和约束作用，事业部在原有的职级序列薪酬体系基础上，按岗位所需的专业知识和技能、解决问题的能力、工作责任和产生的结果等对岗位进行评值后界定岗位的薪资序列范围。使岗位的价值与岗位责任对称。当岗位所在序列范围在职级序列表中对应相应的主管工程师、主任工程师等职能等级时，其任职条件必须首先满足主管工程师或主任工程师等的任职要求。即岗位职级明确了一定岗位的薪酬范围，而职能等级的评定条件则考核该职位人员所达到的任职阶段。

事业部薪资按两级管理模式分类进行管理，即事业部本部一级和子公司（中心）一级，事业部本部指营运发展部、财务管理部和人力资源部；子公司（中心）指国内营销公司、海外营销公司、研发中心、品质评价中心、本部工厂、芜湖公司和商用空调公司。对各子公司依其主营业务性质不同分别按制造系统、营销系统、技术系统与不同的经营考核指标按不同方式挂钩确定薪酬计发方法。

人力资源部根据年度经营责任制考核指标和年预算薪酬额度对各二级子公司进行总额控制和管理，各二级子公司在应计提薪酬总额范围内包干使用，包括岗位薪酬，节假日和放大假薪酬，试用期薪酬，工伤薪酬，婚、丧、产、病假薪酬，个人奖罚薪酬等。年薪酬预算期间事业部不再增补薪酬，即增人升级不增资，减人降级不减资。年资薪酬按标准执行，不列入考核范围。各子公司的月度薪酬计提总额与月度经营指标完成率挂钩，原则上不允许超发。各子公司可根据生产经营情况在权限范围内对月度发放薪酬进行平衡，节余薪酬可递延分配，在计提薪酬额不足薪酬月均预算额的70%时可预提到70%发放，预提额度在生产和销售旺季扣回。人力资源部每季度末根据财务管理部提供的责任指标完成数据进行监控。各子公司管理薪酬与直接薪酬不允许相互占用，各子公司管理类薪酬人员名单及对应的薪酬级别明细须报人力资源部备案。

事业部本部各职能部人员薪酬按固定岗位薪酬标准按月核发，月度薪酬不随事业部月度经营绩效浮动。部门负责人有权在部门月度总额范围内根据员工月度工作情况调节使用，但个人月度薪酬实发额最低不能低于标准额的70%，最高不能超过130%。（超过标准的130%，部门经理须作出书面说明）。部门内部节余薪酬可递延使用。当年实际计提节余薪酬在年中和年末以绩效收益的形式根据员工绩效评估结果发放。

美的空调事业部还根据不同情况设置了年资薪酬、实习期薪酬、假期薪酬、加班薪酬等。年资薪酬的给付适用于在集团服务满一年以上的员工。年资薪酬按工龄段年资薪酬标准计发，年资薪酬标准详见附表四。来公司实习的应届毕业生按出勤天数和学历标准计发实习薪酬。原则上博士实习生每月1000元，硕士实习生每月800元，本科和专科实习生每月500元，中技实习生每月350元。实习生实习结束后，实习薪酬由实习生所在经营单位计发,在事业部本部实习的实习生薪酬由事业部本部支付,实习薪酬列入培训费支出。员工依法参加社会活动或履行当地政府规定义务工作期间,按公司当月同类员工的实际日平均薪酬水平计发薪酬。事业部放大假期间的薪酬原则上按集团公司规定的最低薪酬标准支付。事业部原则上不提倡加班加点,确因需要安排员工加班的,应坚持自愿和不损害员工身体健康为原则。员工在法定工作时间停工、待工应按不低于300元的标准计发每月生活费。病假人员凭医院证明核发薪酬,每天按10元计发。病假超一年以上的员工,原则上须办理停薪留职手续,休假期间事业部负责代员工购买医疗、养老保险。长期休病假的员工如符合美的连续工龄10年以上且年龄在45岁以上的,可办理病退。因落实节育措施在规定时间内休假的,视同出勤计算薪酬。因大型活动或特殊情况被事业部借调的员工,薪酬由原部门按正常出勤计发。其他情况借调:时间在一个月以内的,借调部门提供考勤,借调薪酬由原部门发放;借调时间超过一个月的,薪酬及考勤均由借调部门负责。提前一个月提出辞职申请,并按正规程序办理离职手续的员工,部门支付员工已出勤工作日的薪酬;未办理辞职手续而离职的人员不予计发薪酬;未提前一个月提出辞职申请的,扣减一个月薪酬。

员工职级序列调整每半年进行一次,职级调整每年进行一次,在半年度或年度考评结束后进行。职级序列调整指在同一职级内不同序列间调整,职级调整指在不同职级间调整。职级序列升(降)级数与半年度和年度考评结果挂钩。

职级序列、职级升(降)分为考评升(降)级和破格晋升(降级)两种。考评升(降)级是依据考评的结果,对考评结果优异者(或较差者)提升(或降低)其职级,其职级序列也作相应调整。考评升(降)级原则上每一年进行一次。考评结果连续两次以上为"A"者才有考评升级的资格(或连续两次以上考评结果为"D"者,予以考评降级)。破格晋升,是指不受考核累计分数的限制,经过一定程序,由部门提案,事业部人力资源部审核,按权限审批。对破格升降级规定了严格条件。

(1) 升级条件:在市场业务发展、事业开拓及内部管理等方面做出特殊贡献或重大贡献者。

(2) 降级条件是:因个人过错,给本公司造成重大经济损失或损害公司形象者;多次或重复违反公司规章制度者;因个人能力或身体等方面的原因,长期无法胜任本职务(或岗位)者。

根据美的空调事业部相关文件整理 http:nwenkv.baidu.com 美的集团空调事业部项目薪资管理办法。

参考文献

[1] 李军. 匹配视角下的现代企业战略性薪酬研究[M]. 北京:经济科学出版社,2008.
[2] http://www.bls.gov/.
[3] GE 2000 Annual Report.
[4] 乔治·T.米尔科维奇,杰里·M.纽曼. 薪酬管理[M]. 北京:中国人民大学出版社,2002,4~5页.
[5] Herzberg, F. I. Work and nature of man [M]. New York: Thomas Y. Crowell,1966.

[6] Herzberg, F. I. The managerial choice: To be efficient and to be human (2nd ed., Rev.) [M]. Salt Lake City, UT: Olympus, 1982.

[7] 巴里·格哈特,萨拉·L.瑞纳什 著,朱舟译[M]. 上海: 上海财经大学出版社,2005.

[8] 彼得·M.布劳. 社会生活中的交换与权力. 李国武译[M]. 商务印书馆,2008.

[9] 路易吉诺·布鲁尼,皮尔·路易吉·波尔塔. 经济学与幸福. 傅红春,文燕平译[M]. 上海: 世纪出版集团,上海人民出版社,2007.

[10] 路桑斯等著. 心理资本,李超平译. [M]. 北京: 中国轻工业出版社,2008.

[11] Hackman, J. R. & Oldham, G. R. Motivation through the design of work: Test of a theory [J]. Organizational Behavior and Human Performance,1976,16,250~279.

[12] Backman, L., & Dixon, R. A. Psychological compensation: A theoretical framework[J]. Psychological Bulletin,1992,112: 259~283.

[13] Tsui, A., Pearce, J. L., Porter, L. M.,. & Tripoli, A. M. Alternative approaches to the employee-organization relationship: does investment in employees pay off? [J]. Academy of Management Journal,1997,40(5),1089~1121.

[14] Rottenberg, S. On Choice in Labor Markets [J]. Industrial and Labor Relations Review,1956, 9(2),183~199.

[15] Maslow. A theory of human motivation [J]. Psychological Review,1943,50: 370~396.

[16] Herzberg, F. I. Work and nature of man [M]. New York: Thomas Y. Crowell,1966.

[17] Locke, E. A., & Latham, G. P. A theory of goal setting and task performance [M]. Englewood Cliffs, NJ: Prentice Hall,1990.

[18] Gardner, H. Creating Minds: An Anatomy Of Creativity As Seen Through The Lives Of Freud, Einstein, Picasso, Stravinsky, Eliot, Graham, And Gandhi [M],1993.

[19] Deci, E. L., & Ryan, R. M. Intrinsic motivation and self-determination in human behavior [M]. New York, Plenum,1985.

[20] Jurgensen, C. E. Job preferences (What makes a job good or bad?) [J]. Journal of Applied Psychology,1978,267~276.

[21] Groshen, C. N., & Krueger, A. B. The structure of supervision and pay incentive: A field experiment [J]. Industrial and Labor Relations Review,1990,43,S134~146.

[22] Locke, E. A, Feren, D. B., & McCaleb, et. al. The relative effectiveness of four methods of motivating employee performance[M]. In K. D. Duncan, M. M. Gruenberg, & D. Walls (Eds), Changes in Working Life. New York: Wiley.

[23] Barber, A. E. Recruiting employees: Individual and organizational perspectives[M]. Thousand Oaks, CA: Sage,1998.

[24] 盖瑞·J.米勒. 管理困境: 科层的政治经济学[M]. 上海: 上海人民出版社,2002.

[25] http://www.chinachr.com.

[26] 李新建,孟繁强,张立富. 企业薪酬管理概论[M]. 北京: 中国人民大学出版社,2006,第82页.

[27] www.xinchou114.com.

[28] 赵曙明,伊万切维奇. 人力资源管理(第九版)[M]. 北京: 机械工业出版社,2005.

[29] 李燕荣. 薪酬与福利管理[M]. 天津: 天津大学出版社,2008.

[30] Adams, J. S. 'Injustice in social exchange'. In: Berkowitz, L. (Ed.) Advances in Experimental Social Psychology[M], Academic Press, New York,1965,267~299.

[31] 李晔,龙立荣,刘亚. 组织公平感研究进展[J]. 心理科学进展,2003,11(1): 78~84.

[32] 杰弗里·梅洛著,吴雯芳译. 战略人力资源管理[M]. 北京: 中国劳动社会保障出版社,2004.

[33] Leonard．J．S，1987，"Carrots and Sticks：Pay，Supervision，and Turnover"，Journal of Labor Economics，5，sl36～52．

[34] Thompson，L．L．创建团队．方海萍译[M]．北京：中国人民大学出版社，2007．

[35] Louis，M．R．Surprise and sense making：What newcomers experience in entering unfamiliar organizational settings[J]．Administrative Science Quarterly，1980，25：226～251．

[36] Rusbult，C．E．，Farrell，D．，Rogers，G．．，& Mainous，A．G．Impact of exchange variables on exit，voice，loyalty，and neglect：An integrative model of responses to declining job satisfaction [J]．Academy of Management Journal，1988，31：599～627．

[37] Neale，M．，& Griffin，M．A．．A Model of Self-Held Work Roles[J]．Human Performance，2006，19(1)，23～41．

[38] Hicks，J．R．A contribution to the theory of the trade cycle[M]．1950，Clarendon Press (Oxford)．

[39] Milkovich，G．T．，& Newman，J．M．Compensation[M]．Chicago：Irwin，2002．

[40] 黄任民，张燕．薪酬制度与薪酬管理[M]．北京：中国劳动社会保障出版社，2006，第122～126．

[41] 理查德·索普，吉尔·霍曼．企业薪酬体系设计与实施．蒋红玲译[M]．北京：电子工业出版社，2003．

[42] Rousseau，D．M．．Psychological contract in organizations：Understanding written and unwritten agreements[M]．London：Sage，1995．

[43] Locke，．E．A，Feren．D．B，McCaleb，V．M．，& Shaw，K．N，et．al．The relative effectiveness of four methods of motivating employee performance[M]．In K．D．Duncan，M．M．Gruenberg，& D．Wallis (Eds)，Changes in life (pp．363～388．)New York：Wiley．

[44] Welbourne，T．M．，& Gomez Mejia，L．R．．Gainsharing：A Critical Review and a Future Research Agenda[J]．Journal of Management，1995，21(3)：559～609．

[45] Schneider，B．The people make the place [J]．Personnel Psychology，1987，40：437～453．

[46] Schneider，B．，Goldstein，H．W．，& Smith，D．B．The ASA framework：An update[J]．Personnel Psychology，1995，48：747～773．

[47] 亚当·斯密．国民财富的性质和原因研究．郭大力，王亚南译[M]．国民财富的性质和原因研究，北京：商务印书馆，1972．

[48] 加里·德斯勒．吴雯芳，刘昕译．人力资源管理(第九版)[M]．中国人民大学出版社，2005．

[49] Ivancevich，J．M．Human Resource Management．McGraw-Hill Companies，Inc，2004．

[50] Balkin，D．B．and L．R．Gomez-Mejia．'Toward a contingency theory of compensation strategy [J]．Strategic Management Journal，1987，8(2)：169～1821．

[51] Milkovich G T．A Strategic Perspective on Compensation Manage2ment [M]．Greenwich：JA I Press，1988．

[52] 迈克尔·波特竞争战略．陈小悦译．[M]．华夏出版社，1997．

[53] Miles，R．E，Snow，C．C，Meyer，A．D．，& Coleman，Jr．H．J．Organizational strategy，structure，and process [J]．Academy of Management Review，1978，3(3)：546～562．

[54] Baird，L and Meshoulam，I．Managing Two Fits of Strategic Human Resource Management．Academy of Management Review，1988，13(1)，116～128．

[55] 王军．基于生命周期理论的战略薪酬管理体系研究[J]．科技管理研究，2004，3：96～99．

[56] 方振邦，陈建辉．不同发展阶段的企业薪酬战略[J]．中国人力资源开发，2004，56～59．

[57] Rajagopalan．Strategic Orientations，Incentive Plan Adoptions，and Firm Performance：Evidence from Electric Utility Firms[J]．Strategic Management Journal，1997，18(10)，761～785．

[58] Delery, J. E. and Doty, D. H. Modes of Theorizing in Strategic Human Resource Management: Tests of Universalistic, Contingency, and Configurational Performance Predictions [J]. Academy of Management Journal, 1996, 39(4): 802~835.

[59] 张鹏程. 面向组织智力的知识传递机制及有效性研究[C]. 武汉: 华中科技大学博士论文, 2005.

[60] Gomez-Mejia, L. R., & Balkin, D. B. Compensation, organizational strategy, and firm performance [M]. Cincinnati: South-Western, 1992.

[61] Baker, G., Gibbons, R., Murphy, K. J. Subjective Performance Measures in Optimal Incentive Contracts [J]. Quarterly Journal of Economics, 1994, 109(4): 1125~1156.

[62] 约瑟夫·J. 马尔托奇奥. 战略薪酬管理(第三版). 刘小刚, 童佳译[M]. 北京: 中国人民大学出版社, 2005.

第十二章
战略职业生涯管理

学习目标
XUE XI MU BIAO

- 解释职业、职业生涯的概念
- 了解职业生涯管理理论的历史
- 描述职业生涯管理的方法
- 掌握职业生涯设计步骤
- 掌握职业生涯发展阶段理论
- 理解职业生涯管理模型
- 正确运用职业性向理论预测个人职业的匹配情况
- 分析个人与组织职业生涯管理的契合
- 洞悉员工的离职及其原因

开篇案例——人力资源是战略资源
KAI PIAN AN LI

Intel 公司的职业发展

一、Intel 公司简介

Intel 公司是全球最大的半导体芯片制造商,它成立于 1968 年,具有 30 多年产品创新和市场领导的历史。1971 年,Intel 推出了全球第一个微处理器,这一举措不仅改变了公司的未来,而且对整个工业产生了深远的影响。微处理器所带来的计算机和互联网革命,改变了这个世界。2002 年 2 月,Intel 公司被美国《财富周刊》评选为全球十大"最受推崇的公司"之一,名列第九。Intel 公司为全球日益发展的计算机工业提供建筑模块,包括微处理器、芯片组、板卡、系统及软件等,这些产品是标准计算机架构的组成部分,业界利用这些产品为最终用户设计制造出先进的计算机。今天,互联网的日益发展不仅正在改变商业运作的模式,而且也改变了人们的工作、生活、娱乐方式,成为全球经济发展的重要推动力。作为全球信息产业的领导公司之一,Intel 公司致力于在客户机、服务器、网络通信、互联网解决方案和互联网服务方面为日益兴起的全球互联网经济提供建筑模块。

二、Intel 公司的职业发展

(一) 速度和机会成正比

Intel 考察一个员工的素质,看是否能够做管理者,除了看你现在的表现达到什么地步,公司还会看你的潜能在哪一个方面。在高科技企业里,最重要的是学习能力。所以经验不是最大的问题,学习的潜力最重要。对每个职位的素质需求,Intel 不完全相同,而是根据每个位置有具体的规定。

(二) 个人贡献者

Intel 的福利人人平等,不会因为职位而不同。成功不一定要做经理,员工可以成为一个个人贡献者(individual contributor),他同样能够拿到很高的待遇。Intel 每年对经理会做一个全方面的调查了解,看员工和经理们对某个经理的评价是否很好,如果发现这个人不适合做经理,Intel 让他回到经理以前的位置。"我们不会说一个经理犯了错误就永远不用他。"Intel 有许多非管人的经理,他们专注在他们的专业工作上。

(三) 讲出自己的愿望来

Intel 人力资源部从一个员工进入 Intel 开始就关注这个员工的发展,不是等员工有跳槽的想法时才重视。人力资源工作成功的关键是每个业务经理来做人力工作,而不是靠 HR 做,经理给 HR 提供他管理员工的发展计划,HR 给员工例行的计划。一个员工来到公司,如果他有其他方面的能力,员工应该自己讲出来,让自己的经理发现,帮助员工达到自己的目标。员工对 Intel 公司的做事方式要有认识,应该用自己经理的能力去发展自己,多和经理沟通,尽量利用经理的经验,来弥补自己的不足。Intel 的经理帮助员工发展是他的义务。在 Intel,个人事业要自己把握,Intel 也会经常将这一点告诉员工。

(四) 利用公司发展个人

Intel 公司文化的一个特色是一对一的沟通,每个经理和他的下属都有一个定期的谈话,大概每个月进行一次,谈话内容由员工来定,而不是经理来定。很多员工利用这些时间和他们的经理谈个人发展,例如两年三年有什么计划,员工会给自己的经理提出来,员工可能会有几个选择方向,需要多种技能培训,在和经理面谈时员工可以提出来。每个员工每年做完发展计划后,每个月都会和经理谈,通过自己的提高程度和变化方向进行发展内容的调整。

(五) 职业通道

每个人在公司外的发展就像在公司内发展一样重要。公司为员工提供各种各样的服务。Intel 重视员工培训,每名员工每年必须花一定时间参加培训,而且每名员工都有义务制定规划,这已经成为公司的规定。Intel 的培训 80%的课程都由内部的经理来讲授。只有很少一部分销售的培训课程是请外面的培训公司来做的。

在 Intel 有两种发展路径,一种是成为专业人士,即我们所说的个人独立贡献者;

另一种就是成为管理者(people manager)。这两种发展路径在英特尔实际上是殊途同归的,有的员工从一个独立贡献者最后发展到管理一个非常庞大的机构或部门,也有的员工始终是个人独立贡献者,最终成为英特尔院士(intel fellow),级别相当于副总裁。

Intel 的级别不是很多,大致看起来,公司的层级结构是秘书—个人贡献者—经理—总经理。除了行政管理秘书外,其他人都属于专业技术人员,只是各自的技术范畴不一样。另外,不是经理才能做决定,每个员工在他的位置都需要做决定。

根据周展宏"一对一"的价值——英特尔中国的总裁陈伟锭谈人才.财富中文网,2004.

第一节 职业生涯管理的战略意义

正如上述 Intel 公司的例子所描述的那样,促进员工职业发展是一家公司员工开发非常重要的部分。员工职业发展不仅对员工来说具有重要的意义,对于组织来说也具有战略性意义。作为组织的管理者,他必须清楚准确表达其自信,确信组织中的每一个人能够理解事业目标,并为之奋斗。以员工、客户、股东和公众为导向的战略性员工开发和职业管理,可以从两个方面进行理解。

(1) 职业生涯管理不仅是个人发展的需要,也是组织发展的需要。职业生涯管理要求满足员工的职业发展需要。组织只有充分了解员工发展的各种需求,才能有效制订出员工职业发展计划图。同样只有满足了员工职业发展的需求,才能满足组织自身发展所必需的人力资源价值增值的需求。员工职业发展,特别是潜能开发和职业成功会促进他们对组织的认同感和心理契约的建立。另一方面,员工技能的提升也会促使企业整体人力资源质量的提升,从而有利于组织目标的实现。

(2) 职业生涯管理也促使员工不断提升技能。在传统的职业中,员工只要知道怎么做(即获得技术核心所必需的知识和技能或者为提供服务所必需的知识和技能、任务绩效)就可以满足组织的要求,不断变化的环境需要员工有更强的适应性能力,这包括采取主动行为以应对环境的变化、改变自己以更好地适应新环境。特别是在技术更新和顾客需求的变化情景下,员工需要不断开发出新的技能,学习新的知识,以满足外部环境的需要。

一、一体化战略人力资源管理中的职业生涯管理

通过吸引、选择、培训、评估和酬报,组织可能会塑造一支优秀的人才队伍。然而,要获得持久的发展,实现其长远战略目标,确保员工的行动与公司价值观和战略目标相一致,组织还必须有效对员工进行职业生涯管理。为此,我们首先要了解职业和职业生涯的含义。职业是跨越个人生活与工作实践相关的一系列活动所组成的模式。首先,职业是一种社会地位的彰显。个人通过动员社会资源或者人力资源获取职业,就拥有了职业所赋予的相应资源,从而在更高的意义上彰显了地位。其次,职业与工作是紧密相关。职业是已经成为模式并与专门工作相关的人群关系。职业也是与权力联系在一起的。拥有一个职业岗位,就意味着在公司中别人需要他们,从而形成了对别人的权力。最后职业是与时间紧密联系在一起的。一个员工一生可能跨越很多职业阶段,并且在不

同的职业阶段表现出不同的心理特征和行为表现。总体上，职业表现出五个特征。

（1）经济性。从个人角度看，人们从事某种特殊的职业是以获得现金或实物等报酬为目的，这也是人类基本需求满足的需要。另一方面，从社会角度看，职业劳动也创造出相应的社会财富，为社会生存和发展奠定基础。

（2）社会性。职业是从业人员在特定社会生活环境中所从事的一种与其他社会成员相互关联、相互服务的社会活动。

（3）阶段性。在一定时期长期存在，大的形式变化不是很频繁。由于人力资本的专用性特征，个体不可能在不同的职业间频繁转换。

（4）规范性。职业必须符合国家法律和社会道德规范。

（5）专业性。任何一个职业岗位，都有相应的职业资格和技能的要求，只有达到相应的职业资格要求和技能标准才能上岗。

与此相关，职业生涯是组织用来帮助员工获取目前及将来工作所需的技能、知识的一种方法，简单地说，就是一个人从首次参加工作到职业活动结束的整个过程。从组织的观点看，职业生涯管理能降低员工流动带来的成本。如果企业帮助员工制订职业计划，这些计划可能与组织密切相连，因此，员工就不大可能离开。热心于员工的职业发展同样能鼓舞士气，提高生产率，并帮助组织变得更有效率。事实上组织对员工的职业发展感兴趣对员工也有积极的影响，在这种情况下，员工认为企业把他们看作是整体计划的一部分而不仅仅是经济交换的对象。

传统的观点将职业生涯理解为：（1）一种职业或者一个有组织的属性；（2）一种个人的而不是组织的或职位的特质。葛林豪斯（Greenhaus）等从强调事业的重要性的角度给出了职业生涯的一种精确定义：职业生涯是和工作有关的经历（例如职位、职责、决定和对工作相关事件的主观解释）和工作时期所有活动的集合。职业生涯是一种复杂现象，由态度和行为多个方面组成。

二、职业生涯管理的战略意义

正如 Intel 公司一样，人力资源管理是一个系统的动态过程。理想（愿景）与价值观、战略与制度以及实践与执行的互动，奠定了公司职业管理的基础。职业管理不仅要与企业理想和价值观一致，还必须在纵向上与公司战略目标与制度一致，在横向上与其他人力资源职能相一致。

市场经济体制的发展，打破了旧的就业制度，个人越来越有择业的自由，企业也越来越有选择员工的自由。因此，怎样利用职业机会取得事业上的发展和怎样利用现有的社会条件和员工情况取得企业的发展，成为了个人和企业的一个重要课题，这就是职业发展要说明和解决的问题。

制订职员职业发展规划，应依据企业的发展战略，充分理解组织的愿景，把个人发展的需求与组织发展的规划相结合，才能确定符合实际的职员职业生涯目标。个人发展是企业发展和社会发展的基础，只有充分发挥人的主观能动性，在组织建立以人为本的职业生涯开发与管理的目标体系，帮助每个职员实现自我价值，通过做好职员的职业生涯开发与管理，把企业的人力资源最大限度地变成人力资本，企业才能最终实现未来的愿景。员工职业发展与管理正是组织人才战略的核心内容,把制定员工职业发展规划作为组织战略管理的重要组成部分理应是当代组织发展到现阶段的重要工作任务。

三、职业生涯管理的战略系统

为了有效促进职业发展,需要员工和组织一起设定期望、审查效益、评价组织和个人需要以及规划未来。职业生涯管理是一种专门化的管理,即从组织角度,对员工所从事的职业所进行的一系列分析、设计、评估和实施。

(1)职业生涯管理分析。职业生涯管理的第一个步骤就是进行分析。主要是对影响职业生涯管理的因素进行分析,如员工个人特征、组织特征、社会特征等。

(2)职业生涯管理设计。职业管理的第二个步骤是设计。即设计相应的职业管理体系,制定职业管理目标,实施相应的职业计划,设计职业生涯管理方法、方案、路径。

(3)职业生涯管理实施。职业生涯管理的第三个步骤是实施。通过收集信息、做文档记录,分析问题产生的原因,制定相应的对策,并实施不同的管理方法和策略,如晋升、辞退、换岗等策略。

(4)职业生涯管理评估。职业生涯管理的最后一个步骤是进行职业生涯管理的效果评估。通过企业和员工各自的评价,寻找企业期望和员工实际职业之间的差异,全面审视职业生涯管理的政策、方法、手段,并对其他细节进行诊断,不断促进员工职业成功,提高组织职业管理效能。

职业生涯管理系统是一个循环往复、螺旋上升的封闭系统,通过分析、设计、实施和评估,促进企业人员素质的不断提高,以实现组织的战略目标,并为企业获得长久的竞争优势奠定基础。

以下章节按照职业生涯管理分析、职业生涯管理设计、职业生涯管理实施和职业生涯管理评估四个方面进行,此后描述职业生涯管理与企业战略的匹配,最后对本章进行总结。

第二节 职业生涯管理的分析

莎士比亚在《奥赛罗》中描写了一个有趣的例子。在第一幕,野心勃勃的埃古哀叹晋升取决于贵人的提拔,而不是严格的资料规定:"……这是当部属的悲哀,晋升必须靠推荐和私情,而不是按照资历依次递补。"任何人的职业生涯都不可能一帆风顺,它会受到各种各样的因素的影响。正是这些因素的影响,导致不同人的职业呈现不同的局面。因此,分析影响职业生涯管理的因素,具有十分重要的意义。

一、个人因素与职业生涯管理

影响职业生涯管理的因素非常多,其中最重要的一种是个人因素。个人因素涉及性格、职业性向、社会资本、能力与职业阶段。

(一)性格与职业生涯

在一些人的职业生涯中,我们发现一个循环模式。在该模式中,一些个体在失败之后非常沮丧、颓废,而另外一些个体则愈挫愈勇。是什么原因使得不同的个体对失败作出不同的反应呢?一种是非适应性"无能"反应模式,主要表现为:回避挑战,寻求获得对自己能力的良好评价,避免对自己能力的不良评价;碰到失败时绩效下降,面对困难时表现出低的坚持性,常常把失败归咎于自己的低能力。另一种具有较好适应性的"掌握—趋向"(mastery-oriented)反应模式,主要表现为:寻求挑战性任务,追求提高能力,掌握新知识,新技能;在困难的情况下有较高的、有效的坚持性,对任务更乐意投入更多的努力,面对失败时,只是把它作为一种有效的反馈,保持或增强积极情感,维持或提高绩效。这可能取决于个体的成就目标导向。具有成就目标导向的个体具有下列品质:(1)注意力集中于学习和工作的内在价值;(2)对努力(勤奋)导致成功这一点深信不疑;(3)倾向做更多的富有挑战性的工作;(4)在行为中会运用较多的社会认知策略;(5)在完成任务过程中有较高的任务满意感和兴趣。成绩目标定向占优势的个体有向他人展示自己才智和能力的意愿,他们倾向以参照群体来评价自己的成功。近年来的研究已经证实,成就目标定向对个体的成就行为之所以产生不同的影响,是由于不同的目标定向会激发不同的动机系统,学习目标定向更易激发任务掌握和道德中心的动机系统;而成绩目标定向则更多激发自我中心的动机系统,不同的动机系统会对个体的心理和行为产生不同的影响。

不断寻求具有挑战性的目标与循环的模式,可能促使个体对其所选择的目标投入大量的努力,包括竞争、长时间的努力磨炼所需的技能,以及为了达成目标所需的工作投入及坚韧性。正是这些强烈的意愿和内在动机,强化了员工职业成功的预期,并最终取得成功。

(二)职业性向与职业生涯

选择意味着一切。在一个人的一生中会面临许多选择,而最重要的可能是职业选择。面临不同的十字路口,有些时候,你可能会问自己这样的问题:我能够做什么?我是当企业家还是科学家?选择哪一种职业我会更成功?

约翰·霍兰德(John. Holland)为我们回答了这个问题。霍兰德职业性向理论事实上是员工职业生涯选择理论的一种,也是个体与组织匹配理论的基础(Person-fit-organization)。这一理论认为,对组织和个人都适宜的职业可以通过寻求性向与组织环境的要求之间的最佳方式而推测出来。职业满意度、稳定性和实际成就取决于性向与职业特点的匹配度。霍兰德的六种个性类型是:现实主义型、钻研型、艺术型、社交型、创新型与传统型。与其所对应的六种职业是:实际型、调研型、艺术型、社会型、事业型和常规型(如图12-1所示)。霍兰德认为,同一类型的劳动者与同一类型的职业互相结合,便达到适应状态,这样劳动者找到了适宜的职业岗位,其才能与积极性才能发挥。依照霍兰德理论,劳动者

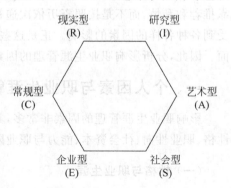

图12-1 霍兰德职业性向理论

职业潜能类型与职业类型相关系数越大,两者适应程度越高;两者相关系数越小,相互适应程度就越低。也即是一个人成功多少以及能从职业中获得什么都取决于这个人的性格与工作环境的适应程度。

霍兰德认为每个人在一定程度上类似于六种性格类型中的一类。

(1) 现实型。这类人偏好于动手做,包括对机器和工具的操作,例如修理工、木匠、烹调师。

(2) 研究型。这类人的特点是善于分析、有好奇心、具备系统性和精确性。例如技术人员、化学家、大学教授。

(3) 艺术型。他们是有表现力的、不按常规的、新颖的和好反省的,例如文学家。

(4) 社交型。他们喜欢与其他人一起工作并且帮助别人,他们刻意地避免涉及设备和机器的系统性活动,例如学校顾问。

(5) 事业型。这类人喜欢通过自己去影响他人来达到目标,例如政治家。

(6) 传统型。他们喜欢对数据、文档记录或再生产的材料进行系统的分析,例如会计。

一个人越是类似于其中的一类,他将越有可能表现出和此类关联的性格和特点。

按霍兰德的分析和逻辑,可以得出结论:如果一个人的主导职业性向和次要的职业性向相似,则在职业选择上将花相对少的时间。另一方面,主导职业性向和次要职业性向如果不相似的话,选择职业可能会遇到困难。

(三) 社会资本与职业生涯

在中国,对关系的研究揭示出中国人圈子的存在和差序决策。黄光国认为,个人之所以用权力来影响其他人,主要是这样做可以获得对方所能支配的某种社会资源,来满足自己的需要。但在获取对方所支配的社会资源之前,他们往往会考虑对方和自己之间具有怎样的关系。不同的关系会采取不同的交换和应对策略。

社会资本则强调,期望在市场中得到回报的社会关系投资。社会关系一般通过四种模式增加职业成功的可能性。

(1) 促进信息流动。在某种战略信息岗位上的人,具有先赋的信息优势,可以更好获取市场、人事信息,能够为个人提供其他方式不易获得的关于机会和选择的有用信息。

(2) 这些关系可以为员工对其他相关利益者施加影响。

(3) 社会关系也可以被组织确信为个人的社会信用的证明,也即是获取社会资源的能力的证明。

(4) 社会关系可以强化认同感和身份。

在员工职业发展中,不仅取决于你知道什么,还取决于你认识谁。对工作寻找和职业地位的研究发现,父母或者亲属的地位对员工职业寻找、职业发展和职业成功的影响是巨大的。

(四) 员工能力与职业生涯

对企业员工而言,能力是指能够胜任当前岗位工作的各种知识、技术和技能。它包括体能、智能、心理素质。体能涉及员工的身体素质,表现为对劳动负荷的承受能力和劳动后消除疲劳的能力。智能涉及八个方面，音乐智能、身体—动觉智能、逻辑—数学智能、语言智能、空间智能、人际智能、自我认知智能和存在智能。心理素质则主要表现为对压力、挫折、失败的承受能力。心理素质强的员工，在遇到挫折和困难时常常表现为乐观、韧性，并充满自信和希望。社交能力则是一个人动员社会资源和获得社会资源的能力。体能、智能和心理素质以及社交能力、知识和技能构成了一个人全面综合的能力集合，同时也是员工职业发展和职业成功的基础。在当代，人们发现，仅有体能、智能和心理素质也不能完全促进个体职业成功。要想获得卓越的职业生涯，人们的情商和政治技能也显得非常重要。表12-1揭示了不同职业的差异性能力的需求。

表12-1　部分职业与其所需职业能力的标准

职业	一般学习能力	语言能力	算术能力	空间谈判能力	形态知觉	书写能力	运动协调	手指灵活	手的灵巧
建筑师	强	强	强	强	较弱	一般	一般	一般	一般
律师	强	强	一般	较弱	较弱	一般	较弱	较弱	较弱
医生	强	强	较强	强	较强	一般	较强	较强	较强
护士	较强	较强	一般	一般	一般	一般	一般	一般	一般
演员	较强	较强	较弱	一般	一般	较弱	较弱	较弱	较弱
秘书	一般	一般	一般	较弱	一般	较强	一般	一般	一般
统计员	一般	一般	较强	较弱	一般	较强	一般	一般	较弱
服务员	一般	一般	较弱	较弱	一般	较弱	较弱	一般	一般
驾驶员	一般	一般	较弱	一般	一般	弱	一般	一般	一般
纺织工	较弱	较弱	较弱	较弱	一般	弱	一般	较弱	一般
机床工	一般	较弱	较弱	一般	一般	一般	一般	较弱	一般
裁缝	一般	一般	较弱	一般	一般	较弱	一般	较强	一般

（五）职业阶段与职业生涯

一个人一旦选择了自己的职业，就意味着职业生涯的开始。每个职业生涯的发展过程各不相同，但却具有共同的规律。在不同的人生阶段，人们的生理特征、心理素质、智能水平、工作压力和职业期望是不同的，这就决定了职业发展的不同阶段的重点和内容不同，从而采取的策略和方法也不同。根据人的心理特征和主要任务，职业生涯可以划分为五个重要的阶段：探索期、建立期、职业中期、职业后期和衰退期。表12-2展示了在不同职业阶段员工所需的职业能力标准及其重点策略。

表12-2　部分职业与其所需职业能力的标准

职业阶段	职业能力标准
探索期	主要通过学校学习进行自我考察、角色鉴定和职业探索，完成择业及初步就业
建立期	是在一个理想的组织中获得一份工作，在获取足量信息的基础上，尽量选择一种合适的、较为满意的职业
职业中期	获取一个合适的工作领域，并谋求发展。这一阶段是大多数人职业生涯周期中的核心部分
职业后期	开发新的技能，维护已获得的成就和社会地位，维持家庭和工作之间的和谐关系，寻找接替人选
衰退期	逐步退出职业和结束职业，开发更广泛的社会角色，减少权力和责任，适应退休后的生活

探索期主要是在进入职业之前的时期,大约在22岁之前,其主要的目标是在社会众多职业选择中大概圈定几个可能适合的职业,这是在探索可能的天职;同时最大化地对自己的职业偏好、职业价值观、职业能力、职业理想有一定的认识,这是在探索可能的天赋。

建立期紧接在探索期之后,大约在22岁到30岁之间。建立期始于寻找职业和找到第一份职业。这一段是组织社会化的主要阶段,其主要特征是逐渐从学校走入企业,并接受企业文化的洗礼和管理制度的熏陶,逐步社会化。通过不断试错和改正错误,积累经验。

建立期之后是职业中期,大约在30~40岁之间。这个时期的标志是努力稳固过去取得的成果。虽然没有创造新的成果,但是职业中期也是一个有创造力的阶段,因为个人会对前几阶段在心理和物质财富方面的收获感到满足。不过,我们看到许多人在此阶段经历了所谓的"中期生涯危机"。这些人并没有从他们的工作中得到满足,因此,他们会经历心理上的不适。

职业后期紧接在职业中期之后,大约在40~55岁之间。从40岁以后直到55岁,可说是处于职业后期阶段,此时的职业状况或任务有以下几点。

(1) 成为一名良师,学会发挥影响,指导、指挥别人,对他人承担责任。
(2) 扩大、发展、深化技能,或者提高才干,以担负更大范围、更重大的责任。
(3) 如果求安稳,就此停滞,则要接受和正视自己影响力和挑战能力的下降。

衰退期是人的职业生涯的最后一个时期。当退休临近的时候,许多人都不得不面临这样一种前景:接受权力和责任减少的现实,学会接受一种新角色,学会成为年轻人的良师益友。几乎每个人都不可避免地要面对退休,这时,人们所面临的选择就是如何去打发原来用在工作上的时间。

"指导关系"或师徒制关系被定义为一个更年长的、经验更丰富的、知识更渊博的员工(师傅)与一个经验欠缺的员工(徒弟)之间进行的一种热情的人际交换。师傅会给徒弟提供建议、忠告、反馈以及提供与职业生涯发展有关的支持和庇护。在这种关系中,富有经验的员工(师傅)有效的公有化,通过共享在企业工作经历中得到的信息来帮助缺乏经验的员工(徒弟),希望这种关系能够对缺乏经验的员工的教育、工作绩效做出贡献。

职业阶段的概念是理解和实现职业发展的基础,同样也是领会"人生阶段"必不可少的一个部分。一个人在经历人生阶段的同时也在经历职业阶段,但是职业阶段和人生阶段之间的相互作用并不是很容易理解。

(六) 职业锚与职业生涯

职业锚与职业性向有相似之处,它是由美国沙因教授提出的。沙因认为职业规划实际上是一个持续不断的探索过程。在这一过程中,每个人都根据自己的天资、能力、动机、需要、态度和价值观等慢慢地形成较为明晰的与职业有关的自我概念。施恩还说,随着一个人对自己越来越了解,这个人就会越来越明显地形成一个占主要地位的职业锚。所谓职业锚就是指个人经过搜索所确定的长期职业定位。对职业锚提前进行预测是很困难的,这是因为一个人的职业锚是在不断发生变化的,它实际上是一个不断探索过程所产生的动态结果。一个人过去的所有工作经历、兴趣、资质、性向等集合成一个富有意义的模式(或职业锚)。施恩根据自己多年的研究,提出了以下五种职业锚。

(1) 技术或职能型职业锚。具有较强的技术或功能型职业锚的人往往不愿意选择那些带有一般管理性质的职业。相反,他们总是倾向于选择那些能够保证自己在既定的技术或职能领域中不断发展的职业,保证在技术/职能领域的成长和技能的不断提高,以及应用这种技术/职能的机会。他们对自己的认可来自他们的专业水平,他们喜欢面对来自专业领域的挑战。他们一般不喜欢从事一般的管理工作,因为这将意味着他们放弃在技术/职能领域的成就。

(2) 管理型职业锚。担负纯管理责任,而且责任越大越好,这是管理型职业锚员工追逐的目标。具有这种职业锚的人,其职业发展路径是沿着权力阶梯逐步攀升的,倾心于全面管理,独自负责一个部分,可以跨部门整合其他人的努力成果。他们想去承担整个部分的责任,并将公司的成功与否看成自己的工作。具体的技术/功能工作仅仅被看作是通向更高、更全面管理层的必经之路。

(3) 创造型职业锚。在某种程度上,创造型职业锚的个体,敢于冒风险,挑战现状。这种人的职业发展围绕创造新生事物而努力。他们或者创造出新的产品或者服务,或者从事新的发明,或者建立自己的事业。

(4) 自主与独立型职业锚。具有这种职业锚的个体往往希望随心所欲安排自己的工作方式、工作习惯和生活方式,追求能施展个人能力的工作环境,最大限度地摆脱组织的限制和制约。他们宁愿放弃提升或工作扩展机会,也不愿意放弃自由与独立。

(5) 安全型职业锚。安全/稳定型的人追求工作中的安全与稳定感。他们可以预测将来的成功从而感到放松。他们关心财务安全,例如:退休金和退休计划。稳定感包括敬业、忠诚以及完成老板交代的工作。尽管有时他们可以达到一个高的职位,但他们并不关心具体的职位和具体的工作内容。

二、环境因素与职业生涯管理

一个人的职业发展不仅仅由自己本身决定,它也受外部环境的影响。

(一) 外部环境

这里所说的外部环境,泛指政治法律、经济发展、社会文化、价值观念(文化)和教育所带来的产业结构的调整、用人政策和管理体制的变化、劳动力市场需求变化等,对员工职业生涯产生综合影响。

(1) 经济发展水平。在经济发展水平高的地区,企业相对集中,优秀企业也比较多,个人职业选择的机会就比较多,因而就有利于个人职业发展;反之,在经济落后地区,个人职业发展也会受到限制。经济发展或者滞后、劳动力市场的人员供求状况、商品消费的需求状况、员工收入水平和福利都会影响员工职业发展和职业成功。

(2) 社会文化环境包括教育条件和水平、社会文化设施、社会价值体系、基本价值观、信仰和行为规范、职业声望评价等。在良好的社会文化环境中,个人能受到良好的教育和熏陶，从而为职业发展打下更好的基础。

（3）政治和经济是相互影响的，政治不仅影响一国的经济体制，而且影响着企业的组织体制，从而直接影响个人的职业发展；政治制度和氛围还会潜移默化地影响个人的追求，从而对职业生涯产生影响。

（4）价值观念。一个人生活在社会环境中，必然会受到价值观念的影响，大多数人的价值取向，都是为社会主体价值观所左右的。一个人的思想发展、成熟的过程，其实就是认可、接受价值观的过程。社会价值观念正是通过影响个人价值观而影响个人的职业选择。

（二）企业环境

这里所说的企业环境，泛指企业文化、管理制度、领导者等，对员工的职业生涯产生综合影响。

（1）企业文化。企业文化决定了一个企业如何看待他的员工，所以，员工的职业生涯，是为企业文化所左右的。一个主张员工参与管理的企业显然比一个独裁的企业能为员工提供更多的发展机会；渴望发展、追求挑战的员工也很难在论资排辈的企业中受到重用。

（2）管理制度。员工的职业发展，归根到底要靠管理制度来保障，包括合理的培训制度、晋升制度、考核制度、奖惩制度等。企业价值观、企业经营哲学也只有渗透到制度中，才能得到切实的贯彻执行。没有制度或者制度定得不合理、不到位，员工的职业发展就难以实现，甚至可能流于空谈。

（3）领导者素质和价值观。一个企业的文化和管理风格与其领导者的素质和价值观有直接的关系，企业经营哲学往往就是企业家的经营哲学。如果企业领导者不重视员工的职业发展，这个企业的员工也就没有希望了。

第三节　职业生涯设计与实施

一、职业生涯设计意义

职业生涯设计是近几年人力资源管理和个人自我发展的重要内容之一，无论对于组织还是个人都具有重要意义，具体表现如下。

（一）适应社会发展需要

众所周知，与过去相比，当今组织在更多领域面临竞争压力，企业再按原先的行为方式经营，实在难以发展。因此，他们必须不断变革，不断创新，以求领先一步，从容面对突飞猛进的技术进步，应对全球范围内新老竞争对手的不断涌入，应对产品寿命周期的不断缩短，应对顾客和员工需求的持续变化和日益多样化。唯此，才能超凡出众，基业常青。与此相对应，人才合理开发和规划就成为这个快速变化的时代需要格外关注的课题。组织职业生涯设计必须紧跟时代步伐，对内角色和外角色的变化进行适应性调整,以顺应社会发展需要。

(二)促进个人职业成功

张闻天曾说:"生活的理想就是为了理想的生活"。个人职业地位的获得,越来越依赖于自己的知识、技能、态度和智力等因素。职业成功意味着无论心理上还是与工作相关的成果都是丰富的。良好的职业生涯设计会促进员工主观职业成功和客观职业成功,这包括职业满意度、晋升次数和薪酬增长。同时,通过职业生涯规划可以使员工充分认识自我,客观分析环境,正确选择职业,树立明确的职业目标,并加速自我完善。也可以在职业生涯设计过程中,发现自己与组织需求的差异,以及价值观的匹配程度,明确自己适合何种工作,最终完成职业升华。

(三)实现员工职业动机

London 认为,现存工作动机和管理动机这两个概念范围太小,且没有反映与职业有关的个体特征、决策和行为,例如,个体为何寻找或接受一个职位、决定留在组织内、修改职业规划、寻求培训和新的工作经验、设置和获取职业目标等。他把职业动机定义为:"反映个体的职业认同(career identity)、职业洞察力(career insight)、职业弹性(career resilience)的系列个体特征、职业决策和行为。"

职业认同是指个体在多大程度上用工作来定义自己。它包含工作、组织和专业卷入及对晋升、认可、领导角色的需求。职业洞察力是指个体能够实际了解自我及其职业,并将这些知觉用于目标的设立上。它包含设立清晰、实际的职业目标和了解自己的优缺点。职业弹性是适应环境变化的能力,甚至是适应非常恶劣的环境的能力。它包含的个人特征变量有:自我信念、成就需要、冒险性,以及视需要与他人合作或独立作业的能力。

情境变量是工作环境中对个体职业动机产生影响的因素,包括人事政策、程序、领导风格、工作设计、群体凝聚力、职业开发项目、薪酬系统等。职业决策和行为是与职业有关的决策和行为,包括产生备选行动方案、搜集信息、评价信息、设立目标、做决定、执行决定等。

这些因素相互作用形成了员工职业动机,并通过职业生涯设计得以体现。

(四)便于组织开发人力资源

从组织角度看,职业生涯设计具有以下意义。

(1)有利于组织发展。良好的职业生涯设计不仅能使员工适应社会潮流发展,也能最终提升自己的整体素质,从而使组织在人才竞争中立于不败之地。

(2)有利于组织目标的实现。当员工获得极大的职业成功时,个人和组织匹配就达到顶峰,因而也充分发挥了个体潜能和能力,促进组织目标的实现。

(3)有利于个人成长。组织目标实现也带来员工职业成功和素质的全面提升。

(4)减少人才流失。良好的职业生涯设计不仅为员工指明发展方向,也为保留人才提供角色模式。对人才来说,报酬和待遇可能是其留在企业的原因,更重要的是,他们可能更看重职业动机的实现、才能发挥和职业前景的美妙。

二、职业生涯设计原则

职业生涯设计不仅要考虑组织需求也要考虑员工个人需求。图 12-2 表达了组织需求和员工个人需求的一致性和冲突问题。从组织的角度考虑职业生涯设计,既要考虑组织战略目标的实现,又要立足于员工个人的职业成长;从员工角度考虑,既要有利于在组织内部有良好的发展前景,又要有利于缓冲工作家庭冲突,提升家庭生活质量,更要有利于整体发展。要使二者达到和谐统一,必须遵循以下原则。

个人需求	问题	组织需求
未来两三年组织的主要战略问题是什么? ❖ 面临的关键需求与挑战? ❖ 能够迎接这些挑战的关键的技能、知识和经验? ❖ 人力资源使用的要求? ❖ 组织是否有能力面对这些挑战?	员工个人是否有意识地开发自己,使得他们的发展效果和满意度与实现组织的战略目标结合起来	怎样发现组织中的职业发展,使得: ❖ 应用个人的长处 ❖ 符合发展的需要 ❖ 提供一定的挑战 ❖ 符合个人的兴趣 ❖ 符合个人的价值观 ❖ 符合个人的性格

图 12-2 职业设计的基本原则是组织与个人需求的一致

(一)发展性原则

职业生涯设计必须根据企业战略目标实现程度进行动态调整。有效的职业生涯设计不仅要问:组织未来三年的主要战略问题是什么?怎样面对这些关键知识、技能和经验的挑战?人力资源使用的需求是怎样的?也要充分使员工意识到他们的职业期望是否和组织目标一致。他们发展的效果与组织战略目标实现的匹配程度如何?他们的个人兴趣、价值观、性格和能力是否和组织文化、组织发展战略相一致?也即是组织发展的现实与员工个性特征是否一致?

依据此,职业生涯设计应该从以下方面进行考虑。

(1)目标是否明确。设定的和执行的步骤可行否?是否不切实际,空洞无物?

(2)统一性。个人目标和组织目标、长远目标和近期目标、主目标和次目标是否统一?

(3)适切性。要符合组织发展和未来发展趋势的需要,符合个体的个性、兴趣和价值观,并能满足其职业期望,激发其职业动机。

(4)动态性。职业生涯设计也必须具有一定弹性,可以根据外部环境和组织环境变化进行实时调整。

(二)阶段性原则

良好的职业生涯设计也必须满足阶段性原则,即在职业生涯设计时要充分考虑组织和个体处于不同的发展阶段，从而使用不同的职业计划。

（1）短期计划。一般为三年以内的规划，主要是确定近期目标，规划近期完成的任务。

（2）中期规划。一般为三年至五年，规划三年至五年内的目标与任务。

（3）长期规划。其规划时间是五年至十年，主要设定较长远的目标。

（三）全面性原则

在实施职业生涯规划的各个环节上，对员工进行全过程的观察、设计、实施和调整，以保证职业生涯规划与管理活动的持续性，使其效果得到保证。为了对员工的职业生涯发展状况和组织的职业生涯规划与管理工作状况有正确的了解，要由组织、员工个人、上级管理者、家庭成员以及社会有关方面对职业生涯进行全面的评价。在评价中，要特别注意下级对上级的评价。同时考虑企业差异因素、员工差异因素和环境差异因素。

（四）创造性原则

发挥员工的"创造性"这一点，在确定职业生涯目标时就应得到体现。职业生涯规划和管理工作，并不是指制定一套规章程序，让员工循规蹈矩、按部就班地完成，而是要让员工发挥自己的能力和潜能，达到自我实现、创造组织效益的目的。还应当看到，一个人的职业成功，不仅仅是职务上的提拔，还包括工作内容的转换或增加、责任范围的扩大、创造性的增强等内在质量的变化。通过设置不同路径，形成线性型、专家型、螺旋型和转换型多种职业发展形态。

三、职业生涯设计与职业生涯管理

根据霍尔的观点，无论是个人还是组织都会对个人的职业生涯开发活动感兴趣，他们所采取的行动可以概括为职业生涯规划（职业生涯设计）和职业生涯管理。职业生涯设计主要是以员工为中心的，而职业生涯管理主要是以组织为中心的。而且这两者紧密相关，形成一个统一连续体（如图12-3）。

图 12-3　职业规划与职业管理连续统一体模型

职业生涯设计是个人积极进行了解自己和控制自己的活动，包括职业探索、自我评价、环境认知、职业生涯目标确认、职业机会寻找、职业策略选择、职业生涯设计方案确立与实施及实施方案的评价等。在连续体的另一端则是由组织所进行的帮助员工实现组织社会化及匹配的职业生涯目标的职业管理活动。它包括准备、实施、监督和指导等一系列活动。这也是通过一系列设计和规划来进行的。但这些活动不是单纯从个人层面进行，而是以组织为中心的，是为了更好地实现组织目标而实施的。例如，公司人才库计划是为了实现组织未来的人才储备而设置的。

四、个人职业生涯设计的实施

（一）职业探索

职业探索是职业决策的一个重要阶段，是对职业选择的认定、评估、验证和信息的收集。在这个阶段，个体需借助丰富多样的探索活动了解自己的兴趣、能力及职业世界，并逐步建立一种个人与工作平衡统一的状态。职业探索是一个信息收集或职业问题解决的行为，这种行为是通过对专业能力、工作性质和环境等信息的收集来降低职业选择的不确定性。信息收集包括组织环境信息、社会环境以及自身素质信息。通过比较自身评估及组织和社会环境评估，分析自己的优势劣势、能力差异和价值观匹配来选择合适的职业。

职业探索涉及认知、行为和情感三个方面。职业探索的认知包括六个方面：就业的前景，职业探索结果的确定性，外部探索的手段，内部探索的手段，获得信息的方法及其对理想职位重要性的认识；职业探索行为包括七个方面：对环境和自我的探索，系统探索，探索频率，获得信息数量，可供选择的数量和探索的重点，即探索什么，如何探索，探索目标的明确性；职业探索的情感包括三个方面：信息的满意度、探索的压力和决策的压力。

总之，员工综合认知、行为和情感各个方面，对职业机会进行决策、认定和评估。职业探索是职业发展的重要阶段，是个体进行职业选择的重要行为，有利于促进职业成熟和适应。职业探索过程中发展起来的技能和态度使个体不断适应外界环境的变化。尽管职业探索不是解决职业问题的万能钥匙，但是探索技能和态度却是一种良好的适应机制。

（二）自我评估

自我评估是职业规划过程的第一步，是收集自己的信息、做出明智的职业选择的基础。自我评估内容主要包括：对个人的需求、能力、兴趣、性格、性向、职业锚等进行评估，以确定什么样的职业比较适合自己和自己具备哪些能力。通常进行职业自我评估可以用下列量表：价值观量表、兴趣量表、人格量表（如大五人格）和技能量表等。

（三）确立职业目标

职业生涯目标的确定包括人生目标、长期目标、中期目标与短期目标的确定，它们分别与人生规划、长期规划、中期规划和短期规划相对应。首先要根据个人的专业、性格、气质和价值观以及社会的发展趋势确定自己的人生目标和长期目标，然后再把人生目标和长期目标细化，根据个人的经历和所处的组织环境制定相应的中期目标和短期目标。

（四）职业策略选择

职业生涯机会的评估包括对长期机会和短期机会的评估。通过对社会环境的分析，结合本人的具体情况，评估有哪些长期的发展机会；通过对组织环境的分析，评估组织内有哪些短期的发展机会。因此，选取有效的职业策略往往能够促进员工职业获得成功。一些杰出的员工往往采取一些策略。

（1）积极主动策略。杰出员工能够坚守公司的核心业务及管理流程，尽心尽力做为公司增值的事务；杰出员工非常敬业，坚持利于公司的主见，出色完成工作任务，在必要的时候敢于进谏；杰出员工能够主动承担自己份外的工作；杰出员工能够团结合作，主动为集体和同事做更多的努力；杰出员工敢冒风险，勇挑重担，勇于接受急、难、重、大的新任务；杰出员工能够在实际工作中不断学习与创新，以不断增长知识、专长、技能和经验。

（2）知识网络策略。杰出员工深深地意识到在知识经济时代，个人的力量是微薄的，需要借助其他社会资本来完成自己的工作和组织任务，他们是企业组织管理的专家。为此，杰出员工常常在事前就注意寻找用得着的人，努力与之建立密切的个人关系，以建立个人和组织的知识网络，通过亲属支持、朋友支持和上级支持实现职业成功。

（3）自我管理策略。杰出员工采用以下方法管理自己：了解公司文化、价值观念，以引导自己的思维和行为；根据自己的兴趣和才能选择相应的职业岗位和工作项目；以优秀同事为标杆，认真学习和赶超，虚心采纳同事对自己提出的有价值的工作方法与建议；与时俱进；善于向主管进谏；集中精力做事；工作中能分清主次；自我概念清晰。

（4）扩大视野策略。杰出员工坚持从 5C 角度看问题：从同事角度看问题（colleague perspective），以便和谐相处；从客户的角度看问题（customer perspective），以便增加客户价值；从竞争者的角度看问题（competitor perspective），以便实现合争；从公司的角度看问题（company perspective），以便利好公司目标；从创新的角度看问题（creative perspective），以便与时俱进。

（五）实施行动方案

把目标转化成具体的方案和措施。这一过程中比较重要的行动方案有职业生涯发展路线的选择、职业的选择，相应的教育和培训计划的制订，也要考虑相应的职业生涯路径，如专家型、线性型还是螺旋型等。

选择职业路径需要以准确的自我评价为基础，自我评价越准确，就越可能选择适合的职业道路。一个人职业路径大致有五种选择：横向、纵向、网状、双重和核心向。

职业生涯通道，也叫职业生涯路径或职业生涯道路，是指个体在职业生涯过程中所经历的一系列岗位和层级所形成的链条，是个体一生的职业生涯轨迹。一是横向通道，即员工在同一个管理层级或同一个技术、技能等级上的不同岗位或不同工种之间的变动路径；二是纵向通道，即员工在不同管理层级、技术等级、技能等级上下之间的变动路径；三是双通道，即员工同时承担管理工作和技术工作，俗称"双肩挑"。主要是为组织中技术人员或专业人员设计的,也是组织培养高层管理人员的主要方式之一。

(六) 反馈与评估

影响职业生涯规划的因素很多,有的变化因素是可以预测的,而有的变化因素难以预测。在此状态下,要使职业生涯规划行之有效,就必须不断地对职业生涯规划执行情况进行评估。首先,要对年度目标的执行情况进行总结,确定哪些目标已按计划完成,哪些目标未完成。然后,对未完成目标进行分析,找出未完成原因及发展障碍,制定相应解决障碍的对策及方法。最后,依据评估结果对下年的计划进行修订与完善。如果有必要,也可考虑对职业目标和路线进行修正,但一定要谨慎考虑。

职业生涯规划的反馈与评估过程是个人对自己的不断认识过程,也是对社会的不断认识过程,是使职业生涯规划更加有效的有力手段。可以借用相应的评估方法对职业生涯设计进行评估,并进行修正和调整,我们将在下一节进行介绍。

五、组织职业生涯角色与任务

员工、组织、管理者和人力资源经理在职业生涯管理中各自扮演的角色是不同的,他们共同担当职业生涯管理的任务,如表 12-3 所示。

表 12-3 职业生涯管理中不同角色扮演

经 理	员 工	人力资源经理	组 织
指导和辅导	职业自我评价	人才规划	提供信息
反馈与沟通	获取职业信息	提供信息	动员资源
顾问	检验职业选择	专业服务	提供咨询
推荐	确立职业目标	推动工作中的学习	监督管理
	争取学习机会	促进终身学习	
	落实职业计划		

(一) 员工的角色

员工在职业生涯管理中扮演以下角色。

(1) 职业自我评价。对个人的需求、能力、兴趣、性格、性向、职业锚等的评估,以便正确认识自己与组织目标之间的匹配程度。

(2) 获取职业信息。从职业开始的第一天起就要从管理者和同事那里获得有关自己能力优势、劣势的相关信息,以便做出相关的职业决策。

(3) 检验职业选择。人们的职业选择不是唯一的。通过职业行为的信息反馈检验现在选择的职业与当初其他备选职业的收益与成功认知。

(4) 确立职业目标。要根据自己的职业期望和职业动机以及个人特征、组织特征和环境特征确立相应的职业目标和发展阶段的具体措施。

(5) 争取学习机会。活到老,学到老。为了取得职业的长期发展,员工必须争取并珍惜每一次学习机会,这包括在职学习和脱产学习等。

(6) 落实职业计划。和上级达成职业生涯发展的行动计划,并落实执行。

(二) 经理的角色

管理者在职业生涯管理中扮演以下角色。

(1) 指导和辅导。发现问题,确定需求,详细界定这些需求,让员工对职业生涯发展过程、任务、目标、职业通道等有正确了解,并及时进行有效指导和辅导。

(2) 反馈与沟通。给出反馈,明确公司标准,确定相应工作职责、公司需求。

(3) 顾问。提供信息和利用资源,提供选择和协助设置目标,提出建议导向正确的发展过程,提供未来职位晋升的信息等。

(4) 推荐。与职业管理资源联系,追踪职业生涯管理计划的执行情况。

(三) 人力资源管理者的角色

人力资源管理者在职业生涯管理中扮演以下角色。

(1) 人才规划。发现问题、确定需求,详细界定这些需求,让员工对职业生涯发展的过程、任务、目标、职业通道等有正确了解,并及时进行有效指导和辅导。

(2) 提供信息。提供个人行业生涯规划的方式、资料、咨询等所需的帮助。

(3) 专业服务。成为职业生涯规划和管理方面的技术专家,并向员工进行解答、释疑,促进那些使组织未来目标实现的活动。

(4) 推动学习。通过工作中的关系促进学习,灌输终身学习的理念。

(四) 组织的角色

组织在职业生涯管理中扮演以下角色。

(1) 提供信息。提供个人职业生涯规划的方式、资料、咨询等所需的帮助。

(2) 动员资源。为员工提供职业生涯开发所需的资源,包括岗位工作经验、培训和开发机会。

(3) 提供咨询。由受专业培训的顾问提供职业生涯咨询,专门与员工一起解决职业生涯问题。

(4) 监督管理。监督管理者和员工本人对职业生涯计划的落实情况。

第四节 职业生涯管理的评估

一、职业成功的评估方法

职业生涯设计与管理的成功不仅仅取决于有效的信息分析、合理的设计程度和有效的实施,还取决于即时的反馈和评估。职业生涯管理最终的效果是个体取得职业成功和组织目标的实现,因此对职业生涯管理效能的评估主要表现在个体职业成功(职业满意度和工作投入)方面,而对组织职业生涯管理则表现在组织目标的实现上,以下主要从这两个方面进行分析。

（一）职业成功的评估

职业成功标志着个人追求职业生涯的目标实现。个人和组织职业生涯的不确定性和变化性，导致了职业成功的含义因人而异，具有很强的相对性。当然对很多人来说，职业成功是一个多元化的、抽象的含义。传统意义上，职业成功意味着在工作中获得成就，广义的职业成功则包含一个人所累积起来的积极的心理上的或者与工作相关的成果或者成就。广义的职业成功包含主观职业成功和客观职业成功。客观职业成功是由职业旅途中所取得的可证实的、可观察到的价值成果所构成。通常包含以下职业成功指标。

(1) 地位、头衔和组织位置；
(2) 物质成功（财富、财产、收入能力）；
(3) 社会声誉与尊敬、威望、影响力；
(4) 智力资本、知识与技能；
(5) 社会资本、社交网络和结交的地位和头衔较高的人；
(6) 晋升速度；
(7) 健康与幸福。

成功的职业不仅仅获取相应的显性资源，也包含相应的隐性资源，即主观职业成功，这包括：

(1) 对于取得的成就的自豪感；
(2) 职业满意度；
(3) 自尊；
(4) 对工作角色或者制度的承诺；
(5) 恪守相互关系；
(6) 公平感知；
(7) 精神上感到满足。

尽管职业成功作为一个人评价职业的概念，但不论从哪个角度对成功做出解释和评价，都与评价者的职业期望联系在一起的。因此，讨论职业成功，实际是探讨职业价值观或者职业信仰。从这个意义上，职业成功并没有客观标准，而是具有相对性。因此，职业成功需要从以下几个方面进行理解。

(1) 职业成功具有时代特征。用晋升、财富、地位来衡量人们的职业成功会带给人们更多挫折感、压迫感和工作焦虑。幸福定点理论强调在个人职业周期中，有一个实际上保持不变的幸福水平。享乐水车创造了一个隐喻，意思是一个人不停地运动，但是仍然在原地，因为水车以同样的速度运动。当人们的物质财富上升之时，欲望也随之发生改变或者上升，甚至超过财富增长。所以，幸福感并不随着财富、地位和晋升而增加。职业成功是不断发生改变的，并被赋予相应的时代特征。客观成功并不意味着完全的成功，只有包含主观成功的职业生涯才是完美的成功。

(2) 职业成功标准具有多元性。企业员工有五种不同的职业生涯定位，这决定了他们对职业成功的定义。它们有以下几种。

① 进取型。这种职业成功取向的人希望达到组织或者团队的最高地位,职业地位、头衔或者权势是他们职业成功的标志。

② 安全型。追求认可、工作安全、受人尊敬并成为圈内人。

③ 自由型。在工作中不受控制并能自由发展自己的专长。

④ 攀登型。得到刺激、挑战、冒险和疯狂的工作机会。

⑤ 平衡型。在工作、家庭和自我之间取得平衡。

德维认为,如果从自我意识方面进行分类,职业成功可以有四种类型。

① 不断上升和自我完善。这种职业成功取向的人希望职业能够尽善尽美,通过不断的努力达到不断提升和完善。

② 长期稳定和相应不变的工作认同。这种职业成功取向的人希望获得稳定的职业,并长期保持相应稳定的认同。

③ 多种多样的工作经历和变换职业经历。这种职业成功取向的人希望通过不断变换职业,体验职业成功的感知。

④ 成功升入组织或者职业最高层。这种职业成功取向的人希望通过职业地位炫耀职业成功。

(3) 职业成功的社会比较性。职业成功不仅在于自我意识和自我定位,还受社会比较的影响。比较意味着有一个参照认知点或者方向。当人们实施上向比较时,可能很难感知到职业成功,而当人们实行下向比较时,职业满意度增加。

(二) 职业生涯评估体系

正因为职业生涯成功的方向性、标准多样性和社会比较性,才导致了职业生涯成功评价的复杂性和综合性。为了有效评价职业生涯成功,要综合考虑个人、家庭、组织、社会等各方面的因素。如果一个人在四类评价体系中(如表12-4所示),都得到了肯定评价,那么可以确定其职业生涯是成功的。

表12-4 职业生涯成功评估体系

指导语 运用多种来源对员工职业生涯成功进行评价。在你认为恰当的数字上画圈,各数字代表的意思是:5=非常同意;4=同意;3=不同意也不反对;2=不同意;1=很不同意					
	非常同意				很不同意
自我评价	←				→
1. 自己的才能得到充分施展	5	4	3	2	1
2. 自己对在企业发展和社会进步中所做的贡献感到满意	5	4	3	2	1
3. 自己在职位方面的变化感到很满意	5	4	3	2	1
4. 自己在工资待遇方面的变化感到很满意	5	4	3	2	1
5. 非常满意我的上级	5	4	3	2	1
家庭评价					
6. 能理解和肯定	5	4	3	2	1
7. 能够给予支持	5	4	3	2	1
8. 能够提供帮助	5	4	3	2	1

续表

组织评价	
9. 下级赞赏	5 4 3 2 1
10. 同事赞赏	5 4 3 2 1
11. 上级表彰	5 4 3 2 1
12. 工资待遇提高	5 4 3 2 1
13. 职务上升	5 4 3 2 1
社会评价	
14. 社会舆论支持	5 4 3 2 1
15. 社会组织承认	5 4 3 2 1
16. 社会组织奖励	5 4 3 2 1

（三）职业生涯年度评估

职业生涯年度评估是周期性对企业实施的职业生涯发展规划进行的评估，它有利于企业检查员工职业生涯发展的效果，发现存在的问题，即时进行调整；同时，也让员工了解自己和企业职业生涯的实际情况，积极参与调整。

1. 职业生涯年度评估流程

主要包括四个步骤：评估决定、评估准备、评估实施和结果反馈（如图12-4所示）。

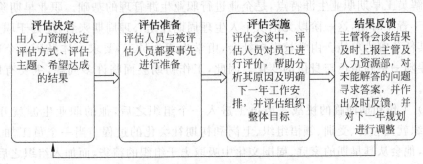

图12-4　职业生涯年度评估流程

2. 职业生涯年度评估内容

职业生涯年度评估由员工的直接主管、员工、更上一级进行评估，也可以采取多人小组进行。评审主要包括以下方面的内容。

(1) 本年度中工作绩效与失误及工作绩效与失误的原因分析；
(2) 员工对下年度的希望；
(3) 员工对教育培训新的需求；
(4) 本年度观念、态度的转变；
(5) 本年度知识与技能的提升；
(6) 本年度员工参与教育培训取得的效果；
(7) 员工个人与家庭福利的改变；
(8) 员工工资待遇变化情况；

(9) 员工晋升情况;
(10) 员工职业满意度情况。

二、职业生涯各阶段管理问题评估

在职业生涯的各个阶段中,职业规划是很重要的,然而,对于典型的职业来说有三点似乎尤为重要。"新雇用者"通过特殊的工作开始一份职业,第一个任务的经历对于他们以后职业的塑造起着重要的影响。"中期职业生涯"的人面临的压力和责任不同于新雇用者,但是他们也有个转折点:备受关注的停滞点。最后,"退休前"的员工面临一个经济、社会和人际关系立场方面的不确定的未来。接下来的环节将描述处在三个关键点的人遇到的一些困难和一些解决办法。

人的职业生涯就如同人的成长过程要经历幼年、青年、中年、老年等阶段。Bohlander 和 Snell 将员工的职业生涯总结为五个阶段:(1)工作准备阶段(25岁之前);(2)进入组织阶段(18~25岁);(3)早期职业阶段(25~40岁);(4)中期职业阶段(40~55岁);(5)晚期职业阶段(55岁~退休)。在这里,我们主要分析人生的重要转折阶段:职业早期、职业中期和职业晚期所面临的问题及解决方法。

(一)职业生涯早期的职业管理

了解员工早期职业生涯特点,是企业进行职业生涯管理的基础。职业早期阶段,员工正处于青年时期,这一阶段无论从个人生理周期还是心理周期来看,还处于职业尝试阶段,其任务较为单纯。由学校走向社会,由学生成为员工,要求个体经历一个适应过程,并伴随一系列角色与身份的变化。因此,工作初期会面临许多问题,主要有以下几个方面。

(1) 工作初期面临的挑战。当员工进入一个组织之后,他的职业生涯就开始了。进入组织就是应聘、受训、领悟组织、上岗和初期社会化的过程。当一个员工加入某个组织时,他会从其早期的家庭、周围文化中吸取忠于组织的精华,而加入组织之后,会显示出渴望达到忠诚于一个特定组织的某种水平。员工是带着职业期望进入组织的。当个人预期与组织预期匹配时,员工会很好融入组织内部,并有被包含于组织内部的感觉。而当组织期望与员工期望不一致时,职业震荡就会发生。

工作早期的职业震荡不仅表现在职业期望的不一致,也表现在个人价值观和组织文化的不一致。一个人二十多年的早期社会化和教育所形成的价值观、个性、理想、抱负、能力和职业梦想,形成了一种自我图式。当外部环境,特别是组织文化、价值观和准则与员工的自我图式发生冲突时,员工将面临各种心理挑战,易于产生认知失调。

组织社会化是进入过程的最后一个阶段,也是最容易被忽视的阶段。许多企业认为只运用职业定向就可以解决问题。实际上,组织社会化是一个复杂的过程,需要不断选择和定位,才能最终找到自己合适的职位。

(2) 工作初期的满意度。有着大学培训经历的新雇用的员工通常认为自己能完成比最初分配的任务更高水平的工作,毕竟他们接受过最新的理论和技术方面的教育。组织某方面的优势或诱因(induction)吸引个体进入组织,但同时由于刚刚步入一个组织,群体对组织的态度、群体的凝集力、工作挑战性对其员工工作满意度有显著影响。角色模糊性、职业震荡以及忠诚性冲突导致不满意产生。

(3) 工作初期的绩效评估。绩效的反馈是很重要的管理职责,然而许多管理者没有充分地培养好这种职责,他们完全不知道如何评估下级的绩效,对新员工来说这种管理缺陷特别具有伤害性。他们在企业的时间不足以和前辈以及其他员工融为一体,而且并不确定企业希望他们相信的事情、价值观的取向或者期望他们表现出的行为。在最初的阶段,他们会很自然地关注其管理者如何管理和指导他们的,但是,一旦其管理者不能精确评价他们的绩效时,他们将对于自己是否达到企业的要求感到迷茫和混乱。

不是所有的新员工经历的问题都与其最初的工作相关,但是遇到挫折后继续工作和离开企业的那些人代表着一种人才和资金的浪费。工作的调动和改变可以是健康的也可以是一个好的决定,但是流失掉潜在的成功员工会造成很大的损失,这个损失往往比一个设计优良的职业生涯管理计划耗费的更多。为了解决早期职业生涯面临的问题可以采取以下方法。

(1) 真实工作预览;
(2) 提供具有挑战性的工作任务;
(3) 丰富初期的工作任务;
(4) 增加上下级的沟通频率;
(5) 为新员工提供辅导。

(二) 职业生涯中期的职业管理

职业成长可被视为个人从依赖别人过渡到相对独立和心理自主状态的过程。基于这种定义,处于组织中的个人职业将精通、独立、个性化和个人自主作为成熟和有能力的标志,因此职业成长被看成是垂直、层级式的上升过程,是线性的、与年龄相关的演进过程。个人职业生涯在经过了职业生涯早期阶段,完成了员工与组织的相互接纳,达成了相应心理契约,与组织的价值和目标渐渐融洽,或者 PFTI(个人与组织匹配指数)渐渐升高则进入职业中期。处于职业中期的员工由于度过了试用期,与组织签订了一定年限的合同,其离职倾向降低。此外,由于员工通过不断学习,认知能力增强,薪酬、福利增加,与同事、上级关系逐渐融洽,也逐渐得到组织认同,对环境的适应能力增强,员工的工作满意度增加,因而员工的组织承诺水平显著上升。同时,员工对组织的规章制度、组织文化、价值观等渐渐接受,一定程度上提高了员工的组织承诺水平。员工渐渐意识到个人的重要性、害怕工作失败,对自我形象更加关注,对组织承诺规范逐渐认同。这一时期,员工表现出很多特点。

(1) 创造力旺盛,工作绩效突出。由于智力资本、社会资本和心理资本日渐丰富,创造力更加旺盛,工作绩效得到实实在在的展现。

(2) 职业能力逐渐成熟,工作家庭冲突加剧。职业中期的员工知识和工作经验都得到提高,对晋升和薪酬的期望更高。尽管其组织承诺不断增强,但其离职倾向也逐渐增强。对于薪酬和福利以及成就的期望与组织的发展比较匹配,促使员工继续留在组织。组织概念和现实融入个体行为,成为个体行为模式的一部分。另一方面,员工在组织获得了认同,工作经验增加,生活也渐趋稳定,对物质的追求的动力来自于家庭和社会的压力(大部分平稳期的员工已经建立了家庭,工作和家庭的矛盾显现),个体离开组织或降低工作绩效往往会给自己带来更大的生活压力。

(3) 职业高原出现。在此时,额外向上提升的可能性通常很小,员工进入职业高原或者职业停滞期。职业高原或者职业停滞有多种原因:职业动机、职业能力和职业机会三个层面,即动机匮乏、能力不济、机会缺失导致了员工职业中期的职业停滞。在此时,大部分组织提供给员工的薪酬和福利待遇不足以满足员工自身的期望。正是组织薪酬福利和晋升机会与员工期望的薪酬福利及晋升机会有巨大差异,引发员工留在该组织的机会成本加大,被觉察的流动机会及寻找工作的机会增加,员工离职倾向增加,工作满意度降低。当员工刚刚进入一个组织时,他可能在为自己寻求一个合适的角色模型(role model)以便和新的工作环境匹配,但当组织将自己的承诺标准转化为对员工的社会化策略时,将导致员工组织承诺水平的下降。

(4) 工作压力与工作绩效。压力对于个人的成长有着重要的作用,它可以加深人的意识,增强人的心理警觉,从而导致人的高级认知与行为表现。它是一种挑战,激发了个人的成长和职业发展。适度的压力水平可使人提高工作效率,而高度的压力会使人产生不健康的表现。压力管理的目的不是彻底消除压力,而是要把压力水平控制在一个最佳的状态上。每一个人都有一个工作压力最优功能区,当他们的压力处于这个区域时,他们的工作效率是最优的;与之相同,只要他们的压力水平在这一区域之外,工作绩效就会受到干扰和破坏。当员工进入职业生涯中期时,他们的压力达到最高水平,工作绩效会逐步下降,身体状况变差,妥善处理工作压力与工作绩效成为这一时期的关键问题。

因此,这一时期组织必须加强对员工的各方面投入,包括感情、物质方面以及成就方面。同时,必须考虑员工已经在组织工作了一段时间,如果在一个岗位上停留时间太长,将使其对工作失去兴趣。因此也必须考虑工作的丰富化和扩大化问题,避免工作任务过度专业和狭窄造成工作任务的单调、乏味。企业雇用专职的心理师帮助员工处理职业、健康和家庭问题,帮助员工实施工作家庭平衡计划。也可以安排富有挑战性的工作,实施岗位轮换。改善工作环境,预防员工出现职业生涯中期危机。

要想有效解决职业中期至关重要的问题,需要有现实存在的可以接受的选择方案。企业可以采取诸如完成职业调动方式来改善员工的心理和生理环境。三种职业调动在抵消这些问题方面有着潜在的帮助:平级调动、向下调动或退回原职。

"平级调动"是指在同一企业中从一个部门调到另一个部门,且职业的等级相同。例如,在生产领域处于职业高原状态的管理者可以调至职能管理部门,如人力资源部、办公室或其他领域的相同等级的职位。这种调动需要员工很快地学习新岗位所需的技术知识,并且在学习过程中将会出现一段绩效下降的时期,然而,一旦能够胜任,员工在做决定时将会具备两个领域共同的视角。

"向下调动"等同于失败。在我们的社会,职位或者权力被认为是刚性的。一个有效的管理者绝对不会认为向下调动是一种值得推崇的选择。在下列情况下,可以采取向下调动。

(1) 员工为了和家人团聚,从分居两地变成同一个城市居住;
(2) 员工把向下调动看作为将来升迁奠定基础;
(3) 员工面对两种选择:解雇或向下调动;
(4) 管理者希望在非工作的活动中获得自由,如更多的娱乐、更多与家人和朋友团聚的机会,为了这些原因可能乐意接受更低职位。

"退回原职"是一条减少平级调动和向下调动风险的办法,这种做法是在提前认识到被调离的管理者如果不能胜任新的职位可以被调回的情况下使用。因为提前认识到有退回原职的可能,企业会让与此相关的所有人知道调动的风险,但是也会让他们知道企业愿意为此承担一部分责任,并且退回原来的工作也不会被看成是"失败"。这种做法对高级专业技术人员和专业人员初次转向一般的管理职位有着一定的保护职业的承诺。

(三)职业生涯晚期的职业发展

随着年龄的增长,员工离退休时间越来越靠近。一部分员工由于成就未能实现而表现出更多的淡泊心理;另一部分员工由于赢得了较高的社会地位,对退休有一种恐惧心理,因此更愿意将自己的意志传递给自己的下属或后辈,以体现自己的成就和意志。此外,由于员工所具有的在某一个特定组织的专业技能被镶嵌(embedded)在此组织,其所具有的特定技能或核心能力在其他的企业不能复制,以及年龄增长的缘故被觉察的流动机会减少,因而离职可能性减少。员工的组织承诺增加,其对组织的价值、组织文化根深蒂固,对组织的感情形成特定的依赖,因此也促成总体组织承诺的增加。这一时期,针对不同成就的员工,应采取不同的心理咨询和心理诊断方式,对员工进行心理安抚,避免没有成就感的员工工作绩效下降以及高成就感员工的"59岁"现象。

这一时期员工职业地位下降,职业进取心降低,员工产生明显失落感。他们更加重视人际交往、个人兴趣、健康以及家庭快乐;观念、知识以及技能相对老化,对新生事物的敏感程度下降。同时,老年员工在经济上和心理上感觉到不安全。面临职业生涯终结,身体机能衰退和老化,抵抗力下降。他们的动力和需求也发生很大变化。职业不再处于关键位置,而健康、家庭、个人兴趣成为他们的寄托。职业兴趣逐步转移,职业能力逐步下降,职位权力逐步退出。

要想解决职业生涯晚期问题,必须要从个人和组织两个方面入手。

1. 从个人角度

(1) 员工要学会调整心态,学会接受和发展新的角色,譬如担任年轻员工的师傅、辅导员、导师或者教练,指导新员工适应组织发展。

(2) 转移工作重心。如帮助团队做思想工作、积极参加社区活动,寻求新的满足源,充实自己的生活。

(3) 发展个人爱好。通过满足过去难以实现的个人爱好,如钓鱼、养花、绘画、旅游、体育等,减少退休前的焦虑感。

(4) 传承意志。可以通过组织的安排将自己的工作经验和经营管理技巧传递给企业。既可以通过言传身教,也可以通过著书立说,使自己成功的经验在企业中流传。

2. 从组织角度

(1) 鼓励和帮助老年员工发挥余热,充分利用他们的技能优势,搞好传帮接带的工作,使其真正成为其他员工的良师益友,继续在组织中发挥导师、参谋、顾问的作用。

(2) 为退休员工安排丰富多彩的社会活动。

(3) 逐步减少工作量,做好职业工作的衔接。组织安排工作时要充分考虑年龄原因,安排好接班人和继任计划。

(4) 开展心理、经济和职业方面的退休咨询。安排好福利、社会保障、医疗、住房、退休金等。

三、职业生涯结果评估:员工与企业分离

员工与企业分离是由多种原因造成的,如企业竞争和效率的压力,员工对企业忠诚度减弱,年龄到期等。无论何种原因造成的员工与企业的分离都会对企业和个人带来重大影响。为了使员工平稳离开企业,使企业正常运行不受影响,以及重要的专业关系不受损害,必须对员工与企业的分离进行有效管理。员工与企业分离主要有三种:离职、裁员和退休。

(一)自愿离职

1. 自愿离职的含义

离职可以从广义和狭义两个方面进行理解,广义的离职是指个体作为组织成员状态的改变。这一定义包含了员工的进入、降级、晋升、换岗以及离开组织等多个概念范畴。狭义的定义是指从组织中获取物质利益的个体终止其组织成员的过程。

影响员工离职的因素很多,既有社会因素、法律因素、文化因素、体制因素等宏观因素,又有企业内部的因素以及个人心理、观念等微观因素。第一,个人因素,包括人口统计变量(年龄、性别、教育程度、年资)、暂时性人格特质(愤怒、厌烦)、知觉、认知及期望、情境人格(动机、偏好)、能力(智力、技能)、稳定的人格特质(心理特质、价值观、需要)。第二,内部环境因素(微观因素),包括组织内部环境(组织气候、集权化程度、组织规模)、工作与工作环境(工作特质)、工作满意度、企业竞争和效率的压力。第三,外部环境因素(宏观因素)政治、经济及文化环境(失业率)、职业性质(职业声望)。而员工离职带来的后果包括:个人反应(疾病、退却、知觉扭曲、攻击、工作绩效)、组织反应(旷职、生产力、流动率、品质、怠工)、社会反应(疾病率、政治稳定性、社会适应率、国民总生产额、生活品质)。

2. 自愿离职对组织的影响

员工离职不仅对个人带来影响,也会对组织带来影响。不仅带来积极影响,也会带来消极影响。首先,员工离职会对企业产生积极的影响。

(1) 对整体绩效的提高。员工离职对企业绩效的影响应辩证看待。一方面,高绩效和优秀人才的离职会使企业绩效降低;而低绩效和低素质人员的离职,将会提高企业的绩效。例如,对于高体力劳动的行业来说,随着员工年龄的增长,其体力逐渐下降,工作绩效也逐渐降低,年龄大的员工的离职对企业的整体绩效显然是有贡献的。还有

一些职业如服务型行业,员工在初始工作期间贡献较大,随着年龄的增长,其对企业的贡献逐渐下降。因此,在判断员工离职对企业的贡献时,应参考不同的职业和工作年限。

(2) 降低雇用成本。某些企业在经济不景气时,希望通过裁员或其他方式促使员工离开组织,以降低日益高涨的人力成本。此时,员工的离职不仅给企业经营带来转机,也会降低企业的人力成本。

(3) 创新、灵活性和适应性的提高。员工离职给企业带来的积极影响还由于新的更替者的介入给企业带来新鲜血液,诸如新知识、新观念、新的工作方法和技能等,从而改进和提高企业的工作效率。

(4) 减少其他形式的消极行为。对那些想辞职却由于缺少选择机会或由于受家庭的限制而不得不继续维持现状的员工,他们在工作中总以一定的行为方式发泄他的不满情绪,如消极怠工,情感淡漠或工作时搞一些破坏活动,其工作效率也会比较低,对这些员工应规劝其离开企业。

员工离职也会对企业产生消极影响,主要表现在以下几个方面。

(1) 替代成本。由于离职者和新进者素质和能力不一致,企业员工离职形成的成本显然也是不同的。低素质者离职,高素质者进入的情形是最优状况,此时,离职成本最低。高素质者离职,低素质者进入的情形是最不利于企业的状况,此时,离职成本最高。

其实,仅仅考虑员工更替成本损失是不够的。要对员工离职的成本进行有效的估计,需要对人力资本投资和由于员工离职而没有实现的效益,以及新进人员可能产生的收益进行估计。这些成本包括:获得新员工的直接和间接成本;新员工培训、离职员工培训损失成本;离职的直接和间接成本。

(2) 对工作绩效的影响。如果离职的员工绩效高于企业平均水平,那么企业的整体工作绩效将会降低。另一方面,高素质员工的离职对在职员工的保留也存在严重影响。受其影响,在职员工可能产生离职想法,从而使生产率降低。

(3) 对员工士气的损害。员工离职对企业产生的消极影响还表现在对其他在职员工情绪和工作态度产生的消极影响。通过连锁反应刺激更大范围员工离职。特别是当员工看到离职员工得到了更好的发展机会或因离职获得更多收益时,留在岗位上的员工就会动心,工作积极性会受到影响。

3. 自愿离职对个人的影响

员工离职也会对个人带来影响。离职的员工大多是为了追求更大的收益。这些收益有不同的形式,如在新的工作岗位上有更高的工资收入,试图寻找具有挑战性的工作,或者寻求更有发展前景的工作,寻找一个适合于自身需要的具有良好工作环境的企业。另外,一部分员工离开原来的组织可能是为了逃避工作压力或紧张的人际关系。这些收益,可能表现在经济上,如工作收入,可能表现在心理上,如尊重,也可能表现在社会地位上,如晋升。如果是基于上述各项因素而考虑离职,并且通过离职获得了新的职位或者自己理想的企业环境,这对于离职者个人来说无疑获得了净收益。通过这种离职或职业转换将增加员工的自信心,使其在新的工作岗位中提高工作效率,获得更高的工作满意度,对组织更加忠诚。

员工的离职对企业未离职者产生了积极影响。一方面,员工离职促进了企业内部流动,使原来有潜力提升的员工获得更多的晋升机会。如果离职的员工是一个不称职的员工,那么其离职对留在企业的员工是有益的,能使他们获得满足感,并促进同事之间关系的和谐。

员工离开某一个企业而流向一个新的企业时,员工对离职预期一定非常高,至少,他相信离职可以获得净收益。在个人的离职决策中,看到的更多是预期的影响,而不是实际发生的影响。事实上由于信息不对称,离职的员工往往对新加入的企业缺乏足够的了解而产生盲目离职,对其自身极为不利。

另外,离职者会牺牲许多在原来企业拥有的利益。如已经建立起来的人际关系网络,工作的熟练性的失去等。如果是跨区域流动,则会产生更多不利的影响,如原有房产的处置、配偶工作的解决、子女入学、新的人际关系的建立等。同时,员工离职对其个人来说总是一件令人焦虑或感到压力的事情,如果离职者未能找到更好的职位,来自家庭和社会的压力将更加巨大。对于员工来说,频繁离职可能会影响其职业生涯发展,而适当的离职率有助于员工增强信心,获得异质性人力资本,对其未来的发展有益无害。

有效管理员工离职的基本原则有三点。

(1) 有效地管理员工流失;

(2) 鼓励那些积极影响大于消极影响的流失发生;

(3) 使那些消极影响大于积极影响的流失最小化。

这就必须采取一些相应的管理措施。

(1) 增加对员工流入环节的管理。员工流入环节是公司人力资源形成的环节,是由招聘、筛选、录用以及员工的早期社会化过程所组成。因此,为了有效管理离职,需要录用那些具有企业成功必需技能的员工。

(2) 增加培训和提供学习机会。提供培训和职业发展机会,促使员工学习和成长也是保留员工的一项重要措施。

(3) 加强薪酬福利管理。提供员工个人所需的激励和报酬,恰当反映货币和非货币的比例,形成多样化福利模式。如提供全家度假、意外礼物、亲人看望补贴、生小孩的奖励等。

(4) 设计适当的反映企业特殊情境因素的目标挽留策略。

(二) 裁员

1. 裁员的概念及其特征

裁员(downsizing)原指企业规模缩减,包括人员缩减、成本缩减、资产缩减等,后来经过不断演绎,特指人员缩减。裁员在中国还有相应的替代名词,如下岗、待岗、内退、停薪留职等。Shaw等人将其定义为"一种经过认真考虑的,由削减劳动力来提高组织绩效的组织决策"。裁员不同于解雇,解雇是对少数人采取的一种强制措施,而裁员是出于经济的原因对多数人采取的一种不得已的、为提高组织绩效的决策。

从起因上看,裁员包括三种。

(1) 经济性裁员。企业在运行效率低下、缺乏市场的适应性和竞争优势时,会采取裁员。企业行为是理性的,企业进行裁员的目的是为了缓解经营上的压力,裁员的目的是降低成本,提高效率和利润。

(2) 政策性裁员。企业行为未必是理性的,企业进行裁员的原因来自于体制上的约束,是为了赢得合法性。

(3) 社会认知性裁员。企业行为由管理层的认知图式决定,企业裁员的根本原因在于管理层掌握了组织控制权,裁员有利的心理定势成为管理层预期摆脱困境的心理定向。

2. 裁员的方法

为了更有效地裁员,并使企业平稳过渡,不同的企业往往采用不同的裁员方法。裁员大致有以下几种方法。

(1) 按工作量裁员。企业雇用员工一般有三个基本假定:第一,员工具有履行岗位职责的能力;第二,岗位要有足够的工作量;第三,员工的绩效应达到企业的要求。企业裁员可以从这三个方面考虑:如果员工的能力达不到岗位要求,则可以将员工从此岗位调离;如果员工没有足够的工作量,则取消这个岗位或与工作量不足的岗位进行合并;如果员工的绩效没有达到额定的标准,可以考虑裁员。

(2) 按能力裁员。能力"反映了员工个体在某一工作中完成各种任务的可能性,是对员工个体能够做什么的一种现时评估"。按照能力裁员就是对员工的能力进行测评,如果测评的结果达到岗位的要求,员工继续留任;如果测评的结果达不到岗位要求,员工将被解雇。按能力裁员有两种方式:一是按绝对能力裁员;一是按相对能力裁员。绝对能力裁员必须是可量化测量的岗位,而相对能力裁员可根据不同能力因素进行比较。

(3) 按绩效裁员。按绩效裁员就是组织对员工进行绩效评估,根据绩效评估的结果进行优胜劣汰。

(4) 政策性裁员。除了前面三种方法外,企业还经常采用许多其他有效的办法,如按年龄提前退休、工龄买断、停薪留职等。

3. 被裁减人员的安置及其方法

裁员是一个典型的冲突过程,而下岗人员安置自然是为了化解裁员中的各种矛盾。根据调查,各地企业已经探索出五种安置下岗人员的方法。

(1) 储蓄型安置。企业让下岗人员在厂内待业,或进行转岗培训,或进行下岗轮训,使这部分人在生产恢复时补充上岗,或胜任新的工作岗位,或定期与在岗人员交换上岗。这种方式适合当企业出现短时期或者阶段性的人员富余情况。

(2) 福利型安置。企业允许下岗人员提前退休、放长假或在家待工等,为员工支付一定的经济补偿,但企业并没有采取实质型的措施来帮助下岗工人再就业。

(3) 开放型安置。企业提供各种便利条件,允许职工离开企业自谋出路,包括停薪留职、从事家庭手工生产、自谋职业等。这种方式中,企业通过各种方式鼓励员工与企业结束劳动关系,常见的包括,企业提供补偿金、就业培训、创业基金或介绍新的工作机会。

(4) 开发型安置。企业将富余人员作为劳动资源进行积极的开发和利用,主要包括:由下岗人员承担厂内小型项目,投资兴建以安置下岗人员为主的新增生产项目等。

(5) 约束型安置。企业通过调整企业内部用工制度,清退计划外用工,淘汰不适合企业需要的人员,腾出就业空位。企业通过裁员的契机调整企业结构,使得组织结构更加合理,并且减少各个岗位的多余人员,目前这种方法在我国应用很少。

4. 避免裁员的策略

尽管裁员在一定情形下不可避免,但裁员毕竟会带来很多负面影响,如丧失企业共同的组织文化、降低员工的忠诚和士气、增加个人冲突、强化组织内部政治斗争等。因此,企业可以采取必要的战略尽量避免裁员。从长期来说,企业可以采取诸如冻结招聘、自然消耗、提前退休和员工培训等策略。从短期来说,可以采取诸如向外借调、自愿离职、全面减薪和遣散员工的办法。

(三) 退休

1. 退休定义

退休是指一个人停止自己工作的时间点,通常在 60～65 岁之间。退休制度是社会实行的一种强制性的保持新陈代谢、不断提高活力和效率的制度。社会按照年龄对员工实施强制退休,而不是根据是否还有能力和意愿来决定是否退休,这样有利于劳动力队伍的新陈代谢,从而保证企业的活力和效率。当然退休也为年轻的员工创造了发展的机会,并为企业节约工资的支付。同时,退休也可能带来有关企业、行业和市场的多年积累起来的关键性知识的损失。

退休是近代工业社会的产物,下列因素促进了退休制度的出现。

(1) 劳动者的寿命延长。越来越多的人能够达到老年阶段,并且在工作中止之后仍能健康生活。

(2) 现代工业社会的生产力提高,使社会有能力赡养老年的非劳动者。

(3) 老年劳动者按照一定的规律退出劳动者行列有利于劳动者队伍的新陈代谢。

2. 退休年龄

各国确定退休年龄的依据一般来说有四个方面:

(1) 根据性别不同规定退休年龄。一般来说男性与女性退休年龄相差 5 岁左右,如我国体力劳动者退休年龄,男性 55 岁,女性 50 岁。具有行政级别的,男性 60 岁,女性 55 岁。

(2) 根据工龄长短规定退休年龄。

(3) 根据职业性质规定退休年龄。如矿山从事重体力活动的员工可以提前退休,教授等可以到 60 岁,甚至 65 岁退休。

(4) 根据在企业中职位的大小决定退休年龄。

(四) 退休人员的管理

退休是老年劳动力生活中很重大的变化和转折,对于大多数人来说,它意味着员工职业生涯的终结和人生最后阶段的到来,退休将带给劳动者个人地位、角色、行为和心理的一系列变化,从而改变他们的生活条件、生活水平和生活方式。退休对大多数人来说,会产生许多消极影响。

(1) 退休直接导致老年人收入减少,因为退休一般不会高于在职员工的工资。

(2) 退休造成一部分老年员工地位下降。

(3) 对心理和生理方面产生不利影响。

(4) 生活品质下降。

正是由于这些原因,对退休人员的管理变得非常重要。企业也可以制定相应政策对退休政策予以确定,如保证退休政策符合相应的法律;实施人力资源规划,维持必要的技能,使其不会因为退休而空虚;保证老员工不受政策歧视;制定灵活的工作和退休安排,满足老年员工和企业的需要。企业可以采取相应措施帮助老年员工度过退休后的不适期。如继续返聘老年员工,或推荐老年员工到其他企业工作、担任顾问、组织更多的丰富多彩的老年人活动,提供退休咨询,譬如休闲咨询、财务与投资咨询、健康咨询、生活安排、心理咨询、公司外职业咨询、公司内职业咨询等;允许退休职工做兼职工作、实施师徒制等。

第五节 职业生涯管理与战略的匹配

基于战略的职业生涯管理是指以企业战略目标为出发点,建立一套能够识别员工发展需要、职业潜力和支撑员工职业发展的系统,并借助该系统引导员工的个人发展目标和组织的目标保持一致,在达成组织目标的同时帮助员工实现个人职业目标的活动。

基于战略的职业生涯管理能够利用职业管理来适应内外部环境的变化,同时协助企业战略的制定与实施。基于战略的职业生涯管理不仅仅对员工职业生涯进行设计和规划,还将企业愿景、目标价值观通过符号转化系统变为实际的行动方案。

这就要求企业的职业决策必须与其战略目标相匹配。常见的职业主要战略问题有以下四个。

(1) 企业如何确定与组织目标相适应的职业规划系统。职业生涯管理系统是指在全面考虑企业内外部环境因素的情况下,分析和评价员工的能力、兴趣和价值观等个体特征,确定企业和员工都能接受的职业生涯目标,并采取措施实现该目标,以保证组织目标实现的一种管理机制。与此相对应,尽管公司经营战略决策主要与战略形成有关,除非战略计划得以成功实施或者执行,否则一项好的计划也不会带来价值增值,往往这些需要功能性的职能来完成,员工职业生涯规划便承担了这一职能。

(2) 努力平衡个人目标和组织目标之间的关系。在很多情况下,只有个人结合组织目标战略和发展来规划自己的职业生涯时,才可能为双方带来重大的收益,即出现双赢的结果。职业生涯管理不仅仅考虑员工个人利益和职业成功,也必须实现组织战略目标。

(3) 组织内员工职业发展通道的设计。传统的单一职业发展通道已经被许多企业的多职业发展通道所代替,这是为了满足员工不同发展路径的要求。在多元化的、开放性和包容性的社会,人们的职业成功定向并不仅仅限定于职位、权力和财富的增加。多通道设计为员工提供更多的选择方案和多元化偏好。

(4) 主要任务是为了吸引、选择、激励和保留优秀员工。传统的职业管理系统意味着职位和工资待遇的提升,现代企业应该从吸引、选择、淘汰、激励、开发等方面,建立一个有机的职业管理系统。

要完成上述目标,必须考虑职业管理系统与企业战略及其资源相匹配的问题。这涉及职业决策与企业战略纵向匹配(即与公司战略和经营战略的匹配)、职业决策与横向匹配(即职业决策与人力资源其他职能的匹配)。

一、纵向匹配

在第四章,曾经提到企业战略匹配需要将企业的人力资源与总体要素之间进行匹配,也即是人力管理必须与企业的价值观、理想、文化、战略与制度以及操作与实践保持一致。人力资源管理受企业价值观、理想和文化、战略与制度的影响,也必然影响到作为人力资源管理实践职能之一的职业生涯管理。因此,在本部分,我们主要探讨组织文化、企业经营理念和生命周期以及组织战略与职业生涯管理之间的关系。

(一)组织文化与职业生涯管理

组织文化是指组织全体成员共同接受的价值观念、行为准则、团队意识、思维方式、工作作风、心理预期和团体归属感等群体意识的总称。经营理念即是系统的、根本的管理思想。管理活动都要有一个根本的原则,一切的管理都需围绕一个根本的核心思想进行。这个核心思想就是我们这里所说的经营理念。经营理念是企业的经营哲学、经营观念和行为规范,它是组织文化的隐性部分。

组织文化和经营战略决定了企业的战略和经营战略,从而决定了企业职业生涯管理。传统型文化强调职位、地位、晋级和权威性,职业生涯设计一般为单通道,职位稳定,组织社会化策略强,员工需要服从组织文化。在此种组织中,往往强调去个性化,服从权威,员工离职率高;参与性文化强调个性、团队的结合,职业生涯设计采用多通道模式,职位更强调自助餐模式,晋升强调绩效和团队合作成果。

职业生涯管理系统与组织文化的一致性见表12-5。

表12-5 职业生涯管理系统与组织文化的一致性

	传 统 文 化	参与性文化
职业生涯分析	信息来源单一,来自背景或者档案的信息、公司的记录等,较少来自环境信息	信息来源丰富,灵活运用信息收集方法,既分析个人信息,也分析环境信息
职业生涯设计	设计单一的考核方法,更多满足组织需求;单通道	综合设计多种方法,达到组织与个人需求平衡;多通道
职业生涯实施	未能达成一致,各个环节脱节,职业生涯实施非整体性	取得各级管理者的支持,始终贯彻企业经营理念和战略目标
职业生涯评估	走形式,不能针对不同岗位和技能进行评估,个人评估为主或者没有评估,员工基本不参与	有针对性,旨在导向性作用;采用长期标准;个人评估、家庭、企业和社会共同参与评估

(二)企业生命周期与职业生涯管理

研究者认为,不仅企业的组织文化和经营理念影响职业生涯管理,企业所处的生命周期阶段也会对职业生涯管理产生影响。根据企业生命周期理论,可以将企业的发展区分为开创期、成长期、成熟期和衰退期。在四个不同的阶段企业应该采用不同的职业生涯管理模式,如表12-6所示。

表 12-6　职业生涯管理系统与企业生命周期的关系

	开创期	成长期	成熟期	衰退期
管理特点	广泛职业机会,部分职业安全	广泛职业机会,部分职业安全	有限职业机会,没有职业安全	有限职业机会,没有职业安全
管理内容	吸引和招聘人才	培训、晋升	保留人才	裁员、内部退休
管理标准	短期	中长期	长期	短期
管理结果应用	招聘、晋升	晋升、薪酬	素质提升、绩效改进	裁员、内部退休
职业通道	单向通道	多向通道	多向通道	单向通道
管理沟通	很少沟通	单向沟通	多途径沟通	多途径沟通

处于开创期的企业生产能力较小,主要以物质资源配置为核心,产品质量不稳定,市场占有率低,销售额小,资金短缺,成本高,价格高。这一阶段存在广泛的职业机会,人力资源管理的目标就是吸引和招聘关键人才、鼓励创新。创始人是决策的中心人物,管理瞄准的是短期效应。授权体系还没有建成,组织文化体系还未成熟,员工角色比较模糊,晋升通道单一,企业需要专业性人才迅速提升竞争力,缺乏沟通。

处于成长期的企业则采取与开创期不同的职业策略。这一时期的企业的主要特征是,产品和服务的销售量猛增,市场占有率大幅度提高,企业以及企业的产品和服务具有一定的品牌知名度,企业开始大量招聘员工并进行培训。企业有大量职位空缺和晋升机会,工资也较开创期高。对产品创新、新的技术和新的技能也会足够重视,赋予直线经理较大的决策权力。由于企业扩张,员工的岗位不断轮换,晋升通道也变得相当灵活。沟通一般采用自上而下的模式。

成熟期的企业规模、产品的销量和利润、市场占有率都达到了最佳状态。企业的营销能力、生产能力以及研发能力也处于鼎盛时期,企业及其产品的社会知名度很高。企业开始步入规范化操作,组织结构也开始明晰,职业机会有限,职位竞争更加激烈。企业主要是挽留关键人员,强调职权和稳定性。对于薪酬水平,企业一般追求与市场持平或者略高于市场水平的薪酬,而且密切关注竞争对手所支付的薪酬状况,员工离职率低。通过整体培训来提升员工素质,并进行绩效改进,沟通是网络型的、全方位的。

衰退期的企业往往采取收缩战略,职业决策也是与裁员、剥离以及清算等联系在一起的。企业可能从一些产品市场中撤退。此时,企业以控制成本和收回投资为主要目标,因此总体职业机会较少,企业提供的薪酬低于或者持平于市场,福利也不乐观,一般不实行激励(包括短期和长期激励)薪酬。此时管理的重点是实施裁员和退休策略,职业晋升通道狭窄,沟通是全方位的。

企业是一个有机生命体,在不同阶段会产生不同的特点和矛盾,因而企业战略、结构和经营流程也是不一样的。有效的职业生涯管理是将职业政策与企业发展的不同阶段进行整合,根据不同生命周期设计不同的职业生涯管理体系。

(三) 企业战略与职业生涯管理

研究者认为,不同的职业管理要适应不同的企业战略。波特认为,企业可以在不同的经营市场环境中找到缝隙,从而采取不同的经营战略。譬如采用差异化战略、成本领先战略和目标集聚战略。与此相类似 Miles 和 Snow，则提出防卫者、展望者和分析者战略。波特的差异化战略和成本领先战略与 Miles 和 Snow 的展望者和防卫者战略的分类有许多共同之处，在成本领先战略或防御者战略中，公司倾向于采用集权式的决策，同时强调通过市场渗透来节约成本。与此相反在差异化或展望者战略中，公司采用宽泛的、变化的产品线，使用分散决策和快速反应策略。

使用成本领先战略、差异化战略和目标集聚战略的企业在职业决策分析、设计、实施及评估均呈现不同特点。采用成本领先战略的企业强调通过规模效应扩大市场，关注的是降低成本、吸纳和维系人才的哲学；采用差异化战略的企业强调的是创新，鼓励员工提供不同的建议，强调高水平的协作和专门化的人才。他们都倾向于采用多通道职业生涯设计。采用成本领先的企业由于需要降低成本，竞争压力较大，职业机会相对较少，可能采取裁员、内部退休等策略，晋升通道较为狭窄。而采用差异化战略的企业专业性人才职业机会较多，晋升较快。采用目标集聚策略的企业有效地将授权与分权统一，针对市场和公司能力采用不同的方式，因而职业通道多元化，职业机会较多。

二、横向匹配

职业生涯管理不仅要与组织文化、企业生命周期和企业战略相匹配，高效率的职业生涯管理体系还必须与其他人力资源职能进行整合。单一的人力资源功能并不能起到实际上所预测的那么大的作用，雇用系统的理想状态是各种人力资源职能在横向上的整合。尽管这些理论显示出职业生涯管理职能与其他人力资源职能有某种可能的关系，但并没有足够的证据显示这种关系，实际整合程度远远低于人们的期望。内部匹配或者说职业生涯管理与其他人力资源职能之间匹配的一致性受到比较少的关注。表 12-7 总结了职业生涯管理与其他人力资源束之间的相互关系。职业生涯管理不仅对工作分析、招聘录用以及培训开发的效果进行检验，同时也受到他们反作用力的影响，促进企业对职业生涯管理系统进行完善。同时，职业生涯管理也对职位变动、薪酬决策和职业规划等产生影响。

表 12-7 职业生涯管理与其他人力资源之间的关系

	职业生涯管理	
	互动内容	互动方向
工作分析	工作分析为职业生涯管理的信息收集提供重要依据；职业生涯管理对工作分析进行验证	工作分析 ↔ 职业生涯管理
招聘录用	职业生涯管理的结果促使企业做出招聘决策；职业生涯管理可以检验招聘录用的信度和效度	招聘录用 ↔ 职业生涯管理
培训开发	双向关系，培训开发可以促进员工职业发展；职业生涯管理也提供了员工培训开发的方向	培训开发 ↔ 职业生涯管理

续表

职业生涯管理		
	互动内容	互动方向
薪酬福利	职业生涯管理影响员工薪酬和福利；员工薪酬和福利也影响员工离职或者保留及职业成功的感知	职业生涯管理 ⟷ 薪酬福利
绩效管理	绩效管理发现员工的不足，为未来的培训、开发、技能提高、个性梳理提供依据	绩效管理 ⟷ 职业规划

在进行职业生涯管理的时候要保持内部一致性，或内部匹配。内部匹配即横向匹配是指人力资源各部分实践的内部一致性，在很多研究分析中有将其称为捆绑(bundles)或整合结构(configurations)。在不同配置模式下，人力资源政策之间的关系会有所不同，大致可以分为四种。

(1) 附加关系。即互相独立，对组织绩效的交叠作用。

(2) 综合关系。即一种实践的作用取决于另一种是否存在。

(3) 替代关系。即几种实践会产生共同的结果，可以互相替代。

(4) 协同关系。即几种实践的综合作用大于几种实践的简单相加。正协同指两个或多个部分的共同作用比简单相加作用更大；负协同意思相反，指两个或多个部分的共同作用反而不如两个部分或多个部分的独立作用。

第六节 本章小结

这一章论述了战略职业生涯管理的重要性及其相应的设计流程。职业生涯管理是战略人力资源管理最重要的部分，也是员工最关心的部分。职业生涯管理的成功不仅依赖于对职业生涯的分析、设计、实施和评估，也有赖于其和相应组织文化、企业生命周期及其他人力资源职能有效的整合和匹配。职业生涯管理的第一个步骤就是进行分析，主要是对影响职业生涯管理的各种因素进行分析，如员工个人特征、组织特征、社会特征等。职业生涯管理的第二个步骤是设计相应的职业管理体系和流程，制定职业管理目标。职业生涯管理的第三个步骤是实施相应的职业计划和职业路径。职业生涯管理的最后一个步骤是进行职业生涯管理的效果评估。通过企业和员工各自的评价，寻找企业期望和员工实际职业之间的差异，全面审视职业生涯管理的政策、方法、手段，并对其他的细节进行诊断，不断促进员工职业成功，提高组织职业管理效能。职业生涯管理系统是一个循环往复、螺旋上升的封闭系统，通过分析、设计、实施和评估，促进企业人员素质的不断提高，以实现组织的战略目标，并为企业获得长久的竞争优势奠定基础。

基于战略视角，考虑到外部环境和内部气候的不同，企业还必须根据其组织文化、经营理念、企业生命周期和经营战略，选取不同的职业生涯管理模式，设计不同的职业管理方法,运用不同的职业管理模式。在考虑纵向匹配的同时,关注横向匹配,即职业生涯管理与其他人力资源职能之间的关系。

重要名词术语

职业	建立期		
职业生涯	职业中期	职业路径	战略
职业生涯管理	职业后期	师徒制	低成本战略
职业生涯设计	职业衰退期	指导关系	差异化战略
职业锚	社会环境	职业高原	目标聚集战略
性格	企业环境	职业倦怠	
职业性向	职业成功	职业停滞	
社会资本	职业动机	工作压力	
员工能力	职业探索	晋升	
职业阶段	自我评估	辞退	
探索期	角色	离职	

思 考 题

1. 什么是职业？什么是职业生涯？什么是职业生涯管理？
2. 职业生涯管理的重要意义是什么？
3. 影响职业生涯的因素有哪些？
4. 对你而言"职业成功"意味着什么？
5. 你做出过职业选择吗？选择了什么职业？你具有这项特别职业所需的技能和性格吗？
6. 约翰·霍兰德(John Holland)将技能划分为六种类型,用哪种类型描述你最为合适？你的技能类型与你将要追寻的职业类型匹配吗？
7. 个人怎样进行职业生涯设计？
8. 组织如何进行职业生涯管理？
9. 职业生涯管理中员工、经理和组织分别扮演什么角色？
10. 怎样处理职业中期的职业停滞和职业倦怠？
11. 如何管理员工的离职和退休？
12. 怎样实施有效的裁员？
13. 职业生涯管理如何与企业文化相匹配？
14. 职业生涯管理如何与企业生命周期相匹配？
15. 职业生涯管理如何与企业经营战略相匹配？
16. 职业生涯管理如何与其他人力资源职能相匹配？

案例

某公司员工职业流动

俗话说:"铁打的营盘流水的兵。"市场经济给企业和员工双向选择的自由,同时,也给企业带来严重挑战,企业不得不面对员工离职的问题。频繁流动给企业带来高额离职成本和意想不到的危害。这种情况在深圳一家房产公司显得尤其厉害。

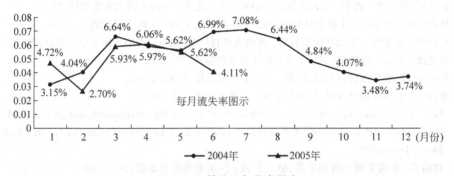

图 12-5　某公司每月离职率

在对 2004 年 12 个月和 2005 年 6 个月的对比统计中发现,不考虑滞后效应,2004 年在 3% 以上。仅在 2004 年,公司总体离职达到 1 400 余人。严重的人才离职给企业带来了沉重的灾难。企业招聘成本急剧上升,企业经营难以为继。公司聘请咨询团对企业进行诊断,调查产生员工离职的原因。经过调查发现,公司管理存在多方面问题(如图 12-6 所示)。如工资不高,福利形式呆板,员工晋升速度、晋升机制和晋升方式错位,上级管理方式粗暴,自我创业等对员工离职影响非常大。公司迅速采取措施,针对以上情况进行调整和改革,如福利形式多样化,解雇粗暴上级,倡导企业文化,变革公司晋升制度,提高奖励比例,动态化薪酬,多样化娱乐活动等。公司员工的离职率迅速下降。到 2005 年年底,公司平均每月离职率降至 1% 以下。公司经营重新运转正常,效益也逐渐上升。

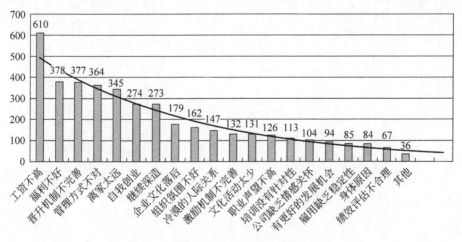

图 12-6　影响员工离职因素

参 考 文 献

[1] 张德. 人力资源开发与管理(第三版)[M]. 北京：清华大学出版社,2007,285～286.
[2] Greenhaus, J. H, Callanan, G. A., Godshalk, V. M. Career Management[M]. Harcourt, Inc, 2000,8～11.
[3] 劳伦斯·J. 彼得. 彼得原理[M]. 北京：机械工业出版社,2007,46～47.
[4] 黄光国,胡先缙. 面子：中国人的权力游戏[M]. 北京：中国人民大学出版社,2004.
[5] 林南. 社会资本：关于社会结构和行动的理论[M]. 上海：上海人民出版社,2006.
[6] 霍华德·加德纳. 多元智能新视野. 沈致隆译[M]. 北京：中国人民大学出版社,2008.
[7] 周文霞. 职业生涯管理[M]. 上海：复旦大学出版社,2007,53～56.
[8] 林泽炎. 职业生涯设计与管理[M]. 广州：广东经济出版社,2003.
[9] 谢晋宇. 人力资源开发概论[M]. 北京：清华大学出版社,2005.
[10] Hall, D. T. An overview of current career development theory, research, and practice [M]. In, D. T. Hall and associates (Eds), career development in organizations (4), San Francisco: Jossey-Bass,1986.
[11] 林清文. 生涯发展与规划手册[M]. 广州：广东世界图书出版公司,2003.
[12] 龙君伟. 杰出员工的职业策略[J]. 中国人力资源开发,2002,8：32～34.
[13] 石秀印. 中国企业家成功的社会网络基础[J]. 管理世界,1998,6：187～196.
[14] 王忠军,龙立荣. 员工职业成功：社会资本的影响机制与解释效力[J]. 管理评论,2009,21(8)：30～39.
[15] London, M., & Stumpf, S. A. Managing careers[M]. Reading, MA: Addison-Wesley,1982.
[16] 孙宗虎,赵淑芳. 职业生涯规划管理实务手册[M]. 北京：人民邮电出版社,2009.
[17] 廖建桥. 管理的一剂苦药：如何在企业裁员[M]. 武汉：华中科技大学出版社,2006.
[18] 孙连才. 战略视角下的人力资源[M]. 北京：清华大学出版社,2010.
[19] 方振邦,陈建辉. 不同发展阶段的企业薪酬战略[J]. 中国人力资源开发,2004,56～59.
[20] 巴里·格哈特,萨拉·L. 瑞纳什 著. 薪酬管理,朱舟译[M]. 上海：上海财经大学出版社,2005.

第五部分

领导与变革

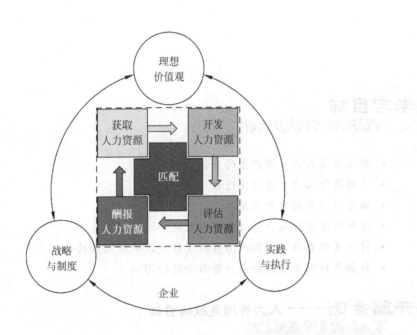

- ◆ 第十三章　战略国际人力资源管理
- ◆ 第十四章　战略领导力开发
- ◆ 第十五章　战略人力资源效果测评
- ◆ 第十六章　中国人力资源管理的历史性回顾与战略性展望

第十三章
战略国际人力资源管理

学习目标
XUE XI MU BIAO

- 描述国际人力资源产生的背景
- 了解国际人力资源演化过程
- 描述国际与国内企业差异
- 理解战略国际人力资源模式与系统
- 讨论文化在决定国际人力资源管理实践中所起到的作用
- 分析各种因素对国际人力资源管理的影响

开篇案例——人力资源是战略资源
KAI PIAN AN LI

联想国际化面临的跨文化挑战

一、联想集团

联想集团成立于1984年,由中科院计算所投资20万元人民币、柳传志等11名科技人员创办,到今天已经发展成为一家在信息产业内多元化发展的大型企业集团。现在联想的总部设在美国罗利,在全球66个国家拥有分支机构,在166个国家开展业务,在全球拥有超过25 000名员工,年营业额达146亿美元,并建立了以中国北京、日本东京和美国罗利三大研发基地为支点的全球研发架构。2008年首度进入财富杂志全球企业500强榜单,排名499名。

联想将自身的使命概括为四为,即为客户,如提供信息技术、工具和服务,使人们的生活工作更简便、高效、丰富多彩;为员工,如创造发展空间,提升员工价值,提高工作生活质量;为股东,如回报股东长远利益;为社会,如服务社会文明进步。

联想的远景是"高科技的联想、服务的联想、国际化的联想"。

二、联想国际化的准备阶段（1984—2001年）

（一）运营状况

在这个阶段联想先通过一种自主研发的"LX.80联想式汉字系统"的巨额销售、美国AST（虹志）公司和I-IP公司产品代理以及电脑主机板的设计和制作，获得了大量的原始积累，并取得了产品的巨大的市场份额，引起国际同行的广泛关注。

进入20世纪90年代，联想在香港联合交易所公开上市，为联想成为世界知名的高科技公司的资金筹集做出重大贡献。与此同时，联想的绩效得到迅猛提升，先后推出享誉国内的"联想牌"微机、自主研发的智能中西文图形终端以及我国第一台586电脑，这些产品的火暴销售均为联想创造出巨大的收益。

1984年成立到2003年的19年，是联想集团国际化经营的准备阶段。在这个阶段，联想集团积累了雄厚的资金基础、强大的技术实力、丰富的国际化管理与经营经验，这些成果的取得为联想集团后来的国际化经营的深入做出了巨大的贡献。

（二）联想该阶段战略

1. 总战略目标

（1）20世纪80年代末90年代初。争取在几年内创办成全国第一流的外向型计算机企业，为国民经济作出更多的贡献。

（2）90年代中后期。联想集团的长远奋斗目标是做一个长远的、有规模的高科技企业，按照联想集团的发展战略，联想要在2010年之前以一个高技术企业的形象进入世界500强。

为实现这一具体的远期目标，联想集团制定了分步战略，即三步走：第一阶段是到2000年，要完成经营额30亿美元，进入世界计算机行业百强前60位；第二阶段是到2005年左右，要完成100亿美元的经营额，接近世界500家大企业的入围标准；第三阶段是在2010年之前，进入世界500家最大企业行列。

2. 国际化战略目标

第一步，首先在香港设立一个贸易公司，目的在于为创办产业积累资金，摸索海外市场规律，选择打入国际市场的突破性产品；第二步，建成技工贸一体化的跨国企业集团。它以中国香港为轴心，连接起中国内陆和欧美市场，建立起有研发中心、生产基地和国际销售网点的跨国集团公司；第三步，形成规模经济，使联想股票在海外上市，研制出带有创造性的高技术产品。

3. 具体策略

在90年代中期以前，主要采取以下几个策略。

（1）"取长补短，优势互补"——选择正确的合作伙伴。1988年，联想公司在香港与香港导远电脑有限公司、中国（香港）技术转让公司合资成立"香港联想科技有限公司"。以开展电脑贸易为主要业务，为电脑开发、生产积累资金，并摸索国际市场的脉搏，选择打入国际市场的产品。

（2）合理布局。"以国际化带动产业化"。联想公司在成立香港公司后，将产品开发和产品市场销售这两大环节设置在香港，同时将计算机产品的批量生产环节放在大陆如深圳等地的生产基地进行。

(3) 产品定位。"田忌赛马"。联想避开实力强劲的厂商,而以中国台湾、中国香港地区的厂商作为竞争对手,采取所谓"田忌赛马,以上对下"的策略,将自己的产品定位于档次较低的国际通用产品。

(4) 营销策略。"高质低价"。联想在生产286主板的时候重视质量,但采取低价策略,获得了较满意的市场份额,且建立良好的形象,为以后的生产和销售打下基础。在90年代中期后联想实行国际化经营的策略。柳传志制定三点策略:继续以低价卖高质产品;投入资金打广告、做品牌;小心谨慎,充分考虑资金和人员条件。

三、联想国际化的实施阶段(2002—2005年)

不走国际化,联想在国内市场混几年也没问题,但很快联想将没有混日子的资本。

(一) 联想国际化的战略定位、目标及战略转型

1. 联想的战略定位

(1) 联想的远景。国际化的联想。

(2) 联想国际化的目标。联想在10年内成为全球领先的高科技公司,进入全球500强,实现联想创业者的梦想。10年以后,公司20%~30%的收入来自国际市场,公司的管理水准达到国际一流,形成具有国际化发展的视野和与之相对应的人才和文化。

2. 联想的战略调整

2004年年初联想正式将战略调整为:联想未来的愿景依然是高科技的、服务的、国际化的联想。(1)专注于核心业务和重点发展业务,保证资源投入与业务重点相匹配;(2)针对市场环境的迅速变化,建立更具客户导向的业务模式;(3)要提高公司的整体运营效率。

在整体的业务分类上,主要分为三种:(1)核心业务:个人电脑及相关产品业务;(2)重点发展业务:移动通信设备;(3)其他业务:IT服务、网络产品等业务。

在公司管理架构上首要匹配核心业务和重点发展业务,管理资源重点保证核心业务竞争力提升和重点发展业务竞争力建立,同时将国际化优先于多元化加以考虑。

(二) 联想该阶段的国际化战略

(1) 产品定位。联想笔记本一开始在欧洲市场将产品定位在高端,着重控制产品质量。在高端产品站住脚之后,联想再将笔记本电脑的定位向下发展。

(2) 销售模式。联想在欧洲各地的销售模式也不一样。在西班牙,联想自己维修;在德国,由第三方维修;在希腊,用代理商维修。联想在总结将市场做大的方式下,通过比较看哪种模式更好。

(3) 业务重心。联想在不同区域的业务侧重点有所不同。在欧洲市场主要是打响了QDI品牌,并开始做一些"瘦身"产品,如联想PDA、笔记本电脑、家庭网关等;在亚太地区的重点是IA产品和PC业务,2002财年联想预计在中国香港特区销售1万台家用电脑,并计划在形成规模效应后,拉宽产品线,拓展到需求相对零散的商用产品。

(三) 联想的国际化实施

(1) 联想换标。2003年4月,联想集团在北京正式对外宣布启用集团新标识"Lenovo联想",以"Lenovo"代替原有的英文标识"Legend",并在全球范围内注册。在

国内,联想将保持使用"英文+中文"的标识;在海外则单独使用英文标识。这一举措在联想发展史上是一个重要的转折点,它为联想的未来业务拓展做好了先行部署,为联想集团国际化经营实施铺平了道路,而且通过更换品牌标识更加明确了联想的品牌内涵。

联想最终将其品牌内涵定义为:诚信、创新有活力、优质专业便捷的服务。

(2) 借力奥运会。2001年8月,北京申奥成功后一个月,联想集团组成了专门小组007,正式提出争取奥运会全球合作伙伴的计划。2004年3月26日,联想集团以6 500万美元,与国际奥委会签约,正式成为国际奥委会的全球合作伙伴(简称TOP)。它是中国第一家国际奥委会全球合作伙伴成员,获得了以奥运顶级赞助商的身份在全球两百多个国家和地区开展市场营销机会。联想集团将为2006年都灵冬季奥运会和2008年北京奥运会以及世界两百多个国家和地区的奥委会及奥运代表团独家提供台式电脑、笔记本、服务器、打印机等计算技术设备以及资金和技术上的支持。

随后联想借都灵冬奥会期间向海外发布新品,表明联想在品牌塑造及奥运营销方面日臻成熟,同时也意味着联想在并购IBM的PCD之后逐步完成产品和业务模式的整合。2008年北京奥运会,联想又成为奥运会火炬官方合作伙伴,联想创新设计中心主创的"祥云"火炬将走遍全球五大洲。这样联想迈出了国际化的坚实一步。

但在PC业务方面,联想并没有推出新系列或新技术的产品来作相应的配合,加之以新品牌"Lenovo"只局限于在国内市场分销,联想始终未有大规模在海外市场推出新产品。

(四) 并购IBM

2004年12月8日,柳传志代表联想对全世界宣布:联想以12.5亿美元的价格并购了IBM的全球个人电脑业务,包括PC机和笔记本电脑,以及与个人电脑业务相关的研发中心、制造工厂、全球的经销网络和服务中心。

根据双方签署的协议,联想将向IBM支付6.5亿美元的现金,以及价值6亿美元的联想集团普通股,同时联想还将承担IBM PC部门5亿美元的资产负债。交易完成后,IBM将持有联想集团18.5%的股份。新联想将在5年内无偿使用IBM品牌,并永久保留使用全球著名的"Think"商标的权利。新联想将在纽约设立集团总部,在北京和罗利(在美国北卡罗来纳州)设立主要运营中心。交易后,联想将以中国为主要生产基地,同时将拥有约19 500名员工(约9 500名来自IBM,约10 000名来自联想集团)。根据并购协议,联想和IBM将结成长期战略联盟,IBM将成为联想的首选服务和客户融资提供商,而联想将成为IBM的首选PC供应商,这样IBM就可以为其大中小企业客户提供各种个人电脑解决方案。IBM高级副总裁兼个人系统部总经理史蒂芬·沃德将担任新联想的CEO,而杨元庆将担任收购完成后的新联想的董事局主席。

此外,根据协议,联想和IBM将结成广泛的、长期的战略性商业联盟。IBM还将通过其现有近3万人的企业销售专家队伍,并通过IBM.com网站,为联想的产品销售提供营销支持,创造更多的需求。联想的产品也将通过IBM加盟到联想的PC专家进行销售。IBM的全球金融部(IBM Global Financing)和全球服务部(IBM Global Services)以其现有的强大的企业级渠道,将分别成为联想在租赁和金融服务、授权外包维护服务方面的首选供应商。IBM承诺"将持续地为客户提供IBM和Think品牌的PC。"

同时,联想收购IBM全球PC业务对于整个中国民族工业而言,具有深远意义。以往,我们印象中的并购往往是国外巨头收购本土企业以打开中国市场,但是联想让我们知道,我们同样可以通过国际并购来走向世界。

四、联想国际化的成熟阶段(2006年至今)

(一)该阶段战略

联想在该阶段是通过双模式战略来面对国际竞争,即对于消费市场,企业需采取以渠道为核心的交易型业务(T)模式;而对于商用市场,企业则需实行以大客户为对象的关系型业务(R)模式。联想准确把握了两类客户的不同需求。消费类客户更看重产品价格和外观,在购买时需要得到店员更多的介绍和辅导,希望能够现场体验和购买现货;而商用类客户更注重产品的定制性、安全性、稳定性和服务的特殊性,需要与PC厂家进行直接沟通。

联想采用大批量生产和渠道销售来服务交易型客户,而用小批量生产和客户代表销售来服务关系型客户。与此同时,联想还在产品研发、营销、服务和人力资源等诸多环节对两种模式进行了细致地区分。

(1)成功开拓印度市场。2006年年初,印度作为新兴市场,与中国市场的发育水平最为相似,成为了联想首选的突破点。联想复制国内模式在印度建立起渠道体系:① 把整个印度分为9个区域;② 每个区域划分为52个网格来管理。在联想进入之前,印度的交易型业务量大概每个月在数千台,但到2007年年底,已跃升到了10万台的级别,产品线也比以前更丰富。在不包括大中华区的亚太区,得益于交易型业务模式的推广,联想2007财年二季度销量也获得了同比24%的增长。

(2)进军欧美市场。从2006年5月开始,杨元庆亲自带队开始在德国拓展交易型业务。联想充分利用自身产品物美价廉的优势打开市场。同时积极联系供应商和经销商,取得上下游企业的信任。并利用节日大肆促销,2007财年第二季度高达86%。在成熟的欧美市场上,联想利用在印度和德国的经验,一方面稳定和提升Think业务;另一方面则引入交易型业务模式,开展基于Web-Tel(网络+电话)的新销售形式,和当地的渠道伙伴合作,共同拓展当地市场。配合这一进程,联想还在不断提升供应链效率、推广Lenovo品牌,通过和NBA、F1的合作以及奥运营销等来提升品牌知名度。

(二)国际化过程中的波折和回归

2008—2009年财年第三季度(2008年10月1日—12月31日)绩效显示,由于全球商用个人电脑(特别是高端个人电脑)销量持续减少,以及中国个人电脑市场总销量下降7%,联想集团全球个人电脑销量同比下降5%,净亏损9700万美元。其后三个季度更是连续亏损。

2009年2月5日,创始人柳传志重新担任集团董事局主席,杨元庆取代阿梅里奥担任首席执行官(CEO)。随后杨元庆开始了大刀阔斧的改革重组:将绩效不佳的亚太区(不包括中国区)与大中华区合并,在全球削减2500个工作岗位,同时大幅削减费用,降低高管薪酬。

联想在战略上重新确立"双模式"的战略。一方面,联想要保卫好中国业务和全球企业客户业务这些已有核心业务的市场份额,同时提升利润率;另一方面,联想要向高速增长的新兴市场和全球交易型业务市场发起猛烈的进攻,着重提升市场份额,同时在印度、俄罗斯等关键市场争取突破两位数的市场份额。

2009—2010年第四季度,联想中国区综合销售额同比增长67%,占集团全球总销售额45.3%;新兴市场个人电脑销售额同比增长更是高达95%。

(三)联想结构的变化

(1)股权结构的变化,如下图所示。

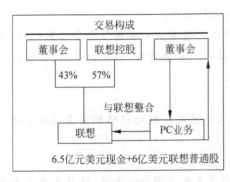
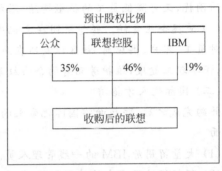

(2)组织结构的变化。2004年2月28日,杨元庆宣布对联想集团进行重组。对大客户采取(混合营销模式)电话营销(直销)模式;对零售客户和中小企业客户采取渠道营销模式,并将原有的五个大区下加设18个省级小区。

并购IBM的PC业务以后,联想将原有业务和并购的IBM个人电脑业务在全球范围内进行整合,形成统一的组织架构,各高层管理人员分工进行重新划分,其中:

(高级副总裁兼首席运营官)弗兰·奥沙立文负责将全球的产品和产品营销业务整合为一个新的全球产品集团;

(高级副总裁兼首席运营官)刘军负责将供应链的各环节合并成一个新的全球供应链系统,包括采购、物流、销售支持、供应链战略规划及生产制造等;

高级副总裁拉维·马尔瓦哈负责将销售区域总部由三个扩展到五个;

首席技术官贺志强负责将中国北京、日本以及美国北卡罗来纳州的研发中心整合到一起。

2009年3月,宣布了新的组织架构:①以市场成熟度代替地域来划分,成立两个新的业务集团。成熟市场客户:加拿大、以色列、日本、美国、西欧等地以及全球大客户。新兴市场客户:中国内地、中国香港、中国澳门、中国台湾、韩国、东盟、印度、非洲、俄罗斯及中亚等国家和地区;②对产品组织进行调整。Think产品集团:主要专注于关系型业务以及高端的交易型中小企业市场;Idea产品集团:专注于新兴市场和成熟市场的主流消费者,以及交易型中小企业商用客户。

五、联想国际化人力资源管理的挑战

(一)文化冲突

1. 文化差异

IBM和联想集团的文化差异主要体现在:IBM的文化属于比较传统的美国文化,

公司文化很注重个人,员工在工作中的授权比较大。而联想集团在国内向来以严格和强调执行力而著称,文化中有很浓的制造企业的因素,强调执行和服从,下级对于上级的命令要严格执行,而且上级对于下级的干涉也比较多。

2. 消除冲突措施

为了消除国际化经营所带来的文化冲突,新联想采取了相应措施。

(1) 新联想制定了"坦诚、尊重、妥协"的六字方针。联想集团认为,"坦诚"和"尊重"是基础,而整合前期最重要的是"妥协",要互相尊重,求同存异。

(2) 本土化策略。新联想留用了大批原IBM的一线管理人员,既能减少非经营性因素的困扰,又可降低员工的抵触情绪,增加工作效率。

(3) 重视企业责任。联想集团在文化建设中强调在为投资股东负责的同时,要承担起对员工、客户、供应商、社区以及所在地政府的社会责任,遵守商业道德,保障生产安全,保护职工健康,维护劳动者的合法权益。

(二) 国际化人才招聘

并购完成之后,联想面临国际化带来的人才紧缺。联想采取相应措施包括以下两个方面。

(1) 大量留用原IBM的一线管理人员。

(2) 联想经过了集中的外部招聘,挑选出了几十名国际化人才,这些人有几个共同的特点:①英语口语流利;②具有海外留学或工作背景;③工作年限短,职业价值观简单,容易融入联想。

当时这批人在联想的岗位基本都是副总裁助理或总经理助理,主要任务就是陪同高管出席各种会议,特别是在英文会议上充当翻译。针对内部人才的培养,联想还启动了一系列培养计划,包括 TOP100 计划,即选派 100 名中国优秀的管理者到国外去轮岗、学习,配备外国高管担任导师等。

(三) 薪酬福利方面的平衡

自联想收购 IBMPC 业务后,一家中国企业如何设计一种兼顾本土和国际行情的国际薪酬体系,一直受到人们的关注。据了解,联想的策略是原 IBM 员工薪酬在 3 年内(至 2008 年)不变。据原 IBM 员工透露:以基本工资计(不加奖金、员工福利与员工期权),IBM 员工 7 倍于联想员工。如果薪酬问题不能在国内和国际两个方面实现平衡,新联想的整合必然阻力重重。联想采取的措施有以下两方面。

(1) 在原联想薪酬体系上(或对原联想员工),增加固定工资比例,降低可变薪酬比例;在原 IBM 工资的体系上(或对原 IBM 员工),降低固定工资比例,增加可变工资比例。同时,逐步上调联想员工整体收入。最终,所有联想员工实现薪酬一体化。

(2) 设立"企业年金"。在联想工作一年以上的正式员工,以个人自愿为原则,以个人出资与公司出资共同构成联想企业年金,并委托专业机构管理运营。

(四) 绩效评估的统一

联想一直以来注重对员工的激励,"为员工创造发展空间,提升员工价值,提高工作生活质量"更被联想写入了公司的使命。但在并购比自己本身庞大数倍的 IBMPCD 以后如何保持有效的激励也是新联想的重要问题。联想采取的措施有以下三个方面。

(1) 新联想推出了新的绩效管理体系——P3（即 Priority，Performance，Pay——目标、绩效、奖金）。P3 体系延续了原联想对关键绩效指标（KPIs-Key Performance Indicator）及绩效管理过程的重视和关注，确保奖金与绩效紧密相关，鼓励团队和个人赶超目标，强调公司和员工共同成长，收益共享。

(2) 联想根据很多细化的指标（例如各地生活指数、百户人口电脑拥有率等数据亲测算某一区域当年的增长率）设定一个相对有挑战、又可以达到的目标，使得20%的人员能够大大超过目标，70%能够达到中等，10%达不到目标要求。

(3) 重视与员工的沟通交流，每次奖金方案出来后，人力资源部门与各个团队成员沟通，以各种形式通知员工本人，并给员工一页纸的任务书，要员工本人签字确认。

根据张毅、李洋浅谈联想集团公司的国际化战略.现代商贸工业，2007 和百度文库陶逸光、王潮、王建华、王杰、魏洁、闫寒浅谈联想的国际化战略 http://www.baidu.com

第一节　国际与国内人力资源的差异

如同联想所走过的道路一样，由于20世纪80年代以来经济发展的全球化已经成为不可抗拒的潮流，多数企业在实现全球化经营的同时将面临着人力资源管理国际化的多方面挑战。本章将围绕国际人力资源管理的内涵与特点，探讨战略国际人力资源管理模式选择及跨国企业人力资源的选聘、培训、绩效与薪酬管理等问题。

一、国际化经营对人力资源管理提出的挑战

当今世界，经济全球化、文化多元化给全球企业的人力资源管理带来新的课题。随着区域性合作组织如欧盟、北美自由贸易区、亚太经合组织等的产生，国与国之间的界限开始变得越来越模糊，地区经济甚至全球经济正日益成为一个不可分割的整体，牵一发而动全身。这种情况下，传统的管理理念不断受到冲击，作为经济一体化推动力及其自然结果的跨国公司，既面对着不同的政治体制、法律规范和风俗习惯，同时又推动着各种文化的相互了解、相互渗透和不断融合。跨国公司的管理者们经常会遇到诸如管理制度与价值观迥异的组织如何进行沟通与合作，不同国籍、文化背景和语言的员工如何共同完成工作等问题，跨国兼并的加剧也使国际化人力资源管理变得更为复杂。另一方面，全球环境下企业间竞争升温，哪怕是最好的管理战略，如果不能与时俱进，在短时间内就会被竞争对手模仿甚至优化利用。国际人力资源管理必须切合时势进行变革创新，这已是大势所趋。

（一）经济全球化

"经济全球化"这个词，据说最早是由莱维于1985年提出的，但至今没有一个公认的定义。经济全球化是指以市场经济为基础，以先进科技和生产力为手段，以经济发达国家为主导，以最大利润和经济效益为目标，通过分工、贸易、投资、跨国公司和要素流动等，实现各国市场分工与协作、相互融合的过程。可从三方面理解经济全球化：一是世界各国经济联系的加强和相互依赖程度日益提高；二是各国国内经济规则不断趋于

一致;三是国际经济协调机制强化,即各种多边或区域组织对世界经济的协调和约束作用越来越强。

(二)贸易自由化

随着全球货物贸易、服务贸易、技术贸易的加速发展,经济全球化促进了世界多边贸易体制的形成,从而加快了国际贸易的增长速度,促进了全球贸易自由化的发展,也使得加入到WTO组织的成员以统一的国际准则来规范自己的行为。

(三)生产国际化

生产力作为人类社会发展的根本动力,极大地推动着世界市场的扩大。以互联网为标志的科技革命,从时间和空间上缩小了各国之间的距离,促使世界贸易结构发生巨大变化,促使生产要素跨国流动,它不仅对生产超越国界提出了内在要求,也为全球化生产准备了条件,是推动经济全球化的根本动力。

丰田跨国之路

同其他制造商相比,丰田更早地明白世界才是它的市场。而皇冠车为丰田公司进行海外扩张奠定了有利的基础,促使其迅速在美国、委内瑞拉、泰国和南非等国设立了销售网点,其后又在上述国家建立了工厂。1962年,丰田汽车产量首次突破了百万大关,这一年,丰田公司也吹响了进军欧洲的号角。1965年,丰田英国公司成立,1970年丰田比利时办公室成立,1971年丰田德国公司成立。20世纪60年代和70年代初,可谓是丰田大发展的时代,其汽车产量1961年还只是20万辆,10年后,便猛增至200万辆,翻了10倍,一跃成为世界第三大汽车制造商。

进入到20世纪80年代,丰田全球扩张的脚步虽有所放慢但却更有章法。1984年,丰田与通用汽车在美国成立合资公司,1987年,丰田在比利时设立了欧洲技术中心,1988年,丰田汽车美国生产部和加拿大工厂开始投产,1989年丰田菲律宾公司成立。

以东、西方"冷战"结束为契机,世界经济形态发生了很大的变化。随着世界经济全球化的急速推进,世界市场迅速合并,全世界迎来了大竞争时代。由于世界市场一体化的快速发展,即便是实力雄厚的企业,如果不追求跨国规模的利益也已经很难生存下去。在这种形势下,日本经济被迫进行了一场结构改革。日本政府于1995年12月在内阁决议中通过了以"为结构改革而进行的社会经济计划——经济活力与生活安定"为题的新经济计划。其改革核心为物流、能源、交通等,制定了十个领域内高成本结构改进的目标。对于一个企业,面对全球化,如何采取对策已经成为关系到生死存亡的课题。制造业领域也不例外。其中,汽车产业所面临的国际环境十分严峻,不能建立世界范围的生产、销售体系的汽车厂家难以立足于21世纪已成定论。事实也证明了这一点,奥田走马上任丰田社长时,提出当时所面临的"商品计划迟滞"、"国内市场份额下降",以及"加快开拓海外市场步伐"三项课题。随着1996年"奥田体制"的启动,丰田的全球战略突然活跃起来。

美国这一世界最大、利润最高的汽车市场对丰田的重要性不言而喻。1984年,丰田与美国通用汽车公司合资创建了NUMMI公司(新联合汽车制造公司),对丰田来说到美国设厂具有战略意义。一方面,本田和日产在20世纪80年代初便已在美国设厂,并对丰田在美国市场的领先地位造成威胁。另一方面,由于日美贸易摩擦愈演愈烈,丰田如不在美国设厂将面临高额的进口关税惩罚以及配额限制。因此,丰田公司选择了依靠当地建厂、当地生产的方式替代原有的出口。

20世纪90年代初,丰田的全球化战略是多路推进的,在日本市场实现稳步增长,在美国略有盈利,在欧洲有钱可赚,在东南亚独占鳌头。然而到20世纪90年代中期,情形却发生了戏剧性的变化,日本及其东南亚由于受到亚洲金融危机的冲击已成为日益萎缩的市场,征服欧洲虽然并非不可能,但实现这一梦想的时间被大大推迟,相比之下,北美市场形势喜人,对在NUMMI公司获得成功之后,丰田于1998年单独建立了TMMK公司(丰田肯塔基汽车制造厂)。

丰田在日本和北美市场站稳了脚跟后,它则将注意力更多地投向了更具潜力和活力的中国市场,早在1980年丰田就在北京设立了汽车维修服务中心和丰田汽车公司北京代表处。20世纪90年代中期以后,丰田就派出先遣团,以天津为中心在中国大量建设零部件企业,迄今共成立了57家合资或独资的零部件企业。目前,这些零部件厂几乎囊括轿车生产的方方面面,遍布东北、华北、华中、华南、西南、西北,这些零部件企业已经形成了规模生产的能力。1998年7月,天津丰田汽车发动机有限公司在中国的投产,正式拉开了丰田在中国扩张势力的序幕。紧接着11月丰田汽车四川有限公司成立了。2001年,丰田汽车在天津成立中国投资有限公司。2002年8月,中国一汽集团公司和丰田建立了战略合作关系,同年10月,天津丰田汽车有限公司开始投产。2003年,丰田和中国一汽集团开始合作生产皇冠、花冠、陆地巡洋舰和霸道车型。

目前,丰田汽车在国外有20个装配工厂和7 000多个销售点,遍布全球。

资料来源:孙国辉著.集团公司全球战略.清华大学出版社,2005.

(四)金融全球化

世界性的金融机构网络,大量的金融业务跨国界进行,跨国贷款、跨国证券发行和跨国并购体系已经形成。世界各主要金融市场在时间上相互接续、价格上相互联动,几秒钟内就能实现上千万亿美元的交易,尤其是外汇市场已经成为世界上最具流动性和全天候的市场。

(五)科技全球化

它是指各国科技资源在全球范围内的优化配置,是经济全球化最新拓展和进展迅速的领域,表现为,先进技术和研发能力的大规模跨国界转移、跨国界联合研发广泛存在。以信息技术产业为典型代表,各国的技术标准越来越趋向一致,跨国公司巨头通过垄断技术标准的使用,控制了行业的发展,获取了大量的超额利润。

经济全球化的四个主要载体都与跨国公司密切相关,或者说跨国公司就是经济全球化及其载体的推动者与担当者。随着世界经济的发展,经济全球化的趋势越来越明显。经济全球化的主要特征不仅是贸易自由化的提升,而且更重要的是资本、技术和人力资源等生产要素在国际间流动的增强,国际分工的细化和深化,以及全球范围内的贸易、生产、技术、金融的一体化。

国际人力资源管理是在经济全球化所导致的跨国公司的基础上产生。经济全球化,实际上是一个复合概念,它不仅是对人类社会经济发展最新进展状况的一种客观描述,更是一种世界观,即人们关于外部世界时代性变化的主观感受和判断。全球化不仅意味着货币资本在全球范围内大规模流动和重组,也表现为人力资本的全球流动和优化配置。而跨国公司要在更广阔的范围实现其资本、技术、产品和人才的流动和优化配置,面临的最主要挑战就是基于不同文化背景下,如何有效对人力资源进行管理,这就产生了国际人力资源管理。

很显然,在经济全球化的大趋势下,公司采取国际化战略是非常有利的,主要表现在以下方面。

(1) 能够抓住外国市场机会。正如联想集团一样,通过国际化战略,能够保证其资本、技术、产品和人才在全球范围流动和优化配置,并进一步提升其竞争力。

(2) 为了达到生产和管理的经济规模,利用国际生产扩大运行范围和数量。

(3) 保持行业的领导者要求企业进入外国市场。联想集团通过进军印度和欧美,扩大其市场占有率和销售额,保持了行业领先地位。

(4) 获取外国公司的所有权。通过兼并和收购,特别是对 IBM 的收购,联想获取了外国公司的所有权。

二、国际和国内人力资源管理的差异

(一) 国际人力资源的特征

国际人力资源管理与国内人力资源管理之间的差异,就是国际人力资源管理所面临的外部环境不同。摩根曾提出一个国际人力资源管理的模型,这一模型包含三个维度。

(1) 人力资源管理活动。包括获取、开发、评估与酬报,这四大类扩展开就是人力资源管理的各种基本活动:人力资源规划;员工招聘与录用;绩效管理;培训与开发;薪酬计划与福利;劳资关系等。

(2) 与跨国人力资源管理相关的三种国家类型。所在国是指海外建立子公司或分公司的国家;母国是指公司总部所在的国家;其他国是指劳动力或者资金来源国。

(3) 跨国公司的三种员工类型。所在国员工;母国员工;其他国员工。

摩根将跨国人力资源管理定义为:处在人力资源活动、员工类型和企业经营所在国类型这三个维度之中的互动组合。从广义上讲,跨国人力资源管理所从事的是与国内人力资源管理相同的活动。例如,"获取"就是指人力资源规划与人力招聘,但是国内人力资源管理只考虑一国范围内的员工问题。因此,区分国内人力资源管理和跨国人力资源管理的关键变量,在于后者的复杂性,即要在若干不同国家经营并招聘不同国籍的员工,而不是两者在所进行的人力资源活动上的显著差异。

国际人力资源管理通常表现为不同于国内人力资源的多种特征。

（1）考虑更多的人力资源因素，需要针对不同地区建立多个人力资源系统。在国际环境中经营，人力资源部门必须考虑许多在国内环境中不必考虑的因素，例如国际税收、国际重新安排和适应新环境的培训、提供行政性服务、与所在国政府的关系、语言翻译服务等，因此要建立多个人力资源系统。

（2）更广大的业务范围，需要一种更广阔的视野。身处国际环境中的经理所需要面对的问题是，要为来自若干国家的不同员工群体制定计划，并予以管理，因此他们需要一种更宽广的对待问题的胸怀。

（3）需要处理更为复杂的顾客和外部关系。

（4）随着驻外人员与当地员工的融合发生变化而转变重点。随着海外经营日益成熟，训练有素的当地员工不断壮大，原先在驻外人员的投入必须转向对当地员工进行培训和管理发展等活动上来。随着海外子公司的成熟，要求改变人力资源管理的重点，这一因素显然扩大了当地人力资源活动的责任范围。

（5）参与国际任务包含可能的个人危险。在国际竞争市场上失利所造成的财务和人力方面的后果，远比在国内经营要严重得多。驻外失败对于跨国公司是一个潜在的高成本问题，恐怖主义则是与跨国人力资源管理风险相关的另一方面。

（6）更多的外部影响。影响跨国人力资源管理的主要外部因素包括：外国政府的类型、经济状况以及该国被普遍接受的外商企业运作方式。

（7）组织界限越来越模糊，管理制度越来越有弹性，需要有更强的管理灵活性。

（8）招聘员工时需要从全球的视角来考虑其来源。培训过程中要注意培训文化的适应性与融合性，以及如何在更大的地理范围内更有效地配置培训资源。

（9）妥善处理文化冲突。由于企业员工来自不同的国家、不同的文化环境，在工作过程中不可避免地会产生文化冲突，如何解决这种文化冲突问题，促进不同文化之间的融合显得非常重要。

（10）沟通与协调成为企业有效管理的必要条件。管理层内部、管理层与员工之间、员工与员工之间常常会出现由于文化和语言不同而产生的沟通障碍甚至是误会，从而阻碍了企业的正常运行。例如，在合资企业中，不同投资者任命的管理人员在共同进行管理和决策时，管理层内部难以沟通和协调；而独资企业的沟通问题主要产生在母公司所任命的管理者与其下属员工之间。

（11）更加深入到员工生活当中，对员工个人生活的更多关心。出于挑选、培训以及对母国员工和其他国员工有效管理的考虑，给员工个人生活更大程度的关心是十分必要的。人力资源部门或专业人士需要确保驻外人员了解住房安排、医疗以及为出国任职所提供待遇的各个方面。为了对母国员工和第三国员工进行有效的管理，国际人力资源管理需要对员工的个人生活给予更大程度的关注。人力资源部门需要确保驻外人员的国外住房安排、医疗保险及各种薪酬福利等。许多跨国企业还设有"国际人力资源服务"部门，负责协调上述工作。

（12）劳动关系敏感。由于各国劳动关系的历史背景、政治背景和法律背景等都不同，因此，劳动关系问题是国际人力资源管理的一个重要而敏感的问题。

表13-1表述了不同全球化阶段人力资源的特征和模式差异。

表 13-1 全球化和人力资源管理

	阶段1：国内	阶段2：国际	阶段3：跨国	阶段4：全球
主要定位	产品/服务	市场	价格	战略
战略	国内	多国	跨国	全球
人员配置（外派）	没有	许多	很多	许多
培训开发	没有	有限	长期	持续
绩效评估	公司基层员工	子公司基层员工	公司基层员工	全球战略位置
激励	钱	钱和风险	挑战和机会	挑战、机会、晋升
报酬	没有津贴	更多艰苦津贴	更少的薪酬打包	更少的薪酬打包
职业快车道	国内	国内	国际	全球

资料来源：Adler, N. J. and F. Ghadar. Strategic human resource management: A global perspective', in R. Pieper (ed.) Human Resource Management: An International Comparison, 1990, 235~260.

（二）国家间差异对人力资源管理的影响

总体来说，那些在本土范围内经营业务的公司仅仅需要处理经济、文化和法律方面的很少的一些变化因素。但一个公司如果在国际上经营，则要考虑超出本土因素的更多变动，这些因素包括文化因素、经济因素和法律因素等。

文化在中国古代是指"以文教化"，《周易》中曰"关乎人文以化天下"，意味着文治与教化。英、美国家将文化理解为既定事实的各种形态的综合，即将文化视为人类创造的精神和物质成果的总和，而德国文化研究者则将文化视为一种以生命或生活为本位的活的东西，或者说，生活的形态。不同国家在文化方面存在显著的差异，他们所遵循的价值观以及这些价值观在该国的社会活动、政治活动及行为中的表达方式是不一样的。绝大多数的人力资源专家已经不再怀疑国家之间存在重要的文化差别会影响到人力资源管理的政策和实践。关键问题是，要充分理解这些差别，并且要确保人力资源管理和那些处在不同文化背景下的员工互相适应。一个国家和另一个国家之间文化的差异性，决定了跨国公司在不同区域的分支机构中采用的人力资源管理实践是不同的。

文化的一个重要特征在于，它是一个如此微妙的过程，以至于人们并不总能意识到它对价值观、态度和行为的影响。文化就是人们的生活方式和认识世界的方式。人们通常在不得不面对另一种文化时，才真正了解到文化的影响。对于到一个新国家工作和生活的人来说，文化差异可能带来文化冲击——人们跨越文化时所经历的一种现象。新的环境要求在相对短的时间内做出许多调整，这对人们的观念形成了相当程度的挑战。由于跨国企业经营涉及跨国界的交往，因此，了解文化差异以及理解这种差异的重要性是非常关键的。这一领域的研究有助于我们更深刻地理解文化环境如何作为一个变量影响国内人力资源管理和跨国人力资源管理之间的差异。根据霍夫施塔特的论述，文化至少在五个方面对理解商业经营活动有着重要的影响。

（1）个人主义与集体主义。一个人在处理小我与大我的关系时，各国的文化存在着差异。在一些国家或地区，如秘鲁和中国大陆地区，集体的成就和福利被看作是高于个人的。与此相比，个人主义导向的社会，例如美国和澳大利亚，就更为强调个人的行为、成就与目标。

（2）权力差距。人们看待权力关系的文化氛围也有所不同。尽管人类的不公平是不可避免的，但是那些"权力差距"较为明显的文化更为强调这种不公平，在这些国家，那些象征着权威和权力的政府办公室、头衔等都更为常见。相反，在权力差距比较小的文化中，却很少强调这种不公平。在德国公司，民主决策制度和工会是很普通的。让员工参与重大决策是那些低权力差距文化中的组织通常采用的一种方法。

（3）风险规避。另外一个不可避免的文化因素是风险规避，也就是不知道未来会怎样。像日本和葡萄牙就属于高风险规避的国家，人们倾向于预测、控制其影响未来发生的事件；而那些风险偏好者则更愿意听之任之。既然进行控制能够降低事情的不确定性，那么管理控制系统也被更多应用于那些高风险规避文化的组织中。

（4）大男子主义。第四个方面是大男子主义（在霍夫斯蒂德原著里是最后一个），是指特定文化环境赋予男性和女性的不同角色。大男子主义文化有着非常严格的性别角色定位；而女权主义的文化则较少定义这类角色。从组织的角度来讲，像澳大利亚和日本这类大男子主义较为严重的国家，可能不会支持将女性晋升到高层管理的岗位，而在一些大男子主义倾向并不严重的国家，如挪威和瑞典，则不然。

（5）长期导向与短期导向。第五个原来并不在霍夫斯蒂德的原著里面，但是后来进行的一次包括中国在内的价值观研究表明，这也是一个影响因素，因此把这一项也加了进去。它通常是指文化思维在多大程度上体现了未来利益，在多大程度上体现了眼前利益。

实际上，上述文化差异中的一个或多个因素都会影响到组织的人力资源管理活动。例如，民族文化在风险偏好和权力差距方面的差异就会影响组织行为的选择，这就是一个例证。同样，个人主义和集体主义方面的文化差异也会影响针对不同文化背景的听众进行培训的培训计划成功的可能性。对工作环境的比较也可以发现，不同的国家存在显著的差异，这些差异会造成人力资源管理模式的差异和处理方式的不同。表13-2展示了墨西哥、美国、日本和韩国在工作伦理、成就焦点、成就基础、社会契约、职业成功基础、上下级关系、商业关系基础和妇女工作地位的不同。这些不同，使跨国公司在使用人力资源管理政策时，会考虑不同的策略。譬如，在以集体主义为核心价值观的韩国和日本，绩效管理采用基于团队和个人相结合的方法，效果可能会更好。

表13-2 墨西哥、美、日、韩文化环境的比较

国家差异	墨西哥	美国	日本	韩国
工作伦理	中到低	中到低	高	高
成就焦点	个体	个体	团队	个体/团队
成就基础	自我/工作团队	自我	公司	自我/工作团队
社会契约	保护和谐	确保公正	保护和谐	保护和谐
职业成功基础	个人能力	个人能力	资历	资历
上下级关系基础	家长式/自上而下	官僚式	家长式/氏族	家长式/自上而下
商业关系基础	个人关系	合法合同	个人关系	个人关系
妇女在决策中作用	自上而下/下属	自上而下/公平	自下而上/下属	自上而下/下属

资料来源：Steers,R. M.,Shin,Y. K.,& Ungson,G. R The Chaebol: Korea's new industrial might. New York: Harper & Row,Ballinger Division,1989.

(三) 不同国家人力资源管理模式比较

(1) 美、日、韩、中人力资源管理模式比较。中外许多学者对各国的人力资源管理模式进行了比较研究,提出了许多见解与看法。譬如南京大学赵曙明教授等通过对美、日、德、韩四国的人力资源管理模式的多维度的比较研究认为这几个国家的人力资源管理模式各有本国鲜明的特点,他们在形成本国人力资源管理模式的过程中存在较大的基础差异,并遵循了不同的发展路径。他们的差异基础主要表现为历史和文化价值约束。美国和日本的人力资源管理模式由于风格上的巨大差异和各自在本国取得的卓越成功而备受瞩目。韩国则充分接受与消化美国与日本的人力资源管理模式,结合本国的特点和历史发展进程,创造了一种混合性的韩国人力资源管理模式。这些国家的人力资源管理模式差异,体现在人力资源管理的各个层面上。特别是美、日两国截然不同风格和特色的人力资源管理模式都在本国取得了良好的效果,有效地降低了企业的成本,提高了企业效益,增强了本国企业的核心竞争力(参见表13-3)。

中国式人力资源管理,主要是家长制管理。其特征是:粗放型(内部管理),感性型(对外市场与客户经营),适用满足性(技术,产品),机会主义(战略)。总体倾向是:偏重产品生产与市场占有,处于一种不稳定的变动状态,比较保守、实际、权威、感性等。

根据国际跨文化比较学者霍夫斯蒂德于1974年对IBM公司在50多个不同国家的职员进行的问卷调查及其以后的研究发现,如果将权力差距、个人主义与集体主义、男性度与女性度、回避不确定性四个维度作为文化比较的要素,日本和美国具有很大的差异,其中尤其以后三个维度的差异最大。譬如将个人主义与集体主义维度进行比较时,美国的得分是91分,名列全球第一,即最为倾向于个人主义;而日本却只有46分,几乎只是美国的一半,倾向于集体主义。在回避不确定性方面,日本名列第7,得分92分;而美国名列第43,得分仅为46分,正好是日本的一半。其含义是美国更倾向于开拓未知领域并积极进取,而日本对不确定性比较谨慎,趋向保守。在男性度和女性度指数上,日本名列第一,得分95分,在全世界女性度最高;而美国得分62分,远比日本男性度高。所谓男性度,其定义是自信,坚强,注重物质成就,具体指标包括:收入,即有机会获取高收入;认可,即当你做出成绩,能容易得到认可;进取,即有机会从事更高级的工作;挑战,即能从事挑战性的工作,个人通过工作有一种成就感。与此对应,所谓女性度指的是谦逊,温柔,关注生活质量。其具体指标有:领导,即与直接上司有良好的工作关系;合作,即能在同事们合作很好的集体中工作;生活地区,即能在自己和家庭理想的地区生活;职业安全感,即关注职业安全感,不必为被解雇而担心。至于权力差距,日美之间虽然差距不是太大,但日本得分54,排名第33;美国得分40,排名第38,也略有差异。

(2) 人力资源管理模式选择。通过上述不同人力资源管理模式的比较,从他们的理论意义和应用价值来看,我们可以认为,在以产品大生产和制造业为主要竞争力的时代或地区,日本式管理即主妇型管理应该占有较大的优势。日本曾经以其同时做到了降低成本与提高质量从而实现有效经营而称雄全世界,并以精细的内部管理特别是温情主义的人力资源管理体制和周到有效的内部沟通机制而赢得世界性的赞誉。然而进入1980年代特别是1990年代以后,随着全球化竞争的加剧和知识经济时代的到来,日本的主妇型管理愈来愈不适应,终于导致了日本经济的长期衰退和国际竞争力的大幅下降。在需要开拓与竞争的年代,单靠内部管理与技术及产品的改善是远远不够的,必须要有战略的眼光和创新的勇气,即大丈夫精神。

美国式管理恰恰符合这种大丈夫精神的要求。它以领导世界潮流为己任,勇于开拓和创新,具有长远的战略眼光和理性的操作计划,并且能够包容各种不同的文化与人才,所以特别适应全球化与知识经济的挑战。美国经济从1980年代开始复苏并且从总体上看愈来愈具有活力,美国跨国公司建立了世界性的产品与技术标准,国际化经营程度愈来愈高,竞争力愈来愈强大,这些都与其"丈夫型管理"具有密切的关系。

中国是一个崇尚权威的国家,并且具有几千年的"中庸"主义传统。这种文化反映在管理上,就是所谓的"家长制管理"。家长制管理的优点是灵活,实用,决策快速。但同时其缺点也是明显的,这就是不确定性和非规范化。好的"家长"能使一个濒临倒闭的企业兴旺发达;不好的"家长"则可以使一个好企业倒闭破产。人存企兴,人亡企灭,这是中国企业的规律。所以,中国式管理即家长制管理也许适应于一时,适应于中小企业经营管理,但肯定不适应于全球化大企业之间的竞争和知识经济时代的管理。

然而,日、美、中管理模式虽然显示出很大的差异和不同的结果,但也各有千秋,很难断定其就一定具有特别的优劣之分,主要看其适应的对象与时期。也许正因如此,才出现了在不同时期及不同地区或行业,对日、美管理模式评价的极大反差。而中国式管理并不完全定型,也许这与其感性、适用、机会主义等特征不无关系,因而也不存在特别的褒贬意见。所以,如果要实现管理国际化,并不一定就要照搬某一种特定的管理,譬如美国的管理,而是应该根据当时当地的实际情况进行综合的整合与提升,也就是进行管理创新。

表13-3 美、日、韩人力资源管理模式比较

国家差异	美 国	日 本	韩 国
	松散的集体	有较强内聚力	大家庭
等级差别	以职能联系的管理等级	非常强调普遍的等级	强调森严的等级制度
雇用关系	劳资买卖关系,忠诚度低,流动频繁	终身雇用制	准长期雇用
人际关系	对立,人情关系淡薄,人际理性,制度化管理,顺序是法、理、情	和谐,人际微妙,和为贵,顺序为情、理、法	企业强调员工忠于企业主
培训	工会为具体工作进行在职培训、职业培训、工作表现培训、人才管理培训	为多种工作进行在职培训,经营即教育	普遍的在职培训和同工种有关的培训
管理手段	集中在特定范围的特定工作,突出专业化	工作轮换,范围灵活	大量工作轮换,范围机动灵活
绩效评估	能力主义,强力表现,快速评价,迅捷晋升,现实回报,无情淘汰的考绩制	年功序列制和日本式的福利型管理,重视能力、资历和适应性三者平衡,晋升机会平等	竞争的择优机制,重视员工责任感、忠诚感

续表

国家差异	美 国	日 本	韩 国
	松散的集体	有较强内聚力	大家庭
劳资关系	劳资对立,零和思维	劳资和谐,缓和劳资矛盾	稳定协调,工会力量弱,力量对比悬殊
市场化	市场调节,竞争—淘汰机制	市场化程度低	发达的市场化、转职生成机制
员工参与管理	有限度参与管理,强调各司其职	强化员工主人翁意识,职工建议制	—
招聘与引进	全球范围内的发达市场体制	重视教育、崇尚名牌大学,强调基本素质,注重与学校的合作	—
法律规范	法律条文众多,重视保护员工利益	有一定的约束性法律条文	政府与企业主同属一条线
薪资水准	市场化运作,能力、绩效贴现	基于教育学历和服务	最初学历、能力、绩效

资料来源：赵曙明、武博. 美、日、德、韩人力资源管理发展与模式比较研究. 外国经济与管理 2002 年第 11 期

第二节　战略国际人力资源系统与模式

一、战略国际人力资源含义

　　传统国际人力资源管理是从微观视角来讨论各个子公司的作用。战略国际人力资源则是从宏观的总体导向,探索国际人力资源管理与战略之间的关系。战略国际人力资源管理实践包括七方面的内容：内部职业机会、正规培训体系、绩效测评、利润分享、就业安全、员工意见投诉机制和工作设计。由此可以看出,战略国际人力资源管理中的战略是指人力资源管理实践和系统与组织绩效之间的关系。战略国际人力资源的发展是伴随着近十年全球化的发展,而逐渐被学者们所提出和研究的。相对于传统的人力资源管理,战略国际人力资源最重要的变化是将人力资源作为组织的战略贡献者,并且认为战略的这种协调性和一致性能够增加企业的绩效。也就是说,战略意味着达成某种特定目的所采取的手段,它是企业组织的重要资源的调配方式,可以通过战略使企业内部的人力资源配置达到协调性和一致性,从而产生人力资源的凝聚力和战斗力,跨国企业必须审慎地运用人力资源,以在市场上取得和维持竞争优势。

　　战略国际人力资源管理的主要议题就是将人力资源策略与国际经营复杂环境相协调。如：管理者的甄选或培训应该与企业的战略事业计划、扩张策略、产品生命周期、未来策略需求等相匹配。战略国际人力资源管理必须灵活性地采取人力资源战略以适应于国际经营的复杂环境。战略国际人力资源管理是"被运用来明确地连接组织内人力资源管理和战略管理的过程,并且强调不同人力资源管理措施的协调与匹配"。也就是说,战略国际人力资源管理是被用来明确地将国际人力资源管理与跨国企业战略相连接。另外一些学者认为,战略国际人力资源管理是"产生跨国企业战略活动的人力资

源相关议题、功能和政策措施,并且这样的人力资源方面的活动会影响跨国企业的国际性的利害关系与目标"。当人力资源管理的主题、功能、政策和计划等,由跨国公司所衍生,并反过来对跨国公司的国际化目标和战略产生冲击时,其人力资源管理就成为战略国际人力资源管理。

战略国际人力资源管理匹配的概念是"一项要素的需要、目的、目标与另一项要素的需要、目的、目标或结构的匹配程度"。其主要的根本假设在于组织是动态且开放的系统,组织不同的要素会与另一个要素和大环境相互作用。因此,环境与组织要素的协调度增加,会产生多个组织层级中更多更有效的组织行为。

二、战略国际人力资源模式

发展战略国际人力资源管理的模型,有助于指导国际人力资源管理的决策。早期的模型主要将战略当作主要因素,讨论中心的议题不是找出最佳的人力资源管理决策,而是找到在跨国企业整体战略与人力资源管理措施的最佳协调,较为现代的模型已经明确出其他许多内部因素与外部因素来解释跨国企业国际人力资源管理系统的选择。战略国际人力资源管理强调内部因素与外部因素的共同作用。

在大多数的战略国际人力资源管理模型中,研究者都采用从宏观视角来整合人力资源战略与跨国经营。一些实践和研究探索了战略国际人力资源的国际化阶段性问题;另外一些则考虑国际化战略问题。这些发现和实践主要采纳权变观点,以及关注战略国际人力资源管理如何与组织目标匹配。

(一) Schuler 等人的战略国际人力资源匹配模式

Schuler 等人提出战略国际人力资源管理模式(如图 13-1 所示)。他们认为,战略国际人力资源管理主要受到单位间联结与内部运作影响。此外,除与跨国企业战略性要素相关,且受到许多外部因素与内部因素影响。外部因素包括产业特质与国家/地区特质;内部则包括跨国企业的国际运作架构、总部国际定向、竞争战略与管理国际运作经验等。

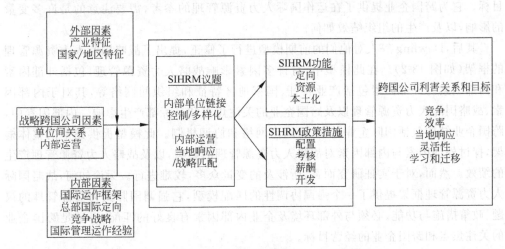

图 13-1 Schuler 等人的战略国际人力资源管理模式

(1) 单位间的关系。成功的跨国公司往往在多个不同的国家经营,且必须考虑如何管理他们不同的经营单位。特别需要考虑的是,这些单位经营状况的不同以及如何进行整合。因此,差异和整合对于战略国际人力资源管理议题、功能、政策和实践产生主要影响,并最终影响跨国公司的效能。跨国企业关心在不同国家之间的运作是否有效率,因此如何管理不同的营运单位整合、沟通与协调成为不断讨论的议题,特别是差异化与整合的议题。单位间联结包含了跨国企业单位的差异化与整合,其具有战略性的地位。

(2) 内部运作。除了单位间联结,跨国企业也关心组织内单位的内部运作,每个单位必须在它当地的环境、法律、政治、文化、经济与社会环境下运作,跨国企业与它内部单位的竞争战略的运作要尽可能有效。因此,内部运作影响跨国企业有效的程度,也被视为具有战略性。

(3) SIHRM 议题。是指跨国企业的单位间与单位内的需要与挑战,由于跨国企业是由散布在几个不同国家当中的企业组成,它必须去平衡差异化与整合的需求。特别是对当地环境要保有多少的敏感度。

(4) SIHRM 功能。代表着三个领域:跨国企业的人力资源导向、跨国企业营运人力资源的时间、精力和财务资源的投入以及人力资源组织和资源的配置。

(5) SIHRM 政策和实践。包括任用、评估、薪酬、培训和开发等功能面,在配合 SIHRM 上,每个子公司的人力资源管理有多大程度反映当地社会文化环境。当然,也需要考虑雇用关系、员工安全、健康等问题。

(6) 在战略国际人力资源管理的作用下,可达成跨国企业的关注焦点和目标,包括:竞争、效率、当地回应、灵活性、学习和迁移。不同的跨国公司对五种目标考虑的重要程度是不同的。譬如,跨国公司战略人力资源政策和实践既要响应当地情况,又要满足全球竞争的需要。

通过以上说明,我们得到一套战略国际人力资源管理的完整模型,强调单位间联结与内部运作是主要影响战略国际人力资源管理的因素,以实现跨国企业的利害关系和目标。它为跨国企业提供了在运作国际人力资源管理的参考,需要注意的是许多变量的影响,以及产生的组织绩效如何。

其后,Dowling 等人对他们的前期模型进行了修正,提出了战略国际人力资源管理的框架(如图 13-2)。在此模型中,有许多因素影响战略人力资源管理,包括外部因素和内部因素。外部因素包括产业特征、国家地区特征和组织间网络等,其对于内部因素、战略国际人力资源管理以及跨国企业的关注焦点和目标都产生影响。内部因素中,跨国企业结构包括国际企业结构、组织内网络和协调机制。此模型提供完整的整体框架,探讨外部因素与内部因素对战略人力资源管理的影响,以及战略人力资源管理产生的绩效。然而,对于实证研究而言,所涉及的变量众多,较难进行。无论如何,战略国际人力资源管理框架提供了一个强调协调性的匹配模型,它强调国际人力资源管理的议题、政策措施与功能,必须与外部环境及企业内部因素有良好的匹配,以满足跨国企业的关注焦点和跨国企业的经营目标。

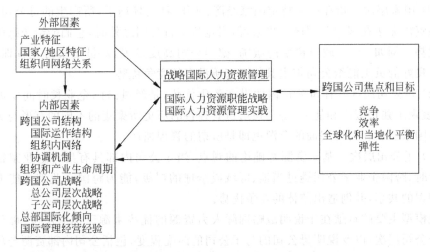

图 13-2　Dowling 等人的战略国际人力资源管理模式

Dowling 等人的战略国际人力资源模型在 Schuler 等人的模型的基础上前进了一步,二者主要差别体现在三个层面。

(1) 与 Schuler 等人将子公司间的关系链接及内部运作单独作为跨国公司的战略因素不同,Dowling 等人则将其列为影响战略国际人力资源的外生和内生变量,因为这两个因素都会对跨国公司的人力资源职能和政策、实践产生重要影响。

(2) 对模型中各组成部分的彼此影响关系认识不同,如战略人力资源管理与跨国公司经营目标之间是相互影响而不是因果关系。

(3) 模型中介入组织和产业生命周期因素。

(二) 泰勒等人的战略国际人力资源模式

建立在资源基础理论之上,Taylor,Beechlor 和 Napior 认为,人力资源系统是维持公司持久竞争力的来源,是企业有形与无形的资源。他们在此基础上将战略国际人力资源管理模式分成国家、母公司与子公司三个层次(如图 13-3 所示)。

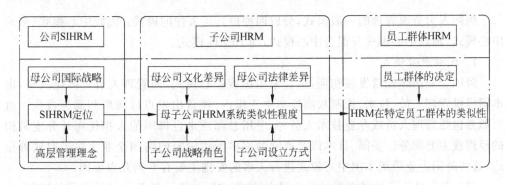

图 13-3　泰勒等人的战略国际人力资源管理模式

(1) 国家层次。指在一个特定国家经济、文化、社会环境下，所产生的母公司资源。这样的资源无法在国内公司区分出来，但当竞争来自母国之外时，它们能给予跨国企业竞争优势。例如：由于政府税率的激励，德国公司高度发展，对员工实行教育训练，导致技术良好的员工能给公司带来其他国家所没有的竞争优势。

(2) 母公司层次。在母公司内的潜在竞争优势，是经过跨国企业长时间发展而成的，并表现出独特资产和能力，是公司透过其独特的历史所聚集的不同的有形与无形资产。在国家层面和公司层面的资源也即是所谓的管理遗产。

(3) 子公司层次。基于资源基础论的观点，当子公司内部具有具备企业家精神的管理者时，跨国企业子公司透过当地、区域或全球的层级，能为跨国企业带来能力的开发与知识的共享，并创造出整体的竞争优势。

此模型主要的贡献在于说明战略国际人力资源的优势来源于国家层次、母公司层次与子公司层次，以及说明母公司的与子公司的匹配程度，包括公司内部资源与环境因素。模型强调高层管理者的理念和母公司的国际战略对子公司及员工群体人力资源战略的影响。强调母公司文化、法律等外部因素及子公司战略角色和设立方式对母子公司战略匹配的影响。当高层管理者的理念并不一致或者母公司战略定位并不明晰时，子公司或者员工群体的人力资源战略将变得模糊或者冲突。

在全球化一体化两个动力影响下，战略国际人力资源管理的定位基本上有三种模式：适应型、输出型、整合型来供国际人力资源管理者选择。适应型战略国际人力资源管理导向是指每个子公司都发展自己的人力资源管理系统，以适应当地环境，其特征具有低度的内部匹配，以及与当地环境高度的外部匹配。差异化是被强调的，没有其他从母公司或子公司之间转移的人力资源管理理念、政策或措施。输出型战略国际人力资源管理导向是指母公司的人力资源管理的理念、政策措施被转移到子公司，并发展跨国企业的内部的高度一致性，以及与当地环境低度的外部匹配。整合战略人力资源管理导向是在建立全球系统组织时，采取最佳人力资源管理模式，重点在全球整合，同时允许一些当地的差异化。

（三）EPRG 模式

国际人力资源管理的一般模式，分成四种最具代表性的模式：民族中心模式、多元中心模式、地理中心模式及混合中心模式，即 EPRG 模式。

1. 民族中心模式

跨国企业国际经营发展初期，适合采用民族中心模式，即管理人员母国化战略，由本国提供管理人员、技术，控制权高度集中于国内，经营出发点以赚取利润为首位。重要职务包括管理人员或专业技术人员等，采用总部或来自母国的人担任海外分支机构的经理或主要职务。美国、日本以及西欧的许多发达国家的跨国企业大多采取这种模式，这些跨国企业采用本国中心模式进行人事的安排主要有下列几点原因。

(1) 充分显示了母国在海外子公司中的"存在"，加强了母公司对子公司的控制，并且保证了企业全球经营战略的一致性。

(2) 向子公司灌输母公司的文化特征，以便于保持一个统一的公司文化。

（3）在跨国企业国际经营的初始阶段，母公司要经历将部分经营转至国外的过程，而这部分经营活动的技巧转移需要靠母国人员来实现。

（4）当地国暂时尚未有适任者担任子公司重要职务，尤其在发展中国家经常如此。

本国中心模式主要有以下几个好处。

（1）这些派遣人员熟悉母公司目标、政策和经营。

（2）有较强的技术与管理能力。

（3）与母公司能保持有效的联络。

（4）容易控制海外子公司的经营。

然而这种模式也有一些缺点。

（1）这些派遣人员较难适应当地国的语言以及社会经济、政治和法律环境。

（2）选拔培训以及维持移居派遣人员的费用较高。

（3）受到当地国政府的压力，因为这种模式阻碍了当地人员担任高级经理的机会，是一种文化差异及矛盾的公开化和扩大化，可能会与当地国政策相违背。

（4）会导致管理人员在当地国生搬硬套母国的管理方式，引起文化偏见或甚至产生严重失误，例如因不了解当地消费习性而错失商机。

（5）会带来家庭关系的调整问题。

2. 多元中心模式

20世纪60年代和70年代初期，美国的国际企业选派大量驻外经理人员到海外子公司进行经营管理。但到了80年代，美国海外经理的人数呈下降的趋势，欧洲跨国企业和日本的跨国企业也同样出现这种现象，这是因为它们采用了多元中心模式，也就是采用了管理人员当地化的战略。

多元中心模式是以招募当地国成员管理子公司，而由母公司所在国执掌公司总部的重要位置。这种做法有许多明显的优点，表现在以下几个方面。

（1）很大程度上消除了语言障碍，企业无须花昂贵费用进行语言培训。

（2）这些当地经理人熟知所在国的社会经济、政治和法律环境以及商业惯例等。

（3）薪酬福利等人事费用较低。

（4）为当地人提供了晋升的可能性，增强他们的责任感，往往比母国派来的人员表现更好。

（5）对当地国政府当地化的需要做出了有效的反应。

然而，这种模式可能带来一些问题。

（1）当地经理人可能较不了解公司的经营模式，而无法有效的控制。

（2）他们与母公司的沟通交流较为困难。

（3）母公司失去了培养跨国经营人才的机会。

因此，跨国企业一般都对海外子公司生产、经营过程实行标准化，并培育当地经理人才，给予一段时间的教育训练后，才逐渐让他们担任要职。

3. 地理中心模式

地理中心模式即是管理人员国际化战略，主要目的在整个跨国企业组织中挑选最合适的人担任重要职务，而不考虑个人的国籍，不过在执行中通常会是由第三国国民担任经理职务。这种模式也许是一种较好的折中方式,它有许多优点。

(1) 因为它的内涵是与国际企业的优势相一致的,那就是跨国企业有能力在全球范围内合理地利用自然资源、财政资源和技术,甚至是人力资源。

(2) 第三国国民通常是一些职业的、国际商务的经营管理人员,其所需的费用与母国国民相比,相对较低。

(3) 另外这些第三国国民往往可能较为熟悉当地国的社会文化、经济、政治背景,弥补了母国人员的不足。

(4) 建立了一批国际经理人才,创造出强大而统一的公司文化和非正式管理系统。

(5) 较其他模式更具有通过经验曲线和区位以及核心优势的多项转移来创造价值的能力。

(6) 减轻文化近视,并且提高对当地市场的反应能力。

但是这种模式还是避免不了有些缺点与限制。

(1) 当地国对经理人员的国籍有时较为敏感,特别是对那些国家或民族之间有争端的第三国国民,更甚者会拒绝其入境。

(2) 这种模式由于需要在很大的地理范围内分散地进行招聘,加之语言文化方面的培训以及其家属在不同国家的流动,花费依旧很大。

(3) 管理人员国际化要求母国公司在人力资源管理上实施较高程度的中央控制,对子公司经理用人方面限制较多,最后这种模式实施起来需要较长的时间。

(4) 绝大多数的国家都要求雇用外国公民的公司必须提供复杂的书面资料,这些资料可能准备起来花费较多时间和金钱,并且有时毫无帮助。

(5) 被置于国际"快速跑道"上的经理们得到的丰厚薪水与职权可能会在公司内部引起不满和怨恨。

4. 混合中心模式

由于上述三项模式皆有利弊,因而任何单一的战略都不能因时因地地解决跨国企业在各种商务活动当中所面临的复杂问题。所以,大多数跨国企业目前倾向于采用一种综合性的人力资源战略,即雇用东道国国民担任设在该国分支机构的管理人员,而在总部则雇用母国人。

在发展国际化初期,由于面临当地国管理人才的缺乏,为了使母公司的经营能力能够向外延伸,大部分都先实行本国中心战略,即母公司及其分支机构的中高高级管理职位均由母国公民担任。然后当企业国际化经营阶段到某一成熟的阶段时,为减少当地国政府的要求压力,以及避免产生文化近视,通常采用人才本土化战略。

另外,在实际经营中,跨国企业常常要考虑各种相关变量,如国外子公司处于筹备阶段,母公司要培养有国际导向的人才,子公司与其他地区的作业要密切相关,不能自治;母公司需要取得有关国家和地区的专门知识;技术知识和技能无法受法律保护在经营中是关键因素;其他来源没有合适的经理等。这时,母公司可以聘用本国国民或第三国国民当海外公司经理。如果在另一组变量条件下,或是当地市场在企业的国际业务经营中起主要作用时,雇用当地人更为合适。

第三节 外派人员的管理

一、外派人员的目的

员工的类型有很大差别,外派员工通常被用来指那些位于一国境内的某公司派遣到另外一个国家去工作的员工。通常根据所在国的类型将国际员工分成三种类型。

母国员工:是指那些母国出生和居住的员工;东道国员工:是指在东道国出生和居住的员工;第三国员工:是指在母国和东道国之外的其他国家出生和居住的员工。

所谓的海外派遣人员(expatriate),及外派员工即为具有专业技术或管理能力的人员,被派任至母国以外的国家服务。亦即,外派人员就是国际企业随着扩张,而在海外设立分公司,并因管理上的需要及控制而从母公司调派至海外分公司执行管理或业务负责的人员。

对于组织来说,外派员工会获得相应的利益。

(1) 业务或市场的开发。为了开发一个新的市场或者有潜力的市场,派遣一些员工到当地开拓市场成为必要。

(2) 信息技术的开始、转让和结合。外派人员有时也是为了传播技术。

(3) 管理合资企业。当跨国公司和东道国进行合资经营时,需要派驻一些管理人员,如财务管理人员和技术人员到东道国进行管理。

(4) 外国与国内运作的协调和整合。跨国公司必须考虑母公司与子公司的匹配,因此,为了达到外国与国内运作的一致性,有必要派遣管理人员进行协调、组织与控制。

(5) 填补临时空缺。当某一个岗位出现空缺,而在当地不能招聘到合适的员工时,派遣员工也称为唯一的途径。

(6) 开发地方管理人才。要想使企业获得永久的竞争优势,人才开发非常重要。对于跨国公司来说,培养具有跨国经验的人才比培养本地人才更加迫切。派遣员工到世界各地,也是为了开发管理人才。

对于个人来说,也可以达到下列目的。

(1) 开发技能和获取知识。外派员工可以通过到当地锻炼,获取有关跨国经营的知识和技能,如处理文化冲突的技能,了解不同国家风俗和文化。

(2) 为进入高层做准备。外派员工通过管理不同的跨国公司的经营单位,能够提升自己的管理经验和素质,为培养世界级眼界提供基础。John Pepper,宝洁公司的董事会主席,曾经说过,在将其塑造为一位有效的全球领导者的过程中,国际性的外派是他最重要的发展经历之一,由此可见,外派管理人员的重要性。

(3) 跟着双职业的配偶。

二、外派人员的甄选

对于任何工作而言,选择一位不适当的人有可能导致公司失败,这种情况在驻外人员方面更为明显。对于跨国公司来说,选择适合的外派人员是海外派遣所面临的最大挑战。一位成功的外派人员必须对所在国的文化有足够的敏感度,同时能够承受不可避免的文化震荡所带来的冲击。因此,选拔外派人员不仅仅考虑专业技能,还要求他具有超强的适应文化的能力。这些能力通常划分为四种类型。

(1) 自我维度。一位外派人员能够维持一种积极的自我形象以及良好的心理状态的能力。

(2) 关系维度。与东道国与地居民保持良好的关系所需具备的能力。

(3) 洞察维度。能够精细觉察和评价东道国的环境所需的能力。

(4) 文化韧性维度。

另一些研究发现,被选拔的外派人员需要具备以下基本能力。

(1) 专业能力。相对于母国国内相似层级的任职,海外任职通常赋予管理者更多的任务和更大的责任。另外,与总公司之间的地理距离促使管理者能拥有更大的决策自主权。只有具备优秀且卓越的专门技术、管理与领导才能的管理者在位才会更可能成功。

(2) 社交能力。社交能力有助于员工避免国际任职中最主要的一个陷阱——无法适应不同的文化。社交能力强的人员有能力适应陌生环境或模糊无序的情况,他们对不同文化的标准、价值和信仰十分敏感且具有弹性。此外,他们还有能力去调整他们的行为和态度来适应新的文化环境,他们更喜欢共同合作的协商,避免正面冲突。

(3) 个性特质。海外派遣无可避免要面对一连串毫无预期的问题和新的状况。为了能够应付这类不确定性和新奇的经验,假如外派人员有弹性、乐意且渴望去学习新的事物、有能力去处理模糊不确定、对其他人和文化有兴趣及有幽默感,这都将会有帮助。

(4) 语言能力。有能力用地主国语言说、听、读、写是另一个关键的成功因素。要确定外派人员学习新语言的能力及已经具备的语言的口语能力、外派人员配偶的语言能力。懂得当地的语言也会增进对当地文化的了解与认识,减轻适应一种新文化环境的压力。

(5) 适应性能力和行为。外派人员的适应能力对于其成功有着关键作用。适应性行为主要由三种类型构成:①主动行为:指的是个体对环境的变化发动有积极影响的行动;②反应行为:是指改变自己以更好地适应新环境;③容忍行为:是指尽管工作环境正在改变或是当采取主动性行为或反应行为可能不恰当时能够持续起作用的行为。适应性能力讨论了角色柔性(flexibility)、自我管理新的学习经验、适应新事物(新人和团队、不确定的问题、不同的文化、新科技、具有挑战性的物理环境等),并且包含不同任务需求的宽广的行为。适应性能力包含八个方面:处理紧急情况的能力、处置工作压力的能力、创造性解决问题的能力、处理不确定的或不能预料的工作状况的能力、学习新的工作任务、技术和流程、人际适应能力、文化适应能力和身体适应能力。

仅仅考虑外派人员的能力是不够的,有效派遣还必须考虑以下条件。

(1) 家庭状况。对国际任职人员的选择必须考虑外派人员的家庭状况。诸如孩子的教育问题、候选人的配偶迁移目标、外派人员的家庭态度以及配偶的交际能力等。一个对海外派遣支持的家庭是外派人员成功的关键。

(2) 工作动机。外派人员对于派遣国的工作是否真正感兴趣是必须考虑的条件之一。人力资源部必须考虑外派人员是否有意愿去海外工作、外派人员的愿望是什么、他们是否对外派工作有比较现实的了解、他们的家人是否表现出积极的支持态度等。

(3) 经济问题。候选人是否存在会影响其外派工作的经验或法律问题,如购房、孩子读书、结婚的费用、商务欠款等。也包括外派人员外派期间是否带来收入的负效应。

(4) 职业规划。需要考虑外派人员是否将外派工作当作一种临时性的海外旅行。候选人是否有实际的职业规划,其外派工作是否有助于其职业发展和职业成功。

三、外派人员的酬报

外派人员的报酬是跨国公司非常棘手的问题。越来越多的跨国公司开始意识到报酬的战略意义。外派人员的薪酬受到多种因素的影响,如图 13-4 所示。

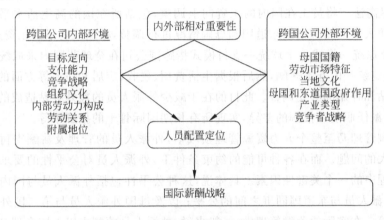

图 13-4　国际薪酬战略的影响因素

外派人员薪酬通常受到内外部环境的影响,这取决于二者的相对重要性。内部环境因素包括:公司战略目标、支付能力、竞争战略和组织文化。内部劳动力的构成也会影响公司薪酬制度的确立,而劳动关系以及公司本身的附属地位也决定了其支付报酬的限度。外部因素通常影响外派人员的公平感知,这些因素有:母国国籍、劳动市场工资水平、当地文化、母国和东道国政府的政策和作用、产业类型和竞争者的战略。

大多数在考虑上述因素的情况下,通过资产负债表(平衡表法)的方法确定外派人员的报酬组合总水平。这种方法要求企业必须为外派人员建立这样一种报酬组合:不仅能够使外派人员所获得的报酬与母国工作的同岗位上其他员工所获得的报酬具有同等购买力,同时也提供一些额外的激励,加上搬家费用,再加上外派的辛苦和刺激费。外派人员的报酬按照下列几种方法进行设计。

(1) 东道国水平法。东道国水平法强调外派人员的基本薪酬与东道国的薪酬结构相结合,跨国公司必须从当地薪资调查中取得信息,决定以当地的员工、同国籍派驻人员或是各国派驻人员的薪资作为派驻当地人员薪资的参考标准。

(2) 母国水平法。无论外派人员在何处工作,外派人员的薪酬应该考虑母国的情况。换句话说,外派人员国内薪酬的部分应该随母公司的薪酬变动情形而调整,一方面使外派人员的权益不会因为外派而受到影响,也有助于减轻日后回国时的冲击。

将员工在母国的基本工资加上生活、房屋津贴,定为海外的薪资。这是企业最常用的计算方法,注重的是让员工拥有与在本国相同的购买力。这种模式平衡了外派人员在东道国购买力与其在母国的购买力。另外,还有额外增加的薪水,包括税收差别调整、住房成本以及基本商品和劳务成本,譬如食品、娱乐、个人护理、衣着、教育、家庭装修、运输以及医疗保健等。除满足购买力外,企业还经常向外派人员提供其他一些补贴和奖金,主要包括:国外服务津贴、艰苦条件津贴、安置迁移津贴、母国度假津贴等。

(3) 区域性方法。这种方法可以将员工薪资的差异降到最低,例如,整个大中华地区或欧盟国家适用同一个政策,它有助于公平性,能够留住专业人才,适合没有成家的员工,以及在国际化初期阶段的企业。但因各国法律、税制、风俗习惯等方面的不同,难以调整。

(4) 尽高法。将员工在国内的工资向上调整,包括所在国的高生活水平。这种方法强调外派人员的薪酬根据东道国和母国情况进行调整,根据二者最高工资进行设定。

(5) 全球统一模式。全球统一支付模式指跨国公司在全球范围内采取统一绩效评估方法,制定统一的基本薪酬,然后根据生活费用、税收、定居和住宅等方面的费用差别来进行津贴和补贴的必要调整。此目的在于减少外派人员的额外补贴造成的成本和浪费,消除外派任职前后报酬的差异,实现所有长期国际骨干的报酬平等。

在薪酬管理乃至整个人力资源管理领域中,外派人员的管理及薪酬支付都是一个难度相当大的问题。而在各种可能的约束条件下,外派人员对公平性的要求是外派人员薪酬管理中的一个关键性因素。具体说,这种公平性包括外派人员与国内同事之间的公平,外派人员与东道国同事之间的公平;以及母国外派人员与第三国外派人员之间的公平等。在实际的薪酬管理中,一般来说,外派人员薪酬由以下四个部分组成。

(1) 基本薪酬。外派人员的基本薪酬应该与其处于相似位置的同事处于同一个薪酬等级上,这可以通过工作评价和薪酬等级评定来确定。当然,由于本国和东道国的工作环境不同,工作内容往往也缺乏可比性,加上对外派人员的工作进行有效监管的难度很大,因此,操作起来会遇到很多的障碍。两国之间汇率的波动会使企业提供的工资有时比本国员工高一些,有时又低一些。

(2) 津贴。显而易见,国内和东道国的工作环境与生活环境之间存在很大的差异,而企业向外派人员支付津贴的目的就在于对他们的生活成本进行补偿,使他们得以维持在国内时的生活水平。最主要的津贴包括:海外溢价津贴、货币保护津贴、艰苦补贴、教育补贴、地区补贴、搬迁补贴、配偶补贴、税收均等补贴等。

(3) 福利。在这里我们以雅芳为例,雅芳提供的福利在劳动力市场上是具有竞争力的,雅芳根据各地的要求为各地员工在当地社会劳动保险公司办理养老保险,也遵守各地政府的规定为员工购买工伤、生育等其他社会保险项目。雅芳为员工购买了公务出差保险,全部保险费用由雅芳支付,如果员工在公务期间发生意外事故,此保险计划将根据员工的受伤或损失程度为员工的家人提供最高不超过五年年薪的公务出差保险补偿。雅芳员工购买供个人及家庭使用的雅芳产品可以享有低于顾客价的优惠。

(4) 激励性薪酬(红利)。许多跨国公司除了向外派人员提供消费津贴以外,还向其发放激励性奖金或者红利。这一奖金一般适用于全体外派人员。传统上,许多公司将这一薪酬方式称为外派奖金。

公司也可以采取出国服务奖励的办法，通常以基本工资的10%～40%支付，随着职位、艰苦程度、税收情况以及外派时间的长短而变动。

由于外派人员是在与国内差异较大的市场环境中工作，其面临的挑战和压力较大，因此，外派人员的薪酬制度设计应综合考虑诸多因素，如企业的全球化进程、国内员工的收入、外派所在国的生活成本、当地的住房情况和房租、个人所得税、子女的教育，以及汇兑损失补偿及汇率报销等。

四、外派人员的回国

尽管外派会带给跨国公司和个人很多利益，但回国却可能增加成本。从个人来讲，回国会形成新的文化再适应问题，或者说文化震荡。许多研究者认为，回国意味着更多的感情压力。外派时，外派人员与东道国的文化产生差异。但当回国时，他们并不预知有多大变化，但实际上，母国的政治、经济、社会和文化已经发生了改变。这引起了回国人员震荡。这些表现在以下方面。

（1）适应变化。事实上组织并不是静态的，驻外人员将会面临母公司的组织的改变，并且母公司技术的优势，使得在海外的技术与知识变得陈旧落伍。这些会影响不确定性和导致失去控制的因素，与适应过程有很显著的关系。一般而言，会降低不确定性的因素将有助于适应，而那些会导致不确定性的因素，则会有碍于适应。

（2）职业焦虑。回国后在经济上、社会地位、工作地位与生活上皆有转变。诸如房产补贴、教育补贴和艰苦补贴，在回国之后都会取消，造成回国人员的心理落差感。回国人员也可能因回国后减少了驻外的补贴，面临生活水平的下滑与财务的压力，造成其本身的心理压力，而影响其对组织的适应。公司能重视回国人员的财务压力，而给予合适的福利补贴与合理薪资，将可提高回国人员的再适应程度。

（3）组织反应。回国者在不同的生活情境与不同的工作情境之下，极容易产生压力。因此若公司能适时地给予所需要的咨询服务，则回国者会因这种咨询的出现而达到最佳的适应。公司若期望回国的员工能有良好的适应，进而在工作岗位上有好的绩效，则公司对待回国的员工应该要像派遣海外时一样，给予回国人员适当的支持，替员工事先解决可能遭遇及担心的问题，使员工在回国后能够减少困扰。

（4）自主权丧失。工作职权的改变是回国人员常遇到的状况，尤其是职权范围与工作自主性的降低。即使回国后升迁，其工作自主性仍是比海外派遣时低。因此，回任后的工作指派若能善用回任人员驻外期间所学的技能与经验，例如分享经验给新驻外人员；或是认同其海外工作绩效而赋予较高的工作地位，将使外派人员能更快适应。

（5）回国人员的职业生涯也受到威胁。外派人员得以提升的最重要能力之一就是跨国工作能力。回国后，这些能力和经验并不能在母公司起到任何作用，因而使其感到公司忽视他们的能力和作用。由于缺乏相应的职业规划，外派人员回国后经常不被安排到合适的岗位，他们感觉公司忽视了自己的需求和愿望，从而对职业生涯感到失望。

从个人来说，也存在多方面挑战。

（1）后勤支持。由于回国后各种经济利益比外派时有所损失，诸如房租补贴、教育补贴、艰苦津贴都没有,在回国初期可能带来经济上的压力。回国人员必须做好后勤方面的准备,以利于尽快适应母公司的工作。

(2) 家庭调整。对于已经结婚的外派人员来说,归国意味着家庭需要作出重大调整。这不仅涉及配偶的文化再适应和工作安排、孩子教育、住房重新安置,也涉及与国内亲属的关系处理。有效的家庭调整是归国人员尽快适应母公司工作的必要条件。

(3) 个人调整。外派人员不仅在东道国有很强的适应能力,回国后的再适应能力也是组织在委派之前需要考察的。对于个人来说,根据母国和母公司的变化调整自己,有利于尽快展开工作,走出震荡期。

第四节 管理全球化员工面临的挑战和机遇

当一个组织开始国际化进程,向国际市场拓展时,尽管它面临着许多问题,但是"人力资源问题"实际上已经成为最为棘手的问题。

最近的一份所有制调查研究,59.8%的国有企业存在人力资源危机,35.1%的国有企业认为人力资源危机对其企业产生了严重影响。在私营企业和外商独资企业中,面临人力资源危机的比例降至52.4%和41.1%,人力资源危机造成严重影响在私营企业和外商独资企业分别降至34.3%和27.4%。可见国有企业最经常面临而且对企业造成严重影响的首要危机是人力资源危机;外资企业和私营企业中,人力资源危机是仅次于行业危机的第二大危机。此外,国有企业和私营企业的人力资源危机涉及面和严重程度要远远高于外资企业。另一项针对高层管理人员的调查显示,企业进入国际市场所面临的最困难的60件事情中,有12个是人力资源方面,如表13-4所示。正如本章后面所提到的,需要基于全球人力资源管理的视角来有效地处理这些问题。

表13-4 国际企业面临的人力资源管理问题

人力资源管理问题	将其作为主要问题的比例/%
选拔并培训当地管理人员	70
分子公司的忠诚和积极性	70
用当地语言交流并理解当地文化	66
评估管理人员的驻外工作绩效	65
系统化管理的连续性	59
雇用当地的销售人员	57
当地外国管理人员的薪酬	54
雇用并培训外国的技术人员	52
选拔和培训那些被外派的外国管理人员	48
与外国工会谈判,处理劳动法律等问题	44
外国管理人员的晋升和调任	42
驻外管理人员的薪酬	42

资料来源:Spender Hayden (August 1990),"Our Foreign Legions Are Faltering," Personnel, p. 42.
转引自:赵曙明,伊万切维奇.人力资源管理(第九版).北京:机械工业出版社,2005.

多厄曾经说过:"实际上,任何有关国际性的问题都是由人而生,所以最后就必须由人来解决。因此,在适当的时间、适当的地点,拥有适当的人,是一家公司向国际化迈进的关键所在。如果能成功地解决这一问题,我敢肯定其他所有麻烦都会迎刃而解。"

一、管理全球化员工面临的挑战

国际企业的发展在人力资源管理方面遇到了诸多问题,主要表现在企业文化冲突,包括人力资源管理体系不完善,母公司人力资源外派等诸多问题。多元化的国家背景和有效管理不同文化基因的员工使跨国公司面临许多棘手问题,许多跨国公司并未对此做出足够的回应。面临不断深化的全球化员工管理问题,一些公司开始重新思考它们的人力资源管理系统。对于跨国公司来说,面临的关键人力资源问题有以下四点。

(一)文化冲突

战略国际人力资源管理的首要问题便是处理文化冲突。母国文化与东道国文化之间差异越大,在文化冲突上体现得就越明显,从宏观上看,母国和东道国在价值观念、态度以及行为方式上的差异导致了微观上各个国际企业在人力资源管理上的摩擦。因为文化的差异导致企业理念的传播受到阻碍,员工难以认同企业文化;同时也可能由于误解,导致企业在实施管理活动的过程中遇到阻力。这些都会给国际企业造成不必要的隐性成本,降低员工的整体士气,强化了当地员工与母公司驻外人员的对立情绪,最终影响企业的经营效率,甚至导致整个企业人心涣散。文化冲突不仅表现在企业内部,在企业外部也可能由于对于当地的文化环境不了解,做出错误的决策。地方文化、国家文化和企业文化都是企业在委派国际任务和派遣海外人员时需要考虑的首要问题。

(二)劳务外派的人力资源风险

随着国际企业的发展,国际企业在人力资源管理模式上出现了一个新趋势,即以高层管理者为主要对象的从母公司向子公司派遣包括子公司之间人力资源共享的劳务外派活动。通过劳务外派,可以使母公司进一步加强对东道国企业的管理,加强子公司之间的联系并同时能够起到提升当地管理人员的水平和综合素质。然而如果不处理好由于文化差异、体制差异等外部环境所造成的障碍,就有可能导致劳务外派失败或者外派人员流失等风险。研究发现,10%~20%的外派人员由于无法胜任工作、工作不满或无法适应跨文化的新环境而提前归国。在完成任期的人员中,近1/3无法达到预期目标,而那些能够胜任海外工作的员工在外派结束后一年内有1/4离职或跳槽。可见劳务外派可能会出现不利结果,包括难以适应东道国的环境无法开展工作、可以开展工作但无法达到预期目标、没有起到提升当地管理人员水平的作用、由于在母公司和子公司岗位责任的不对等所造成的人力资源流失。在这些问题中,尤为突出的就是外派人员回国后的安置问题,包括在国外获取的知识如何发挥、回国后的岗位如何安排、是否应该升职还是保持原有岗位不变和可能会出现的"文化休克"现象。

（三）全球化人才选聘

识别和开发那些具有使得全球化组织有效运行的能力和技能的人才是跨国公司面临的一大难题。根据四个不同的国际定位：族群中心、多中心、地区中心和全球中心，招聘政策会有所不同。族群中心主义的人事政策理念是，任命母国的国民（PCNS）作为其附属公司的高层管理人员，多中心的人事政策则不同，一般任命东道国国民（HCNs）。全球中心的人事政策的企业只会招聘最好的人，不管他/她的国籍如何，其中可能包括第三国国民（TCNs）（参见表13-5）。

表 13-5 国际化员工的选聘与管理

方面	族群中心	多中心	地区中心	全球中心
标准设定、评估与控制	由公司总部负责	有当地子公司的管理层负责	在地区内部的各个国家之间协调	全球和当地的标准和控制并行
沟通与协调	从公司总部到各地的子公司	在各个子公司和子公司与总部之间很少	在各个子公司与总部之间很少，在地区内部的子公司之间较多	在各个子公司之间和子公司与总部之间结成完全连接的网络
人员	本国员工担任管理人员	东道国员工担任管理人员	本地区各国员工担任管理人员	最好的员工被安排到最合适的地方

（四）知识和信息共享

跨国公司中知识和创新的传播与转让也是管理者最为头痛的事情之一。要使得组织内部的所有部门都能够同时提供和获取信息，共享新知识，分享新技能，不仅需要打破文化的壁垒，也需要突破员工的心理障碍。

二、管理全球化员工的策略

（一）管理全球化员工的方法

Osland 等在分析中美洲战略人力资源管理时认为，可以采用以下三种方法进行管理。

（1）适应性方法。即根据当地文化进行跨文化管理，以团结东道国员工，并取得当地政府的信任。

（2）探索性方法。即将母公司的企业文化与国外分公司当地的文化进行有效的整合，通过各种渠道促进不同的文化相互了解、适应、融合，从而在母公司文化和当地文化的基础之上构建一种新型的企业文化，以这种新型文化作为国外分公司的管理基础。这被称为跨文化管理方法，即在全球化经营中，对子公司所在国的文化采取包容的管理方法，在跨文化条件下克服任何异质文化的冲突，并据以创造出独特的企业文化，从而形成卓有成效的管理过程。

（3）整合方法。以母国文化为主，对当地文化进行整合，这是一种强势文化的方法。这是一种比较偏激的跨文化管理策略，是直接将母公司的企业文化强行注入国外的分公司，对国外分公司的当地文化进行消灭，国外分公司只保留母公司的企业文化。这种方式一般适用于强弱文化对比悬殊，并且当地消费者能对母公司的文化完全接受的情况下采用，但从实际情况来看，这种模式采用得非常少。

针对以上理论，我们认为对全球化员工可以采取以下管理方法。

（1）本土化策略。即根据"思维全球化和行动当地化"的原则来进行跨文化的管理。全球化经营企业跨文化管理。国外需要雇用相当一部分当地员工，因为当地员工熟悉当地的风俗习惯、市场动态以及其政府的各项法规，并且与当地的消费者容易达成共识。雇用当地员工不仅可节省部分开支更可有利于其在当地拓展市场、站稳脚跟。

（2）跨文化策略。根据不同文化相容的程度可分为以下两种策略。第一种是文化平行相容策略。这是文化相容的最高形式，习惯上称之为"文化互补"。即在国外的子公司中不以母国的文化作为主体文化。这样母国文化和东道国文化之间虽然存在着巨大的文化差异，但却并不互相排斥，反而互为补充，同时运行于公司的操作中，可以充分发挥跨文化的优势。第二种是隐去两者主体文化的和平相容策略。即管理者在经营活动中刻意模糊文化差异，隐去两者文化中最容易导致冲突的主体文化，保存两者文化中比较平淡和微不足道的部分。使得不同文化背景的人均可在同一企业中和睦共处，即使发生意见分歧，也容易通过双方的努力得到妥协和协调。

（3）创新性策略。即将母公司的企业文化与国外分公司当地的文化进行有效的整合，通过各种渠道促进不同的文化相互了解、适应、融合，从而在母公司文化和当地文化的基础之上构建一种新型的企业文化，以这种新型文化作为国外分公司的管理基础。这种新型文化既保留着母公司企业文化的特点，又与当地的文化环境相适应，既不同于母公司的企业文化，又不同于当地的文化，而是两种文化的有机结合。这样不仅使全球化经营企业能适应不同国家的文化环境，而且还能大大增强竞争优势。

（4）渗透策略。渗透是个需要长时间观察和培育的过程。跨国公司派往东道国工作的管理人员，基于其母国文化和东道国文化的巨大不同，并不试图在短时间内迫使当地员工服从母国的人力资源管理模式。而是凭借母国强大的经济实力所形成的文化优势，对于公司的当地员工进行逐步的文化渗透，使母国文化在不知不觉中深入人心，使东道国员工逐渐适应这种母国文化并慢慢地成为该文化的执行者和维护者。

（5）全球化策略。企业顺应一体化交流融合的趋势，使自己融入国际社会，成为特定行业世界公民。这样才能海纳百川、兼容并蓄，充分吸取各种文化优点，有利于企业的跨国发展。

（二）管理全球化员工的具体措施

许多企业在尚未有一套完善的管理制度与鲜明的企业文化时，就已经开始打入海外市场，这使得母公司不容易将企业文化移植到子公司，缺乏全球统一的标志文化。导致这项问题的原因之一是由于缺乏一批具有同样经营理念的高层管理者，这样的高层管理者是必须受母公司长期的培养，才能熏陶出具有与母公司企业文化相同的文化，以担任长期的外派任务。

（1）加强母公司的管理能力。由于子公司建立初期需要母公司管理制度的移植，可以说跨国企业海外子公司的扩张是母公司管理制度的延伸。虽然在管理制度向海外移植的同时，会因东道国文化差异的情况而有所调整，但公司势必有统一的母法是各地子公司不得违背的，以确保公司整体管理制度的一致性。除此之外，子公司的人员对母公司而言是看不见的员工，若跨国企业连自己母公司的人员都无法管理好，更别谈论要管理与控制距离遥远的子公司员工。

（2）强化母公司的企业文化。母公司文化的鲜明有助于子公司文化的移植，母公司可以透过许多渠道将企业文化传递给海外子公司，让当地员工对于母公司文化产生认同，以形成公司内部与外部的一致性。除此之外，也可以达成母公司对子公司文化控制的手段。然而，文化控制是必须经年累月的积累，它必须透过母公司文化的宣导后，反映在管理制度与办法上，反映在高阶管理者的领导风格与治理重点上，经过多年的沉浸与宣导，最后形成公司整体展现出来的行为表征。当一家跨国企业的员工能产生明显的文化特质时，对于海外子公司的文化传递就能轻而易举，文化建设虽旷日费时，但当文化建立后，就可减少管理与控制的成本。

（3）培养国际视野的团队。国际人才的储备是必须在跨国企业跨国经营前预备的，然而，国际人才的储备是需要时间的积累，以及完成公司的培训计划。有些公司在平时并未储备国际人才，等到展开跨国经营时，才开始透过猎头直接对外招募。这样的模式固然容易找到好的人才，然而，他与公司企业文化的融合，以及日后与母公司高层管理者的磨合，却是一些难以控制的变量。中国企业若在未来有发展海外市场的计划，培养国际视野的团队将是当前的重点工作。

（4）加强外派人员管理。外派人员是母公司与子公司之间重要的桥梁，许多母公司的政策必须透过外派人员的传递。因此，母公司如何善加运用外派人员，来管理好子公司的派遣任务，必须依赖一套完善的外派人员管理制度。外派人员管理包含着外派人员的招聘、培训、派遣、任用与归国后的一系列的配套措施。外派人员管理制度设计完善，必能吸引更多优秀的国际人才，并且即使在归国后，仍然能够将其海外的历练经验用在公司的发展上。

（5）提拔当地优秀人才。当海外子公司已经营运多年步上轨道后，当地人才也已经养成，且受企业文化的熏陶，此时，人才本土化将是下一阶段的重点。公司要持续扩展海外市场，当公司在多国设有办事处时，不分国籍，唯才是用就成为下一阶段的重点。此时，各地的子公司也就成为各地培养人才的基地。西门子中国北京公司就选拔有摧城拔寨能力的中国人担任总经理，这使得原来从德国派驻的母国籍人员，必须听从总经理的指挥。

（6）开发全球化的专门职业，为员工提供相关国家丰富的政治、经济、社会与文化的背景知识，促进员工尽快适应全球化管理知识和技能。

（7）建立跨文化意识，逐步发展跨文化的敏感性。要从吸收和保留开始，经由长期的磨合、嫁接、协同，最后达到有机融合。同时，通过适应性训练，建立员工跨文化的敏感性。

（8）应用团队方法，解决运行问题并完成技术项目。随着全球化和技术的提高，曾经远隔千山万水的人们进行沟通的能力不断增强，技术的手段将团队成员高效地连接在一起。技术也给管理者带来了前所未有的选择空间，他们可以自由选择在某个项目中要使用哪些资源，同时深刻而又固化的文化差异又对团队实现共同目标的能力构成威胁。有效运用团队智慧可以解决国际化运行问题并完成技术项目，譬如应用电子交流技术将遥远的员工联系到当前的问题上。

第五节 本章小结

随着各种区域性合作组织等的产生，国与国之间的界限开始变得越来越模糊，地区经济甚至全球经济正日益成为一个不可分割的整体。当今世界，全球化浪潮汹涌给跨国企业的人力资源管理带来新的课题。多数企业在实现全球化经营的同时将面临着人力资源管理国际化的多方面挑战。

在经济全球化大趋势下，公司采取国际化战略是非常有利的，主要表现在以下方面：(1)能够抓住外国市场的机会；(2)为了达到生产和管理的经济规模，利用国际生产扩大运行范围和数量；(3)保持行业的领导者要求企业进入外国市场；(4)获取外国公司的所有权。

国际人力资源管理与国内人力资源管理之间的差异，主要取决于人力资源管理活动、与跨国人力资源管理相关的三种国家类型及员工类型。相较于国内人力资源，国际人力资源管理通常表现出多种不同特征：(1)多个人力资源系统建立；(2)更广大的业务范围，需要一种更广阔的视野；(3)需要处理更为复杂的顾客和外部关系；(4)随着驻外人员与当地员工的融合发生变化而转变重点；(5)参与国际任务包含可能的个人危险；(6)更多的外部影响；(7)需要有更强的管理灵活性；(8)招聘员工来源多样化；(9)文化差异冲突；(10)沟通与协调困难；(11)更多关心员工；(12)劳动关系敏感。

不同国家文化特征不一样，对国际人力资源管理产生巨大影响。美国和日本的人力资源管理模式由于风格上的巨大差异和各自在本国取得的卓越成功而备受瞩目。韩国则充分接受与消化美国与日本的人力资源管理模式，结合本国高丽民族的特点和历史发展进程，创造了一种混合性的韩国人力资源管理模式。中国受儒家思想影响，积极崇尚权威。中国式管理实质是家长制管理。因此可以说，不同的文化和不同全球化阶段应采取不同的人力资源管理模式。

战略国际人力资源则是从宏观的总体导向，来探索国际人力资源管理与战略之间的关系。它是伴随着近十年全球化的发展，而逐渐被学者们所提出和研究的。相对于传统的人力资源管理，战略国际人力资源最重要的变化是将人力资源作为组织的战略贡献者，并且认为战略的这种协调性和一致性能够增加企业的绩效。战略国际人力资源管理有多种模式，包括：Schuler 等人的战略国际人力资源匹配模式、泰勒等人的战略国际人力资源模式以及 EPRG 模式。

这些模式对于外派人员的关系有启迪意义。外派员工通常被用来指那些位于一国境内的某公司派遣到另外一个国家去工作的员工。对于组织来说，外派员工会获得相应利益：(1)业务或市场的开发；(2)信息技术的开始、转让和结合；(3)管理合资企业；(4)外国与国内运作的协调和整合；(5)填补临时空缺；(6)开发地方管理人才。对于个人来说，也可以达到下列目的：(1)开发技能和获取知识；(2)为进入高层作准备。外派员工通过管理不同的跨国公司的经营单位，能够提升自己的管理经验和素质，为培养世界级眼界提供基础；(3)跟着双职业的配偶。对于外派员工面临许多难题，包括外派人员甄选、外派人员薪酬管理以及外派人员回国后的管理。在面临这些难题时，可以采取适应性方法、探索性方法和整合方法。

具体来说，可以采取以下管理方法：(1)本土化策略；(2)跨文化策略；(3)创新性策略；(4)渗透策略；(5)全球化策略。

为了执行这些策略，有必要：(1)加强母公司管理能力；(2)强化母公司的企业文化；(3)培养国际视野的团队；(4)加强外派人员管理；(5)提拔当地优秀人才；(6)开发全球化的专门职业，为员工提供相关国家丰富的政治、经济、社会与文化的背景知识，促进员工尽快适应全球化管理知识和技能；(7)建立跨文化意识，逐步发展跨文化的敏感性；(8)应用团队方法，解决运行问题并完成技术项目。

重要名词术语
ZHONG YAO MING CI SHU YU

经济全球化	权力距离	地理中心模式	探索性方法
国际人力资源	大男子主义	混合中心模式	整合性方法
国际人力资源管理	长期导向	外派人员	本土化策略
跨国公司	短期导向	东道国水平法	跨文化策略
所在国员工	战略国际人力资源	母国水平法	创新性策略
东道国员工	战略国际人力资源管理	区域性方法	渗透策略
第三国员工	战略国际人力资源模式	尽高法	全球化策略
文化冲突	EPRG 模式	全球统一模式	
个人主义	民族中心模式	适应性方法	
集体主义	多元中心模式		

思 考 题

1. 哪些事件导致当前的国际化程度越来越高？
2. 国际人力资源管理与国内人力资源管理有哪些差异？
3. 战略国际人力资源的管理模式有哪些？
4. 在人力资源管理实践中，如何处理文化冲突？
5. 如何对外派人员进行管理？
6. 管理全球化员工面临哪些机遇与挑战？

> 案例

广州标致跨文化的融合与冲突

一、背景资料

广州标致是由广州汽车制造厂、法国标致汽车公司、中国国际信托投资公司、国际金融公司和法国巴黎国民银行合资经营的汽车生产企业,成立于1985年,总投资额8.5亿法国法郎,注册资本为3.25亿法郎。广州汽车集团公司占股份46%;法国标致汽车有限公司占22%(主要以技术入股);中国国际信托投资公司占20%;国际金融公司占8%;法国巴黎银行占4%。广州标致员工共2 000余人,由广州汽车制造厂和法国标致汽车公司共同管理。合同规定,1994年以前的总经理由法方担任,公司任何一个部门的两名经理中,至少有一名是法方人员。广州标致的主要产品是标致504轻型小货车、505家庭旅行车和505轿车。截至1997年8月,广州标致累计亏损10.5亿元(人民币),实际年生产量最高时为2.1万辆,未达到国家产业政策所规定的年产15万辆的生产能力。除了中法双方在一些重大问题上的分歧外,未能解决文化的差异和冲突,是无法进一步合作的主要原因。

二、跨文化管理中的反省

20世纪90年代以来,随着全球经济一体化和跨国经营的大趋势,许多国外公司进入中国市场,其中出现的一个共同问题是跨文化管理。所谓跨文化管理,主要指跨国界、跨民族的管理。1996年,美国学者曾指出,美国约有20%～25%的经理无法胜任海外企业管理,特别是在面对亚洲人、欧洲人和其他人群时,文化背景的差异使他们步履维艰。这种情况不仅发生在美国经理中,也发生在所有跨国经营的经理人员之中。

(一)尊重文化差异与创造良好环境

为了在全球化竞争中卓有成效地工作,从事跨国经营的经理们一般都重视与对方国家员工的交流与融合,尽可能地提升自身对异地文化的包容性,正如有的跨国经营经理人员所说,"你不得不把自己的文化弃之一边,时刻准备接受你将面对的另一种观念"。当然,这种困难不仅反映在跨国经营经理人员一方,作为东道主国家一方的管理人员和其他员工都存在着如何接受对方文化的问题。在这个方面,广州标致也做了大量的工作,如经常举行中外人员座谈会、联欢会,让中外人员有更多的机会进行交流,达成理解。此外,在工会的组织下成立了职工艺术委员会和职工体育协会,开展由中外员工参加的各类文体活动,给中外员工创造增进相互了解的良好环境。为此,公司投资4 530万元加强硬件建设,创造良好的生活环境。

为了提高公司中方管理人员和普通员工的素质,培养跨文化管理人员,广州标致大力加强员工培训,招收的新员工一律实施上岗前培训,也对在职员工实施定期培训,并专门开设针对管理人员的跨文化管理技能的培训。语言是跨文化沟通的工具,在广州标致公司中,由于使用的母语不同,相互间的沟通存在较大的语言障碍。为了改善这一状况,公司有计划地选派人员到广州外语学院脱产学习法语,定期在公司内部开办法语培训班,扩大受训人员的覆盖面。与此同时,组织中方人员与法国留学生进行联谊活动,在语言的培训过程中穿插法国文化、人文知识和企业文化知识的介绍,增进中方人员对法国文化、风土人情、人文知识、企业文化的了解。

在跨文化管理中,与技术和管理技能有关的员工培训是一个重要的环节。广州标致公司每年都与各大专院校联系,对技术人员、管理人员进行专业培训,不断更新他们的知识,提高他们的技术开发能力和管理技能。此外,还外派技术和管理骨干到法国标致对口学习和培训。这些人通过亲临实地地体察,对法国文化、法方人员的价值观念、思维方式、行为准则和法国标致的企业文化有了比其他人的更深入的了解。

制度文化是企业文化的一个重要组成部分。制度化管理是统一不同管理文化、形成统一管理风格的有效手段。为了保证中外双方人员融洽共事,协调和规范生产经营管理活动,公司制定了一整套科学管理制度,把各部门和车间的日常管理工作标准化和程序化,在实际工作中严格按照制度进行管理。

(二)差异与冲突

外商投资企业的跨文化给比单一文化形态下的管理存在更多的问题,更为复杂和更具有挑战性。不少外商投资企业都曾遇到过由于文化观念上的差异而使中外双方在管理工作上存在分歧的问题。而且,教育上的落后使中方员工总体的文化素质相对比较低,甚至有某些积习难改的不良语言和行为习惯,与外方人员无论是观念上还是在行为上都存在较大的差异及不和谐,在此基础上要达到管理上的统一其难度可想而知。

在中法合资之初,广州标致公司从总经理、各部门经理到技术监督等重要管理岗位的重要负责人几乎都是法方人员,他们采用的是生硬的、强制的方式,推行全套的法式管理模式,由此引起中方人员的强烈不满,导致罢工事件,最后由中国政府和法国领事馆出面调解。事后,该企业的中方员工道出了心里话:"法国人的管理方式我们接受不了,我们受不了洋人的气。"事件的实质是观念意识的冲突和文化的冲突。目前,外商投资企业的跨文化冲突主要有四种表现:(1)双方对峙,冲突越来越大。(2)外来文化被本国文化所同化。(3)外来文化占上风。(4)双方文化相互融合,形成"求大同存小异"的企业文化。第一种情况,是由于双方对对方的文化没有足够的认识,没有总结跨文化管理的经验和寻找解决文化冲突的办法所致。第二、三种情况在少数企业,或某一阶段发生,不可能长期维持,因为,当一种文化完全压倒另一种文化时,被压倒的文化必然以某种方式表现出来,除非占上风的文化在某种程度上吸纳或包容另一种文化。第四种情况是比较理想的状态,大多数成功的跨国经营最后都会形成这样的结局,两种文化相互学习、取长补短,将冲突逐渐消融。

广州标致公司中两种文化的冲突首先表现在各自不同的目标期望上,由于双方来自不同的利益主体,法方的主要经营目标是在短期内获得高额利润,而中方的主要经营目标是通过合资带动汽车工业乃至整个地区的产业发展,同时推进国产化进程。在这样的背景下,法方人员的决策带有明显的短期行为倾向,工作重点放在向中国出口技术、设备、零配件上,中方则以推进国产化进程为工作重点。法国管理人员敢于表达自己的意见,对不满意的地方直截了当地指出来,而中方的管理人员的表达方式较为委婉,很少直接发表意见,这使得在中法合作中表现出法方人员占主导地位的现象,共同管理成为一句空话。

广州标致采用了法国标致的组织机构设置,实行层级管理,强调专业化分工和协作,同时采用法国标致的全套规章制度。法国标致的规章制度是总结了全球二十多个国家建立合资企业的经验而制定的,有一定的科学性和合理性。但由于文化背景的不同和企业管理的基础不同,生搬硬套地沿用原来的规章制度就会出现问题。

（1）中方大部分员工都是从原国有老企业广州汽车制造厂中转过来的,中方员工长期在缺乏竞争的环境下工作和生活,部分员工对执行规章制度不够严格,带有一定的随意性,加上人员素质及机器设备等方面的原因,有些工作难以完全达到规定的标准。法方人员对中方人员的做法表示不理解并进行抗议,认为中方人员没有很好地执行有关部门的规定,而中方人员则认为自己的做法是有道理的,双方各执己见。法国的资金技术密集型产业的现代化大生产方式移植到中国后,面对大量低水平的手工劳动操作难以发挥其优势。

（2）受产业政策和市场政策的影响,中法在合资前就一直存在投资和经营管理指导上的分歧,法方人员要从习惯于高技术、大规模生产的管理过渡到中方现有的生产方式,需要有较长的心理调适过程,因为中方汽车制造技术起点低,一时上不了规模,也缺乏应有的物质文化基础。

（3）虽然中法两国的管理人员都对文化差异有一定的共识和心理准备,并且各自都在努力互相了解,但作出退让的多数是中方,法方容易在许多情况下以原有的管理方法和管理定式行事,使中方的管理人员产生逆反心理引发更大的矛盾和冲突。

（4）在生产经营管理中,双方经常出现不一致的看法,法方总经理在意见不一致时会单方面作出决定。这种情况下,为了保证政令的严肃性,就以法方的意见执行,而等到执行不下去的时候才去作修正。这种以事实为依据,避免文化习惯上的不同而产生直接碰撞的做法,对解决跨文化管理的问题有值得肯定的地方,但有时也造成决策的延误。对复印机的管理,法方的习惯是随到随用,无须专人看管,没有必要增加办公室人员,坚决反对中方人员提出的专人看管的办法,沿用国外普遍采用的无人看管,机器放在办公室通道,用者随时自行打开复印机使用。结果由于一些中方人员擅自操作或大量复印私人东西,造成设备的损坏和纸张的大量浪费,最后不得不改用专人看管。

（三）跨文化冲突的解决与融合

解决外商投资企业的跨文化冲突,其根本途径是加强对两种文化的认识和理解,建立起文化选择与调适机制,实现两种文化的融合。

形成外商投资企业独特的企业文化,是一个较为复杂、困难和漫长的过程,一般需经过冲突期、交汇期最终达到融合。在冲突期,外来文化和本土文化的差异与冲突首先表现在心理上,对对方文化产生排斥和抗拒,这是不可避免的。这种冲突自双方合作开始时就会出现,如谈判、签协议的过程,双方的思想观念不可能完全一致,分歧和差异可能以正式协议和合同签订的方式暂时得到解决,但此后的经营决策、日常管理和员工行为、生活方式等方面仍会出现种种不和谐。特别是受文化背景的影响,可能对协议与合同条文的不同解释,从而造成双方矛盾的不断激化,使文化摩擦屡屡发生,潜藏着爆发冲突的危机。冲突期是不同文化"初期接触"的必然反应,这个时期的文化冲突处理得好不好,将影响到企业管理工作的顺利进行,也影响两种文化的交汇与融合。在冲突期,来自不同文化背景的企业管理人员要认真认识对方文化与己方文化的差异,从而表现出他对文化的理解和尊重,要认识到尊重对方文化就是尊重对方的人,因为尊重对方文化是双方心理沟通的桥梁、文化沟通的桥梁,有了这座桥梁,才能对他方的民族性、国民性、行为方式、人格价值取向、风俗习惯有进一步的了解,才能从真正意义上尊重对方的人格,才能体会和捕捉到对方的观点及在不同文化理念引导下的表达方式,兼顾双方不同的文化角度,达到真诚的合作。尊重对方的习惯,就是尊重对方的文化形式和心理文化积淀,是对他方行为方式的确认。

所谓交汇期,是指两种文化相互渗透的时期,在这一时期,人们能够对他方文化进行接纳和认可,对来自不同文化背景的管理者的观念和行为方式能够表示理解、体谅和支持。既能看到自身文化的优点,看到对方文化的不足,又能认清自身文化的缺陷、对方文化的长处,形成相互学习、取长补短的局面。

所谓聚合期,是指跨文化的全面融合期。在外商投资企业中形成既认可多元文化的存在、共存共荣,又有全体员工共同追求的统一的价值观和行为准则。

资料来源:姜岩.从摩擦走向磨合——跨国经营中的跨文化管理,中国外资,2003.

参考文献

[1] 李宝元.人力资源战略管理案例教程[M].北京:清华大学出版社,北京交通大学出版社,2010.

[2] 宋培林.战略人力资源管理:理论梳理和观点述评[M].北京:中国经济出版社,2011.

[3] 林新奇.国际人力资源管理[M].上海:复旦大学出版社,2004.

[4] 廖勇凯.跨国企业在沪子公司战略性国际人力资源管理模型建构与实证研究[C].上海,复旦大学博士论文,2005.

[5] 张德.人力资源开发与管理(第三版).北京:清华大学出版社,2007,87~88.

[6] 张岱年,程宜山.中国文化争论[M].北京:中国人民大学出版社,2009.

[7] 加里·德斯勒.人力资源管理(第9版),吴文芳,刘昕译[M].北京:中国人民大学出版社,2006.

[8] 石伟.组织文化[M].上海:复旦大学出版社,2004.

[9] DeCieri, H. and Dowling, R. J. Strategic Human Resource Management in Multinational Enterprises: Theory and Empirical Development [M]. Unpublicized Paper,1998.

[10] Taylor, S., Beechler, S. and Napier, N. Toward an Integrative Model of Strategic International Human Resource Management [J]. Academy of Management Review,1996,21: 959~985.

[11] Schuler, R., Dowling, P. and De Cieri, H. An Integrative Framework of Strategic International Human Resource Management [J]. International Journal of Human Resource Management,1993,1: 717~764.

[12] Nadler, D., & Tushman, M. L. Strategic organization designs: Concepts,tools,and processes [M]. Glenview,IL: Scott,Foresman and Company,1988.

[13] Taylor, S., Beechler, S. and Napier, N. Toward an Integrative Model of Strategic International Human Resource Management [J]. Academy of Management Review,1996,21: 959~985

[14] Dowling, P. J., Welch, D. E. and Schuler, R. S. International Human Resource Management: Managing People in a Multinational Context [M]. Toronto: Southwestern College

Publishing,1999.

[15] 宋培林. 战略人力资源管理：理论梳理和观点述评[M]. 北京：中国经济出版社,2011.

[16] Taylor, S., Beechler, S. and Napier, N. Toward an Integrative Model of Strategic International Human Resource Management [J]. Academy of Management Review,1996,21：959～985.

[17] 赵智文. 跨国企业在蓉海外子公司人力资源管理战略选择模型研究评[M]. 四川：西南交通大学硕士论文,2004.

[18] 雷蒙德·A.诺伊,约翰·霍伦拜克,拜雷·格哈特,帕特雷克·莱特. 人力资源管理：赢得竞争优势[M]. 刘昕译. 中国人民大学出版社,2001.

[19] Mendenhall, M. and Oddou, G. The dimensions of expatriate acculturation: A review [J]. Academy of Management Review. 1985,10(1)：39～47.

[20] Pulakos, E. D., Arad, S., Donovan, M. A., & Plamondon, K. E. Adaptability in the work place: Development of a taxonomy of adaptive performance [J]. Journal of Applied Psychology,2000,85：612～624.

[21] Pulakos, E. D,Scmmit,N., & Dorsey,D. W. et al. Predicting adaptive performance: Further test of a model of adaptability [J]. Human Performance,2000,15(4)：299～323.

[22] Harzing, Anni-Wil., and Ruysseveldt, Joris. Van. International Human Resource Management [M]. London,SAGE Publications Ltd,2004.

[23] 黄勋敬,孙海法. 我国跨国企业外派人员薪酬问题研究 [J]. 中国人力资源开发,2007 年第6 期.

[24] Dowling, P. J., Welch, D. E., and Schuler, R. S. International Human Resource Management: Managing People in a Multinational Context [M]. 3rd Eds. Cincinnatti, OH: South-Western,1999.

[25] Gullahorn, J. T. and Gullahorn,J. E. An extension of the U-curve hypothesis [J]. Journal of Social Issues,1963,19：33～47.

[26] Adler, N. J. International Dimensions of Organizational Behavior [M] (3rd ed). Cincinnati, OH: South Western College Publishing,1997.

[27] Kendall, D. Repatriation: An ending and a beginning [J]. Business Horizons, 1981, 24：21～25.

[28] Harvey, M. The other side of foreign assignments: Dealing with the repatriation dilemma [J]. Columbia Journal of World Business,1982,17：53～59.

[29] Black, J. S. Coming home: The relationship of expatriate expectations with repatriation adjustment and job performance [J]. Human Relations,1992,45：177～192.

[30] 李震.中国国有和私营体制下员工的离职倾向对比实证研究[D]. 华中科技大学硕士论文,2004：1～12.

[31] Duerr,M. G. International Business Management: It's Four Tasks[C]. Conference Board Record,October,1996,42～43.

[32] Black J. S, Gregersen HB, MendenhallME. et al. Globalizing people through international assignments[M]. Boston,MA：Addison-Wesley,1999.

[33] Vermond K. Expatriates come home [J]. CMA management,2001,75(7)：30～33.

[34] Osland, J., De Franco, S. and Osland, A. Contextualization and strategic international human resource management approaches: the case of Central America and Panama [J]. International Journal of Human Resource Management,2005,16(12)：2218～2236.

第十四章
战略领导力开发

学习目标
XUE XI MU BIAO

- 了解领导力的战略意义
- 了解什么是领导和领导力
- 分析领导者与管理者的不同
- 阐述领导个性、行为和情景对领导力的影响
- 描述下属分类及其特征并洞悉有效的下属的特征及其与领导的匹配
- 解释领导力的道德困境
- 描述冲突形成、后果及其作用机制以及如何进行冲突管理
- 理解权力来源基础及相应的影响策略
- 熟练掌握杨百寅权力和策略模型并运用实例进行分析

开篇案例——人力资源是战略资源
KAI PIAN AN LI

鲁本·马克：高露洁的灵魂

鲁本·马克现任高露洁棕榄有限公司主席,他在公司 CEO 的职位上已度过了长达二十三载的风风雨雨。在他看来,领导公司就好比一场体育竞技,要取得成功依靠的是许许多多较小目标的稳步实现,而并非某些举世瞩目的突破和进展。

在前不久一次名为"高露洁领导力培训精髓"的讲话中,马克认为,在像高露洁这样消费品产值达到 122 亿美元的公司里,领导是以一种持续不断、连续增值的方式逐渐发挥价值的过程。"领导的精髓在于持续不断地进步与改良。不论如何,你总能通过指导和教育来使员工做得更好,哪怕只是一点点。如果企业中每个人都如此,那整个组织就

会昂首向前进。"

一、持续提升公司绩效

总部位于纽约的高露洁棕榄公司是全球领先的口腔护理产品生产商。除了主打产品高露洁牙膏，公司还生产香皂、宠物食品及家用洁具等产品。在过去的二十多年里，高露洁正是依靠这一系列消费品牌实现了稳定的增长和发展。

马克认为，领导者应将公司的绩效表现看作一条钟形曲线。曲线左侧部分代表最差的结果；右侧则代表最优结果。而公司的大部分活动都是落在范围最大的曲线中部。管理者的工作就是要通过逐步培养和实施改进，以使整个曲线向右发生移动。马克指出，这项活动压根不浪漫，也不具有颠覆色彩，甚至毫不引人注目，但是时间会证明，这恰恰是带来胜利的活动。例如，高露洁管理者们通过数年的努力，使旗下 3.5 万名员工戴上了身份标牌。这种身份标牌以大号、醒目的字体印有每位员工的名字，使公司高管在视察全球各地分部时，能称呼员工的名字来迅速拉近彼此间的关系。"所有这些文化转变方面的努力都使人们相信绩效曲线的存在，并努力去移动它。公司主要领导的工作应该围绕着企业文化而展开。"马克如是说。

二、聚焦核心产品领域

高露洁棕榄有限公司的业务遍布全球 223 个国家，在世界绝大多数国家地区都是无可争议的牙膏第一品牌。现年 68 岁的马克于 1963 年加入公司，随后担任负责远东业务的副总裁，并于 1984 年出任 CEO。随着高露洁棕榄交接计划的实施，高露洁首席运营官库克接替马克出任 CEO。马克的公司主席一职持续到了 2008 年。

马克强调，高露洁领导力的精髓之一在于"聚焦"。公司一直以来都对产品组合中生产线的数量加以限制，使整个企业聚焦于那些有把握保持强势地位的领域。高露洁从不效仿竞争者投入制药行业便是一个鲜明的例子。"在高露洁，我们 25 年前就做出了这样的决策，我们不可能做到在所有领域内都与诸如宝洁这样的企业一决高下"。

马克指出，聚焦于企业的指导性战略才是最重要的。"如果有人说，某个方案能使企业受用终生因而不容错过，那么企业若想实施这个方案几乎就要完全偏离原有的方向了。"他补充道。

三、领导者的个人特质

马克描述了作为领导应该拥有的最重要的个人特质。"领导力中，有些特点是与生俱来的，而有些必须通过学习来取得。"他首先强调的是诚实。

常规思维是另一个重要特质。"企业为此要付出大的代价，但也正是这种常规思维造就了成功，即领导者通过对情况的观察、简化，保证企业中每个人都能领会和理解，并提出符合常理的解决办法，推动企业向前发展。"马克补充说，英明的领导者应具备处理模糊事件的能力。"如果每件事都黑白分明，那么人人都知道应该怎样应对。但在企业中无论是哪个层次，大多数事件都是黑白不清、模棱两可的。最重要的是要能够区分事物的不同方面，理清各个方面的要素，从而得出适当的结论。"

言语沟通的清楚明晰也同样至关重要，"如果缺乏清晰明确的指导与交流，就不要指望员工会照着你的想法做事，更别指望他们会一天比一天进步。"马克发现，开会时，即使员工全神贯注认真聆听，也难以透彻理解所听到的内容，有时甚至会产生误解。为避免此类情况的出现,高露洁规定,全公司五百名高层人士每年须召集两次会议,集中听取关于企业内部创新的主题报告。随后,这些高层人士要在各自的部门内传递从企业最高层获得的信息,并保证这些信息在整个公司得到充分贯彻。

马克接下来谈了企业领导应如何行使权力。"拥有的权力越多,就越不需要使用权力。"如果高层管理者能够建立起恰当的企业文化,就可以促使所有的员工团结一致,自觉自愿地朝着一致的方向努力前进。在这样的企业里,领导根本不需要动用权力。

有人向马克询问,优秀的领导者有哪些个人特质是与生俱来的,有哪些需要后天进行培养。马克答道,如果必要,许多涉及与人接触的特质可以通过学习来培养,而处理模糊事件的能力就必须依靠实践才能获得。诚实,则永远不是学习得来的,马克坚称。

马克最后强调,尽管企业经营中"聚焦"的重要性不容忽视,但保持平衡也是十分关键的。"保持生活的平衡,就能在职场各方面都更加出色。"

资料来源:Colyate-palrolive's Reuben Mark:On Leadership and Moving the bell Curve,2007. http://knowledge.wharton.upenn.edu.

第一节 领导力的战略意义

一、领导力的重要性

如今在领导行为上存在一个巨大的真空,无论是在商界、政界、教育界还是非营利组织中,都是如此。难道这意味着我们的社会真正缺乏足够的领导力?全球范围内领导力开发的需求增长迅猛。由DDI公司(Development Dimensions International)实施的一项针对12 423名领导者的最新调查显示,高达68%的企业都难以找到合格的领导者。对1 897名人力资源管理者的调查发现,他们认为只有不到1/4的领导者是合格的。

真的是如此吗?我们很多人都没有弄清楚一个问题:到底怎样成为领导者?成功的领导有没有捷径?

(1) 有力的领导是组织成长、变革和再生的最重要的关键因素之一。

(2) 整个企业的不同层级都需要首创精神,而不仅限于最高管理层。

(3) 领导力发展已成为经理人日常生活不可分割,对组织未来的成功至关重要的一部分。

(4) 领导力是短缺资源,并因为这种短缺,许多企业难以适应全球竞争加剧的时代。

二、领导力的内涵和特征

美国前国务卿基辛格博士说:"领导就是要让他的人们,从他们现在在的地方,带领他们去还没有去过的地方。"通用汽车副总裁赫根对领导者的描述:"记住,是人使事情发生,世界上最好的计划,如果没有人去执行,那它就没有任何意义。我努力让最聪明、最有创造性的人们在我周围。我的目标是永远为那些最优秀,最有天才的人们创造他们想要的工作环境。如果你尊敬人们并且永远保持你的诺言,你将会是一个领导者,不管你在公司的位置的高低。"

领导是一个最复杂和最多面化的现象。术语"领导者(leader)"最早可以追溯到

1 300年以前,而术语"领导力(leadership)"则仅仅在17世纪末期才出现,领导力研究则始于20世纪初的美国社会的科学领域,迄今已近百年。从那时开始,对领导力的研究出现了不同的理论范式,领导理论出现了相应的丛林现象。Stogdill就曾指出关于领导力定义的不一致:"有多少个研究领导学的学者,就有多少种关于领导的定义。"

在过去的几十年间,领导力研究已经成为管理和组织文献的一个重要和中心的部分。书籍、论文、报告数目达几千份,并且新的文献有高速增长的趋势。领导学研究成为一个交叉学科领域,发表领导的期刊既包括学术性期刊,也包括实践性期刊,并且包括很多学科,如管理学、心理学、社会学、政治学、公共管理、经济学和教育管理。领导研究由于其陈旧的结构和支撑着很少的学术诚实性而遭到了众多学者的批评。引起这些问题的不仅仅是领导的实质、结构、作用机制,而且也包括领导的定义。领导到底是一门艺术、一项研究、一门学科、一个结构或是一个产业?如何才能成为一个有效的领导者?领导的结构如何?这些问题已经引起许多学者的兴趣。事实上,在这个日益变革的年代,领导力已经成为组织和管理研究领域不可或缺的焦点问题,或者说,它比以前起了更大的作用,不管它的研究是否存在这样或那样的问题。

关于领导力的研究首先是从领导研究开始的。从19世纪末20世纪初着重研究领导者人格特质的领导特质理论,到20世纪40年代探寻领导者在领导过程中的具体行为以及不同的领导行为对部属影响的领导行为理论,60年代的研究与领导行为有关的情境因素对领导效力的潜在影响的领导权变理论(情境理论),以及之后的领导归因理论,交易型与变革型领导理论等,逐渐从领导者的人格特质和行为等个体研究扩展到整个组织情境交互作用的影响。领导在一种场合被定义为特质,在另外一种场合则涉及行为。当然领导也受到情景的影响,表现出权变特征。

研究者通常按照个人的见解和自己最感兴趣的方面去定义领导力。"领导的概念数量几乎与试图定义这个概念的人们一样多。"领导曾经被按照多方面的属性进行定义,如品质、行为、影响、权力、互动模式、角色关系以及行政职位。早年的Barrow三维空间结构函数就已经囊括了特征、行为、情景以及三者的互动关系。但是,这种通用模型的建立似乎是一个可以无限添加变量的宇宙,给实证研究和实践分析带来极大的困难。包含巨量信息的环境、行为和特质,还可以无限细分,从而形成一个无法在实践上进行操作的变量集合。哈佛大学格根认为"对于一位领导者来说,只有人品没有能力是一种软弱,而只有能力没有人品则意味着危险"。

大多数领导研究学者可能都同意,领导力原则上可以定义为:领导者和追随者相互影响过程的本质,因之产生的结果,以及领导者个性和行为、追随者认知和领导者信用以及环境是如何决定这一过程的。我们认为,有效的领导力,其必要条件如下。

(1) 领导是影响一个有组织的团体实现其目标的过程。领导不是职务地位,也不是少数人具有的特权专利,而是一种积极互动的、目的明确的动力。通俗地讲,领导就是引导团队成员去实现崇高目标的过程,主要包括以下几个方面:①引导。涉及领导者的领导技巧,包括授权和管理下属等;②团队成员。在团队中员工的人际关系、沟通、冲突管理以及团队建设和维持;③目标。涉及企业的战略目标的制定和决策;④实现过程。涉及战略实施中的执行,以目标为导向的组织变革和组织创新。

因此，作为优秀的领导者，就需要具备以上的能力，包括：引导、授权、关系管理、战略制定和执行管理、领导创新和组织变革的能力。

（2）影响别人也接受别人影响。领导者是处于组织变化和活动的核心地位，并努力实现组织理想的人。领导力并不具有天然属性，他们往往借助于自己的权力和职位、影响力和影响策略引导他人完成任务。领导力是一种达成目标的工具，协助团体内部成员实现其目标。所谓领导力，实际上就是一种特殊的人际影响力，组织中的每一个人都会去影响他人，也要接受他人的影响，因此每个员工都具有潜在的和现实的领导力。

（3）领导必须有追随者。领导者与追随者是相互界定的，领导者必须有追随者，追随者也必须有领导者，离开一方另一方就不存在。在领导活动中，追随者总是更大的多数。而领导者之所以能够领导，首先在于有人追随。

（4）领导既是科学又是艺术。"管理只有永恒的问题，没有终结的答案。"与此相类似，领导既是科学，也是一门艺术。领导是一门互动艺术，领导者要跟着环境、问题、派系和目标的变动而"跳舞"。同时，领导力也不是天生的，可以通过后天培训加以强化，并可以通过科学的方法加以测量。用碾碎的犀牛鼻子、蝙蝠爪子、青蛙眼睛和蟒蛇血混合在一起，是不可以治疗垂死的病人。只有运用科学的理论去检验和开发领导力，才是有效的。领导既是科学，也是艺术。领导的某些特质的确有一定的规律可循，因而领导是一门科学；对人施加影响的过程有技巧性的方式方法，所以领导也是艺术。

（5）领导既是理性又是感情的。情感是需要引起注意的，可能影响领导者的认知过程和行为。正如《情商》作者戈尔曼描述领导者角色时所说，那些情商高的领导者，往往能够富有激情，扮演合适角色，增强自信，并且保持言行一致。更为重要的是，他们能够与身边人建立良好的人际关系。

三、领导者与管理者

由于领导行为有一种被泛化的可能，对其实质和范围的整合势在必然。领导和管理、领导和监督、领导和上级之间的差异也成为学者关注的主题之一。领导和管理之间存在显著差异，管理者做事情正确，领导者做正确的事情。领导是由意志主导，是在价值观、理想、象征以及情感交流的基础上以达成变革目的，而管理者由目标驱动，在理性、行政手段以及履行契约义务的基础上最终达到稳定的目的。尽管 Zaleznik 的初衷并不是攻击领导研究者，但他的意思非常清晰，领导研究包括了管理和监督，而不仅仅是领导。领导的全球研究计划（GLOBE）证实，领导和管理是有区别的，领导被看作是：详细阐释组织理想、游说主要的组织变革、提供智能激励和处理组织面临的外部强大压力。House 则认为，区分管理、上级领导、普通领导或战略领导非常重要，因为它帮助理解为什么学术文献称为的"领导"由于和实践不相关已经受到严厉批评。管理者是稳定定向，而领导者是创新定向；管理者使人做事更有效率，而领导者使人同意应该做什么事情。进一步区分战略领导者和管理领导者（supervisory leadership）是有益的。战略型领导者通过理想传递给组织、组织成员和其他组织以目的、意义和指南；包括制定战略决策、选择关键高级主管、分配战略资源、形成组织目标和战略、提供组织前进方向、外部组织谈判等。管理型领导倾向于指导、支持、对工作单位的成员日复一日具体活动的反馈。和领导相反,管理是一个人在一个正式权威岗位上的行为,他致力于使组织成员服从正式角色和岗位要求。管理由执行领导者提供的理想和战略、协同和配置组织资源、处理日常琐事等组成。管理者和领导者在不同的情景下可以互换,并且领导者常常执行许多管理者的职能。

尽管领导和管理的定义不同,过程也有差别,科特丝毫不否认两者的相似之处。他认为领导和管理都涉及了对事情做出决定,都需要建立一个人际关系网络来完成计划。也正是从这个角度出发,科特认为领导和管理都是相对完整的行为体系。如果仅仅讨论是管理包含了领导,或是领导包含了管理,都偏离了问题的本质。那些认为管理是领导过程中一部分的观点,忽略了领导行为本身有自己的执行过程,而认为领导是管理过程中一部分的观点,则忽略了领导过程中有确定经营方向的特质。

韦尔奇特别强调管理者与领导者的区别。"领导人,像罗斯福、丘吉尔和里根等人,他们有办法激励一些有才干的人,让他们把事情做得更好。而管理者呢,总是在复杂事务的细节里打转,这些人往往在'进行管理'的同时'把事情弄得复杂'。他们往往试图去控制和抑制,把大量的时间和精力浪费在琐碎的细节上"。领导者就是那些可以清楚地告诉人们如何做得更好,并且能够描绘出远景构想来激发人们努力的人。如表14-1所示。

表 14-1 管理者和领导者的区别

管 理 者	领 导 者
正确地做事情	做正确的事情
安于现状,忙于行政管理	挑战惯例,寻找新的途径(创新)
需要管理制度加以规范	使人心悦诚服
强调的是效率	强调的是结果
接受现状	强调未来的发展
注重系统	注重人
强调控制	培养信任
运用制度	强调价值观和理念
注重短期目标	强调长远发展方向
强调方法	强调方向
要求员工顺从标准	鼓励员工进行变革
运用职位权力	运用个人魅力
避免不确定性	勇于冒险
等待机会的到来	令机会发生
仔细看管一切	创造成长
考虑如何把一件事做对做好	考虑一件事是不是对的
考虑一件事是否紧急	考虑一件事是否重要
考虑是否以最快的速度来实行	考虑做事的方向是不是对的
担心事情不能低于怎样的底线	在乎事情能达到怎样的上限
考虑用先进方法来完成任务	考虑做一件事情的目的是否有意义
讲究事情的实用性	讲究原则
通晓如何在一个现有的系统中实施各种操作	产生一种新系统、新秩序的人

续表

管 理 者	领 导 者
更在意怎样加快晋升的速度	在展望未来时,考虑哪些是有前途的
是听话的士兵	是自己的主人
是模仿者	是原创者
推动者	执行者
行为像教练、顾问、教师	行为像老板

资料来源:安德鲁.J.杜伯林.领导力:研究、实践、技巧,王垒译[M].中国市场出版社,2006.
Zaleznik, A. Managers and leaders: Are they different? [J]. Harvard Business Review,1977,67~78.

四、领导理论的历史与整合

领导理论的发展历史,大致可分为两个阶段,第一阶段为非科学实证性的研究阶段,学者仅提出若干领导的理念,并无科学实证的考验;此一阶段的发展可谓源远流长,我国自孔子、西方自苏格拉底起即有领导理念的提出。在20世纪初期心理学家用心理测验来测量人格之前,欧洲已发展出两个古典的领导理论:一是Carlyle创立的"伟人理论"(Great Man Theory of Leadership);二是马克思创立的"时代潮流"理论(Zeitgeist),这两个理论属历史及哲学研究的范畴,而非科学实证研究。伟人理论强调伟人的魅力和特质,时代潮流理论主张时势造英雄,领导力不是个人所有,而是时间和空间力量使然。"伟人理论"在20世纪初叶对领导的研究起到指导作用,使研究者通过特质与行为方法集中研究领导者的性格。20世纪中叶的实践研究主要反映后一学派的思想,重视领导力在具体情景中的性格特征。到了20世纪后半叶,两个学派互相融合,形成了众多的领导权变理论。第二阶段为科学实证研究阶段,学者们提出概念、命题及假设,再以实际调查所得资料加以验证,此一阶段缘起于20世纪初期,由于心理学家及社会学家积极介入,使领导研究脱离早期的哲学研究与历史研究阶段,而迈入了科学实证研究的新纪元。

对领导理论的发展历程,学者们有不同看法。Van Seters和Field以时代划分的形式对领导理论进行整合,提出了领导理论的时代演变特征及其变化情况:个性时代、影响力时代、行为时代、情景时代、权变时代、交易时代、反领导时代、文化时代、变革时代以及他们所期望的整合时代。Lowe和Gardner提出了领导理论发展的八种分类:特质理论、行为理论、权变理论、多水平方法理论、领导和信息处理理论、新魅力方法学派、其他著名方法以及其他新的定向方法。Sternberg等人则将领导理论与研究流派按照时间和活跃性简要制图归纳成两个维度:暂时期(Temporal,学派刚出现的时间)和高产期(引发研究兴趣、出现标志程度的特定时期),并形成八个流派:特质学派、行为学派、权变学派、情景学派、怀疑学派、相对学派、新型领导学派和信息处理学派。

这些学者对领导流派的总结可以归纳为三个方面:特质、行为和情景。特质强调领导是什么而不是做什么,领导是天生的,不能模仿的。领导特质在相当长的时间内是稳定的,非后天习得。然而许多卓越的领导者并没有同质的领导特质或者风格,但却表现出同样的有效性。许多研究者力图揭示不同特质在领导效能中的作用,实证研究却背离这一现实：没有找到普适的领导特征去展现什么是一个好的领导；什么是一个不好的领导。由于大多数个性特征不能模仿，对领导能力的开发也没有实际意义。由于许多领导研究者对研究发现做出了非常悲观的解释，因此特质研究，对大多数研究动机与目的而言，均因受其影响而一度中断。行为方法则解释三个问题：(1)管理工作的实质是什么？(2)管理行为应该如何分类？(3)效能和什么样的管理行为相关？与此不同的是，特征方法则思考三个问题：(1)领导效能和什么特征相关？(2)领导效能和什么技能相关？(3)领导效能如何与特征互动？情景方法则探讨五个问题：(1)情景什么方面影响领导行为？(2)领导者如何与情景互动？(3)何种特质在何种情景下成为有效的变量？(4)领导者如何解释下属的绩效信息？(5)情景的什么方面作为一个中介变量？

相应的整合可以总结为如表 14-2 所示。

表 14-2 领导理论研究范式整合

作　　者	主 要 分 类	主要内容及观点
Barrow(1977)	三维空间	领导行为、领导特征与环境因素互动产生领导效能
Yukl (1989)	四种方法	权力—影响方法、行为方法、特征方法和情景方法
House 和 Aditya(1997)	四种分类	领导特征范式、领导行为范式、权变理论、新型领导理论
Sternberg(2004)	八种演变	特质论、行为论、权变论、情景论 怀疑论、关系论、新型理论、信息加工论
Lowe 和 Gardner(2000)	八种分类	特质论、行为论、权变论、多水平方法论、信息论、新魅力方法论、其他著名方法、新方向方法
Hunt(2004)	五种前因	模式化、目的性、定义性、利益相关者、分析层次与暂时性前因

资料来源：本文整理

Barrow 定义领导为一种过程，并将决定领导效能的因素归结为三个大的方面：环境因素、领导行为因素和领导特征因素，形成了一个领导效能的三维空间结构函数：

$$LE = f(LB, LC, E)$$

三维空间结构函数囊括了领导十大时代的所有内容，从特征、行为、情景以及三者互动阐述了一个通用模型。但是，这种通用模型的建立似乎是一个可以无限添加变量的宇宙。首先环境是一个博大的集合，它可能包含巨量信息，譬如政策、经济制度、法律、股东利益、消费者偏好，这些变量还可以无限细分，从而形成一个无法在实践上进行操作的变量集合。再如领导行为既有个人角色行为，也有组织角色行为，还有社会角色行为，这些不同角色由不同子行为集合而成。如果领导特征是一个比以上两个变量小的集合的话，展示所有的特征也将是非常庞大的，仅仅心理学的个性研究就列出几百种成分。尽管 Barrow 限定了三种变量的区间，如领导行为因素包含任务重点行为、强化行为等四种，领导特征因素包含自我定向、技术和能力专长、有利个性特征和不利个性特征等七种，环境因素包含组织期望和组织理念(philosophy)及组织群体特征(包含五个子集，如组织文化)，但是依然十分广泛。而且这许多变量是否仅仅限于领导，是否有把领导扩大为万能之神的可能？另一方面，三位空间模型是对领导效能的一个模糊整合，如果拥有这些，个体是否会成为一个有效的领导？如果缺乏这些，个体就不能成为一个有效的领导?一个包容万象的变量集合可能不仅仅解释领导的效能问题,它也许可以解释更多。它更多地交代给我们一个互动的场景:人与环境的互动及其在互动过程中所产生的行为,它决定了领导仅仅是什么的问题,也揭示了领导做什么和领导资源问题。同时,三维模型仅仅从领导者视角探讨领导力,忽视了没有追随者就没有领导力。因此,三维模型实际上什么也解释不了。

Yukl则指出领导研究分为四个导向:特质途径、行为途径、权力影响途径、情境途径。他认为,尽管领导理论的实证文献达到几千篇,但大多数研究结果是自相矛盾和没有说服力的。"四十年的领导研究产生了无数令人费解的发现……无休止的实证数据的累积并没有产生对领导的整合性理解。"产生这种混乱状态的根本原因主要是方法或范式的差异性——大多数研究者缺乏理论知识基础,问题焦点狭隘,无力从不同的方法中寻求发现。领导研究依赖于研究者对领导的定义和方法的偏好。

House等人对领导理论进行整合。他们将领导理论分为四大类。在特质理论中,导入了早期的伟人理论和特质理论以及最近兴起的领导图式理论(LMP)、成就激励理论、领导者敏感理论和柔性结构理论以及魅力型领导理论。在权变理论中,介绍了五种相应理论:Fiedler权变理论、路径—目标理论、生命周期理论、认知资源理论、决策程序理论。新近的理论则包括:领导成员交换理论、内隐领导理论、新魅力(Neo-charismatic)理论等。这些分类有类似之处,如一些学者重点介绍了特质理论、行为理论,另外一些学者则分析了情景理论和新时代整合理论。较大的不同之处在于,对于情景理论和新魅力理论、认知资源理论与权变理论的归属。譬如情景与权变的重叠问题,魅力是不是一种领导特质或者说魅力领导理论是不是特质理论的重新复苏?决策程序理论、认知资源理论是否隶属于信息学派?尽管这些研究者做出了大量的整合性研究,仍然没有脱离特质、行为、情景变量之间的组合,或者说,只是在人与环境的互动中添加或者减少不同的变量而已,空间的拓展或者变量集合的延伸,并不能带来理论上的突变。

尽管领导理论纷繁复杂,罗列万象,对领导的研究在未来也不会止步。所有这些研究对于人类的长河来说只不过是缥缈的一滴雨水,重要的是,它为人类的进步提供了无限的帮助。领导不仅是一个权力的集合,而且也是一个集特质、行为、情景于一身的宠儿。领导的研究开启了人类的智力,也为美好明天的建立提供了远景。领导的研究不仅涵盖特质、信息处理、情景权变以及变革,还必须考虑民族文化、性别以及道德规范、领导者的产生、领导者影响和适应群体或组织外部环境、领导者影响组织内部、领导者能力开发、领导者传承等模块,及领导者与追随者的互动关系等。一个有效的领导往往是领导者本身、下属和情景互动下的结果(如图14-1所示)。

(1)一个领导可能对处在相同情景中的不同下属做出不同的反应;

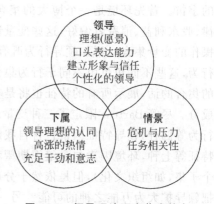

图14-1 领导理论研究范式整合

(2) 一个领导可能对处在不同情景中的同一个下属做出不同的反应；

(3) 下属们可能对不同的领导做出截然不同的反应；

(4) 下属们可能因不同的领导而相互间做出截然不同的反应；

(5) 两个领导可能对同一种下属或情景做出截然不同的判断；

(6) 下属和情景可能成为领导力的替代因素。在机制设计更好的情境下或者下属能力很强的情况下，领导力往往被削弱。

因此以下部分，主要从领导因素、下属和情景因素三个方面进行分析。领导因素主要包括：领导个性、智力与创造力、领导行为、权力与影响、道德、价值观与态度及魅力型和变革型领导。下属因素主要介绍追随者界定、追随者分类和有效追随者特征。情境因素主要考虑冲突管理，包括认知冲突、关系冲突、过程冲突和结构型冲突等。

第二节 领导因素：个性与行为

一、领导个性

（一）领导特质的含义

领导者特质和品质是个古老的概念，可以追溯到几个早期的文明远古时期。早在对领导力进行科学研究之前，就有相当多的文献记载。在公元前6世纪，孔子就描述了领导者应该具备的个性特征：恭、宽、信、敏、惠。恭则不侮——神情庄重者就不会受人侮辱；宽则得众——宽厚者能够受人拥戴和追随而得人心；信则人任焉——诚信就能够受人倚仗和被人信任、信赖；敏则有功——勤敏就能够建立功业，有成绩和成就；惠则足以使人——慈惠者就可以役使和指挥他人。庄子也认为，优秀的领导者应该具备仁、义、智、圣、勇。柏拉图的《理想国》强调，在一个理想的国度中，卓越的领导者用推理能力和智慧领导其他人。马基雅维利在《君主论》中则强调，狡猾是领导者的本质。有关领导者的个性和特质的概念，在古代中国、古代埃及、古代罗马帝国都有详细记载。

通用领导理论认为，某种个性和技能在很多情况下能够有助于领导效能。因此，成为优秀的领导者必须具备某些特征。一般来说，特质有广义和狭义之分。狭义特质是指个性特质，涉及形象、气质、语言风格及基础性、习惯性的心理结构和行为方式。广义特质包括生理、心理、脾气、需求、动机、价值、行为和观念等所有特征。

(1) 个性指的是一个人的行为中表现出来的规律或趋势。个性可以解释为什么人们在不同情景下表现出一致的行为。有效的领导在不同情景下通常表现出一致的行为；但是他们在特定的情景中是如何行动的，就不那么完全肯定。个性是看不见的个人特征，影响了人们的行为。个性可以通过一个人的行为的连续一致的形态来推断。要判断一个领导的成就欲望，可以观测他一生的成就，那些有着较高成就欲望的人，通常给自己定下很高的目标，并且矢志不渝地追求既定的目标。

(2) 需求或动机是对特殊类型的刺激或经验的一种需求。心理学家通常区分心理需求（爱、自我实现）和动机（如成就、尊严等），如马斯洛的需求层次理论。

（3）价值是内在化的态度，是事实的一种判断，如道德、公正、正义和诚实等。

（4）技能表示以一个有效的方式做事的能力，实质上是一种能力。通常有三种形式表达，即技术技能、人际技能和概念技能。

早期研究的焦点主要关注特质不易改变的部分，强调领导特质的天生情结，有以下几种。

（1）身体特征（身高、面相、强壮）；

（2）个性方面（情绪稳定、坚忍不拔）；

（3）能力（智力、口才、创造力）。

1990—2003年的特质实践和研究揭示出，领导力是由多种特质组合共同决定的，其中包括认知能力、个性、动机、价值观以及与特定领导环境相关的一系列技能和才能。领导的特征可以区分为五种类型：认知能力、个性、动机、社交评估及人际技能和领导专长。

我们认为领导力建设需要考虑个性、知识和技能、动机和价值观等相关内容，如图14-2所示。领导特质不仅表现在表层容易改变的部分，也涉及深层冰山以下的部分。科学领导特质理论研究则需要强调三个方面的内容。

（1）什么样的个性和领导效能相联系？

（2）什么样的技能和领导效能相联系？

（3）个性特征如何相互作用影响领导效能？

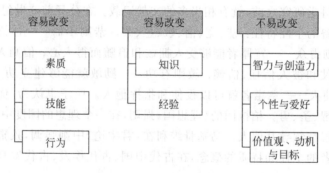

图14-2 领导力建设模块

（二）领导个性与效能

早期的领导理论研究都着重找出杰出领导者所具有的某些共同的特质或品质如何影响领导效能，称为特质论（或品质论）。传统的领导特质论认为，领导特质是天生的。对这个问题的科学研究可能始于Galton在1869年的研究，他把超凡脱俗的智慧看成是领导者的关键品质。他对天才的深刻理解和浓厚兴趣对20世纪领导学和创造力的研究产生深远影响。20世纪一些研究者也开始研究领导者区分于非领导者的一些品质。这些品质被定义为天生的或者伟人所具有的。然而一些研究发现，特质在解释领导者的产生和效率方面不太实用。Stogclill认为，如果仅仅将一些特质组合起来，这个人是成不了领导者的。领导者和追随者之间不存在明显的差异，这一结论至今成立。

吉利特提出了八种个性特征和五种激励特征。八种个性特征为：才智、首创精神、督察能力、自信心、决断力、适应性、性别和成熟程度等；五种激励特征为：对工作稳定的需求、对金钱奖励的需求、对指挥别人权力的需求、对自我实现的需求和对事业成就的需求等。Gibb（1969）认为，天才领导者应具有七种特质：善于言辞、外表英俊、高超智力、充满自信、心理健康、支配趋向和外向敏感等。

后来，Stogclill等人认为领导者的特质应包括十六种特质：有良心、可靠、勇敢、责任心强、有胆略、力求革新进步、直率、自律、有理想、良好的人际关系、风度优雅、胜任愉快、身体健壮、智力过人和有组织力等。Stogdill对相应领导特质进行归纳，得出六种类型领导特质：（1）身体性特质；（2）社会背景性特质；（3）智力性特质；（4）个性特质；（5）与工作有关的特质；（6）社交性特质。其后Stogclill评论了从1949年到1970年的163个品质研究发现，领导与非领导者确实存在不同的品质特征，如表14-3所示。即使Stogdill发现了更有说服力的结果，但在普遍意义上，并没有找到确切的证据证实，领导特质在所有的环境中是稳定的和有效的。领导者与非领导者在特质方面的差异，在各种场合并非固定不变。一个具备领导特质的人，在某种场合可能成为领导者，在另外一种场合却未必能够成为领导者。不同特质的领导者却能够在相同情境下取得成功。

表14-3 领导者和非领导者品质与技能上的不同

品 质	技 能	品 质	技 能
适应情景	聪明（智能）	统治（权力动机）	劝导
对社会环境敏感	概念技能	精力（高水平活动）	社会技能
雄心，成就导向	创造性	坚持	
确定	礼貌和老练	自信	
合作	演说流利	忍耐紧张	
果断	了解工作	愿意承担责任	
可依赖性	组织（行政）能力		

资料来源：Yukl, G. Leadership in organizations [M]. (4th Ed.). Englewood Cliffs, NJ: Prentice-Hall, 1998.

最近，领导力特质研究重新获得重视，有关魅力型领导风格和真实型领导（Authentic Leadership）风格的研究成为新的风潮，另外还有变革型领导、理想型领导等，形成了新兴领导风格理论。这些研究发现，个性特质与领导知觉确有联系。优秀领导者总是能够发现别人不能发现的问题，能够洞察别人无法感知的现象，领导者某些方面的确与众不同。如果能够用综合的框架包含所用的品质和技能，将更容易按照领导人的个性去描述领导，这个方面的研究主要有大五人格和大七人格，如表14-4所示。

表14-4 大五人格和大七人格

总 因 素	子 维 度	具 体 因 素
大五人格	神经质	焦虑, 生气, 敌意, 沮丧, 敏感害羞, 冲动, 脆弱
	外向	热情, 乐群, 支配, 忙忙碌碌, 寻求刺激, 兴高采烈
	开放性	想象力, 审美, 感情丰富, 尝新, 思辨, 不断检验旧观念
	宜人性	信任, 直率, 利他, 温顺, 谦虚, 慈悲
	责任感	自信, 有条理, 可依赖, 追求成就, 自律, 深思熟虑

续表

总因素	子维度	具体因素
大七人格	适应性	感情稳定、能承受压力
	抱负	充满活力、力量、竞争性
	社交能力	爱交际、外向
	宜人性	亲切、友好、容忍、有节制
	可依赖性	自控、诚实、可依赖
	精明	有创造力、艺术敏感性、有文化修养
	成就感	任务定向、工作努力、耐力

美国管理协会曾对在事业上取得成功的1 800名管理人员进行了调查,发现成功的管理人员一般具有下列二十种品质和能力:(1)工作效率高;(2)有主动进取精神;(3)善于分析问题;(4)有概括能力;(5)有很强的判断能力;(6)有自信心;(7)能帮助别人提高工作的能力;(8)能以自己的行为影响别人;(9)善于用权;(10)善于调动他人的积极性;(11)善于利用谈心做工作;(12)热情关心别人;(13)能使别人积极而乐观地工作;(14)能实行集体领导;(15)能自我克制;(16)能自主做出决策;(17)能客观地听取各方面的意见;(18)对自己有正确估价,能以他人之长补自己之短;(19)勤俭;(20)具有管理领域的专业技能和管理知识。

无论是传统特质理论还是现代特质理论,都强调了领导者应具有较多的适应于领导工作的人格特质。但领导特质理论还存在着一些缺陷:(1)领导特质理论忽视了下属,而下属对领导的成效往往产生重要的影响。(2)没有具体指出不同的品质和特质在领导工作中的相对重要性。(3)不同的理论依靠的证据不一致。(4)随着研究的展开和深入,被当作领导者的特质的条目越来越多,而且有不断增多之势,这导致理论上的争执和混乱。而且很少研究考虑领导个性与特质的非功能性效果。一些研究也发现,某些个性可能会带来非功能性的结果,也即是个性也有其相应的阴暗面,这些因素有以下几个。

(1)争斗好辩。多疑,对批评过分敏感,不相信别人。
(2)麻木不仁。不能意识到他人的思想与情感。
(3)自负自恋。过于自信,以自己为中心,雄心勃勃。
(4)害怕失败。对批评充满恐惧,过于小心甚至不愿做决策。
(5)完美主义。不能分辨主次与优先次序。
(6)盲目冲动。往往忽视下属的情感。

(三)领导技能与效能

技能意味着以有效的方式做事的能力。如同品质一样,技能也为遗传和学习共同决定。技能可以表现为多种层次,从非常一般和广泛的定义,如智力、创造力到更狭窄的如语言能力。技能通常可以分为三种类型:技术技能、人际技能和概念技能。

技术技能是实现特殊活动的有关方法、过程、程序和技术知识,运用与这个活动相关的工具和设备的能力。技术技能也包括有关组织的实践知识(规则、结构、管理体系、员工特征等)。研究发现社会问题解决技能预测领导绩效。了解问题结构和寻找解决办法的技能也可以预测领导职业成功。有关知识获得,特别是默会知识(tacit knowledge)有助于领导效能提高。这类知识只可以意会,不可以言传。

人际技能是关于人类行为和人际交往过程的知识。一些研究者拓展了人际技能的研究范围,考虑了领导者的社交评估、政治技能和情绪智能;概念技能包括:概括分析能力、逻辑思维能力、概念化能力、创造力、归纳和演绎分析能力。社交智能是指能够理解人的(包括自己)感情、思想和行为,并且能够根据自己的理解采取恰当行动的能力。研究者认为,社交能力包含以下几个方面:社会意识、社交敏锐性、响应选择以及响应实施。

情绪智能(情商)是另外一种重要领导特质,也是近期领导力研究的主要内容。情绪智力也就是识别和理解自己及他人的情绪状态,并利用这些信息来解决问题和调节行为的能力。在某种意义上,情绪智力是与理解、控制和利用情绪的能力相关的。情绪智力是感知情感、利用情感、产生情感来帮助思考,以理解和了解情感知识以及有意识地控制情感来增进情感和提高智能的能力。

一些研究者认为,情绪智力是社会智能的一种,包括区分和调节自己与他人的情绪,以及运用情绪信息引导思维的技能。对情绪智能技能定义可以总结如图14-3所示,包括情绪识别、情绪使用、情绪理解和情绪管理四个部分。

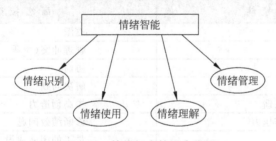

图 14-3　情绪智力的四个方面

(1) 情绪识别:指识别和判断自己的情绪以及他人情绪的技能,还指表达情感和识别真假情感的能力。

(2) 情绪使用:把情感应用到应该注意的重要事件和环境线索上的技能,还指在决策和解决问题时使用情绪的技能。

(3) 情绪理解:指在一个更大的原因与意义网络中理解情绪,并理解自己和他人不同情绪是如何相同的技能。

(4) 情绪管理:指始终保持情绪清醒的能力。

情绪智力对领导者的效能和产出,甚至对下属的工作绩效产生影响。具有高度情绪智能的领导会促进追随者的工作满意度,减少其离职。伟大的领导具有卓越的情商,也促进情商气氛的形成。

不仅仅是情绪智力能够促进领导者效能的产生,政治技能也扮演着重要角色。政治技能不是一种单一的特质或技能,而是一些内在的、连续的、相互增强和补充的技能和能力的完整组合体。根据 Ferris 等人(2007)的定义,政治技能是一种被正确理解并有效使用这种知识以影响工作场所中其他人的行动方法,从而增强达成个人或者组织目标的能力。政治技能主要包括以下四个方面:社交敏锐性(social astuteness)、人际影响力(lnterpersonal lnfluence)、社交能力(networking ability)、外显真诚(apparent sincerity)。拥有高政治技能的领导不仅具有良好的人际互动能力,而且还具有建立关系网络和社会资本的能力——由于兼具人际互动风格和社交技能,政治技能会令个体在面对不同或变化的情境下自信地调整其行为,使他人受到影响。领导在与部属的互动中,通过不同的政治技能改变他们对领导的认知。具有高政治技能的领导往往具有很强的社交敏锐性、印象管理和人际影响能力,能针对不同的情境和对象灵活地开展各种人际互动,使用合适的策略达成效果。同时,高政治技能的领导突出的社交能力往往能使其获得比其他领导更多与部属接触、沟通、合作与信息传递的机会,这将有利于加深彼此了解并进而建立良好的私人情谊和社会圈子,并促进员工的忠诚和承诺。此外,高政治技能的领导在与部属互动过程中所表现出来的真诚性往往容易激发员工对领导的信任和信赖感,增强部属的信心,使其充满希望和乐观。

总结领导技能研究可以发现,一个有效的领导必须具备相应的基本技能和高级技能,如表 14-5 所示。

表 14-5 领导者基本技能和高级技能的比较

基 本 技 能	高 级 技 能
从经验中学习	委派
有效的交流	管理冲突(矛盾)
善于听取意见	协商
决断能力	解决问题
提供建设性的反馈	提高创造力
有效地管理工作压力	诊断绩效问题
提高技术素质	员工的团队建设
与上级和同事建立有效的关系	高层管理人员的团队建设
确立目标与方向	发展计划
适当运用处罚	可信度
召开有效的会议	辅导与教练
情绪智能	授权
	政治技能

(四)领导动机与效能

有效领导者与非领导者和低效领导者相比,常常在动机和需求上表达出极大的差异。一般来讲,领导者有领导和控制他人的强烈意愿。与领导有关的动机有两种:权力动机和成就动机。

权力动机是指人们具有某种支配和影响他人以及周围环境的动机。权力动机又可分为个人化权力动机和社会化权力动机。具有个人化权力动机的人,积极参与社会活动的目的是为了表现自己,满足个人的私欲或利益;权力、地位被他们当成获利的手段。而具有社会化权力动机的人,他们寻求权力的目的是为他人;他们以个人的知识、智慧、才干、人格去影响他人,影响社会。具有强烈权力动机的领导者有三个显著特征。

(1) 他们以精力和决策施展权力;
(2) 他们花费很多时间思考改变他人的行为和想法;
(3) 他们关注周围人的个人立场。

具有权力动机的人希望对组织施加影响,并且愿意为此承担风险。一旦有了权力,他们可能会建设性或破坏性地使用它。如果权力驱动的人其驱力是为了获得职位权力,而不是个人权力,他们会成为优秀的管理者。职位权力是为了整个组织的好处而影响他人行为的需要。具有这种需要的人通过正常手段获取权力,通过成功的表现提升到管理职位。但是,如果领导者的驱力是为了个人权力或者控制,组织会产生逢迎行为和讨好行为,权力的使用可能会带来党同伐异的效果,进谏行为可能会消失。

成就动机是指一个人所具有的试图追求和达到目标的驱力。每个人的成就动机都是不相同的,都处在一个相对稳定的成就动机水平。人在竞争时会产生两种心理倾向:追求成就的动机和回避失败的动机。具有强烈成就动机的领导者会坚持不懈做到以下五点。

(1) 付出个人努力并为成功和失败负责;
(2) 承担适当的、个人能够处理的风险;
(3) 接受关于绩效表现方面的回馈;
(4) 导入新奇的、革新性的、有创造性的解决方案;
(5) 计划并制订目标。

因此,最能预测领导者效能的是领导者品质的组合,而不是个别的品质或者突出的品质。但个体需要通过差异性品质的发挥,从而产生自身的影响力。认知能力、个性以及动机通过社交评估技能、解决问题的能力专长以及隐藏知识产生的作用,来影响领导力的过程和产出结果。图14-4 表达了这种过程。

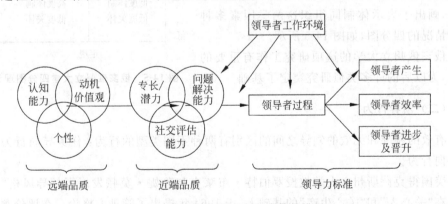

图 14-4 领导者品质与领导者绩效模型
资料来源:Antonakis, J., Cianciolo A. T., & Sternberg, R. J. (Eds).
The Nature of Leadership [M]. Los Angeles, CA: SAGE, 2004.

二、领导行为

与领导特质理论强调领导力是天与神授不一样，领导行为理论着重于研究和分析领导者在工作过程中的行为表现及其对下属行为和绩效的影响，以确定最佳的领导行为。领导行为理论认为：如果具备一些具体的条件，则我们可以培养领导，即通过设计一些培训项目把有效的领导者所具备的行为模式植入个体身上。这种思想显然前景更为光明，它意味着领导者的队伍可以不断壮大。通过培训，我们可以拥有无数有效的领导者。

领导行为（包括能力与素质）取决于个人的智力、个性与偏好、价值观、态度、兴趣、知识以及经验。素质模型通常用于识别那些可以预测管理绩效的变量。

（一）经典结构：定规和关怀

1945年，美国俄亥俄州立大学商业研究所发起了对领导行为进行研究的热潮。一开始，研究人员列出了一千多种刻画领导行为的因素，通过逐步概括和归类，最后将领导行为的内容归纳为两个方面，即定规与关系维度。所谓定规是指领导者规定他与工作群体的关系，建立明确的组织模式、意见交流渠道和工作程序的行为。它包括设计组织机构，明确职责权力、相互关系和沟通办法，确定工作目标与要求，制定工作程序、工作方法与制度。所谓关怀是建立领导者与被领导者之间的友谊、尊重、信任关系方面的行为。它包括尊重下属的意见，给下属以较多的工作主动权，体贴他们的思想感情，注意满足下属的需要，平易近人，平等待人，关心群众，作风民主等。

研究者认为，上述这两类因素不是互相排斥的，可以而且应该把它们结合起来。一个领导者必须在组织的要求和职工的个人需要、工作和体制之间加以调节，找出最恰当的结合方式。他们首创用两根轴线的图示法来表示领导行为，画出了表示体制同组织这两类因素多种结合情况的四分图，如图14-5所示。

俄亥俄州立大学的这项研究工作有重要的意义，为以后的许多类似研究奠定了基础。

图14-5 俄亥俄州立大学四分图理论

（二）领导行为

有效的领导和无效的领导之间的区别有两种不同类型的行为：任务导向行为和关系导向行为。

美国得克萨斯州立大学教授罗伯特·布莱克与珍妮·莫顿发展了领导风格"二维观"，在"关心人"和"关心生产"的基础上，于1964年提出了管理方格论。在评价领导者时，可根据其对生产和员工的关心程度在图上寻找交叉点，即他的领导行为类型。布莱克和莫顿在81个方格中，主要阐述了最具有代表性的类型。

(1) 贫乏型(1.1式)领导。以最小的努力完成必须做的工作，以维持组织成员的身份。

(2) 乡村俱乐部型(1.9式)领导。对员工的需要关怀备至，创造了一种舒适、友好的组织氛围和工作基础,但不重视生产。

(3) 任务型(9.1)领导。只注重任务效果而不重视下属的发展和下属的士气。由于工作条件的安排达到高效率的运作,使人的因素的影响降到最低程度。

(4) 团队型(9.9式)领导。工作的完成来自于员工的奉献,由于组织目标的"共同利益关系"而形成了相互依赖,创造了信任和尊重的关系,通过协调和综合相关活动而提高任务效率与工作士气。

(5) 中庸之道型(5.5式)领导。通过保持必须完成的工作和维持令人满意的士气之间的平衡,使组织的绩效有实现的可能。

任务相关和态度相关的行为模式一直是一种理解领导力的有效框架。任务相关是指在领导过程中,那些对于任务达成的强调胜过强调人际关系的行为、态度和技能。几种主要的和任务相关的领导行为见下表。

表14-6 任务相关的领导行为

任务导向的领导行为	关系导向的领导行为
1. 情景适应性	1. 提供支持和鼓励
2. 目标定位	2. 创建一致性
3. 高绩效标准	3. 建立关系网络
4. 风险偏好	4. 满足高层次需求
5. 指导和反馈	5. 帮助解决冲突
6. 指导和协调工作	6. 认可贡献和绩效
7. 规划工作	7. 提升规则和价值
8. 解决即时问题	8. 合理运用组织文化影响人们

资料来源:根据相关资料整理

(三) 领导权变

有效的领导不仅仅关心生产任务的完成,他们也必须有效处理人际关系。正如钢铁大王卡耐基所说:人的成功15%取决于专业技能;85%取决于人际关系。表14-7列出了部分任务导向的领导行为和关系导向的领导行为。

表14-7 LPC权变模型的关系

类 型	L—M关系	任 务	职位权力	有效领导
1	好	结构	强	低LPC
2	好	结构	弱	低LPC
3	好	非结构	强	低LPC
4	好	非结构	弱	低LPC
5	差	结构	强	高LPC
6	差	结构	弱	高LPC
7	差	非结构	强	高LPC
8	差	非结构	弱	高LPC

资料来源:根据相关资料整理

但到底哪一种领导行为模式更加有效,不同研究者有不同的答案。这证实,有效的领导不仅仅是在关系人和关心生产之间转换,也取决于领导者风格、被领导者特征和管理情景,这就是领导行为权变理论。权变理论认为,领导是在一定环境条件下通过与被领导者的交叉作用去实现某一特定目标的一种动态过程。领导的有效行为应随着被领导者的特点和环境的变化而变化。不同的学者对此做出了不同的解释,对情景的定义也十分不同。菲德勒权变模型指出,有效的群体绩效取决于以下两个因素的合理匹配:与下属相互作用的领导者的风格;情境对领导者的控制和影响程度。菲德勒开发了一种工具,叫做最难共事者问卷,用以测量个体是任务取向型还是关系取向型。另外,他还分离出三项情境因素:领导者—成员关系、任务结构和职位权力,他相信通过操作这三项因素能与领导者的行为取向进行恰当匹配。菲德勒相信影响领导成功的关键因素之一是个体的基础领导风格,因此他首先试图发现这种基础风格是什么。为此目的,他设计了LPC问卷,让作答者回想一下自己共事过的所有同事,并找出一个最难共事者,在LPC问卷的回答基础上,可以判断出最基本的领导风格。如果很乐于与同事形成友好的人际关系,也就是说,如果你把最难共事的同事描述得比较积极(LPC得分高),菲德勒称你为关系取向型;相反,如果你对最难共事的同事看法比较消极(LPC得分低),你可能主要感兴趣的是生产,因而被称为任务取向型。

菲德勒认为一个人的领导风格是与生俱来的,个人不可能改变自己的风格去适应变化的情境。这意味着如果情境要求任务取向的领导者,而在此领导岗位上的却是关系取向型领导者时,要想达到最佳效果,则要么改变情境,要么替换领导者。

领导者的LPC分数和效能之间的关系依赖于情景的有利性的复杂变量:领导—成员关系、任务结构和职位权力,具体定义如下。

(1)领导—成员关系:领导者对下属信任、信赖和尊重的程度。

(2)任务结构:工作任务的程序化程度(即结构化或非结构化)。

(3)职位权力:领导者拥有的权力变量(如聘用、解雇、训导、晋升、加薪等)的影响程度。

菲德勒认为上述三种情境呈现两极状态,即领导—成员关系或好或差,任务结构或高或低,职位权力或强或弱。他指出,领导者—成员关系越好,任务的结构化程度越高,职位权力越强,则领导者拥有的控制和影响力也越高。譬如,一个非常有利的情境(即领导者的控制力很高)可能包括:下属对在职领导者十分尊重和信任(领导者—成员关系好),所从事的工作(如薪金计算,填写报表)具体明确(工作结构化高),工作给他提供了充分自由来奖励或惩罚下属(职位权力强)。相反,如果一个资金筹措小组不喜欢他们的主席则为不够有利的情境,此时,领导者的控制力很小。总之,三项权变变量总和起来,便得到八种不同的情境或类型,每个领导者都可以从中找到自己的位置。

尽管权变理论在后来的研究中得到有效发展,如豪斯等提出路径目标理论、克尔和杰米尔提出了领导替代理论以及尤克尔等总结了多联结模型,但由于权变理论涉及的变量非常宏大,有关影响领导行为的因素均被纳入,这给权变理论的检验和实践带来巨大的困难。如果所有的情景都影响领导效能,事实上,什么理论也解决不了问题。要想做到最理想的匹配状态,几乎是不可能的。高效的领导对情景采取的方式:改变自己的行为；采取别人看来不同的行为；以及选择和改变情景。

（四）魅力型与变革型领导

魅力是指存在于个体身上的一种超出了普通人标准的品质，因而会被认为是超自然所赐予的、超凡的力量，或者至少是一种与众不同的力量与品质。魅力型领导（Charismatic Leadership）就是"基于对一个个体的超凡神圣、英雄主义或者模范性品质的热爱以及由他揭示或者颁布的规范性形态或者命令"的权威。

从20世纪70年代后期开始，有四种魅力型领导理论相继产生。
（1）豪斯的自我概念领导理论；
（2）本尼斯的社会感染领导理论；
（3）康格与卡纳果的归因领导理论；
（4）凯茨德维尔斯和林霍尔姆的心理动力学理论。

综上所述，以上魅力型领导理论都假设，领导者对部属态度和行为有巨大影响以及领导者与部属之间相互影响。

领导者与部属关系为魅力型领导提供了基础。如同豪斯（1977）在其早期理论所提出的那样，领导者对下属有一种先天的吸引力、感染力和影响力。豪斯认为，魅力型领导者具有三种个人特征，即高度自信、支配他人的倾向和对自己的信念坚定不移。而下属信任领导，他们认为领导者的信念是正确的，愿意服从领导者的领导，乐意投入到组织的目标中去，为了组织的使命而努力工作，完成更高的绩效目标。

魅力型领导成功的关键因素是领导者个人的特质和魅力。魅力型领导者具有三种个人特征，即高度自信、支配他人的倾向和对自己的信念坚定不移。领导者影响下属的态度和行为包括以下几个方面：
（1）描绘一个有吸引力的理想；
（2）以强烈感人的方式与下属沟通；
（3）采取个人冒险和自我牺牲去实现理想；
（4）实现理想的榜样行为；
（5）表达对下属的信任、赞赏和期待；
（6）授权下属并表达较高的期望；
（7）建立组织认同。

归因理论则强调魅力是一种归因现象。部属对领导者进行魅力归因，而领导者的魅力主要由领导者的品质和行为、领导技能以及情景因素共同决定。部属的魅力归因依赖于领导者的各种行为。各种领导行为在每个魅力型领导者身上并不以相同的程度出现。部属对于每种领导行为的魅力归因的相对重要性在一定程度上取决于领导情景。魅力型领导者相比无魅力领导者具有下述品质和特征。

（1）魅力型领导者反对现状并努力改变现状，设置与现状距离很远的目标理想。他们能用很容易理解的术语向下属阐明这个理想。阐明理想的过程能紧扣下属的需要，部属能够接受并认同领导者阐明的理想，因此能有效地鼓舞下属。无魅力领导者则通常会维持现状，要么仅仅作一些很小的渐进变化，他们没有宏伟、具体明确的组织目标和理想。

（2）与那些无魅力领导者相比，对自己的能力和判断力充满自信的领导者更可能被认为是有魅力的。领导者的积极和自信具有感染力，除非领导者表现自信，否则创新战略的成功更可能归因于运气，而不是领导者的超常能力。

（3）领导者采取个人冒险、付出巨大代价、做出自我牺牲实现他所主张的理想，更可能被认为是有魅力的。领导者冒着个人在金钱、地位、名誉等方面的巨大风险投入到他所主张的理想中，不为自己的个人利益而为组织的利益、部属的关注所激励，部属对领导者产生信任，认为领导者是有魅力的。

（4）领导者经常突破现有秩序的框架，采用一些新奇、异乎寻常的手段实现目标理想，从而被部属认为是有魅力的。领导者给部属留下这样的印象：领导者非同寻常，采取一些非常规的处理问题的方式，运用创新战略取得成功。部属会将这些行为归因于领导者的超常能力。

（5）领导者经常依靠专长权力和参照权力去执行创新战略，而不仅仅使用合法权力来实现组织的目标。领导者清晰地描述一个合理的、吸引人的组织战略的理想，如果战略是成功的，部属可能归因于领导者的专长权力，更可能认为领导者是有魅力的。领导者可以要求部属发展一个一致的组织战略，从而使部属感到满意和受到激励。然而，这样的领导者通常不会被认为是有魅力的。

（6）领导者对环境的变化非常敏感，反对现状并采取果断措施改变现状。领导者被部属认为是改革创新的代表，是有魅力的。领导者需要敏锐观察环境、了解部属的需求，以确认一个及时的、创新的、吸引人的理想。

心理动力学观点强调领导者魅力的认识以及领导者非同寻常行为对部属的影响过程。根据弗洛伊德的心理动力学观点，采用退化、移情、投射等心理过程来解释部属对领导者强烈的个人认同。

变革型领导是交易型领导的一种扩展。与仅仅关注组织的现状和维持稳定发展（交易型领导的最终结局）相比，变革型领导更关注组织引向何处以及决定如何处理内部和外部的变化及员工的需要以实现组织目标。变革型领导关注于领导者对员工如何对领导者感到信任、尊重、忠诚、尊敬等情感的理解，以及员工是如何受到激励做更多份内工作。这种领导方式，通过建构对员工期望的行为并激励员工超越他们个体的需要去容忍他人的需要，从而扩展和提升组织的利益。

变革型领导可以从魅力—感召力两个方面进行理解，包含四个构面：领导魅力、理想激励、智能激发、个性化关怀。

（1）领导魅力。领导者具有令下属心悦诚服的特质或行为，因而成为被下属崇拜学习的理想对象，下属心甘情愿遵照其指令完成任务；

（2）理想激励。变革型领导善于激发员工的工作动机。有为下属提供有意义且具富有挑战性的工作、明确告诉对下属的工作期望、展示对企业总体目标的承诺、采取积极和乐观的工作态度等方式；

（3）智能激发。即不断用新观念、新手段和新方法对下属进行挑战。变革型领导认为员工能力的发挥是组织发展的关键，所以他们鼓励下属采用全新的思想和革新性

的方法解决问题。他们提出新主意,从下属那里得到创造性的回应,通过问题假设和挑战自我使员工的创造力获得积累;

(4) 个性化关怀。即给下属以个别的关心,区别性地对待每一个员工,提供培育和指导,赋予他们责任,使其觉得深受重视而更加努力。

变革型领导的真正角色是管理组织的价值观。因此,所有领导都是价值引导。变革型领导强调公平、公正、人道、和谐、理解等正向价值观,并主张通过努力主动消解忌妒、仇恨、恐惧等负向价值情感。通过创造积极的环境,建立良好的关系,营造一种信任的氛围,任务被共同承担时,变革型领导理论重构员工个人的价值观来实现组织的任务和目标。通过领导价值观的影响,变革型领导理论要求领导者依照员工个人和组织的价值观和信念去平衡多种需要。

变革型领导理论更关注组织理想、员工的需要以及如何处理内外部的变化以实现组织目标。变革型领导以一种清晰和有吸引力的方式连接理想任务,解释如何来完成任务,为人自信,表现积极乐观,对他的员工表现自信,特别强调行动的价值,以例子来领导,对员工授权以实现任务。因此,变革型领导下的员工更快接受改变的内外部环境,他们迅速适应变化的能力让他们在极其复杂的环境表现良好。变革型领导鼓励下属完成较困难的目标,从全新和多种不同的角度去解决问题,同时促进了员工的自我发展。变革型领导的工作已不是在组织内做每一项决策,而是确保合作、协同制定决策的执行。这种领导方式激励员工共同工作、革新组织,创造持续的生产力。

变革型领导理论对人力资源管理实践有下列指导意义。

第一,变革型领导描绘一个清晰的吸引人的理想,解释如何达到理想,有助于建立共同理想,从而激发组织成员的潜在热情;

第二,变革型领导自信而乐观的行动,具有领导魅力,运用戏剧性、象征性的行为强调关键事件的价值,有助于改善团队的心智模式;

第三,变革型领导的德行垂范,树立领导榜样有助于增强团队的凝聚力。领导的言行影响了下属的行为,身先士卒、率先垂范永远会唤起组织成员的崇敬感;

第四,变革型领导的个性化关怀,表达对部属的信任,授权部属去实现理想,有助于员工自我超越。

对领导者来说,要考虑魅力型领导和变革型领导的相容程度。一些人认为两者基本相同;另外一些人则认为两者不同但相互联系。这两种领导方式都侧重于强调领导者的个人观点、眼界、价值观和人格魅力。结果表明,两者的主要特征区别在于魅力型领导更能激发团队成员的组织公民行为,更注重将团队成员的关注点自觉地从个人利益转移到团队整体利益。魅力型领导和变革型领导都可以促使下属为了团队或组织的利益而超越个人的利益,并产生超过期望的工作结果,但他们对团队目标、理想的侧重点,以及个性行为特征都有所不同。

两个类型理论明显不同的是强调魅力归因还是个人认同。魅力型领导并不强调自我调节,而是特别关注通过魅力或权力致使领导者行为和追随者自我概念转换的动机机制得以启动,以使追随者认同和内化领导者的价值观和意识形态。魅力型领导的主要特征是对追随者的影响,其表现在:追随者相信领导者的思想体系、和领导者保持一致的信仰、无条件接受领导、对领导者表达热情、服从认同领导者、从情感上参与领导者制定的目标等,但在这一过程中领导者自我意识和自我调节的作用未得到充分的探讨。变革型领导的基本影响过程并不与魅力型领导相容。魅力是变革的必要条件,但一个领导可以是有魅力而不是变革的。

魅力型领导者更强调领导者对外部环境的敏感度,他们往往会积极寻求有意义的变革,有令人折服的远见和目标意识,同时承担着极大的风险;而变革型领导更多时候只是变革的推动者,当团队上下达成共识,需要进行变革时,他们会积极促进变革成功。魅力型领导更强调领导者模范表率,魅力领导往往表现出很强的个人能力和奉献精神。在目标达成的过程中,魅力领导对目标抱有坚定信念、对工作全身心投入。而变革型领导者更强调授权,赋予成员自主性来完成目标,以改变组织文化与结构,并与管理策略相配合,进而完成组织的目标。表 14-8 呈现了魅力型领导和变革型两大影响因素的不同。

表 14-8 魅力型领导和变革型领导比较

领导方式	魅力型领导	变革型领导
影响因素	环境不确定性、危机状况、组织特征(组织类型、规模、权力距离)、文化特征、信任	团队氛围、知识共享、角色界定清晰度组织公民行为、心里授权、信任、领导—下属交换关系、集体效能、组织特征
来源	魅力归因	个人认同
领导行为	塑造超常能力形象	授权
下属反应	追随	追随或者反对
对下属产生影响的途径	通过激发强烈的情感、积极性而达到	通过与成员物质、情感以及智力上的联系而达到
权力基础	参照性权力(个人魅力/能力、下属对领导的崇拜)专家性权力、信息权力、说服权力	参照性权力(个人魅力/能力、下属对领导的尊敬)专家性权力、信息权力、说服权力、合法性权力

资料来源:根据相关资料整理

第三节 领导因素:权力与影响

生活中无处不在的是影响,影响是领导者的本质。一个有效的领导必须影响他人实现需求、支持目标和执行决策。为了理解领导有效的原因,需要分析在复杂的组织中权力的构建和运用情况。

一、权力和权威的概念

权力的两个重要基础是动机和资源,二者互为关联。缺少动机,资源获取的力量就会减弱;缺少资源,动机就不可能实现。要了解领导的本质,就必须了解权力。那么什么是权力?马克斯·韦伯认为:"权力是社会关系内的一个行为者在某种地位上不顾任何阻力实施自己意愿的可能性,不论这种可能性存在于什么基础之上。"这一定义揭开了权力作用的方向是权力持有者和权力承受者之间的互动模式。从这个意义上来说，权力首先是一种关系，涉及持有者和承受者双方的动机和目的。另一方面，权力行使者最终是为了获取资源以实现自己的动机或目的。这些资源既与自己的动机相关，也与他们行使权力的对象的资源和动机相关。因此，权力是建立在资源和动机的基础上，对他人产生影响或具有潜在影响的能力。影响是改变他人动机、态度、想法、观念、行为或者资源配置方式的一种作用过程。权力和影响策略是一个人为改变其他人的动机、态度、想法、观念、行为或者资源配置的实际行为模式。因此，权力有四种特征。

（1）权力是领导者改变他人和组织的能力。权力作为一种能力或者资源的观点，意味着权力持有者受到个人动机的驱使，利用支持者、资金、意识形态、制度、关系、政治信用、地位、信息和职位配置权等来动员承受者，以改变他们。

（2）权力作为潜在的影响。社会权力被定义为领导者所拥有的潜在社会影响力；它反映了绝对权力基础和拥有的资源。此种影响力可以是物质性、有形的影响途径，如经济合作与制裁、军事威胁和同盟，也可以是无形的资源，如理念价值的传播、动机的改变。

（3）权力反映了社会关系。权力反映了构成个人行为的特定的社会关系。作为一种社会关系，权力的表现形式有多种。根据权力运用领域的不同，可以分为：政治权力：带有公共权威性质的关系；经济权力：基于社会经济关系而产生的权力，具有强大的渗透性，对政治权力产生直接影响；社会权力：基于社会角色中的群体认同而产生的权力关系，例如组织中的上下级关系，家庭中的家长权力；文化权力：在文化共同体中，对文化象征物和文化解释权拥有垄断地位的人所天然拥有的权力。

（4）权力作为社会影响的行为。这个方法着眼于社会影响的过程（譬如权力怎样在特定情形下使用）。影响者可能取得预期的效果或者小于预期效果，主要表现在追随者的顺从、支持和反抗。这种过程通常通过制度性顺从、内在化和个人认同来实现。一方面，权力承受者实现一个请求行动，以获得影响者所控制的资源。行动的动机纯粹是制度性的，顺从是为了从影响者那里获得相关的利益。另一方面，目标者支持和执行影响者提出决策，这也是他们内在的需要。因此，所有的有关影响者的理想、目标、价值观、思想体系、战略、政策、程序甚至行动都已内化为目标者的理想。不论是否存在利益交换，支持都会发生。最后，目标实现尊严的需要可能是为了取得个人认同，以使自己与影响者保持一种密切关系，维持一个更好的自我形象。

权力的客观目的在于影响和制约他人的价值来为自己的生存与发展服务，因此权力是一种客观的、间接的价值形式，它必然会反映到人的主观意识之中，这就形成了权威。权威是权力在人的头脑中的主观反映形式。权威行动的作出，即权威的运用，是权力的主要形式之一。通过权威的运用，众多个别行动者的行动被置于或保持有秩序的状态，或者被协调起来在合作中达到某一特定目标或某些普遍目标。

权威不仅仅是建立起来的，它也是实施权力和影响的结果。权威涉及在组织或社会系统中与特殊职位相联系的权力、义务和责任感。权威也涉及利用权力去影响追随者，以使追随者服从领导或者改变满足动机，这必然包含资源的重新分配和控制，如金钱、资源、信息、设备、材料，甚至是职位的配置，这种控制是权力的又一个来源。因此，合法的权威,它在控制被命令者行动时的有效性受到其他同时发生作用的机制的影响。

权威是权力的理智支柱,它是一种权力的特有象征,如权杖、礼服、豪华车、位置等。简言之,权威是合法化的权力。权威的合法性归根到底是个信念问题,这种信念关系到权威在其中得以运用的制度体系的正义性,关系到命令本身或命令的颁布方式的正义性。一般来说,合法的权威来自于三种方式。

（1）传统的权威系统。社会传统和成文或非成文的法律决定了权威和使用权威的方法。权威制度是长期以来存在的各种制度的继续;权威运用者通过某一程序并按照长期以来一直有效的资格而担任权威角色;他所宣布的命令实际上同长期以来被认为有效的命令是一致的,或者是由他按照任职者或同他之间有法的关系的前任长期以来所拥有的自由决定的权力来实施的。

（2）法律—理性规定的权威系统。在这个系统里,权威来自于社会遵守现有的法律的基础上。

（3）魅力权威系统。它基于社会信服某个领导者的榜样式的个人特质的基础之上。在所有这三种情况下,权威制度体系的合法性、任职者的就任、规章或命令的内容及颁布方式,都有这样的信念基础,即相信它们同授予合法性的"权力"有直接或间接的联系。

二、权力来源和类型

一个人获得权力的方式取决于寻求权力的类型,理解权力常常需要区分权力的不同类型。一般来说,权力可以按照两分法来进行分类:职位权力和个人权力。按照这种分类,权力部分源于在组织中的职位,部分源于影响者本身的特质和技能。

（1）来自于职位的权力。这种权力是根据领导者在组织中所处的位置,由上级组织赋予的,它随着职务的变动而变动。在职就有权,不在职则无权。人们往往是出于压力和习惯,不得不服从这种职位权力。

（2）来自于个人的权力。这种权力不是来源于领导者在组织中所处的位置,而是源于领导者自身的某些特殊条件。这种权力不会随着职位的消失而消失,而且它对人的影响是发自内心的、长远的,因此涉及个人影响权。

弗伦奇和雷文将权力来源划分成五种不同的类型:合法权力、奖励权力和强迫权力、专长权力和参考权力(认同权力)。按照此种分类,来自于职位的权力通常包括:合法权力、奖励权力和强迫权力。来自于个人影响权力包括专长权和认同权。

合法权力(位置权力)。由组织中赋予的角色决定(正式或者职务上的权威)。它代表了由于领导者在组织中身处某一职位而获得的权力。在组织中处于最高位置的人比位于其下的人拥有更大的权力。通常合法权力或者位置权力取决于位置高低。如果位置是显要的、中枢的,其处于权力的中心网络,所拥有的资源越充分,权力就越大。当然,如果领导者处于要害部门,或者可见度比较高,其合法权力也越大。

强迫权力。是通过对他人造成负面的事件或者取消正面的事件来影响他人的一种权力。这种权力依赖于领导者是否拥有惩罚或控制的能力。领导者滥用强制权力将面临权力被剥夺的危险。

奖励权力。由于员工遵从决策而给予的奖赏的权力,包括领导者对资源的控制而产生的对他人的影响的权力。这是一种可以带来积极效益或奖赏的权力，可能包含金钱、晋升等。只有某种有意义的奖励能被领导者所使用，奖励权力才可以真正实现。

专家权力。是由于领导者个人的知识所带来的影响力。这是基于专业技术、特殊技能或知识的影响力。当工作越来越专业化，管理者就越来越依赖于"专业人员"以实现组织的目标。

认同权力。是指由于领导和下属关系的认同而带来的潜在影响力。这种权力源自其他人取悦于影响者的追求，他们对影响者显示强烈的影响、羡慕和忠诚。

表14-9举例说明领导力自我评价测验的五种权力来源（包括三种职位权力和两种个人权力）的有关具体行为。

表14-9 领导权力的五种来源自我测验

评定领导者的权力
指导语 给你现在或者以前的主管评级。在你认为恰当的数字上画圈，各数字代表的意思是：5＝非常同意；4＝同意；3＝不同意也不反对；2＝不同意；1＝很不同意

我现在的领导（或以前的领导）的	非常同意				很不同意
合法权力					
1. 让我感到需要完成承诺	5	4	3	2	1
2. 让我感到我应该达到工作要求	5	4	3	2	1
3. 让我感到我要承担责任	5	4	3	2	1
4. 让我认识到我要完成的任务	5	4	3	2	1
强迫权力					
5. 让我做我不喜欢的工作	5	4	3	2	1
6. 给我的工作增加难度	5	4	3	2	1
7. 把事情变得令人不快	5	4	3	2	1
8. 让工作变得令人讨厌	5	4	3	2	1
奖励权力					
9. 提高我的收入	5	4	3	2	1
10. 对我加薪发挥影响	5	4	3	2	1
11. 给我特殊的福利	5	4	3	2	1
12. 对我的升职发挥影响	5	4	3	2	1
专家权力					
13. 给我很好的技术建议	5	4	3	2	1
14. 大量和我分享他的经验或/和培训	5	4	3	2	1
15. 给我提供合理的与工作有关的建议	5	4	3	2	1
16. 给我提供必要的技术知识	5	4	3	2	1
认同权力					
17. 让我感到自己有价值	5	4	3	2	1
18. 让我感到赞同	5	4	3	2	1
19. 让我感到被认可	5	4	3	2	1
20. 让我感到自己很重要	5	4	3	2	1
总分：					

资料来源：安德鲁·J.杜伯林.领导力：研究、实践、技巧，王垒译[M].中国市场出版社，2006.

三、使用权力的方法：影响策略

当马丁·路德·金在林肯纪念堂发表雄浑的演讲——我有一个梦时，人们相信语言的威力胜于刀剑。而阿道夫·希特勒毁灭性的影响策略却带领德国走向法西斯。但是，领导并不仅仅通过雄辩的口才和庄严宏伟的壮观场面来影响追随者。关于权力的使用方法，我们可以通过不同的影响行为和影响策略来进行了解。Yukl 区分了 11 种不同的积极的影响策略：理性劝导、告知、精神呼吁、咨询、交换、合作、个人呼吁、讨好、合法性策略、压力和联盟策略。

杨百寅则提出了自己的权力和影响力模型，如图 14-6 所示。影响策略受制于三种因素：组织制约性、关系制约性与行动制约性。领导者实施影响策略可能受制于组织（包括组织中的个人），可能不受制于组织。组织制约性的大小决定了领导者采用理性策略还是情感策略。同时，领导者的权力运用和影响策略也受到关系的制约。当关系冲突很高时，强制性的策略或者经济性的策略是首选，而当利益一致时，非经济性的策略具有很大的价值。另外，领导者的权力运用和影响策略也受到行动的制约。领导者根据实际情况可以采取积极或者应变性的策略。

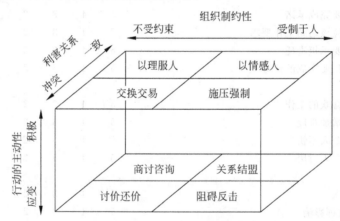

图 14-6　杨百寅权力和影响策略模型

根据杨百寅的权力策略模型，使用权力通常有八种相关的影响策略：以理服人、商讨咨询、以情感人、关系结盟、交换交易、讨价还价、施压强制和阻碍反击。

以理服人指领导者采取以理说服、逻辑推论或陈述事实的方式来获取影响力。如果影响仅仅涉及任务冲突而不是感情冲突，以理服人效果较佳。以理服人可以和其他策略同时使用，效果更好。当位置权力和个人参考权力很大时，以理服人的效果更为明显。一个衣衫褴褛的亿万富翁许诺一个年轻人一大笔钱去做生意会受到年轻人的拒绝。

商讨咨询是指领导者通过征求意见或商讨询问的方式来获取影响力。这意味着领导者让他人参与到一项任务或者变革之中。商讨咨询作为影响策略可以和其他策略混合使用。商讨咨询往往是应变性的，是影响者并不处于绝对的位置中枢或者个人影响力不够时使用。

以情感人是指领导者从他人的情感、喜好和价值观方面对其进行精神上的鼓舞来获取影响力。这要求员工对领导者的友谊或者忠诚支持。当目标者不喜欢影响者的或者对影响者提供的建议无动于衷时,以情感人策略的效果可能很差。同时,如果影响者的专家权力和参考权力很大,以情感人就失去必要性。

关系结盟是指领导者通过争取与影响对象有重要关系的人的帮助来影响他人,从而获取影响力。这种影响策略意在取得更多的社会资源的支持,联盟的伙伴可以是同级、部属、上级或者外部人员。如果能够获得目标者上级的支持,联盟策略效果将会较佳。另一方面,处于不利情形之时,目标者的敌人或者竞争者也是很好的关系结盟者。

以上四种主要是利害关系处于一致的情境,如果利害关系不一致,上述影响策略的效果可能会发生逆转。以情感人被看成虚假做作,以理服人被看成强词夺理,商讨咨询被当作无可奈何,关系结盟意味着势单力薄。运用好影响策略必须考虑关系制约性。另一方面,也必须考虑行动制约性和组织制约性以及运用策略的顺序。最初的策略可能是以理服人,这种策略的交易成本极低,也有回旋余地。其次,可以考虑商讨咨询和以情感人以及关系结盟。在上述影响策略不能生效的情况下,使用以下四种策略造成的后果和风险是不能预料的。

交换交易是指领导者与他人进行利益交换(或者参考过去发生的利益交换),以获取影响力。交换交易所提供的利益回报如果对目标者来说是非常重要的,那么这种策略的效果将非常好。刺激的方式涉及可见的和不可见的利益,如职位晋升、信息提供、稀缺资源、加薪等。但交换交易也是风险很大的影响策略,一旦这种强化模式成为习惯,交换交易的博弈强度会越来越大。

与交换交易一样,讨价还价策略也是一种非长远的影响策略。在被动局势和势均力敌的情况下,讨价还价成为一种常用的策略。如果影响者的个人权力很弱,或者职位很低,讨价还价的效果并不明显。

施压强制是指领导者直接发出武断的命令或采取威胁他人的方式,以获取影响力。这种策略主要利用合法性权力而不是个人权力来对目标者进行强制性的影响。这种策略模式必须和交换交易、以情感人等策略共同使用,显示恩威并用才会效果更好。使用的方向一般自上而下比自下而上效果更佳。

最为被动的方式是阻碍反击。这种情况下,影响者已经失去有利的位置或者边缘化。为了转危为安,进行反击是必要的。阻碍反击是指领导者有意采取不合作的行动或拒绝采取对方要求的行动,从而使其努力无效。如果能够联合运用关系结盟,使其他的利益者共同反击目标者,效果会非常理想。(参见表14-10)

表14-10 领导者权力和影响力策略

影响策略	描述	单独或联合使用	策略方向	效果
以理服人	采取以理说服、逻辑推论或陈述事实的方式来获取影响力	两种都使用	所有方向	高
商讨咨询	通过征求意见或商讨询问的方式来获取影响力	多与其他策略联合	向下和平行	高
以情感人	从他人的情感、喜好和价值观方面对其进行精神上的鼓舞来获取影响力	多与其他策略联合	向下	高

影响策略	描述	单独或联合使用	策略方向	效果
关系结盟	通过争取与影响对象有重要关系的人的帮助来影响他人,从而获取影响力	两种方式都使用	平行和向上	低
交换交易	是指领导者为对方提供所需的利益来说服他人或者达成妥协	两种方式都使用	三种	中
讨价还价	反映了领导者与对方为了满足各自的利益来进行商谈或讨价还价,以解决不同的利害关系	两种方式都使用	向上和平行	中
施压强制	直接发出武断的命令或采取威胁他人的方式,以获取影响力	两种方式都使用	向下和平行	低
阻碍反击	有意采取不合作的行动或拒绝采取对方要求的行动,从而使其努力无效	多与其他策略联合	向上和平行	低

四、组织政治

(一) 组织政治

组织政治(organizational politics)是当今组织生活中不可避免的现实存在,它存在于社会组织的各个层面、各个发展的阶段。当今的企业组织里几乎全都充斥着政治权力的斗争。早在20世纪80年代 Pfeffer 就赞成从政治的视角看待组织,现在越来越多的实践者与理论研究者开始赞同组织是一个内在的政治竞技场,为了在组织中取得成功,人们必须使用一些政治策略或行为,以说服、影响和控制他人。Mintzberg 把组织定义为一个政治化区域,他认为要想在组织中更有效,一个人不仅需要政治意愿,而且也需要有效执行政治行为所必需的技能或行为。

Mayes 认为组织政治行为是员工为达到不许可目标或用不许可手段达到许可目标的影响管理,结果可能导致组织机能障碍; Ferris 则认为,组织政治是共享意义的管理,其核心是引导其他人对事件的评估和解释,以便产生自己所希望的、有利的结果。而马超、凌文辁所定义的组织政治行为是指在潜在动机支配下,为获得和保护个人及相关团体的利益,而对他人或团体施加的影响。有关组织政治的概念总结如表 14-11 所示。

表 14-11 组织政治概念

提出者	年份	涵义
Burns	1961	政治是利用物理的和人力的资源,获得对其他人的更多控制,从而更加舒适、安全
March	1962	组织是政治联合体,决策制定和目标设定是讨价还价的过程
Wildavsky	1968	政治是在政策制定中体现谁的偏好(意志)问题上的冲突
Harvey & Mills	1970	任何一种适应性变革都会对组织单位之间稀缺资源的分配产生影响,从而产生冲突,这种冲突要通过政治过程解决,包括建立联盟、讨价还价等

续表

提出者	年份	涵义
Pfeffer	1981	在组织内部,当存在选择的不确定性和不一致时,获取、发展和使用权力和其他资源以达到所期望的结果所采取的行动
Ferris	1989	组织政治是一种社会影响力的过程,在此过程中,行为是经过策略的设计以极大化短期或长期的个人利益,此种利益有时与他人利益一致,有时是以牺牲其他人的利益而得来的
Kacmar & Barno	1999	个体为了提升私人利益而不顾及组织和他人利益的影响性行为
罗宾斯	2002	不是由组织正式角色所要求的,但又影响或试图影响组织中利害分配的活动
杜伯林	2006	通过绩效或者运气以外的方式获取权力的非正式方法
马超,凌文辁,方俐洛	2006	在潜在动机支配下,为获得和保护个人及相关团体的利益,而对他人或团体施加的影响

资料来源:根据相关资料整理

组织政治研究源于对组织权力的研究,而且从它的提出到现在,组织政治一直没有得到统一的界定,研究者存在着许多分歧,几乎每个研究者都对它有着自己的定义。但大多数定义都是针对其对组织的不利方面。Pfeffer 认为组织政治是指组织行为主体在获取、发展和使用权力以及其他资源时的各种活动,以便在情况不明或意见不统一的情况下能使选择得到理想的效果。罗宾斯认为,组织政治不是组织正式角色要求的,但又影响和试图影响组织中利害分配关系的活动。

Mandison 等人则不同意将上述两种观点截然分开探讨,而认为是一个硬币的两面,即组织政治行为实际上是一把双刃剑,他们通过对三十个组织的管理者的实证研究证明了这一点,并认为管理者能够鉴别某种政治行为的影响是有害抑或有益,接着较为详尽地罗列了有害和有利的具体内容。诸如,有益的影响包括个人职业生涯的改善、更有效达成组织目标等;有害的影响包括政治过程中"失败者"被降级或是失去工作、资源浪费以及造成一个没有效率的组织文化。

(二)导致组织政治的因素

人们有很多理由和动机希望获得权力,这也许就是组织政治如此普遍的原因。但在不同的组织中,组织政治盛行的境况却是不一致的。在一些组织,政治行为大行其道,而在另外一些组织,政治行为却销声匿迹。导致组织政治盛行的因素有很多种,罗宾斯将其归纳为个人因素与组织因素,如图 14-7 所示。其他一些的学者研究发现,绩效评估的主观标准、功能型组织结构、环境不确定性与动荡、心理不安全、权谋倾向以及高层拉帮结派都会引起组织政治行为。

要想精于组织政治行为,可以采取以下各种策略。

(1)制造有利于组织的舆论。有效的影响力取决于你的目标是指向组织的,而不是谋取私利。利用舆论的力量可以帮助你达到你想要的效果。

(2)建立良好的形象。良好的形象可以展现你在目标者面前的魅力。适当的形象辅以良好的专家权力将使你登上政治地位巅峰。

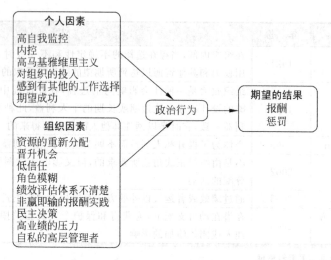

图 14-7 导致政治行为的因素

资料来源：斯蒂芬.P.罗宾斯.组织行为学(第七版)[M].北京：中国人民大学出版社，2002

(3) 控制组织资源。控制组织稀缺资源，如信息、签字权等是获取权力的重要来源。知识、技能、信息、社会资本等不仅可以使你在组织中获得发展，同时也吸引缺乏资源的目标者支持和拥护你。

(4) 支持你的上司。永远支持你的上司，不管他是愚蠢的还是聪明的，英明的还是古怪的。你的前途和绩效在你的上司手中。如果你的上司愚蠢，你的忠诚会赢得他的推荐；如果你的上司聪明，他的升迁会带来你的升迁。

(5) 和掌权者建立关系。这有助于你进入组织核心圈层，掌握核心机密、信息、甚至晋升所必须的资源。和那些影响你职业生涯关系的人建立良好的关系，有利于他们决策时倾向于你的利益。强大关系联盟在必要之时会提供给你有力的支持。

(6) 展现自己。只有使自己成为显要的人或组织不可或缺的人，你的职业前途才会一片光明。

(7) 回避危险人物。几乎每一个组织中都有地位不稳固的边缘人物。和这些人保持距离会有益于你的绩效。走得太近，会让掌权者将你划入同等圈子，影响你的前途。

(8) 从众。为了获得更大的声誉和多数人的支持，从众成为一种最好的手段。

(9) 控制沟通渠道。除了控制一些关键资源以外，控制沟通渠道也非常必要，特别是与关键人物的沟通。作为桥梁人物的人，往往可以连接沟通渠道的两端而获取利益。如总经理办公室人员掌握高管人员的日程表，内部和外部的人员想要见到高层必须讨好联系人。

(10) 引入外部专家。为了使某项决策或者位置权力更加稳固，引入外部专家进行研究或者建议也很必要。外部专家会因利益关系而支持影响者立场。相反，影响者可以利用外部专家的研究支持自己。在一些必要的时候，外部专家成为缓解冲突或者借刀杀人的对象。

第四节 下属因素

一、追随者界定

领导者与追随者是相互界定的,领导者必须有追随者,追随者也必须有领导者,离开一方另一方就不存在。对人们实施的领导过程是:具有动机和目的的人们,在与其他人的竞争和冲突中,调动各种制度的、政治的、心理的和其他的资源,去激发、吸引和满足追随者的动机。人们常常把领导定义为使追随者去做追随者本不会去做的事情,或者是去做领导者希望做的事情。从这种意义上来说,领导者激发追随者为了某些特定目标而行动,这些目标体现了领导者和追随者双方共同的理念、价值观和动机。

Kelley 认为追随者是"具有才智的、独立的、具有勇气的、有强烈道德及责任感的人"。Chaleff 则认为追随者"与领导共享同一个目标,相信组织能够成功,相信组织和领导都会成功"。Dixon 和 Westbrook 采取了一种更广泛的视角对追随者进行定义:追随者是"在追求组织利益和价值中的合作者、参与者、共同领导者、共同拥护者"。可见,追随者与领导者有着共同的目标,他们不仅仅是被动地接受领导者安排任务。在许多研究者看来,领导者的概念是确定的,而作为领导三要素之一的追随者的含义则不确定,甚至名称也未确定,如"被领导者"、"拥戴者"、"下属"、"下级"、"支持者"等。

二、追随者风格

由于追随研究本身还没有成熟,对追随者的分类也五花八门。最早对追随者类型的区分可以追溯到 20 世纪 60 年代。Zaleznik 用"服从—控制"和"积极—消极"两个维度将追随者分成了四种类型:冲动型、强迫型、自虐型和退缩型。其中冲动型的追随者具有反叛精神,喜欢挑战权威,具有创造性,有时候会通过影响和控制态势成为领导者;强迫型的追随者也喜欢挑战权威但相对消极,他们为自己的控制欲与篡权想法怀有负罪感;自虐型的追随者尊崇"控制和权力",宁愿在被别人控制的痛苦中进行追随和工作,这类追随者主动寻求权威人物的控制,服从他们的决定;退缩型的追随者不关心其领导者,甚至认为世界是混乱而不可接受的,因此缺乏信任和参与精神(参见表 14-12)。

表 14-12 追随者的分类

提出者	年份	分类标准	追随者类型
Zaleznik	1965	控制和行动水平两个维度进行划分	冲动型、强迫型、受虐型和抽身退让型
Kelly	1992	根据参与主动性:从思维和行动两个维度	疏远的追随者、被动的追随者、顺从的追随者、有效的追随者、现实的追随者
Chaleff	1995	根据追随者支持领导者的程度	执行者、合伙人、个人主义者、盲从者
Sharon 和 Vicki	2004	根据行为主动、关系主动两个维度	政客、下属、贡献者、合作者
Kellerman	2008	根据追随者的参与水平	孤立者、旁观者、参与者、积极分子、顽固者

Kelly 从积极参与和关键性思考两个维度将追随者分为五类：有效型、疏远型、服从型、现实型与被动型。这种对追随者的分类是为大多数研究所接受的。其中 Kelly 认为有效的追随者是最好的追随者，他们会自我发现问题并独立解决问题，承担风险并自我管理；疏远型的追随者不愿意做出太多的努力，当组织利益与自己利益相冲突时，他首先为自己着想；服从的追随者总是比较依赖领导者，服从领导的意愿，是一个比较好的团队成员；现实的追随者充分了解组织的现状和规则，把事情做得不是很完美，但领导者又不能挑出问题，是几种追随者类型的综合。而积极参与和关键思考得分都低的被动的追随者则需要领导花更多的时间以给他们直接指导。Kelly 进一步指出，有效的追随者大约占 0%～35%；疏远型追随者大约占 15%～25%；服从型追随者大约占 20%～30%；现实型的追随者大约占 25%～35%；被动型的追随者大约占 5%～10%。

追随者分类整合见图 14-8。

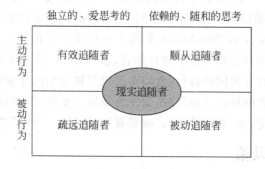

图 14-8　追随者分类整合

三、有效追随者

尽管对于下属的研究很缺乏，但是研究者仍然阐述了如何促使下属（追随者）成为更有效的追随者的方法。许多学者提出了相应的有效的下属的性格类型和技能，如表 14-12 所示。一个有效的下属必须具备以下条件。

（1）获取必要的知识和技能。追随者必须寻求适当时机参加正规的教育和培训，并通过上级和同事的反馈来鉴定自己的知识和技能。在日常工作中，注意观察处理工作问题积极有效的同事，并向他们请教。如果可能，在组织中寻求一个有经验的导师或者资深员工，向他们请教工作问题。在特殊时刻，可以通过换岗获取不同的知识和经历，丰富自己的技能。如果追随者有高度的事业心和良好的专业技能，他们可能更倾向于自我管理而不是经常性的汇报。

（2）执行上级的决定。良好的上下级关系首先是建立在组织目标的实现上。如果上级的决策能够得到有效贯彻，组织目标的实现显而易见。执行上级的决定不仅有助于组织目标实现，还对上下级关系的建立提供了支持。

（3）主动提出相关问题。假如相关决策不合适或者不道德，主动提出问题。追随者最有价值的贡献即是给领导者提供有关决策和计划的准确的反馈。所谓"兼听则明，偏信则暗"。如果领导者堵塞视听，将很难对目标和计划的实施情况有准确的了解。如果领导者明确存在不符合计划、组织目标或者不道德的行为，追随者必须提升自己的影响企图和应用压力的策略，如威胁和警告，以阻止领导不适当的影响企图。

(4) 主动进谏。给领导适当的反馈，即使他（她）不喜欢。当然进谏时要选择合理的时机和方式、方法，以确保进谏的效果。

有效追随者的特征见表 14-13。

表 14-13 有效追随者的特征

提出者	年份	追随者类型
Kelly	1988	有效追随者：自我管理能力强，追求更高的目标，自我成长，增强自己的优势，冒险精神
Chaleff	1995	勇敢的追随者：承担责任的勇气，服务的勇气，挑战的勇气，参与变革的勇气，采取道德行为（离开）的勇气
Howell 和 Costley	2003	有效的追随者：按时完成任务、创造力、主动承担责任、积极进谏、善于合作、善于影响上级决策、自制力、建立关系的能力、关注团队目标
Banutu-Gomez	2004	模范的追随者：独立、批判性思维，敢于提出和接受建设性意见，创造性思维和革新意识，积极参与决策
Carsten et al	2007	主动的追随者：承担责任，反对盲从，敢对领导的决策提出异议，按自己认为最好的方式解决问题，行为更像领导者
Martin	2008	有效的追随者：智慧，独立思考，自力更生，可靠

资料来源：根据 Howell & Costley. Understanding Behavior for Effective Leadership [M]. 付彦等译，2003. 王项. 追随的内容结构及其与绩效的关系研究[J]. 浙江：浙江大学硕士论文，2010.

四、追随者对领导力的影响

Kellerman 认为优秀的追随者造就了优秀的领导者，很多学者也认为良好的追随力能够提升有效的领导力。前面已经介绍了不同类型的追随者，也可以看出不是所有的追随者都能够造就优秀的领导，那么究竟什么样的追随者才会对领导和组织产生重要的作用呢？

好的追随者应该正直、真诚、主动、灵活。如此的追随者能够支持他们的领导，也会了解到领导对他们的期望是什么，从而协助领导完成组织的使命；而且他们并不是盲目地顺从，在领导犯错误的时候会挑战领导并与领导分享他们的观点。这样就使领导者变得更加明智、更加有效。具体地说，追随者主要通过以下四个方面来提升领导有效性。

(1) 追随者的心理状态会影响其对领导者领导类型的知觉。研究表明，追随者的情绪稳定性、独立思考方式、自我效能感和动机等都会影响到追随者对于变革型领导的感知程度。领导和其结果都是由追随者构建的，领导受到追随者认知和归因过程的影响。

(2) 追随者的心理状态会影响其对领导的好恶程度。研究表明，工作满意感低和自我效能感低的追随者会更加厌恶领导，这种厌恶更多时候是无意识的，其至他们自己都不知道原因,即使归因,也将其归因于领导方式。

(3) 追随者的追随方式会直接影响领导行为的有效程度。被动追随者顺从领导,而主动追随者强调主动行为。21世纪更加需要积极和主动的追随者,他们不是一味地顺从,在适当的时候他们会对领导者的信念系统提出质疑和挑战,从而增强领导活动的有效性。

(4) 追随者的追随方式会影响组织效能。有效追随者的行为和特质能够显著提高组织的边际效益。积极的追随者更能够使组织中的个体相互帮助,能够通过改善追随者的动机提高个人责任感、提升组织决策水平和团队工作的有效性、增强团队凝聚力等。

因此,公司应该寻求充满热情的员工,让他们了解各种信息,并给他们空间去实施有益的项目,以达到追随力与领导力的有机结合,这样对追随者、领导者和组织三方都会产生积极的作用。

第五节 情境因素

在本节主要考虑情景因素中的组织冲突问题,明确组织冲突与领导的关系,以及领导者如何有效利用冲突和激发冲突。

一、冲突的含义与类型

为了使群体有效地完成组织目标和满足个人需要,必须建立群体成员和群体之间的良好和谐的关系,即彼此间应互相支持,行动应协调一致。但是,现实的情况是,个人间存在着各种差异,群体间有不同的任务和规范,对同一个问题会有不同的理解和处理,于是就会产生不一致,或是不能相容。也就是说,冲突在组织或群体内是客观存在的。冲突意味着团队或个人之间发生了完全的直接对立和对抗。组织中团队之间的冲突则是指组织小组成员意识到其他小组正在阻碍其自己的目标、利益和理想。

因此,冲突可以定义为:个人或群体内部,个人与个人之间,个人与群体之间,群体与群体之间互不相容的目标、认识或感情,并引起对立或不一致的相互作用的任何一种状态。该定义强调了三个方面。

第一,冲突是普遍的现象,它可能发生于人与人之间,人与群体之间,群体内部的人与人之间,群体与群体之间等。

第二,冲突有四种类型。认知冲突,是客观性的冲突,也称为C型冲突,包括关于理念、计划和项目的优、缺点的辩论和不一致,即不同群体或个人在对待某些问题上由于认识、看法、观念之间的差异而引发的冲突;情感冲突(关系冲突),也称为A冲突,即人们之间存在情绪与情感上的差异所引发的冲突。情感冲突会引起愤怒、人际摩擦、人格崩溃、自我中心和紧张感;行为冲突,也称为过程冲突,集中在组织成员如何完成任务以及是谁应该干什么的问题上的不一致;结构性冲突被描述为在两个相反拉力的作用中,由于理想出现创造性拉力要使你离开现状,把你拉向理想。而情绪张力产生相反的拉力,企图将你保持在现状。因为它是个相互冲突的影响力结构:相对我们的愿望目标,它在把我们拉近的同时,又在把我们拉开。

第三,冲突是双方意见的对立或不一致,以及有一定程度的相互作用,它有各种各样的表现形式,如暴力、破坏、无理取闹、争吵等。

二、冲突形成的原因与机理

冲突对群体行为的影响,存在着三种主要观点。

（1）冲突传统观点（20世纪三四十年代）。冲突的传统观点认为,所有的冲突都是不良的、消极的,它常常作为暴乱、破坏、非理性的同义词。因为冲突是有害的,所以应该避免。管理者或者领导者有责任尽量避免冲突。

（2）人际关系观点（20世纪40年代至70年代中叶）。这种观点认为冲突是任何群体与生俱来、不可避免的结果,但它并不一定是坏的,存在着对群体工作绩效产生积极影响的潜在可能性,这种观点建议要接纳冲突,使它的存在合理化。

（3）互动观点（20世纪70年代以后）。这种观点代表当代思想,认为冲突不仅可以成为群体内的积极动力,某些冲突对于群体的有效工作是必不可少的,融洽、和平、安宁、合作的组织容易对变革的需要表现出冷漠、静止和迟钝。互动观点强调通过鼓励冲突,即鼓励管理者维持一种冲突的最低水平,从而使群体保持旺盛的生命力,善于自我批评和不断创新。

冲突的形成起源于三种原因：一是冲突双方目标的不一致；二是任务的相互依赖性；三是有限的资源。由于个体之间的差异或者历史背景的不同,每个人的价值导向和对人生价值实现的理解不同,这种差异成为目标不一致的首要来源。另一方面,由于在相互合作过程中,资源是有限的。一些团队成员希望通过权力和控制,掌握决策和形成规范的权力,从而导致组织政治的开始。组织中的沟通也往往会带来冲突。当冲突双方采纳了不同的信息或者信息来源错误时,冲突也会发生。

三、冲突的后果

当冲突较低时,理性模型描述了这种状况：成员行为比较一致,权力比较集中,有次序、讲道理、充满理性,讲效率与规范,并且组织中交流是广泛、系统和准确的。此时,组织生命力很强,自我批评会经常出现,组织变革和创新也会发生,组织是健康的、积极的。当冲突比较高时,权力斗争模型描述了这种情况。组织是不一致的、多元的、多中心的；权力是分散的,联盟和利益团体是变化的；沟通是不协调的、混乱的,大家对自己的利益相互进行讨价还价；市场导向失去影响；冲突成为习以为常的事件；有关员工不知所措,有意识地掩盖战略性的信息。此时,组织是不健康的、不稳定的,甚至有可能发生流血、暴力和斗争。

但这并不意味着冲突越低越好,合理的冲突水平可能是维持组织绩效的一个关键因素,没有一种冲突水平对所有条件都是适合的或者不适合的。领导者希望能够将冲突维持在一种健康的水平,这有利于产生竞争意识和创造力。冲突太多或者太少都是不恰当的。领导者应激发功能性的冲突,而减少非功能性的冲突。图14-9表明处于最佳冲突水平的状况。

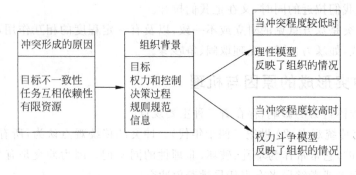

图 14-9 冲突的作用机理

当然,一些研究发现冲突的类型不同,其作用效果也不同。关系冲突减少人们为某任务所做出的努力,因为组织政治分散人们的注意力。人们试图通过减少风险、增加权力、控制资源和信息来建立和谐关系,而不是专注于解决问题。相反,任务冲突可以整合不同的意见、建设性的批评和不同建议来提高决策质量,从而提高组织绩效。因此,在组织中,应注意冲突的比例构成和员工感知的冲突。高比例的任务冲突往往和高度成员忠诚、敬业、和谐、个人成就、成员满意度、创新以及组织绩效联系在一起。

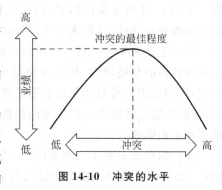

图 14-10 冲突的水平

根据互动的观点,并不是所有的冲突都是功能性的。一些冲突支持组织目标,带来了组织创造力和活力,另外一些冲突则阻碍了组织目标的实现,是非功能性的。因此我们有必要来具体分析冲突的积极作用和消极作用。首先,解决冲突的过程有可能激发组织中的积极变革。人们为了消除冲突,就要寻求改变现有方式和方法的途径。寻求解决冲突的途径,不仅可以导致革新和变革,而且可能使得变革更容易为下属所接受,甚至为员工所期望。其次,在决策的过程中有意地激发冲突,可提高决策的有效性。在群体决策过程中,由于从众压力或由于某权威控制局面,或凝聚力强的群体为了取得内部一致,而不愿考虑更多的备选方案,就可能因方案未能列举充分而造成决策失误,如果以提出反对意见或提出多种不同看法的方式来激发冲突,就可能提出更多的创意,提高决策的正确性和有效性。再次,冲突可能形成一种竞争的气氛,促使员工振奋精神、更加努力。引起一个或多个目标发生冲突的竞争,也有一定好处,如果员工觉得在工作绩效方面存在着一种竞争气氛,就可能振奋精神,以求得在竞争中名列前茅。

冲突也可能带来严重的后果。首先,冲突可能分散资源。冲突可能分散人们为实现目标而做出的努力,组织的资源不是主要用来实现既定目标,而是消耗在解决冲突上,时间和金钱就是常被分散到消除冲突上去的两种重要资源。其次,冲突有损员工的心理健康。一些研究表明,置身于对立的意见中,会造成敌意、紧张和焦虑。随着时间的推移,冲突的存在可能使相互支持、相互信任的关系难以建立和维持。最后,内部竞争引发的冲突,可能对群体效率产生不良影响。内部竞争可能引发冲突,如当两个销售公司为了扩大销售额以赢得总公司的奖励,就可能因追求局部利益,在争夺资金、人员等方面产生冲突,如果处理不当,就可能对总公司的整体效果产生影响,如果企业鼓励员工多做努力制定一定的产量目标,人们就可能重视产品数量,而牺牲产品质量。

四、冲突管理

冲突管理理论扬弃了传统上避免冲突和解决冲突的观念,视冲突为组织中的正常过程,因此有建设性的冲突,也有破坏性的冲突。正因如此,冲突管理不仅要提供如何避免破坏性的冲突方法,也要提供激发建设性冲突的技巧。

按照冲突的三种起因:冲突双方目标的不一致、任务的相互依赖性、有限的资源,领导者可以采取不同的策略和手段来缓解或者削弱冲突。

(1)明确共同目标或者共同理想。苹果电脑首席执行官乔布斯的一段话总结了共同理想的重要性:"如果所有的人都想去旧金山,要花一些时间讨论一条路线是没有问题的。但如果有人想去旧金山而有人想去圣地亚哥,这样的讨论可就费时间了。"共同的目标并不表示所有的成员都是同质性的,而是要求所有的成员有一个共同理想。共同理想意味着远大目标,这使成员感到有紧迫感和吸引力。在这种情况下,冲突双方可以相互谦让,不会因为短期利益而发生争抢有限资源的冲突。

(2)尊重指令团结性。尽管团结是以一种集体驱力的方式存在着,但由于在任何组织中,集体驱力的构成都是通过成员的价值观和规范的内化过程来实现的。具体表现在领导支持、相对剥夺感、组织认同、失范和满意度。因此,尊重指令团结性不仅仅表现在肤浅层面的统一指挥和统一协调,还表现在深层次的价值观和谐。

(3)把任务规定清楚。通过工作说明书将成员之间的职责表达清楚,避免相互之间工作界限模糊或者员工角色模糊,造成相互推诿。如果采用团队管理,则需要对团队职责进行明晰,使成员之间的互依性增强,并更加明确。

(4)遵守现有的指令系统。按照现有组织体系和指令系统,进行统一指挥,强调组织执行力,始终贯彻中央系统指令。

(5)修改合适的奖励机制。组织的资源和能力是有限的,成员都想通过各种手段获取优势资源。合适的奖励机制不仅能有效缓解冲突,也能使原有的资源优势和优势团体进行重组,从而有效促进资源重新分配,避免蛋糕论谬误。

(6)建立信任、分享信息。组织成员的相互支持更有可能实现互利一致。支持的建立往往是在人们有共同点的时候。建立信任氛围,共享信息,有利于成员间彼此了解、知识共享、甚至工作默契。

当冲突过于激烈时,罗宾斯认为,可以采用以下策略。

(1)回避。即从冲突中退出或者抑制冲突。这常常适用于冲突双方的关系冲突,或者介入冲突比回避冲突所带来的利益更小时。

(2)迁就。满足其他人的需求,以便维持双方的一种和谐的关系。当冲突的问题并不重要或者价值不高时,迁就会带来极大的声誉和后续的稳定性。但迁就并不意味着屈服和无原则性。

(3) 强制。迫使对方让步，牺牲对方的需求以满足自己需求。这往往发生在领导者利用职位权力和行政法规解决争端之时。

(4) 妥协。冲突的双方各让一步，来取得和谐一致。如果冲突双方势均力敌或者有谈判交集时，采用妥协的办法也许是唯一有价值的选择。

(5) 合作。透过彼此公开而具诚意的沟通，来了解彼此双方的差异所在，并努力找出可能的双赢方案，使双方都获得最大的可能利益。当没有时间压力之时，而且各方希望采取合作方式、问题十分重要不可能妥协折时，采取合作的方式是最有利的。

第六节 本章小结

这一章论述了战略性领导力及其开发的重要性。领导力是短缺资源因为短缺，许多企业难以适应全球竞争加剧的时代。它是如此复杂和多面化，对其研究可以追溯到1 300年以前，但直到如今人们仍然对其感到迷惑和不解。从19世纪末20世纪初着重研究领导者人格特质的领导特质理论，到40年代探寻领导者在领导过程中的具体行为以及不同的领导行为对部属影响的领导行为理论，60年代的研究与领导行为有关的情境因素对领导效力的潜在影响的领导权变理论（情境理论），以及之后的领导归因理论，交易型与变革型领导理论等，逐渐从领导者的人格特质和行为等个体研究扩展到整个组织情境交互作用的影响。领导力研究可以概括为三个层面：领导者、追随者和情景。领导者不同于管理者，领导者是正确做事情的人，而管理者则是做正确事情的人。领导个性、行为、价值观和道德不同，将影响其领导力。一个有效的领导，或者魅力型领导和变革型领导必须影响他人实现需求、支持目标和执行决策。因此，有效的领导必须善于使用权力和八种不同的影响策略及政治技能。

权力通常有五种来源：合法权力、奖励权力和强迫权力、专长权力和参考权力（认同权力）。按照此种分类，来自于职位的权力通常包括：合法权力、奖励权力和强迫权力。来自于个人影响的权力包括专长权和认同权。权力使用的效果取决于相应的使用方法。尤克尔区分了十一种不同的积极的影响策略：理性劝导、告知、精神呼吁、咨询、交换、合作、个人呼吁、讨好、合法性策略、压力和联盟策略。

杨百寅则提出了自己的权力和影响力模型。影响策略受制于三种因素：组织制约性、关系制约性与行动制约性。领导者实施影响策略可能受制于组织（包括组织中的个人），可能不受制于组织。组织制约性的大小决定了领导者采用理性策略还是情感策略。同时，领导者的权力运用和影响策略也受到关系的制约。当关系冲突很高时，强制性的策略或者经济性的策略是首选，而当利益一致时，非经济性的策略具有很大的价值。另外，领导者的权力运用和影响策略也受到行动的制约。领导者根据实际情况可以采取积极或者应变性的策略。根据杨百寅的权力策略模型，使用权力通常有八种相关的影响策略：以理服人、商讨咨询、以情感人、关系结盟、交换交易、讨价还价、施压强制和阻碍反击。

权力的使用也取决于政治手段或者政治技能的使用。组织政治研究源于对组织权力的研究，而且从它的提出到现在，组织政治一直没有得到统一的界定。组织政治会使权力斗争得以扩大化。有效运用组织政治技能会使领导者效能得以发挥。通常要想精于组织政治行为,可以采取以下十种策略:(1)制造有利于组织的舆论;(2)建立良好的形象;(3)控制组织资源;(4)支持你的上司;(5)和掌权者建立关系;(6)展现自己;(7)回避危险人物;(8)从众;(9)控制沟通渠道;(10)引入外部专家。

另一方面,有效的领导也取决于有效的追随者,或者说追随力可以成为领导力的替代因素。追随者是在追求组织利益和价值中的合作者、参与者、共同领导者、共同拥护者。有多种类型的追随者,如疏远的追随者、被动的追随者、顺从的追随者、有效的追随者、现实的追随者。我们认为,一个有效的下属必须具备以下条件:(1)获取必要的知识和技能;(2)执行上级的决定;(3)主动提出相关问题;(4)主动进谏。追随者主要通过以下四个方面来提升领导有效性。(1)追随者的心理状态会影响其对领导者领导类型的知觉;(2)追随者的心理状态会影响其对领导的好恶程度;(3)追随者的追随方式会直接影响领导行为的有效程度;(4)追随者的追随方式会影响组织效能。

在情景不确定的情况,领导者也必须考虑冲突、冲突来源及如何进行冲突管理,以避免冲突产生非功能性的结果。冲突被定义为:个人或群体内部,个人与个人之间,个人与群体之间,群体与群体之间互不相容的目标、认识或感情,并引起对立或不一致的相互作用的任何一个状态。冲突的形成起源于三种原因:一是冲突双方目标的不一致;二是任务的相互依赖性;三是有限的资源。冲突有四种类型:认知冲突,是客观性的冲突,也称为C形冲突,包括关于理念、计划和项目的优、缺点的辩论和不一致,即不同群体或个人在对待某些问题上由于认识、看法、观念之间的差异而引发的冲突;情感冲突(关系冲突),也称为A冲突,即人们之间存在情绪与情感上的差异所引发的冲突。行为冲突,也称为过程冲突,集中在组织成员如何完成任务以及是谁应该干什么的问题上的不一致。结构性冲突被描述为在两个相反拉力的作用中,由于理想出现的创造性拉力要使你离开现状,把你拉向理想。而情绪张力产生相反的拉力,企图将你保持在现状。冲突也可能带来严重的后果。首先,冲突可能分散资源。其次,冲突有损员工的心理健康。最后,内部竞争而引发的冲突,可能对群体效率产生不良影响。有效的冲突管理可以减少非良性冲突,增加良性冲突。

不同的领导者的领导技能和艺术是不一样的,这表现在五个层次,如表14-14所示。

表14-14 领导力的五个层次

领导力层次	特 征
1. 职位和权力	下属追随你,是因为你手中的某些权力能为他们个人带来利益,这是人之常情,无可厚非,但这是最低的层次
2. 资源和关系	领导手头掌握的资源越多,追随他的人也就越多。在信息时代,信息只有在流通中才能升值,资源只有在共享中才能增值。这时下属追随你是他们自愿的选择
3. 成绩和贡献	下属追随你是因为你为组织作出了成绩,你开始在单位里面建立起威信,你的影响力越来越大。领导的威信是靠平时一点一滴的积累来的,是学识+胆量+勤奋一步一步磨炼出来的

续表

领导力层次	特征
4. 薪火相传	你在组织里培养了很多人，下属跟随你是因为你对他们的培养与提拔，这就代表你的领导力已经超越了光靠个人关系维系的阶段了，因此，你受到大家的尊重，大家也愿意接受你的指导与培养，听从你的指挥
5. 理想与品质	下属尊重你是因为你的品质，下属追随你是因为你的品德、为人、能力和你所代表的目标与理想。榜样的力量是无穷的，领导的率先垂范至关重要，领导身上的人格力量是全体员工人格塑造的重要榜样

最低层次的领导利用权力和职位影响下属，下属被动追随领导。下属追随职位高、有权力的领导可以获得相应的利益。如果领导在职位上拥有的资源和关系越多，吸引的下属也将越多。下属不仅仅追随你的权力，也对你的资源和关系感兴趣。当下属感知到你对组织作出巨大贡献，也为他们提供巨大的利益时，下属追随你是自愿的。领导者的威信也随之增加，这是领导力的第三个层次。但一个领导者不仅仅运用职位、权力、资源和关系建立威信，而是在组织里培养了很多人时，领导力已经超越了光靠个人关系维系的阶段，进入了薪火相传的第四个层次。伟大的领导不同于优秀领导之处在于，他们不仅培养很多优秀的下属，也同时传递卓越的品质和崇高的理想。

要使领导者达到不同层次，必须进行有效的开发。领导力不仅取决于个人自身品质和能力的开发，也取决于团队意识和战略眼光的培养。领导力开发的第一种层次是培养出一批能干的领导干部，他们通过个人的能力、知识、技能、专长和好的工作习惯，对组织作出有益的贡献。仅有这些是不够的，有效领导还必须是一个团队成员，与其他团队成员进行有效合作，为实现团队共同目标作出重大贡献，并组织人员和相关资源，高效实现既定组织目标，激励团队以产生高绩效，激发员工追求明确而又令人鼓舞的理想和目标，将看似不同甚至对立的个人、团队、企业和社会的意志和诉求整合起来，建立广泛的可持续发展模式。

重要名词术语
ZHONG YAO MING CI SHU YU

领导	变革型领导	组织政治
领导者	权力	追随者
管理者	权威	有效追随者
领导力	职位权力	冲突
个性	个人权力	认知冲突
行为	合法权力	关系冲突
智力	奖励权力	过程冲突
创造力	强迫权力	结构冲突
道德	专家权力	冲突管理
价值观	认同权力	
魅力型领导	影响策略	

思 考 题

1. 什么是领导、领导者和领导力？领导者与管理者有何区别？
2. 领导研究经历了哪些发展历程？
3. 从哪些方面可以解释领导力？
4. 有效领导具有哪些个性？请举例说明。
5. 有效领导会采取哪些行为？请举例说明。
6. 领导力在任何情境下都会产生？
7. 道德、价值观如何影响领导力？
8. 魅力型领导和变革型领导有什么特征？请举例说明。
9. 权力和权威有何区别？
10. 权力来源是怎样的？有哪些权力类型？
11. 使用权力有哪些方法？请用杨百寅权力和影响力模型进行解释。
12. 什么是组织政治？导致组织政治的因素有哪些？如何有效利用组织政治？
13. 有效追随者的特征有哪些？追随者有哪些类型？
14. 什么是冲突？冲突有哪些类型？冲突是如何形成的？如何进行冲突管理？

案例

复星神话缔造者——郭广昌

郭广昌,出生在一个农民家庭,1989 年,郭广昌从复旦大学毕业后留校任教。三年后,他和 4 个朋友在 1992 年用 4 500 美元开发了一个测试乙肝的医疗产品。间接持有"复星实业"和"豫园商城"各 35.1% 和 11.6% 的股份,财富 5.19 亿元。他的投资集中在上海,目前控股、参股 5 家上市公司,以及其他 70 多家公司,总销售收入达 10 亿美元,纳税 1 000 万美元,有 4 000 名员工。他是中国资本市场中最活跃的企业家之一,他还投资媒体、钢铁行业,其中钢铁是与张志祥合作的。复星集团旗下还有零售行业,主要是一个超市连锁,两个医药连锁和一个大卖场。现任上海复星高科技(集团)有限公司董事长、上海复星实业股份有限公司董事长、复地(集团)股份有限公司董事长。郭广昌是第九届全国政协委员,民盟第十届中央委员,同时也是 2003 年、2008 年全国第十届、十一届人大代表。

一、个人履历

1989 年,郭广昌从复旦大学毕业后留校任教。

1992 年,已经顺利通过 TOEFL 和 GRE 考试的郭广昌,放弃到国外发展的机会,毅然"下海"创业。他与四个同学用从老师那里借来的出国学费 3.8 万元开始创业,先后从事过市场调查、食品、电子以及化工产品的生产。

1993 年进入房地产销售和生物医药领域,开始生产乙肝诊断试剂。靠乙肝诊断试剂获得第一桶金。1993年5月,郭广昌决定将公司最初积累的"第一桶金",全部投入基因工程检测产品的开发上。

1995年郭广昌倡导设立了"复星——大华百万科教发展基金"。

1996年设立"复星——曹家渡街道百万扶贫帮困基金"。

1996年10月开始,郭广昌先后斥资近5亿元,坚持市场导向,在现代生活医药产业、信息产业、房地产业领域里,积极参与了一批国有大中型企业的合资合作和改造嫁接,整合资源,发挥优势,开展了资源优化配置实现"1+1>2"的共同发展。

1997年设立"复星——普陀百万科教发展基金"等。1997年郭广昌把市场拓展的眼光瞄准国际市场,经过大量的艰苦工作,复星在巴西、印度、南非等国家积极拓展业务,并首批获得民营科技企业自营进出口权。1998年,"复星实业"上市后,"复星集团"开始多元化历程。目前"复星"涉足房地产、钢铁、金融等行业。

1998年,美国总统克林顿访华在沪期间,专门会见了郭广昌等12名上海非公经济企业代表,克林顿回国后还给郭广昌来信,对他和复星集团的发展表示赞赏,并邀请复星到美国发展。

1999年毕业于复旦大学经济管理学院,获工商管理硕士学位。

二、创业历史

哲学系科班毕业的郭广昌最终成为了一名颠覆传统的民营企业家,尤其是在他所掌舵的国内最大的综合类民营企业——复星国际(0656,HK)于2007年7月16日在香港上市后,他飞涨的财富,彻底多元化的投资理念,以及复兴神话般的成长故事,都成为人们津津乐道、同时争论不休的话题。通过上市筹得巨资的郭广昌又一次显得与众不同。短暂的兴奋过后,他感到肩头沉甸甸的。"复星希望未来从'行业领先'迈向'行业领袖'。"他说,"未来,我们会把更多的时间和资金投入其他与我们现有业务相关的高增长行业。我们也计划将核心业务与相关行业进行整合以发挥协同效益,并巩固主要市场的占有率。"在香港上市当天,郭广昌如此憧憬。1991年筹划创业时,刚刚大学毕业的郭广昌也曾憧憬过。尽管那时他还没有财富,对未来也似乎没有清晰的轮廓,不过他有知识和激情,有另外四个志同道合的伙伴。

提到郭广昌,人们总会想到复星"创业五人组"。如果说其他民营企业都是以个人或家族开始,复星则是一个特例。这五个人的"不离不弃",至今成为民营经济史上的一个奇迹。1991年,5个来自复旦大学的优秀毕业生,萌发了下海创业的想法,他们是郭广昌、梁信军、汪群斌、范伟、谈剑。而现在,郭、梁是复星集团的正副董事长,汪、范、谈三人则分别是复星医药、地产、信息技术方面的掌门人。"1992年11月我们几个人下海了,先是成立的广信科技咨询公司,为一些公司做市场调查;随后在1993年上半年,我们又开始生产和销售新型基因诊断产品——PCR乙型肝炎诊断试剂,开始了介入生物医药产业的第一步;1998年复星实业(复星医药前身)在上海上市,成功融得3.5亿资金,复星走上了进军资本市场的道路",复星医药掌门人汪群斌对本报这样描述。实际上,复星医药的路径一定程度上是复星集团的缩影。在汪群斌的描述中,复星十五年的三级跳也渐渐显露,1992年创办企业;1998年第一个产业公司上市;2005年复星集团决心红筹上市,集团整体发展战略定型。也许因为复星国际总裁梁信军善于沟通、开拓的原因,这些创业故事,在他的描述中增加了更多的感性色彩。当初,复星可以说是除了知识别无长物,复星前身广信科技成立时的10万元,其中3.8万还是郭广昌准备出国留学的钱,但是还没等签证下来,郭广昌就改变了主意,萌发了下海办企业的想法,这与当时还在复旦大学校团委当调研部长的梁信军不谋而合,那时刚留校的他很苦闷,正在绞尽脑汁想着如何实现理想。几个一拍即合的复旦学子,迅速成立了广信科技。对于做市场调查和咨询,郭广昌可谓是驾轻就熟。还在复旦团委的时候,他就在统计预测分析中心工作过,多次带着学生搞市场调研,但以前的调研主要是为了得出一个学术结论,现在的市场调查可是为了生存发展。郭广昌骑着自行车不断地去找项目,太阳神、乐凯胶卷、天使冰王等诸多品牌成为公司的客户。公司成立10个月,居然就赚了第一个100万元。接下来做什么?街上的咨询公司、调查公司越来越多,利润也越做越薄,郭广昌想自己做产品,先后搞过彩色火焰蜡烛、咕咚健身糖、婴儿尿湿报警器,但都不成功。眼看着赚来的钱越做越少,郭广昌觉得这样下去也不是个办法。这时,郭突然发现了一个机会,郊区一家房地产公司的房子卖得不是很好,于是决定做房产销售。当时上海卖房子的通常做法就是在工地附近挂块售楼广告,而且喜欢将房一栋栋地卖给企业客户,郭广昌卖房子的不同之处是打广告,在报纸上登,夹报广告也做,还有邮递广告,房子也不是一栋栋地卖给企业客户,而是一间间、一套套地卖给个人消费者,现在看来很平常的办法,在当初却很新鲜。为把当时一些"海归"的家庭情况打听清楚,他们还跑到出入境管理部门去查,把广告送上门,结果房子的销售量一下就上去了,复星赚来了第一个1 000万元。有了资金的郭广昌几个人,慢慢找到了市场的感觉。1993年上半年,他们决定放弃自搞产品,回到母校,找到生命科学院一种新型基因诊断产品——PCR乙型肝炎诊断试剂,开始了介入生物医药产业的第一步。在合作方式上,复星提供基因诊断检测设备和技术人员,医院提供场地,利润两家分成。从PCR上,复星赚到了第一个1亿元,那是在1995年。中共"十五大"召开后,民营经济地位得以确认。1998年,复星实业上市,募集3.5亿资金。郭广昌和他的创业五人组似乎走得一帆风顺。2007年7月16日,复星国际在中国香港成功上市,融资128亿港元,成为当年香港联交所第三大IPO,同时也是香港史上第六大IPO,复星集团也成为了市值800多亿元的中国最大的民营企业集团。

三、复兴无神话

有人说,郭广昌的创业史是一个神话。至此,郭广昌的复星系已经形成了涉及生物制药、钢铁、房地产、信息产业、商贸流通、金融等多个领域的庞大产业规模,直接、间接控股和参股的公司逾100家。旗下的上市公司包括A股的南钢股份、复星医药、豫园商城等,在港上市的H股则有上海复地和招金矿业等公司

"现在有些人把复星说成一个神话,给人的感觉是,好像这帮人运气特别好,摔了一跤,都捡到了金子。没那么容易,很辛苦的。复星的第一个100万是靠咨询赚到的,靠知识赚钱;第一个1 000万是房地产营销做到的;第一个亿是靠生物制药赚来的;而第一个10亿是通过资本与产业相结合达到的,复星发展的轨迹实际上非常清楚,复星怎么会是神话呢?"郭广昌这样认为。"复星过去15年来最大的成功就是抓住了机遇",在郭广昌看来,改革开放以来,中国有四次机遇,最早的开放搞活,出现了很多个体户;

然后是1992年邓小平南行后,知识分子可以下海办公司;第三次就是资本市场从审批制转为核准制,让一些绩效不错的公司特别是民营企业有了机会;第四次是1998年国有企业退出非竞争性行业的机会。"后面这三个机遇,复星全部都抓住了,也就造就了今日的复星。"郭广昌说,"而现在上海和中国又出现了新的机遇,这也是复星下一个15年的机遇。"不管是不是神话,复星的路是走出来的,15年的快速健康发展,复星没有停下发展的脚步。尽管也曾遇到过一些挫折,复星不仅没有被击倒,反而在逆境中学会了应对和坦然。

四、花钱加速度

2007年的复星集团,正在成为投资管理型总部,旗下各产业公司高度独立地开始了投资的集体竞赛,而挥舞着指挥棒的,则是郭广昌。当然,他不仅是裁判,也是运动员,他一样为考察投资四处奔走。眼下的郭广昌,已经不再是体味着上市以后的成就感,"感觉也就好了两天",郭广昌在上市后对记者这样说,"只剩下一样东西,就是压力。""股东用钱投了你的信任票,但你要得到更多的信任票的话,只有一种,就是要把这些钱变成能赚取利润的资本,去运作它",责任感不仅让郭广昌无法享受成功的喜悦,而且,他感觉肩上的担子越发沉重。"以前是一半的时间在出差,现在则是三分之二的时间在出差。"出差的目的是为了考察项目,在复星国际成功上市之后,复星集团下一步投资顺序大致已定——整合钢铁等行业,进军矿产资源,上市前融资(Pre-IPO投资),参股城商行,成立私募产业基金。如何寻找优秀公司?郭广昌承认,"这确实是一个很难回答的问题。"他透露,"成长性"和"低风险"是复星集团的价值取向。"以前公司在投资方面只能考察和论证十多亿元人民币规模的项目,现在三四十亿元的项目也可以考虑了。"在今年10月份参加浙商理事会活动时,他的日程排得满满的,前一天晚上,去了萧山;而在浙商理事会的活动结束次日,他又匆匆赶往越南考察一个矿产项目。和郭广昌一样忙的是作为目前复星投资平台的复星产业投资有限公司的人员,"我们今年是最忙的一年,忙着干吗?忙着花钱呗"。郭广昌和他的复星正在加速地"花钱",这些资金将花在三个方面,一是产业整合中的战略性并购机会;二是集团将对资源进行直接投资,如参与上游资源如铁矿、焦煤、有色金属等领域;三是考虑入股中小城市商业银行,以及一些高增长企业的上市前融资,即Pre-IPO投资,主要是以参股性为主的战略投资。复星产业投资有限公司总裁助理刘根东透露,在郭广昌、梁信军等复星高层的布局中,"未来复星的投资主要将集中在三大块,一是寻找新产业,主要是矿业和有色金属;二是像南钢、招金矿业一样的大型国有企业的改制项目;三是对各行业中优秀公司的战略投资。"按照复星招股书的设计,融资百亿资金的分配则为:将集资所得的约40%偿还最多8 000万美元贷款;20%则投资钢材、医疗及零售业务;15%投资原材料供应业务,特别是铁矿石及焦炭业务,15%投资金融服务行业及作其他策略性投资,余下10%则拨作一般营运资金。

五、彻底多元化

在复星国际上市庆祝晚宴上,王石的出现颇耐人寻味。三年前,他曾这样不点名评价郭广昌这位竞争对手,"有的企业又做钢铁又做房地产,不知道到底要干什么"?而现在他似乎认可了郭氏的多元化战略。郭广昌已不屑于再来讨论"多元化陷阱"的问题,他很理直气壮地打出了"最彻底的多元化,最彻底的专业化"的大旗。但2004年的宏观调控让郭广昌记忆犹新,在面对德隆系崩盘,托普、啤酒花事件之时,他也曾问杰克·韦尔奇,后者给出了这样的答案,"……我想如果说你对企业有信心的话,那么我想你最好的答复和回应就是拿事实来说话,有一个非常好的绩效,而且开放你的账簿,把你的账摆在桌面上,让他们看一下,看完以后他们就什么都明白了。"郭广昌和其他复星领导层集体决策选择了透明化,事实证明,复星系有惊无险地打了通关。"复星创业以来的第一个本命年过去了,可以用百感交集来形容过去一年的感受。"回顾2004年,对内,郭广昌曾如此表示。对外,2004年12月,在出席中国企业领袖年会并作主题演讲时,郭广昌第一次公开"呼吁宽容",第一次提到"感恩"。"感冒和癌症是不一样的",郭广昌后来这样认为,在他眼中,2004年只不过是复星的"体检年"。但2004并未改变郭广昌的选择,在他瘦小的身躯里、随和的外表下始终透露出一种强势与坚硬,他对自身认定的价值与原则近乎偏执、且不惮于张扬的维护。"郭非常理性,能够全面、辨证地看问题,他对于企业非常重要",汪群斌这样评价这位领袖。和健谈、平和、有问必答的梁信军相比,这位出生于浙江东阳,学在复旦哲学系的人似乎更深地沉迷在独属于他的精神世界和未来的图景里。于是,郭广昌和他的团队选择了"将多元化进行到底"。复星的结构、团队、文化,在梁信军看来,无不打着"多元化基因"的印记。"复星才两岁时就同时搞了两个产业,所以复星的多元化在我们创业之初就种下了'因'。我们创业虽然只有15年,搞多元化已经13年了,我们对多元化里面会遇到的问题、多元化需要的资源与结构支持,体会得特别深刻。"郭广昌继续了他的资本扩张步伐,复星不断地以参股或者控股的方式投资于企业这个"产品",越来越多的上市公司公告,越来越多的与各地国有企业合作的仪式,都在说明一件事情:以整合者面目出现的郭广昌,开始提速实施其多元化扩张的战略。投资豫园商城可以看成一个复星扩张中的代表案例。2001年8月,复星集团与豫园商城的第一大股东上海豫园旅游服务公司草签了股权转让、托管协议,但是11月22日又终止了该协议,就在外界惊诧之时,6天过后,刚刚成立的注册资本为6亿元的复星投资浮出水面,与豫园商城再度签署协议,成为新的第一大股东。"当时公告说终止协议,外界以为复星要退出了。其实,这只是一个技术上的因素,因为考虑到便于以后的运作,新成立一家公司更为合适,"梁信军说。其实,在复星一系列的股权交易中,类似于复星投资的公司频频亮相,操作方式越来越娴熟,产业布局越来越广泛。而现在,郭广昌考虑更多的是整合复星系旗下资源,2007年10月29日、30日,复星医药将所持有的上海友谊复星(控股)有限公司(下称友谊复星)合计48%的股权,转让给豫园商城,股权转让价款共计近7亿元。

显然,对复星的未来,郭广昌的思路很清晰:整体上市之后,他会把复星集团各单元分拆上市,从香港和内地的两个资本市场获取更多的资本,来构筑他下一个产业整合计划。"从投资的角度来说,就要彻底地多元化,而做企业经营,就要彻底的专业化。"郭广昌的解答似乎离真理更近一些,因为复星是比较幸运的,到目前为止,复星几乎没有大的投资失误,资金链反而越做越好。如果说郭氏投资的多元化就是价值发现能力,即"反周期理论"的话,所谓做经营的专业化,复星采取的则是专业的人来管专业的事,不往参控股企业"掺沙子",通过"系统对标,管理提升"的方式促进企业经营。令外界印象深刻的是,迄今郭广昌进入的几大主业、控股或合资的几大公司,这些年无论是销售收入还是净利润均获得显著增长。南钢,根据复星提供的资料,2003年复星集团要约收购南钢股份时,南钢近14 000人生产280万吨钢,年利润不到3亿元,在全国的钢铁行业里排在20多位。而经过四年的时间,南钢的产能已经达到了650万吨钢,比四年前翻了一倍还要多,在主要产品中,中厚板排名全国第三;管线钢第四;造船板排名第六。南钢改制四年,共计上缴税收45亿元,比此前建厂45年来的总和多出8%;累计实现利润48亿元,比前45年总和增长116%。豫园商城,复星进入五年来,销售收入的年复合增长率达到16.1%,净利润的年复合增长率达到37.4%。招金矿业,复星投资三年来,销售收入的年复合增长率达到29.4%,净利润的年复合增长率达到49.5%。国药控股,投资后的四年中,销售收入的年复合增长率达到43%,其中60%为内生式增长,净利润的年复合增长率达到39%。这些数字给了郭广昌充足的底气驳斥外界的偏见,"一些人讲来讲去就看出我们很懂得财技,很懂资本市场,其实如果离开了复星含辛茹苦地培养这些产业,含辛茹苦地去创造利润,含辛茹苦地一步步提升我们的管理,资本市场会认可你吗?不可能的。"知识改变了郭广昌的命运,而现在,郭广昌正试图用资本改变一些产业的命运。

钢铁业一向被人视为夕阳行业,但复星斥资3.5亿参股全国最大民营钢铁企业唐山建龙;证券公司遍遭重创之时,复星又逢低介入证券业;就连如火如荼的房地产业,当初复星在20世纪90年代中期进入时,也正陷入泡沫破灭后的迷惘时刻。"资本好像是水,一个产业就像是鱼,水小了,鱼养不活,而如果是洪水,就会把鱼冲走,复星就是要在产业周期的变动中发现企业的价值。"郭广昌说。这让人想起李嘉诚的投资,李往往不是行业的最先进入者,但是一旦时机合适,就可以凭借资本的优势迅速发力,成为领跑者。这种"反周期投资"的理念,郭广昌以15年之期,完成了从白手起家到拥有多家资产关联的上市公司、100多家关联企业的蜕变。郭广昌相信,随着中国经济崛起,一定会出现中国的GE,或者内地的和黄。而他,希望自己成为这种企业的舵手。

根据百度百科文:郭广昌和 http://baike.baidu.com 整理

参考文献

[1] Jazmine Boatman., and Richard S. Wellins. Time for a Leadership Revolution In Global Leadership Forecast 2011 [R]. Development Dimensions International, Inc., MMXI. Pittsburgh, Pennsylvania, 2011.

[2] Van Seters, D. A., & Field, R. H. G. The evolution of leadership theory [J]. Journal of Organizational Change Management, 1990, 3(3): 29~45.

[3] Yukl, G. Managerial Leadership: A Review of Theory and Research [J]. Journal of Management, 1989, 15(2): 251~289.

[4] Stogdill, R. M. (1974). Handbook of leadership: A survey of the literature [M]. New York: Free Press.

[5] Barker, R. A. How can we train leaders if we do not know what leadership is? [J]. Human Relations, 1997, 50(4), 343~362.

[6] Gemmill, G. & Oakley, J. Leadership: An alienating social myth? [J]. Human Relations, 1992,

45,113~129.

[7] Barker,R. The nature of leadership [J]. Human Relations,2001,54(4): 446~494.

[8] Stogdill,R. M. (1974). Handbook of leadership: A survey of the literature [M]. New York: Free Press.

[9] Yukl, G. Leadership in organizations [M]. (4th ed.). Englewood Cliffs, NJ: Prentice-Hall,1998.

[10] Barrow,J. C. The variables of leadership: A review and conceptual framework [J]. Academy of Management Review,1977,2(2): 231~251.

[11] George, B., & Sims, P. True north: Discover your authentic leadership [M]. Jossey-Bass,2007.

[12] Antonakis,J.,Cianciolo A. T., & Sternberg,R. J., (Eds). The Nature of Leadership [M]. Los Angeles,CA: SAGE,2004.

[13] 斯图尔特·克雷纳. 管理百年,邱琼译[M]. 海南:海南出版社,2003.

[14] George, B., & Sims, P. True north: Discover your authentic leadership [M]. Jossey-Bass,2007.

[15] Zaleznik,A. Managers and leaders: Are they different? [J]. Harvard Business Review,1977, 67~78.

[16] House,R. J., & Aditya, R. A. The social scientific study of leadership: Quo Vadis? [J]. Journal of Management,1997,23(3): 409~473.

[17] 约翰·科特. 变革的力量:领导与管理的差异[M]. 北京:机械科学出版社,2005.

[18] 黄书光. 中国领导教育的历史探究[M]. 上海:华东师范大学出版社,2008.

[19] Borgatta, E. F, Bales, R. F., & Couch, A. S. Some Findings Relevant to the Great Man Theory of Leadership [J]. American Sociological Review,1954,19(6): 755~759.

[20] 威廉·大内. Z理论[M]. 北京:机械工业出版社,2007.

[21] Antonakis,J.,Cianciolo A. T., & Sternberg,R. J., (Eds). The Nature of Leadership [M]. Los Angeles,CA: SAGE,2004.

[22] Sternberg, R. J & Vroom, V. The person versus the situation in leadership [J]. The Leadership Quarterly,2002,13: 301~323.

[23] Yukl, G. Managerial Leadership: A Review of Theory and Research [J]. Journal of Management,1989,15(2): 251~289.

[24] Antonakis,J.,Cianciolo A. T., & Sternberg,R. J., (Eds). The Nature of Leadership [M]. Los Angeles,CA: SAGE,2004.

[25] Zaccaro, S. J. Organizational leadership and social intelligence. In R. E. Riggio, S. E. Murphy,& F. J. Pirozzolo (Eds.),Multiple intelligences and leadership (pp. 29-54) [M]. Mahwah,NJ: Lawrence Erlbaum,2002.

[26] Caruso,D. R., Mayer, J. D., & Salovey, P. 2002. Emotional intelligence and emotional leadership. In R. Riggio, S. Murphy, & F. Pirazzolo (Eds.), Multiple intelligences and leadership. Mahwah,NJ: Lawrence Erlbaum Associates,Inc.

[27] Antonakis,J.,Cianciolo A. T., & Sternberg,R. J., (Eds). The Nature of Leadership [M]. Los Angeles,CA: SAGE,2004.

[28] Ferris,G. R,Treadway,D. C,Perrcwe,P. L,Brouer,R. L,Dougla,s C.,Lux S. Political Skill in Organizations [J]. Journal of Management,2007,33 (3): 290~320.

[29] Harris,K. J., Kacmar, K. M., Zivnuska, S., Shaw, J. D. The Impact of Political Skill on Impression Management Effectiveness [J]. Journal of Applied Psychology, 2007, 92:

278~285.

[30] 詹姆斯·麦格雷戈·伯恩斯. 领袖论,常健,孙海云等译[M]. 北京:中国人民大学出版社,2006.
[31] Yukl,G. Leadership in organizations [M]. (4th ed.). Englewood Cliffs, NJ: Prentice-Hall,1998.
[32] Pfeffer,J. Power in organizations [M]. Boston:Pitman,1981.
[33] Ferris,G. R,Perrewe?,P. L.,&Anthony,W.P,et al. Political Skill at Work. Organizational Dynamics,2000,28(4):25~37.
[34] Mintzberg,H. Power in and around organizations [M]. Englewood Cliffs, NJ: Prentice-Hall,1983.
[35] Mintzberg,H. The organization as political arena [J]. Journal of Management Studies,1985,22:133~154.
[36] Mayes B. T. & Allen R. W. Toward a Definition of Organizational Politics [J]. Academy of Management Review,1977,2,(4):672~678.
[37] Ferris G. R. & Kacmar K. M. Perceptions of Organizational Politics [J]. Journal of Management,1992,18,(1):93~116.
[38] 马超,凌文铨,方俐洛. 企业员工组织政治知觉量表的构建[J]. 北京:心理学报,2006,38(1):107~115.
[39] Madsion, D. L, Allen, R. W., &Porter, W. L. Organizational Politics: An Exploration of Managers' Perceptions [J]. Human Relations,1980,33(2):79~100.
[40] Kelly,R. E. The power of followership [M]. New York:Currency Doubleday,1992.
[41] Chaleff,I. The courageous follower:Standing up to and for our leaders [M]. San Francisco,CA:Berrett-Koehler,1995.
[42] Dixon,G.,& Westbrook,J. Followers revealed. Engineering Management Journal[J]. 2003,15:19~25.
[43] Yukl,G. Leadership in organizations [M]. (4th ed.). Englewood Cliffs, NJ: Prentice-Hall,1998.
[44] Kellerman,B. Followership:How followers are creating change and changing leaders[M]. Boston:Harvard Business Press,2008.
[45] 科·汤普生. 创建团队,方海萍等译[M]. 北京:中国人民大学出版社,2007.
[46] Jehn,K. A qualitative analysis of conflict types and dimensions in organizational groups [J]. Administrative Science Quarterly,1997,42:530~557.
[47] 斯蒂芬·P.罗宾斯. 管理学(第四版)[M]. 北京:中国人民大学出版社,2002.
[48] 斯蒂芬·P.罗宾斯. 组织行为学(第七版)[M]. 北京:中国人民大学出版社,2002.

第十五章
战略人力资源效果测评

学习目标

- 了解人力资源测量与评估的重要性
- 分析战略人力资源管理与组织绩效的关系
- 描述人力资源管理测量和评估的四种方法
- 掌握平衡计分卡方法测量与评估的流程
- 传统人力资源测量和评估与现代人力资源测量和评估的差别
- 掌握人力资源计分卡的四个层面
- 了解人力资源计分卡实施的步骤
- 能够根据公司实际情况建立人力资源计分卡

开篇案例——人力资源是战略资源

GTE公司人力资源计分卡

一、GTE公司

GTE电话营业公司是美国最大的地区电话服务公司的一家子公司,该公司在开发诸如人力资本等无形资产的测量方面处于领先地位。GTE公司认识到传统会计对无形资产评估的局限性,同时看到了更加"平衡"的绩效评估系统——人力资源计分卡所具有的潜力,进而形成了一整套基于人力资源计分卡的SHRM模式。正如公司副首席财务官怀特曼认为:"人力资本与公司财务结果的直接关联在传统的会计实践中是不能一眼就看出来。现在我们又开始理解这一工具。重要的是评估过程……"人力资源对财务的贡献使 GTE 公司开始注意并实施人力资源评估,即人力资源计分卡。

GTE 公司设计一个评估系统,以便测试公司对员工行为、客户满意度、财务绩效如何进行匹配,这种设计旨在客观证明人力资源对公司战略的贡献。为了获得 GTE 公司所达到的战略一致性,在设计公司的人力资源计分卡之前需要首先对公司的价值创造过程进行充分的理解。可以用两个一般性的问题来思考 GTE 公司的这一过程。

首先,如何执行公司的战略?也就是公司如何创造价值?这一问题的提出,意在提醒公司应该侧重于战略执行过程的"幅度"和"因果流程"。"幅度"是指公司不能仅仅局限于对财务的关注,尽管这是必不可少的,但这只是战略执行的结果而已;为了能够真正地理解价值创造过程,公司还必须关注各种绩效推动力,即已经为公司所确认的"关键成功因素",诸如客户忠诚等。"因果流程"是由公司绩效的财务决定因素和非财务决定因素组成的一个关联系列。对因果关系的全面理解,要求经理人员不能仅仅考虑公司的财务问题,而应该重视财务之外的其他各类成功指标;并且,仅有一个关于成功的重要非财务测量指标清单是远远不够的,经理人员还需要理解它,并能对此"因果逻辑"进行组合,因为因果逻辑能够赋予组织中非财务指标的价值。这样,公司就能够获得组成这一基本因果逻辑框架的各种必要概念。(如图 15-1 所示)。

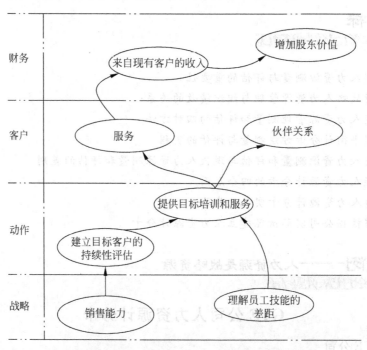

图 15-1　GTE 公司战略地图:聚焦于能力特质保持

其次,采用什么样的绩效标准来跟踪这一全面的战略执行过程?这个问题鼓励经理们将各类标准和这一概念基础相匹配,这一概念基础是在经理们理解了公司的价值创造过程之后构想出来的。在对公司价值创造过程理解之后,就是如何将战略角色程序化了。GTE 公司采用人力资源计分卡模式,不仅注意到有形资产(如财务指标)和无形资产(如学习和发展)的重要性,而且也注意到财务评估和非财务评估的重要性。此外公司人力资源计分卡也确认了客户、运营、员工和技术之间复杂的能互相带来的价值联系,并且他还是以一种全新的方式对人力资源的角色进行整合。当然,这种模型也突出了滞后性指标和领先指标之间的重要区别。

二、GTE公司人力资源计分卡实施

GTE公司人力资源计分卡的建立主要有以下七个步骤。

1. 明确界定经营战略

在战略开发中,应该关注战略的执行过程,而不是仅仅关注该战略的组成部分,这样才能引导整个组织为公司目标的沟通进行讨论。当开发战略目标时,需要在整个组织中实施和沟通,否则会流于泛泛。陈述公司目标时,要能够让员工理解公司战略的作用,让公司知道如何评估公司战略在实现目标时取得的成功,这样就能清晰地表述公司的战略。

2. 为作为战略资产的人力资源建立经营计划

一旦公司明确了它的战略,那么接下来就是创建一个清晰明了的经营计划,对人力资源支持战略的原因和方式做出解释,经营计划要想能够体现战略性人力资源角色,还必须包含人力资源对从战略高度关注评估系统的战略执行和角色的关键性影响。

3. 设计战略地图

明确了公司的战略就为该战略的执行创造了条件,但这仅仅是走了第一步。为了描述公司的价值创造过程,使用战略图来描绘公司的价值链。在着手绘制战略之前,进一步观察公司的战略性目标,并尝试回答以下一些问题:哪些战略目标与结果是实际可行的而不是摆设?执行每个目标的动力是什么?怎样评估达到目标的过程?阻碍每个目标成功执行的因素是什么?为了确保该战略目标的实现,员工应该怎样做?人力资源职能能够为公司提供实现该战略目标所必须的员工能力和行为吗?如果不是这样,需要做些什么变革?

4. 在战略地图中确认人力资源传导机制

这个过程是比较困难的,因为各种人力资源驱动力,诸如员工能力、动机及素质都是非常基本的,以至于无法明确将它们放置到战略图中什么样的位置才是恰当的。为了做到这一点,应该自问分别支持战略图中所描述的公司各层次的绩效驱动力的人力资源传导机制都包括哪些绩效推动力,应该关注诸如能力、奖励、工作组织等范围广泛的各种战略性行为。在GTE公司,人力资源最初将公司的"储备人才"作为"领导2010"的高层领导。这些"储备人才"关注那些在未来5~10年内为取得经营绩效所必须具有的创新行为和能力。反过来,这些创新的行为和能力奠定了一种新的人力资源战略的基础,而该人力资源围绕着以下几种战略驱动力进行组织:人才、领导、客户服务和支持、组织统一、人力资源能力。最重要的是,GTE人力资源管理者并没有停滞于这些高标准的战略驱动力,而是不断与企业高层会面,认识到五项战略驱动力是使公司"时刻保持着警醒"的原因。该模型过程中产生17个具体问题,下面列举几个简单问题。

(1) 我们拥有确保未来成功所必需的人才吗?

(2) 人力资源管理如何帮助GTE始终处于能够满足外部客户需要的地位?

(3) 我们对员工离职成本进行了管理吗？
(4) GTE在员工投资方面得到的回报是怎样的？
(5) 被视为一种激活力的人力资源能吸引并留住GTE的高级人才吗？

5. 使人力资源体系与人力资源传导机制保持一致

GTE公司的人力资源部门关注的是五种企业范围的人力资源绩效驱动力，即所谓的战略性"推动力"，其所涉及的都是人力资本的相关领域。这些战略性"推动力"对于各类战略执行具有普遍的重要意义。GTE公司还在这些战略性"推动力"的引导下，对各个业务部门特有的人力资源问题进行分析指导。譬如，在一个战略业务部门中，一个战略性绩效推动力使得服务成为一种至关重要的市场差异性要素。GTE的人力资源开发还和单个经营单位一起，开发了针对战略业务部门的战略图，更加系统地描述和引导人力资源对于公司各部门战略的贡献（如图15-2所示）。

图15-2　GTE公司人力资源体系与人力资源传导机制的一致性

GTE公司在这些战略性"推进力"的引导下，对各个业务部门特有的人力资源问题进行分析指导。这即是所谓的人力资源激活力。譬如在一个战略业务部门中，一个战略性极小的推动力使服务成为一种至关重要的市场差异因素。GTE公司的人力资源传导机制即是其稳定而负责的劳动力。最后，GTE公司的人力资源管理将人力资源系统重新进行匹配，以提供必要的人才需求、激励计划、文化创新以及避免人才离职活动，以产生公司所需要的人力资源传导机制。GTE的人力资源开发还和经营单位一起，开发了针对SBU（战略业务部门）的战略图，更加系统描述和引导人力资源对于公司各部门的战略贡献（如图15-3所示）。

6. 设计战略人力资源评估系统

前面几个步骤指导人力资源结构的开发，也为评估人力资源和公司绩效之间的关系奠定了必要的基础。要精确地评估人力资源与公司绩效的关系，就要开发有效的人力资源传导机制测量。这里从两个方面着手，首先，必须已经确认了合适的人力资源绩效驱动力和激活力；其次，为这些传导机制选择正确的测量。

7. 通过测量来实施管理

譬如GTE公司的人力资源常常评估它的业务人员的离职率，但在开发人力资源计分卡之前，人力资源管理人员对员工离职的重大原因以及对公司利润的影响知之甚少，并且未下什么功夫。尽管GTE公司的人力资源管理人员对以往的员工离职情况进行过评估，但在公司各个商业部门中，它并未真正把它当作一种经营问题来看待。随着人力资源管理的介入，员工离职得到更为严密的分析，结果经营绩效发生显著变化。完成了以上步骤之后，就可以创建公司的人力资源管理计分卡，图15-3是GTE公司的人力资源计分卡模型。

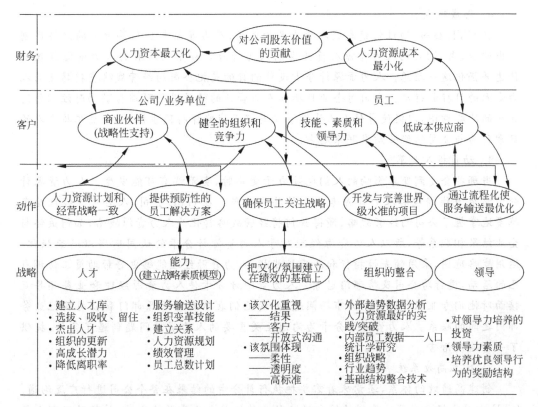

图 15-3 GTE 公司人力资源计分卡

三、GTE 公司具体措施

为了有效设计和实施人力资源计分卡,GTE 公司采取了一些相应的具体措施。

1. 领导变革

领导者若能以发起者和拥护者的身份对采取人力资源计分卡进行支持,人力资源计分卡变革的实施就有可能发生。在 GTE 公司人力资源常务副总裁麦克唐纳积极支持和促进人力资源计分卡。他强调人力资源计分卡的设计意图是为了有效促进人力资源管理,而不是为了鉴定不良绩效。作为一名变革者,他制定一个模型,承诺向 GTE 员工、人力资源的客户尽可能提供最好的服务,同时也往盈亏表上增加人力资源价值。在这种情形下,GTE 公司的人力资源计分卡得以成功实施。

计分卡的拥护者对于促进计分卡的执行负主要责任,在 GTE 公司里,拥护者是人力资源计划、评估与分析的主任,他将人力资源理论运用到人力资源职能管理中,并且对人力资源管理和计分卡的管理负责。

2. 为变化创建共享需要

当变革的存在有了清晰理由,变革便可能发生。任何变革可能带来长期和短期的影响,因此,和那些受变革影响的人分享变革的理由非常重要。GTE 公司开发人力资源计分卡的主要动力来自于商业环境中的变革加速。解除管制、电信行动、新出现的客户需求、全球机会、价格竞争以及跨国发展等,使 GTE 公司更加需要注意人力资本和人力资源。

3. 形成观点

在 GTE 公司,通过清楚表达人力资源的理想,人力资源专业人员对新的经济规则做出回应,由 GTE 的人力资源人员开发的人力资源计分卡向所有的人力资源经理们传达并强化这一理想。人力资源计分卡设计的目的是把公司的经营战略直接转化为人力资源的目标和行动。公司对企业目标和人力资源的绩效进行跟踪与激励时注意传达相应的战略意图,以促使每位人力资源员工与经营战略保持同步性,并使员工将个人的日常行为与公司的经营结果联系起来。

4. 动员投入变革

当那些会受到变革影响的人们也致力于变革时,变革就有可能发生。人力资源计分卡需要直线经理和人力资源专业人员共同参与。在 GTE 公司,人力资源经理越来越多地掌握了公司的经营战略,懂得如何将经营战略转化为人力资源战略,如何最终与企业结果相联系等,所以人力资源经理对于人力资源计分卡的认同感得以迅速强化。运用战略地图,采用领先性指标和滞后性指标,人力资源经理能够更好帮助员工协调自己的活动,进行跨公司及跨部门思考。人力资源计分卡使人力资源经理和业务领导直接面对他们专业以外的劳动力市场问题,并向他们表示人力资源部门和公司其他业务部门之间的联系。人力资源计分卡为沟通至关重要的人力资源问题创造了条件,提供了一种通用语言。

5. 建立高效系统

创建高绩效的体系,还意味着需要把执行计分卡的结果在整个公司进行广泛沟通。GTE 公司已经开发了一系列的综合性工具来传达其人力资源计分卡,并帮助经理人员使用数据进行正确决策。这一系统及时把相关信息储存到经理人员的台式电脑中,这样经理人员能够用特定软件设定目标,跟踪绩效。GTE 公司还开发一种模拟只读存储器,向经理人员展示如何运用该系统去提高他们的决策质量。

6. 监控和说明进程

当公司监控变革的进程时,变革就可能发生。这涉及任命拥护者、创建计分卡团队、选择测评措施、验证测评措施、收集资料和检测更新数据。由于 GTE 公司采用网络执行这些措施,监督相应简单。

7. 坚持

当变革的努力取得最初的成功时,坚持对人力资源计分卡进行持续投资是 GTE 公司的唯一选择。

注:根据布莱恩·贝克,马克·休斯理德,迪夫·乌里奇. 人力资源计分卡,郑晓明译[M]. 北京:机械工业出版社,2003 年编写。

第一节 评估战略人力资源管理的意义

一、什么是人力资源管理测量与评估

20 世纪之前,企业管理理论家和实践者更加关注有形资产,例如厂房、设备和资金对组织绩效的价值增值。在资本雇用劳动的传统企业理论的引导下,从法约尔和巴纳德的早期著作,到德鲁克、彼得斯、汉迪之辈更富启迪的思想,再到近代产权理论学派的理论思想,都未能展示人的因素在企业价值增值中的作用。到20世纪中叶,人们渐渐认识到,区分一个企业的关键特征是人,而不是机器、设备和金钱。不可否认的是,人是企业利润的杠杆。但这些早期的研究仅仅局限于对个人价值的测量和评估方面,较少对人力资源管理价值进行评估。

人力资源价值是作为人力资源载体的人所具有的潜在的、创造性的劳动能力,这种能力的外在表现就是人在劳动中创造的价值。马克思认为,劳动力的价值表现为维持劳动力再生产的生活资料的价值。人力资源价值的范围则要宽泛得多,知识、技能、信息是人力资源的核心,构成人力资源价值的主体。因此,人力资源价值就表现为以下三个方面。

(1) 维持人力资源再生产的生活资料价值;
(2) 维持人力资源家庭成员再生产的生活资料价值;
(3) 提高人力资源价值的活动费用(教育、培训、医疗、保健、卫生、迁移等费用)。

人力资源管理测量与评估,又称人力资源管理评价、人力资源管理效益评估、人力资源管理绩效评估、人力资源管理质量评价、人力资源管理效能衡量、人力资源效率评价,是对人力资源管理总体活动的成本—效益的测量,并与组织过去的绩效、类似组织的绩效、组织目标进行比较。人力资源管理通过诸如招聘、选拔、培训、薪酬管理、绩效评估、福利管理、组织变革等具体管理行为来实现生产力的改进、工作生活质量的提高、产品服务质量的改善、促进组织变革、建设组织文化等五个目标。

人力资源管理作为企业管理的一项重要工作,当然是为实现企业战略目标服务的,要为企业在多变和激烈的市场竞争中生存与发展提供竞争优势。从人力资源管理本身的目的而言,就是合理有效地获取、开发、评估和酬报企业所需的人才。因此,从战略上考量和从人力资源管理职能本身考量的人力资源管理收益是不同的。

尽管对人力资源管理测量和评估的研究已经取得重大进步,但人力资源管理效益评估仍然存在许多困难。

(1) 人力资源管理价值是无形的。人力资源管理活动一方面会导致个人技能的提高、工作绩效的提高和产品生产或服务质量的改善;另一方面,可以增强员工对组织的认同感、降低离职率、提高组织满意度、减少企业在人力资源管理与开发方面的投入。这些都可以给企业带来直接的经济效益。此外,人力资源管理会给企业的文化、员工的精神面貌、价值观等带来影响,从而间接地影响企业的效益。

(2) 人力资源管理价值是滞后的。员工甄选、招聘、培训和开发的有效性和可靠性,需要在很长时间以后才能得到验证。此外,培训与开发也是一项长期投资,由此而产生的效果也需要在未来一段时期内呈现出来。

(3) 人力资源管理有非功能性价值。人力资源管理不仅给企业带来功能性的价值,也会给企业带来非功能性的价值。

因此,测量和评价人力资源管理需要借助有效的工具,运用科学的方法进行评估。

二、人力资源管理测量和评估重要性

20世纪90年代以来,世界经济的发展越来越呈现两种方式:(1)知识经济在发达国家率先来临;(2)经济全球化和一体化,使世界经济的互相依赖性变得不断增强。由此,企业竞争模式也发生急速改变,由原来竞争物质资源演变成竞争人力资源。而对人力资源管理价值评估的关注则首当其冲,成为企业的火热地带。研究人力资源管理测量和评估,探讨人力资源管理与企业绩效之间的关系,对于社会、经济、教育和文化长远发展战略的制定,社会资源的优化配置,具有重要的理论指导意义。

一项对美国500家企业的研究表明,近20年来,企业一直在寻找新的经济增长点,而企业价值的实现越来越多依赖于无形资产。20世纪80年代,无形资产在企业资产中占38%,到21世纪,该比例上升到85%(如图15-4所示)。

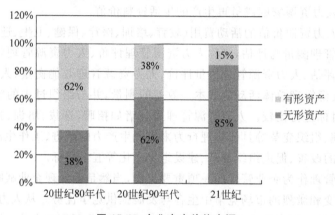

图15-4　企业未来价值来源

尽管热潮汹涌,大部分企业仍然将人力资源部门作为成本中心,而不是竞争或利润中心来运行的。研究表明60%的人力资源部门缺乏正规的测量和评价系统。而那些具备测量和评价系统的部门则依赖"预算内的绩效"。大部分企业并没有意识到人力资源测量和评估的战略意义,缺乏正规的测量与评价系统。但统计和研究显示,人力资本为股东创造了非凡价值,实际上,包含人力资源等无形资产的价值在不断增长。市场价值中的每$6中,只有$1反映在会计的平衡表上。那些建立有效的人力资源管理体系的企业是商业成长的强大驱动力。80多个研究表明,人力资源实践对工作结果或行为产生显著影响。至少有25个研究证明,员工的态度与顾客的满意度和回头率呈现正相关。人力资源管理能力与总体人力资源管理价值之间存在正向的关系,人力资源管理效率对于企业绩效也有着正向的影响。因此,很多理论研究者和实践者提出对人力资源管理进行测量和评估的理由。

(1) 提升人力资源管理职能。例如通过降低人员离职率来证明其对公司绩效的影响。

(2) 说明对无形资源利用的可量化性。

(3) 凸显关键的人力资源实践。

(4) 衡量人力资源各种职能的绩效。

(5) 衡量人力资源管理如何与企业战略有机结合，并产生相应的绩效。

(6) 将人力资源管理提高到与财务管理及其评价同等的高度。

三、人力资源管理测量和评估战略范围与标准

舒斯特(Schuster)指出："我们确信，人力资源的有效管理对保持我们企业的盈利将是至关重要的，因为我们在增加生产和扩大规模时就难免变得似乎不尽如人意。有效地利用人力资源能使我们发挥非常重要的竞争优势，因此，定期对我们作为一个企业组织在人力资源管理工作上做得如何进行评估是很重要的。同时，追踪一个企业阶段情况的变化，以便及时发现组织与职工的冲突、困扰等问题亦是十分重要的。"

有关人力资源管理评价的文献取得了实质性的进步，虽然有数十种衡量效果的方法被推荐用于对相关职能进行评估，也包括相应的复合人力资源指数，但由于缺乏一种进行组织、系统的理论构架，很少用于战略层面。近年来的一些研究提供了相应的启示。

中国一些学者提出了一些简化而具体的模型。林泽炎博士提出了职位分析(position)、绩效评估(performance)、薪酬设计(payment)的3P模型，廖建桥教授则提出了5P模型，即：position(岗位)、personnel(人员)、performance(绩效)、payment(薪酬)、positive attitude and organizational behavior(积极态度和组织行为)。但都缺乏人力资源政策和策略以及合同、决策、组织效能方面的内容，因此，通过整合上述文献，本文形成以下人力资源管理职能范围6P框架模型(如图15-5所示)。

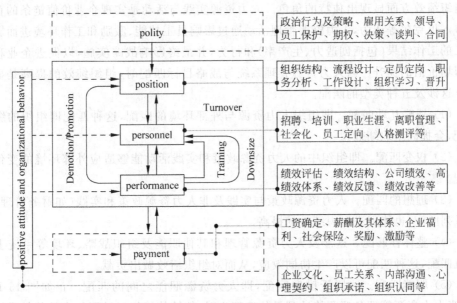

图 15-5　人力资源管理职能型 6P 模型

这些相应的人力资源管理模式主要提供从职能方面进行评估的启示。其他一些学者则将人力资源管理划分为宏观人力资源管理和微观人力资源管理，如表15-1所示。

表 15-1　人力资源管理研究分类

分析层次 实践数目	复　　合	单　　一
组织水平	SHRM；IR；高绩效工作系统	人力资源管理实践和公司绩效的实证关系
个体水平	心理契约；雇用关系	传统 HRM；I/O（招聘、培训与开发、绩效考评）

其后，Ferris 等人在综合前人的基础上，建立了一个多水平的复合型人力资源框架。Ferris 等人认为，尽管宏大（grand）理论实现比较困难，但整合中层理论并实行多层分析却是可能的，因此，他们提出了如图 15-6 所示的人力资源管理整体架构。

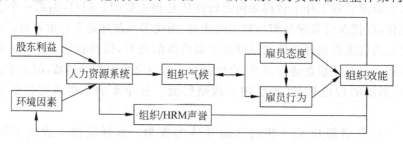

图 15-6　人力资源管理多水平框架

与人力资源管理职能模式评估不同，复合模式的人力资源评估不是从单一职能如人力资源开发或者招聘等层面评价其成本或者收益，它更系统考虑了战略目标的影响和整个人力资源系统的影响。人力资源管理作为一个整体因素，在实现公司战略目标和组织绩效方面显现出独特的角色。人力资源实践与活动是实现企业价值链条的首要环节。贝克尔等认为，人力资源管理活动通过影响员工技能、激励和工作环境进而影响员工的工作结果（包括创造力、生产率）和行为，并最终影响战略实施，以促进企业利润和市场价值的提升。当人力资源管理系统与战略目标匹配时，组织绩效的提高是显著的。这涉及五种类型的匹配。

（1）战略互动匹配。即组织人力资源与外部环境的匹配，这种匹配即组织的纵向匹配，会提高组织绩效。

（2）权变匹配。即组织中的人力资源政策和实践活动能够适应外部环境的变化的匹配。

（3）理想的匹配。人力资源政策与实践及非人力资源政策和实践（如财务管理）的一系列匹配，也能促进组织绩效的提高。

（4）整体性匹配。这涉及人力资源管理和其他职能及组织战略、环境等系统上的有机匹配，这种匹配可以产生协同效应，从而对组织绩效做出贡献。

（5）职能匹配。这属于横向匹配，即人力资源职能之间的匹配。正如图 15-1 所示，当人力资源管理各项职能达到最佳匹配之时，能够使组织运转更加有效并促进组织绩效的提高。

Sheppeck 等人最近提出了一个关于人力资源管理与组织绩效关系的概念模型（如图 15-7 所示）。他们认为，组织绩效的提高是企业环境、经营战略、人力资源管理实践和人力资源管理的四个变量相互作用的结果。

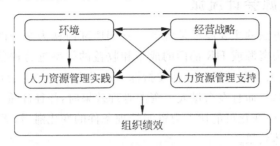

图 15-7　人力资源管理的收益及其影响因素

资料来源：Michael A. Sheppeck and Jack Militello：Strategic Configurations and Organizational Performance[J]. Human Resource Management, 2000, 39(1)：5～16.

(1) 环境。现代组织环境的主要特征是政治环境、经济环境、社会文化环境和技术环境。在不确定性前提之下，诸如金融环境也对组织绩效产生影响。

(2) 经营战略。相应的战略有成本领先战略、目标聚集战略和差异化战略。不同企业采取不同的战略模式，会影响人力资源模式，并对领导者资源支持产生影响，进而影响到组织绩效。

(3) 人力资源管理实践。Delery 和 Doty 认为战略人力资源管理实践包括七个方面的内容：内部职业机会、正规培训体系、绩效测评、利润分享、就业安全、员工意见投诉机制和工作设计。

(4) 人力资源管理的支持。对于人力资源管理的支持首先在于企业的高层领导必须将人力资源战略融合到企业的总目标之中，明确人力资源管理对于组织目标实现的重要性，并为此不断地给予人力资源管理投资，允许人力资源管理部门参与企业的经营计划与决策工作。

从上面的研究可以看出，评价人力资源管理的效益或者效能，既可以从人力资源的各种职能中寻求效益，也可以从战略或者整体层面进行评价。

第二节　评价战略人力资源效果的方法

人力资源管理评估有利于帮助人力资源部门发现人力资源管理的不足之处，提高人力资源管理工作的质量，为企业高层管理人员的战略决策提供参考。对人力资源管理系统进行评估，是美国等发达国家最近二十年来发展较快的人力资源管理研究领域。我国学术界在这方面的研究尚处于起步探索阶段。国外对人力资源工作的效益的评估的方法大致包括：人力资源会计、投入产出分析、人力资源成本控制、人力资源利润中心、人力资源关键指标、人力资源效用指数、人力资源目标管理、人力资源管理价值理论、人力资源审计、人力资源竞争基准、P-CMM 法、人力资源调查问卷、人力资源声誉、人力资源案例研究、人力资源指数、组织健康报告法、人力资源计分卡等方法。这些方法可以归结为四种主要的流派：人力资源会计流派、人力资源指数流派、组织绩效流派、战略流派。

一、人力资源会计流派

这种类型评估方法的主要原理是将员工或 HR 部门视为企业的资产或投资,采用一些会计原理对人力资源或 HR 部门的成本和收益的效率进行评估,从而测算出人力资源管理的价值,属人力资源管理评估硬指标。这类方法涉及的会计信息的可靠性、完整性、相关性很难鉴定,而且在衡量人力资源管理效果时,往往注重一些客观的、定量的数据,由于这些方面的变化可能比人力资源管理条件的变化滞后,无法定量地测量企业人力资源管理的整体效果。

最早进行人力资源会计研究的是美国密歇根州立大学企管研究所的霍曼逊教授。20 世纪 60 年代初,他在自己的博士论文中首次提出了人力资源的价值和计量问题,并在《人力资产会计》(*Accounting for Human Asset*)一文中,提出了人力资源会计的主要观点,认为人力资源是企业最有效的经营资产,在会计报表中应当包括人力资源。其后李克特等在美国《会计评论》杂志上先后发表了有关人力资源成本会计方面的文献,并将其应用于企业,使人力资源会计进入一个试行阶段。其后,Flamholtz 出版了两版《人力资源会计》,推动了人力资源会计在企业中的应用。但是,有关人力资源(或人力资本)的财务指标问题一直未能得到很好的解决。

什么是人力资源会计,目前有以下几种表述。一是美国会计学会人力资源会计委员会在其研究报告中的表述为:"辨认和衡量有关人力资源信息,并沟通这种信息给利害关系的当事人的程序。"二是弗兰霍尔茨的表述,他认为:"人力资源会计可以定义为把人的成本和价值作为组织的资源而进行的计量报告。"三是日本学者若杉明的表述,他认为:"人力资源会计是这样一种会计,它通过会计方法和跨学科领域的方法,测定与报告有关人力资源会计信息,以供企业的经营者及其利害关系者利用。也就是说,人力资源会计通过上述方法测定和报告企业的人力资源变动和现状,以帮助所有利用者决定行为方针。"

人力资源会计将企业的人力资源作为一种资产或投资来研究,核算人力资源管理政策和活动所导致的企业人力资本的变化情况,如计算员工缺勤与离职成本、员工录用和培训的损益分析等(如表 15-2 所示)。但是人力资源会计发展缓慢,其原因主要在于还存在一些尚未得到很好解决的问题,如什么是人力资产,哪些成本应该资本化,如何确定每个员工的价值以及形成价值所需花费的分配等。此外,员工为某个组织拥有或控制的合法性问题,是定义人力资产的前提;人力资源会计所提供的信息也令人怀疑,然而建立可信的信息获得系统所需的成本与信息的价值相比显得昂贵;人力资源管理的开支费用中哪些能作为企业成本,还需要在会计制度上做出定义和改革。该方法在将人力资源管理工作的绩效与企业绩效相联系上,可能仅仅满足于会计指标,对于人力资源管理所产生的隐性价值也无法加以衡量。用财务数据来衡量人力资源管理也有很大的片面性、局限性和短期性,例如当期的财务数据通常不能反映某些人力资源管理的长期贡献,人力资源如何进行折旧等。

表 15-2　人力资源财务指标

内　　容	指　　数	指数计算式
人力资源管理政策相关管理制度方针	人力资源制度成本 制度收益率 人力资本投资回报	制度建立和维护成本÷运营成本 制度建立和维护收益÷总收益 收益－[运营开支－(薪酬成本＋福利成本)]÷(薪酬成本＋福利成本)
组织文化、礼仪、价值观	人力资本品牌价值率 组织文化匹配指数	人力资本品牌价值÷企业总价值 员工认同组织文化的人数÷总全职当量
人力资源战略职业生涯规划	人力资源开支比率 人力资源管理人员比例 人力资源投资系数	人力资源开支÷运营开支 人力资源管理人员全职当量÷人力资源总全职当量 人力资源开支÷总全职当量
人力资源需求计划、人力资源预测	外部人员招聘比例 内部人员招聘比例 大学生需求率 大学生雇用率	外部招聘人员人数÷企业人数 内部招聘人员人数÷企业人数 需要的大学生人数÷企业人数 在职的大学生人数÷企业人数
机构设置、定员定岗、职务说明	定员定岗费用率 缺失人员生产率 机会成本率	定员定岗费用÷运营成本 缺失人员预计收益÷总全职当量 职位闲置成本÷运营成本
人员招聘、测评、甄选、培训与运用	员工招聘费用率 填补空缺所需时间 员工甄选费用率 员工测评费用率 员工受训率 培训投资系数 员工培训率 每小时培训成本 员工培训小时率	人员招聘费用÷运营成本 (到职时间－缺岗时间)÷365 员工甄选费用÷运营成本 员工人力测评费用÷运营成本 受训员工数÷企业总人数 总培训成本÷企业总人数 总全职当量÷培训人员全职当量 总培训成本÷总培训小时数 培训小时数÷365
离职管理、退休管理、转岗管理、死亡	离职率 自愿离职率 非自愿离职率 转岗率 死亡率	(自愿离职数＋非自愿离职数)÷企业人数 自愿离职数÷企业人数 非自愿离职数÷企业人数 转岗人数÷企业人数 死亡人数(包括意外死亡)÷企业人数
人员晋升降职	个人目标实现率 人员晋升收益率 人员晋升开支率	个人目标实现人数÷职业生涯规划人数 人员晋升成本÷收益 人员晋升成本÷运营开支
工资、奖金、股权、福利等设计	薪酬收益率 总薪酬收益率 薪酬系数 福利收益率 福利开支比率 福利薪酬比率 工人薪酬系数 奖金收益率 奖金开支比率	薪酬成本÷收益 (薪酬成本＋福利成本)÷收益 薪酬成本÷全员劳动力人数 福利成本÷收益 福利开支÷运营开支 福利成本÷薪酬成本 工人薪酬成本÷工人人数 奖金数额÷收益 奖金开支÷运营开支

续表

内　容	指　数	指数计算式
安全管理、卫生管理、员工关系、压力管理	健康促进费用率 处理纠纷费用率 劳保用品费用率 伤亡赔偿费用率	健康促进费用÷运营成本 处理纠纷费用÷运营成本 劳保用品费用÷运营成本 伤亡赔偿费用÷运营成本
绩效管理 绩效评估	绩效管理系统建立费用 绩效评估费用率 绩效结果达成率 绩效管理收益率	绩效管理系统建立费用÷运营成本 绩效评估费用÷运营成本 绩效结果达成人数÷企业人数 绩效管理成本÷收益

二、人力资源指数

人力资源指数是由美国弗雷德·舒斯特教授在1977年设计的，主要从企业气氛调查方面对组织的人力资源管理进行评估。他的人力资源指数涵盖的范围太广，主要以企业文化为核心来设计人力资源指数。他认为关心职工的需要是提高生产效率的关键。他的人力资源指数的调查问卷包括64个项目，15个因素：(1)报酬制度。工资、津贴、福利、奖金和其他的奖励；(2)信息沟通。组织内纵向和横向沟通；(3)组织效率；(4)关心职工。组织在各个方面对员工的支持和关心程度；(5)组织目标。组织长期目标、近期目标和中期目标；(6)合作。组织成员为实现组织目标进行共同合作；(7)职工满意程度。员工对工作的满意程度，包括对报酬、上级、工作本身及工作环境等的满意程度；(8)组织制度。包括组织设计、组织的各种规章制度；(9)人际关系。组织成员之间的情感与相互之间的关系；(10)组织环境。组织内外部环境与资源机会；(11)职工参与管理。包括员工参与企业管理、谏言等；(12)工作群体。对工作中的同事的感知情况；(13)群体间的协调能力。各种群体间的协调能力和合作能力。(14)一线的管理。组织成员对一线成员的能力与品质的信任；(15)管理的质量。组织成员对中高层管理人员的能力与品质的信任(表15-3展示了人力资源指数问卷调研示例)。

表15-3　人力资源指数示例

请从下面答题中选取最能说明您所处的环境和表达您感受的其中一种。 A=从来没有　　B=不经常　　C=有时　　D=经常　　E=总是					
1. 本公司各部门之间有着充分的沟通和交流,信息能够分享	A	B	C	D	E
2. 员工的技能在公司里能得到充分、有效的发挥	A	B	C	D	E
3. 公司的目标和个人的工作具有有效性和挑战性	A	B	C	D	E
4. 我的工作是令人满意的,并且是有益的	A	B	C	D	E
5. 我已经得到了干好本职工作所必需的各种训练	A	B	C	D	E
6. 领导是通过能力实现的	A	B	C	D	E
7. 各种报酬、奖励是公正平等地分配的	A	B	C	D	E
8. 第一线的管理是高质量的	A	B	C	D	E
9. 管理人员高度关注生产情况,并有效地让有关人员了解	A	B	C	D	E
10. 我的工作给我提供了个人负责任的机会	A	B	C	D	E

续表

11. 员工有忠诚感和归属感	A	B	C	D	E
12. 员工可以参加并影响决策	A	B	C	D	E
13. 公司关心照顾为之工作的员工	A	B	C	D	E
14. 在我工作的部门里所有成员对有关目标十分了解	A	B	C	D	E
15. "政治"不会妨碍个人目标和组织目标的实现	A	B	C	D	E
16. 与本部门其他同事之间的关系是令人满意的、有益的	A	B	C	D	E
17. 总的来讲,控制数据资料(如财务、劳动生产率和成本等)只是用于自我指导和解决一些部门问题,而不是用于惩罚和管制	A	B	C	D	E
18. 能就本公司的问题进行公开的、坦诚的、富有建设性的讨论	A	B	C	D	E
19. 实施完成目标的人员能参与这些目标的制定	A	B	C	D	E
20 我的工作能提供发展的机会	A	B	C	D	E
21. 在公司中有创新的自由	A	B	C	D	E
22. 本组织的薪水和福利具有吸引力	A	B	C	D	E
23. 管理人员既关心生产又关心员工生活	A	B	C	D	E
24. 人们是坦诚和直率的,能自愿地交流信息	A	B	C	D	E
25. 公司里有一种相互支持和信任的气氛	A	B	C	D	E
26. 工作绩效与经济奖励直接挂钩	A	B	C	D	E
27. 管理人员非常关心员工的疾苦,并有效地让所有员工通晓	A	B	C	D	E
28. 我的工作能提供一种成就感	A	B	C	D	E
29. 公司能积极寻求并愿意接受改革意见	A	B	C	D	E
30. 公司的目标、想法和建议、要求和问题等信息都能自下而上地反映	A	B	C	D	E
31. 各阶层员工都希望用高的标准来要求自己,并期望有高绩效	A	B	C	D	E
32. 政策是严肃认真地制定的,这些政策有益于实现公司的目标	A	B	C	D	E
33. 与其他公司相比,本公司所得到收入和福利是充足的和公正的	A	B	C	D	E
34. 其他员工都了解整个公司和自己的工作目标	A	B	C	D	E
35. 有关规章制度是切合实际的,并有利于公司目标的实现	A	B	C	D	E
36. 本公司在各方面(产品、废物处理、就业等)都对社会负责	A	B	C	D	E
37. 我所在的各部门的员工之间能相互合作,没有破坏性的冲突	A	B	C	D	E
38. 员工工作积极性高(每个人能独立开展工作)	A	B	C	D	E
39. 公司用最佳的技术和专业知识进行决策	A	B	C	D	E
40. 我的工作给我提供了不断成长和提高能力的机会	A	B	C	D	E
41. 管理人员能将目标、问题、缺点、策略等信息自上而下地沟通	A	B	C	D	E
42. 本公司的协作精神较强	A	B	C	D	E
43. 人们能参与并且影响决定整个公司命运的决策	A	B	C	D	E
44. 各级员工都感到对整个公司目标负有责任,并通过行动去实现	A	B	C	D	E
45. 我的上司知道并且能理解下属的问题	A	B	C	D	E
46. 各部门对公司的目标都非常了解	A	B	C	D	E
47. 为实现总体目标,对公司的资金和人力资源能进行合理分配	A	B	C	D	E
48. 人们能参与并影响对本部门而言十分重要的决策	A	B	C	D	E

续表

49. 我的工作提供了自我表现的机会	A	B	C	D	E
50. 管理人员能信任员工,并对员工抱有信心	A	B	C	D	E
51. 与其他部门之间的关系是令人满意和有益的	A	B	C	D	E
52. 人们能拧成一股绳,相互之间充分合作以实现组织有关目标	A	B	C	D	E
53. 工作环境舒适、安全,并有助于产生绩效	A	B	C	D	E
54. 我的工作能得到别人的认可	A	B	C	D	E
55. 管理人员对员工充分信任,并对员工极有信心	A	B	C	D	E
56. 全体员工参与决策,而不是几个头头说了算	A	B	C	D	E
57. 管理是高质量的	A	B	C	D	E
58. 公司十分清楚其目标是什么,并知道如何去实现它	A	B	C	D	E
59. 公司各部门之间有着良好的合作关系,而没有破坏性的冲突	A	B	C	D	E
60. 员工自由地与上司讨论工作问题	A	B	C	D	E
61. 本公司在各方面都是符合职业道德伦理的	A	B	C	D	E
62. 最能帮助公司实现目标的人才能得到录用和晋升	A	B	C	D	E
63. 大体上说来,本公司大多数员工是灵敏的、有洞察力的,并且能相互帮助	A	B	C	D	E
64. 总的说来,公司决策所需要的全面、精确的信息都可获得	A	B	C	D	E

有关指数方法还包括人力资本指数、人力资源关键指标、人力资源目标管理、人力资源竞争基准、人力资源管理效应评估模型等方法。但这些方法无非都是从人力资源指数的某一个方面进行评估。总体而言,从指数标准对战略人力资源进行测量和评估,显得非常直观和便捷,而且将很多非定量指标转化为定量指标,在实际工作中可以有效运用。但纵观各种评价指标,多者达到上百个,少者也达到几十个,这使得测量变得更加复杂,而且费用很高。另一方面,选取指标的非科学性使测量的信度和效度不高,指标之间缺乏相应的联系,具体指标的选取不够严谨与科学,指标覆盖难言全面,而且多种指标未必与组织绩效相关联,限制了人力资源指数法的全面应用。

三、组织绩效流派

由于人力资源指数流派评价体系的随意性和不准确性,不少研究者采用组织绩效指标来构建战略人力资源管理评估指标。组织绩效和组织效能是不同的,狭义的组织绩效包含三个具体领域的公司成果:(1)财务绩效(利润,资产收益率,投资回报率等);(2)产品的市场表现(销售额,市场占有率等);(3)股东回报率(股东总回报率,经济增加值等)。组织效能则更广泛,它包含组织绩效,加上相应内部绩效结果和外部的相关措施,比那些单纯的经济价值(无论是股东,经理或客户)有更广泛的范围,例如企业社会责任也包含在组织效能里。尽管如此,组织绩效不是一个单一维度,它包含多种指标和多个维度。从广义上来说,组织绩效不仅仅包含财务指标,还包括一些非财务指标,如平衡计分卡在评估组织绩效时涉及财务、内部流程、外部客户和学习、创新等指标。

组织绩效应以多重构面来衡量才能建构及发展有效的战略人力资源管理理论。此外绩效指标必须同时具备信度与效度,才能准确衡量组织绩效。

组织绩效是对组织达成目标的程度所做的一种衡量,由于企业经营的目标甚多,因此不同的研究主题会采取不同的绩效指标来进行衡量。组织为了全面的审视自身的绩效,宜采用多构面指标进行衡量,希望能够通过这样的绩效衡量,反映出组织内各个战略与活动存在的价值与必要性。在早期,组织绩效分为效能、效率、适应性三个构面,效能通常以销售成长率、市场占有率来衡量;效率是指投入与产出的比例,一般以财务上的投资报酬率或税前纯利率来衡量;适应性是指企业面临环境与威胁的应变能力,如新产品成功推出的销售量。组织绩效既可以采用绝对绩效评估方式,也可以采用相对绩效的评估方式,也就是通过与竞争者的绩效相比较,来了解本身的组织绩效如何。共分为两部分:认知组织绩效与认知市场绩效。认知组织绩效包含产品或服务的质量、新产品或服务的开发、吸引员工的能力、维持员工留在组织的能力、顾客满意度、管理者与员工关系、员工之间的关系。认知市场绩效包括销售利润率、市场占有率、获利能力、老顾客维持率。

对于战略人力资源来说,组织绩效可以从四种可能的指标进行评估:(1)人力资源结果(如离职率、缺勤率和工作满意度);(2)组织结果(如生产率、质量和服务);(3)财务结果(如利润,净资产收益率);(4)资本市场结果(如股票价格、投资回报)等。

组织绩效可以从以下两个方面进行分析:(1)衡量指标;(2)衡量方法。衡量指标为财务绩效,如市场占有率、利润、销售成长率,还有组织士气绩效,如员工士气、员工流动率及整体绩效。组织绩效除了需考虑传统的财务绩效指标(营收成长率、盈余成长率、纯益率、资产报酬率)外,人力资源绩效指标(员工每人平均获利额、员工每人平均资产额)也是一项重要的组织绩效衡量指标,例如,股价、利润、销售量、顾客满意度、生产力及产品质量等,这些指标的选择应视分析单位层级的不同而不同。衡量方式可分主观与客观。主观绩效包含三类,第一类为财务绩效,包括市场占有率、利润增长率、投资报酬率、营收成长率、顾客满意度;第二类为组织士气绩效,包括员工流动率及员工士气;第三类为整体营运绩效。客观绩效为营业额成长率。跨产业的组织绩效经常会受到外部环境的影响,有时主观的评估指标反而是较适宜的。

Lawler和Mohrman认为,人力资源管理效能是指企业中的人力资源管理部门是否能够有效地执行各项人力资源的活动与实务,并且符合企业的需求。其将企业的人力资源管理效能分为三大部分:人力资源效能、外包效能以及共享式服务效能。人力资源效能,主要的衡量指标为提供人力资源服务,提供企业变革时的顾问服务,作为一个企业伙伴、发展组织技能、量身订做人力资源活动以符合企业需求,协助塑造良好的雇用关系,协助发展事业战略,成为员工权益的捍卫者以及变革管理者。通过管理作业性服务的外包(如福利)与管理人力资源专业的外包(如薪资设计)成效来了解外包效能。并且通过卓越中心和共享式服务单位的运作状况来判断共享式服务为组织带来的效能如何。

综观上述,企业在进行人力资源管理效能评估时,应该为企业量身订做适合的评估指标。除此之外,人力资源管理效能评估的准则应该考虑以下三个构面。

(1) 评估目的应该重视影响结果的过程及方法。评估不仅考虑财务等显性指标，也考虑员工士气等隐性指标。

(2) 评估重点在于整体人力资源管理效能或个别人力资源管理效能。人力资源管理效能的评估不仅涉及各种具体职能，如招聘成本、培训成本等评估，也要对整体战略人力资源管理效能进行评估，如人力资源管理与财务管理协同性等。

(3) 指标的形式应该考虑定量指标与定性指标相结合。由于每个组织对于效能与绩效皆有不同的目标，因此若是仅使用单一指标来评估组织绩效，则明显不足。在选择指标时，要充分考虑即期指标和长期指标，也要平衡财务指标和非财务指标。

四、战略流派：人力资源计分卡

人力资源管理测量与评估的历史就是人力资源的一部发展史。早期的评估主要是随机的、单一的测量。譬如报酬管理是否对组织绩效产生影响？人员配备是否对组织绩效产生影响？培训成本是否对组织绩效产生影响？但是，单个人力资源实践明显存在局限性，譬如培训不仅仅对组织绩效本身产生影响，也可能对其他人力资源活动产生影响，这就夸大了单个人力资源实践活动本身的解释效应。在单个人力资源实践活动中，人们选取指标的随意性也非常大，并不存在关键指标或者因果联系。一些研究者在施乐公司绩效管理的基础上，提出了标杆管理的模式。标杆管理主要是对企业人力资源瓶颈部分进行评价，并对比优秀企业的经验加以修正。这种评价是局部的，也是非系统化的，并不与企业战略目标息息相关。然而这并未能突破单一实践的桎梏，到底哪一种人力资源实践占据着支配地位，还不得而知。公司越来越倾向于高绩效人力资源系统，从而向信息系统和战略性的平衡计分卡和人力资源计分卡演进。我们将在下一节详细介绍。

第三节　人力资源计分卡

传统人力资源评估仅仅测量那些可以直接测量的量化指标，如一些财务指标，平均录用成本、缺勤率、离职率、员工报酬和福利、空缺职位填补时间、员工满意度等，对于下列指标则较少关注。

(1) 知识比例。组织员工中知识型员工的比例。知识型员工包括专业人员、工程师、高级管理人员。

(2) 成熟化比例。企业资产在成长性市场中的比例，以及在超越顶峰后的市场中的比例。如果企业只生产生铁，随着对铁的需求缩小，这家公司的市场也就缩小了。

(3) 股价、专利比例、企业股价、平均专利数。

(4) 研究开发专利比例：开发各项专利投入的总投资。

现代人力资源评估需要统筹考虑财务指标和非财务指标的平衡以及战略上的制衡。衡量人力资源系统如何对企业战略目标和价值链做出贡献，如表15-4所示。

表 15-4 传统人力资源评估与现代人力资源评估差异

传 统 评 估	新 型 评 估
单一的框架(会计学)	多重时间概念,包括未来和领导行业的指标
短期观念	人员是资产、是投资
集中的时间滞后的指标	财务与其他数据的平衡,定期检查与报告
人员是成本	测量与评估是人力资源工作必须履行的责任
仅仅依赖财务数据,管理信息系统	测量那些紧要的事物
人力资源真正的贡献没能测量	速度是重要的组成部分

正是在系统的人力资源管理的理论基础上,平衡计分卡应运而生。

一、平衡计分卡

(一)平衡计分卡产生

20 世纪 80 年代末 90 年代初,欧美很多学者和大公司发现,传统的以财务为单一衡量指标评价企业经营绩效的方法是妨碍企业进步的主要原因之一。这主要表现在以下几个方面。

(1) 环节单一。企业的运营是一个持续不断的改进过程。与之相适应的企业也应当是一个持续不断的动态循环。传统的企业绩效评价仅仅作为企业会计期末的分析和总结,停留在单一的事后管理环节,远远未能发挥其应有的功能,不利于对企业运营的实时监控和及时调整。现代企业管理的绩效评价应当充分利用现代信息技术,缩短相关指标的呈报周期(每日、每周、每月、每季度或每年),提高评价信息在企业管理中的响应速度。

(2) 广度不够。企业是一个多维的开放的系统,其运营不仅涉及内部的各种因素,而且受到外部各种环境的影响。传统人力资源评估仅仅关注内部能力,未能关注企业外部因素对人力资源管理的影响,也没有考虑企业战略目标与人力资源的相互作用。

(3) 深度不足。企业不仅面临多变的外部环境,而且涉及多种内部因素以及复杂的内部环节和层次。传统的企业绩效评价在一定程度上反映综合的绩效结果,但不能揭示深层的绩效动因。人力资源评价也必须与其他管理职能相匹配,才能产生协同效应。

(4) 远度有限。传统的企业绩效评价关注短期的眼前利益,而忽视长期的发展潜力。过度关注财务指标使企业失去前进动力,难以基业常青。

(5) 壁垒森严。组织中的各种职能,如财务、生产、人力、市场等部门壁垒森严,缺乏有效的沟通,无法产生协同效应。绩效管理只是针对各个部门单独进行。

正是因为这样一些原因,西方很多学者以及实务界兴起对平衡财务与非财务指标的综合绩效评估方法的研究。平衡计分卡最初源于 1990 年美国诺顿研究所主持并完成的"未来组织绩效衡量方法"研究计划。该计划的目的在于找出超越传统以财务会计量度为主的绩效衡量模式,以使组织的"策略"能够转变为"行动"。在此基础上,美国哈佛大学教授卡普兰(Kaplan)和诺顿研究院(Nolan Norton Institute)的执行长诺顿

(Norton)又进行全面而深入地研究,并于 1992 年、1993 年和 1996 年分别发表了《平衡计分卡:良好的绩效评估体系》、《平衡计分卡的应用》和《将平衡计分卡用于战略管理系统》三篇论文,此后又出版了《平衡计分卡:一种革命性的评估和管理系统》和《平衡计分卡:化战略为行动》等专著,使平衡计分卡的理论与方法得以系统化。

平衡计分卡从四个角度关注企业绩效:财务视角、顾客视角、内部流程视角及学习与发展视角。财务评估指标,能揭示已采取的行动所产生的结果;用顾客满意、内部流程、学习与发展三套绩效评估指标来补充财务评估指标,而这三方面的活动又推动着未来的财务绩效。

(二)平衡计分卡的内涵

对于平衡计分卡,有很多种看法,有人说平衡计分卡是绩效评估工具,有人则认为它是一种人力资源管理工具,更多的人则把它理解为一种战略管理工具,最后还有人把上述几种观点综合起来,视之为一种综合管理工具。

作为一种评估企业经营绩效的有效工具,平衡计分卡采用了衡量企业未来绩效驱动因素的方法,具有战略管理的功能。企业通过对平衡计分卡这一全新制度的使用,将更加重视长远的工作绩效,把战略目标转变为行动,实现更大的商业价值。平衡计分卡是一种将企业的战略目标用可以测量的各种指标表达出来,使管理层及各级员工能够对企业的发展战略有明确认识,并促使发展战略向经营实践转化的管理方法。

与传统绩效管理的模式不同,平衡计分卡在保留了传统财务指标的基础上,增加了客户、内部业务流程、学习和成长三方面的非财务指标,从而可以达到全面计量企业绩效的目的。平衡计分卡具有以下几个特点。

(1)平衡计分卡既是一种评价系统,也是战略管理的重要组成部分,还是一种企业管理制度;

(2)平衡计分卡重视对企业长远发展的评价,即评价指标中包括影响企业长远利益的因素;

(3)平衡计分卡所设计的评价指标体系做到了财务指标与非财务指标的有机结合,能够对企业的经营绩效和竞争能力进行系统的评价;

(4)平衡计分卡重视对企业经营过程的评价,即指标中包括评价企业的经营活动能否满足客户需要;

(5)平衡计分卡重视企业与外部利益相关者,如客户、供应商、战略伙伴以及政府等的关系;

(6)平衡计分卡重视对企业可持续发展能力的评价;

(7)平衡计分卡从分析创造企业经营绩效的驱动因素入手,找出企业存在问题的真正症结所在,以确定企业为实现某种战略目标所必须改进或发展的方面。例如:平衡计分卡在对企业要提高资本回报率进行分析时,就可按照下列因果关系链展开:提高投资回报率——提高客户对产品的认可程度——提高准时交货率——缩短产品生产周期并控制产品质量——提高员工技能。

平衡计分法中的所谓"平衡"是指在以下六个方面间保持平衡。

(1) 长期目标与短期目标之间平衡;

(2) 财务指标与非财务指标之间平衡;

(3) 滞后指标与领导性指标之间平衡;

(4) 外部(股东和客户)和关键内部(内部流程/学习和成长)之间平衡;

(5) 所求的结果和这些结果的执行动因之间平衡;

(6) 强调客观性测量和主观性测量之间平衡。

平衡计分卡不仅是一个核心的战略管理与执行工具,是在对企业战略目标达成共识的基础上,将财务、顾客、运营、学习与成长四个维度的指标和价值活动有机结合在一起的战略管理体系,同时也是一种先进的战略人力资源管理评估体系。

(1) 财务维度。股东对我们怎么看?作为市场的主体,企业必须以盈利作为生存和发展的基础。企业所有的改善都应该最终归于财务目标的达成。平衡计分卡将财务方面作为所有目标评价的焦点。

(2) 顾客维度。顾客如何看我们?企业为了获得长远的财务绩效,就必须创造出客户满意的产品和服务。顾客是企业产生利润的源泉,顾客不仅仅是购买产品和服务,他们也需要尊严、地位和价值显现。顾客满意是企业获得持续发展的基石。

(3) 内部流程维度。我们必须在什么方面胜出?传统绩效管理模式仅仅突出财务指标或者量化指标所带来的影响,内部流程维度则强化了内在价值链的作用所在,考虑了流程一致性、流程清晰度、流程职责、流程指标、外部客户串联、流程设计效果等问题,对组织绩效的提高是显而易见的。

(4) 学习与发展维度。我们能否持续提高和创造价值?这个方面的维度为其他领域的绩效突破提供手段。平衡计分卡实施的目的和特点之一就是避免短期行为,强调未来投资的重要性,同时并不局限于传统的设备改造升级,更注重员工发展、学习和创新的重要性。企业的核心能力是由全体员工的能力组成的,员工能力发挥有赖于企业人力资源系统的有效运作。学习、知识和创新是企业的无形资产,也是企业未来价值的来源。

平衡计分卡把战略置于中心地位,它根据公司的总体战略目标,将之分解为不同的目标,并为之设立具体的绩效评估指标,并通过将员工报酬与评估指标联系起来的办法促使员工采取一切必要的行动去达到这些目标。这就使得公司把长期战略目标和短期行动有机地联系起来,同时它还有助于使公司各个单位的战略与整个管理体系相吻合。因此可以这样说,平衡计分卡不仅仅是一种测评体系,它还是一种有利于企业取得突破性竞争绩效的战略管理工具,并且它可以进一步作为公司新的战略管理体系的基石。

二、人力资源计分卡

在企业价值链的增值链中,讨论更多的可能是财务、生产和营销,大部分的企业绩效指标集中在财务或者营销方面,而且大多是一种滞后的反映。但事实上不超过10%的战略计划能够得到有效的实施。2.85%的高层管理团队每个月花在讨论企业战略上的时间不超过一个小时,这使得企业战略制定和实施成为两个分离的实体。然而,大量的事实表明,人力资源管理能够为公司出色的绩效提供贡献。那些具有更有效的人力资源系统的公司的绩效总是比对手更好。因此,测量和评估人力资源管理,特别是开发一种人力资源管理评估系统,将人力、战略和组织绩效联系起来非常重要。人力资源计分卡正是在这种迫切要求之下诞生的。

(一)人力资源计分卡产生

人力资源成为企业最宝贵的资源,很多理论提出了人力资源是企业获取竞争优势的来源,并且人力资源由于具有价值性、稀缺性、难以模仿性,成为了企业的战略性资产。人力资源成为企业的战略性资产或者竞争优势的来源并不是没有条件而自发形成的,这个重要的前提条件就是正确有效地对人力资源进行管理。但是,实践中很多企业没有认识到人力资源管理的价值,认为人力资源很重要,却忽视了人力资源管理对于人力资源发挥效用的促进作用。许多企业对人力资源管理在公司取得成功时所起的作用持怀疑态度。主要的原因在于人力资源管理对于公司绩效的影响难以测量。战略人力资源管理出现,强调企业战略、人力资源和组织绩效有机结合,使人们认识到人力资源是一种战略性资源,或者说是企业的第一资源,正是在这种背景下企业人力资源计分卡得以产生。

人力资源计分卡是建立在平衡计分卡的基础之上,由贝克尔等在对 3 000 家公司进行调研而创立的。以平衡计分卡的财务、顾客、内部流程、学习与成长四个构面为基础发展的人力资源计分卡,将有助于执行组织战略,并有效测量人力资源管理的绩效。目前,企业人力资源计分卡理论在国外的企业实践中已经应用,并且取得了明显的效果,例如在美国的 GTE 公司,通过使用人力资源计分卡理论,使得公司的人力资源管理系统作用增强,企业的绩效显著提高。GTE 公司围绕五种战略驱动力:人才、领导、客户服务和支持、组织统一、人力资源能力集中战略驱动力进行组织。保持人力资源系统、人力资源传导机制和组织绩效的一致性,通过战略、运作、客户和财务使公司战略得以实施。

企业的人力资源计分卡理论引入中国的时间不长。因此,很多企业对于人力资源计分卡的功能十分陌生。企业人力资源计分卡的功能包括核心功能和附加功能。企业人力资源计分卡的核心功能是测量人力资源管理的战略影响,附加功能是指在实现人力资源计分卡的核心功能的时候,可以发挥其他作用。企业人力资源计分卡的最初的设计目的是测量人力资源管理的战略影响,也就是企业的人力资源管理人员如何评估他们对企业的战略执行所做的贡献,这一贡献应该是实际可见的,而不是理论上的可能性。企业人力资源计分卡通过测量人力资源管理的战略影响可以使得人力资源管理人员采用其他管理人员和高层所能理解的方式来理解人力资源管理的价值。

通过测量人力资源管理的战略性影响,人力资源管理人员不只是证明他们存在或者保护其势力范围,而是为了维持人力资源管理部门的生存和整个公司的生存。如果人力资源部门不能表明它可以增加价值,就面临着被外包的危险。就人力资源管理部门本身来讲,被外包并不一定是件坏事,因为将低效率的部门外包确实能够提高企业的整体效益。然而,人力资源管理部门外包却将浪费很多不可多得的潜在机会。

人力资源计分卡测量人力资源管理的战略影响的同时,可以实现下面几个功能。

（1）增加企业管理人员对于将人力资源系统作为企业的战略性资产的认识。人力资源管理已经由传统的人事管理角色转化为战略角色，具有战略性功能。如何评估这种战略性的作用，已经成为企业发展的关键。人力资源系统已经成为企业的一种无形资产，也成为了战略性资产，此项工作首先必须消除认为人力资源管理是一种成本中心的会计思想。其次，必须尽力开发出一个评估系统，用以帮助公司真正认识人力资源管理的价值。从企业战略执行的角度评估人力资源管理，使得人力资源管理的评估具有动态性和全局性。

（2）架构了战略、人力资源和组织绩效的桥梁，同时对于四项主题的概念进行了界定。贝克尔等人根据自己多年的研究，认为评估人力资源管理的战略性价值不能仅仅停留在把人力资源管理和企业的财务直接联系的层面。因为企业的人力资源管理工作是企业价值链的上游部分，对于企业财务绩效能够直接起到推动作用的要素不多的，因此必须从企业战略执行的角度来审视企业人力资源管理的价值。不同公司的人力资源计分卡的设计系统可能不一样，但是一个有效的人力资源计分卡系统应该包含四项主题：①人力资源传导机制，它能在公司总体战略中起着人力资源的杠杆作用；②高绩效工作系统；③人力资源管理系统的一致性；④人力资源管理效率。

（3）提出了运用人力资源计分卡来测量企业人力资源管理战略性价值的原则。例如GTE和西尔斯公司在测量和评价时考虑：以结果为导向的责任制；将人力资源对业务的贡献量化；收集企业兼并之前的人力资源数据；努力成为人力资源测量与评价领域的领先者。

（4）提出了运用人力资源计分卡评估人力资源体系一致性的作用和概念，并开发出评估人力资源体系一致性的方法。他们指出，人力资源管理体系要成为一种战略性资产，就必须具备一致性的两个维度，即内部一致性和外部一致性。外部一致性是产生关键性人力资源传导机制的人力资源管理系统和企业战略执行系统的要求之间的一致性。内部一致性是人力资源职能的角色预期和将这种角色付诸实施的个人胜任力之间的一致性。

（5）指出企业人力资源专业人员必须具备战略绩效管理能力。设计好的人力资源计分卡要能够实施，就需要专业人力资源管理人员具备胜任力，如何培养这种胜任力也是非常重要的。使得人力资源管理人员正确担当起自己的战略性职责。通过创建和实施人力资源计分卡，可以有效地帮助人力资源管理人员正确认识自己的战略性职责和执行自己的战略性职责。

（6）既评估具体的人力资源管理实践，又对整个人力资源管理系统进行评估。传统人力资源评估可能仅仅对人力资源管理的具体职能进行评估，如评估招聘的费用、培训的成本和效益等，人力资源计分卡基于资源基础理论，从战略层面对人力资源管理系统进行有效考量，不仅可以对具体职能进行分析，也可以衡量整体的人力资源系统。人力资源计分卡可以区分人力资源管理的职能活动和人力资源传导机制。人力资源管理活动有的是属于操作层面的，不能够对于战略的执行起到推动作用。有的是属于战略层面的，可以影响企业的战略执行。通过企业的人力资源计分卡来测量人力资源管理的战略影响就可以有效区分两种类型的人力资源管理实践。

(7) 正确认识人力资源管理的价值。企业人力资源管理活动很多时候被认为是成本控制中心而非利润中心,通过人力资源计分卡来测量人力资源管理的战略影响,可以帮助企业的人力资源管理人员和其他人员正确认识人力资源管理的成本和价值。

(二) 人力资源计分卡维度

一些学者认为,从平衡计分卡的概念衍生出的人力资源计分卡可用来监测劳动市场、分析劳动力指标、诊断劳动相关议题、计算负面的财务影响与提供解决改善方案。人力资源计分卡可从战略、营运流程、顾客、财务四个构面着眼,如图15-8所示。

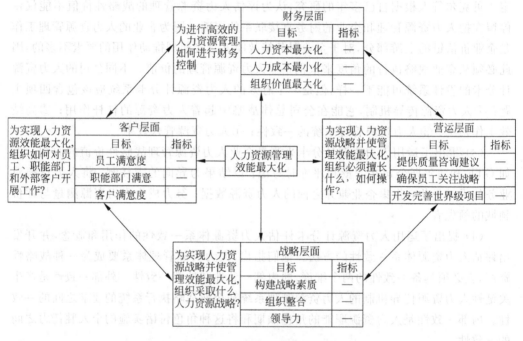

图 15-8　人力资源计分卡维度

(1) 战略维度。衡量人力资源五大策略性目标的成果,包括才能、领导、顾客服务与支持、组织整合及人力资源能力。由于人力资源计分卡是以实现企业目标为基础,所以调整人力资源的战略目标使其与组织目标一致,则成为驱动整个计分卡的关键维度。

(2) 营运观点。评价人力资源在企业整体实务运作流程上的表现,关注于有关人力资源活动运作流程、运作技术和人力资源所要处理的行政事务,主要涵盖招募、技术、人力资源流程与交易三大层面。

(3) 客户观点。衡量主要目标顾客群(内部员工)眼中的人力资源成效,透过调查结果来追踪员工对人力资源服务的满意度,评估整体员工投入和竞争力,并与生产力链接。

(4) 财务观点。人力资源部门为了说明人力资源如何为组织增加可量化的财务价值,评价指标包含训练、技术、招募、风险管理、服务递送成本的投资报酬率。

其后一些学者认为,人力资源计分卡应包含四大要素:人力心态与文化、人力能力、领导驾驭力与人力行为表现，以及人力绩效表现，如表15-5所示。人力评量的各项标准都是针对员工心态、能力和行为而设计的，且能帮助员工创造优异的绩效表现。所有人资作业都应该符合人力绩效表现的需要，并以人力绩效表现来评量员工努力的成效。

表15-5 人力资源计分卡四个构面

构面	问题	范例
人力心态与文化	员工是否了解公司策略？企业是否具有执行策略所需的文化？	了解公司营运模式与主要经营战略的员工比例、管理高层与人力资源部门所传达的信息的一致性
人力能力	人力（尤其是担任重要职务的员工）是否具备执行战略所需要的技能？	员工接触到可提升专业技能工作的机会、培训A级人员的预算比例
领导驾驭力与人力行为表现	领导团队和人力行为表现是否一致朝向战略目标迈进？是否能发觉并培育A级员工？	历次领导能力调查的平均分数、员工具有目前工作以外的技能和经验的比例
人力绩效表现	员工是否达成公司的关键战略目标？	订单准时出货的比率、新产品研发时间缩短的百分比

（三）人力资源计分卡实施

人力资源计分卡既是一种管理工具，同时也是一种测量工具。它可以用来测量企业中的人力资源活动、员工行为方式、绩效产出和企业战略之间的相互关系。它在企业建立战略目标导向的人力资源管理体系中发挥着重要的作用。人力资源计分卡的实施通常分为四个步骤：分析、设计、实施和评估。分析包括明确定义企业战略、分析企业战略资产的情景、创立企业战略地图和明确人力资源在战略中的角色；设计包括使人力资源结构与其在战略中的角色一致和设计相应的人力资源管理评价系统；实施即采取相应措施对人力资源管理效果进行测量；评价意味着定期评价相应构面指标与战略地图的一致性。如图15-9所示。

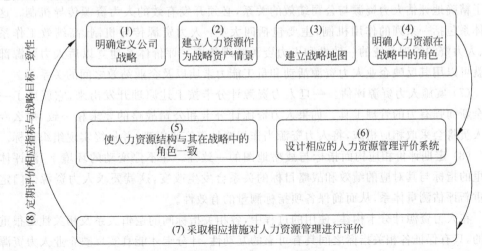

图15-9 人力资源计分卡实施步骤

(1) 明确定义公司战略。在企业将战略规划分解为具体可行的战略目标的时候，人力资源部门基于自身对战略的理解和对企业内外部人力资源状况的了解，可以对企业战略规划的制定和具体目标的分解提供有效的信息支持，并将企业战略和人力资源部门的职能战略进行对接。拟定战略目标时，要尽量避免使用不够具体的描述而导致订出太广泛的目标。

(2) 建立人力资源作为公司战略资产的情景。要想提高企业的绩效，就必须了解企业的价值创造活动。如果对企业的业务活动不了解，不知道企业的盈利来源，就不可能做好辅助企业战略实施的工作。通过对价值链的分析，可以使企业明确自身需要什么样能力素质的员工，以及与此配套的政策和措施。

(3) 建立企业战略地图。在着手绘制战略图之前，应该进一步观察公司的战略目标，弄清楚下列问题：①哪些战略目的/目标/结果是实际可行的，而不是摆设？②执行每一个目标的动力是什么？③怎样评估达到目标的程度？④阻碍每个目标成功执行的因素是什么？⑤为了确保战略目标的实现，员工应该怎样做？⑥人力资源职能能够为公司提供实现该战略目标所必需的员工能力和行为吗？⑦如果不是这样，需要做些什么变革？弄清楚企业的落后指标和领先指标，有形指标和无形指标。

(4) 明确人力资源在战略中的角色。第三步明确以后，就要确定要扮演中介的角色，找出人力资源部门在价值链中协助组织达成目标的传递因素是什么，并让其他部门了解人力资源扮演的角色及重要性。

(5) 使人力资源结构与其在战略中的角色一致。明确了企业员工需要的能力和素质以后，人力资源部门就要制定实现这些人员能力和素质要求的保障措施和政策。通过招聘和解雇找到(去除)企业实现战略目标所需(不需要)的人员，通过企业培训项目提升员工具备相应的能力素质，通过薪酬和激励措施引导员工做出企业实现战略目标所需的行为，并使人力资源结构与其战略角色相一致。

(6) 设计人力资源管理评价体系。设计人力资源评估系统不但要求设计者对人力资源绩效的评估采取全新的视角，而且还要求设计者具有一些解决技术问题的方法。为了精确地评估人力资源与公司绩效的关系，必须开发有效的人力资源传导机制。这个体系包括一系列的作用机制，主要包括四大类：人力资源传导机制、高绩效工作系统、人力资源管理系统的一致性和人力资源管理效率。评价体系建立以后人力资源部门就可以用其反映企业人力资源活动和员工能力素质以及企业绩效之间的关系了。

(7) 实施人力资源评估。一旦人力资源计分卡按上述原理开发出来，它就成了一种全新而强有力的管理工具。如果人力资源计分卡和公司战略的要求相一致，那么专业人员将会采取相应措施，将人力资源当作战略性资产来管理，并最终实现组织目标。

(8) 定期评价相应构面指标与战略地图的一致性。在不停变动的环境下，测评体系里的指标与其对应的绩效和战略目标的关系会发生改变，这就要求人力资源部门定期重新评估测量体系，从而确保各项指标测量的有效性。

在人力资源计分卡构建、使用的过程中，各相关指标间的逻辑关系及相关性是很重要的，只有保证各相关指标之间具有可靠的互动性，计分卡才能真实反映企业人力资源活动在企业实现其战略目标中所发挥的作用。利用企业的人力资源计分卡之所以能够较为准确地测量人力资源管理的战略影响,主要的原因包括几个方面。

（1）人力资源计分卡是链接企业的战略和人力资源战略以及人力资源管理系统的工具,对于人力资源管理实践活动进行了战略性与操作性的区分。

（2）人力资源计分卡能够将人力资源管理整合到企业的经营绩效评估系统中,找到了人力资源管理和企业战略实施之间的交叉结合点。

（3）良好的测量原则也是人力资源计分卡能够准确测量人力资源管理的战略影响的保证,因此创建了人力资源计分卡,还必须制定良好的测量原则。从这个方面来讲,良好的测量原则也是人力资源计分卡的构成部分之一。

（4）人力资源计分卡关注的是人力资源体系,也关注人力资源体系的一致性。正是因为这种人力资源体系内部和外部一致性的关注,才使得人力资源管理的战略影响的评估既有了外部条件,又有了内部条件。

人力资源计分卡为战略人力资源管理评估提供了很好的视角和框架,但在具体指标构面和实施方面存在较大争议。此外,人力资源计分卡维度具有指导性意义,要让其作为可操作的战略人力资源评估系统,还需要建立相应的关键绩效指标。

第四节 本章小结

这一章论述了战略人力资源评估方法及其相应的流程。20世纪之前,理论家和实践者更加关注有形资产,例如厂房、设备和资金对组织绩效的价值增值。到了当代人们渐渐认识到,区分一个企业的关键特征是人,而不是机器、设备和金钱。人力资源是获得企业竞争优势的源泉。人力资源管理作为企业管理的一项重要工作,当然是为实现企业战略目标服务的。因此,需要从战略上考量人力资源管理收益。

有关的人力资源研究提供了相应的人力资源管理评估方法,大致包括：人力资源会计、投入产出分析、人力资源成本控制、人力资源利润中心、人力资源关键指标、人力资源效用指数、人力资源目标管理、人力资源管理价值理论、人力资源审计、人力资源竞争基准、P-CMM法、人力资源调查问卷、人力资源声誉、人力资源案例研究、人力资源指数、组织健康报告法、人力资源计分卡等方法。这些方法可以归结为四种主要的流派：人力资源会计流派、人力资源指数流派、组织绩效流派、战略流派。

人力资源会计流派强调将员工或HR部门视为企业资产或投资,采用一些会计原理对人力资源或HR部门的成本和收益的效率进行评估,从而测算出人力资源管理的价值,属人力资源管理评估硬指标。人力资源指数是由美国弗雷德·舒斯特教授在1977年设计,主要从企业气氛调查方面对组织的人力资源管理进行评估。组织绩效是对组织达成目标的程度所做的一种衡量,由于企业经营的目标甚多,因此不同的研究主题会采取不同的绩效指标来进行衡量。组织为了全面地审视自身的绩效,宜采用多构面的衡量构面,希望能够通过这样的绩效衡量,反映出组织内各个战略与活动存在的价值与必要性。

早期的评估主要是随机的、单一的测量。单个人力资源实践明显存在局限性,譬如培训不仅仅对组织绩效本身产生影响,也可能对其他人力资源活动产生影响,这就夸大了单个人力资源实践活动本身的解释效应。在单个人力资源实践活动中,人们选取指标的随意性也非常大,并不存在关键指标或者因果联系。公司越来越倾向于高绩效人力资源系统,从而向信息系统和战略性的平衡计分卡和人力资源计分卡演进。企业人力资源计分卡通过测量人力资源管理的战略影响可以使得人力资源管理人员采用其他管理人员和高层所能理解的方式来理解人力资源管理的价值。

人力资源计分卡测量人力资源管理的战略影响的同时,可以实现下面几个功能。

(1) 增加企业管理人员对于将人力资源系统作为企业的战略性资产的认识;(2)架构了战略、人力资源和组织绩效的桥梁,同时对于四项主题的概念进行了界定;(3)提出了运用人力资源计分卡来测量企业人力资源管理战略性价值的原则;(4)提出了运用人力资源计分卡评估人力资源体系一致性的作用和概念,并开发出评估人力资源体系一致性的方法;(5)指出企业人力资源专业人员必须具备战略绩效管理能力;(6)既评估具体的人力资源管理实践,又对整个人力资源管理系统进行评估;(7)正确认识人力资源管理的价值。

人力资源计分卡由策略、营运流程、顾客、财务四个构面组成。人力资源计分卡的实施通常分为四个步骤:分析、设计、实施和评估。分析包括明确定义企业战略、分析企业战略资产的情景、创立企业战略地图和明确人力资源在战略中的角色;设计包括使人力资源结构与其在战略中的角色一致和设计相应的人力资源管理评价系统;实施即采取相应措施对人力资源管理效果进行测量;评价意味着定期评价相应构面指标与战略地图的一致性。

重要名词术语
ZHONG YAO MING CI SHU YU

人力资源评估	人力资源会计学	财务视角
人力资源管理	人力资源指数	客户视角
人力资源价值	组织绩效	流程视角
人力资源效益	组织效能	学习和发展视角
绩效	人力资源管理效能	战略维度
环境	人力资源计分卡	营运维度
经营战略	平衡计分卡	战略地图

思 考 题

1. 什么是人力资源测量和评估?
2. 评估战略人力资源有什么重要意义?
3. 人力资源管理评估的标准是什么?人力资源管理评估的范围是什么?
4. 人力资源评估的会计方法是什么?
5. 人力资源评估的指数方法是什么?

6. 人力资源评估的组织绩效方法是什么?
7. 什么是平衡计分卡?
8. 什么是人力资源计分卡?如何建立人力资源计分卡?
9. 人力资源计分卡有哪些维度?

案例

美菱集团战略人力资源管理与组织绩效

一、合肥美菱

1983年,我国冰箱产业初成气候,大小生产企业多达数百家,并形成了"北有雪花,南有万宝,东有香雪海,西有美家乐"的竞争格局。而合肥美菱在一无资金、二无技术、三无体制优势的情况下跨入冰箱产业。然而在不过20年的时间里已发展成为一个资产超30亿元,集科、工、贸、服务于一体的大型企业集团,稳稳地位居我国冰箱产业的三甲之列,并创造出我国冰箱产业中的多项奇迹。

1984年,合肥美菱自筹资金建设的年产5万台冰箱的生产线于9月投产,标志合肥美菱正式跨入冰箱产业。是年,合肥美菱工生产冰箱3 008台。实现工业产值404万元、利税45.43万元,比1983年分别增长129.5%、116.33%,一举摆脱了长期缠绕在身的亏损阴影。

1985年,合肥美菱以只争朝夕的工作效率在20天内办好全部手续,从而赶在国务院冰箱生产线引进禁令生效前一天,以低于国内其他企业引进同类生产线的价格,从意大利梅罗尼公司引进单班年产10万台阿里斯顿冰箱的生产线。

1987年,引进生产线运抵后,合肥美菱又实施内部项目承包责任制,抽调管理、技术骨干组成安装工程项目组,比计划工期整整提前3个月完成安装,成为国内阿里斯顿9兄弟中安装生产线速度最快的企业。业内誉之为"美菱速度"。是年,合肥美菱共生产冰箱60 050台,实现工业产值4 908万元、利税1 058.52万元,分别是1984年的12倍和23倍,美菱冰箱市场占有率为1.5%。

1989年,面对国内冰箱市场疲软、消费需求直线下滑。合肥美菱全力开发符合消费者要求的大冷冻室冰箱——181型冰箱,并一举打破各名牌冰箱竞相降价销售的态势,同时成为全国冰箱五大名牌之一,企业也首次进入全国工业企业500强。

1992年,合肥美菱开始着手股份制改造,踏上集团化发展的道路,并将眼光从国内市场扩展到全球市场。为此,合肥美菱进行"强弱联合"战略,实现以每年增加产值5亿元的惊人速度扩张,连续7年稳居我国冰箱产业的前三名。

2000年,合肥美菱已发展成为一个集家电、电子、塑料、纸制品、商贸、酒店等多元化为一体的大型企业集团,拥有资产30多亿元,员工6 000人,市场占有率更高达12.13%,在我国家电产业中具有了举足轻重的地位。

二、合肥美菱成功的原因

创造出辉煌绩效的合肥美菱引起了社会各界的关注,专家、学者、管理者对合肥美菱的成功之道也是莫衷一是。有人将合肥美菱的成功归因于其适时介入了一个迅猛发展的产业；也有人将美菱的成功之道归因于其及时引进了现代化的冰箱生产线；还有人将美菱的成功归因与其科学而有效的企业战略。究竟是什么导致了美菱的成功？先让我们来看这样的一组事实。

1987年是我国冰箱产业最红火的年份，几乎所有的冰箱生产企业都在竭力扩大生产规模。就在此时，美菱创造了"美菱速度"，仅用3个月就将引进的生产线安装就绪。为什么？原因就在于早在1985年安装从意大利引进的年产1.5万台冰箱的小型生产线时，美菱就精心挑选了60名员工给意方技术人员当助手，跟班作业，培训出一支懂技术、有经验的骨干队伍；其次，以物质和精神双重激励为特征的内部项目承包制激发参与生产线安装的精英们的工作热情。

1989年是我国冰箱产业遭遇厄运的一年，冰箱销量直线下降，几乎所有的冰箱生产企业都在苦寻出路。而在此时，美菱适时地推出了满足客户需求的大冷冻室冰箱，创造了"181效应"。原因就在于岗位轮换使得美菱的工程师站到了柜台上，使得研发人员走进了用户的家中，从而发现和激发了客户的潜在需求。

进入20世纪90年代，我国冰箱市场开始供大于求，冰箱生产企业间的竞争转为产品质量的竞争。而美菱通过实施"质量双向控制系统"等措施，严把产品质量关，使得美菱的产品开箱合格率一直在99.8%以上、产品返修率不足0.1%，保证了美菱冰箱的质量，赢得消费者的一致好评。

20世纪末，我国冰箱产业步入成熟期，严重过剩的生产能力所导致的激烈竞争使得冰箱生产企业跨入了微利时代，此时成本才是最坚实的底牌。而正在这个时候，美菱的总成本却持续降低，1998年总成本比1997年降低了5 773.79万元，占公司当年利润的一半多；而1999年的总成本又比1998年降低了10%。其成功秘诀就是"千根线拧成一股绳，让员工自己当家，自己超越"。

由此可见美菱成功的奥秘就在于其具备了一种其他企业所没有的独特能力——知道如何把事情做好的能力。面对不断变化的各种挑战，美菱总是通过有效的人员组织、明确的任务界定、公正而准确的绩效评估和及时的物质与精神激励，将企业每位员工的能力充分地整合起来，调动员工的积极性，推动企业不断迈向成功。可见，美菱所具有的独特能力是基于员工的，这种能力蕴藏在企业的人力资源中，并通过员工个体和群体的某种行为表现出来。因此，人力资源及其有效管理才是合肥美菱取得骄人绩效的根本原因。

三、合肥美菱的战略人力资源管理

从跻身于我国冰箱产业起，美菱便一直致力于人力资源的创新管理，把人力资源管理提升到战略性的高度，与企业战略相结合，从而在冰箱产业中创造了一个又一个奇迹。其战略人力资源管理具有以下鲜明特征。

（一）严格地规定工作任务与职责

在美菱，每个工作岗位都有一份详细的工作说明书，严格地规定该岗位的工作任务、工作职责、工作关系以及工作标准。这在我国国有企业中是十分罕见的。

美菱在这一方面的努力起始于1986对冰箱生产定额定员的测算，而集大成于

1995年"三维动态目标管理",即是一个"事事有人管,人人都管事,工作天天清,目标步步高"的人、事、物有序的控制体系。

为保证三维动态目标管理的实施,美菱将"按照写的做,按照做的写"作为一条基本原则在企业生产经营活动中全面贯彻。美菱要求员工在工作岗位上所做的一切都有章可循,有据可查,并随着实践的发展而不断完备。通过这一原则的实施,美菱对所有职能管理部门建立了"部门工作明细分账"和落实到人的"个人日清工作台账"和"岗位责任卡",实现对每个岗位的工作任务、职责、标准的严格规定,并随着实际情况而不断地调整和完善这些规定。

(二)务实而有效的人才招聘

人才是企业发展的关键,美菱深深懂得这个道理。为此,美菱在加大内部人才培养的同时,高度重视招聘工作,从自身的实际出发,使其人才招聘政策与实践显得十分的与众不同。第一,在人才招聘的地域选择上,美菱采取了立足安徽的策略,充分发挥自身在区域内的比较优势,将吸引人才对象集中在本省人才和本省高校毕业生上。第二,在招聘对象的来源上,美菱采用分类对待的策略。对于企业迫切需要的经营管理人才和专业技术人才,主要从省内国有企业中招聘;对于后备人才,主要从高校毕业生中挑选;而从职业技术学校中挑选企业的生产操作人员。第三,在人才的吸引上,美菱尽管也提供优厚的物质待遇,但对这些待遇却从不做过多的渲染,招聘广告总是以提供做事业的机会为主要诉求。而对一经录用人员,美菱让其充分施展才华,建功立业。第四,在人才招聘过程中,美菱始终坚持严格挑选。由专门的人员甄选小组对应聘者进行考核与审查,确保雇用最合适的人员。第五,美菱还特别注意对"潜力人才"的吸纳。即以低成本招募那些素质好、学习能力强但尚未崭露头角的人才,对其进行相应的培训与磨炼,使其成为企业的栋梁。同时,有这种成长经历的人员会对美菱产生一种难以割舍的感情,有较高的忠诚度。

(三)完善的企业培训系统

美菱一直将培训放在优先发展的重要地位,坚持不懈地将自己变成一个培训型组织。通过长期的培训投入,美菱已培养出一支高素质、高技能、高投入的员工队伍,并形成了一套完整的员工培训系统。其培训体系具有以下特征。首先,健全的管理体制,并将员工培训纳入各级管理者的目标与责任,定期考核。在美菱,形成了集团,分、子公司,车间与部门的三级员工培训管理体制,由集团高层负责制定、审批集团总培训战略等事宜,分、子公司负责人拟定所在单位的培训战略事宜,由车间和部门负责具体的实施。其次,有效的激励机制。美菱坚持将参与培训与员工的切身利益相挂钩,形成"培训、考核、使用、待遇"一体化的激励机制,从而激发广大员工学习知识、自我提高的积极性。再次,充分保证的资金投入。美菱对员工培训的资金投入始终保持在员工工资总额的6%以上,有时甚至达到10%。并设立各种基金鼓励员工的自我学习。最后,灵活多样的培训方式。美菱对员工的培训不局限于课堂教学,而是采用岗位轮换、情景模拟、文件筐、案例讨论、劳动竞赛等多种培训方式。

(四)基于结果的绩效评估

美菱将绩效评估延伸到人才选拔、工作安排、职务晋升等诸多方面,使之成为整个人力资源管理系统赖以存在和发挥功效的基础平台。其绩效评估具有鲜明的特征。首先,针对员工工作行为的成果。其绩效评估紧扣"绩"字,撇开许多次要的因素,着重对员工工作目标的完成质量进行考核,一切凭工作成果说话。这一做法使美菱的每个员工都十分清楚企业对他们的要求与期望。其次,强制区分评估结果。对员工的绩效分等级,杜绝那种"和为贵"的思想,拉开员工绩效之间的距离。再次,多方位的立体评估。在美菱,有专门的评估小组对员工进行360°考核,以保证评估的公平性,并及时将评估结果反馈给员工,给予其发表意见或提出申诉的机会。再次,旨在改善绩效。美菱并没有将得出准确评估结果作为绩效评估工作的完结,而是以进一步改善组织绩效为目的,将绩效评估过程中获得的大量信息充分地运用到企业的各项管理活动中,直接促进绩效的改善。

(五)积极鼓励员工参与管理

美菱在其人力资源管理中长期不懈地鼓励员工积极参与,不断创造各种条件来让员工实现自我管理。因此,在积极鼓励员工参与管理方面,美菱也形成了其独有的特征。首先,坚持平等主义。在美菱,没有干部与工人的身份差异,也取消了合同工与临时工的待遇区别。这一切都是为了增加员工的相互交流与合作,形成利于员工参与管理的良好氛围。其次,卓有成效的员工建议系统。在美菱,员工建议活动是一项重要的日常性工作,对合理化建议的征集、评审、采纳、立项、奖励形成了制度。再次,员工信息共享。充分的信息是员工顺利完成所承担任务的基本前提,更是员工发挥其创造性的必要条件。在美菱,每位员工都可以从美菱的企业内部网上查阅到岗位招聘、企业发展目标、经营战略、财务资料等信息。最后,利益分享。任何由员工积极参与所导致的组织绩效改善,美菱将根据企业利润增加的数量与性质的不同,规定员工可获得的提成比例从1‰~50%不等。这独立于工资体系之外的收益显然成为驱动员工积极参与管理的极大动力,激发员工不断寻求更好的工作方式。

注:根据张建硕士论文:《战略人力资源管理对组织绩效的影响研究》,2005年编写。

参考文献

[1] 雅克·菲兹·恩兹. 人力资本的投资回报[M]. 上海:上海人民出版社,2003.

[2] 张凤林. 人力资本理论及其应用研究[M]. 北京:商务印书馆,2006.

[3] Huselid, M. The Impact of Human Resource Management Practices on Turnover, Productivity, and Corporate Financial Performance [J]. Academy of Management Journal, 1995, 38: 635~672.

[4] Hausknecht, J., & Trevor, C. Collective Turnover at the Group, Unit, and Organizational Levels: Evidence, Issues, and Implications[J]. Journal of Management, 2011, 37 (1): 352~388.

[5] Youndt, M. A., Snell, S. A., Dean, J. W., Jr., & Lepak, D. P. Human resource management, manufacturing strategy, and firm performance[J]. Academy of Management Journal, 1996, 39 (4): 836~866.

[6] Schuster, F. E. The Schuster Report: The Proven Connection between People and Profits[M]. New York JohnWiley&Sons, 1986.

[7] 林泽炎. 3P模式:中国企业人力资源管理操作方案[M]. 北京:中信出版社,2001.

[8] 廖建桥. 5P 模型——一种新的人力资源管理分类方法[J]. 管理学报,2004,1(1):71~75.

[9] Wright P M,& Boswell,W R. Desegregating HRM:A review and synthesis of micro and macro human resource management[J]. Journal of Management,2002,28,247~276.

[10] Ferris G R,Hall,A T,Royle M T. Theoretical development in the human resource management:issues and challenges for the future [J]. Organizational Analysis,2004,2(3):231~254.

[11] Becker,B. E.,& Gerhart,B. The impact of human resource management on organizational performance:Progress and prospects[J]. Academy of Management Journal,1996,39,779~801.

[12] Guest,D. E. Human resource management and performance:A review and research agenda [J]. International Journal of Human Resource Management,1997,8:263~276.

[13] Delery,J. E.,& Doty,D. H. Modes of Theorizing in Strategic Human Resource Management:Tests of Universalistic,Contingency,and Configurational Performance Predictions [J]. Academy of Management Journal,1996,39:802~835.

[14] 张文贤. 人力资源会计研究[M]. 北京:中国财政经济出版社,2002.

[15] 李燕萍,余泽忠,李锡元. 人力资源管理[M]. 武汉:武汉大学出版社,2002.

[16] Richard,P. J,Devinney,T. M,Yip,G. S. and Johnson,G. Measuring Organizational Performance:Towards Methodological Best Practice[J]. Journal of Management,2009,35(3):718~804.

[17] Rogers,E. W.,& Wright,P. M. Measuring organizational performance in strategic human resource management:Problems,prospects,and performance information markets[J]. Human Resource Management Review,1998,8(3):311~331.

[18] Dyer,L. and T. Reeves. 1995. Human Resource Strategic and Firm Performance:Do We Know and Where Do We Need to Go? [C]. Paper presented at the 10th World Congress of the International Industrial Relations Association,May 31-June 4,Washington,DC.

[19] Lawler,E E.,& Mohrman,S. A. HR as a Strategic Partner:What Does It Take to Make It Happen? [J]. Human Resource Planning,2003,26(3):15~29.

[20] 毕意文,孙永玲. 平衡计分卡中国战略实践[M]. 北京:机械工业出版社,2003.

[21] 付亚和,许玉林. 绩效管理[M]. 上海:复旦大学出版社,2004.

[22] Becker,B. E,Huselid,M. A.,& Ulrich,D. The HR Scorecard:linking People,Strategy,and Performance[M]. Boston:Harvard Business School Press,2001.

[23] 都谊博. 企业人力资源计分卡理论的拓展及应用研究[D]. 南京:河海大学硕士论文,2005.

[24] Walker,G.,& MacDonald. Designing and implementing an HR scorecard [J]. Human Resource Management,2001,40(4):365~377.

[25] Huselid,M,Becker,B.,& Beatty,R. The Workforce Scorecard-Managing Human Capital to Execute Strategy [M]. Harvard Business School Press,2005.

[26] 翁莹洁,李诚. 人力平衡计分卡之应用:以 E 公司为例[C]. 中国台湾,台湾中央大学工作论文,2005,1~33.

第十六章
中国人力资源管理的历史性回顾与战略性展望

学习目标
XUE XI MU BIAO

- 了解中国社会和企业面临的现实和挑战
- 分析影响中国人力资源管理的三种主流文化
- 理解文化的含义和实质及分析方法
- 能够清晰比较三种文化的特点、实质和构成
- 理解三种文化对当今中国管理理念的影响
- 理解三种文化对当今中国人力资源管理实践的影响
- 分析文化差异造成的不同社会后果
- 洞悉中国现代人力资源管理理论与实践

开篇案例——人力资源是战略资源
KAI PIAN AN LI

张謇文化观与管理思想

一、张謇近代文化观的形成

1853年,张謇出生于江苏通州(今南通)的一个中等农人之家。从少年时代起,他就被望子成龙的父母送往私塾,希望通过科举考试猎取功名,跻身官场,以光宗门第。从此,如同众多的传统士子一样,为使梦想中的黄金屋、颜如玉和千钟粟成真,张謇以科举考试为中心,埋头经史、制艺、诗文等。他苦读寒暑,日录夜作,对儒家学说进行了系统化的学习、消化。1868年,张謇以优异的成绩考中秀才,迈出了科场征途的第一步。

此后的乡试,他屡败屡战,直至1885年在北京中举人。就在甲午中日战云密布的1894年,已过不惑之年的张謇终于时来运转,在会试中考中科甲头名状元,实现了父母和本人多年的夙愿,达到了一个封建士子所能够达到的最高峰。但是,从张謇致力于科考征战的时代来看,中国社会正处于急剧变化动荡的岁月。西方列强为开拓更广阔的贸易市场,扩大侵略权益,它们连续不断地制造中国边疆危机,发动赤裸裸的侵略战争,使中国半殖民地化程度进一步加深。就国内局势来说,清政府中的一部分开明官僚搞起了旨在求强、求富的洋务活动,一批军工民用工业和使用新式武器的海陆军相继建立。近代民营企业也在夹缝中破土而出,蹒跚前行。顺乎时势趋向的洋务思潮、早期维新思潮先后登场,一度占据社会时空。一个更为激烈的、震动中国知识界的维新思潮正在酝酿之中,犹如一座行将爆发的火山。处在这样一种数千年未有之变局的社会,各个阶级、集团或阶层的人们——即使那些相对顽固守旧的人们,也不可能再像原来那样保持一颗田园诗歌般的平静心情。在痛苦中抉择,在抉择中获得生机。张謇接受过正规的儒学经史训练,奠定了深厚的传统文化功底。众所周知,自汉代罢黜百家,独尊儒术以来,儒家文化一直成为历代统治阶级用以治国安邦的指导思想。所谓"十六字心传,五百年道统,及纲常名教、忠孝节廉、尊中国、攘夷狄,与夫尧、舜、禹、汤、文、武、周、孔之道脉"。这些圣贤说教被传统士人填胸溢臆,烂熟于心,学而优则仕之"学",主要指《四书》《五经》等儒家学说。张謇通过屡次科考而至成功,本身就表明儒家学说对他潜移默化。他崇尚儒家伦理道德,始终以儒者自居;他把自己所做的一切,都尽可能地纳入儒家的仁义道统范畴。在他的思维意识中,随时可看到忠君爱民、积极入世、讲究气节、谦逊俭朴等儒雅风度。他将忠君尊皇,视之为臣子应尽之义务。当他在受到光绪帝接见后,激动得彻夜难眠,诚惶诚恐地表示:"伏考国家授官之礼,无逾于一甲三人者,小臣德薄能浅,据非所任,其何以副上心忠孝之求乎?内省悚然,不敢不勉也。"他关心民之疾苦,认为这是实施儒家之仁。他常常告诫自己说:"没有饭吃的人,要他有饭吃;生活困苦的,使他能够逐渐提高,这就是号称儒者应尽的本分。"他一生致力于近代中国教育,即使是办企业也认为这是为教育事业奠定物质基础,其出发点也是:"盖犹孔子富而教之之义,使地方无不士、不农、不工、不商之人。"他维护儒学的正统地位,认定"孔子所说足以包括佛老耶回诸教而熔于一炉"。他对中华古老文明的衰落耿耿于怀,大声疾呼:"以我中国黄帝尧舜神明之胄退化不振,猥处人下至有以奴隶目我者,诸君以为可耻乎?"

当然,儒学在长期的演变历程中为适应日益变化着的社会,其自身也在不断地调整,明末清初以顾炎武、黄宗羲、王夫之等人为代表的开明士大夫,针对理学、心学的清谈误国和脱离现实,主张实事求是、学以致用。他们的见解和思想给予张謇以很大启迪,他公开申明宋明理学实属空疏无用,认为这是假孔子一端主义以为护符,只会坐而论道,钦佩亭林四夫兴亡有责之言、梨洲原臣视民水火之义。近代国弱民穷、内忧外患的社会现实,使深受顾、黄影响的张謇再也不能自我封闭,决心为国为民做一点实事,他表示:"凡夫可以鼓新气、袚旧俗、保种类、明圣言之事,无不坚牢矢愿,奋然为之。"传统文化教育的陶铸,使张謇认识到要实现自我价值,须明确以天下为己任的大义,并能够在纷繁复杂的近代社会中,以积极的态度参与其中,从而认识外部世界。就整个近代文化形成的事实来看,它是在西方文化和中国传统文化互相冲突又会通融合的过程中形成的。具体到个人，其本身所具有的近代文化观也是如此。如果说张謇没有受到西方文化的影响，或者说自我陶醉于儒学而不能自拔，只是在儒家文化中兜圈子，那他不可能形成近代文化观念。可贵的是，传统文化的优秀成分促使他面向现实，汲取新知，在寻求救国真理的道路上认同西方先进资本主义文化。1877年，他又入清军统领吴长庆幕府任文书，并深受吴的器重。他随军到过山东沿海、朝鲜，对当时的国际形势和中国所面临着的危局有了更深的了解。张謇中状元后，并没有像人们想象的那样为实现夙愿而欣喜若狂，而是陷入了深深的思考。甲午战争的结果，偌大中国败于蕞尔日本，国人无不引为耻辱。张謇痛定思痛，认为国家衰弱如是，是由于国民知识水平不高，素质低下，非改变这种状况不足以自强。知识之本，在于教育，然非先兴实业则教育无所资以措手。因此，他在一番深思熟虑之后，做出了常人难以理喻的举动，没有凭状元的特殊身份踏入仕途，以实现许多人梦寐以求的高官厚禄，而是违背素守，下海办企业，这本身就是对传统旧观念的一个挑战。张謇以状元之功名办厂，成为他人生经历的一个重要转折点。正是在这一过程中，他认识到西方发达国家先进机器的必不可少，拥有先进生产力的重要性。从而透过这些物质层次，让张謇进一步去了解其背后更加深层次的东西，乃至资本主义国家的民主政体、法律制度、信仰理念等，其西学知识也不断增进。1901年，张謇写成《变法平议》一文，以效法法国拿破仑、美国华盛顿、德国威廉、日本明治为例，说明他们历尽艰难，变法图强，并表达了对中国沿袭元明制度，久之生弊而不思改革的强烈不满。1903年，张謇应日本驻江宁领事天野恭太郎之邀，前往日本参观大阪博览会。他利用这一难得的机遇，亲身考察了日本发达的工业、教育和法律等。日本自提出脱亚入欧后，效法西方，通过明治维新，走上了资本主义发展道路。这一切，让亲眼目睹其繁荣富强的张謇羡慕不已，认为日本治国有道，上下秩序井然。再反观我国，巨大的差距使之感慨良多，他说："中国之大患不在外侮之纷乘，而在自强之无实。"日本人学习西方，"上下一心合力，次第仿效，三四十年之间由小国而跻于强大矣"。其根本在先致力于农工商，必农工商奋兴而后教育能普及，教育普及而后民知爱国，练兵乃可得而言也。同时，他也深深觉察到，日本的民主立宪政体是其达到目前成绩的根本保障。从此，张謇抱定学习日本，实行君主立宪政体为当今中国之急务。游学日本回国后，他见到官员友人，遇到谈论通信，没有不劝解磋摩各种立宪问题。并和别人一起刻印了一部《日本宪法》，呈献清廷，使最高统治者深受启发，不无赞赏地说："日本有宪法，于国家甚好。"于是，他拥护清末新政活动，对清政府的预备立宪抱有殷切期望。他组织立宪团体，成为东南立宪派的著名领袖；他发起国会请愿活动，对清廷缩短预备立宪期限、成立责任内阁做出了较大贡献。但清政府的所作所为，的确令真心拥护立宪政体的张謇大失所望。此后，中国的出路何在？西方资产阶级的启蒙思想让处于困惑中的张謇顿悟到，民主共和政体并非不适合当时之中国，认为："卢梭民约论谓凡国土过大，则中央支配力，有鞭长莫及之虞。""此中国国土过大，宜于共和分治之说也，大抵君主立宪，最宜于国小而血统纯一之民族。"因此，张謇拥护共和，积极参与民国初建，怀着真诚的愿望对于颁布符合民族资产阶级利益的诸多法令制度发挥了重要作用。在以后的共和与专制的较量中，他倡导地方自治，亲自从事实践，表明了建立民主政体的一贯愿望。不难看出，张謇形成的教育救国，实业为后盾，民主为保障，舍我其谁，厚德民生的近代文化观念,给予其人生事业以深刻的影响。

二、张謇文化观与企业管理思想

文化是人创造的,是人的文化;人又是在文化环境中受陶冶,是文化的人。生活在近代中国社会的人们,自觉不自觉地在近代文化的形成中留下了自己的足迹。同时,他们的思维方式、价值观念和人生观等,也处处体现着近代文化对他们施加的影响。张謇的近代文化观是中西文化融会贯通的结果。

其一,近代文化对他的积极作用。具体说来,张謇反复强调以德信为准。他对儒家经典中的《易经》情有独钟,信服《易经》中讲的道理。他曾经深有体会地说:"著天道之盈虚,审人事之消息,赅物象之变化,莫备于《易经》。"他筹备纱厂时,根据《易经·系辞下传》中"天地之大德曰生"将其命名为大生。对此,他进一步解释说:"我们儒家,有一句扼要而不可动摇的名言,'天地之大德曰生'。"关于德的内容,《管子·五辅》中详尽地描述了六点内容,它们是辟田畴、利壆宅、修树艺、劝士民、勉稼穑、修墙屋,此为厚其生。发伏利、输积、修道路、便关市、慎将宿,此谓输之以财。导水潦、利陂沟、决潘渚、溃泯滞、通郁闭、慎津梁,此谓遗之利。薄征敛、轻征赋、弛刑罚、赦罪戾、宥小过,此谓宽其政。养长老、慈幼孤、问疾病、吊祸丧,此为匡其急。衣冻寒、食饥渴、匡贫窭、赈疲露、资乏绝,此谓赈其穷。凡此六者,德之兴也。从张謇以大生企业为主,辅之以各项事业,处处可现上述德的痕迹,成为他经营企业的一贯原则。试想一下,我们可以理解,封建社会长期形成的鄙视工商业的观念,长期纠缠人们头脑的义利之辨,张謇学而优却弃仕办企业,被视为追求所谓君子不屑的末业,既反映了他内心的矛盾心情,又表达了他君子爱财、取之有道的问心无愧。更何况,自己最终是为办教育,为开启民智奠定物质基础。张謇还念念不忘自己出身寒士,对于涉足企业之艰难有着切身的体会,因而勤劳俭朴的优良传统潜移默化为他的经营作风。他常说:"夫勤者,乾德也,乾之德在健,健则自强不息;俭者,坤道也,坤之德在啬,啬则俭之本。"表现了其进取俭朴的企业家精神。他坚信坚苦奋励,则虽败可成,侈怠任私,则虽成可败。正是具有了这种认识,他才能够身体力行,带头节俭,从不乱花企业的一分钱,对形成勤劳耐苦的大生企业文化起了良好的作用。他不无感慨地说:"吾见夫世之企业家矣,股本甫集,规模初具,而所谓实业家者,驷马高车,酒食游戏相征逐,或五、六年,或三、四年,所业既倒,而股东之本息悉付之何有之乡?即局面阔绰之企业家,信用一失,亦长此已矣。吾观于此,乃知勤勉节俭,任劳耐苦诸美德为成功不二之法门。"应当说,将中华民族勤劳俭朴的传统美德发扬光大,并与所办企业的信用联系在一起,以树立企业在人们心目中的美好形象,的确表现了张謇的远见卓识。后来,他深有体会地回忆说:"我本一穷人,二十年前我之信用不过一、二千圆,更前言之,不过百圆而已,现合各实业机关之资本几二千万圆。"因为经营以德,待人以诚,处事以信,是一个企业生存发展下去的应遵循的非常重要的原则。同时以德待人,还被运用到大生企业的内部人际关系中,人们奉行信义,讲究和谐,与张謇所定规章制度相辅相成,它对大生企业集团的发展起了至关重要的作用。张謇尊重知识,重视人才,注意科学管理。他强调指出:"世界今日之竞争,农工商业之竞争也,农工商之竞争,学问之竞争。"如果不重视掌握农工商之科学知识,难免会落个在市场竞争中遭到淘汰的命运。这是他从发达国家的企业发展中得出的正确结论,因此他十分注重企业管理人员和职工的科学文化素质,并建立许多工业专科学校,加强企业人员的业务培训。有专业技术的人才或担任各部门要职,或充当技术攻关的骨干。形成了企业办学校,学校为企业输送技术人才的良性循环。这有力地保证了大生企业引进先进机器,保持技术创新,使企业充满旺盛的生机和活力。张謇对企业科学的经营管理还体现在健全的规章制度,严格管理,奖勤罚懒,并在企业的发展过程中不断完善,讲求标本兼顾,认为:"顾标之道在整顿,顾本之道在改良。整顿则首宜渐去其弊,以完善本意可行之旧;改良则首宜试验所合,以发众目有徵之新。"旧的不利于企业发展的管理体制应随时改革,在实践中推行先进的方针措施,包括生产方法。从张謇亲自主持制定的《厂约》中,可见到大生纱厂内部分工极为详尽,总经理负责制下各董事各司其职,各尽其能。努力创造一种人人争先,健康向上的气氛。张謇注意调查研究,不忘市场条件对企业发展的重要性。近代中国外有实力雄厚,设备先进的外资企业,内有封建自然经济的根深蒂固,双重压力夹击下的民族企业,从各方面来讲都处于十分不利的地位,在市场竞争中明显居于下风。因而企业家的管理素质如何相当重要,既要考虑产品质量,又要考虑人们的承受力。张謇毕竟是个具有近代文化知识,有个性的企业家,深知凡事预则立,不预则废的道理,固然,他于通州办厂是应洋务派官僚张之洞之邀而下的最后决心,但他对办企业的条件早有预见,认为:"设厂之所,必度厂之四面生货所产,浮于厂之所需大半,熟货所行,浮于厂之所应小半。入乃不竭,出乃不噎。"表明他认识到,办厂之地原料丰富,产品销得出是首先应当考虑到的重要因素。他还提出用科学方法研究社会心理,用科学方法量度社会经济的口号,认为爱精美而恶粗恶,虽人之恒情,然精美而价过昂,在经济萎缩及崇尚节俭之人民必不受欢迎。因此,如何提高技术,降低成本,制造出物美价廉的产品,是任何一个有远见的企业家适应市场竞争大潮而不得不时刻考虑解决的一个重大课题。

近代中国政局动荡不定,中外关系风云变幻,在欧风美雨冲击下,以张謇为代表的民营企业家群体,能够以敏锐思维,洞察社会,应时以变。他们来源于传统,又不囿于传统;他们接受西学,又不脱离当时国穷民弱的现实,他们勇于进取,稳健求实的工作作风,的确是留给后世的一笔宝贵财富。

其二,近代文化对他的消极作用。近代文化就主流来讲,较之以封建伦理道德为核心的封建文化,它渗透着民主与科学的精神,是一种先进文化。但也应看到,近代文化的形成犹如滚滚长江东逝水,既大浪淘沙,又泥沙俱下;也如同人体父母基因遗传,既有优秀基因相遇,也有致病基因组合。前者是健康的、向上的,后者是病态的、落后的。总之,它是一个复杂的系统。我们在从整体上,从发展趋势上肯定中国近代文化主流是先进文化的同时,也不能忽视那些落后成分对国家和民族进步所起的阻碍作用。近代中国历史上,凡是做出了有利于发展社会生产力,促进了国家的变革和民族的进步,对挽救国家危亡有贡献的集团、派别或人物,他们代表着近代文化的方向,尽管他们的文化观念上不可避免地带有落后的成分。就具体到某一个个体来说,由于各人的社会出身和所属阶级的不同,所受的教育和人生经历不同,因而对中西文化的看法和观点也就有着个体的差异。张謇的近代文化观,是以传统儒学为基础,吸收了大量西学知识会通融合而成的。它是一柄双刃剑,既促使着他形成一个近代企业家所应具备的科学管理精神,也在某些场合、某种程度上制约着他拥有居高临下的战略眼光。张謇的状元身份及与封建官僚的交游,总的说来对他经办企业是利大于弊。他当过幕僚,与帝党的中坚人物翁同和、清廷重臣刘坤一有着很深的私交关系,连他的儿子张孝若也深信他的成名成事得益于上述二人的大力帮助,说:"我父亲先前没有翁公成名没这样大;后来没有刘公成事没有这样快。"张之洞、袁世凯给予他的帮助也不少。他充分利用封建社会中这种特有的人际关系,对于争取官府支持,获取资金,排斥同行,保证企业的正常运转起了重要作用。但反过来,这种情况又怎么能避免使之所办企业不沾染一些封建官场习气?他身为企业集团总经理,个人性格、世界观与企业的兴衰系于一体,在企业经营中存在着家长式的管理作风,诸如缺乏决策论证,独断专行之现象,尤其是在后期表现得更为明显。这就难免他任用私人,以及家族同乡之人,存在着地方狭隘意识。偌大企业,用人之际到头来却落得个所同心共事者,一兄与三数友而已。这确实与创业之初的张謇形成了巨大的反差。更何况,清朝政局复杂,官场沉浮不可捉摸。今日贵为朝廷重臣,明日可能贬为庶民,张謇企业所依赖的封建权力庇护,一旦随着某官员的失势而失去,其后果可想而知。这种不按经济规律办事的做法,是那个时代民营企业家存在着的共性,只是或多或少,程度不同而已。当然,这是外部恶劣的社会环境造成的,我们不能将其全归咎于他们。但这种情况可以使企业得益于一时,从长远利益考虑则不利于企业的发展,因为久之会形成对权力的过度依赖,缺乏在竞争中锻炼而生成的应变能力,其危害是不言而喻的。

应当指出,以张謇为代表的近代民营企业家群体,主要来自于封建士大夫阶层,他们幼猎经书,有着深厚的传统文化功底;又不断汲取新知,对西方文化表示认同。在转变社会角色后,本身所具有的近代文化素质成为他们向传统挑战的原动力,又渗透到他们经办近代企业的经营理念中。他们有着近代企业家所应当具备的开拓进取的精神,同时又背负着沉重的传统包袱,在一定程度上反作用于他们所致力的事业。近代企业家与近代文化的这种互动关系,给我们现代化企业发展提供了有益的经验教训,在企业经营管理中重视科技是毫无疑问的,但重视文化建设,弘扬人文精神也是不能掉以轻心的。

资料来源:根据周其厚.张謇的文化观与企业管理思想[J].石家庄经济学院学报,2005,28(1):45-49和许康,劳汉生.中国管理科学化的历程[M].湖南科学技术出版社,2001年编写.

第一节 中国现代管理理念和管理实践形成的背景

一个国家或者地区的发展,不仅是资金积累和技术进步的过程,同时也是管理现代化的过程。在管理现代化的过程中,不可能仅仅通过个人的力量来改变社会和企业,必须依靠群众的力量,万众一心去争生存,谋发展,建立一个共同的目标,形成共同的价值观和国家文化。众多学者关注资本、市场、融资等问题,忽略了中国文化对管理行为和价值观的影响。但在本国文化起作用的同时,全球化对中国的管理和实践也产生了巨大推力。世界是一个扁平的村庄,国家文化之间不再是铜墙铁壁式的壁垒,而是伸足就可以跨越的篱笆,物理距离和时间差异不再是管理交流的障碍。经济转型和各种文化的交互冲击,使中国社会和企业面临诸多挑战。

(1) 几千年儒家思想文化的影响。中国传统文化有着丰富的内涵,但其主流和核心无疑是儒家文化。在过去数千年间,儒家文化的"礼制"、"仁政"等思想不仅造就了强大的汉、唐、明朝,他们在当时的世界不仅在政治上,而且在军事和文化上也是最先进的。中国唯一一次崛起就是现在,因为除此之外,中国一直是全球领先的,不需要赶超,也不需要崛起!只是到了近代,由于科学技术落后,特别是自然科学的落后,失去工业革命的良机,造就中国饱受"船坚炮利"之伤,因而很多国人提出"师夷长技以制夷",从那时起,中国开始了向西方学习的艰难历程。中国经济的发展实际上从明朝末年开始下滑,甚至沦为西方列强瓜分和凌辱的对象。

儒家文化为分散的农村家族社会提供了统一的精神支柱。它渗透到社会各阶层的物质和精神生活的每一个细胞,对社会的组织机制、交往规则、价值取向、伦理规范、思维方式、心理结构、情感模式、民族精神等都产生了巨大影响。儒家文化对秩序、等级的强调,在保证社会稳定的同时压抑了个体、"异端"和一切有创造性的事物,也使自己逐渐趋于僵化保守、狭隘封闭而失去更新的活力。历史证明,一个先进的文化可以造就一个国家和民族的振兴,一种落后的文化可以带给一个国家和民族以灾难。尽管中国经历了各种各样的变革,儒家文化某些方面与市场经济有冲突,但仍然影响着当代人的行为。

(2) 百十年来西方资本主义的入侵。当欧洲殖民主义随着地理大发现以商品和传教士为先导向东亚渗透的时候,在中国遇到的是稳固了几千年的封建传统、极端专制的皇权政治和科举制度对士子思想的禁锢。西方的商品从数量和质量上还不足以对中国市场产生冲击,基督教教义也和中国文化格格不入,因而传教士在中国收效甚微。自利玛窦1582年进入中国开始,西方入侵中国的大幕就已经拉开。在文化思想无法入侵中国的情况下,1840年鸦片战争,西方以"船坚炮利"打开清王朝闭关锁国的大门,西方的商品、技术、科学、管理、文化如潮水般涌入中国,与中国固有的思想文化、价值观念、人文习俗发生激烈碰撞。20世纪70年代开始,随着中国改革开放政策的实行,中西文化再一次发生激烈碰撞。西方资本主义的入侵不仅在政治、经济、社会生活,也在文化、价值观和意识形态等各个方面给中国社会和企业带来巨大冲击,中国传统社会所建构的文化和价值体系面临重新洗礼。

(3) 几十年社会主义探索与实践。1949年新中国成立之后,中国就进行了艰难的社会主义探索。在社会主义探索初期,主要借鉴苏联模式,实行计划经济。苏联模式在中国水土不服之后,中国又开始了具有中国特色的计划经济模式的探索,如"实现两参一改三结合"、"鞍钢宪法"等,到1978年中国共产党第十一届三中全会召开,中国开始全面推进管理现代化。20世纪80年代初,以"放权让利"为主要内容的一系列改革试点,使企业管理工作的重心转到以提高经济效益为中心的轨道上,厂长(经理)负责制的实行是中国企业领导制度的重大改变。承包经营责任制、资产经营责任制等的推行,推动了企业经营机制的转变,促进了企业家阶层的形成。到1992年提出社会主义市场经济,民营经济开始逐步进入中国经济发展殿堂。21世纪之后,中国进一步实现全面开放,稳步发展的经济政策,使中国企业面临着多重思想、文化和价值观的冲突。

(4) 改革开放与经济全球化挑战。20世纪80年代以来,我国引进了一批西方先进的企业管理理论和管理方法,促进了我国企业管理的水平不断提高。近年来,我国国有企业改革取得了一定的进展,在市场化、全球化、信息化不断深入的背景下,企业积极主动地引进和学习了许多国外最新的管理理论,并将其应用于企业实践中,结合我国国有企业在改组改制、建立现代企业制度的过程中,所面临的规范公司法人治理结构、母子公司体制、主辅分离、职工安置等一系列特殊而又具体的问题,创造出了许多行之有效的管理思想和方法。如首钢的"投入产出总承包";海尔的"日清日高管理法";邯钢的"模拟市场、成本否决法"等,我国企业管理的水平不断提高。但总体来说,我国还处于学习、借鉴国外先进的管理理论和管理方法的阶段,缺乏中国自己的管理理论。

从1840年鸦片战争到1949年新中国成立,中国所经历的外交内困,以及持久的经济凋敝,使中国人普遍认为必须通过引进外国文化才能实现现代化。从1949年到1978年期间,我们因为选择了社会主义制度而信心倍增,认为只有中国制度才是先进的。1978年之后,当实行改革开放、放眼望世界时,又发现我们不仅与发达国家存在巨大差距,而且与周边发展中国家和地区的距离也拉大了。于是人们开始学习西方国家的市场经济制度,并致力于体制改革。中国的理论者和实践者不断在中体西用、全盘西化和中国特色的关系中纠结。

随着中国改革开放的逐步深入和中国经济的持续发展,有关中国式管理和西式管理之争掀起第二次高潮。一些人认为,中体西用应该变为西体中用。马克思主义是西学,是指导我们的思想基础,就是承认西学为体,现代化必须以西学为体。另一些争论则认为,中国需要全面学习西方的体制、文化、科学和技术。在这种主张之后伴随着中西整合之说,包括儒学复兴说、彻底重建说、综合创造说等。

但无论如何,一个国家的企业管理始终离不开生长的土壤。中国企业管理理论的出现也必须考虑本土文化的特点,发掘中国文化的有益成分。中华民族具有五千年文明史,"重道"、"明德"、"修权"、"知止"、"行法"、"谋略"等中国古代管理思想体现在中国企业管理实践中。因此,中国企业管理理论研究,必须坚持"以我为主,博采众长,融合提炼,自成一家"的原则。"以我为主"是指要从我国国情出发学习借鉴外国经验,这应成为理论研究的立足点。"博采众长,融合提炼",就是要广泛研究各国在管理上的好经验和科学理论,取其精华,为我所用。"自成一家"是我们的目标,通过总结自己的和外来的经验,建立具有中国特色的社会主义企业管理理论。

在面临这样挑战的环境下,中国企业家和理论家应该拥有什么样的理想(愿景)?是追求资本主义的自由竞争(社会达尔文主义)、社会主义的共同富裕,还是中国传统的大同世界?我们如何理解混沌的外部环境给中国社会和企业带来的影响?作为一个企业家,如何担当起国家和民族复兴的伟大使命?如何领导这场伟大的变革?

第二节 文化驱力及对人力资源的影响

一、文化和文化维度

(一)什么是文化

长期以来,文化被认为是组织行为和管理实践的决定因素。它也是理解文化多元化,以及如何影响管理理论和管理实践的关键。大量的研究和文献已经对文化作出了定义。文化一词在西方源于拉丁文 Colere,本意作为耕种和植物培养之意,后来引申到精神领域,有化育人类心灵、智慧、情操、风尚之义。在中国,文化一词也有悠久的历史。"文"与"化"并联使用,较早见之于战国末年儒生编辑的《易·贲卦·象传》:"天文也。文明以止,人文也。观乎天文,以察时变;观乎人文,以化成天下。"也有说,文化,文王之化(文王,周文王)。《诗·召南·摽有梅》:"召南之国,被文王之化。"

在大多数文明中,文化通常指"文明"或者"对思想的提炼",特别是提炼的成果,包括教育、艺术和文学等,这是文化的狭义理解。对文化的定义是随着社会学、人类学的发展而不断演变的。通常来说,文化包括思想、言论、行动以及现象在内的人类行为的综合模式,是心理软件的集合。在本文,我们将文化定义为一个群体(可以是国家、也可以是民族、企业、家庭)在一定时期内形成的思想、理念、行为、风俗、习惯、代表人物,及由这个群体整体意识所辐射出来的一切活动。据此,我们提出文化包含三个子维度:价值观、信仰和社会规范。价值观是一群人所共同认可的关于事物重要性的概念,它反映在人们对于好坏、善恶和是非的观点以及对人生的期望上,是人们对于客观世界中事物真实性的认识。克拉克洪认为:"价值观是一种外显的或者内隐的,有关什么是值得的看法,它是个人或者群体的特征,它影响人们对行为方式、手段和目的的选择。"而社会规范是人们对于客观世界中事物真实性的认识。价值观和信仰是隐性的,处于冰山之下部分,而社会规范是显性的,处于冰山以上部分。

文化的三个组成成分是相互区分且相互关联的。价值观反映了对于个体或者群体来说什么是好的,什么是坏的;什么是错误的,什么是正确的;什么是应该的,什么是不应该的。信仰是人类的言行表达,是一种人对事实存在的确信,区分真实和谬误。而社会规范反映了社会诸成员共有的行为规则和标准。

研究文化有非常重要的意义,特别是对于管理和实践意义重大。

(1) 文化是影响人们行为的根本原因。文化不仅扎根于人们的内心深处,固化人们的思想体系,也动员人们的态度和行为。

(2) 经济全球化需要我们理解用不同的文化进行现代化管理的需要。国家文化的差异造就了不同民族和国家人们价值系统和行为模式的不同,也引发了彼此间的冲突。经济全球化需要多种文化的融合。

(3) 经验管理的时代已经结束,取而代之的是科学管理,而要达到精妙的管理,所谓上乘管理,则是文化管理。正所谓,"三流企业靠生产;二流企业靠营销;一流企业靠文化。"文化管理是对精神的统摄,而不是对肉身的制约。

(4) 是建立学习型组织的需要,是创建企业文化、凝聚企业力量的需要。

(二) 文化维度

由于文化是一个复杂的概念,因此我们能够从不同的角度定义文化。石头、剪刀和布,我们可以选取其中三种、两种甚至一种进行组合,因此有必要对文化进行可解释和操作化的定义,这便涉及文化的子维度问题。维度通常被用作反映构念的不同侧面。在这里,维度涉及不能再进行细分的构件。Tayeb 指出,将文化分解成子维度对于跨文化研究有一定的好处。许多研究者提出了文化的子维度分类。克拉克洪和斯特罗德贝克认为文化有六种取向。

(1) 人与自然之间的关系。这有两种基本假设：强调人应该控制和征服自然环境；强调人应该与自然环境和谐相处及适应环境。

(2) 人与人之间的关系。也有两种不同的假设：即集体主义还是个体主义。

(3) 人类自身的本质。有三种不同的假设：人之初，性本善；人之初，性本恶；人之初，善恶不定。

(4) 行动导向。有两种不同假设：一是强调存在和理解，承认现实；二是强调行动，主动改变环境和现实。

(5) 时间导向。有三种基本假设：过去导向、现在导向和未来导向。

(6) 空间导向。有两种基本假设：私人空间和公开空间。

最流行的文化分类当属霍夫斯泰德的四种维度。霍夫斯泰德受帕森斯社会结构理论的启示，在总结前人研究基础上，利用74个国家和地区的数据，提出了四个有影响力的文化维度。

(1) 权力距离。权力距离即在一个国家或者组织中，弱势成员对权力分配不平等的期待和接纳程度。权力距离能够告诉我们一个国家中人们相互依赖的关系。在高权力距离的国家，人们较易接受人与人之间的权力差异；而在低权力距离国家人们心理上较不易接受人与人之间的权力差别。高权力距离的国家容易采取家长式领导，员工害怕与上级意见不一致；在低权力距离国家，员工喜欢通过多数表决的方式实施管理。

(2) 不确定性规避。是指人们感受不明确的情况带来的威胁，从而想方设法去规避这种不明确情况的程度。不同民族、国家或地区，防止不确定性的迫切程度是不一样的。相对而言，在不确定性规避程度低的社会当中，人们普遍有一种安全感，倾向于放松的生活态度和鼓励冒险的倾向。而在不确定性规避程度高的社会当中，人们则普遍有一种高度的紧迫感和进取心，因而易形成一种努力工作的内心冲动。

(3) 个人主义与集体主义。个人主义是指人与人之间松散的社会，人们只顾及自己和核心家庭，依靠个人的努力来为自己谋取利益。集体主义则指一种结合紧密的社会组织，其中的人往往以圈内人和圈外人来区分，他们期望得到圈内人的照顾，但同时也以对该群体保持绝对的忠诚作为回报。

(4) 男性化与女性化。男性化是指社会传统上强调代表男性特征的价值观的倾向。对于男性社会而言，居于统治地位的是男性气概，如自信、武断、进取好胜、野心等；而女性社会则完全与之相反，是指社会强调传统上代表女性特征的价值观倾向。如北欧国家瑞典、挪威、芬兰等强调女性化，而斯洛伐克、日本、匈牙利等强调男性化。

组织行为和管理实践往往是许多跨文化管理研究的主题，可以被视为社会规范的子维度，因为它们反映的是某些组织或社会的行为模式。因此本章主要集中于对文化的价值系统和信仰系统两个子维度进行分析。表16-1列举了文化两个子系统的几个基本维度。

表 16-1　文化维度的识别和定义

文 化 维 度	定　义
信仰系统	
人的本质	人类基本的性质是什么？
宗教信仰	人类之外是否有一个超级神灵？
知识本质	人类能够客观了解自然世界吗？
变化本质	人类周围变化的本质是什么？
人类动机	人类的基本动机是什么？
价值观系统	
人与自然界之间的关系	人与自然界关系如何重要？
人与人之间的关系	个人成就还是团队成就更重要？
行动的优先次序	哪一种人类最基本的行为模式对成就的贡献最大，如思考、感觉和做？
道德基本标准	人类在哪里建立道德标准？或者道德标准应给予推理还是情感建立？
时间的优先顺序	在过去、现在和未来三种时间标准，哪一个更重要？
理想与愿景	什么是人类的理想状态？

二、文化对管理理念和实践的影响

文化的概念在管理学中已经得到广泛关注，人们普遍认为可以将管理理念和管理实践看作是文化的函数来进行理解。同样，文化也影响组织行为。在这里，组织行为大致可以定义为一群人共享一定地理区域内的组织和管理的方法。文化和社会变量呈现动态关系，并对组织行为产生直接影响。一方面，文化因素和社会变量决定一般的管理理念和组织实践——管理理念和组织行为被看作是在国家层面的组织行为。另一方面，组织行为对于文化和社会结构的背景有一个强化功能。Lytle 等建议文化取向可以通过社会化、培训、报酬、制裁得以强化和延续。物理环境、历史背景、政治环境、社会环境和经济背景对管理理念产生影响，并最终影响员工态度和行为以及人力资源管理实践。而人力资源管理理念和实践又强化文化因素和社会因素，如图 16-1 所示。

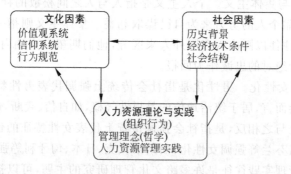

图 16-1　文化与人力资源

三、三种意识形态对中国文化的影响

纵观人类社会，大体上可以分为四种主要文化圈。

（1）基督教文化圈。主要在欧美发达国家。

(2) 儒家文化圈。主要在中国、日本、韩国、新加坡等东亚国家。
(3) 佛教文化圈。主要在印度、泰国和缅甸等国家。
(4) 伊斯兰教文化圈。主要在中东、北非、南亚地区、阿拉伯地区。

但对中国近现代管理思想和管理的实践的影响则主要体现在儒家思想、社会主义思想和资本主义思想三种体系的综合。为了继承先贤的绝学,我们分别称为儒家文化、社会主义思想和资本主义思想。它们是三个主要的竞争和合并的意识形态,塑造了中国文化。从思想上讲,这三种意识形态分别是由三组不同的思想家和学者构建并在尔后的历史长河里发展出来的认识体系。儒家思想是由孔子、孟子和历代的中国学者发展而成,并逐步融合了其他各家思想精华的一套体系。尽管中国传统思想丰富多彩,儒家思想占有极其重要的正统乃至统治地位。另外,儒家思想在发展中包容并很好地整合了多种学派,所谓儒释道合一。社会主义思想源自欧洲19世纪初的空想社会主义,代表人物主要有圣西门、傅立叶和欧文。马克思、恩格斯科学地吸收了空想社会主义者学说中的合理部分,创立了科学社会主义理论。改革开放三十多年来中国社会经济的发展,显示了中国特色社会主义理论的强大生命力。资本主义发源于西方社会,尤其是受到工业革命的影响。虽然资本主义在不同的国家和社会呈现出不同的形态,其作为意识形态有着一种共通的思想和伦理的系统。例如,古典派经济学的巨匠亚当·斯密积极倡导"自由放任"的市场作用和排除政府干预经济事务。又如,在《新教伦理与资本主义精神》一书里,韦伯将美国称为"'资本主义精神'盛行的土壤"。韦伯认为美国国民普遍信仰基督新教,有着富兰克林式"资本主义精神"的支持,使其人民理性地奋斗,最终创造了经济上的奇迹。

文化作为一个概念有如此接近的思想,有时他们一直互换使用。本文将文化当作是一种具有不同成分的社会结构,并将陈述两种子文化维度和三种意识思想体系对组织制度和行为的影响。奥格登建议用一种文化方法来考察中国问题:传统文化,社会主义和发展。她认为这三个变量的相互作用,使我们能够综合历史、文化、经济、政治、和社会因素来看待今天的中国,将极富意义。我们认为,当前改革开放的大形势下,用资本主义思潮替代发展对中国的影响可能更有意义。首先,西方自由主义的发展方式,往往使我们联想到经济增长与资本主义方式。作为意识形态的资本主义已经存在足够长的时间,为我们研究其背后的价值观和信仰,并影响组织实践提供借鉴意义。因此,资本主义是一个比发展更好的用于理论和实践分析的词语。其次,中国大多实践中的管理方法借用资本主义经济管理方法。最后,根据不同的价值观和信仰体系,发展具有不同的含义和解释。因为影响发展的因素非常复杂,因此很难解释今天中国经济的发展和企业变革。然而,在传统、社会主义和资本主义的价值观和信仰的影响下,中国将形成其独特的发展方向却是明确的。在当前背景下,中国不能简单地复制那些资本主义国家的发展模式,但资本主义的方法和体系却对中国社会和企业的发展将有强大的影响力。中国社会和企业的发展必须综合传统文化、社会主义和资本主义三种思想体系的影响进行分析。

三种思想体系在中国都有其历史根源。首先,当然是儒家思想对中国社会和企业发展的影响。虽然说自"五四运动"之后或者说1949年新中国成立之后,中国便由半封建半殖民地社会步入了现代社会的门槛,但时至今日,我们离现代化国家仍然有一定差距。现代化是一项前无古人、后无来者的大事业,完成这一事业需要多方面的探索,一个重要的方面就是克服现代化与传统文化之间的冲突与桎梏,并最终实现二者间的和谐统一。其次是社会主义在中国的影响已经穿越了60年。在一定程度上,社会主义特色不仅影响当今人们的生活和行为,也将持续影响人们的未来生活和行为。自从改革开放以来,人们逐渐认识到闭关锁国的危害性,资本主义或者说市场经济进入人们的视野。中国借鉴发达国家的管理理论和工具来改善社会和组织管理。因此,从这种意义上来说,儒家思想、社会主义(马克思主义)和资本主义三种思想体系综合影响着当前中国社会和企业的发展。

第三节 作为价值观和信仰的文化

基于前面的观点,迫切需要分析三种驱动力对中国文化的综合影响。表16-2列出了基于价值观系统和信仰系统的儒家思想、社会主义和资本主义的主要特征。

表16-2 基于价值和信仰系统的三种文化意识形态比较

文化维度	儒家文化	社会主义	资本主义
信仰系统			
人的本质	性本善	阶级性	性本恶
宗教信仰	很多神	无神论	唯一神
知识本质	情景决定	阶级决定	绝对真理
变化本质	循环往复	线性和周期	线性
人类动机	精神	精神和物质	物质
价值观系统			
人与自然界的关系	天人合一	人定胜天	征服自然
人与人的关系	等级观念	集体主义	个人主义
行动的优先次序	先感受后行动	先行动后感受	先思考后行动
道德标准的基础	情理法	共同利益	法理情
时间的优先顺序	过去	将来	现在
理想与远景	世界大同(和谐)	共产主义	个人发展

应该指出,这些特点在很大程度上是通过规范分析确定的,即以某个思想体系中占主流地位的认识进行分析的,而不是以实证数据为基础。在现实中,一个纯粹的、理想式的社会主义社会并不存在,一个纯粹的资本主义社会也不存在。几乎所有的社会主义国家都会采用相应的市场经济的方式。另一方面,几乎所有的资本主义社会的都会采用政府干预的自由经济和增加社会福利计划方式,这在某种程度上类似于社会主义的特征模式。因此,我们应该分析文化的实质:文化的价值观和信仰体系,将文化首先作为一种意识形态来看待,然后探讨其对管理理念和管理实践的影响。

一、信仰系统

与价值观系统考虑什么是优先或者重要性不同,信仰系统主要确定什么是真的。

信仰是关于人类自身和自然界的基本假设。这些基本的假设不可能被证明是正确的或者错误的。人类将一些基本的假设作为自己思考和行动的指南。这些信仰正如数学中的公理一样有同样的作用。信仰体系包括自然界和人类自身的基本假设，是不能轻易测试的。虽然价值系统反映了个体和团队（人类）的优先性，但信仰体系则包含自然界和人类。五个维度可以反映文化信仰系统：人类的本质、宗教信仰、知识的本质、变化的本质和人类动机。

（一）人类的本质

信仰体系的第一个维度是人类的本质。资本主义是建立在西方传统的人性假设基础上，因此相信人的本性是恶的，这是受基督教的影响。亚当·斯密认为，人的本性是自私的，总是在自爱心的引导下追求自利及其最大化。相反，中国的人性假设相信人之初，性本善。儒家思想相信人生来是善的，后天的教化和经历使他们弃善从恶。儒家文化强调积极入世、对成善之路的探究。社会主义相信大多数人既有恶也有善的两面性，并能通过教育加以改善。因此，从总体上来说，西方是罪感文化，而中国是乐感文化。中国传统文化强调向内探求，以认识自身、完善自身为获取自由的手段。而西方文化侧重向外探求，以发现世界和改造世界为达到自由的途径。

（二）宗教信仰

信仰系统的第二个维度是宗教信仰，它是和第一个维度基本相关的。一个人宗教信仰是其对世界看法的基本假设，是人们关于普遍、最高（极高）价值的信念。信仰是由个人的世界观、人生观、价值观、伦理观所构筑的信念体系，是个人用以衡量利害关系和精神追求的最高准则。不论哪种内容和形式的信仰，都是把某种信念置于思想和行动的统摄地位之上，使之成为价值意识活动的调节中枢。以西方文化为主导的资本主义的宗教信仰有越来越旺盛的趋势。虽然有不同宗教派别，但在西方主要以基督教为主。基督教把上帝看作唯一的神灵。基督教在资本主义发展中起到巨大作用。韦伯在其代表作《新教伦理与资本主义精神》中就指出，近代资本主义的最初发展便得益于宗教改革中所形成的新教伦理。传统的中国宗教并没有一个可以值得信仰的神灵。神在中国字典里，有很多丰富的意义。神，意味着上帝、神秘的、奇妙的、超自然的。在中国的文学神话中有许多超自然力量的神。从实质意义上讲，中国传统上并不存在所谓纯粹意义上的宗教，而且宗教对社会经济和文化的影响非常有限。至于社会主义，没有宗教信仰是被允许的。中国智慧的最高层次是美学而非宗教。中国传统文化是入世的而非出世的，是道德的而非宗教的，是皇权的而非神权的，这与欧洲基督教传统形成鲜明对比。

（三）知识的本质

信仰体系的第三个层面的是有关知识的本质。西方文化倾向于理性的传统，把知识看作是客观存在的，独立于智力表征系统。这种传统也假定逻辑和推理是合乎规定的，知识标准不是任意的。资本主义看待世界有绝对的真理。传统中国文化则与此不同,他们把知识看作是主观和工具性的。主观意味着知识是情景化的,是随着情景的变化而变化,不具有绝对真理性。对知识本质的不同看法起源于对现实的看法。知识客观论从单一角度看待现实,这可能是受到基督教单一上帝信仰的影响,其因素之间有合法的和一致的关系。知识主观论从多角度看待现实,应用一个解释性方法去描述世界。社会主义接受知识主观论,认为知识是由其社会或者政治地位,如地位或阶层所决定的。因此,真理在社会主义情境下是主观的,地位是理解相对真理的关键因素。与西方资本主义不同,中国传统文化更加注重感性,而不像西方,中国传统文化缺乏理性的冲动。

(四)变化的本质

信仰的第四个维度是有关自然界的变化。在对组织发展模型(OD)进行比较时,Marshak 发现,西方资本主义和儒家文化有关变化的本质在认识上是不一样的。西方信仰和基本假设是线性的、重进步、终极的或者在目标导向的基础上创建不平衡,强调管理者置之度外以实现成就目标。东方模型则基于周期性的信仰和假设基础上建立的,主张过程导向,以维持平衡为目的,强调管理者积极参与以实现和谐目标。

变化的信仰和假设都与先前讨论的信仰维度息息相关。西方文化认为存在一个单一的最佳现实,即人类社会向前发展方式的实现是由上帝创造。东方文化的假设是基于多种现实,他们相信没有最好的或更好的变化模式。例如道家强调,宇宙是周期性的,万事万物遵循潮起潮落恒常的变化规律。正所谓,天不变,道亦不变。社会主义则把变化看作是线性和周期性变化的综合。总体来说,世界是不断变化的线性方式,从原始共产主义到奴隶制,到封建主义、资本主义,再到社会主义,然后到共产主义。

(五)人类动机

信仰体系的第五个方面涉及人类内在动机。西方文化相信人生来是邪恶的,有着极强的物欲动机。因此资本主义的人类动机观是基于物质主义的。个人利益是合法的,利益冲突是可以接受的。东方文化,特别是儒家文化主张精神是人的一种本质。在物质和精神冲突的情况下,儒家文化认为应该追求精神,放弃物质,正所谓"重义轻利"或"见利思义"。东方文化认识到,人类可能受到物质和自私的诱惑,因此号召利用道德进行自我控制和教化,即所谓"存天理,灭人欲"。社会主义有关人类动机的信仰类似于中国传统文化,强调精神胜于物质。

二、价值系统

价值观体系六个主要部分是相互关联,并交互影响个体行为和组织行为。

(一)人类与自然界的关系

价值观体系的第一个维度是人类与自然界之间的关系。克拉克洪和斯特罗德贝克认为有三种可能的价值观与人类与自然之间的关系建立联系:(1)征服。意味着人类的命运由超自然的力量所掌控。(2)掌控。即对自然界的控制和征服。(3)和谐。即在人类与自然界之间保持一种平衡的关系。西方资本主义强调征服自然,而东方儒家思想强调与自然界相处融洽。传统上,中国文化强调和谐作为人类终极目标(如天人合一),其核心命题为中庸。和资本主义一样,社会主义强调,所有社会大众,而不仅仅是精英阶层都应该是世界的主宰。

(二)人与人之间的关系

价值观体系的第二个维度是人与人之间的关系。克拉克洪和斯特罗德贝克认为这个维度有三个定向:个人定向、集体定向和等级定向。个人定向认为,人类主要职责是为直系亲属和自己服务。集体定向认为人类主要职责是为集体内或者延伸集体的人服务。等级定向坚持认为,整个社会的权力和责任分配不均以及随着时间推移保持稳定是正常和良好的。霍夫斯塔德假定这个维度是关于个人对集体或者团队关系的集成。毫无疑问,资本主义是具有个人主义特点的价值观,而中国传统文化是典型的儒家文化的等级价值观。当然现实之中,资本主义理论上的平等也并不意味着事实上的平等,而儒家文化把社会稳定当作首要的价值,它是通过人与人之间的不平等关系所取得。儒家文化用五常定义人与人之间的关系,即所谓的父义、母慈、兄友、弟恭、子孝,也有人认为是君臣、父子、兄弟、夫妇、朋友之间所规定的关系。社会主义强调集体主义价值观,并致力于向共产主义发展,但在现实中,大多数是等级价值观。方延明认为,中国传统的价值观比较重视群体价值,而忽略了个人价值和个性的实践作用,这与西方文艺复兴以来那种讲究独立人格、天赋人权、强调个性解放、带有强烈个人主义色彩或者人本主义色彩的价值观不同。

(三)行动的重要性

价值体系的第三个维度是人类进行的各种活动的重要性。克拉克洪和斯特罗德贝克主张,行动维度关注从事活动的最基本的模式。它包括三种活动定向:做定向、思考定向和存在定向。做的定向认为我们首选的活动模式是先行动后感受。思考定向认识首选的活动模式是三思而后行。存在模式根据自己实践行动,也即是先行动后感受。资本主义优先思考后行动;儒家文化先感受后行动;社会主义则是先行动后感受。

(四)道德标准的基础

第四个维度是关于道德标准的基础。前三个维度为个人和群体判断提供了显性和隐性的标准,而第四个维度则是作为道德判断的首选方式。威尔逊认为,存在四个由所有人共享的普遍道德标准:同情、公平、自我控制和责任。植根于资本主义土壤的西方文化,往往使用推理作为道德判断的工具,并关注不同层次的判断:好的、正确的和应该的。因此,西方的道德标准倾向于社会成员的参与公平和契约责任。中国传统文化倾向于把移情和自我控制作为道德标准,社会主义将共同健康作为道德标准。然而,这两种意识形态主要关注的是公平而不是平等。资本主义,例如美国道德标准往往建立在推理和理性的基础之上。

(五)时间定向

第五个价值观维度是考虑时间的优先顺序。克拉克洪和斯特罗德贝克列示了三种时间维度：过去定向、现在定向和将来定向。不同的社会和组织在做事情或者做决策时有不同的时间导向。过去导向强调过去和过去的先例提供了我们现在决策的最佳模式。现在定向主张不管过去和未来如何，今天的需要才是最重要的。未来定向表明我们应该从长计议，宁可牺牲当前的利益也要确保未来目标的实现。资本主义是现在定向；社会主义是未来定向；而儒家文化是过去定向。传统中国文化将时间作为一个永恒的过程，成功依赖于过去的行为和经验累积。社会主义则偏向于长期的未来：建立共产主义社会。但在现实中，许多长期计划是不切实际和无效的。另一方面，资本主义生产以满足消费者需求为主导，生产则是基于推理和预测的长远合理的规划。因此，资本主义在消费上强调现在模式，而在生产上强调未来模式。韦伯强调，时间对于新教徒来说就是金钱。浪费时间就是浪费金钱，浪费生命，也是最致命的罪孽。事实上，社会主义也包容了珍惜现在时间的含义，并基于现在时间构建更美好的未来。

(六)理想与远景

第六个价值观维度是关于人类理想或者社会远景目标。资本主义强调个人权利和自由，把个人的充分发展作为终极目标。中国传统文化则把人类与自然和谐共处作为终极目标，因此，一个和谐的社会被看作比一个人的权利和发展更为重要。理想尽管和人与人之间关系维度有相关之处，但二者却并不相同。因为一个关注目的，而另外一个关注手段。基于资本主义的西方文化倾向于用积极的、个人主义方法充分发展个人潜能，而儒家文化强调和平及和谐，使用集体方式和预定的等级确定角色和地位。社会主义条件下，理想的目标是共产主义，即实现各取所需，按需分配原则，并最终实现马克思所提出的每个人都能自由全面发展的共产主义理想。社会主义强调公平更甚于平等原则。

第四节 不同文化的管理理念和管理实践差异

上一节的分析显示，三个相互竞争的文化，资本主义、社会主义和儒家文化有不同的价值观和信仰。上述分析可能存在一定的风险和偏见的可能性。Xing 认为，文化的概括往往是危险的但也是必要的。它是危险的是因为没有坚实的实证数据，仅仅因为一个简单的分类可能有偏见。它是必要的是因为要了解和适应不同的文化需要跨文化的共识。本节试图概括在不同文化，即儒家文化、社会主义和资本主义意识形态的影响下的管理理念和实践。

一、管理理念

表16-3总结了儒家思想、社会主义和资本主义三种方法管理下的主要区别。价值观和信仰，往往会形成不同的经济、社会和政治制度的基础。价值观、信仰体系和社会

规范之间的相互作用导致了在不同的社会背景下的精神寄托。韦伯在他的经典研究中，探讨了资本主义的精神，并强调资本主义精神是资本主义文明发展的心理条件。受西方社会基督教的教化，"精神"一词意味着与上帝的关系。因此，在西方资本主义文化中，精神生活意味着脱离世俗生活，或者出世。相反，在中国，社会的主导精神思想是受儒家思想的教化："修身、齐家、治国、平天下。"因此，传统中国人的精神，意味着入世。社会主义思想把社会主义看作是其起步阶段，并逐步过渡到共产主义。由于组织和管理等概念在西方已经非常成熟，本节在以下部分主要讨论三种文化下，管理理念和管理实践的差异。

表 16-3　三种文化意识形态对管理理念的影响比较

主要特征	儒家文化	社会主义	资本主义
精神面貌	入世	为共产主义献身	出世
所有制	家庭私有制	公有制	个人私有制
组织价值	仁义道德	共同富裕	利益最大化
组织形式的基础	家庭	阶级	个人
管理策略	应变	民主集中制	主动进取
解决问题的方法	自然主义	指令计划	实证主义
管理重心	实践与过程	价值观与理想	结构与制度
决策	直觉	按章行事	分析
管理方式	中庸之道	权威指令	创新进取
影响管理的主要因素	社会道德	计划经济	技术理性

作为价值观、信仰、社会情景和精神寄托之间相互作用的结果，在大多数资本主义社会占主导地位的组织和管理理论，往往依赖于技术理性。私有制是资本主义的主要特征。组织的建立是为了获取收入或利润的最大化。组织是建立在个人基础之上。员工的雇用和解雇是基于双方共同意愿。整体的管理策略的特点是积极主动的，利用实证方法解决问题。决策是作为一个理性的过程进行(即线性的、逐步的和收益最大化的)。

Harrison 总结了理性决策过程的六个步骤：(1)定义问题；(2)确定决策标准；(3)分配权重的标准；(4)选择替代方案；(5)评估替代方案；(6)选择的最佳替代方案。March 确定了一套理性决策背后的假设。这样的决策模型，假设得到问题是明确和毫不含糊的，以至于管理者能够清楚地知道他们的选择和偏好。这些假设反映了西方的价值观和信仰体系。资本主义的管理办法还强调，利用创新进取作为可行的手段以达到组织的使命(即利润最大化)。总之，资本主义管理理念是基于技术理性的。因此，大多数在华外商独资企业或合资企业往往使用资本主义的管理方法。

中国传统管理理念采取了与西方截然不同的立场，它们把世界看作是混沌的和人类是可以教化的。占主导地位的中国儒家文化，强调要积极入世，以寻找精神寄托。在历史悠久的封建主义社会，皇帝拥有所有的土地和资源，并承认私有制合法。传统的私有企业是建立在家族基础上，奉行仁义道德的管理理念。很多时候，家族是作为一个集体的投资人，并进行控制。企业被视为履行社会职责的生产工具，它们大多依赖家庭和家族的强关系网络建立起来，管理者多是具有血缘关系的同宗族的人。中国传统管理实践的前提是人际关系模式,和谐成为第一要义。强调人与人之间心心相通,以情感体验为标记,强调等级伦常、家族主义和天命观。而和谐的建立是以缘情伦三位为一体。即所谓命中注定(缘)、人情法则(情)和人伦秩序(伦)。管理以应变为主,所谓以不变应万变。甚至有时候是消极的,如"无为而治",或"天不变,道亦不变"。这种管理理念与自然/解释性解决问题的方法是一致的。决策过程非常直观,也即是得过且过。邓小平的重大改革理论之一就是所谓的摸着石子过河。邓小平勇敢地发起经济改革,因为他看到了需要离开河边(即苏联式的停滞经济体制),带领中国人民前进(以市场为导向的系统)。由于受中国传统文化和中国历史经验的影响,很难考虑精细的技术问题。对于中国领导人和经理人来说最重要的是他们在做正确的事(好还是坏)在管理方面更强调人治,而不是建立系统的规则。规章制度不会被视为人类的财富,即使有也是置之高阁。集体主义文化的经理喜欢个人申诉和情感策略,而不是在分析之后作出决定。因此,组织流程和实践比结构和系统受到更多关注。从西方的角度来看,在集体文化中的组织结构往往是含糊不清的,因平均主义和非正式组织而淡化正式的权威。有各种各样的管理理论和管理方法,可以发现中国的管理方法的精髓主要基于儒家经典中的中庸主义。管理更注重保持平衡,而不是创造不平衡。这种平衡,不仅体现在人类和环境之间,而且在社区或社会的人与人之间。因此,组织内部团结与和谐受到高度重视。维护系统的和谐成为根本目标,而打破和谐成为不耻。驱动管理理念的基本力量,是社会道德和社会责任感。中国私营企业和儒家文化圈,像日本、韩国、新加坡、中国香港、中国台湾等都受到儒家文化的影响。

  正统的社会主义和主流的传统文化之间的分歧和交汇可以通过儒家文化和中国特色社会得以识别。在中国推出经济改革之前,公有制是社会主义的主要特征。尽管在一定程度上确实存在其他形式,如集体和私人所有制。几乎所有的财产都属于全体公民。平均主义(大锅饭)可以追溯到几千年前的中国历史,如孔子提倡:"不患寡而患不均。"在儒家文化中,国家是一个群体,"一个中国人的大家庭,有道德约束的关系将每个人联系起来"。员工与组织的关系类似于儒家文化所倡导的等级制,即对领导者的效忠。儒家家长式权威体系为社会主义的建立在中国提供了一个支持性的框架。社会主义社会建立以后,组织建立,如工厂和人民公社是为了共同致富,没有明确的制度规定参与者之间的分配比例,管理的最终目的是为了实现共产主义。组织是建立在阶级基础上,实行中央集权制的管理模式,整个国家像一个公司一样运作,管理者被动接受上级指令。社会主义提倡共产主义理想,马克思主义和毛泽东思想作为普遍适用的理论。通过权威命令或行政手段进行管理决策。因此,中国的社会主义管理办法,是与其根本思想和中央计划经济体制一致的,国有企业更加体现这样一种做法。例如实施党委负责制下的厂长经理负责制等。中国文化明显强调机构在对下级控制中的作用。改革开放以来,整个国家不再是统一全民所有制和国有企业。管理也逐步从单一的集中制向多元化转变。中国企业改革也逐步迈向现代化体制。

二、管理实践

  经济体制,不仅受到社会和历史因素的影响,也受到文化价值观和信仰的影响。文化意识形态决定管理理念,反过来又影响管理实践,这种互动形成了不同的管理体制。本书在比较三种文化的基础上,基于四种管理职能分析中国企业的管理实践。管理职能可分为四种:计划、组织、领导和控制。表16-4比较了儒家思想、社会主义和资本主义的管理实践。可以看出,从儒家文化与个人和家庭为基础的企业相关联,而由于国有企业作为社会主义的例子。与此同时,资本主义往往更多彰显外资和合资企业的特征。

表16-4　三种文化意识形态对管理实践的影响比较

管理实践	儒家文化	社会主义	资本主义
计划	直觉	自上而下	实证
组织	官僚主义	集体主义	个人主义
领导	宗族和帮派	教育或行政	创业或创新
控制	团体行为规范	非明确的标准	一定标准的绩效

(一)计划

计划是对未来行动的安排。罗宾斯认为计划包括定义组织目标;制定全局战略以实现这些目标;开发一个分层的计划体系以综合和协调各种活动。中国传统的管理实践没有把计划当作是有价值的,因为传统文化强调隐性知识或默会知识和干中学。中国传统的计划往往基于管理者个人的直觉做出。和社会主义依赖于五年计划为基础的自上而下的方法不同,资本主义的计划则往往是正式的、理性的和定量化的。资本主义社会没有正式的全国性的经济计划,但大多数公司都依赖某种形式的预测对市场需求进行评估。计划往往依赖于市场和消费者的需求的实际数据而做出。近年来,随着全球化进一步加剧,社会主义和资本主义的计划模式的差异在逐渐缩小,计划在决策中的作用日益显著。

(二)组织

组织是另一种管理职能,包括建立一个结构以协调人的努力,使所有员工都可以用一个有效的方式对公司的目标做出贡献。中国传统组织力求强调集体负责制和问责制。与此同时,个人责任是隐含的,而不是通过正式的组织结构加以明确描述。组织变革通常通过组织内部的流程再造和改变代理人而达到,目的为了保持和谐,而不是真正的创新或者发展。正统的社会主义组织实践,往往是僵化的和官僚的。通常来说,它们往往是低效、僵化、对市场不敏感,有很多富余的职工。个人责任没有明确界定和记录。因此,教育群众,并确定工人阶级的人事权,是组织在社会主义条件下的主要战略。自上而下进行组织变革和发展是社会主义常用的方法。然而,应该指出,社会主义讲求民主集中制,即既有民主又有集中。即使在改革开放之前,也有"两参一改三结合"的做法。毛泽东也提出从群众中来,到群众中去的思想。研究发现,中国经理人更愿意工人参与决策和建立民主化的组织,甚至超过加拿大和中国香港的同行。

对于资本主义的组织而言,重点是个人责任。工作说明书是一个很好的例子,它详细说明每个岗位应该做什么,什么是被报酬的,需要什么样的资格才可以胜任。在每一个组织层次,都强调责任,例如常见工具有目标管理和平衡计分卡。冲突通常是可以容忍的。组织变革往往是由外部不断变化的目标和结构引起。工会作为一种冲突的协调机制有别于中国工会的娱乐机制。但由于更稀释的个人权力与组织权力,因此相对于集体主义中的派别或者团队所拥有的讨价还价能力将会更弱。这导致很多冲突的解决遥遥无期。组织变革和发展主要用于解决矛盾和冲突,以利于提高组织绩效。儒家文化和社会主义更重视人的变革,而西方资本主义更重视结构和技术变革。

(三)领导

领导涉及"激励下属,指使他人,选择最有效的沟通渠道和解决冲突"。儒家文化把领导者看作是工作团队的一部分,他们关心下属福利而不是关心生产或者利益。在谈及日本人的管理风格时,韦里克认为:"管理人员的作用是创建一个团队精神的环境,他们愿意帮助自己的下属做同样的工作。为了保持和谐几乎不惜任何代价,经理避免面对面的对抗。"经理们期望作为下属的示范,并建立和培育个人关系。集体和组织利益高于个人利益。虽然有一些普遍领导属性和行为(如整合能力、激励、行政能力、理想和协作团队导向能力),但也有一些中国独特的属性和特征,如遵守的原则和尊敬长者。总之,中国传统的领导风格往往是一个宗族和帮派的办法。

虽然社会主义的领导与传统文化的领导具有共性,但也有相异之处。儒家文化的基本思想之一,是善或仁。基于这种理念,儒家文化要求领导人依靠仁义领导他们的追随者。社会主义的领导者用教育的方式对待同志和采用武力方式对待敌人,更多采用团队领导或者集体的方式,委员会制在企业中比较通行。沟通主要是自上而下,按照党中央的命令进行。毛泽东概述了作为领导的原则:"少数必须服从多数,下级必须服从上司和全体党员必须服从中央委员会。"经理们接受奉献和自我牺牲的价值观教育。

领导的管理职能在资本主义的背景下却完全不同。领导是团队的决策者,他们提出理想,阐明团体或组织的方向,并作出正确的决策。沟通往往依赖于正规渠道和格式,如书面记录。通过建立民主制度,沟通采取自下而上的方法。因此,在资本主义意识形态的领导往往是创业型的,强调技术素质和技能,并以变革和风险为导向。

(四)控制

管理就是控制和激励的函数。对一个组织来说可能控制多一些,激励少一些,对另外一个组织来说可能激励多一些,控制少一些。法约尔指出:"在一个企业中,控制就是要证实一下是否各项工作都与已定的计划相符,是否与下达的指标及已定的原则相符,其目的在于指出工作中的缺点和错误,以便加以纠正并避免重犯。"罗宾斯认为,控制是监测活动,以确保它们按照计划进行并纠正各种重要偏差。在中国传统文化中,往往依靠同事压力和群体规范实现控制的管理功能,以强化某些理想的绩效标准。组织更关注群体表现而不是个人表现。控制注意力聚焦于组织流程和日常实践,而不是正式的结构和系统。

社会主义控制的管理功能是比较特殊的。控制在社会主义的主要职能朝向政治活动而不是财务成果。因此,政治和意识形态的控制是大多数社会主义社会首要的任务。

在现实中,因为缺乏足够的奖励和绩效评价体系,控制表现出相应特色。国有企业缺乏足够的治理机制,因此管理者往往是企业的实际控制者。控制的努力和程序差异很大,取决于管理者个人的责任心。根据其价值观和信仰,社会主义的主要任务是,充分调动广大人民群众的积极性。虽然没有一个人应该对取得的成就负责,但当错误出现时,也很难找到有谁来负责。因此,控制是社会主义的最弱的管理职能。

在资本主义社会中,组织控制往往利用准确标准对绩效进行评估。控制强调正式的评估结构和程序。目标管理就是一个例子,因为它把目标实现作为绩效评估的基础。此外,控制往往是基于个体的,因为员工对自己的工作负责,而经理对企业负责。高层管理人员如首席执行官,是为公司股票和组织绩效负责。在股东的压力之下,公司高层必须表现出良好的财务成果。

中西方管理的差异并不是集体主义和个体主义的区别,也不在于科学管理和人本管理的区别。西方也有集体主义,只是西方的认同更多的是建立在种族、阶级、性别、职业、年龄等因素之上,当然,相对而言,西方更强调个人主义。中国人的集体主义则更多的表现为圈子中的行为。西方也有人治和礼治现象,也会很重视文化、愿景等,并设计制度鼓励自治,如最近发展出来的内部创业制度与自我导向团队,但西方更重视的则是流程、规章、制度,管理思维以规划与控制为主,因为这套管理预设了理性经济人的人性假设,所以组织是可以理性设计并理性控制的,这就是理性系统的思维。

三、人力资源管理实践

本节主要说明人力资源实践在儒家思想、社会主义和资本主义不同经济体制之间存在的差异,以及在对中国人力资源的综合影响。表16-5列出了三种不同经济制度下人力资源管理的特点。

表16-5 三种文化意识形态对人力资源实践的影响比较

主要特征	儒家文化	社会主义	资本主义
雇用制度	家庭或亲戚	优胜劣汰	基于各自愿望的合约
甄选与聘用	偏袒亲友	社会资本	个人能力与资质
薪酬与福利	资历	按劳分配	绩效表现
提拔与升迁	个人忠诚、社会接受性	又红又专	个人素质与发展潜力
绩效评估	定性为主	定性为主	定量为主
接班人计划	家庭和资历	以德为先	能力与素质
工会作用	没有作用	咨询和商议	谈判和协商
HR开发重心	重管理轻开发、重使用轻培养	培养政德法合一—忠诚度、敬业度、大公无私的品德	重培训开发、重规章轻感情
人力资源功能	社会效益	政治效果与经济效益	经济效益
人力资源目标	社会和谐	共产主义	全面发展的个人
总体特征	德治优先	政德法合一	法治优先

中国传统的经济形式是以家庭为基础,就业的雇用人员优先考虑的是家庭成员、亲属或其他关系密切的人员。在儒家思想中,占主导地位的管理理念是通过遵守秩序构

建社会和谐。传统的中国雇用关系是建立在互惠价值观,并通过内隐的道德秩序加以维持。作为最传统的中国企业是以家庭作坊为主,人员的选择主要是靠裙带关系。晋升主要依赖于个人道德和社会接受性。对人员的报酬在很大程度上取决于资历,在员工与管理者之间只有很小的差异,分配理念是不患寡患不均。这样的管理理念的目的是为了构建一个大同的和谐社会。这不仅需要领导人有强烈的个人道德,还需要高尚的个人操守,以落实德政(即仁治)。纵观中国悠久的历史,几乎每一个朝代和派别都强调道德和个人操守的重要性。领导者和管理者的选择是基于道德或者对执政派别的忠诚,而不是技术上的胜任。因此,道德和社会关系在员工选择上发挥了重要作用。中国古代的政治家和学者司马光,在他的著名编年史风格的历史著作《资治通鉴》中,最好地概括选拔人员的做法。司马光提出一个人应该具备的两个关键素质:德(即道德或美德)和才(即能力或功绩)。他认为,道德统领能力,而能力又强化道德。他把人分成四种类型:(1)圣人(即有智慧的人),即德才兼备的人;(2)君子。即德行高尚的人,但可能缺乏能力;(3)小人。能力很强而操守不佳的人;(4)愚人。即无德无才的人。司马光认为,圣人应该成为首选;其次选择君子。司马光认为,当既没有圣人也没有君子可供选择时,应该选择愚人而不是小人。因为小人损公肥私,置个人于社会与国家之上。愚人虽然技不如人,但与小人相比,尽管能力有限,他们不会伤害社会和国家。中国传统的人力资源实践的主要原则通常被称为德才兼备(即有政治操守和能力)。因此,中国传统的人力资源实践强调社会成果与和谐,其主要特点是以仁治国或以人为本。

社会主义中国的人力资源与传统的儒家文化有许多相似的特点。雇用是长期的或终身制。人们通常使用"铁饭碗"一词来形容雇用的持久性。在社会主义制度下,员工的选择是基于道德和社会关系,个人能力不太重要。在中国,关系(即社会关系)成为最有效的手段之一。关系指的各种社会关系所产生的人情和义务网络。关系不仅对员工的选择与录用有很强的影响力,也对组织行为的其他方面,如工作关系、绩效评估、工作成果有深远的影响。报酬设计与分配制度是建立在平均主义理念的基础上,员工工资存在微小差异,但主要是由于论资排辈,而不是能力所决定。奖励制度是由社会主义价值观和信仰所决定。人们的报酬应该平等而不是存在差异,因为社会主义公民不应将追求物质利益作为其内在动机,而应该有奉献精神。因此,低绩效者获得高绩效者同样的报酬。那些表现较好的员工,如劳动模范只得到政治上的好评。高级管理人员的晋升和继任既取决于政治忠诚,也取决于社会关系。政治技能比管理技能和技术能力在晋升中起到更大作用。绩效评估主要采取主观评估和定性的方法。上级评估成为主要的来源,自我评估只是评估的起点。工会作为行政的一部分,起着协商和协调的作用。人力资源开发(HRD)的重点是放在开发员工忠诚度和道德上。因此,大多数人力资源开发工作的焦点是思想教育。例如,公司经理,通过党校教育的做法在如今仍是十分常见。由于人力资源是改革后的中国引入的一个新概念,因此即使经济改革和对外开放政策已经推出了超过三十多年,有些政府机构仍然使用旧的术语,如人事和教育部或组织部。主要的人力资源职能是带来预期的政治成果(如无人失业),而不是经济成果(如利润和效率)。

资本主义情境下的人力资源实践是与它的文化价值观和信仰一致。此外,人力资源的实践已经融入其社会和文化制度中,成为社会规范体系的一部分。资本主义社会中的大部分工作都是合同规定的。也就是说,雇主和员工通过开放的劳动力市场,以满足彼此的需求。这样的雇用关系可以经由非人格化的经济交换模式实现个人的功利性目标。这种人力资源实践模式植根于资本主义的价值观,即强调经济利益和个人的发展机会的最大化。员工的甄选和录用很大程度上取决于能力和才干,而非关系和家族背景。员工的报酬是建立在他/她的工作绩效和对组织所做出的贡献基础上。绩效评价使用科学的量化的方法进行。工会在代表成员利益的谈判和讨价还价过程中起着重要作用。人力资源开发注重培训和开发,以满足组织和个人发展的长期目标。人力资源实践的基本职能是为了实现组织的整体绩效,从而被作为一种资本(即人力资本)的一种来看待。这种人力资源实践的隐含的目标是充分开发个人潜能以适应竞争激烈的就业市场。从总体上看,资本主义的人力资源实践的特点是基于理性基础上的法治。

表16-6总结了三种文化意识形态(即儒家思想,社会主义和资本主义)对当代中国社会管理和组织现有模式的影响。三种类型的组织(家长式、公社式和市场式)在当今中国并存,这可以追溯到三个意识形态的影响。首先,家长式组织的模式,是指在传统儒家文化价值观基础上所建立的公司,以一些典型的传统民营企业为代表。公社式企业形式是建立在社会主义思想体系基础之上,主要是国有企业。其次,市场模式在很大程度上受到资本主义的价值观和信仰的影响,如合资企业和跨国公司。此外,一个新兴的模式即混合模式也在中国开始出现,它融合了多种文化的影响。许多中国的企业通过快速学习,吸收各种经济体制的管理方法和工具优点,以适应独一无二的文化背景。

表16-6 三种文化意识形态对组织形式的影响比较

组织模式	儒家文化	社会主义	资本主义
家长式模式(例如传统私营企业)	高	中	中
公社模式(例如国有企业)	中	高	低
市场模式(西方的企业)	低	低	高
混合模式(未来中国的企业)	中(主要是在人际关系、维护社会秩序与和谐的价值观等方面)	中(主要表现在强大的国家,强调共同财富和社会责任方面)	中(体现在以市场为导向、追求利润、理性和分析的管理方法方面)

孔子思想影响下的中国民营企业能最好地描述家长式作风。家长式组织模式主要体现了服从和道德互惠为基础的等级制度的强大作用。管理者和领导者被期望关心他们的下属和员工,以维持彼此间的关系。另一方面,员工也从这种交换关系中获得相应利益,如福利、提拔和晋升,以促进这种关系的发展。在中国的许多地域,特别是在南部珠江三角洲家长式管理实践特别流行。而西方(主要是资本主义)思想也已经对中国组织和管理实践产生巨大影响。中国的混合组织模式将吸取西方资本主义的精华,理性而更加适应中国当代环境的发展。然而,传统的价值观,如社会和谐、等级制度、控制和家族集体主义持续影响者中国的组织和管理实践。在中国资本主义的发展中,政府现

在起着重要作用,并将持续发挥促进作用。此外,有人指出,可以将日益演变的中国民营企业称为网络资本主义,这在很大程度上是由于个人关系和横向协调不足。

新兴中国企业的组织模式,体现了三种文化价值观和信念的共同合力。最近的一些研究为三种不同的文化价值观在中国组织和管理实践中的共存、重叠、甚至融合提供了证据。自1950年以来,中国的劳动力管理系统采取的是一种混合的人力资源管理模式,既具有中国特色,也受外国跨国公司的影响。对官方报纸的研读表明,政府有日益加强传统价值观的倾向,这是与共产主义意识形态相一致的。同时,中国政府还引入了西方的管理价值观,如个人素质和技能。总之,研究表明中国的组织和管理实践呈现出一个新兴的混合模式。这种模式是不断变化地适应三个看似不同、但存在潜在的重叠,甚至可能融合的意识形态,即儒家关于和谐人际关系的价值观、社会主义强调国家和政府的干预作用以及共同富裕和资本主义管理方法的理性分析有机统一。

总之,我们比较了三种不同意识形态体系的不同特点以及对中国管理理念和管理实践的影响。我们并不打算评价三种文化意识形态的优劣性或在中国经济实践中谁更合适。作为三种不同的意识形态,都存在一定的优势和劣势。最好的社会和经济制度和最好的组织方法在很大程度上取决于价值观和信仰。从某种意义上来说,当代中国组织行为和管理实践是三种意识形态共同作用的结果,因此在考量当前的组织变革时,应考虑三种文化的共同合力。

第五节 探索中国特色的管理思想与实践

一、坚持那些被证明了的信仰

理想信念是人们所追求、所向往的目标,是人们政治立场和世界观的集中反映,也是人们的精神支柱和力量源泉。崇高的理想信念能激发人们的热情,振奋人们的精神,鼓舞人们的斗志,帮助人们形成情理交融的道德情操。在当代中国,作为个人和组织来说,应该坚持那些被证明了的信仰。

(1) 人性。信仰的第一个方面涉及人类本质的探讨,而有关人类本质,即人性在古今中外就得到广泛和深入的探讨。儒家文化认为,人之初,性本善。而以基督教为理念的西方资本主义则相信人类是带着罪恶来到这个世界的,因此,人之初,性本恶。王阳明首倡心学,提出心即是理的命题。他认为,无善无恶就是没有私心物欲的遮蔽的心,是天理,在未发之中,是无善无恶的,也是我们追求的境界。我们的心本来是没有善也没有恶的,首先是起心,起心之后就有了善恶之分。因为此时的心已经被私心和物欲遮蔽了,不是天理,这时就要反省自己,努力使自己的心回到无善无恶的状态。通过以上分析我们认为,人类的本性并不以善恶区分,而仅仅存在私心而已,但可以通过教化,对人的信仰加以升华。也即是人之初、性本私;可教化、待升华。

(2) 动机。人生的价值,在不同的历史和社会条件下具有不同的内涵。对于人生价值,不同的人也会有不同的理解。马克思主义认为,价值是具有积极意义的、能够满足个人或社会的某种需要的东西。它产生于人的实践活动中,既包括物质价值,又包括精神价值。人的本质是一切社会关系的总和。一个人要真正实现自己的价值,就要努力地为社会的发展进步做出贡献。由此而来,我们认为,在当代中国应以物质为基础,精神为引导。

(3) 信仰。从来就没有什么救世主,要创造人类的幸福,全靠我们自己。

(4) 知识。西方文化倾向于理性的传统,把知识看作是客观存在的,具有绝对真理。传统的中国文化把知识看作是主观的和工具性的,即知识是情景化的,是随着情景的变化而变化,不具有绝对真理性,正所谓"一念发动处便即是行"(王阳明知行合一理论)。西方理性主义强调科学知识的客观性,追求对科学知识的"应然"理解走向绝对主义,认为科学知识是完全客观的,具有绝对真理性;社会建构理论从表达科学知识的主观性,或追求对科学知识的"实然"理解走向相对主义,认为科学知识是完全主观的,世界上没有绝对真理,只有相对真理。事实上,知识既非完全客观的,也非完全主观的,而是实践基础上的主客观性的统一,因此我们要辩证地看待知识的主、客观性。

(5) 变化。辩证地看待和管理好变化。人类社会、组织和个人的发展和变化既非线性的变化,也非周期性的循环往复,而是在否定之否定中的螺旋上升或者螺旋下降。

而作为一个理想社会,应该为建立那些被证明了的信仰提供支持。为此,理想的社会应该如下。

(1) 建立高度效率的生产机制。在社会主义市场经济条件下,我们所强调的效率主要有两个方面:一是微观效率。是指企业的劳动、资本、土地等生产要素的投入与产出的对比关系。投入小、产出大,则效率高,反之,则低。二是宏观效率。是指整个社会资源能否得到合理配置、有效利用以及社会的财富能否得到最大限度的增加。市场优胜劣汰的竞争法则,要求企业追逐劳动生产率、资金利润率、市场占有率等经济效率指标。企业作为市场经济活动的最主要的参与者,在价值规律等市场机制的作用下,通过技术改进、流程再造、优化组织管理结构、培训企业员工等,在竞争中不断地提高经济效率以实现企业的价值最大化目标。追求效率,既是社会主义市场经济体制的出发点,又是这种体制所产生的必然结果。正是由于市场竞争中的这种优胜劣汰的机制,才推动了社会经济的发展。没有竞争就不会有高效率,没有效率的市场则是没有生命力的。所以,建立高度效率的生产机制是理想社会的必然选择。

(2) 完善公平竞争的政治机制,不刻意追求结果公平,但要争取提供均等机会。完善的公平的政治机制,不仅为社会、组织和个人提供程序公平和结果公平,还要为社会、组织和个人提供机会公平,即均等的发展机会。

(3) 提倡仁爱道德的社会风尚。仁爱道德是儒家思想的核心。仁爱是孔子思想的核心,体现了儒家思想最基本的价值。而从整个思想体系看,儒家思想是道德理想主义,它以心性之学为中心,以性善论与人格主义为内容,以道德理想为生命的最高原则和实现人生价值的目标。把仁义道德、礼义廉耻看得比生命还重要,要求人们做到富贵不能淫,贫贱不能移,威武不能屈。我们需要提倡这种良好的社会风尚。

(4) 具有开拓进取的精神面貌。儒家的基本特征是开拓进取、积极入世,儒家直面现实社会,力求探索一条改造客观世界的道路,即便是个人的修身养性,最终也是为了治国平天下。儒家本着"经世致用"的理念,强调在现实世界中提升道德品格,达到理想境界;在人生实践中自强自立、奋发有为,成就理想的人格。这种学风以其巨大的作用和影响而成为中华文化的主流,并由此培育出中华民族注重刚毅进取、自强不息、求真务实、厚德载物、乐观向上等一系列优秀民族精神。在当代中国我们更需要发扬这种积极进取的精神风貌。

二、共同建设现代化的价值观

所谓现代化,是指这样一个过程,即在科学和技术革命的影响下,社会已经发生的变化或者正在发生的变化。奥康内尔则从人的精神观念的独特视角来把握现代化:"归根结底,所谓现代化,就是一种观念,它给予各种成分以形态。""现代化是探索性和创造性思想态度的发展,它既是个人的思想态度,也是社会的思想态度。这种态度隐藏在技术和机器使用的背后,引起个人之间社会关系产生新形式。"

尽管关于现代化含义每个人的理解均有不同,但它们都包含着一个共同点,即现代化是一个人类社会及其各个层面由传统向现代转型的世界性的历史变革过程。它表明人类社会从近代社会向现代社会的发展过程是一次历史性的社会变革,是社会系统的重建和再构的历史过程,是社会发展中的质变和连续性的中断,是一场波澜壮阔、蔚为壮观的漫长的社会变迁过程。在这一过程中,传统社会的结构系统逐渐解体,而新的现代社会系统逐步建立、稳定和发展。

中国传统的价值观具有以下四个特点。

(1) 人们的价值取向都是向后看的。

(2) 在实现价值的行为准则方面,道德伦理价值压倒了一切,渗透了一切。

(3) 在价值判断方面,是以农业宗法社会的因袭传统为尺度。

(4) 在价值理想方面,最高价值理想是追求圣人的理想人格。

也有人认为,中国传统的价值观"是以人为本位,以道德为主导,以功利和权力为双翼,以自然无为为补充,以群己和谐、天人和谐相统一的价值观体系"。

尽管传统的价值观念仍然深刻影响人们的行为和行动,许多方面与现代化建设有契合的一面,但以儒家思想为主体的中国传统价值观与现代化价值观仍然存在一定冲突。

(1) 儒家重义原则与现代化市场经济重利原则是相互冲突的。重义轻利的价值取向抑制了人们从事商品的积极性。

(2) 儒家的德治思想与市场经济的法治要求也存在一定的冲突。儒家提倡以仁义治天下,注重人治,不注重形式化的法律制度。

(3) 儒家理性与现代化的理性存在一定差异。儒家理性是一种实质性的理性,而现代化理性则是强调精确性、规范的形式化理性。

因此,在吸收中国传统文化价值观精华的同时,需要对其进行拓展。现代化的价值观应该具有以下特点。

(1) 和谐性。在人与自然界的关系和人与人的关系上,传统文化所强调的和谐性值得借鉴。在天人关系或者人与自然界的关系上,其核心命题是"天人合一";人际关系或人与人的关系的和谐,其核心命题是"中庸"。现代化的发展历程和惨痛的教训告诉我们,人定胜天、征服自然和阶级斗争带来的后果是灾难、人祸、环境破坏和地球的消亡。强调人与自然界、人与人的和平共处,意味着人类在不破坏自然环境和本身发展规律的条件下,持续发展。

(2) 包容性。包容性发展是科学发展的一个方面,主要有三层含义:一是社会内部发展成果全社会共享;二是发展过程中人和自然的和谐相处;三是大到世界,小到个人,各个实体之间互相包容,兼收并蓄,求同存异。

(3) 开放性。自改革开放以来,中国正在经历一场深刻的社会转型,其中最显著、最具有影响力的转型莫过于由过去的封闭型社会向当前开放型社会转变。开放型社会的形成和发展极大地改变了中国社会原有的社会结构、思想观念和价值体系。保持开放性不仅有利于接受西方先进技术和管理工具,也能满足转型期中国社会各阶层的多元化价值观和需求。

(4) 多元化。在全球化时代,组织活动范围的扩大,不同国籍、宗教信仰、背景、习惯的人们一起工作,必然会出现价值多元化问题。价值观的多元化是指一个社会系统中特定的社会关系、文化系统和观念意识形态的离散、分化和互解的状态。从一定意义上来说,价值观多元化意味着:广泛性、深刻性和普遍性。即价值观多元化不只局限在道德领域,而是广泛地存在于政治、法律、道德、思想观念、文化等各个领域;不仅表现在思想、观念的表层,而且表现在思想、观念的深层,涉及理想、信念和信仰等根本性的价值观念;不仅发生在社会转型时期,而且社会常态发展时期也会出现;不仅存在于一个社会群体,而是多元文化的渗透、离解和融合。真正多元化的社会是一个公民社会,各阶层之间因社会分工以及交换或控制生活资源的能力不同而出现社会差别,这是一种常态。其中的关键在于彼此之间都能依据价值共识及其规则而相互适应与合作。就此而言,建立在多元利益结构之上的多元价值观,正是社会繁荣和秩序维持的重要条件之一。

(5) 动态性。一个民族或国家的价值观一旦形成,就具有在一定时期之内的相对稳定性。随着国家和民族发展以及外部生存环境的变化,价值观也随之发生改变。僵化的、落后的价值观会经过合理的冲突、碰撞、梳理、整合与提炼形成良性的价值观体系。优秀价值观创建以后,就会显示其对外部因素以及新生文化强大的吸收力、包容力与消化力,形成动态开放的系统。

现代化企业应该拥有的价值观。

(1) 为顾客创造价值;
(2) 为社会创造财富;
(3) 为所有利益相关者负责;
(4) 不断地学习、创新和变革;
(5) 担负社会(包括自然环境)的责任。

与现代化相适应的传统个人价值观则应有以下几个方面。

(1) 自强不息;
(2) 人本精神;

(3) 见利思义；

(4) 忧患意识；

(5) 天人合一；

(6) 诚信为本；

(7) 中道守正；

(8) 敬业乐群；

(9) 和而不同；

(10) 厚德载物。

三、开拓和创造中国现代化的管理理论与实践

中国式管理是指以中国管理哲学来妥善运用西方现代管理科学，并充分考虑中国人的文化传统以及心理行为特质，以实现更为良好的管理效果。探索中国的现代化管理理论与实践，必须容纳儒家文化、社会主义和资本主义的精华，即儒家文化的仁爱、社会主义的精神和资本主义的理性，达成中西合璧（如表 16-7 所示）。

表 16-7　三种文化意识形态的融合

儒家思想	社会主义	资本主义
主要体现在人际关系方面，保留社会正义、道德感以及和谐社会等传统价值观	主要反映在强有力的国家（政府）干预和调节，强调共同富裕和企业的社会责任	表现在市场导向与竞争意识，引进理性思维与科学分析的管理手段

（一）儒家文化的仁爱（公平）

儒家文化有非常多的积极的方面值得我们学习，特别是在建设现代化的过程中，中国社会和企业应该传承优秀文化传统，而不是一味盲从追随西方的管理理念和实践。主要体现在人际关系方面，保留社会正义、道德感以及和谐社会等传统价值观。儒家从五个方面体现其对现代企业积极的一面，这也是当代社会和企业需要学习的方面。

（1）刚健自强的人生态度。生活本身是动态的，因此刚健自强的生活态度为儒家基本思想所必需。

（2）义以为上的价值观。尽管儒家强调义以为上，但这并不意味着儒家全盘否决利益。在不违背道德的最高前提下，取得正当利益。所谓君子取财有道便是一说。

（3）重视现世，不讲来世，不追求死后荣华富贵。要求世人要直面人生，解决生活中的实际问题。

（4）修身为本，为政以德。儒家政治路线即是"修身、齐家、治国、平天下"。所以无论经世济民，还是治国安民，都怀有以德为先的主张。

（5）天人关系。儒家心目中的理想社会虽然各不相同，但无论在人与人的关系及人与自然界的关系方面，都强调和谐统一。儒家由追求人与自然的和谐，引申出人与人的和谐。人际关系和谐的关键在于个人德性的修养与完善。儒家"普遍和谐"的最高层次是政治上的和谐，即注重个人、家庭、国家一体观念，这也为当今激烈竞争和人与自然

不和谐提供了借鉴意义。儒家仁爱思想对社会影响很深,儒家用最高的管理伦理范畴"仁"把所有的管理思想统率起来,"克己复礼"则说明仁与礼之联系,"宽、恭、信、敏、惠"则是爱人的详细解说。儒家倡导的"仁爱"思想,也是中国企业文化的核心所在,即"以人为本"的思想起源。儒家已经初步建立起以爱人贵民为中心的世界上最早的人本管理学。要正确把握人性的本质,推己及人,也只有这样,企业才能不断发展。"仁"在中华民族的历史发展中,发挥着激励民族群体的功能,使中华民族成为一个充满活力的民族。"和"在我国历史上影响深远,对于形成和发展中华民族的宽厚包容、团结统一、独立自主的民族品格具有重要意义。"礼"这种理念维护正常的社会秩序,维护族群的和谐、团结、统一,规范人们的行为,指导人们的生活实践。"用"这种理念为中华民族的生存与发展提供了强大的精神动力。

(二)社会主义的精神(进取)

主要反映在强有力的国家(政府)干预和调节,强调共同富裕和企业的社会责任,强调自强不息的进取精神,宁俭勿奢的自律精神和重群克己的合作精神,将思想道德建设作为中国特色社会主义文化建设最为核心的内容,这些都是建设中国现代化管理理论和实践所必需的。市场经济不但是法制经济也是道德经济,道德与法制缺一不可。从事市场经济活动,要做到见利思义。因此通过提高社会主义文化素质,树立正确的人生观和价值观,对现代化都市的商业文明,可以起到巨大的导向作用。

(三)资本主义的理性(效率)

建立现代化的管理理论和管理实践也离不开资本主义理性和效率思想的贡献。根据《辞海》的解释,效率是指"消耗的劳动量与所获得的劳动效果的比率。"一般而言,效率是一种比率,是一种劳动量和劳动效果之间的比率,反映了劳动的投入和产出、成本和效益的关系。随着社会的发展,效率的内涵也不断变化。早期的资本主义,主要流行的是经济效益,随着社会的发展,人们逐渐发现,仅仅追求经济效率会带来社会责任感和道德沦丧,保持经济效率发展的前提是实现经济效率与社会效率(集体效率)的有机统一。因此,功利主义(利己主义)的效率在当代有式微之势,而社会责任则成为关注的焦点之一。

所谓海纳百川,有容乃大。有机容纳三种思想,建立积极进取、效率优先、公平公正的三者相统一的现代管理机制,是中国社会和企业取得成功的关键所在。一个理想的社会正是儒家文化的公平、社会主义的精神和资本主义的效率的融汇。如果我们的社会汇合了儒家思想的仁爱、资本主义的理性、社会主义的精神,我们将是一个不可战胜的社会!如果我们的企业汇合了儒家思想的仁爱、资本主义的理性、社会主义的精神,我们将是一个不可战胜的企业!或者说汇合资本主义的效率、儒家思想的公平和社会主义的进取精神,我们将是一个不可战胜的民族和企业!

四、创建企业家的崇高理想

创建中国现代化的管理理论和管理实践也需要优秀学者和优秀企业家和领导的共

同努力。作为优秀学者来说,肩负着创建管理理论和传播管理理论的使命,而对于企业家来说,肩负着实践管理理论的重任。作为中国学者,他们的使命是"为天地立心,为公民立命,为往圣继绝学,开万世之太平"。作为中国的企业家和领导者,他们肩负"修身,齐家,治企,富天下"的崇高责任。

因此建立中国式管理理论和实践,开发中国式领导力模式,可以概括为以下 32 字精神。

(1) 开发员工、育主人翁;
(2) 学习进取、创新效率;
(3) 恩威并施、以德服人;
(4) 外儒内法、善于谋划;
(5) 身先士卒、大局为重;
(6) 政治文化、政府关系;
(7) 社会责任、环境保护;
(8) 和谐领导、持续发展。

第六节 本章小结

这一章论述了在当前中国情景下,不同文化和意识形态:儒家文化、社会主义和资本主义对中国管理理念和实践的影响。自 1978 年实施改革开放以来,中国社会和企业面临的环境发生了改变。一方面,中国经济体制改革,使人们开始放眼世界,向西方国家的市场经济制度学习,并致力于体制改革。另一方面,中国传统文化和社会主义思想也对中国人的信仰和价值观产生深刻影响。在这种三方驱力的情况,本章分析了儒家文化、社会主义和资本主义对中国管理理论和管理实践产生的综合效应。

长期以来,文化被认为是组织行为和管理实践的决定因素。它也是理解文化多元化,以及如何影响管理理论和管理实践的关键。文化是一个群体在一定时期内形成的思想、理念、行为、风俗、习惯、代表人物,及由这个群体的整体意识所辐射出来的一切活动。文化包含三个子维度:价值观、信仰和社会规范。价值观是一群人所共同认可的关于事物重要性的概念,它反映在人们对于好坏、善恶和是非的观点以及对人生的期望。是人们对于客观世界中事物真实性的认识。信仰是人类的言行表达,是一种人对事实存在的确信,区分真实和谬误。而社会规范反映了社会诸成员共有的行为规则和标准。

克拉克洪和斯特罗德贝克认为文化有六种取向。

(1) 人与自然之间的关系。这有两种基本假设:强调人应该控制和征服自然环境;强调人应该与自然环境和谐相处及适应环境;

(2) 人与人之间的关系。也有两种不同的假设:即集体主义还是个体主义;

(3) 人类自身的本质。有三种不同的假设:人之初,性本善;人之初,性本恶;人之初,善恶不定;

(4) 行动导向。有两种不同假设:一是强调存在和理解,承认现实;而是强调行

动,主动改变环境和现实;

(5) 时间导向。有三种基本假设:过去导向、现在导向和未来导向;

(6) 空间导向。有两种基本假设:私人空间和公开空间。

五个维度可以反映文化信仰系统:人类的本质、宗教信仰、知识的本质、变化的本质和人类动机。价值观体系主要有六个方面:人类与自然界的关系、人与人之间的关系、行动的重要性、道德标准的基础、时间定向、理想与远景。

三种文化对中国管理理念和管理实践产生不同的影响。三种文化情境下,计划、组织、领导和控制也呈现不同特点。三者的人力资源实践,如雇用制度、甄选、薪酬与福利、晋升、绩效评估、接班人计划、人力资源目标、人力资源职能也表现出差异性。

在组织模式方面,儒家文化以家长式,例如私营企业而表现出与社会主义公社模式(国有企业)和资本主义市场模式(西方的企业)截然不同的特征。

探索中国特色的管理思想与实践,需要坚持那些被证明了的信仰;共同建设现代化的价值观;开拓和创造现代化的管理理论和实践;必须吸收三种文化的精华;创建企业家的崇高理想。只有融合儒家思想的仁爱、资本主义的理性和社会主义的精神,才能真正建立中国式管理。

重要名词术语
ZHONG YAO MING CI SHU YU

文化	资本主义文化	人力资源实践	仁爱
价值观	基督教文化	社会结构	
价值观体系	伊斯兰文化	人性	
信仰	佛教文化	动机	
信仰体系	传统文化	知识	
中国式管理	行为规范	理想	
儒家思想	变化观	效率	
社会主义	管理理念	公平	
资本主义	管理理论	进取	
儒家文化	管理实践	理性	
社会主义文化	管理手段	精神	

思 考 题

1. 中国社会和企业所面临的现实和挑战是什么?在所面临的现实和你的理想之间如何进行抉择?

2. 世界三大文明的特征如何?

3. 影响中国管理理论和实践的三种文化是什么?它们是如何影响的?

4. 什么是文化?文化的基本构成是什么?文化的价值观体系和信仰体系是什么?

5. 三种文化有何不同？请分析三种文化如何交互影响中国的人力资源管理理论和实践？
6. 什么是中国现代化管理理论和管理实践？它的特点是什么？
7. 现代人力资源管理需要什么样的价值观和信仰？
8. 作为企业家我们有什么样的理想？
9. 你对中国现代化人力资源管理有何展望？

案例

家长式创业者：上海振华管彤贤

2009年12月8日，上海振华重工（集团）股份有限公司（600320.SH 下称"振华重工"）公告称，总裁管彤贤先生由于年龄原因，提交了辞呈，不再担任公司总裁职务，公司董事会审议并同意。当月圣诞节那天，振华重工召开特别股东大会，通过了聘任公司新任总裁的议案。一位熟悉振华重工的投资公司管理者称："年龄可能并不是他退下来的主要原因，他是真的下了决心，让自己好好休息了。"这位76岁的老者还专门向公司职员嘱咐，不想接受采访，希望自己的离去能尽量低调。[1] 但是当离开自己创业并经过短短十数年就打造出世界最大的港口机械及大型钢结构企业时，功成而身退的管彤贤心中依然难以平静、心潮起伏，不禁联想起起伏跌宕的人生经历和这十多年来的创业成就。这位国有上市公司最年长的CEO用17年时间在华夏大地缔造出一段商业传奇。

"世界上凡是有集装箱作业的重要港口，都应该有中国生产的集装箱机械。"怀揣这样的梦想，59岁的管彤贤只身来到上海，凭借100万美元的原始投入，带领从上海港机厂过来的设计、质管、生产以及市场等部门的13个人开始了艰难创业，公司定名"振华"。时至今日振华重工资产已逾70亿美元，根据英国权威杂志 World Cargo News 的统计，自1998年起公司产品始终居全球市场占有率的第一位，以岸桥产品出货量为例，公司2009年国际市场占有份额约76％，远远领先于其他竞争对手。与公司的成功形成鲜明对比的是管彤贤本人的薪酬，查阅振华每年披露的信息，也许你会怀疑自己的眼睛，年薪5万美元且无任何股权，他的低调同样会令你吃惊，即使是中国顶级学府的MBA也可能从未听闻他的声名，这就是管彤贤。

一、命运多舛，大器晚成

（一）老骥伏枥，志在千里

管彤贤的前半生经历坎坷，从北京工学院机械制造专业毕业后两年，时任交通部海河运输局技术员的他24岁时被错误地划为右派，曾被报纸点名批评，下放到了黑龙江农场参与劳动改造。大荒野的生活锻炼了他很强的自我管理能力。他形容，那时"自己的生命像小草般卑微，但旺盛并坚强"。[2] 直到20世纪70年代末才得以平反回京。

---

[1] 《第一财经日报》2009年12月09日"不老的管彤贤：59岁创业，76岁退休"，作者：王佑
[2] 《中国企业家》2009年09月28日"管彤贤：59岁开始创业的激情老头"作者：何伊凡

"文化大革命"结束后,管彤贤被调回交通部,先后担任过交通部水运司工厂处副处长、中港总公司船机处处长等职,并一直工作到1992年。他回忆道:"公司也没有规定必须要退休,但总觉得自己还需要干点什么,于是请求组织将我调往上海。"对港口机械产品很熟悉的管彤贤,想不通的是,"我们中国人干吗总是进口海外的港口起重机呢?不如自己做吧。"

1992年,是年59岁,仕途并不"得意",觉得壮志未酬的管彤贤毅然决定下海从商。交通部同意了管彤贤的申请,通过香港的一家合资子公司投资50万美元,上海港机厂又以一块地皮作价50万美元,成立了注册资金100万美元的中外合资企业。管彤贤带着从港机厂分拨过来的13个人,开始了他的创业之路。那年,管彤贤的振华港机公司就在紧贴着上海港机厂的浦东南路上租用了一间简陋的办公室,没有支持性政策、没有充裕的资金、没有领先的技术,带着仅有的梦想扬帆起航。也许是"文革"浩劫壮志难酬,59岁创业的机会对于管彤贤才显得格外珍贵,他曾说:"人有用的时间那么短,只有安心才能做点事,首先要热爱一个职业,不安心,一晃就过去了。"①从公司取名"振华",到他平时在公司中的言论,人们不难感受到他强烈的爱国主义情绪:"我们取名'振华'港机,含义就是要'振兴中华'。过去我们出国,到大商店里到处找'中国制造',找来找去找不到,人家导游把我们带到跳蚤市场,说'中国制造'在这里,是要低下头去找的地摊货。我们就憋一口气,要造出集装箱岸桥来,让人家抬起头来看!"②

(二) 把握机会,应时而上

20世纪90年代初期,世界港口机械市场基本被日本、韩国、美国和欧洲企业牢牢掌控,当时生产集装箱起重机的跨国公司有许多,日本三菱、三井、石川岛,德国的克虏伯、诺尔,韩国的三星、现代等,这些企业占据了全球95%以上的市场。国内港口设备基本依赖进口,国内企业技术水平远低于国际同行。振华港机刚刚起步,只有14个人和50万美元的启动资金,创业之路走得异常艰辛。管彤贤回忆道:"我们遇到的最大困难就是去投标人家不要,当年我们投新加坡,大概投过五次标,一次都没中,港口机械属于耐用工业品,人家首先要看的是品牌,而不是价格,(在这行中)知名品牌体现了你的质量,你的技术。"③1992年年底,加拿大温哥华征订一台集装箱起重机,凭借价格优势以及售后服务承诺,振华港机拿下了企业成立后的第一份订单,为了保证品质,凡是自己做不好的关键配套零件振华一律采购世界名牌,因此它并没有为振华港机带来多少利润,但是凭借产品出众的质量振华最终在业内赢得了很好的名声。1993年温哥华从振华港机购买了第二台设备。振华在港机运输上再遇难题,海上大型机械运输市场基本处于垄断状态,卖方市场态度傲慢漫天要价,而且不承担任何延期风险,这年振华着手打造自己的运输船队。1994年,振华产品成功打入美国市场,迈阿密港一次性定制四台设备。振华通过模仿复制同行产品并加以创新迅速填补自己在技术上的不足,凭借低廉的劳动力生产成本,振华港机不断超越竞争对手。

---

① 《21世纪经济报道》2009年09月26日"另类央企的76岁总裁:管彤贤'玩酷'"作者:王洁
② 《文汇报》2008年12月15日,"管彤贤让世界抬头看'中国制造'"作者:郑蔚
③ 《第一财经日报》2008年04月30日"振华港机:挺起'中国制造'的脊梁"作者:萧遥

1995年振华步入高速增长阶段,年产值保持30%的增长,至1998年振华以世界市场1/4的占有率领军集装箱机械制造行业,初步奠定其行业霸主地位。2001年,振华港机大举进入欧洲(总金额近2亿美元),其自主研发产品"双小车岸桥"成功打入有"起重机故乡"之称的德国,此役意义非同寻常;同年,振华获得美国市场世纪最大采购项目——长滩港20台超巴拿马型岸桥(总值约1.4亿美元),再次震惊世界同行。2002年5月2日胡锦涛同志在美国旧金山访问,车队行驶至金门大桥,巧遇装载4台80米高岸桥的振华整机运输船,由于机顶距离大桥仅30厘米,出于安全考虑大桥暂时关闭,看到万人空巷争睹机械风采的盛况,胡主席特发电祝贺。2004年公司涉足港口散货装卸市场,凭借在集装箱机械领域积累的技术和人脉优势,振华迅速取得成功。在一些世界港口招标会上,只要看到振华港机的代表,一些竞争对手就悄然离场。

港口机械市场日趋饱和,早在数年之前管彤贤已经开始寻找企业新的利润增长点,他认为上海的大环境确实吻合振华港机进军海工市场的需求。"上海可发展成未来的世界海工中心,其一,环境好,留得住人;其二,气候好,比东北、华北地区多三个月的户外作业时间;其三,配套好,世界知名船检、认证机关全在上海有办事机构或总部。若干年后,专业生产厂(如水下机器人、钻井机器等)也会蜂拥而至。"①按照管彤贤的设想,振华港机应在3~5年时间里,在海上重工领域占有50亿美元的市场份额,达到振华港机销售额的50%。2009年经股东大会审议,振华港机更名为"上海振华重工(集团)股份有限公司",虽然港口机械总产值并未减少,但随着企业海上装备以及大型钢结构业务的推进,传统港机产品产值在企业总产值中不断下降,公司由"港机"更名为"重工"的确名副其实。

(三)追寻梦想,永不止步

集装箱机械产业的全球市场空间约为40亿美元,上海振华已成功占领国际市场3/4以上的份额,未来增长空间有限,为借行业竞争保持企业活性,管彤贤坚持保留1/4的市场份额给竞争对手。港口机械作为振华港机的起家产品,为企业带来了丰厚回报,但管彤贤不愿止步于此,他认为"仅仅满足于已拥有的矿藏而沾沾自喜者是一个没有出息的人,振华港机不会自满于现有的港口机械市场占有率。"管总早已将目光投向了海上重型装备市场,而该市场规模高达500亿美元。关于投资巨型海上全回转浮吊项目公司内部尚未统一意见,考虑该项目的巨大投资风险,外聘专家一致提出反对意见,管彤贤总经理坚持自己的判断,果断进军海上重工市场。

管彤贤是个"敢于空想又不止于空想"的人,进军海工并非心血来潮。"我们一直着力于开拓新的产业领域,已经将目标锁定在大型钢构桥梁与海上重型工程两大市场,其中海上重工将成为我们的主攻方向",管彤贤表示,振华港机重点瞄准海上重工产品并非心血来潮,而是经过长期的深思熟虑的结果。②其一,海工市场前景宽广。世界海工装备市场每年约有500亿美元的份额,伴随石油资源需求日益扩大以及海底石油开采技术日趋成熟,所需海上重工装备市场也将逐步扩大。"由于这一行业的进入门槛偏

---

① 《上海证券报》2009年04月14日"世界港机霸主觊觎新疆土"作者:朱国栋 杨伟中
② 《上海证券报》2009年04月14日"世界港机霸主觊觎新疆土"作者:朱国栋 杨伟中

高,所以海工产品具有较高的毛利率",管彤贤表示,实际上海上重工的利润率高达30%～50%,已远超港口机械。其二,振华自身条件优越。公司拥有三大块邻水制造总装基地,其中目前主落脚地上海长兴岛基地拥有5公里长的近水作业场地、100万平方米的宽大敞亮的室内车间、大起重量的起重机和长达3.7公里的重型承重码头等优越的生产条件。管彤贤认为,这样的生产条件在世界上也是罕见的。其三,技术研发实力雄厚。公司拥有3 000余名研发人员以及7 500余名熟练焊工组成的共达四万余人的工人队伍,能够不断追踪市场需求并生产出质量可靠的产品。此外,公司在海工领域成功试水,2006年和2008年4 000吨全回转浮吊和7 500吨超全回转浮吊先后完工交货,并由广州打捞局与中海油集团分别成功启用。1992年一群"敢于空想又不止于空想"的创业者缔造出世界港机市场的奇迹,这群"空想者"凭借超大型全回转浮吊的成功顺利进军海上重工市场,开始新的创业旅程。

二、中华情结,特色管理

(一)振兴中华,领衔世界

几十年前,管彤贤还在交通部水运司工厂处担任副处长,那时国内的港机制造水平很低,企业缺乏经验技术,制造的机械尚不及国外的淘汰产品,国内的港口起重机基本依赖从国外高价进口,而且很多还是二手货。"你没见到外国人那种傲慢,根本看不起我们",管彤贤回忆当时的境况不禁感叹。1992年,管彤贤把握住机会毅然下海创业,伴随心底振兴中华的豪情,将公司定名为上海振华港机有限公司,公司成立伊始,他即提出这样的目标:"世界上凡是有集装箱作业的港口,就要有振华港机的产品!"

我们的员工在困难面前为什么能奋不顾身?为什么能以一顶十,不怕苦,不畏难?是由于振华企业文化中蕴含的爱国主义情感和为民族复兴的使命感产生了巨大的力量,支持人们去克服困难,为国争光。有的同志在年终总结中写出了激昂的话,"到振华后重新认识了人生的价值","领先世界,振兴中华"的爱国豪情源自企业基因,引导并激励振华创造出无数举世瞩目的成绩。①

1978年改革开放打开中国企业走向世界市场的大门,之后十年之间改革又经历诸多波折,至80年代后半期市场环境才逐步稳定,本土私营企业蓬勃而起,却由于缺乏技术优势,诸多企业不得不从底层的加工制造行业做起,从坚持低成本狠打价格战,到整合产学研攻坚高科技,从计划经济体制下的"等、靠、要"思想到培养适应市场经济的服务与竞争意识,从依赖简单模仿开拓国内市场到推动自主创新直面国际竞争,中国企业只有短短的二十年时间去超越西方企业多半个世纪的积累,其间的困难难以估量,振华却成功了。

(二)身先士卒,专业实干

企业内部,从管彤贤经理本人到其下属的数万余名一线工人无不埋头实干。"谦逊"、"低调"是熟人对于管总的评价,"我们这个年纪的人可能和现在的年轻人的想法不太一样,就是一心想把事情做好,没太多别的念头,世界上做出成就的人,大多源于对事

---

① 《中国高新区》2006年07期"自主创新使我们的产品领先世界——上海振华港机自主创新报告"作者:陈刚

情本身的痴迷,而不是冲着某种嘉奖去的,后者只是水到渠成的结果。"在管彤贤的领导下,振华形成了专业实干的文化氛围,振华员工对外讲求重诺守信,以专业精神服务客户,对内提倡吃苦奉献,靠埋头实干苦修内功。管彤贤回忆振华突破香港市场的经历:"香港买方让我们在48小时内,把这两台老设备搬走,再换两台(每台重1 500吨)新起重机整体搬上去,这几乎是不可能的。当时公司内部不仅有知识分子,还有一批是缺正规学历但有本领的所谓'绿林好汉',经过充分演练准备,我们有信心做到。但不巧到港作业时,突然天空下起了瓢泼大雨,外国人都打着伞在码头上看,而我们五六十个人在雨中跟木头一样恪守岗位,听指挥,没有一个人乱动,因为非常危险,出一点偏差就不得了,结果我们如期完成了任务。"①香港是世界集装箱装卸效率最高的码头,对装卸机械要求高是可以理解的。过去它的码头全是日本设备、韩国设备、欧美设备,没有中国的,但振华凭借其专业精神以及实干品质最终敲开了香港市场的大门,自此之后,香港没有再购买一台日、美、欧生产的起重机。

管总已是古稀之年,仍坚持每天早上7点多上班,而晚上常常忙到8点才下班,时而工作到午夜就住在公司的小单间里,他的手机则是24小时开机,从没有周末和节假日。副总裁戴文凯说:"管总精力过人,他最大的特点是一天除了睡觉都在工作。如果出国,他就在途中的车上睡觉,一到宾馆马上开会,根本不用倒时差,工作完了马上回国。如果到香港去出差,也是经常上午飞过去下午就飞回来。在他的作风影响下,公司员工出国商务谈判回国,从来都是从机场直接回公司的,除非已经是晚上,否则没有人直接回家。这种专业精神和作风,让国际客户和合作伙伴也认同振华是一家国际化的大公司,帮助我们赢得客户的尊敬和市场。"②振华的一线工人同样受到高层实干精神的感染,管总曾自豪地说:"其他单位的员工下了班就打扑克,有的还没下班,就想着怎么玩,在振华,农民工不打扑克,大家最热衷的就是加班加点,工作、学习、钻研技术。"一群文化水平有限的农民工在振华被锻造成为一批实干的产业工人,傍晚的长兴岛的生产基地灯火通明,据说工人都是主动加班,要不是管总强制规定10点熄灯,谁也不愿意回去休息。

(三) 胸怀抱负,自主创新

振华依赖自主创新稳居世界港口机械的领先地位,同时在海工装备以及钢构生产领域开辟新的市场。管彤贤本人就是个技术专家,公司很多产品创新的点子都是他自己提出的,他热衷出席各类技术会议,对产业技术发展有独到见解。管彤贤曾提道:"企业生活在市场竞争的漩涡中,除去产品的质量、价格、售后服务外,重要的拳头只能是不停地自主创新。"结合企业发展实际,他提出"每年做一件'世界第一'的事",号召企业员工"在游泳中学游泳"。

经济全球化带来了海上运输激增和港口设备的需求。当大船靠港离港,万箱云集起落,装卸效率成为最大一关。管彤贤抓住时机,敢想敢干:"现在最先进的设备一次能吊两个20英尺的箱子,我们要造一次能吊两个40英尺大箱的岸桥起重机。"许多同

---

① 《第一财经日报》2011年06月21日"振华重工创始人:员工私事我也要管"作者:王佑
② 《文汇报》2008年12月15日"管彤贤让世界抬头看'中国制造'"作者:郑蔚

事、同行很是一惊:狮子大开口?管彤贤坚信创新没有不可能,"双40尺"成了振华力拼的拳头项目。他白天忙于种种企业管理事务,晚上就住公司安排的套间;忙到8点才吃晚饭,饭后又到研发人员中,一个个技术难点攻下来。前后整整五年,总共几千张图纸,光机械材料就换了七八次。机械办公室主任山建国说:"当初研制'双40尺',这也不成、那也不成,但只要跟管总一汇报,我们又来了信心。"①振华重工首创的"双40尺"一炮打响,同时起吊80吨,效率提高至少50%,令日、美、韩同行望洋兴叹。至今,这种每台价值千万美元的自主知识产权产品,全球销量达282台,成为各地新建码头的首选。当初对"双40尺"抱怀疑态度的德国人,也开始采购这种高效岸桥。

2008年7月,荷兰鹿特丹港举行了世界上最先进、规模最大的集装箱自动化码头——Euromax的开港仪式。这个年吞吐量达230万标准箱的自动化码头,日常只需要50名员工管理运作,超过2亿欧元的全部76台自动化设备,16台集装箱岸桥、58台轨道吊和2台铁路吊车,全部由振华港机建造。竞标时,奥地利一家集装箱起重机厂的报价比振华港机低5%~10%,但鹿特丹港方还是选择了振华港机。"因为鹿特丹港方更注重的是整体实力。集装箱岸桥兼具技术密集型和劳动密集型两大特点。随着集装箱船舶越来越大、货主对船期要求越来越紧、船公司对装卸作业时间要求越来越短,对集装箱岸桥的效率要求越来越高,"管彤贤解释。② 而振华港机的技术优势正是在不断的自主创新中积累起来的,2000年GPS全球定位系统刚刚问世,振华人就尝试技术整合,当时改技术只能精确到公里,依赖自主研发振华港机最终开发出让场桥电机与GPS协调运行的控制软件,将误差降低到15毫米以下。

自主创新是ZPMC持续稳健发展的坚实基础。公司每年以约占总产值的3%的经费投入内部科技研发,目前公司拥有国内外专利共328项。自2005年新一代集装箱起重机项目获得国家科学技术进步一等奖、2008年自主创新平台建设获得国家科技进步二等奖后,2010年公司以4 000吨全回转浮吊、7 500吨全回转浮吊关键技术为依托的"海上重型起重装备全回转浮吊关键技术及应用"项目又再次荣获国家科技进步奖二等奖。

(四)博采众长,兼容并蓄

管彤贤将振华的自主创新文化从产品技术领域成功延伸至企业制度建设以及日常管理方面,进而推动并巩固企业健康发展。振华港机被人称为不像国企的国企,它享受国有企业的特殊荣耀,又拥有合资企业自主经营的灵活独立,管总曾开玩笑说:"我们是国有控股,但天高皇帝远,北京的官隔得远,上海又对我们比较客气,支持但不干预。"③在管彤贤的领导下,集团完全依照公司法组建,管理层由总裁提名后经董事会批准,而非上级委派,企业为股东所有,总裁向股东负责。对于公司内党组织应扮演的角色,管彤贤如此解释:"党章规定,党的基层组织不领导本单位的业务工作……按照公司法来说,党组织在企业里不是管理干部的,而是管理党员的……谁决定管理人员,就

---

① 《解放日报》2010年03月25日"上海振华重工集团原总裁管彤贤:半生拼出一个'传奇'"作者:徐瑞哲
② 《上海证券报》2009年04月14日"世界港机霸主觊觎新疆土"作者:朱国栋 杨伟中
③ 《21世纪经济报道》2009年09月26日"另类央企的76岁总裁:管彤贤'玩酷'"作者:王洁

是总裁,如果我连管理人员都不能决定,我们怎么经营这个企业?"管彤贤认真地说:"振华公司,一是严格贯彻公司法,是从思想政治上绝对与国家一心一意的企业。"

在企业制度建设方面管彤贤的不拘一格使得振华兼容国企与私企的双重优势,在管理方法选择方面管彤贤的独具匠心使得企业人才潜能得到最大程度的运用与开发,使得振华人才管理别具一格。

唯才是举。管总将企业创新人才划分为两类,一是科班出身的知识分子,外语、计算机均有基本功;另一类是有热情、想得出、做得到、有动手能力但无学历的"行伍出身"同志。管彤贤"英雄不问出处"的用人政策极大调动了员工的工作积极性,他们在工作中互见短长,团结一致,推进企业发展。为配合企业自主创新需要,振华有计划地招收一些中等学历人员组成技术梯队。这批新鲜血液,有朝气有上进心,从不自满,甘当配角。特别是非常稳定,不想"跳槽"。在振华文化的熏陶下,他们纷纷入夜校、念大学,充实自己,多数人已获得大学学历,而且涌现出不少骨干,有的已提作部门经理,他们干活心无旁骛,出手快,例如公司历年的中英文打字比赛前三名大多被他们囊括。在技术队伍中,有高学历(硕士)、一般学历(大专生)和中专生组成梯队,配好角色,"生、旦、净、末、丑"和"跑龙套"俱全,才能唱好这台"大戏"。①

自主培养。管彤贤认为,人才是买不来的,最好的途径是按毛主席的老办法"自己动手,丰衣足食",把企业办成大学校,既出产品,也出人才。振华的工程技术和管理人员虽大多来自学校,但是他们只有到企业念了这"第二次大学",才真正成为名副其实的工程师、经济师、会计师。对于知识分子,管总强调要照顾他们的特殊文化要求和心理状态,用其所长,使他们有业可务。创新如一块磁石,能吸引有志于此道者废寝忘食,振华注意为他们创造条件,选好领军人物,振华人才队伍就是这样在"游泳中学会游泳",由小变大,由弱变强。现在这支800余人的设计研发队伍,是本行业世界上最大、最有经验和实力最强的一支队伍,成为我公司战无不胜的龙头。振华同样重视对于一线工人的培养,管彤贤多次表示,农民工虽然文化程度不高,但朴实肯干,振华要通过培训,把农民工培养成为能工巧匠。目前,振华已拥有数千人、世界上规模最大的焊接工人队伍。②

制度创新。振华内部员工有白领与蓝领之分。白领员工是指公司内从事职能管理、技术开发、市场营销、售后服务等工作的职员,其中技术研发人员占白领总量的50%以上;蓝领员工是指在公司基地从事产品制造和协助生产的工人,他们主要是来自各地的农民工以及少数城镇工人。③ 令人惊叹的是,占公司总人数90%以上的蓝领工人并不是企业的"真正员工",他们仅与振华签订劳务合同。振华采用"老板承包制"掌控庞大的蓝领队伍,其管理牵涉四方关系:振华的生产基地,作为老板承包合同的甲方,管理老板;劳务公司,经振华认可,作为老板施工队挂靠单位与工人签订劳动合同;老板,承包基地的施工任务,作为承包人雇用工人;工人,由老板招聘并签订劳务合同。

---

① 《光明日报》2006年06月06日"自主创新使我们产品领先世界同行"作者:管彤贤
② 《光明日报》2006年06月06日"自主创新使我们产品领先世界同行"作者:管彤贤
③ 清华大学经济管理学院教学案例2007年"振华港机的蓝领工人管理"作者:王雪莉

合理奖酬。振华员工加班加点埋头实干与公司优厚且公平的奖酬制度不无关系，在振华，一线工人平均工资接近2 500元（苏州汇思人力资源研究所正式发布《2011年度长三角基层员工的薪资状况分析》显示2011年上海一线员工平均月薪为2 193元），即使在上海地区的企业中也是比较高的，同时公司为员工提供丰厚的福利，在购房、患病、子女上学等支出方面公司给予员工必要补助或者无息贷款。振华的工资结构令人惊叹，公司年利润数亿美元，而高管团队的年收入均未过45万元人民币，管彤贤总经理年35万的收入无法排入公司前10，管彤贤笑称自己的工资低是因为自己的英语水平太差，振华每年举行英语考试，成绩与工资挂钩，合格员工每月可享受数千元的外语津贴。振华重工拥有4 000名管理和专业技术人员，人均月收入超万元，但高的和低的差不了三倍。他认为"领导总得做点牺牲，不好多拿"①。但在鼓励创新方面，公司却为科技人员设立丰厚奖金，每年支出千万以上，2003年曾设四个百万大奖，2005年公司启动"振华功臣"评选活动，为获奖者颁发纯金奖章和奖金，并为他们的住房、医疗保险和退休后的生活作出周到安排，令他们没有后顾之忧。"振华功臣"不问职位高低，不问学历只问贡献，特别为自主创新而设置的最高荣誉、最高奖赏，是人人皆可得的荣誉。管彤贤思忖道："我本人有很长时间的社会底层生活经历，了解他们需要什么，想什么，现在虽然盈利不多，比下有余，不能'为富不仁'。"②

善待员工。振华提出每年为员工涨10%的工资，员工工资一年可调两次，且高于通胀率。振华在创业之初，就千方百计从银行借钱给员工买房，后来又提供无息房贷。另外，振华还给员工提供无息汽车贷款，以及车牌费。为减轻骨干工程师的压力，振华招聘中专生替他们当助手或秘书，将事务性工作承担起来，以最大程度地解放生产力。2008年，振华设立了职工互助基金。这是在管总的提议下建立并且他全额交出了当年董事会给予他的个人奖励金。其他公司高管见管总这样做，也就都捐出了奖金，尽管心里并不都是情愿。振华不仅对技术人员，对一线工人也关怀备至。对基地的蓝领工人包括农民工，除了技术方面的培训，振华还实行七项关爱措施，包括：提供4～6人一间的公寓式住房，免费洗工作服，每年体检一次等。管彤贤说，创新是一个系统工程，不仅需要技术管理人员，更需要一线的工人。

事业留人。公司规定，只要身体好、有本领、工作有需要，不按年龄退休，一律留用。"在企业里做一件比较大的事需要5～10年，如果到了60岁就要退，那让50多岁的人还做不做事？"振华的发展的确离不开经验丰富的老员工。管彤贤可能是国内上市公司里年纪最大的CEO，为了证明自己的身体能够胜任工作需要，他曾一口气攀上起重机顶。振华的总工程师鄢显达比管总还要年长3岁，他不仅亲自画图纸，还是公司紧急事务的"救火队队长"。

三、全球视野，中国管理

在管彤贤的个人成长经历和振华重工的发展历程中，中国传统文化的影响不无深

---

① 《中国企业家》2009年09月28日"管彤贤：59岁开始创业的激情老头"作者：何伊凡
② 《宝钢日报》2010年01月30日"与一位睿智老人的对话——访刚刚卸任的振华重工原总裁管彤贤"作者：王丹云

刻的体现。作为土生土长的北京人，出身于书香门第，他打小时候就受到了老一代知识分子的影响："那时北京还有老秀才、老进士，我就跟着他们念书，学学唐诗宋词，听他们讲儒家的修身齐家治国平天下。"①管彤贤是新中国成立后的第二批大学生，他回顾道："当时大学生的目的都很单纯，读书就为了祖国建设，一点不含糊。虽然是工科，气氛也很活跃，晚上熄灯之后每人都要背一首诗。古典文学中的美，那时慢慢体会到，像李白的《春夜宴从弟桃花园序》，何等飘逸潇洒，'夫天地者，万物之逆旅；光阴者，百代之过客。而浮生若梦，为欢几何？'几句话，人生都点透了。"

管彤贤20多岁被错打成右派，赴北大荒务农10年，务工又10年；迎来改革开放时，已告别青春。白山黑水间这段最残酷的岁月，留给他最大的财富就是：任何难关都拼得过去。每当说到当年的冤屈和苦难，管彤贤总是缄口不言，淡淡地只说三个字："过去了。"年近花甲开始创业，方向明确以后，管彤贤一心扑在振华的事业上。据振华员工介绍，他晚上经常工作至深夜，但哪怕凌晨三四点睡下，第二天照样坚持准时上班。或许是那段他不愿提及、被浪费的岁月，造就了他对时间的珍惜和对事业的执著："我从来没想过退休，老觉得要做点事情才有意义。很多时候，要努力做成一件事，没有5到8年是不行的。"

作为全国为数不多的几个"中国世界名牌"的企业之一，而且是一家上市公司，总裁管彤贤竟然没有一间单独的办公室。当记者在管彤贤的办公室里采访他时，冬日的太阳洒进房间，将他宽阔的后背鲜明地勾勒出来。记者感慨道，确切地说这里都不能称做他的办公室，只能称做他的办公桌。而这张普通的办公桌就放在总裁办公室的尽头，所有的来访者走过总裁办员工一张又一张办公桌形成的窄窄的"夹弄"，再走过两侧书橱形成的间隔，连门都不要敲——因为没有门——就看见了管彤贤。② 那里，真正属于这位总裁的空间大概只有10平方。几十年里他一直坚持与下属在一起工作，一如创业之初；还特意把办公桌放置在下属们背后。下属们一个个如坐针毡。他从未在上海购房，也许在他心中振华就是他的家。

管彤贤对待振华的员工，就如家长对其子女，既严格要求又悉心爱护。振华重工内部设有一些其他公司未必会订立的"重要"规矩。如不管是哪级领导，只要是振华重工的职工，就不能吸烟、酗酒、赌博。"我们甚至禁止员工搞婚外恋。这条，个个家庭都拥护。"管彤贤说"有的人说，振华职工的私事，你未必管得着。但我就是要管，要知道，家和万事兴，家庭和谐很重要，因为我可以解雇他这比法院有效，也比社会道德谴责有效。企业就是要'令行禁止'，这样企业才有战斗力。"③

振华的副总田洪告诉记者，振华的高管层中，每人手中都有管总赠送的《中国通史》、《话说中国》和《影响世界进程丛书》。管总开会经常讲的是：企业没有抱负不能长久，人没有抱负没有出息。"就拿管总自己来说吧，他不爱钱，他一年的收入可能还没有手下获重奖的科技人员多。他的家在北京，在上海那么多年了，至今没有买一间房子，

---

① 《中国企业家》2009年09月28日"管彤贤：59岁开始创业的激情老头"作者：何伊凡
② 《文汇报》2008年12月15日"管彤贤让世界抬头看'中国制造'"作者：郑蔚
③ 《第一财经日报》2011年06月21日"振华重工创始人：员工私事我也要管"作者：王佑

老伴来上海了,两人就住在公司的招待所里。可我们振华港机的几万个农民工,可能是全上海民工住宿条件最好的,6人一间有空调有彩电能洗澡。今年汶川大地震,全公司捐赠了3 000万元,其中将近半数是员工自发捐的,就连一线的民工,也有个人捐了上千元的。这说明什么?凝聚力,从企业的凝聚力汇聚成国家的凝聚力。"①

对待客户、市场和企业自身的利益关系,管彤贤身上体现出了中国传统文化那种"利义兼顾"的思想。"我们的第一台起重机是卖给温哥华的。等到21世纪初,我们将生产1 000台的时候,买我们第一台的温哥华墨菲先生来找我,他说第1 000台起重机温哥华港要以示友谊和对振华的支持。我说这1 000台可以留给你,价格也跟十年前一样(546万美元,当时市值800多万美元)。为什么这样做呢?这表示'饮水思源(when drinking water think of its source; to remember where one's happiness comes from)',中国是一个讲义、讲利的民族,特别是义大于利,当时若没有他们力排反对者的压力买我们生产的第一台,我们就没有可能迅速进入全世界市场。"②

管彤贤和振华重工的同事们也很快从市场竞争中得到了锻炼。他回忆说"做企业,许多路难免是被逼着撞出来的。最初我们在运输上老被人卡脖子。港机装在船上,有七八十米高,当时世界上只有一家专业船公司能运输这种产品,从上海运往温哥华,第一次和我们要价95万美元;第二次要100万美元;第三次要150万美元;条件还越来越苛刻,从那时起我们开始改造运煤炭的船和油轮,自建船队。"③在管彤贤看来,振华港机迅速占领世界市场,取得成功的秘诀离不开自主创新。他经常引用毛泽东的话对员工说:"要在游泳中学习游泳,在战争中学习战争。"管彤贤认为,在激烈的市场竞争中,敢于与强争锋就是振华港机不断进行自主创新的最好的动力。

如果将振华的成功简单地归因于管彤贤身上体现的那种"身先士卒,先天下之忧而忧","吃苦在前,享受在后"和"恩威并施,以德服人"等中国传统领导魅力的影响,未免有失偏颇。更体现管彤贤个人风格的,则是他在国企体制和市场规则之间自由地游走。在他看来,在振华重工,"严格贯彻《公司法》"与"从思想政治上绝对与国家一心一意"可以并行不悖。难能可贵的是,管彤贤身先士卒、以身作则的榜样效果,很好地平衡了员工个人、企业和社会之间的利益关系。振华的快速发展和崛起,离不开改革开放和市场经济所带来的机遇,即"天时"。同时,振华又巧妙利用了央企的影响力,上海的地方优势和支持等"地利"因素。更要提及的是,作为主心骨的管彤贤因其个人事业心和魅力所带来的"人和"以及由此而造就的一支高素质队伍。因此,管彤贤本人将振华重工领先世界的成功经验归纳为三点:"第一,抓住了一个好市场,而且具有在市场中压倒对手的多项核心竞争力;第二,拥有一支士气高昂有本领、有自己崇高抱负的队伍;第三,依靠不断的自主创新。"④在企业内部管理上,管彤贤也很好地平衡了研发创新、开拓市场和生产管理这三者的关系。他曾说:"我的时间,有三分之一参与技术开发,三

---

① 《文汇报》2008年12月15日 "管彤贤让世界抬头看'中国制造'" 作者:郑蔚
② 《第一财经日报》2011年06月21日 "振华重工创始人:员工私事我也要管" 作者:王佑
③ 《中国企业家》2009年09月28日 "管彤贤:59岁开始创业的激情老头" 作者:何伊凡
④ 《第一财经日报》2008年06月05日 "市场逼着我们向前走" 作者:萧遥

分之一研究市场,还有三分之一是研究生产。"①

谈到崇拜的人,管彤贤感慨道:"这一辈子,我没有崇拜的人。李鸿章、曾国藩、张元济(商务印书馆创始人)、张謇都很了不起,有济世之心,也有济世之才,我很欣赏他们,但谈不上崇拜。如果说信仰的理论,大多都与自然科学有关。能被实践证明的东西,容易被人信仰。'最难耐的是寂寞,最难抛的是荣华,从来学问欺富贵,真文章在孤灯下。'这是昆剧《班昭》的唱词,我常念给同事听,做学问如此,做企业也是如此,能明白这四句话的人,不多。"②

管彤贤不愿过多地谈论自己,总是把成绩归于抓住市场机遇,把辉煌归于员工,把振华的成就归功于中国改革开放所带来的环境:"小平南巡是我们创业时看不到的一个背景,没有小平南巡,我们无法在浦东立足。当时小平很着急,觉得步子慢,新中国成立60年,真正的商品经济是从小平南巡之后开始的,为我们创造了环境。"③

坎坷征途,事业成功,老管也有人生的遗憾:"我这个人,一生不欠情,唯一欠的就是我的母亲。她让我懂得坚强,我落难时,身边许多人都和我划清了关系,只有她没抛弃我。老太太活到101岁,2002年刚去世,生病的时候我在上海,'子欲养而亲不待',是人生最大的遗憾。"④

管彤贤已经离开了振华重工总裁的岗位,他开拓的振华事业蒸蒸日上。2010年美国海湾大桥顺利竣工,振华沿着管彤贤所勾画的蓝图成功进入海上重工和大型钢构市场,开始新的创业之旅。振华港机未雨绸缪,在长兴岛建成了世界上第一个环保型全自动化码头示范区。来自国内外150名专家参观以后均给以高度评价,认为该全自动码头示范区是世界港口码头发展的方向。据介绍,这种以节能环保为主要特色的全自动化码头,生产效率比以往至少提高50%,一次性投资费用比常规码头高1/4~1/3左右,但运营成本却大大降低,仅为常规码头的1/2左右。振华重工已经开始研发连吊3箱的新一代岸桥,也已经打造起吊重量1.2万吨的更大浮吊……至于离开振华总裁舞台以后能否适应退休后的生活,管彤贤对提问的记者顽皮一笑:"我还没到完全松下来的时候,现在我每天都在学习电脑,哈哈……"⑤

参 考 文 献

[1] 黄速建,黄群慧. 中国管理学发展研究报告[M]. 北京:经济管理出版社,2007.
[2] 魏钧. 组织契合与认同研究:中国传统文化对现代组织的影响[M]. 北京:北京大学出版社,2008.
[3] Friedman,T. L. The world is flat: A brief history of the twenty-first century [M]. New York: Farrar, Straus and Giroux,2005.

---

① 《第一财经日报》2008年04月30日"振华港机:挺起'中国制造'的脊梁"作者:萧遥
② 《中国企业家》2009年09月28日"管彤贤:59岁开始创业的激情老头"作者:何伊凡
③ 《中国企业家》2009年09月28日"管彤贤:59岁开始创业的激情老头"作者:何伊凡
④ 《中国企业家》2009年09月28日"管彤贤:59岁开始创业的激情老头"作者:何伊凡
⑤ 《宝钢日报》2010年01月30日"与一位睿智老人的对话——访刚刚卸任的振华重工原总裁管彤贤"作者:王丹云

[4] 许康,劳汉生. 中国管理科学化的历程[M]. 湖南:湖南科学出版社,2001.

[5] 杜莹芬. 管理理论的发展及我国企业管理研究的任务[J]. 经济管理,2004,第 20 期.

[6] Hofstede, G. Culture's consequences: International differences in work-related values. Thousand Oaks,CA:Sage,1980.

[7] 邵汉明. 中国文化研究二十年[M]. 北京:人民出版社,2006.

[8] 乔安妮. 马丁. 组织文化,沈国华译[M]. 上海:上海财经大学出版社,2005.

[9] 郑晓明. 异文化圈:社会规范层次结构模型的比价研究[M]. 北京:经济科学出版社,2003.

[10] Bollen,K. A. Structural equations with latent variables[M]. New York:John Wiley & Sons, 1989.

[11] Tayeb,M. Conducting research across cultures: Overcoming drawbacks and obstacles[J]. International Journal of Cross Cultural Management,2001,1(1):91~108.

[12] Kluckhohn, F., & Strodtbeck, F. Variations in value orientation [M]. Westport, CT: Greenwood Press,1961.

[13] 吉尔特·霍夫斯泰德,格特·杨·霍夫斯泰德,李原,孙健敏译. 文化与组织:心理软件的力量[M]. 北京:中国人民大学出版社,2010.

[14] Lytle,A. L.,Brett,J. M.,Barsness,Z. I.,Tinsely,C. H.,& Janssens,M. A paradigm for confirmatory cross-cultural research in organizational behavior[M]. Research in Organizational Behavior,1995,17:167~214.

[15] Tsui,A. S,Nifadkar,S. S.,Ou,Y. A. Cross-national,cross-cultural organizational behavior research:Advances,gaps,and recommendations[J]. Journal of Management,2007,33(3): 426~478.

[16] Ogden,S. China's unresolved issue: Politics,development and culture [M]. Englewood Cliffs, NJ:Prentice-Hall,1989.

[17] Marshak,R. J. Lewin meets Confucius: A re-view of the OD model of change[J]. Journal of Applied Behavioral Science,1994,29(4),393~415.

[18] Peng,M. W.,& Heath,P. S. The growth of the firm in planned economies in transition: Institution,organizations,and strategic choice[J]. Academy of Management Review,1996,21: 492~528.

[19] 方延明. 中国当代传统文化面临的六个转变[J]. 南京:南京大学学报,1989,2.

[20] Wilson,J. Q. The moral sense [M]. New York:Free press,1993.

[21] Girvetz,H. K. Beyond right and wrong: A study in moral theory [M]. New York:Free Press,1973.

[22] Weber,M. The Protestant ethic and the spirit of capitalism (T. Parsons,Trans.)[M]. New York:Charles Scribner's Sons. [Original work published 1904],1930.

[23] Xing,F. The Chinese cultural system: Implications for cross-cultural management[M]. SAM Advanced Management Journal,1995,60(1):14~20.

[24] Harrison,E. F. The managerial decision-making process (4th ed.) [M]. Boston:Houghton Mifflin,1995.

[25] March,J. G. A primer on decision making[M]. New York:Free Press,1994.

[26] Shane,S. Cultural values and the championing process[J]. Entrepreneurship:Theory and Practice,1994,18(4),25~43.

[27] 孔子. 论语[M]. 呼和浩特:远方出版社,2007.

[28] 徐淑英,刘忠明. 中国企业管理的前沿研究[M]. 北京:北京大学出版社,2005.

[29] Robbins,S. P. Organizational behavior (8th ed.)[M]. Upper Saddle River,NJ:Prentice

Hall,1998.

[30] 斯蒂芬·P.罗宾斯.管理学(第四版)[M].北京:中国人民大学出版社,2002.

[31] Broadman, H. The business of the Chinese state[J]. World Economy,2001,24,849~875.

[32] Vertinsky, I. ,Tse, D. K. ,Wehrung, D. A. ,& Lee, K. Organizational design and management norms: A comparative study of managers' perceptions in the Peoples' Republic of China, Hong Kong, and Canada[J]. Journal of Management,1990,16:853~867.

[33] Weihrich, H. Management practices in the United States, Japan, and the People's Republic of China[J]. Industrial Management,1990,32(2),3~7.

[34] Fu, P. P. ,& Tsui, A. S. Utilizing printed media to understand desired leadership attributes in the People's Republic of China[J]. Asia Pacific Journal of Management, 2003, 20(4), 423~446.

[35] 法约尔.工业管理与一般管理[M].北京:机械工业出版社,2007.

[36] Westwood, R. , Chan, A. , & Linstead, S. Theorizing Chinese employment relations comparatively: Exchange, reciprocity and the moral economy[J]. Asia Pacific Journal of Management,2004,21:365~389.

[37] Ding, D. Z. ,& Warner, M. 2001. China's labour-management system reforms: Breaking the 'three old irons' (1978-1999). Asia Pacific Journal of Management,18,315~334.

[38] C. E.布莱克.日本和俄国的现代化[M].北京:商务印书馆,1984.

[39] 詹姆斯·奥康内尔.现代化的概念.载于C.E.布莱克主编《比较现代化》[M].上海:上海译文出版社,1996.

[40] 许苏民.中华民族文化心理素质简论[M].昆明:云南人民出版社,1987.

[41] 赵馥洁.中国传统哲学价值论[M].西安:陕西人民出版社,1991.

[42] 李海,郭必恒,李博.中国企业文化建设[M].北京:企业管理出版社,2005.

[43] 张岱年,程宜山.中国文化争论[M].北京:中国人民大学出版社,2009.

教学支持说明

扫描二维码在线填写
更快捷获取教学支持

尊敬的老师:

您好!为方便教学,我们为采用本书作为教材的老师提供教学辅助资源。鉴于部分资源仅提供给授课教师使用,请您填写如下信息,发电子邮件给我们,或直接手机扫描上方二维码在线填写提交给我们,我们将会及时提供给您教学资源或使用说明。

(本表电子版下载地址:http://www.tup.com.cn/subpress/3/jsfk.doc)

课程信息

书　　名			
作　　者		书号(ISBN)	
开设课程1		开设课程2	
学生类型	□本科　□研究生　□MBA/EMBA　□在职培训		
本书作为	□主要教材　□参考教材	学生人数	
对本教材建议			
有何出版计划			

您的信息

学　　校			
学　　院		系/专业	
姓　　名		职称/职务	
电　　话		电子邮件	
通信地址			

清华大学出版社客户服务:

E-mail: tupfuwu@163.com　　　　　　网址: http://www.tup.com.cn/
电话: 010-62770175-4506/4903　　　　传真: 010-62775511
地址: 北京市海淀区双清路学研大厦 B 座 506 室　　邮编: 100084

教学支持说明

尊敬的老师：

感谢您选择本书作为教材。为了驾驭本书中的内容并提高教学效果，本书作为清华大学出版社教学服务用书，提供丰富的教学资源，立体化教学支持，协助您提高教学上的精品品质。敬请您根据需求，向出版社索取相关的教辅及其他数字化资源。

（本表可下载后填写：http://www.tup.com.cn/tupkpress/Ask.doc）

课程信息

书 名		
主讲课程		开课类型（CSB/）
开课院系 1		开课院系 2
学生类型	□本科 □研究生 □MBA/EMBA □在职培训
本届人数	□主要教材 □主要参考 学生人数
对本书的建议	
有何出版打算	

您的信息

姓 名		职 称	
学 院		院系属方向	
电 话		电子邮箱	
通信地址	

清华大学出版社客户服务：
E-mail: topfuwu@163.com
网址: http://www.tup.com.cn
电话: 010-62770175-4506/4907 传真：010-62795411
地址: 北京市海淀区双清路学研大厦 B 座 509 室 邮编：100084